高校自主招生考试

e人e本

物理

★指导性 ★资料性 ★实用性 ★学术性

GAOXIAO ZIZHU ZHAOSHENG KAOSHI EREN EBEN WULI

王新绍　编著

郑州大学出版社
郑州

图书在版编目(CIP)数据

高校自主招生考试e人e本·物理/王新绍编著.—郑州:郑州大学出版社,2013.9

ISBN 978-7-5645-1538-6

Ⅰ.①高… Ⅱ.①王… Ⅲ.①中学物理课-高中-升学参考资料 Ⅳ.①G634

中国版本图书馆CIP数据核字(2013)第177647号

郑州大学出版社出版发行

郑州市大学路40号　　邮政编码:450052

出版人:王　锋　　发行电话:0371-66966070

全国新华书店经销

郑州市金汇彩印有限公司印制

开本:787 mm×1 092 mm　1/16

印张:23.25

字数:554千字

版次:2013年9月第1版　　印次:2013年9月第1次印刷

书号:ISBN 978-7-5645-1538-6　　定价:45.00元

前言

随着高考制度的改革,大学自主招生已经成为众多优秀学子进入中国名牌大学的主要途径。以河南省、湖南省和上海市为例,河南省2013年清华大学、北京大学共录取364名学生,其中通过自主招生录取的有134名学生(注:考生裸分达到高校录取线时,自主招生加分用于选择专业,裸分达不到高校录取线时,自主招生加分用于高校录取,一般降低40分到60分不等,甚至降到一本线);湖南省2013年清华大学、北京大学共录取301名学生,其中通过自主招生录取的有156名学生;上海市2013年清华大学、北京大学共录取219名学生,其中通过自主招生录取的有159名学生。参与自主招生的大学由2003年的22所试点大学到2013年的91所大学,全国所有的985大学和绝大部分211大学都参与了自主招生,并且有30多所大学形成了联合考试。其中2013年有以北京大学为首的由北京大学、香港大学、北京航空航天大学、北京师范大学、武汉大学、华中科技大学、山东大学、四川大学、中山大学、厦门大学、兰州大学11所高校组成的北约联盟,以清华大学为首的由清华大学、浙江大学、上海交通大学、中国科学技术大学、南京大学、中国人民大学、西安交通大学7所高校组成的华约联盟,由北京理工大学、大连理工大学、东南大学、哈尔滨工业大学、华南理工大学、天津大学、同济大学、西北工业大学、重庆大学9所高校组成的卓越联盟,由北京交通大学、北京林业大学、北京邮电大学、北京科技大学、北京化工大学5所高校组成的京都联盟。复旦大学和南开大学2012年退出北约联盟,2012年、2013年分别单独组织自主招生考试。所以,优秀学子要想顺利进入名牌大学,参加自主招生考试无疑是一个聪明的选择。

名牌大学的自主招生都是选拔具有学科特长,具备创新潜质的优秀应届高中毕业生。自主招生考试既有笔试,又有面试,笔试起主导作用,面试起辅助作用。笔试没有考纲,一部分知识源于高考,而考查的思维深度高于高考,另一部分知识源于竞赛考纲,考查的思维深度和广度都远远高于高考。自主招生考试主要考查四种能力,即物理建模能力、空间想象能力、探究应用能力、逻辑推演能力。其中北约试题主要由北京大学物理学院负责物理竞赛培训的专家教授命制,侧重于物理建模和逻辑推演能力的考查。华约、卓越和京都联盟试题主要由考试学院命制,侧重知识应用与创新思维能力的考查。笔试题型基本上由选择题、填空题和计算题组成,或者均为计算题,试题满分为100分或120分不等,答题时间基本上为90分钟。满分如果都按100分计,考试能得60分就是比较高的分数,最高分一般为80多分。即使是在学校成绩非常优异的学生,如果仅局限于高考知识的学习与训练,远远达不到自主招生考试的知识和能力要求,就很难在自主招生上有所突破,自主招生考试也只能得 30 分左右,甚至还有平时成绩优异的学生自主招生考试得 10 多分的现象。在学科竞赛省级一等奖保送政策取消的情况下,笔者认为今后自主招生考试试题的难度还有可能增加。

准备自主招生考试,首先要以高考为基础,拓展高考知识,优化知识结构。然后要学习全国物理竞赛预赛知识,同时加强自主招生考试的专题训练和往届自主招生考试的真题训练,以改善学习方法和思维习惯,提高思维能力。最后再经过限时模拟训练,提高对知识的整合应用能力和应试能力。这样在自主招生考试中就会游刃有余、发挥自如,取得优异成绩。自主招生考试过后自然就能够俯视高考、玩转高考,让 6 月成为圆梦的季节。

近十年来,笔者一直从事全国物理竞赛和高校自主招生考试的辅导及培训工作,使得众多学子如愿以偿地考入了北京大学、清华大学、上海交通大学、复旦大学、浙江大学、中国科学技术大学、南京大学、同济大学……众多中国名牌大学。

受出版社委托,笔者总结了近十年来的高校自主招生考试辅导及培训经验,精心编写了这本《高校自主招生考试 e 人 e 本物理》教学辅导用书。根据学生认知规律,本书特意编排为三部分,分别为“知识方法”、“真题汇编”及“模拟试卷”,其中“知识方法”又分为 18 个相对独立又有内在联系的专题,每个专题按照“考点热点”、“典型例题”、“专题训练”三个方面进行阐述,“专题训练”、“真题汇编”和“模拟试卷” 均附有详细的“参考答案”以方便同学们参考解题方法和技巧。总之,本书知识覆盖全面、讲解透彻易懂、例题典型广泛、真题立体新颖、训练切实有效,是集学术性、资料性、实用性、指导性于一体的全国物理竞赛、高校自主招生和高考复习的师生必备参考资料。

本书由全国著名国际物理奥林匹克竞赛培训专家、湖南师范大学物理系教授黄生训先生审阅,教育部国培计划课程培训专家、上海市特级教师马九克,河南省特级、正高级教师董中奎校阅了部分稿件并提出了宝贵意见,程军等老师对本书的出版做了大量工作,在此一并表示衷心的感谢。

上海市七宝中学党委书记、校长仇忠海和河南省郑州市教育局党委书记、局长毛杰对笔者的发展及本书的出版给予了极大的关怀与帮助,感激不尽。

由于作者水平有限,时间仓促,书中不足和错误在所难免,殷切希望各位读者不吝赐教。

王新绍

2013 年 9 月于上海市七宝中学

目录

第一部分　知识方法

第二部分　真题汇编

第三部分　模拟试卷

第一部分

知识方法

专题一　静力学

考点热点

一、力学中几种常见的力

1. 重力

在地面附近的物体都受重力作用，重力是由于地球对物体的吸引而产生的力。重力的方向竖直向下，重力的等效作用点是物体的重心。重力实际上是万有引力的一个分力。物体受到地球的万有引力作用，按照力的作用效果将它进行分解，一个分力是使物体随地球自转做匀速圆周运动的向心力，另一个分力就是物体受到的重力，重力的方向总是竖直向下。物体受到的重力随物体在地球上的纬度不同而略有差异，物体受到的重力在赤道处最小，在两极处最大，两者相差约3/1000（当然地球上不同纬度处的重力大小差异主要是由于地球是扁的椭球体造成的）。由于物体随地球自转做圆周运动的向心力远远小于万有引力，因此粗略计算时可以认为物体所受的重力就等于它受到的万有引力。专门考查重力与万有引力的关系时，地面上物体的重力是万有引力的分力。地球外部或内部物体的重力就是万有引力。

重心：物体的重心是物体各部分所受重力的合力（即物体的重力）的作用点。通常所研究的物体上各点处的重力加速度相同，重心与质心重合。均匀物体的重心在它的几何中心上。由此可见，物体的重心有可能不在物体上，而在物体外部空间中的某一个点上。只要物体的质量分布情况确定，物体的重心与物体各部分的相对位置就唯一确定。利用平行力系的合成定则不难得到重心（质心）的位置矢量 $\boldsymbol{r}_G=\boldsymbol{r}_c=\dfrac{\sum m_i\boldsymbol{r}_i}{\sum m_i}$。设物体各部分的质量分别为 $m_1,m_2,\cdots,m_n$，且各部分重力的作用点在 Oxy 坐标系中的坐标分别是 $(x_1,y_1),(x_2,y_2),\cdots,(x_n,y_n)$，则物体的重（质）心坐标 x_c,y_c 可表示为

$$x_c=\frac{\sum m_ix_i}{\sum m_i}=\frac{m_1x_1+m_2x_2+\cdots+m_nx_n}{m_1+m_2+\cdots+m_n}$$

$$y_c=\frac{\sum m_iy_i}{\sum m_i}=\frac{m_1y_1+m_2y_2+\cdots+m_ny_n}{m_1+m_2+\cdots+m_n}$$

薄板形状物体的重心还可以利用悬挂法求出。

2. 弹力

弹力是物体由于发生弹性形变而产生的力。产生弹力的条件是:两个物体接触,并且发生弹性形变。弹力的作用点在两个物体的接触处,作用在迫使物体发生形变的另一个物体上,弹力的方向和物体形变的方向相反,指向受力物体,弹力的大小和物体形变的大小有关。胡克定律指出,在弹性限度内弹簧的弹力和弹簧的伸长(或压缩)成正比,即 $F=kx$。其中 k 为劲度系数,决定于弹簧的材料、长度、粗细以及匝数等因素,x 表示弹簧的伸长(或压缩)量。

弹簧的连接:

(1)弹簧的串联　n 个劲度系数分别为 $k_1,k_2,k_3,\cdots,k_n$ 的弹簧串联,则各点弹力相等,有 $F=k_1\Delta x_1,F=k_2\Delta x_2\cdots F=k_i\Delta x_i,F=k_n\Delta x_n,F=k_{串}\Delta x$。

$\Delta x=\Delta x_1+\Delta x_2+\cdots+\Delta x_n$,即

$$\frac{F}{k_{串}}=\frac{F}{k_1}+\frac{F}{k_2}+\cdots+\frac{F}{k_n}$$

$$\frac{1}{k_{串}}=\sum\left(\frac{1}{k_i}\right)$$

串联弹簧组的劲度系数的倒数等于各个弹簧劲度系数倒数之和。

如果两个弹簧串联,则

$$k_{串}=\frac{k_1k_2}{k_1+k_2}$$

(2)弹簧的并联　自然长度相同的 n 个弹簧并联,设伸缩量均为 Δx,则有

$$F_{并}=k_{并}\Delta x,\quad F_{并}=\sum(k_i\Delta x)$$

故

$$k_{并}=\sum k_i$$

并联弹簧组的劲度系数等于各个弹簧劲度系数之和。

3. 摩擦力

摩擦力包括滑动摩擦力和静摩擦力,是一个物体在另一个物体表面有相对运动或相对运动趋势时所产生的阻碍相对运动或相对运动趋势的力。产生摩擦力的条件是:两个物体必须接触,且有相互作用的弹力,接触表面不光滑且有相对运动或相对运动趋势。摩擦力的方向沿接触面的切线与相对运动或相对运动趋势方向相反。

滑动摩擦定律:两个物体间的滑动摩擦力大小与正压力成正比,即 $f=\mu F_N$。其中 μ 为动摩擦因数,决定于两个接触面的材料和粗糙程度。一般情况下,可以认为滑动摩擦力的大小与物体接触面的面积以及物体间相对运动速度的大小无关。

静摩擦定律:两个物体间的最大静摩擦力大小与正压力成正比,即 $f_m=\mu_s F_N$。其中 μ_s 为静摩擦因数,它也决定于两个接触面的材料和粗糙程度。一般来说静摩擦因数稍大于动摩擦因数,粗略计算时,可以近似认为 $\mu=\mu_s$。静摩擦力总是小于等于最大静摩擦力,即 $0<f_s\leqslant f_m$,其中 f_m 为最大静摩擦力。所以静摩擦力的值要由物体的受力情况依据平衡条件或牛顿第二定律确定。

滚动摩擦：滚动摩擦的产生是由圆柱体和地面接触处的形变引起的。滚动摩擦一般远小于滑动摩擦，所以它对物体的影响我们常不予考虑。

流体的黏滞阻力：流体（气体或液体）不会对与它相对静止的物体施加摩擦力，当物体在流体（气体或液体）中和流体发生相对运动时，物体会受到流体的摩擦力，叫作流体的黏滞阻力。黏滞阻力的方向总是与物体相对流体的运动方向相反，黏滞阻力的大小与相对速度的大小有关。在流体的黏滞性较大、物体的相对速度较小、物体较小、流体可以从物体周围平顺地流过的情况下，黏滞阻力的大小与相对速度成正比，即 $f=kv$。式中比例系数 k 决定于物体的大小、形状和流体的性质。在相反的情况下，黏滞阻力 $f=CSv^2$，C 为与流体有关的常数。通常在空气中坠落，行驶或飞翔属于后一种情况。

摩擦角：如果用 f_k 表示滑动摩擦力，F_N 表示支持力，那么这两个力的合力叫作全反力，全反力和支持力的夹角 $\varphi=\arctan(f_k/F_N)$ 叫作滑动摩擦角。同样如用 f_{sm} 表示最大静摩擦力，那么 $\varphi_0=\arctan(f_{sm}/F_N)$ 叫作静摩擦角。在两个接触面的性质确定之后，摩擦角的大小是不会变的，这一点有时会给解题带来方便。设物体受静摩擦力时全反力和支持力的夹角为 φ，静摩擦因数（通常近似等于动摩擦因数）为 μ，则总有 $0<\varphi<\arctan\mu$。

若作用于物体的主动力的合力的作用线与法线间的夹角 $\varphi\leqslant\varphi_m$ 时，则无论主动力多么大，总有一个全反力与之平衡，故物体总是保持平衡状态，这种现象称为自锁。反之，若主动力的合力作用线与法线夹角 $\varphi>\varphi_m$ 时，则无论主动力的合力多么小，物体总是不能保持平衡状态。

二、平行力的合成

1. 同向平行力的合成

两个平行力 F_A 和 F_B 相距 AB，则合力 $\sum F$ 的大小为 F_A+F_B（这样可确保 $\sum F$ 和 F_A、F_B 的平动效果相同）。作用点 C 在 A、B 之间，且满足 F_A 和 F_B 对 C 点的合力矩为零，即 $F_A\cdot AC=F_B\cdot BC$ 的关系（这样可以确保 $\sum F$ 和 F_A、F_B 的转动效果相同）。

2. 反向平行力的合成

两个大小不同的反向平行力 F_A 和 F_B（不妨令 $F_A>F_B$）相距 AB，则合力 $\sum F$ 的大小为 F_A-F_B，与 F_A 同向，作用点 C 在 BA 延长线上满足 F_A 和 F_B 对 C 点的合力矩为零，即 $F_A\cdot AC=F_B\cdot BC$ 的关系。

同向或反向平行力的合成常用来求物体的重心（质心）。例如求一个由质量为 M、半径为 R 的匀质球 A 和质量为 m、长度为 l 的匀质棒 B 组成的棒槌的质心位置。一种方法是将其分割成匀质球和匀质棒两部分，用同向平行力合成的方法是求其重心 C，C 在 AB 连线上，且 $AC\cdot M=BC\cdot m$；另一种方法是将棒槌看成一个对称的“哑铃”和一个质量为 $-M$ 的球 A' 的合成，对称“哑铃”的总质量为 $(2M+m)$，负质量物体的重力竖直向上。用反向平行力合成的方法找出其重心 C，C 在 AB 连线上，且 $BC\cdot(2M+m)=A'C\cdot M$，$A'C=AB+BC$。不难看出两种方法的结果都是

$$BC=\frac{M\left(R+\frac{l}{2}\right)}{M+m}$$

3. 力偶

作用在物体上的大小相等、方向相反、作用线平行的一对力叫作力偶。力偶没有合力，其唯一作用效果是产生力偶矩。力偶矩的大小等于力与力偶臂的乘积，力偶臂等于两个力的作用线之间的距离。力偶矩的方向由矢量叉乘的右手螺旋定则判定，通常用逆时针或顺时针表示。

三、共点力作用下物体的平衡条件

共点力作用下物体的平衡条件是合力为零，即 $\sum \boldsymbol{F}=0$。在直角坐标系中的分量形式为 $\sum F_x=0$，$\sum F_y=0$，$\sum F_z=0$。包含了沿任意方向的合力为零，以力的大小为长度的线段可以构成封闭多边形，任意一个力与其余力的合力大小相等、方向相反。

1. 三力汇交原理

物体受三个不平行的力作用而平衡时，这三个力必定在同一平面上，并且三个力相交于一点。

证明：先假设这三个力不共面，则必在任意两个力所确定的平面法线上受力不为零，物体不会平衡，所以这三个力一定是共面力；再假设这三个共面力相交于两点或三点，以任一交点为转轴，则第三个力的力矩不为零，物体不会平衡。所以这三个力必定在同一平面上，并且相交于一点。

2. 拉密定理

物体受三个不平行的力作用而平衡时，这三个力一定是在同一平面上的共点力，如图 1 所示，并且力的大小与对顶角的正弦成正比。即

$$\frac{F_1}{\sin\theta_1}=\frac{F_2}{\sin\theta_2}=\frac{F_3}{\sin\theta_3}$$

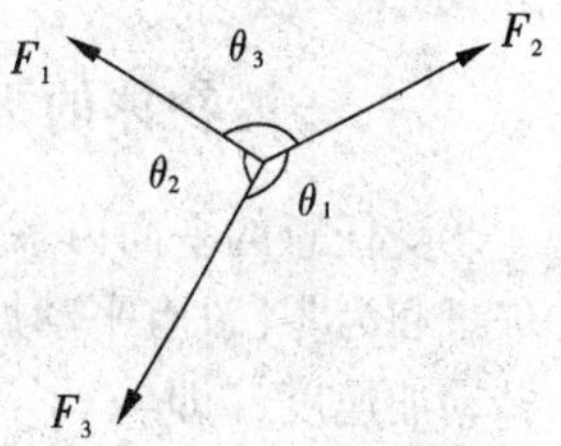

图 1

拉密定理可以根据平衡条件和三角形定则利用正弦定理进行推导。

3. 系统平衡

物体系不受外力或者所受外力的合力为零，叫作物体系的平衡，又叫系统平衡。整体法、隔离法和微元法是研究系统平衡的主要方法。

4. 虚功原理

所谓虚功，就是假想受力点沿某个力的方向发生了微小位移（虚位移），这个力就做了微小的功，叫虚功。由功能关系可知，该虚功等于相应微小能量的转化，即 $\Delta W=\Delta E$，这个结论叫虚功原理。虚功原理是力学中普遍使用的方法，尤其在静力学中更为简捷有效。

四、力矩

1. 力对参考点的力矩

力可以产生平动作用，也可以产生转动作用，用力矩来描述力对物体的转动作用。

力矩是矢量，既有大小又有方向。设力 $\boldsymbol{F}$ 的作用点到参考点的位置矢量为 $\boldsymbol{r}$，则力 $\boldsymbol{F}$ 对参考点的力矩 $\boldsymbol{M}=\boldsymbol{r}\times\boldsymbol{F}$。力矩大小 $M=rF\sin\alpha$，α 为 $\boldsymbol{F}$ 与 $\boldsymbol{r}$ 之间的夹角。方向按由 $\boldsymbol{r}$ 转到 $\boldsymbol{F}$ 的右手螺旋定则判定。

2. 力对固定转动轴的力矩

作用在定轴转动物体上的力对转轴的力矩只能沿转轴方向。沿转轴向上，力矩的作用效果加速物体沿逆时针方向转动，又叫逆时针方向力矩。沿转轴向下，力矩的作用效果加速物体沿顺时针方向转动，又叫顺时针方向力矩。

作用在定轴转动物体上的力的作用线与转轴平行，或力的作用线通过转轴，转动效果为零，力矩等于零。所以求定轴转动物体的力矩时，先把力沿转轴方向和在垂直转轴的平面内进行分解，如图 2 所示，然后在该平面内过转轴作平面内分力作用线的垂线段，即为力臂，平面内分力与力臂的乘积 F_1L 就是力对固定转轴的力矩。通常规定逆时针方向力矩为正，顺时针方向力矩为负。

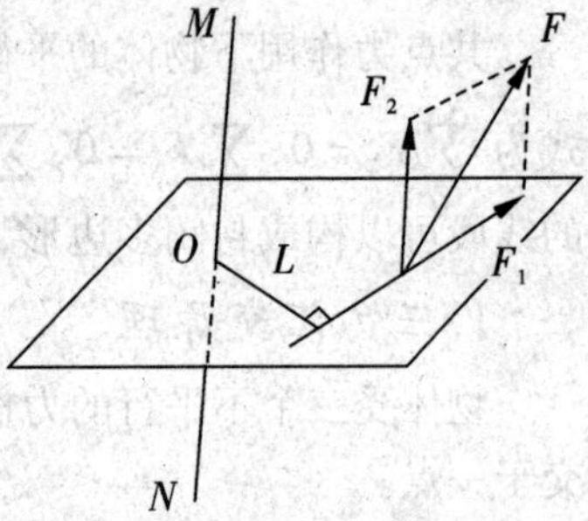

图2

五、定轴转动物体的平衡条件

对于有固定转动轴的物体，如果作用于物体上的所有力对于转轴的力矩的代数和为零，则该物体处于平衡状态，平衡条件为 $\sum M=0$。

六、一般物体的平衡条件

受任意的平面力系作用下的一般物体的平衡条件是：作用于物体的平面力系合力的矢量和为零（没有平动加速度），对与力作用平面垂直的任意轴的力矩代数和为零（没有转动加速度），即

$$\sum \boldsymbol{F}=0,\ \sum \boldsymbol{M}=0$$

在力系平面内建立 xOy 平面直角坐标系，将力向 x、y 轴投影，平衡方程可以写成：

$$\sum F_x=0,\ \sum F_y=0,\ \sum M_z=0$$（对任意垂直 xOy 平面的 z 轴）

或者在力系平面内选择两参考点 O 和 O'，平衡方程也可用一个力平衡方程和两个分别对 O_z、$O_{z'}$ 轴的力矩平衡方程表示为：

$$\sum F_x=0,\ \sum M_z=0,\ \sum M_{z'}=0$$

其中 O 与 O' 的连线不能与 x 轴垂直，保证沿 OO' 连线方向合力为零，否则方程不独立。

还可以在力系平面内选三个参考点 O、O' 和 O''，写出力系分别对三个轴 O_z、$O_{z'}$、$O_{z''}$ 的力矩平衡方程：

$$\sum M_z=0,\ \sum M_{z'}=0,\ \sum M_{z''}=0$$

并且 O，O'，O'' 三点不能在同一直线上，否则方程不独立。

实际应用中使用前两种平衡方程的情况较多。

七、平衡的种类

根据平衡的稳定性，通常把物体的平衡分为稳定平衡、不稳定平衡和随遇平衡三种类型。

1. 平动情况

处于平衡状态的质点，当受到扰动时，会稍稍偏离平衡位置，这时会产生合外力。若这个合力为回复力，即此合力有把质点拉回到原平衡位置的倾向，那么称原质点的平衡是稳定平衡；若这个合力为推斥力，即此合力有把质点推离原平衡位置的倾向，那么称原质点的平衡为不稳定平衡；若这个合力为零，既没有回复原位的倾向，也没有推离原位的倾向，那么称原质点的平衡是随遇平衡。如位于光滑碗底的质点处于稳定平衡状态；位于光滑圆球顶端的质点处于不稳定平衡状态，位于光滑水平面上的质点处于随遇平衡状态。这种平动情况下平衡的种类通常采用合力指向法判定，对于受共点力作用但不能看成质点的物体的平衡也用这种方法进行讨论。

2. 转动情况

相对固定轴可以转动的物体处于平衡时，受到外界扰动而偏离平衡位置，从而受到合外力矩作用。若合外力矩是一个回复力矩，即此合外力矩有把物体拉回原平衡位置的倾向，那么称原物体的平衡是稳定的转动平衡状态；若合外力矩是一个推斥力矩，即此合外力矩有把物体推离原平衡位置的倾向，那么称原物体的平衡是不稳定的转动平衡状态；若此合外力矩为零，物体既没有拉回原平衡位置的倾向，也没有推离原平衡位置的倾向，那么称原物体的平衡是随遇转动平衡状态。转动情况下平衡的种类通常采用合力矩指向法或重心升降法判定。

典型例题

例1 （东南大学）如图3(a)所示，光滑半球壳直径为 a，与一光滑竖直墙面相切，一根均匀直棒 AB 与水平方向成60°角靠墙静止，求棒长 l。

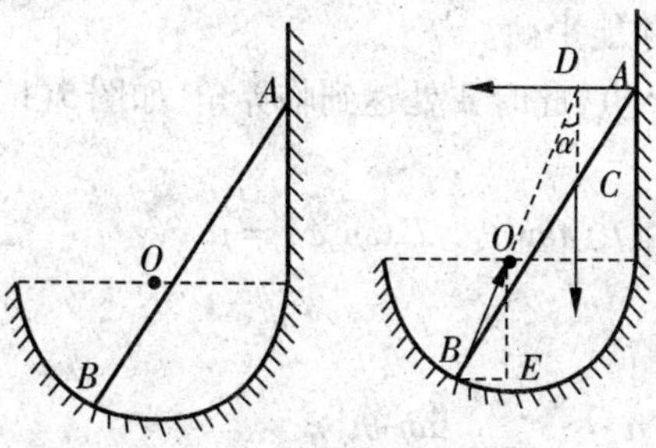

(a)　(b)

图3

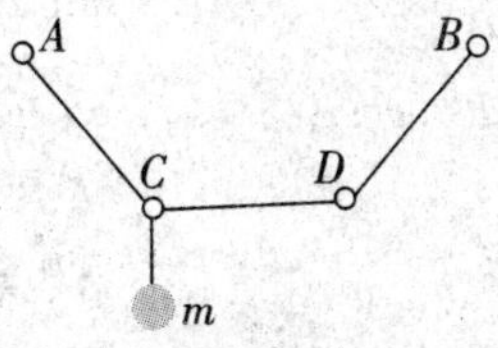

图4

解 受力分析如图3(b)所示，根据三力汇交原理可得：

$\frac{l}{2}\cos 60° = l\sin 60°\tan\alpha$，$l\cos 60° - \frac{a}{2} = \frac{a}{2}\sin\alpha$

解得：$l = a(1 + \frac{1}{\sqrt{13}})$

例2　如图4所示，三根相同的轻杆用铰链连接并固定在位于同一水平线上的A、B两点，A、B间的距离是杆长的2倍，铰链C上悬挂一质量为m的重物，为使杆CD保持水平，在铰链D上应施的最小力F_{min}为多少？

解　方法一：对CD杆研究，受AC、DB杆拉力分别沿CA、DB方向，设交于O点。以O点为转轴，当铰链D上施加力F的方向与OD垂直时，力臂最大，且为l。由力矩平衡可知，此时有最小力F_{min}。

即$mg \cdot \frac{l}{2} = F_{min} \cdot l$，$F_{min} = \frac{1}{2}mg$

方法二：对C点由受力平衡得：$F_{CD} \cdot \sin 60° = mg \cdot \sin 30°$，对D点，由力平衡的三角形法则可知$F_{min} = \frac{1}{2}mg$。

例3　如图5(a)所示，有一长为l、重为W_0的均匀杆AB的A端顶在竖直的粗糙墙壁上，杆端与墙间的摩擦因数为μ；B端用一不可伸长的细绳悬挂，绳子的另一端固定在墙壁上的C点，木杆呈水平状态，绳与墙的夹角为θ。

(1)求当杆能保持平衡时，μ与θ应满足的条件。

(2)杆保持平衡时，杆上有一点P存在，若A与P点间悬挂一重物，则当重物的重量W足够大时可以使平衡破坏；而在P、B间任一点悬挂任意重量的重物都不能使平衡破坏，求PA的距离。

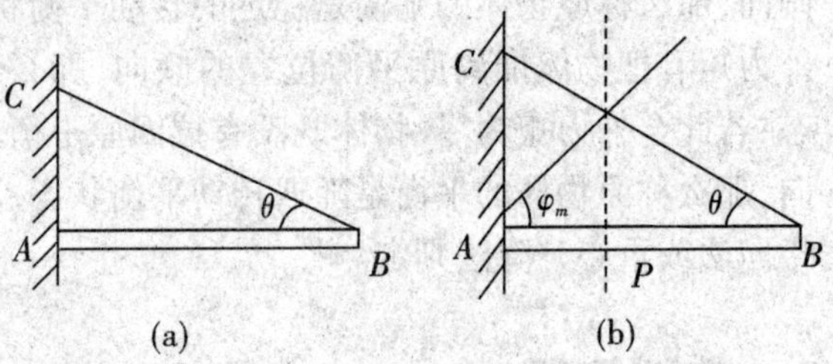

图5

解

(1)设杆的A端受到墙壁的全反力方向与杆夹角为φ，由三力汇交原理可知$\varphi=\theta$。

又$\tan\varphi \leqslant \mu$，所以$\tan\theta \leqslant \mu$时杆才能平衡。

(2)当$W \gg W_0$时，作用点可看作在P点，此时A处达到临界角，如图5(b)所示，由几何知识，

$$AP \cdot \tan\varphi_m = (l - AP)\tan\theta\text{，又}\tan\varphi_m = \mu$$

所以

$$AP = l \times \frac{\frac{1}{\mu}}{\frac{1}{\mu} + \frac{1}{\tan\theta}} = \frac{\tan\theta}{\mu + \tan\theta}l$$

这样在A、P之间悬挂重物的重量W足够大时可以使平衡破坏；而在P、B间悬挂重物时都不能使平衡破坏。

例4 （西安交大）如图6(a)所示，有一半径为 r 的圆柱绕竖直轴 OO' 以角速度 ω 匀速转动。如果用水平力 F 把质量为 m 的物体压在圆柱侧面，能使物体以速度 v 匀速下滑，求物体 m 与圆柱面之间的滑动摩擦因数。（已知物体 m 在水平方向受光滑柱的作用使之不能随圆柱体一起转动）

解 m 相对圆筒的分速度如图6(b)所示，其中

$$\cos\theta=\frac{v}{\sqrt{v^2+\omega^2r^2}}$$

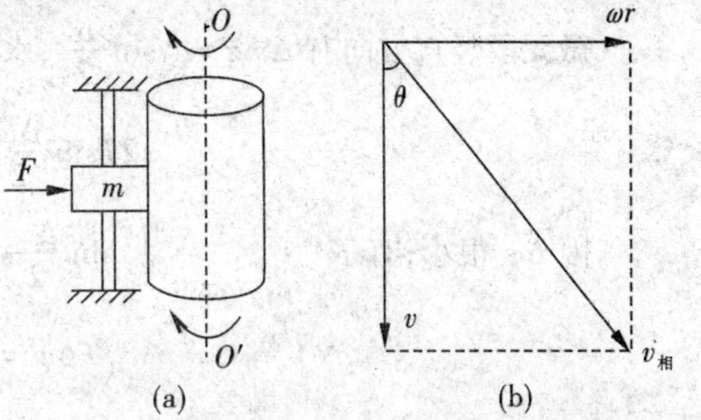

图6

因为物体所受滑动摩擦力的方向与 $v_{相}$ 反向。故 $f\cos\theta=mg$，而 $f=\mu N=\mu F$，得

$$\mu=\frac{mg\sqrt{v^2+\omega^2r^2}}{Fv}$$

例5 （2011北京大学）如图7所示，P 为一个水闸的剖面图，闸门质量为 m，宽为 b。水闸两侧水面高分别为 h_1、h_2，水与闸门间、闸门与轨道间的动摩擦因数分别为 μ_1、μ_2，求拉起闸门至少需要多大的力？

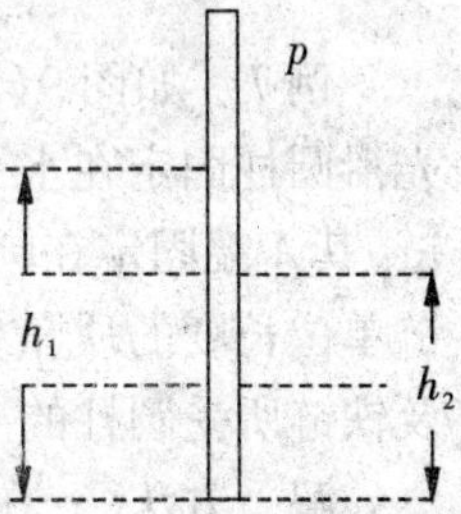

图7

解 左侧和右侧水对闸门向右和向左的平均压力分别为：

$$F_1=\frac{\rho gh_1}{2}\cdot bh_1,\quad F_2=\frac{\rho gh_2}{2}\cdot bh_2$$

由水平方向合力为零可知，轨道与闸门之间的弹力 N 满足：$F_1=F_2+N$，即 $N=F_1-F_2=\rho gb(h_1^2-h_2^2)/2$。

提起闸门时在一开始所需的拉力最大，其值为

$$F=mg+\mu_2N+\mu_1(F_1+F_2)=mg+\frac{\mu_2\rho gb}{2}(h_1^2-h_2^2)+\frac{\mu_1\rho gb}{2}(h_1^2+h_2^2)$$

例6 （西安交大）如图8(a)所示，静止的圆锥体铅直放置，顶角为 α，有一质量为 m 并分布均匀的软绳水平地套在圆锥体上。忽略软绳与锥面之间的摩擦力，试求软绳中的张力 T。

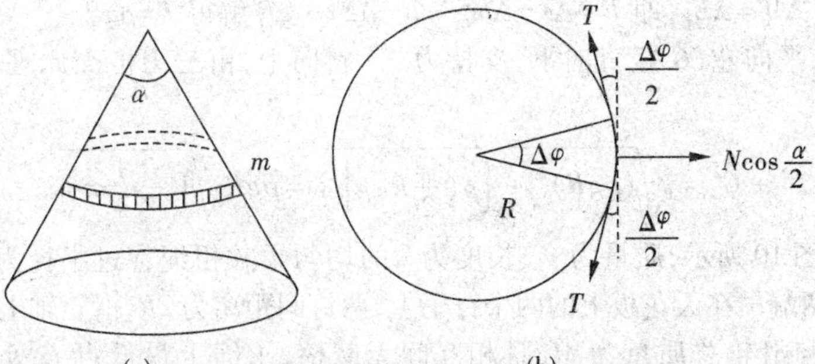

图8

解 取软绳中Δl（$\Delta l\to 0$）长微元段分析，水平方向受力情况如图8(b)所示，其中T为软绳中的张力，N为圆锥体对微元段的支持力。

微元段竖直方向有$\Delta mg=N\sin\frac{\alpha}{2}$，水平方向满足

$$2T\sin\frac{\Delta\varphi}{2}=N\cos\frac{\alpha}{2}$$

因$\Delta\varphi$很小，有 $\sin\frac{\Delta\varphi}{2}\approx\frac{\Delta\varphi}{2}$，得

$$T\Delta\varphi=N\cos\frac{\alpha}{2}$$

而 $$\Delta m=m\frac{\Delta l}{2\pi R}=m\frac{\Delta\varphi}{2\pi}$$

由此得 $$T=\frac{mg}{2\pi\tan\frac{\alpha}{2}}$$

例7 如图9(a)所示，一个半径为R的四分之一光滑圆柱固定在水平桌面上，圆柱上放置一光滑均匀铁链，其A端固定在圆柱的顶点，B端恰与桌面不接触，铁链单位长度的质量为ρ。试求铁链A端受的拉力大小及铁链所受圆柱的支持力大小。

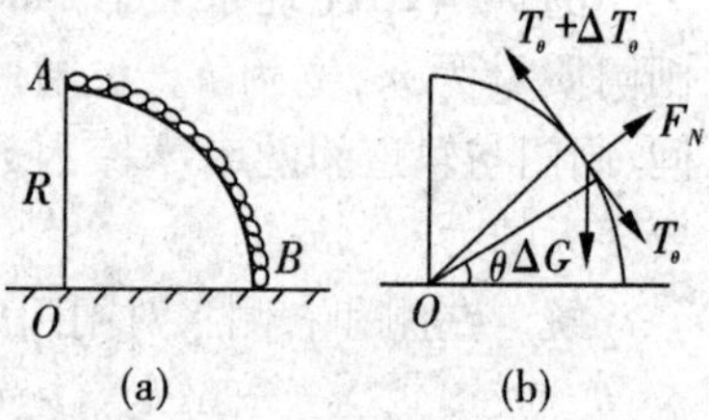

图9

解 方法一：在铁链上任取一小段（微元）为研究对象，其受力分析如图9(b)所示，研究对象在切线方向上平衡不动，则有

$$T_\theta+\Delta T_\theta=\Delta G\cos\theta+T_\theta$$
$$\Delta T_\theta=\Delta G\cos\theta=\rho\Delta Lg\cos\theta$$

由于每段铁链沿切线向上的拉力比沿切线向下的拉力大ΔT_θ，所以整个铁链对A端的拉力是各段上ΔT_θ的和。即$T=\sum\Delta T_\theta=\sum\rho\Delta Lg\cos\theta=\rho g\sum\Delta L\cos\theta$

又由几何关系可知$\sum\Delta L\cos\theta=R$，故铁链A端受的拉力 $T=\rho g\sum\Delta L\cos\theta=\rho gR$

方法二：设在A端拉力T的作用下，铁链A端缓慢向左移动微小位移Δx（$\Delta x\to 0$），由虚功原理可得$\Delta W=\Delta E_p$，即$T\cdot\Delta x=\Delta mg\cdot R=\rho\Delta x\cdot gR$解得$T=\rho gR$。

因为T水平向左，G竖直向下，支持力F_N斜向上，由三力汇交原理和三角形知识可得

$$F_N=\sqrt{T^2+G^2}=\sqrt{(\rho gR)^2+\left[\rho\left(\frac{\pi}{2}R\right)g\right]^2}=\rho gR\sqrt{1+\frac{1}{4}\pi^2}$$

例8 如图10所示，质量为m、长度为l的均匀柔软粗绳穿过半径为R的滑轮，绳的两端吊在天花板上的两个钉子上，两钉间距离为$2R$，滑轮轴上挂一重物，重物与滑轮总质量为M，且相互间无摩擦，求绳上最低点C处的张力。

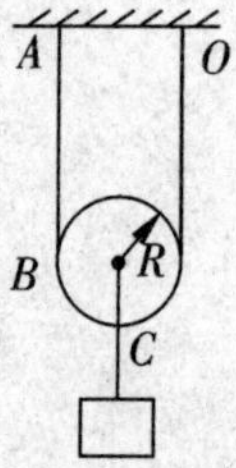

图10

解 设C处张力为T，A处拉力为F。对整体

$$2F = mg + Mg$$

分析左侧绳 ABC，设想在 A 处以力 F 拉过 $x(x \to 0)$，此过程中

$$\Delta W_A = Fx,\quad \Delta W_C = -Tx$$

滑轮对绳的正压力不做功，等效为绳上最低点 C 处的 Δm 由 C 处移至 A 处，上升高度

$$H = R + \frac{l - \pi R}{2}$$

由虚功原理得 $$\Delta W_A + \Delta W_C = Fx - Tx = \Delta mgH$$

其中 $$\Delta m = \frac{xm}{l}$$

得 $$T = \frac{Mg}{2} + \frac{(\pi - 2)Rmg}{2l}$$

例 9 如图 11 所示，结构均匀的梯子 AB，靠在光滑竖直墙上，已知梯子长为 L，重为 G，与地面间的动摩擦因数为 μ，

(1)若梯子不滑动，求梯子与水平地面夹角 θ 的最小值 θ_0；

(2)当 $\theta = \theta_0$ 时，一重为 P 的人沿梯子缓慢向上爬，他爬到什么位置时，梯子开始滑动？

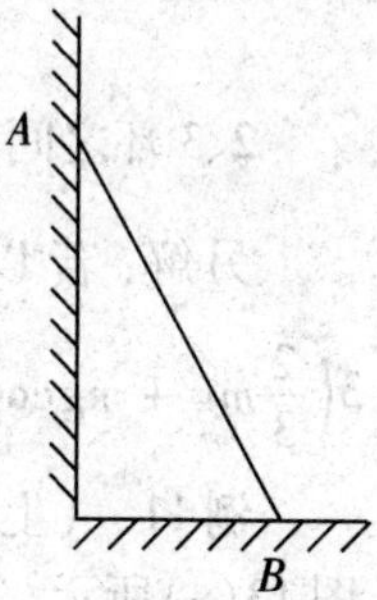

图 11

解 (1) θ_0 时对应 B 处摩擦力达最大值，以 A 点为轴，

有 $mg\dfrac{L}{2}\cos\theta_0 + fL\sin\theta_0 = NL\cos\theta_0$

而 $N = mg$，$f = \mu N$，得 $\theta_0 = \operatorname{arccot}(2\mu)$

(2)设人向上爬到距 A 点 x 处梯子开始滑动，则

$$mg\frac{L}{2}\cos\theta + Px\cos\theta + fL\sin\theta = NL\cos\theta$$

而 $$N = mg + P,\quad f = \mu N,$$

得 $$x = \frac{L}{2}$$

例 10 三根不可伸长的相同的轻绳，一端系在半径为 r_0 的环 1 上，彼此间距相等，绳穿在半径为 r_0 的第三个圆环，另一端用同样方式系在半径为 $2r_0$ 的圆环 2 上，如图 12(a)所示。环 1 固定在水平面上，整个系统处于平衡。试求第 2 个圆环中心与第 3 个圆环中心之间距离。(三个圆环都是用同种金属丝制作，摩擦不计)

解 若设环 3 的质量为 m，由于圆环 2 与圆环 3 是相同的金属丝制作，环 2 的半径是环 3 半径的 2 倍，所以，环 2 的质量为环 3 的 2 倍，环 2 的质量为 $2m$，由于 1 环是固定在水平面上，将 2、3 两环为研究对象，由于对称性，每根绳子所承受的拉力为环 2、环 3 总重力的 1/3，即 mg。

再以环 3 为研究对象，其受力如图 12(b)所示，由图可知在竖直方向上有

$$3\left(\frac{1}{3}mg + mg\cos\alpha\right) = 3\,mg$$

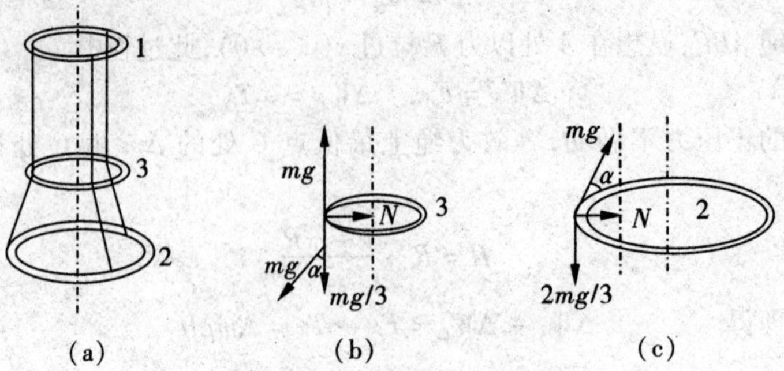

图 12

解得 $\cos\alpha=\dfrac{2}{3}$, $\cot\alpha=\dfrac{2\sqrt{5}}{5}$

2、3 环之间的距离为 $h=r_0\cot\alpha=\dfrac{2\sqrt{5}}{5}r_0$

另解：若以环 2 为研究对象，其受力如图 12(c) 所示，在竖直方向上有 $3\left(\dfrac{2}{3}mg+mg\cos\alpha\right)=3\,mg$，解得 $\cos\alpha=\dfrac{2}{3}$，$\cot\alpha=\dfrac{2\sqrt{5}}{5}$。

例 11 （上海交通大学）四个半径相同的匀质球在光滑水平面上堆成锥形[俯视见图 13(a)所示]，下面三球用细绳缚住。绳与三球心共面，各球重为 G，求绳内张力大小？

解 如图 13(b)所示，A、B、C、D 分别为四个球的质心，所以：

$$\sin\theta=\frac{\sqrt{3}}{3},\cos\theta=\sqrt{6}/3$$

分析 D 球受力得：$3F\cos\theta=G$，其中 F 为 A、B、C 三球对 D 球的支持力

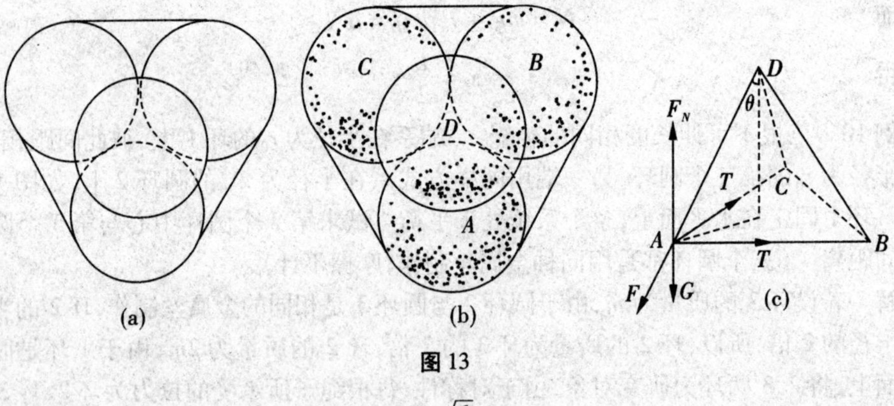

图 13

可得： $$F=\frac{\sqrt{6}}{6}G$$

设绳子张力大小为 T，对 A 球受力分析如图 13(c)，有

$$2T\cos 30^\circ=F\sin\theta$$

所以： $$T=\frac{\sqrt{6}}{18}G$$

例 12 如图 14(a)所示，在竖直墙上有两根相距为 d 的水平木桩 A 和 B，有一细棒置于 A 上、B 下与水平方向成 θ 角，细棒与木桩之间的静摩擦因数为 μ，求要使细棒静止，其重心与木桩 A 之间距离 x 应满足的条件。

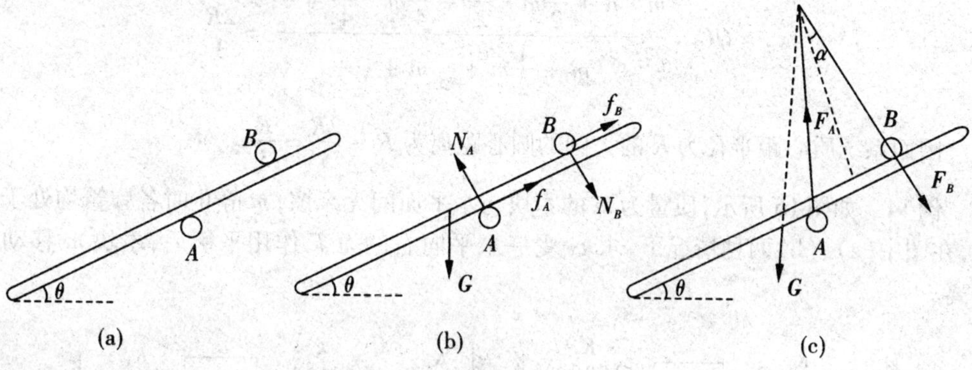

图 14

解 方法一：细棒受力如图 14(b)所示，则

对细棒沿棒方向有： $G\sin\theta = f_A + f_B$,

对细棒垂直棒方向有： $N_A = N_B + G\cos\theta$,

细棒静止同时满足： $f_A + f_B \leqslant \mu N_A + \mu N_B$

以 A 为转轴有 $Gx\cos\theta = N_B d$,

得 $$x \geqslant \frac{d(\tan\theta - \mu)}{2\mu}$$

显然上式只对 $\tan\theta \geqslant \mu$ 的情况适用。若 $\tan\theta < \mu$，则 $x \geqslant 0$ 即可（即棒的重心在 A 点下方任意位置）。

方法二：x 最小时满足 A、B 处均达到最大静摩擦力，利用三力汇交原理和摩擦角概念可得棒受力分析如图 14(c)所示，由几何知识可得 $\left(x_{\min}+\frac{d}{2}\right)\cot\theta=\frac{d}{2}\cot\theta=\frac{d}{2}\cot\alpha$，$\mu=\tan\alpha$，解得 $x_{\min}=\frac{d}{2\mu}(\tan\theta-\mu)$。

例 13 （2009 同济大学）如图 15 所示，无穷多个质量均匀分布的圆环，半径依次为 $R,\frac{R}{2},\frac{R}{4},\frac{R}{8},\cdots$ 相切于一公共点，则该系统的质心距半径为 R 的最大圆的圆心距离为多少？

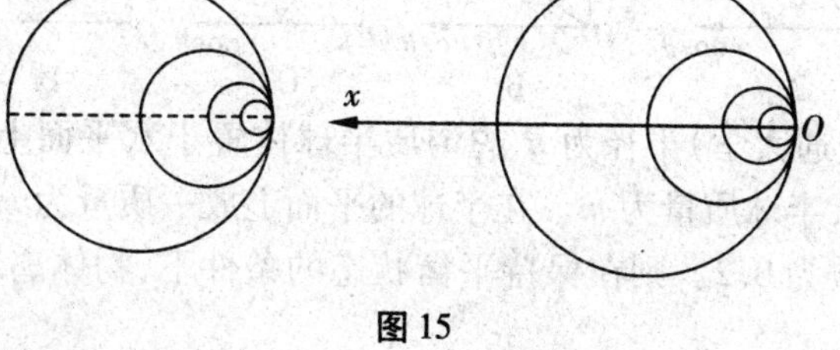

图 15

解　以右切点为坐标原点，向左为正方向建立 ox 轴，则从大到小各环的质量依次为 $m,\frac{m}{2},\frac{m}{4},\frac{m}{8},\cdots$，各环对应的质心坐标分别为：$R,\frac{R}{2},\frac{R}{4},\frac{R}{8},\cdots$，系统质心坐标为

$$x_C=OC=\frac{m\cdot R+\frac{1}{2}m\cdot\frac{R}{2}+\frac{1}{4}m\cdot\frac{R}{4}+\cdots}{m+\frac{1}{2}m+\frac{1}{4}m+\cdots}=\frac{2R}{3}。$$

因而系统质心距半径为 R 的大圆的圆心距离为 $R-\frac{2R}{3}=\frac{R}{3}$。

例 14　如图 16 所示，质量为 m 的木块与水平面间无摩擦，m 静止时各弹簧均处于原长，在图中(a)、(b)两种情况下，求 m 受一水平向右的力 F 作用平衡后，木块 m 移动的距离。

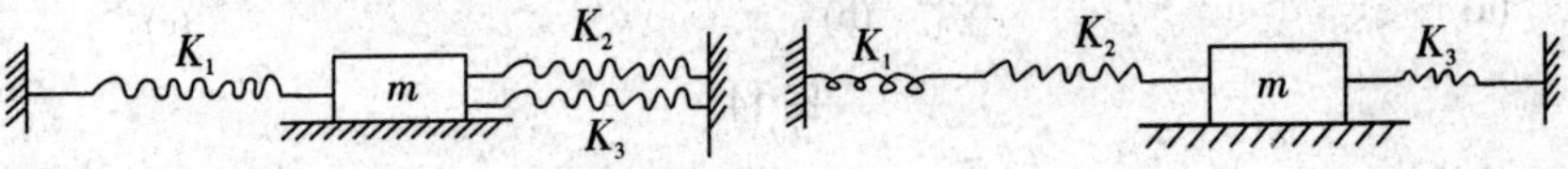

(a)　　　　(b)

图 16

解

(1) $k_1\Delta x+k_2\Delta x+k_3\Delta x=F$，得 $\Delta x=\frac{F}{k_1+k_2+k_3}$；

(2) $\frac{k_1k_2}{k_1+k_2}\cdot\Delta x+k_3\Delta x=F$，得 $\Delta x=\frac{(k_1+k_2)F}{k_1k_2+k_2k_3+k_1k_3}$。

专题训练

1. 如图所示，一根轻弹簧上端固定在 O 点，下端拴一个钢球 P，球处于静止状态。现对球施加一个方向向右的外力 F，使球缓慢偏移，在移动中的每个时刻，都可以认为钢球处于平衡状态。若外力 F 的方向始终水平，移动中弹簧与竖直方向的夹角 $\theta<90°$，且弹簧的伸长量不超过其弹性限度，则图中给出的弹簧伸长量 x 与 $\cos\theta$ 的函数关系图像中，最接近的是(　　)

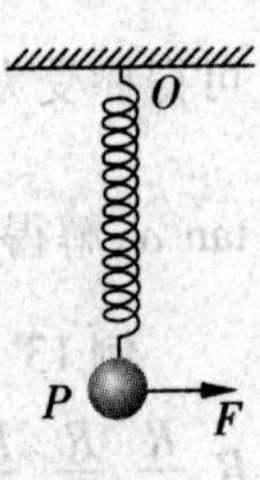

题 1 图

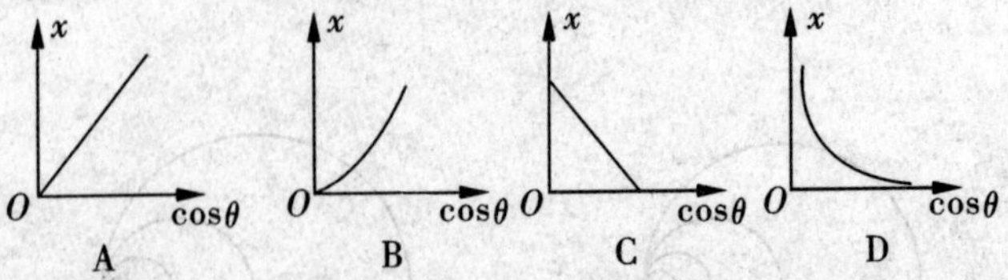

A　　B　　C　　D

2. (2004 上海交通大学)半径为 R 的匀质半球体置于水平面上，其重心 C 离球心 O 点的距离 $OC=3R/8$，半球质量为 m。在半球的平面上放一质量为 $m/8$ 的物体，它与半球平面间的静摩擦因数为 0.2。则在保持平衡状态的条件下，物体离球心的最大距离为__

________。

3. 如图所示，匀质长方体物块横截面的长、宽之比 $a:b=2:1$，已知斜面的摩擦因数 $\mu=0.6$，欲使物体能静止在斜面上，斜面倾角 α 应满足的条件是________。

4.（2005 上海交通大学）在图中，A 是一质量为 m_A 的木块，B 是一质量为 m_B 的小铁块，共浮在水面上。若将铁块取下，直接放在水内，则杯中水面的高度将________。

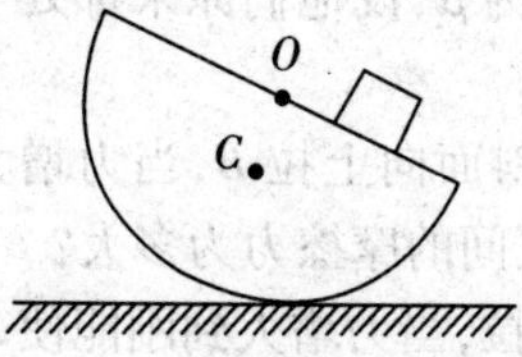

题 2 图

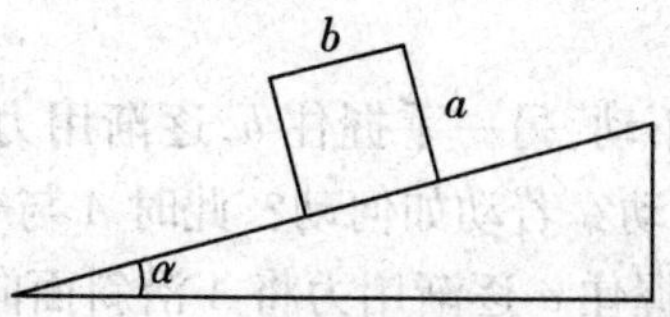

题 3 图

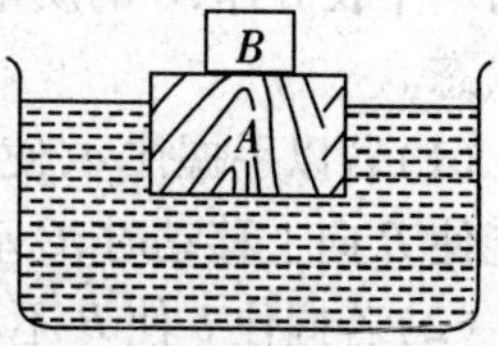

题 4 图

5.（苏州大学）一个质量为 m、管口截面为 S 的薄壁长玻璃管内灌满密度为 ρ 的水银，现把它竖直倒插在水银槽中，再慢慢向上提起，指导玻璃管口刚刚与槽中的水银面接触。这时，玻璃管内水银的高度为 h。现将管的封闭端挂在天平的一个盘的挂钩上，而在天平另一个盘中放砝码，如图所示。要使天平平衡，则所加砝码的质量等于________。

6.（2006 复旦大学）在如图所示的系统中，活塞 n 上插入活塞孔中的可移动塞栓 B 和密度为 ρ 的液体平衡。容器的截面积为 S，孔的截面积为 S_0，各滑动表面摩擦可忽略，液体不能从间隙中流出来。若在塞栓顶上放上质量为 m_0 的物体，塞栓相对初始位置下移多少？

7.（2006 复旦大学）在一深度为 H 的容器中充满液体，液体密度从表面的 ρ_0 到容器底的 ρ 呈线性变化。液体里浸入两个体积同为 V 的小球，小球间用长为 l、不可伸长的轻细绳连接，第 1 个小球密度为 ρ_1，第 2 个小球密度为 ρ_2。经过一段时间后，两小球静止于图所示位置。求绳中的张力。

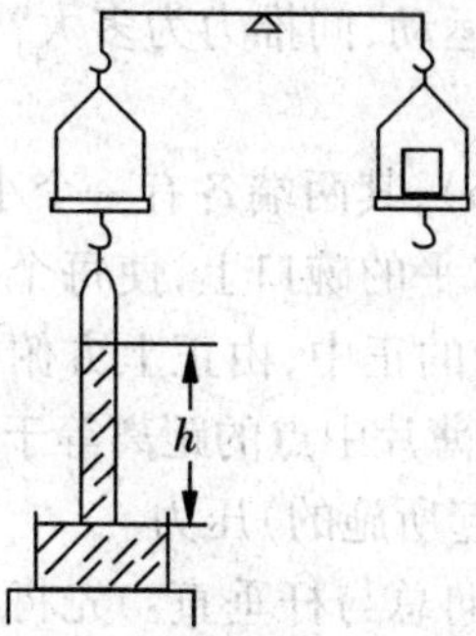

题 5 图

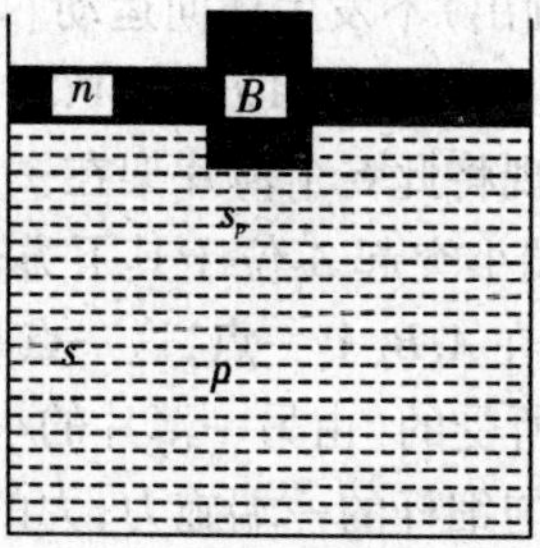

题 6 图

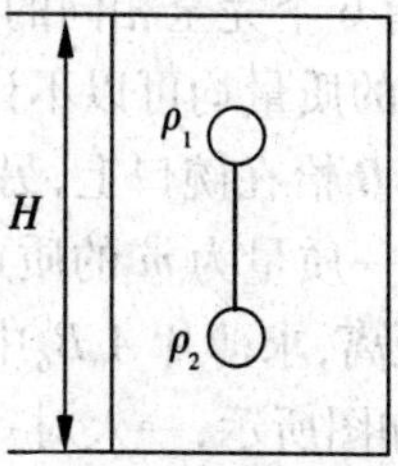

题 7 图

8.（南开大学）一根橡皮绳长 3 m，劲度系数为 100 N/m。现将其首尾相连，围成如图所示的正三角形，并用同样大小的力对称地拉它。现欲使橡皮绳所围成的正三角形的面积增大一倍，拉力 F 应为多大？

9.(哈尔滨工业大学)在一个与平面成α角的粗糙斜面上放着一个物体,它系于一个不伸长的细绳上,细绳的另一端通过斜面上的一小孔竖直穿过平面,如图所示。然后慢慢地拉动绳子。开始时,绳子处于水平位置,在这个物体到达小孔的时候,物体在斜面上通过的轨迹正好是一个半圆周。求动摩擦因数μ。

10.(上海交通大学)在图中,A、B是两个带柄(a和b)的完全相同的长方形物体,C是另一个长方体,C的质量是m,与A、B之间的动摩擦因数均为μ,设他们原来都处于静止状态。

(1)若以手握住a,使A不动,另一手握住b,逐渐用力沿斜面向上拉B,当力增大到刚能使B向上移动时,C动不动?若动如何动?此时A与C之间的摩擦力为多大?

(2)若握住b使B不动,握住a逐渐用力将A沿斜面向下拉,当力增大到刚能使A向下移动时,C动不动?若动如何动?

(3)若握住a、b,同时向下、向上拉A和B,并设法使A、B同时开始运动,此时C动不动?若动如何动?

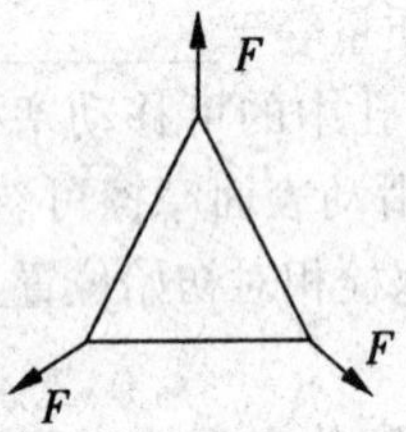

题8图

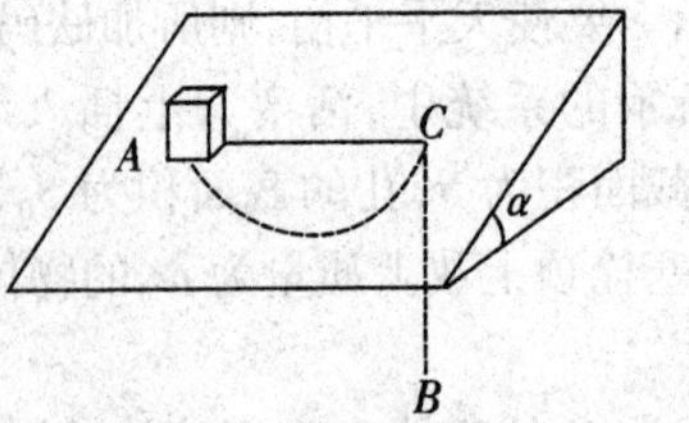

题9图

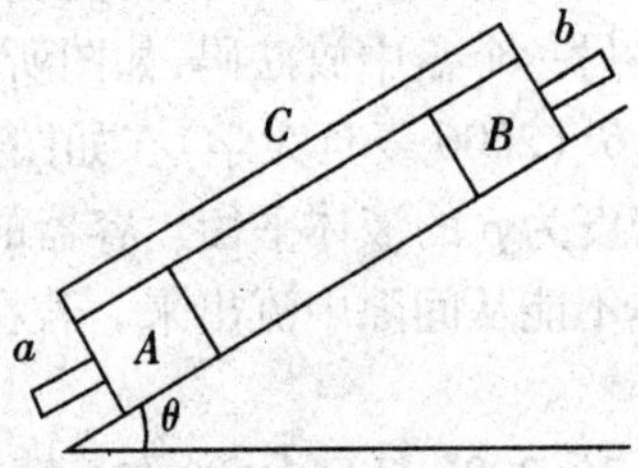

题10图

11.(南京大学)一质量$m=20$ kg的钢件,架在两根完全相同的平行长直圆柱上,如图所示。钢件的中心与两圆柱等距,两圆柱的轴线平行且在水平面内,圆柱的半径$r=0.025$ m,钢件与圆柱间的动摩擦因数$\mu=0.02$。两圆柱各绕自己的轴线做$\omega=40$ rad/s的相反方向的匀速转动,钢件做速度$v_0=0.05$ m/s的匀速运动,问推力为多大?[设钢件左右受光滑导轨限制(图中未画出)不发生横向运动]

12.有6个完全相同的刚性长条薄片$A_iB_i(i=1,2,\cdots,6)$,其两端各有一个小突起,薄片及突起的质量均可以不计。现将此6个薄片架在一只水平的碗口上,使每个薄片一段的小突起B_i恰在碗口上,另一端小突起A_i位于其下方薄片的正中,由正上方俯视如图所示。若将一质量为m的质点放在A_6B_6上一点,这一点与此薄片中点的距离等于它与小突起A_6的距离,求薄片A_6B_6中点所受的(由另一薄片的小突起所施的)压力。

13.如图所示,一人对一均匀细杆的一端施力,力的方向总与杆垂直。先将杆从地板上无滑动地缓慢拉到竖直位置,则杆与地板之间的静摩擦因数至少为多大?

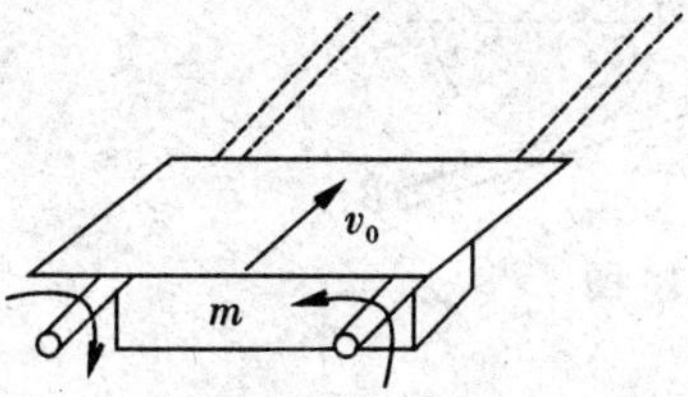

题 11 图

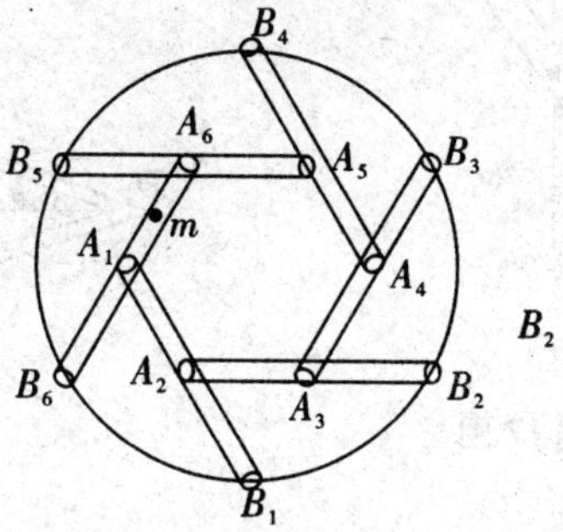

题 12 图

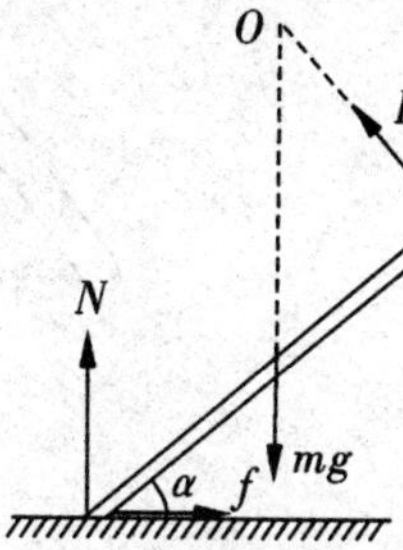

题 13 图

14. 如图所示，在质量为 M 的一个圆板边缘上，固定一个质量为 m 的小物体，设圆板静止在倾角为 α 的斜面上，小物体和圆板中心的连线与竖直方向间的夹角为 θ，求 $\sin\alpha$。

15.（2006 上海交通大学）如图所示，A、B 两球的质量都为 m，直径为 d，用一个圆罩罩在光滑的水平桌面上，圆罩直径为 D。已知 $d<D<2d$。如不计各接触面间的摩擦，试求圆罩内的球不致翻倒时圆罩的最小重力 G。

16. 如图所示，等腰直角三角形的斜边长为 $2a$，若切去等腰三角形 ABP 后，剩余部分的重心在 P 点，试求 PD 的长。

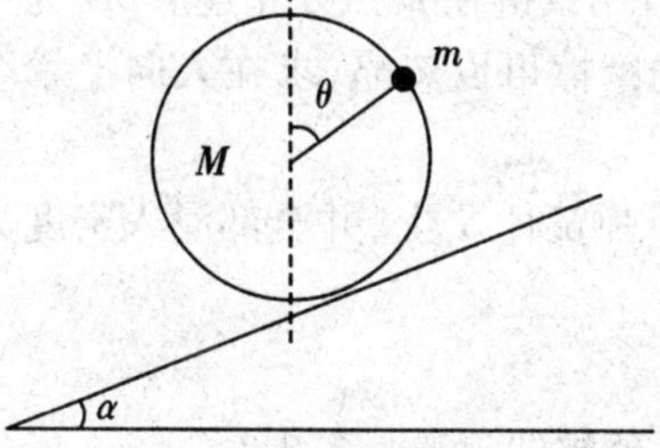

题 14 图

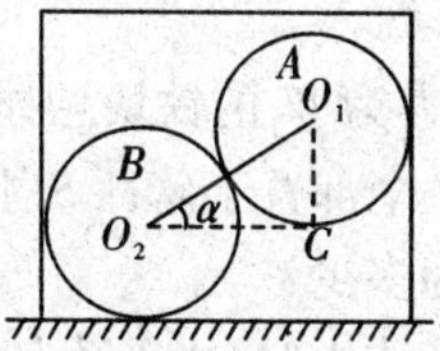

题 15 图

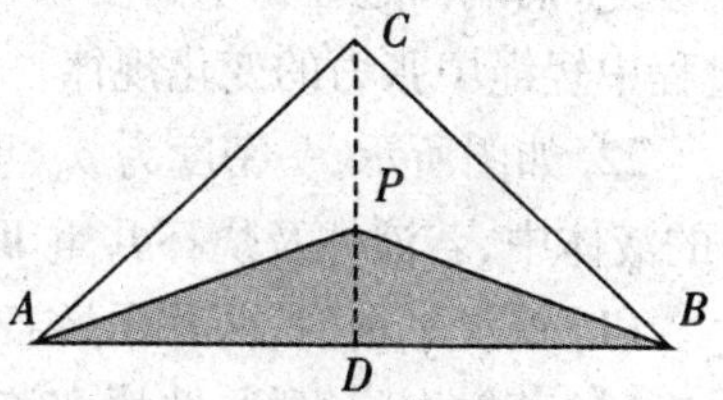

题 16 图

17. 如图所示，一均匀细杆长 1 m，重力为 G，在距其上端 25 cm 处用一钉子将其钉在铅直墙面上，使细杆可绕此钉子无摩擦地旋转，今施一水平力于其上端，使细杆偏离铅垂线 θ 角（$\theta<90°$）而平衡，则钉子作用在轴上的力多大？

18.（西安交大）如图所示，AOB 是一把等臂夹子，轴 O 处的摩擦不计。若想在 A、B 处用力夹住一圆柱形物体 C，则能否夹住与哪些因素有关？若这一装置能夹住 C，这些因素应满足什么条件？（不考虑 C 的重力）

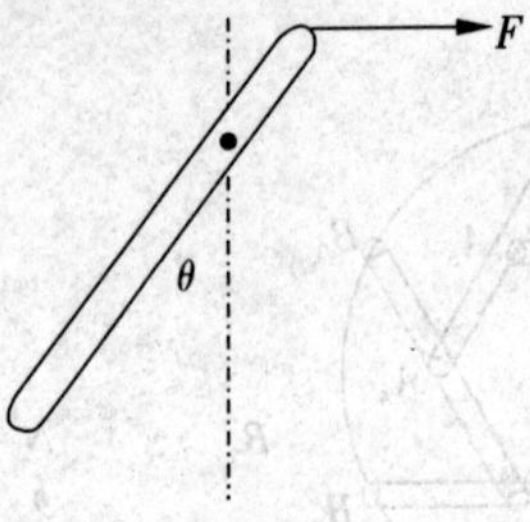

题 17 图

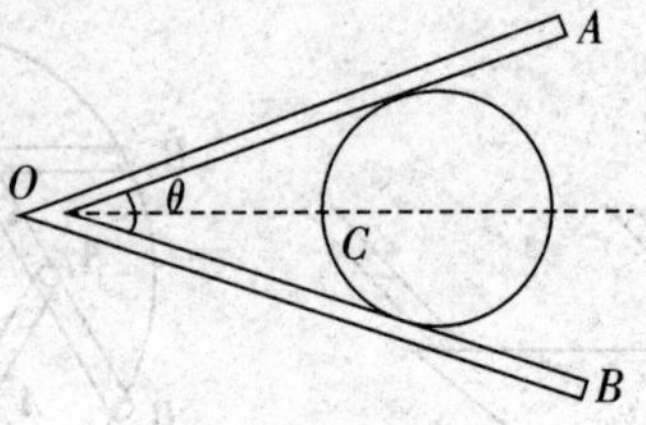

题 18 图

19. (2011 华约)一个有底无盖的圆柱形桶，底面质量不计，桶侧面质量为 a g，桶的重心在中轴线上的正中间位置，装满水后水的质量为 b g。

(1)若 $b=3a$，水装到一半，求系统合重力到桶底面的距离与桶的高度之比。

(2)装入水的质量 m 为多少时，水和桶的合重心最低？

20. 如图所示，方桌重 $G=100$ N，前后腿与地面的动摩擦因数 $\mu=0.20$，桌的宽与高相等。

(1)要使方桌向右滑动，求水平拉力 F、地面对前、后腿的支持力和摩擦力。

(2)设前、后腿与地面间的静摩擦因数 $\mu_0=0.60$。在方桌的前端用多大水平力拉桌可使桌子以前腿为轴向前翻倒而不滑动？

21. (2008 上海交通大学)重为 80 kg 的人沿如图所示的梯子从底部向上攀登，梯子质量为 25 kg，顶角为 30°。已知 AC 和 CE 都为 5 m 长且用铰链在 C 点处相连。BD 为一段轻绳，两端固定在梯子高度一半处。设梯子与地面的摩擦可以忽略，求在人向上攀登过程中轻绳中张力的变化规律。

22. 如图所示，一密度为 ρ_0、重力为 W_1 的铁块悬挂于弹簧秤 S_1 上，并全部浸入密度为 ρ 的液体中，若液体及烧杯共重 W_2，全部置于磅秤 S_2 上。

(1)铁块平衡时，两秤示数各为多少？

(2)若撤去弹簧秤，铁块在该液体中“自由下落”时，磅秤的示数是多少？

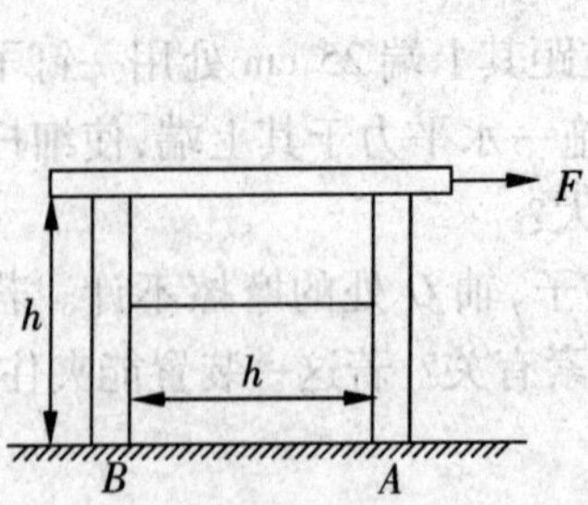

题 20 图

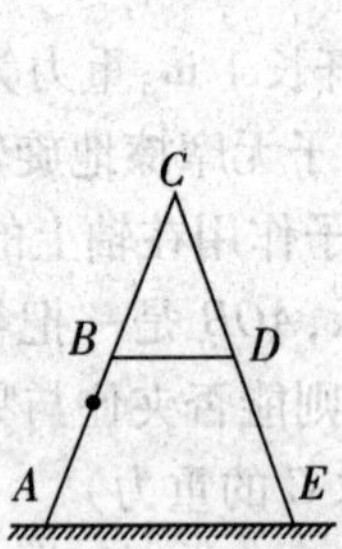

题 21 图

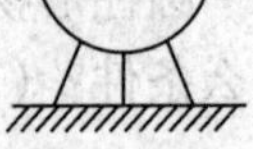

题 22 图

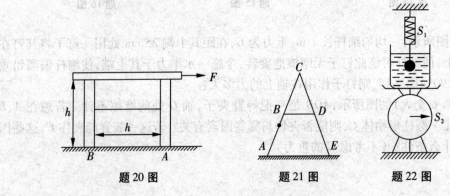

23. 如图所示，半径为 R_2 的均质圆柱体置于水平放置的、半径为 R_1 的圆柱上，母线互相垂直，设两圆柱间动摩擦因数足够大，不会相互滑动，试求稳定平衡时，R_1 和 R_2 应满足什么条件？

24.(2009 清华大学)如图所示,三根质量为 m、长为 l 的相同均质棒靠在一起,三棒与地接触点的连线构成一边长为 l 的正三角形。已知三棒与地之间的摩擦系数相等。

(1)试求 OA 棒顶点所受作用力的大小与方向;

(2)若在 OA 棒的中点固定一质量也为 m 的小球,再求其顶端所受作用力的大小与方向;

(3)在(2)情况下,要使体系保持静止,则棒与地面之间的摩擦系数至少多大?

25. 如图所示,一质量为 50 kg 的均匀圆柱体,放在台阶的旁边,台阶的高度 h 是柱体半径 r 的一半,如图所示(图为其横截面),柱体与台阶接触处(图中 P 点)是粗糙的。先要在图中柱体的最上方 A 处施加一最小的力,使柱体刚好能开始以 P 为轴向台阶上滚动,求:

(1)所施加的力的大小。

(2)台阶对柱体的作用力的大小。

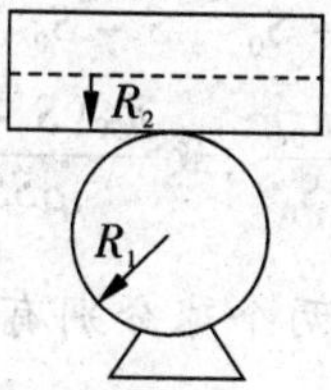

题 23 图

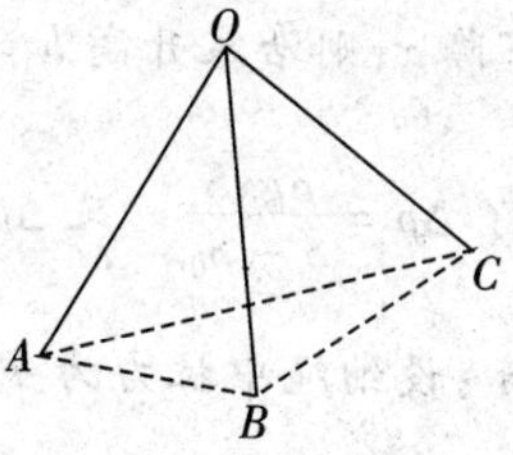

题 24 图

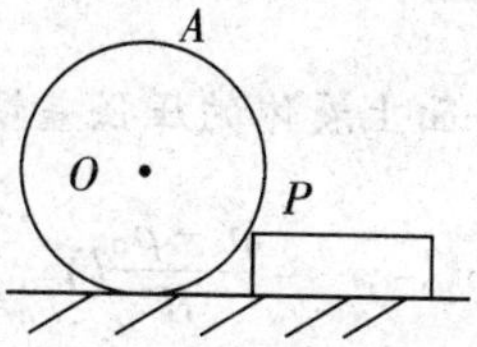

题 25 图

26. 用 20 块质量均匀分布的相同光滑积木块,在光滑水平面上一块叠一块地搭成单孔桥。已知每一积木块的长度为 l,横截面是边长为 $h=l/4$ 的正方形。要求此桥具有最大跨度(即桥孔底宽)。试求跨度与桥孔高度的比值。

27. 现有一个弹簧测力计(可随便找地方悬挂),一把匀质的长为 l 的有刻度、零点位于端点的直尺,一个木块及质量不计的细线。试用这些器件设计一实验装置(要求画出示意图),通过一次测量(弹簧测力计只准读一次数),求出木块的质量和尺的质量。(已知重力加速度为 g)

答案详解

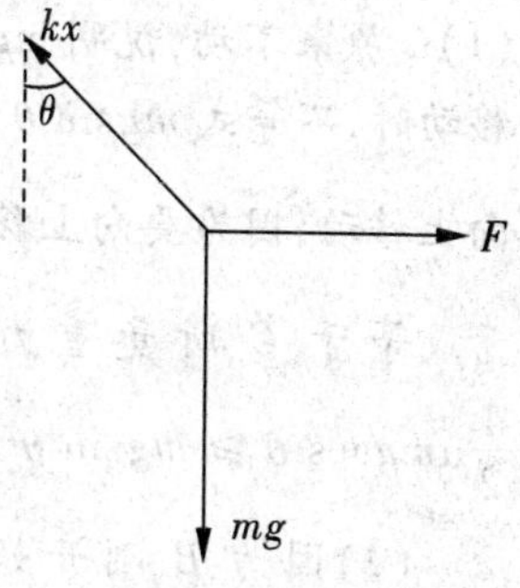

答题 1 图

1. D。提示:由每个时刻都平衡得:$kx\cos\theta = mg$,$x\cos\theta = \dfrac{mg}{k}$。即为反比例函数。

2. $0.6R$。提示:对整体,$mg3R/8\sin\theta = (mg/8)\,x\cos\theta$,对物体,$\mu = \tan\theta$。

3. $\alpha \leqslant \arctan 0.5$。提示:不滑动,$\alpha \leqslant \arctan 0.6$;不翻倒,$\alpha \leqslant \arctan 0.5$。

4. 下降。提示:当小铁块 B 位于木块 A 上并共浮在水面上时,两物块受到的重力与浮力平衡。设排开水的体积为V_0,水的密度为ρ_0,则有$m_Ag + m_Bg = V_0\rho_0g$,当取走B后,木块A达到一个新的平衡位置,设此时木块A排开水的体积V_1,则有$m_Ag = V_1\rho_0g$,而小铁块直接放在水中最终将沉到杯底才能平衡。设小铁块排开水的体积为V_2,杯底对小铁块的支持力为F_N,则有$m_Bg = F_N + V_2\rho_0g$,由以上三式得$V_0\rho_0g = F_N + (V_1 + V_2)\rho_0g$,由于$F_N \neq 0$,故知$V_0 > V_1 + V_2$。因杯内水的总体积时一定的,被排开的水的体积减小了,因而杯内水面的高度将下降。

5. $m + \rho hS$。提示:把玻璃管和管内的水银作为考察对象,它们受到的作用力有:玻璃管受到的重力mg,方向竖直向下;管内水银受到的重力ρShg,方向竖直向下;管顶受到大气的压力p_0S,方向竖直向下,其中p_0为大气压强;由于槽内水银表面受到大气压力作用,在槽内水银与管内水银接触处,槽内水银有压力p_0S作用于管内水银上,方向竖直向上。玻璃管与管内水银受到的合力为$mg + \rho Shg$,方向竖直向下。故为使天平平衡,所加砝码的质量等于$m + \rho hS$。

6. $\dfrac{m_0(S - S_0)}{\rho SS_0}$。提示:设塞栓下降$x$,则活塞升高$h = \dfrac{\Delta V}{S - S_0} = \dfrac{xS_0}{S - S_0}$,则$x + h = \dfrac{xS}{S - S_0}$,两个面上液体的压强差增加了$\Delta p = \dfrac{\rho gxS}{S - S_0}$。又$\Delta p = \dfrac{m_0g}{S_0}$,故$\dfrac{m_0(S - S_0)}{\rho SS_0}$。

7. $\dfrac{gV}{2}(\rho_2 - \rho_1 - \dfrac{\rho - \rho_0}{H}l)$。提示:设细绳中拉力为$T$,对两个球分别有$F_{浮1} - T - m_1g = 0$,$F_{浮2} - T - m_2g = 0$。在液体下深度$x$处时,球受到的浮力表示为$F_{浮x} = \rho_x gV$,而$\rho_x = \rho_0 + \dfrac{(\rho - \rho_0)x}{H}$,这样可得$T = \dfrac{gV}{2}(\rho_2 - \rho_1 - \dfrac{\rho - \rho_0}{H}l)$。这一关系只有在$T \geqslant 0, x_1 > 0, x_2 < H$时才有可能成立。

8. 215.23 N。提示:原先绳劲度系数为k,现在等分为三段。则每段应变为$3k$。面积变为2倍,边长变为$\sqrt{2}$ m。$F = 2T\cos 30° = \sqrt{3} \cdot 3k(\sqrt{2} - 1) = 215.23(\text{N})$。

9. $\tan\alpha$。提示:最低点处,$T\cos 45° = \mu mg\cos\alpha$,$T\sin 45° = mg\sin\alpha$得$\mu = \tan\alpha$。

10. (1)C不动;(2)$\dfrac{1}{2}\mu mg\cos\theta - mg\sin\theta$;(3)$C$与$A$共同沿斜面向下移动。提示:(1)$C$原来不动,说明$mg\sin\theta$小于$A$、$B$对$C$的最大静摩擦力$\mu mg\cos\theta$。当$B$刚能向上移动时,不等式$mg\sin\theta < \mu mg\cos\theta$仍成立,所以$C$不可能向下移动。另外,$C$也不可能向上移动,因为要向上移动,则$B$对$C$的摩擦力(其可能的最大值为$\dfrac{1}{2}\mu mg\cos\theta$)必须大于或等于$C$所受重力沿斜面方向的分力与$A$对$C$的最大静摩擦力之和,即$\dfrac{1}{2}\mu mg\cos\theta \geqslant mg\sin\theta + \dfrac{1}{2}\mu mg\cos\theta$,这是不可能的。所以结论是$C$不动。

(2)因为B刚开始向上移动而C不动,所以A对C的摩擦力的大小是$F_f = \left|\dfrac{1}{2}\mu mg\cos\theta - mg\sin\theta\right|$,方向是沿斜面向上还是向下,视两者大小而定,若$\dfrac{1}{2}\mu mg\cos\theta > mg\sin\theta$,摩擦力方向是向下的;反之,则向上。

(3) C 不能向上移动。另外，当 A 刚开始向下移动时，C 不可能不动。因为这时 C 受到 B 对它的向上的摩擦力(其可能的最大值为 $\frac{1}{2}\mu mg\cos\theta$)，不可能抵消重力沿斜面方向的分力与 A 对 C 的摩擦力的合力(即 $mg\sin\theta+\frac{1}{2}\mu mg\cos\theta$)。由以上分析可得出结论：$C$ 必向下移动。

11. 2 N。提示：$F=2\mu\frac{mg}{2}\frac{v_0}{\sqrt{v_0^2+\omega^2r^2}}=2(\mathrm{N})$。

12. $mg/42$。提示：$2F_i=F_{i+1}$；$F_6\cdot l=F\cdot\frac{l}{2}+mg\cdot\frac{3l}{4}$，得 $F_1=mg/42$。

13. $\frac{\sqrt{2}}{4}$。提示：$M_0=0, Nl\cos\alpha=fl(\sin\alpha+\frac{1}{\sin\alpha}).\mu\geqslant\frac{f}{N},\mu_{\min}=\frac{\sqrt{2}}{4}$。

14. $\frac{m\sin\theta}{M+m}$。提示：$MgR\sin\alpha=mgR(\sin\theta-\sin\alpha)$ 得 $\sin\alpha=\frac{m\sin\theta}{M+m}$。

15. $\frac{2(D-d)mg}{D}$。提示：$G\cdot\frac{D}{2}=Nd\sin\alpha$，$N\cdot\sin\alpha=mg\cos\alpha$，$d(1+\cos\alpha)=D$ 得 $G=\frac{2(D-d)mg}{D}$。

16. $PD=\frac{1}{2}a$。提示：设 PD 长为 xa，由重心公式得 $\frac{(1-x)x+x\left(\frac{1}{3}x\right)}{1-x+x}=\frac{1}{3}$，得 $x_1=\frac{1}{2}$，$x_2=1$(舍去)，故 PD 长为 $\frac{1}{2}a$。

17. $G/\cos\theta$。提示：以钉为轴，$Gl\sin\theta=Fl\cos\theta$；由三力汇交原理，$N=\sqrt{G^2+F^2}$。

18. 与 μ,θ 有关；$\mu\geqslant\tan\frac{\theta}{2}$。提示：$f\cos\frac{\theta}{2}=N\sin\frac{\theta}{2}$，又 $\mu N\geqslant f$，可得 $\mu\geqslant\tan\frac{\theta}{2}$。

19. $\frac{7}{20}$；$(\sqrt{a^2+ab}-a)(\mathrm{g})$。提示：(1) 设桶高 h，合重心到桶底的高度为 y，则 $y=\frac{a\cdot\frac{h}{2}+\frac{b}{2}\cdot\frac{h}{4}}{a+\frac{b}{2}}=\frac{7}{20}h$，即 $\frac{y}{h}=\frac{7}{20}$；(2) 当水和桶的合重心在水面上时系统合重心最低，因为如果此时再加水，相当于在合重心上面添加物体，合重心当然会升高；而如果在合重心下方去掉水，相当于在合重心下方抽掉物体，合重心也会升高。设水质量 m 时水面距离桶底 x，则由 $b/h=m/x$ 得 $x=mh/b$。由 $x=\frac{a\cdot(h/2)+m\cdot(x/2)}{a+m}$ 得 $m=\sqrt{a^2+ab}-a$。

20. (1) $N_A+N_B=G$，$\mu N_A=f_A$，$\mu N_B=f_B$，$F=f_A+f_B$，对 A 点力矩平衡 $N_B\cdot h+F\cdot h=G\cdot\frac{h}{2}$ 得 $F=20\ \mathrm{N}$，$N_A=70\ \mathrm{N}$，$N_B=30\ \mathrm{N}$，$f_A=14\ \mathrm{N}$，$f_B=6\ \mathrm{N}$。

(2)翻倒条件:以 A 为转轴 $F \cdot h > G \cdot \frac{h}{2}$,不滑动条件:$F < \mu G$。故 $50\ \text{N} < F < 60\ \text{N}$。

21. $(125 + 160x)\tan 15°(\text{N})$。提示:设梯子的质量为 M,人的质量为 m。当人爬离 A 点的距离为 x 时,有 $N_1 + N_2 - mg - Mg = 0$。以 A 为轴,梯子为研究对象,有 $x\cos 75°mg + AC\cos 75°Mg - 2AC\cos 75°N_2 = 0$,其中 $AC=5$ m。设绳中张力为 T,以 C 为轴,左侧梯子为对象,有 $(5-x)\sin 15° \cdot mg + \frac{5}{2}\cos 15° \cdot T + \frac{5}{2}\sin 15° \cdot \frac{Mg}{2} - 5\sin 15° \cdot N_1 = 0$,得 $T = (125 + 160x)\tan 15°$

22. (1) s_1 的示数:$W_1(1 - \frac{\rho}{\rho_0})$,$s_2$ 的示数:$W_2 + \frac{\rho}{\rho_0}W_1$;(2) s_2 的示数:$W_1 + W_2 - W_1(1 - \frac{\rho}{\rho_0})^2$。提示:(1)铁块浮力 $F = \rho gV = \frac{\rho}{\rho_0}W_1$,所以 s_1 的示数:$F_1 = W_1 - \frac{\rho}{\rho_0}W_1$,$s_2$ 的示数:$W_2 + \frac{\rho}{\rho_0}W_1$。(2)对铁块:$W_1 - \frac{\rho}{\rho_0}W_1 = \frac{W_1}{g}a$,得 $a = g(1 - \frac{\rho}{\rho_0})$,下落过程,铁块失重:$\frac{W_1}{g}a = W_1 - \frac{\rho}{\rho_0}W_1$,等体积的"水球"的质量:$m_1 = \rho V = \frac{\rho W_1}{\rho_0 g}$,"水球"加速上升,超重:$m_1 a_1 = \frac{\rho}{\rho_0}W_1 - (\frac{\rho}{\rho_0})^2 W_1$,所以磅秤的示数:$F_3 = W_1 + W_2 - \left(W_1 - \frac{\rho}{\rho_0}W_1\right) + \left[\frac{\rho W_1}{\rho_0 g}\left(1 - \frac{\rho}{\rho_0}\right)\right] = W_1 + W_2 - W_1(1 - \frac{\rho}{\rho_0})^2$。

23. $R_1 > R_2$。提示:设发生一微小偏角 θ,则重心高度变化为:$\Delta h = h_2 - h_1 = (R_1\cos\theta + R_1\theta\sin\theta + R_2\cos\theta) - (R_1 - R_2)$,因为 θ 很小,所以 $\sin\theta \approx \theta$,$\cos\theta = 1 - 2\sin^2\frac{\theta}{2} \approx 1 - \frac{\theta^2}{2}$,故 $\Delta h = \frac{R_1 - R_2}{2}\theta^2$,稳定平衡的条件是:$\Delta h > 0$,即 $R_1 > R_2$。

24. (1) $(\sqrt{2}/4)mg$,方向沿 DO;(2) $(\sqrt{3}/3)mg$,方向与 $\overline{AO}$ 垂直;(3) $2\sqrt{2}/7$。提示:(1)由对称性知,F 必沿水平方向,且在 ΔADO 平面内(D 为 BC 中点),$\overline{AD} = \overline{DO} = (\sqrt{3}/2)l$,因而 $\alpha = \angle OAD = \arccos\left(\frac{l}{2}/(\frac{\sqrt{3}}{2}l)\right) = \arccos\frac{1}{\sqrt{3}}$。以 A 为支点,由 A 棒平衡可得 $F = \frac{1}{2}mg\cot\alpha = \frac{1}{2\sqrt{2}}mg$。这时 B、C 棒受力情况相同,B 棒的受力可看作在原受力 F 外再受一力 G_B,既然 B 棒仍平衡,G_B 必沿着 B 棒方向。同理,也有一力 G_C 作用于 C 棒,且沿 C 棒方向。G_B 和 G_C 的合力必沿 OD 方向,它的反作用力 G 作用在 A 棒上,方向沿 DO,G 对 A 点力矩应与人对 A 的力矩平衡,即 $mg\frac{1}{2}\cos\alpha = Gl\sin\alpha$。因此,$G = F = \frac{1}{2\sqrt{2}}mg$。(2)不难看出,$G$ 与 AO 延长线夹角也是 α,由几何关系即可求出 F 与 G 的合力 $F' = 2F\sin\alpha = (1/\sqrt{3})mg$,方向与 $\overline{AO}$ 垂直;(3)由(1)(2)可求得 $N_A = \frac{5}{3}mg$,$f_A =$

$\frac{\sqrt{2}}{3}mg$ ，$\mu_A \geqslant \frac{\sqrt{2}}{5}$ ，$N_B = \frac{7}{6}mg$ ，$f_B = \frac{\sqrt{2}}{3}mg$ ，$\mu_B \geqslant \frac{2\sqrt{2}}{7}$ ，地面与棒间摩擦因数 μ 至少为 $2\sqrt{2}/7$。

25. (1)250 N;(2)433 N。提示:(1) $F \perp AP$ 时,F 最小，$F \cdot \sqrt{3}r = G \cdot \frac{\sqrt{3}}{2}r$ ，$F_{\min} = \frac{1}{2}G = 250\ \text{N}$ ；(2)由三力汇交原理，$F_P = \sqrt{(G - F\sin 30°)^2 + (F\cos 30°)^2} = 433\ \text{N}$ 。

26. 1.258。提示:用积木搭成的单孔桥跨高 $H = 10h - h = 9h$ ，最大跨度 L 可求得如下:由于积木块是光滑的,最上层两块积木间应无水平方向的相互作用力,其他各积木块之间也无水平作用力。设第 n 块积木端点与第 n+1 块积木端点的距离为 Δx_n ，则第 n 块以上共有 n–1 块积木,其合重心的作用线应在第 n 块积木的边缘 B 点的左方或通过 B 点,否则上面的积木将不能维持平衡。现要求跨度最大,因此合重力应通过 B 点。选择第 n+1 块积木边缘 A 点为支点,第 n 块积木的力矩平衡条件为 $(n - 1)G\Delta x_n = G(\frac{l}{2} - \Delta x_n)$ ，式中 G 为每个积木块所受重力。由上式可得 $\Delta x_n = l/2n = 2h/n$ ，因此

$$L = 2\sum_{n=1}^{9} \Delta x_n = 4h\sum_{n=1}^{9}(1/n) = 4h(1 + 1/2 + \cdots + 1/9) = 11.32h\ ,$$

所以

$$L : H = 11.32h : 9h = 1.258$$

27. 提示:找个地方把弹簧测力计悬挂好,取一段细线做成一环,挂在弹簧测力计的挂钩上,让直尺穿在细环中,环与直尺的接触点就是直尺的悬挂点,它将尺分为长短不等的两段。用细线拴住木块挂在直尺较短的一段上,细心调节直尺悬挂点及木块悬挂点的位置,使直尺平衡在水平位置(为提高测量精度,尽量使二悬挂点相距远些)。设木块质量为 m,直尺质量为 M。记下二悬挂点在直尺上的读数 x_1、x_2,弹簧测力计读数 G。由平衡条件和图中所设的直尺零刻度线的位置有 $(m + M)g = G$ ，$mg(x_2 - x_1) = Mg\left(\frac{l}{2} - x_2\right)$ ，两式联立可得 $m = \frac{G(l - 2x_2)}{g(l - 2x_1)}$，$M = \frac{2G(x_2 - x_1)}{g(l - 2x_1)}$ 。

专题二　运动学

考点热点

一、匀变速直线运动

基本公式

$$v_t = v_0 + at,\ s = v_0 t + \frac{1}{2}at^2,\ s = \frac{1}{2}(v_0 + v_t)t,\ v_t^{\ 2} - v_0^{\ 2} = 2as$$

利用匀变速直线运动规律求解运动学问题，在熟悉题意的基础上，首先要分清物体的运动过程及各过程的运动性质，要注意每一个过程加速度必须恒定。找出各过程的共同点及两过程转折点的速度，再根据已知量和待求量选择合适的规律、公式求解。

二、运动的合成法则

运动的合成包括位移、速度、加速度的合成，遵从矢量合成法则。通常，将相对观察者静止的参考系称为静止参考系，将相对观察者运动的参考系称为运动参考系；物体相对于静止参考系的运动称为绝对运动，相对应的运动学量称为绝对位移、绝对速度、绝对加速度；物体相对于运动参考系的运动称为相对运动，相对应的运动量称为相对位移、相对速度、相对加速度；而运动参考系相对于静止参考系的运动称为牵连运动，相对应的运动学量称为牵连位移、牵连速度、牵连加速度，三种运动学量的矢量关系是：

$$\boldsymbol{s}_{绝对} = \boldsymbol{s}_{相对} + \boldsymbol{s}_{牵连}$$

$$\boldsymbol{v}_{绝对} = \boldsymbol{v}_{相对} + \boldsymbol{v}_{牵连}$$

$$\boldsymbol{a}_{绝对} = \boldsymbol{a}_{相对} + \boldsymbol{a}_{牵连}$$

上述关于质点位移、速度、加速度的相对性的结论，建立了两个不同的参考系来描述同一质点运动的联系，提供了从一个参考系的运动描述转入另一个参考系的可能性。

力学研究中，一个非常重要的参考系叫作惯性系，因为只有在惯性系中牛顿运动规律才成立，而与某个惯性系相互做匀速运动的所有参考系都是惯性系。不同的惯性系描述同一点的运动时，位移、速度具有相对性，而加速度具有绝对性，因为各惯性系中各点的运动加速度是相同的，这里必须说明两点：

(1)任何一线性物体长度在不同惯性系中是相同的。空间间隔具有绝对性，

即 $l' = l$。

(2)在不同的参考系中各时间间隔是相等的,时间间隔具有绝对性,即 $\Delta t' = \Delta t$,所以有 $v' = \lim\limits_{\Delta t'\to 0}\dfrac{\Delta s'}{\Delta t'} = \lim\limits_{\Delta t'\to 0}\dfrac{\Delta s'}{\Delta t}$。

三、物系的关联速度

若将两个运动质点用杆或绳等方式连接起来,它们的运动就彼此关联,根据这一关联,可得到两者速度之间,加速度之间的关系。

用运动的分解求解相关运动中速度及加速度关联比用小量分析法要简单,在运动关联中常用到的分解有以下几种。

(1)对于用不可伸长的绳或杆连接的质点:通常分解成沿绳或杆的方向和垂直绳或杆方向的两个分运动,在同一时刻两质点沿绳或杆方向的分运动速度大小相等,加速度大小不一定相等。

(2)固定在同一刚体上的两质点:通常将它们的运动分解为沿它们连线方向和垂直方向的两个分运动。在同一时刻,它们在沿连线方向的分运动的速度相等,沿垂直连线方向上角速度及角加速度相等。

(3)始终保持接触的两物体:将两物体接触的运动沿接触面法线方向和切线方向分解,则在同一时刻它们沿法线方向的分速度相等。

(4)对于线状物的交叉点:在求两线状物的交叉点的速度时,将两线状物的运动沿双方切线方向分解,则交叉点的速度就是两线状物沿对方切向分速度的矢量和。

四、斜抛运动

由运动合成原理,可以把斜抛运动看作两直线运动的合成,常见的三种分解方法是:

(1)沿初速度方向的匀速直线运动和自由落体运动。

(2)沿两相互垂直方向的匀变速直线运动。在讨论斜面上的平抛运动时,通常在沿斜面和垂直于斜面方向上进行分解。

(3)沿水平方向的匀速直线运动和竖直方向的匀变速直线运动。如图 1 所示,以抛射点为坐标原点,在竖直平面内建立直角坐标系。

斜抛运动可看成沿 x 轴方向速度为 $v_0\cos\theta$ 的匀速直线运动和沿 y 轴方向初速度为 $v_0\sin\theta$、加速度为 $-g$ 的竖直上抛运动。

最大高度 $H = \dfrac{v_0^2\sin^2\theta}{2g}$,水平射程 $L = \dfrac{v_0^2\sin 2\theta}{g}$

如图 2 所示,设 θ_1、θ_2 为同一射程的两个抛射角,显然有关系 $\theta_1 + \theta_2 = \dfrac{\pi}{2}$。

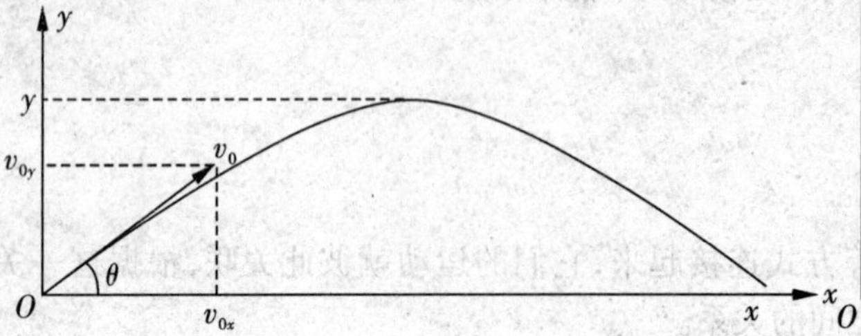

图 1

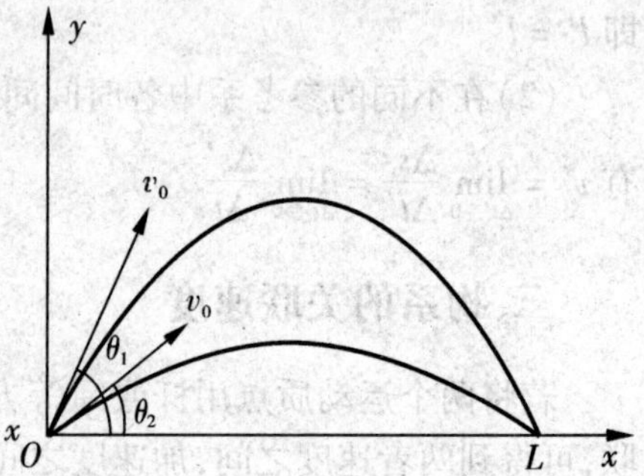

图 2

五、圆周运动

将一段光滑的平面曲线分解成一系列无限小的弧线，数学上对于曲线上任意 S 处附近的无限小弧线都可以找到一个对应的圆，使得这一小段圆弧成为该圆上的一小段圆弧，如图 3 所示。此圆称为曲线在 S 处的曲率圆，圆半径 R 称为 S 处的曲率半径，R 小，曲线在 S 处弯曲程度高；R 大，则弯曲程度低；直线可视为曲率半径 R 为无穷大的特殊曲线。根据上面的讨论，点的平面曲线运动可分解为一系列的圆弧运动，从而将平面曲线运动简化为圆周运动。

当某质点 P 做匀速圆周运动时，速度的大小不变，方向始终变化，在 Δt 时间内设 $\boldsymbol{v}$ 由 $\boldsymbol{v}_1$ 变为 $\boldsymbol{v}_2$，则速度增量 $\Delta\boldsymbol{v}=\boldsymbol{v}_2-\boldsymbol{v}_1$。图 4 中，当 $\Delta\theta\to 0$ 时，$\Delta\boldsymbol{v}$ 的方向垂直于 $\boldsymbol{v}_1$ 且与矢径 $\boldsymbol{R}$ 反向平行，指向圆心，大小 $\Delta v=v_1\Delta\theta=\omega R\Delta\theta$，加速度 a 为

$$a=\lim_{\Delta t\to 0}\frac{\Delta v}{\Delta t}=\lim_{\Delta t\to 0}\frac{\omega R\Delta\theta}{\Delta t}=\omega^2 R$$，方向：指向圆心，叫向心加速度。

令 $t=0$ 时，$\theta=\theta_0$，则任意 t 时刻匀速圆周运动的角位移为

$$\theta=\theta_0+\omega t$$

ω 和 v 均随时间 t 变化的圆周运动，称为变速圆周运动，角速度对时间的变化率叫作角加速度，定义为

$$\beta=\lim_{\Delta t\to 0}\frac{\Delta\omega}{\Delta t}$$

对于一般的曲线运动，如图 5 所示，速度增量 $\Delta\boldsymbol{v}=\boldsymbol{v}_2-\boldsymbol{v}_1=\Delta\boldsymbol{v}_\perp+\Delta\boldsymbol{v}_\parallel$，$\Delta\boldsymbol{v}_\perp$ 相当于匀速圆周运动中的 $\Delta\boldsymbol{v}$；$\Delta\boldsymbol{v}_\parallel$ 方向与 $\boldsymbol{v}_1$ 平行，大小 $\Delta v_\parallel=v_2-v_1=\omega_2 R-\omega_1 R=R\Delta\omega$。故点 P 加速度矢量

$$\boldsymbol{a}=\lim_{\Delta t\to 0}\frac{\Delta\boldsymbol{v}}{\Delta t}=\lim_{\Delta t\to 0}\frac{\Delta\boldsymbol{v}_\perp}{\Delta t}+\lim_{\Delta t\to 0}\frac{\Delta\boldsymbol{v}_\parallel}{\Delta t}=-\omega^2 R\boldsymbol{e}_n+\beta R\boldsymbol{e}_\tau=\boldsymbol{a}_n+\boldsymbol{a}_\tau$$

即向心加速度（法向加速度）$a_n=\omega^2 R=\dfrac{v^2}{R}$，指向圆心，（一般曲线运动中，$a_n$ 指向曲率中心，R 是该点的曲率半径，也就是该点所在圆弧的半径），切向加速度 $a_\tau=\beta R$，沿切线方向。

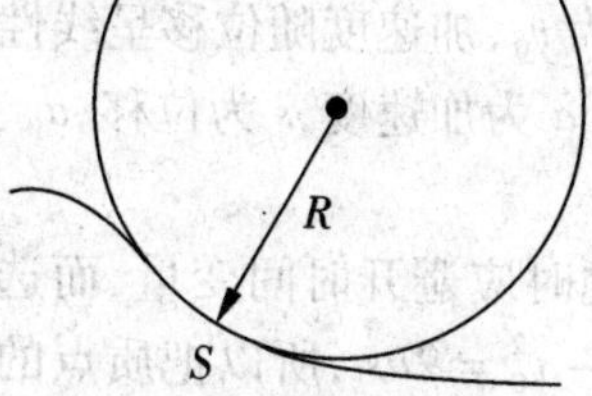

图3

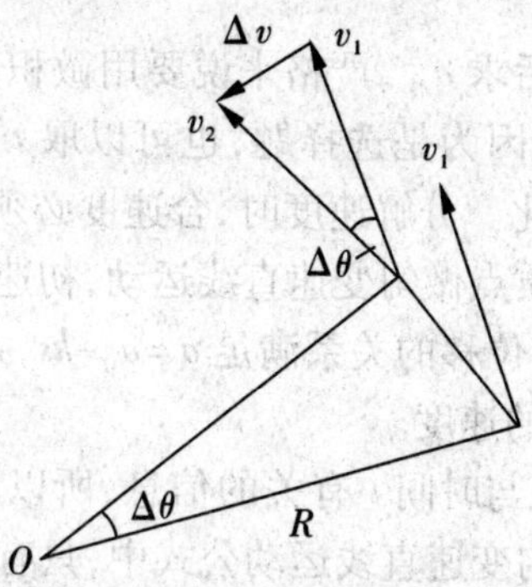

图4

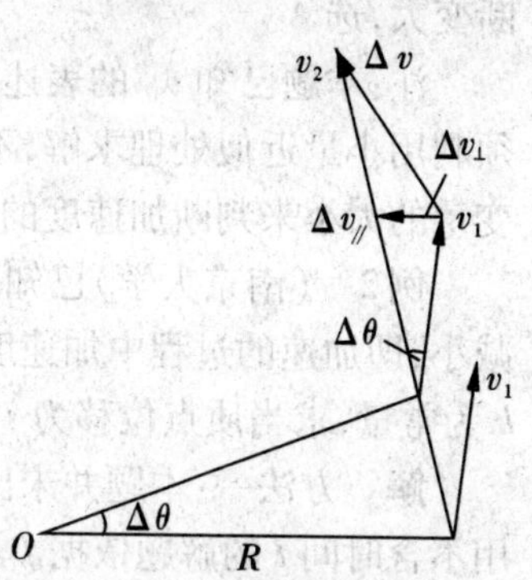

图5

六、费马原理

光在给定的两点间传播时，总是沿着时间最短的路径进行，这就是费马原理。费马原理在运动学中对质点同样适用。

典型例题

例1 （2011华约）如图6，纸面内两根足够长的细杆 ab、cd 都穿过小环 M，杆 ab 两端固定，杆 cd 可以在纸面内绕过 d 点并与纸面垂直的定轴转动。若杆 cd 从图示位置开始，按照图中箭头所示的方向以匀角速度转动，则小环 M 的加速度：

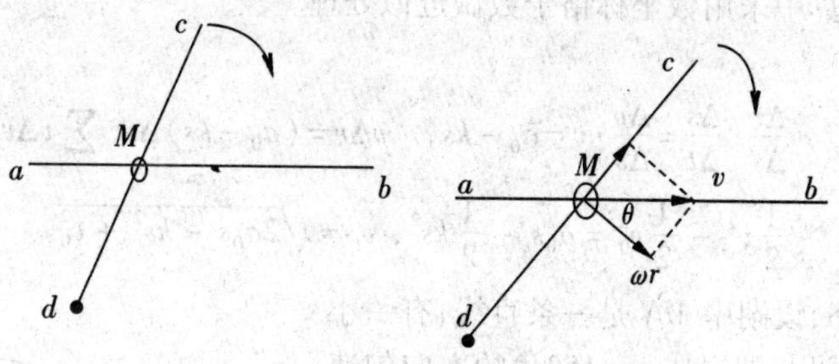

图6

A. 逐渐增加　　B. 逐渐减小

C. 先增加后减小　　D. 先减小后增加

解 设 d 点距离 ab 杆为 h，经时间 t 时 $\angle aMd=\theta$，杆 cd 上 M 点的速度 $v=\omega\dfrac{h}{\sin\theta}$，小环速度也即两杆交叉点的速度 v_M（必沿 ab 方向）沿垂直杆 cd 方向的分速度即为 v，故

$$v_M=\frac{v}{\sin\theta}=\frac{\omega h}{\sin^2\theta}$$

小环的加速度 $a_M=\lim\limits_{\Delta t\to 0}\dfrac{\Delta v_M}{\Delta t}=\dfrac{2h\omega^2\cos\theta}{\sin^3\theta}$，显然 t 增大时 θ 减小，相应环的加速度会不

断变大,选 A。

注:本题已知 v_M 的表述式后求 a_M,严格来说要用微积分知识来解才比较准确,否则须利用小量近似处理求解,不过因为是选择题,也可以取 t 改变相同小量情况下看 v_M 改变量的大小来判断加速度的变化。分解速度时,合速度必须是实际速度。

例 2 (南京大学)已知一质点做匀变速直线运动,初速度为 v_0,加速度随位移呈线性减小,即加速的过程中加速度与位移的关系满足 $a=a_0-ks$,式中 a 为加速度,s 为位移,a_0、k 为常量,求当质点位移为 s 时的速度。

解 方法一:本题并未出现与时间 t 有关的信息,所以解题时应避开时间变量,而选用不含时间 t 的解题依据。在匀变速直线运动公式中,只有 $v_t^2-v_0^2=2as$,所以把质点的运动过程当成多个无限小的等位移过程,每一个过程可以看作匀变速运动,其速度平方的变化量由每一个过程变化量累加而成,即 $\Delta v^2=v_t^2-v_0^2=\sum 2a\Delta s$,利用 $a-s$ 图像的面积求出 $v_t^2-v_0^2$,从而求得 v_t。

如图 7 所示,作出 $a-s$ 图像,可知 $a-s$ 图为一直线,图中阴影部分面积的 2 倍就表示 $v_t^2-v_0^2$,所以

$$v_t^2-v_0^2=2\frac{a_0+(a_0-ks)}{2}s=2a_0s-ks^2$$

$$v_t=\sqrt{2a_0s-ks^2+v_0^2}$$

即当位移为 s 时,质点速度是 $\sqrt{2a_0s-ks^2+v_0^2}$

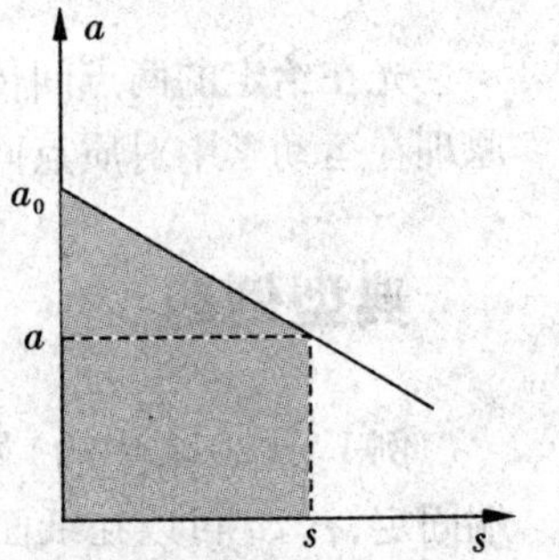

图 7

注:利用图像面积解题时,一般要求所用的图像能方便地求出面积来,如梯形、圆、椭圆等规则图像,若是不规则图形,则在具体数据计算中采用数坐标格子数做近似处理。

方法二:

$$\frac{\Delta v}{\Delta t}=a_0-ks,\quad \frac{\Delta v}{\Delta s}\cdot\frac{\Delta s}{\Delta t}=\frac{\Delta v}{\Delta s}\cdot v=a_0-ks,\quad v\Delta v=(a_0-ks)\Delta s,\ \sum v\Delta v=\sum(a_0-ks)\Delta s$$

即
$$\frac{1}{2}v^2-\frac{1}{2}v_0^2=a_0s-\frac{1}{2}ks^2,\ v_t=\sqrt{2a_0s-ks^2+v_0^2}$$

例 3 如图 8,设湖岸 MN 是一条直线,有一小船自岸边的 A 点沿与湖岸成 $\alpha=15°$ 角的方向匀速向湖中驶去,有一个人自 A 点同时出发,他先沿岸走一段再入水中游泳去追小船。已知人在岸上走的速度为 $v_1=4$ m/s,在水中游泳的速度为 $v_2=2$ m/s,试求小船的速度至多为多大时,这人才能追上小船?

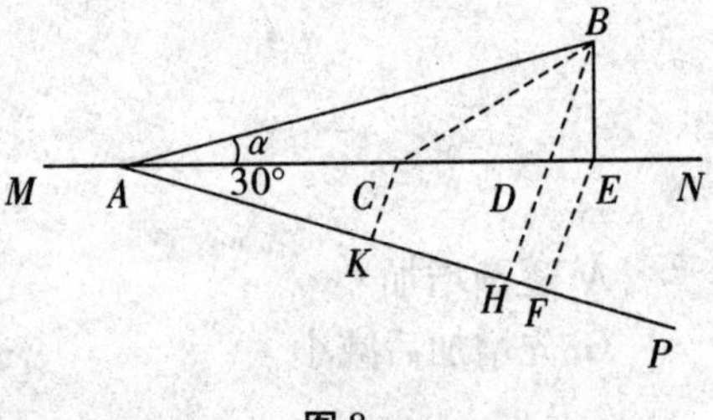

图 8

解 方法一:设人在 B 点追上船,则人到达 B 点可能有很多途径,如 $A\to C\to B$,$A\to D\to B$,$A\to E\to B$ 等,这些途径中耗时最少的途径对应着允许的最大船速,作 $\angle NAP=30°$,并分别作 CK,DH,EF 垂直 AP,其中设 BDH 为直线,又设想 MN 线下方也变成湖水区域,则因为 $AC=2CK$,所以人由 K 点游泳到 C 点所用时间与人在岸上走由 A 点到 C 点所用时间是相等的。故人按题设情况经路径 $A\to C\to B$ 所用时间与假想人全部在水中游泳游过路

径$K\to C\to B$所用时间相等，同理，人按题设情况经路径 $A\to D\to B$ 所用时间与假想人全部在水中游泳游过路径 $H\to D\to B$ 所用时间相等，人按题设情况经路径 $A\to E\to B$ 所用时间与假想人全部在水中游泳游过路径 $F\to E\to B$ 所用时间相等，显然，在这些途径中，因为 HDB 是直线，因此所用时间最少。

由以上分析可知，人沿等效途径 HDB 游泳费时最少地刚好追上船，对应最大船速，设为 v_{max}，则有 $\frac{AB}{v_{max}}=\frac{BH}{v_2}$，因为$\triangle AHB$ 是等腰直角三角形，所以 $AB=\sqrt{2}BH$，故得 $v_{max}=\sqrt{2}v_2=2\sqrt{2}(m/s)$。

方法二：如图 9，设人在 D 点入水并在 B 点刚好能追上小船，这表明：此时人追上小船所用时间最少，对应的小船速度最大。现设 C、E 是 D 点两侧附近无限靠近 D 点的两点，并设分别从 C、E 点入水追小船所用总时间相等。在 BC 段截取 $BF=BE$，则$\angle BFE=90°$。

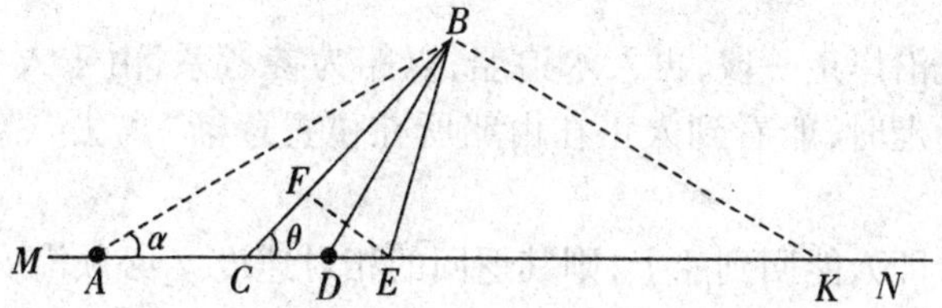

图 9

由于从 C、E 点入水追小船所用总时间相等，所以，人在 CE 段走与在 CF 段游泳所用时间相等，于是 $\frac{CE}{v_1}=\frac{CF}{v_2}$，$\cos\theta=\frac{CF}{CE}=\frac{1}{2}$，$\theta=60°$。

因为 C、E 两点无限靠近 D 点，所以$\angle BDN=\theta=60°$，作 $BK\perp BD$ 交 MN 于 K，于是$DK=2BD$。

又因为 $v_1=2v_2$，则人游 DB 段与走 DK 段所用时间相等，所以人自出发点 A 经 D 点再到 B 点与人由 A 点一直走到 K 点所用时间相同，并都等于小船从 A 到 B 所用的最少时间。

在$\triangle ABK$ 中，用正弦定理可得：

$$\frac{AB}{v_{max}}=\frac{AK}{v_1}\qquad \frac{AB}{AK}=\frac{\sin 30°}{\sin 135°}=\frac{1}{\sqrt{2}}$$

解得

$$v_{max}=\frac{v_1}{\sqrt{2}}=\frac{\sqrt{2}}{2}v_1=2\sqrt{2}(m/s)$$

方法三：如图 10，设人开始运动就一直游泳，那么他能到达的区域是以 A 为圆心、以 v_2t 为半径的半圆中的任何一点，若他一直沿湖岸走，那么他在 t 时间内可以到达 $AK=v_1t$ 中的任何一点，若他先沿岸走一段再入水追船，那么 他可以在 t 时间内到达图中$\triangle AEK$ 中 EK 边上的任何一点。所以，他若能追上船，船也必须在 t 时间内到达这区域。由于题设小船沿 α 角的方向运动，所以沿此方向的直线与 EK 线的交点 B 是船以最大速度运动

且又能被人追上的地点。在 Rt△AEK 中,因为 $AK=2AE$,所以∠$AKE=30°$,

于是,$\angle ABK = 180° - 15° - 30° = 135°$ 在△ABK 中,据正弦定理得:

$$\frac{AB}{AK}=\frac{\sin 30°}{\sin 135°}=\frac{1}{\sqrt{2}},\text{而}\frac{AB}{AK}=\frac{v_{\max}t}{v_1 t}=\frac{v_{\max}}{v_1}$$

所以:

$$v_{\max}=\frac{v_1}{\sqrt{2}}=\frac{\sqrt{2}}{2}v_1=2\sqrt{2}\,(\text{m/s})$$

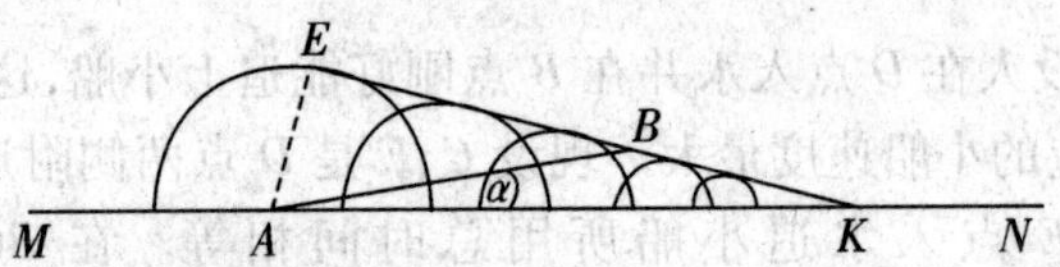

图 10

方法四:设人先沿岸走一段,再入水追船,以船为参考系,由于人和船是同时由 A 点出发的,则人在沿岸走时,船看到人正在由船所在位置逐渐"离去",离去的相对速度 u_1 为: $\boldsymbol{u}_1=\boldsymbol{v}_1-\boldsymbol{v}$

若人能追上船,即人能回到船上,则其返回的相对速度 u_2必须沿 u_1的反方向,返回的相对速度 u_2为: $\boldsymbol{u}_2=\boldsymbol{v}_2-\boldsymbol{v}$

作图:(1)以 MN 线上的 A 点为起点作矢量 v_1得 K 点;(2)以 A 点为圆心,以 v_2的大小为半径作圆;(3)作直线 AC,使它与 MN 线的夹角为 $\alpha=15°$;如图 11。

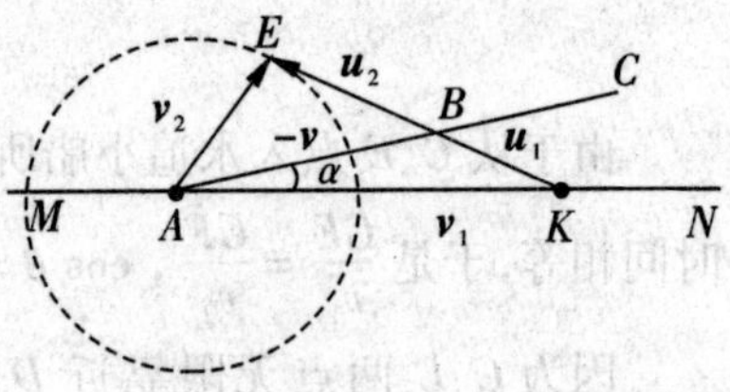

图 11

设 K 点与圆上的任一点 E 的连线与 AC 线的交点为 B,则 AB 表示船速,BK 表示人相对船的"离开"速度 u_1,而 BE 表示人相对船的"返回"速度 u_2。显然,当 KE 与圆相切时,AB 线最长,表示船速最大,由此有作图步骤:

(4)作 KE 与圆相切于 E 点,并与 AC 相交于 B 点。由于 $AK=2AE$,所以,$\angle AKE=30°$, $\angle ABE=45°$。

因而△ABE 为等腰直角三角形,则 $v_{\max}=\sqrt{2}v_2=2\sqrt{2}\,(\text{m/s})$

方法五:设想 MN 为甲和乙两种介质的分界面(图 12),光在甲中的速度为 v_1,在乙中的速度为 v_2,设 $B\to D\to A$ 是光路,据费马原理可知,$B\to D\to A$ 是光从 B 传到 A 费时最少的路径,且 β 是临界角,这可类比本题人从 A 经 D 到 B 的追船情况。

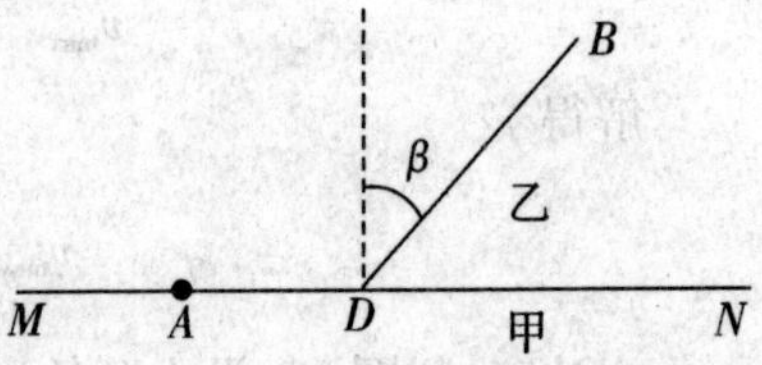

图 12

由此得: $\beta=\arcsin\dfrac{v_2}{v_1}=30°$

下面解法与方法一相同,省略。

例 4 (哈尔滨工业大学)A、B、C 三个芭蕾舞演员同时从边长为 l 的正三角形顶点出发,以相对地的相同的速率 v 运动,运动中始终保持着 A 朝着 B、B 朝着 C、C 朝着 A,试问经多少时间三人相聚?每个演员跑了多少路程?

解 方法一:根据题意,三演员都做等速率曲线运动,且任意时刻演员的位置在一个正三角形的三个顶点上,但这正三角形的边长不断缩短,如图 13 所示,设从开始至赶上目标的时间 $t=n\cdot\Delta t$。在第一个 Δt 末,三人位置 A_1、B_1、C_1,这样依次作出正三角形 $A_1B_1C_1$,$A_2B_2C_2$,…,$A_nB_nC_n$ 边长分别是 l_1、l_2、…、l_n。当 $l_n\to 0$ 时,三人相遇,从而求得演员跑完全程的路程。

由小量近似得 $l_1=l-AA_1-BB_1\cos 60°=l-\frac{3}{2}v\Delta t$,$l_2=l-2\cdot\frac{3}{2}v\Delta t$,…,$l_n=l-n\cdot\frac{3}{2}v\Delta t$。令 $l_n=0$,三人一起赶到 $\triangle ABC$ 中心,用时 $t=n\Delta t=\frac{2l}{3v}$,路程 $s=vt=\frac{2l}{3}$

方法二:设经过某一小量时间 Δt 后,三角形的边长由 x 变为 x'。如图 14,由余弦定理:

$$x'^2=(v\Delta t)^2+(x-v\Delta t)^2-2(v\Delta t)(x-v\Delta t)\cos 60°$$
$$=x^2-3xv\Delta t+3v^2(\Delta t)^2$$

略去二阶小量得:$x'^2=x^2-3xv\Delta t$

$$x'=x\left(1-\frac{3v\Delta t}{x}\right)^{\frac{1}{2}}\approx x\left(1-\frac{3v\Delta t}{2x}\right)$$

得到:$x-x'=\frac{3}{2}v\Delta t$,即边长缩短的速率为 $\frac{3}{2}v$,可得 $s=vt=\frac{2l}{3}$。$t=\frac{2l}{3v}$

方法三:如图 15,以 A、B 相对运动来看,可将 B 的运动分解为沿 AB 连线方向和垂直它们连线方向的分运动。显然,由对称性可知,任意时刻三人均构成正三角形。B 相对 A 的运动在沿连线方的分运动的速度大小不变,$v_{相}=v+v\cos 60°=1.5v$ 故相遇时间为 $t=\frac{l}{v_{相}}=\frac{2l}{3v}$,$s=vt=\frac{2l}{3}$。

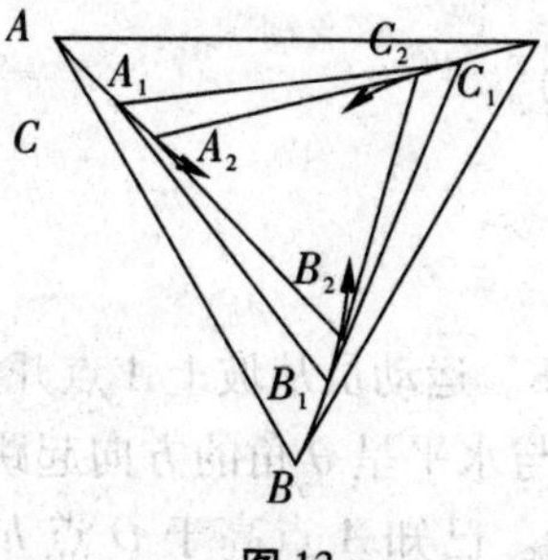

图 13

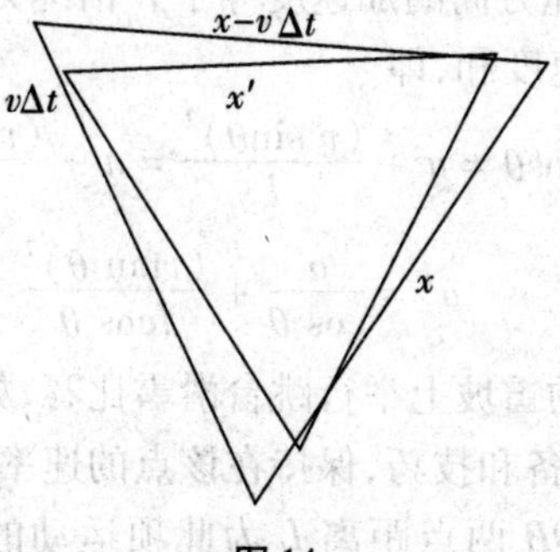

图 14

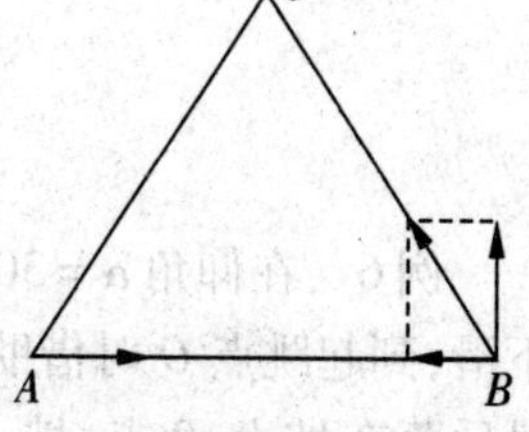

图 15

方法四:由运动对称性知,三个演员必相遇在正三角形中心 O 点。不妨分析 A 的运动,将 A 运动沿 AO 连线及垂直 AO 连线进行分解,可知任意时刻 A 沿 AO 连线方向的分速度为 $v_1=v\cos 30°=\frac{\sqrt{3}}{2}v$,$OA=\frac{\sqrt{3}}{3}L$,$t=OA/v'=2l/3v$,$s=vt=\frac{2l}{3}$。

注:假设有 n 个人同时从边长为 l 的正 n 边形出发,以相同速率 v 运动,运动中始终保持1朝着2,2朝着3,…,$(n-1)$朝着 n,n 朝着1,试问经过多少时间 n 个人相遇?利用方法三或方法四不难求得 $t=\dfrac{l}{v(1-\cos\dfrac{2\pi}{n})}$。

例5 如图16所示,汽车 A 在水平的河岸上,通过定滑轮拖动河中的船 B,当汽车 A 的速度为 v 时,它的加速度为 a,此时 OB 绳与水平方向的夹角为 θ,$OB=l$。求此时船的速度 v' 及加速度 a'。

解 方法一:因 A、B 间通过定滑轮用不可伸长的绳连接,取一小段时间 Δt,质点为匀速运动,由 A、B 间的位移关系得到它们间的速度关系。由图可知:$v\Delta t=v'\Delta t\cos\theta$,$v'=\dfrac{v}{\cos\theta}$。

方法二:船 B 的运动可视作两个分运动的合成:一是沿绳方向靠近 O 点的径向运动,二是垂直于 OB 绳方向的横向运动,如图17(a)所示。$v'\cos\theta=v$,$v'=\dfrac{v}{\cos\theta}$。

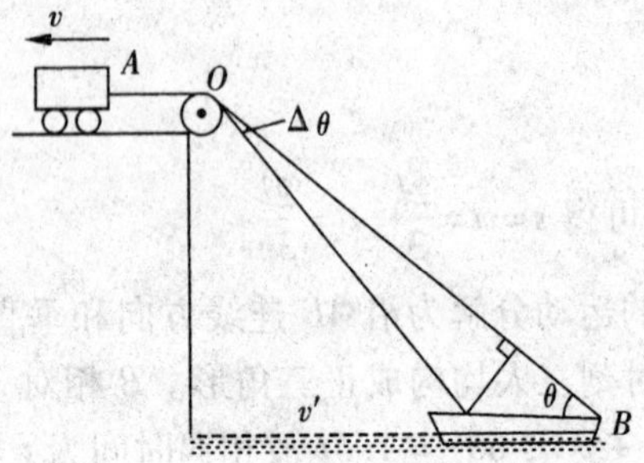

图16

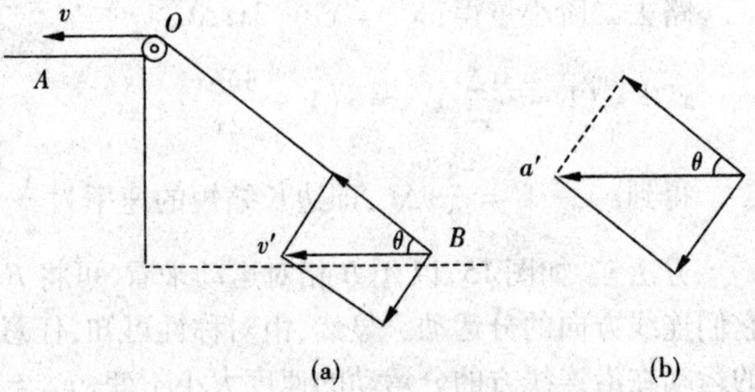

图17

如图17(b)所示,B 沿绳方向的加速度等于 B 沿绳方向随 O 点运动的加速度及 B 沿绳方向相对 O 点的向心加速度和,即

$$a'\cos\theta=a+\frac{(v'\sin\theta)^2}{l}=a+\frac{(v\tan\theta)^2}{l}$$

$$a'=\frac{a}{\cos\theta}+\frac{(v\tan\theta)^2}{l\cos\theta}$$

例6 在仰角 $\alpha=30°$ 的雪坡上举行跳台滑雪比赛,如图18。运动员从坡上 A 点开始下滑,到起跳点 O 时借助设备和技巧,保持在该点的速率而以与水平呈 θ 角的方向起跳,最后落在坡上 B 点,坡上 OB 两点距离 L 为此项运动的记录。已知 A 点高于 O 点 $h=50$ m。忽略各种阻力、摩擦,则最远可跳多少米?此时起跳角为多大?

解 运动员到起跳点 O 的速率 $v_0=\sqrt{2gh}=10\sqrt{10}$ m/s,起跳后做斜上抛运动,根据前面的讨论,可以把斜抛运动按若干种方法进行分解。

方法一:建立直角坐标系,即把运动视为沿水平方向的匀速直线运动和竖直方向的匀变速直线运动的合成。

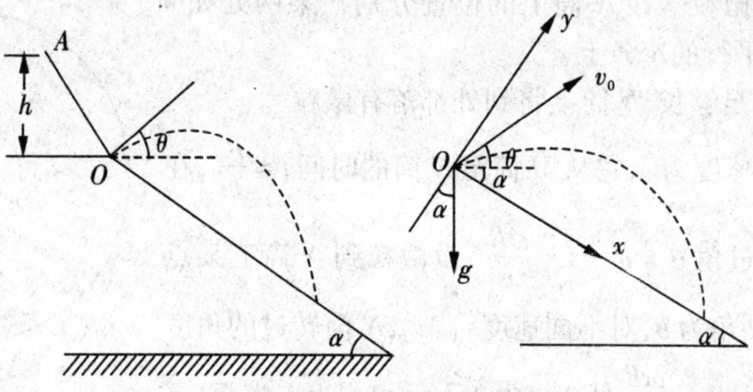

图 18

$$\begin{cases} x = v_0\cos\theta \cdot t \\ y = v_0\sin\theta \cdot t - \frac{1}{2}gt^2 \\ y = -x\tan\alpha \end{cases}$$ 从此方程组中消去 t 和 y，可得：

$$x = 2{v_0}^2\cos\theta\sin(\alpha+\theta)/g\cos\alpha = {v_0}^2[\sin(2\theta+\alpha)+\sin\alpha]/g\cos^2\alpha$$

式中，v_0、α，g 等都是定值，不难看出当 $2\theta+\alpha=90°$，$\theta=45°-\frac{\alpha}{2}$ 时 x 有极大值，此时 OA 有极大值 $L=x_{max}/\cos\alpha=200\ \text{m}$。

方法二：建立直角坐标系，即把运动视为沿斜面方向的匀加速直线运动和垂直斜面方向的匀减速直线运动的合成。

$$L = v_0t\cos(\alpha+\theta)+\frac{1}{2}gt^2\sin\alpha,\quad t=\frac{2v_0\sin(\alpha+\theta)}{g\cos\theta}$$

得 $L=\dfrac{v_0^2[\sin(\alpha+2\theta)+\sin\alpha]}{g\cos^2\alpha}$，下面计算与方法一同。

方法三：将斜上抛运动视作 v_0 方向的匀速直线运动和自由落体运动的合成，如图 19 所示。

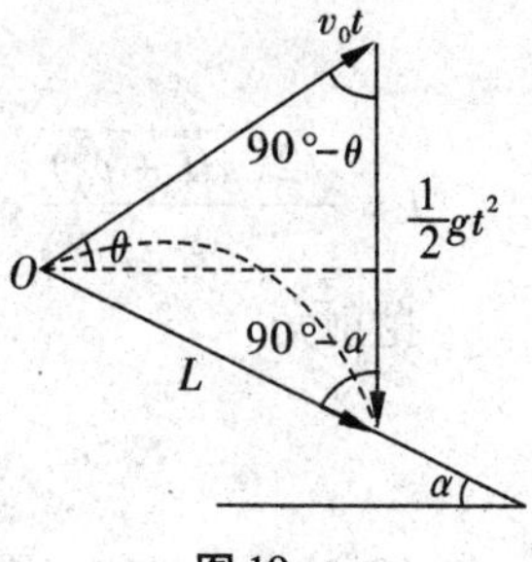

图 19

$$\frac{v_0t}{\sin(90°-\alpha)}=\frac{\frac{1}{2}gt^2}{\sin(\alpha+\theta)}=\frac{L}{\sin(90°-\theta)}$$，用第二个等式消去 t，同样可以得到 L 的表达式，余下求解过程略。

例 7 图 20 中，M、N 是两个共轴圆筒的横截面，外筒半径为 R，内筒半径比 R 小很多，可以忽略不计。筒的两端是封闭的，两筒之间抽成真空。两筒以相同的角速度绕其中心轴线（图中垂直于纸面）做匀速转动。设从 M 筒内可以通过窄缝（与 M 筒的轴线平行），不断向外射出两种不同速度 v_1 和 v_2 的微粒。

从 s 处射出的初速度方向都是沿筒的半径方向，微粒到达 N 筒后就附着在 N 筒上。如果 R、v_1 和 v_2 都不变，而 ω 取某一合适的值，则（　）。

A. 有可能使微粒落在 N 筒上的位置都在一条与 s 缝平行的窄条上

B. 有可能使微粒落在 N 筒上的位置都在某一处如 b 处一条与 s 缝平行的窄条上

C. 有可能使微粒落在 N 筒上的位置分别在某两处如 b 处和 c 处与 s 缝平行的窄条上

D. 只要时间足够长，N 筒上将到处都落有微粒

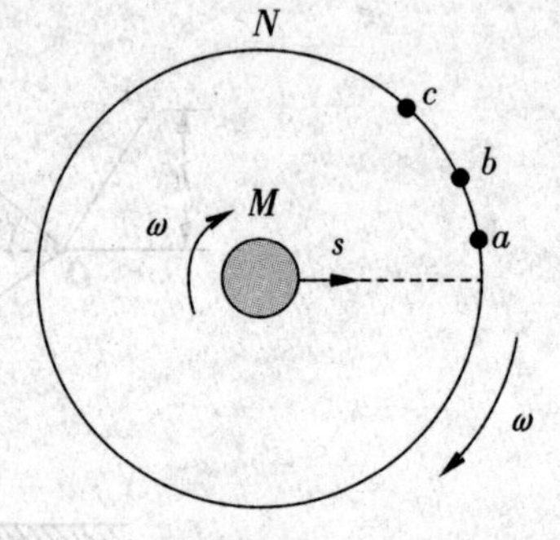

图 20

解 设微粒速度为 v，它从 M 筒至 N 筒的时间 $t=\frac{R}{v}$，在时间 t 内 N 筒转过角 $\theta=\omega\cdot t=\frac{\omega R}{v}$，设微粒到 N 筒上某点 P，MP 与 Ma 间夹角为 θ，对不同速度 v_1、v_2，N 筒转过的角度分别为 $\theta_1=\frac{\omega R}{v_1}$，$\theta_2=\frac{\omega R}{v_2}$ 且 $\theta_2=\theta_1+2\pi\cdot n$（$n$ 为正整数），所以，一般说微粒落在 N 筒上的位置是与 s 缝平行的两窄条。若 ω 取某一合适值时，$\theta_1=\frac{\omega R}{v_1}=2\pi n_1$，$\theta_2=\frac{\omega R}{v_2}=2\pi n_2$，上面两式 n_1、n_2 是任意正整数，则微粒均落在 a 处一条与 s 缝平行的窄条上。本题选 ABC。

例 8 一个身高为 H 的同学，将铅球以初速度 v_0 斜向上抛出，求铅球的最大水平射程及对应的抛射角。

解 方法一：如图 21(a) 所示，将铅球的斜抛运动分解为沿初速度方向的匀速直线运动和竖直方向的自由落体运动，设射程为 s，则有

$$(v_0t)^2=s^2+\left(\frac{1}{2}gt^2-H\right)^2,$$

$$\frac{1}{4}g^2t^4-(gH+v_0^2)t^2+s^2+H^2=0$$

方程有解，判别式 $\Delta=(gH+v_0^2)^2-g^2(s^2+H^2)\geqslant 0$

$$s_m=\frac{v_0}{g}\sqrt{2gH+v_0^2}\quad t^2=\frac{2(gH+v_0^2)}{g^2},$$

$$t=\frac{\sqrt{2(gH+v_0^2)}}{g}\quad \cos\theta=\frac{s}{v_0t}=\sqrt{\frac{2gH+v_0^2}{2(gH+v_0^2)}}$$

抛射角

$$\theta=\arccos\sqrt{\frac{2gH+v_0^2}{2(gH+v_0^2)}}$$

显然，$\theta<45°$，当 $H=0$（当然，人的身高不会为 0）时，$\theta=45°$。

方法二：速度矢量三角形如图 21(b) 所示，铅球落地速度 $\boldsymbol{v}_t=\boldsymbol{v}_0+\boldsymbol{g}t$，三角形 ABC 的面积 $S=\frac{v_xgt}{2}=\frac{1}{2}v_0v_t\sin\alpha$，又 $x=v_0t$，故 $x=\frac{v_0v_t\sin\alpha}{g}$，当 $\alpha=\frac{\pi}{2}$ 时，$\sin\alpha=1$，x 有最大值 $x_{\max}=\frac{v_0v_t}{g}$。又由机械能守恒定律得 $mgH=\frac{1}{2}mv_t^2-\frac{1}{2}mv_0^2$，所以最大水平射程 $x_{\max}=\frac{1}{g}v_0\sqrt{v_0^2+2gH}$，此时 $\alpha=\frac{\pi}{2}$，抛射角 $\angle CAD=\angle ABC$，故抛射角为 $\arctan\frac{v_0}{v_t}=\arctan\frac{v_0}{\sqrt{v_0^2+2gH}}$

方法三:参考例 6 中的方法三,解答略。

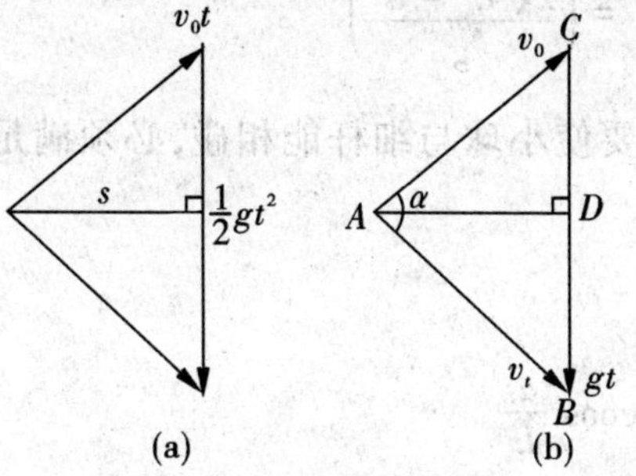

图21

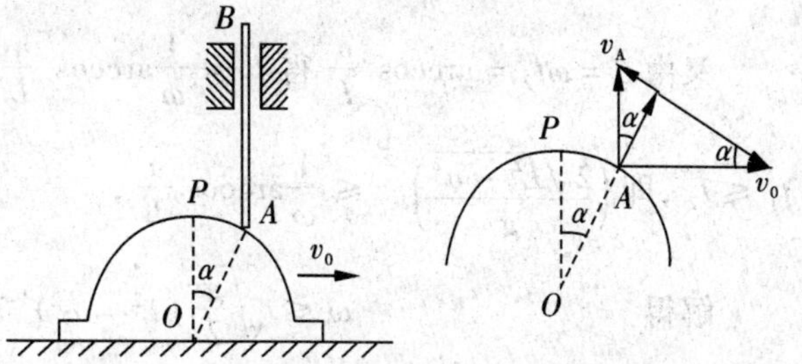

图22

例 9 (西安交大)如图 22 所示,半径为 R 的半圆凸轮以恒定加速度 a 沿水平面向右加速运动,带动从动杆 AB 沿竖直方向上升,O 为凸轮圆心,P 为其顶点。求当凸轮速度为 v_0,且 $\angle AOP=\alpha$ 时,AB 杆的速度和加速度。

解 由题可知,杆与凸轮在 A 点接触,杆上 A 点速度 v_A 是竖直向上的,轮上 A 点的速度 v_0 是水平向右的,两者沿接触面法向的分速度相同,如图所示,即 $v_A\cos\alpha = v_0\sin\alpha$ 则 $v_A = v_0\tan\alpha$ 故 AB 杆的速度为 $v_0\tan\alpha$ 。

A 点相对于凸轮圆心做圆周运动,选圆心为参考点,则 A 点的向心加速度为

$$a_n = a\sin\alpha - a_A\cos\alpha = (v_0/\cos\alpha)^2/R$$

得 $a_A = a\tan\alpha - \dfrac{v_0^2}{R\cos^3\alpha}$, $a_A > 0$ 表示杆向上加速, $a_A < 0$ 表示杆向上减速。

例 10 如图 23(a)所示,一根长为 L 的细杆可绕通过 O 端的水平轴在铅垂面内转动。杆最初处在水平位置,在杆上放置一小球,与 O 轴的距离为 a ,杆与小球最初均处于静止状态。若杆突然以角速度 ω 绕 O 轴向下转动,试问当 ω 取什么值时,小球能与细杆相碰?

解 取细杆开始转动的瞬间为计时起点。

(1)当 ω 较小时,设小球由 B 下落到 C 所用的时间为 t_1,细杆转动 θ 角所用的时间为 t_2,则有

$$\overline{BC} = \frac{1}{2}gt_1^2,\quad \theta = \omega t_2 \text{。}$$

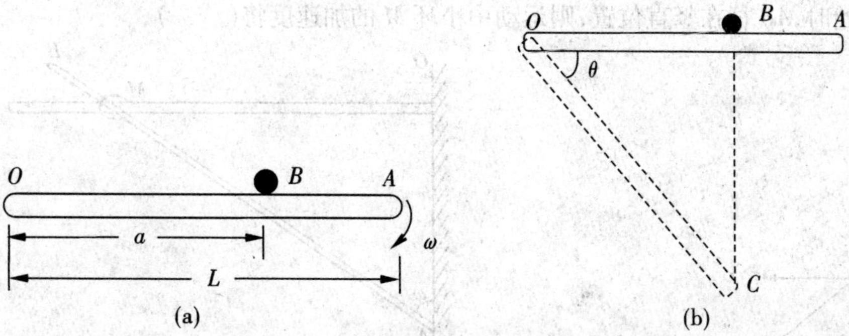

图23

如图23(b)，由几何关系知 $\overline{BC}=\sqrt{L^2-a^2}$，得 $t_1=\left(\frac{2\sqrt{L^2-a^2}}{g}\right)^{\frac{1}{2}}$。

又由 $\theta=\omega t_2=\arccos\frac{a}{L}$ 得 $t_2=\frac{1}{\omega}\arccos\frac{a}{L}$。要使小球与细杆能相碰，必须满足 $t_1\leqslant t_2$，即 $\left(\frac{2\sqrt{L^2-a^2}}{g}\right)^{\frac{1}{2}}\leqslant\frac{1}{\omega}\arccos\frac{a}{L}$，

解得
$$\omega\leqslant\sqrt{\frac{g}{2}}(L^2-a^2)^{-\frac{1}{4}}\arccos\frac{a}{L}$$

(2)当 ω 较大时，杆转动一周后再追上小球。设细杆转过 $(2\pi+\theta)$ 角所用的时间为 t_3，则 $2\pi+\theta=\omega t_3$，得 $t_3=\frac{2\pi+\theta}{\omega}=\frac{1}{\omega}\left(2\pi+\arccos\frac{a}{L}\right)$，

细杆要能与小球相碰，必须满足 $t_3\leqslant t_1$，即
$$\frac{1}{\omega}\left(2\pi+\arccos\frac{a}{L}\right)\leqslant\left(\frac{2\sqrt{L^2-a^2}}{g}\right)^{\frac{1}{2}},$$

解得
$$\omega\geqslant\sqrt{\frac{g}{2}}(L^2-a^2)^{-\frac{1}{4}}\left(2\pi+\arccos\frac{a}{L}\right)。$$

专题训练

1. 如图所示，A、B 两小球先后从斜坡上同一点处分别以 v_0、$2v_0$ 的初速度水平抛出，从抛出到落地，两球的水平位移分别为 x_a、x_b，则 x_a/x_b 的值可能为(　　)

A. 1∶2　　B. 1∶3

C. 1∶4　　D. 1∶5

2. 一物体做加速直线运动，依次经过 A、B、C 三个位置，B 为 AC 的中点，物体在 AB 段的加速度为 a_1，在 BC 段加速度为 a_2。现测得 $v_B=\frac{v_A+v_C}{2}$，则 a_1 和 a_2 的大小的关系为

A. $a_1>a_2$　　B. $a_1=a_2$

C. $a_1<a_2$　　D. 条件不足，无法判定

3. 如图，AB 杆以恒定角速度绕 A 点转动，并带动套在水平杆 OC 上的小环 M 运动，运动开始时，AB 杆在竖直位置，则运动中小环 M 的加速度将(　　)

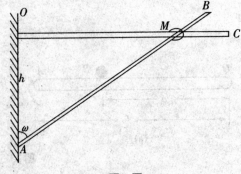

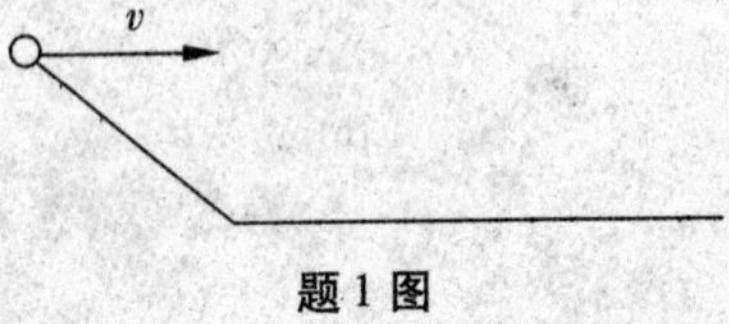

题1图

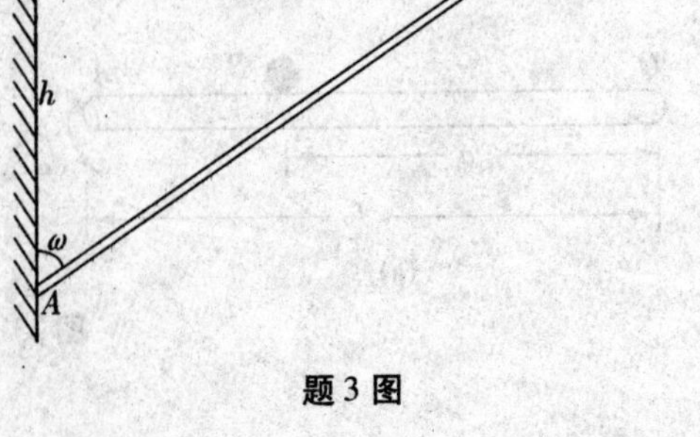

题3图

A. 逐渐增大　　　　B. 先减小后增大

C. 先增加后减小　　　　D. 逐渐减小

4. 一质点沿直线 Ox 做加速运动，它离开 O 点的距离 x 随时间 t 的变化关系 $x=5+2t^2$，其中 x 的单位是 m，t 的单位是 s。则该质点在 $t=0$ 到 $t=3$ s 间的平均速度为________m/s；在 $t=2$ s 到 $t=3$ s 间的平均速度为________m/s。

5. 甲、乙两列车在双向轨道上相向而行，它们的速度大小均为 $v_1=10$ m/s。当它们相距 20 m 时，一只鸟以 $v_2=15$ m/s 的恒定速率离开甲车车头飞向乙车车头，当它到达乙车车头时立即返回，这样连续地两车车头之间来回飞着，当两车车头相遇时，这只鸟飞行的总路程为______m。

6. 在 60 m 赛跑中，一同学起跑后前 10 m 可视为匀加速运动，到达离起点 10 m 时速度为 8 m/s，以后因脚伤速度下降，且速率与到起点的距离成反比，求该同学跑完全程所用的时间。

7. 物体 A 以初速度 v_1 竖直向上抛出，经过时间 T 后，物体 B 在同一地点以初速度 v_2 竖直向上抛出，若 $v_1>v_2$，则欲使两物体尽早相遇（从物体 A 抛出时算起），T 的取值为________相遇点离地面的高度为________。

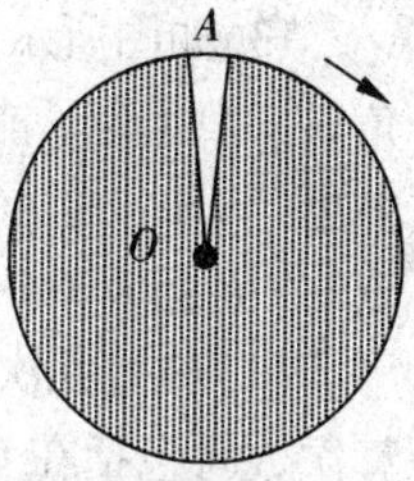

题 8 图

8. 由于眼睛有视觉暂留，因此会造成一些奇特现象。例如，在如图所示的黑色圆盘中有一根白色窄条 OA，圆盘绕垂直于盘面的中心轴以频率 $f_0=50$ Hz 顺时针旋转，如果用频率 $f_1=50$ Hz 的频闪光去照射，则在盘上能看到稳定的始终不动的一根白色窄条；若改用频率 $f_2=200$ Hz的频闪光去照射，在盘上能看到__________根稳定的白色窄条。

利用上述现象可以测量与圆盘转动频率有微小差别的频闪光的频率。若黑色圆盘仍以 $f_0=50$ Hz 顺时针旋转，在频闪光照射下发现白色窄条逆时针匀速转动，测出其转动周期为 10 s，则频闪光的频率 f_3 为__________Hz。

9. 如图为某制药厂自动生产线的一部分装置示意图，传送带与水平面的夹角为 2α，O 为漏斗，漏斗口与传送带的距离为 h。现使药片从漏斗中出来后经光滑滑槽送到传送带上，若滑槽的摆放方向与竖直方向的夹角为 α，则药片由静止从漏斗口出来后经过______时间可滑到传送带上。

10. 在半径为 R 的水平圆板中心轴正上方高为 h 处，水平抛出一小球，如有若干个球连续同向抛出，单位时间内抛出 n 个球，今发现小球在盘的边缘，共有 6 个均匀分布的落点，则小球的初速度 $v_0=$______圆板的角速度 $\omega=$____________________。

11. 如图所示，地球上空有人造地球同步通信卫星，它们向地球发射微波，但无论同步卫星数目增到多少个，地球表面上总有一部分面积不能直接收到它们发射来的微波，问这个面积 S 与地球面积 S_0 之比至少有多大？结果要求保留两位有效数字，已知地球半径 $R_0=6.4\times10^6$ m，半径为 R，高为 h 的球缺的表面积为 $S_1=2\pi Rh$，球面积为 $S=4\pi R^2$。

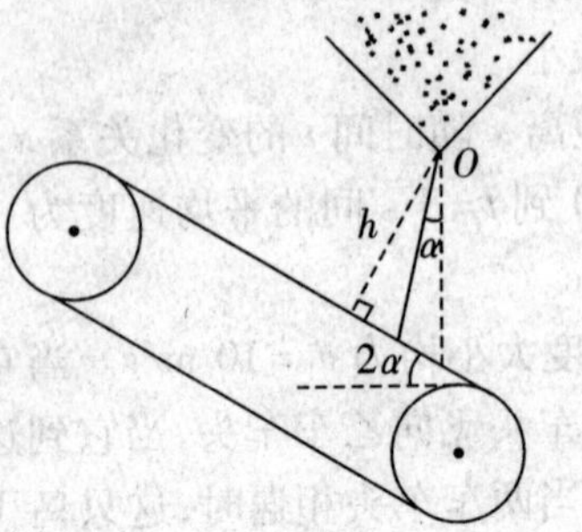

题 9 图

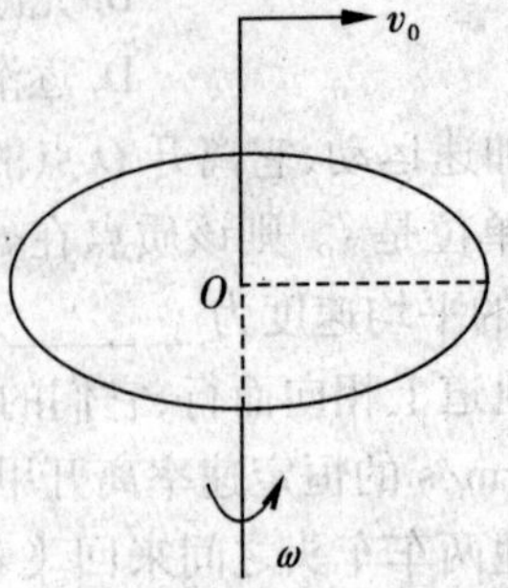

题 10 图

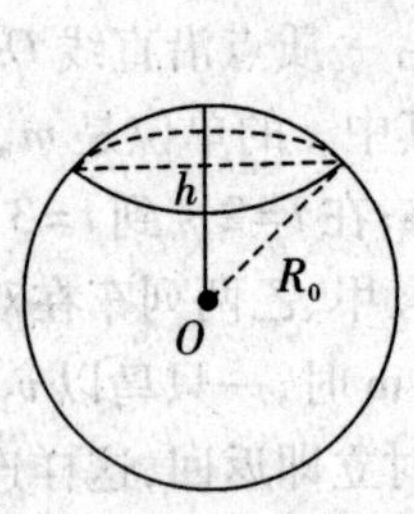

题 11 图

12. 身高 h 的人以速度 v 在水平地面上从路灯的正下方匀速走过，在某一时刻，人的影长为 L_1，经过时间 t，人的影长为 L_2，求路灯距地面的高度。

13. 如图所示，AOB 是一个内表面光滑的楔形槽，固定在水平桌面（图中纸面）上，夹角 $\alpha=1°$（为了能看清楚，图中夸大了）现将一质点在 BOA 面内从 C 处以速度 $v=5$ m/s 射出，其方向与 AO 间的夹角 $\theta=60°$，$OC=10$ m。设质点与桌面间的摩擦可忽略不计，质点与 OB 面及 OA 面的碰撞都是弹性碰撞，且每次碰撞时间极短，可忽略不计，试求：

(1) 经过几次碰撞质点又回到 C 处与 OA 相碰？（计算次数时包括在 C 处的碰撞）

(2) 共用多少时间？

(3) 在这过程中，质点离 O 点的最短距离是多少？

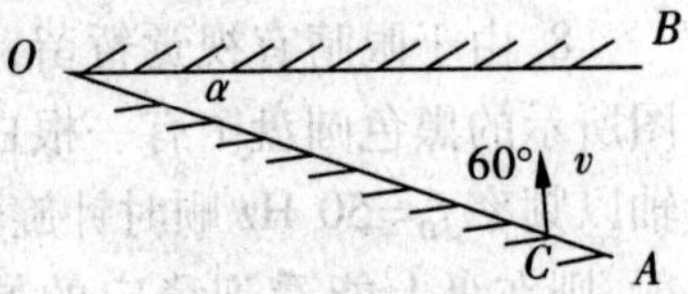

题 13 图

14. 有一质点由 A 向 B 做直线运动，A，B 间的距离为 L，已知质点在 A 点的速度为 v_0，加速度为 a。如果将 L 分成相等的 n 段，质点每通过 L/n 的距离，加速度均匀增加 a/n，求质点到达 B 时的速度。

15. 湖湾呈顶角为 α 的楔形，岸上住有一个渔人；他的房子在 A 点，如图所示，从 A 点到他离湖最近的 C 点之距离为 h，而到湖的一头，即到 D 点的距离为 l。湖对岸 B 点处有渔人好友的房子，点 B 位置与 A 点相对湖对称。渔人有只小船，他可以速度 v 沿岸步行或以速度 $v/2$ 乘船在湖中滑行，他从自己家出发到好友家里去。求他需要的最短时间 t。

16. 两只小圆环 O 和 O' 分别套在静止不动竖直杆 AB 和 $A'B'$，一根不可伸长的绳子一端系在点 A' 上，穿过环，另一端系在环 O 上，如图所示，若环 O' 以恒定速度 v_1 向下运动，求当 $\angle AOO'=\alpha$ 时，求环 O 的速度。

17. y 轴为过抛出点的竖直线（物做平抛运动），但抛出点未知，AB 是平抛的一段轨迹，已知 A，B 两点到 y 轴的水平距离分别为 x_1，x_2，AB 两点的竖直距离为 h，求小球抛出时的初速度为多大？

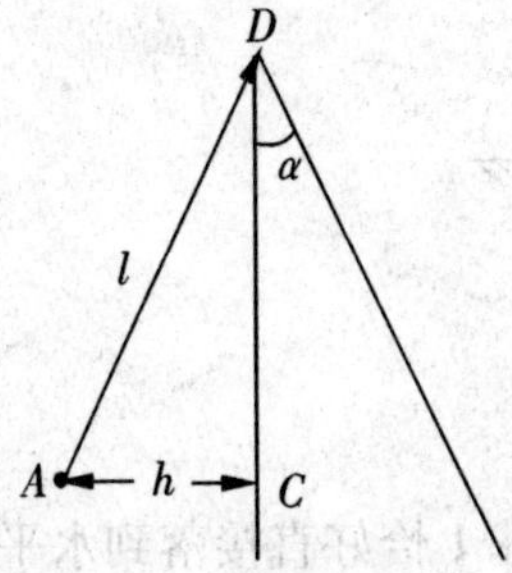

题15图

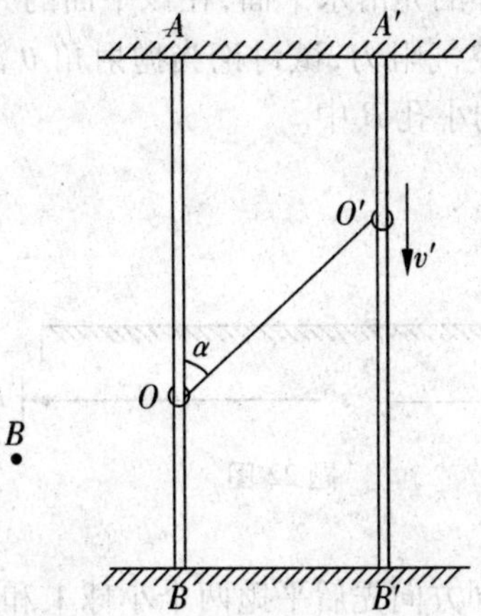

题16图

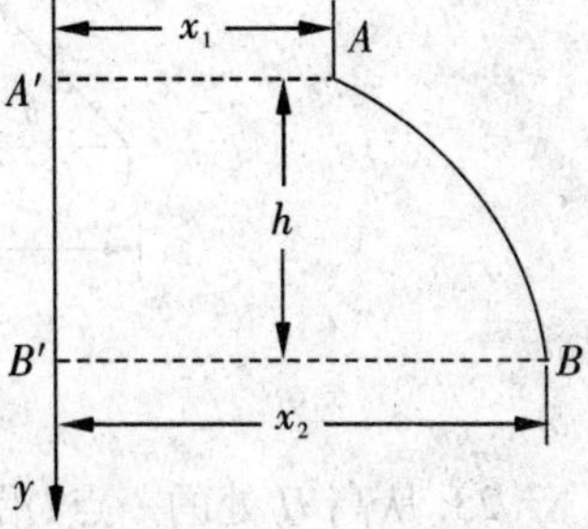

题17图

18. 如图所示，房间的左上方离地面 H 高的 A 处放一白炽灯泡 P，今在 A 处有一小球水平方向抛出，恰好抛射到 BC 墙前的 C 点。问：

(1) 小球在墙上的影子做什么运动？

(2) 影子移动速度多大？

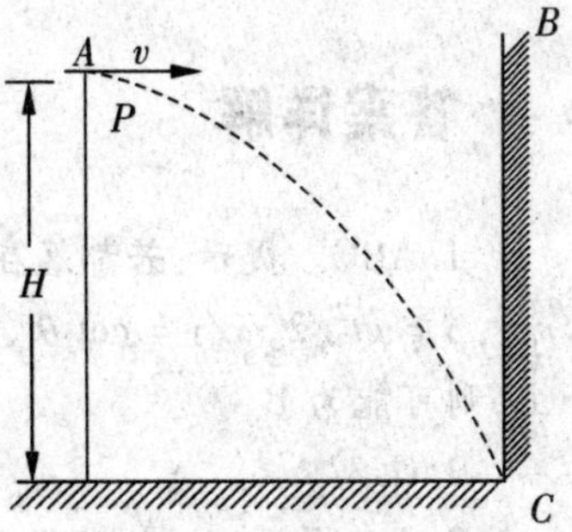

题18图

19. (北京大学) 钢球沿着光滑的长梯弹跳，在每一级台阶上仅跳一次，如图所示。每次与台阶碰撞时，球要损失50%的机械能. 试求小球抛出时的初速度 v 及其与竖直线的夹角 φ。(梯子台阶的高度 $h=10$ cm，宽 $l=20$ cm)

20. (同济大学) 某颗地球同步卫星正下方的地球表面上有一观察者，他用天文望远镜观察被太阳光照射的此卫星，试问，春分那天(太阳光直射赤道)在日落12小时内有多长时间该观察者看不见此卫星？(已知地球半径为 R，地球表面处的重力加速度为 g，地球自转周期为 T，不考虑大气对光的折射。)

21. (中科大) 有一只狐狸以不变的速率 v_1 沿直线 AB 逃跑，一只猎犬以不变的速率 v_2 追击，其追击方向始终对准狐狸。某时狐狸在 F 处，猎犬在 D 处，$FD\perp AB$，$FD=L$，如图所示。假设 $v_2>v_1$，问猎犬追上狐狸还需多长时间？

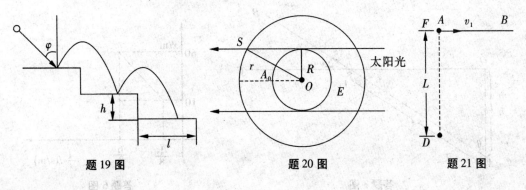

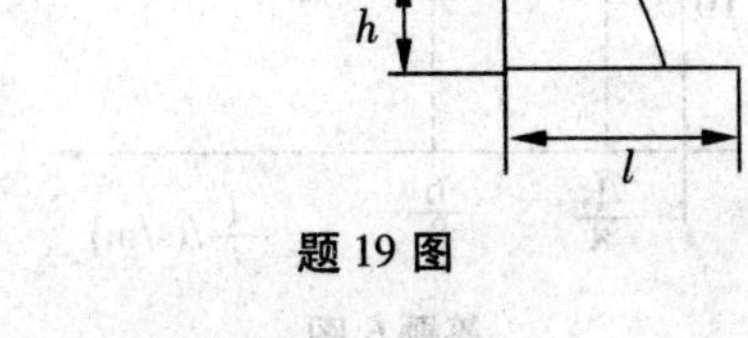

题19图

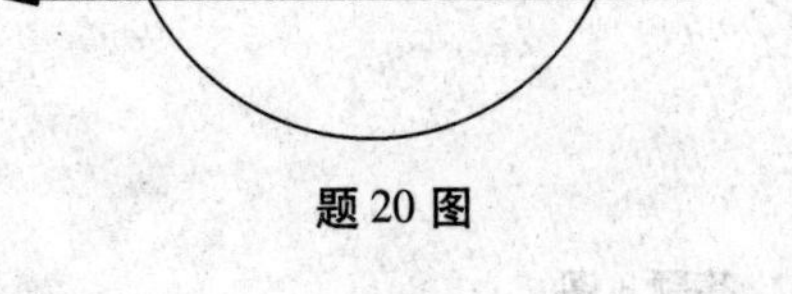

题20图

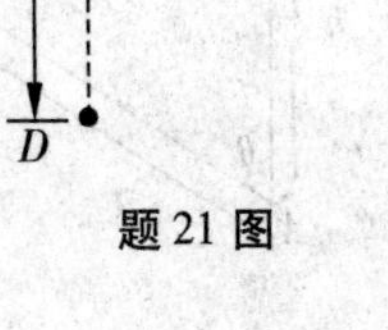

题21图

22. 如图所示,有一完全弹性的光滑水平面,在该平面的 A 点处,以初速度 v_0 斜抛出一个完全弹性的小球。若忽略空气阻力,试讨论当抛射角 θ 满足什么条件时,能使小球最后恰好落到与 A 点相距为 s 的小孔 B 中。

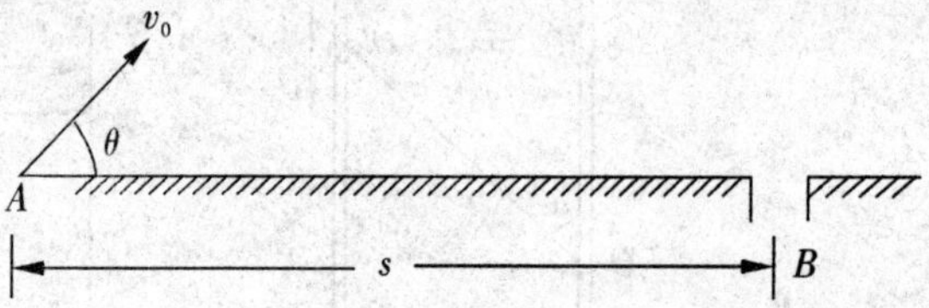

题 22 图

23. 从高 H 处的一点,沿相同方向先后平抛两个小球 1 和 2,球 1 恰好直接落到水平面上的 B 点,球 2 则与地面碰撞一次后也恰好落在 B 点,设球 2 与地面的碰撞类似光的反射,且反弹前后的速度大小相同。求该过程中球 1 和球 2 的轨迹在空中交点的高度。

答案详解

1. ABC。提示:若都落在水平面上,则为 A;若都落在斜坡上,设斜面倾角为 θ, $x = v_0t$, $y = gt^2/2$, $x/y = \cot\theta$,得 $x = v_0t \approx v_0^2$,则为 C;若一个落在水平面上,一个落在斜面上,则可能为 B

2. C

3. A。提示:如图,环沿 OC 向右运动,其速度 v 可分解为垂直于 AB 杆的速度 v_1 和沿 AB 杆的速度 v_2,由于 $v_1 = \omega r = \dfrac{\omega h}{\cos\theta}$,故环的速度 $v = \dfrac{v_1}{\cos\theta} = \dfrac{\omega h}{\cos^2\theta}$。

由加速度的定义式知,环的加速度为

$$a = \frac{\Delta v}{\Delta t} = \frac{\Delta v}{\Delta(\cos\theta)} \cdot \frac{\Delta(\cos\theta)}{\Delta\theta} \cdot \frac{\Delta\theta}{\Delta t}$$

因为 $\theta = \omega t$,即对 $v = \dfrac{\omega h}{\cos^2\theta}$ 进行求导,得 $a = \dfrac{2\omega^2 h\sin(\omega t)}{\cos^3(\omega t)}$ 由于图中 ωt 变大,因此 a 变大,选 A。

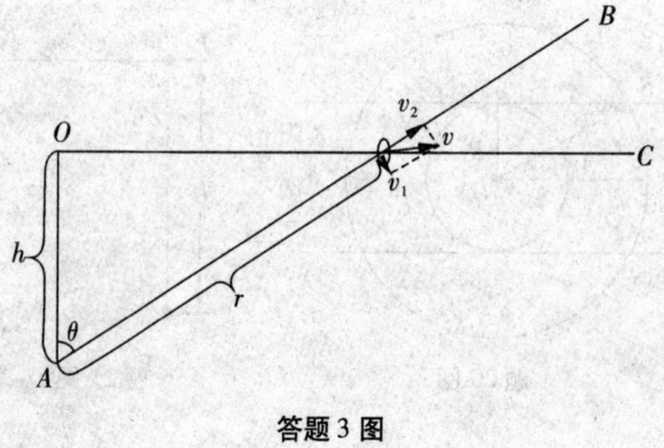

答题 3 图

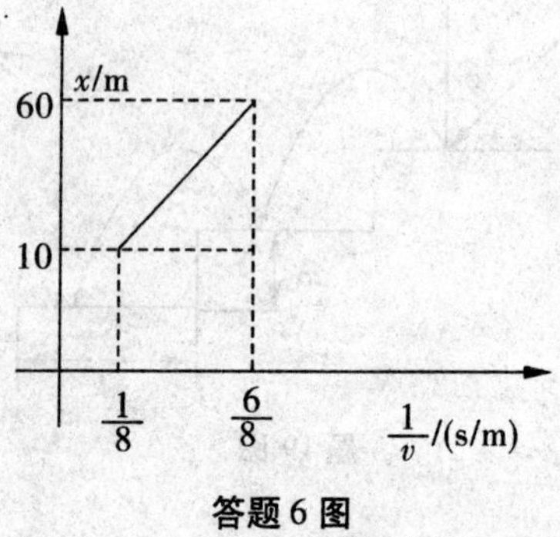

答题 6 图

4.6,10

5.15

6.24.375 s。提示：匀加速完成 10 m 位移用 t_1，则 $t_1=\frac{s_1}{v_1}=\frac{10}{8/2}$ s=2.5 s 后 50 做变速运动，速率与离起点距离成反比，则 $x=10$ m 时，$v_1=8$ m/s，$x=60$ m 时，速率为 v_2，由题设知，$\frac{v_1}{v_2}=\frac{60}{10}$，得 $\frac{1}{v_2}=\frac{6}{8}$ s/m 。作 $x-\frac{1}{v}$ 图线如图，后 50 m 所用的时间 t_2 数值上等于图线下"面积"，则 $t_2=\frac{1}{2}(10+60)(\frac{6}{8}-\frac{1}{8})=21.875(\mathrm{s})$，总时间 $t=24.375$。

7. $\frac{v_1-v_2+\sqrt{v_1^2-v_2^2}}{g}$，$\frac{v_2^2}{2g}$

8.4,50.1

9. $\frac{1}{2}g\cos\theta\cdot t^2=\frac{h}{\cos\alpha}$，$t=\frac{1}{\cos\alpha}\sqrt{\frac{2h}{g}}$

10. $R\sqrt{\frac{g}{2h}}$；$n\pi(2k+\frac{1}{3})$ 或 $n\pi(2k+\frac{5}{3})(k=0,1,2,\ldots)$

11.0.011。提示：如图所示，因为同步卫星总是在赤道的上空，其高度也是一定的，由它画一条到地球表面的切线，可见两极周围的区域内就收不到微波通信，以 m、M 分别表示卫星和地球的质量，r 表示卫星到地心的距离，T 表示地球的自转周期，则有 $\frac{GMm}{r^2}=m\frac{4\pi^2}{T^2}r$，$r\sin\theta=R_0$，$\frac{GMm}{R_0^2}=mg$。得 $r=\sqrt{\frac{GMT^2}{4\pi^2}}=\sqrt{\frac{gR_0^2T^2}{4\pi^2}}$，以 S 表示某个极周围接收不到微波区域的面积，$S=2\pi R_0h=2\pi R_0^2(1-\cos\theta)$，地球面积 $S_0=4\pi R_0^2$。而地球有两个极，因而接收不到微波区域的面积与地球表面积 S_0 之比为：

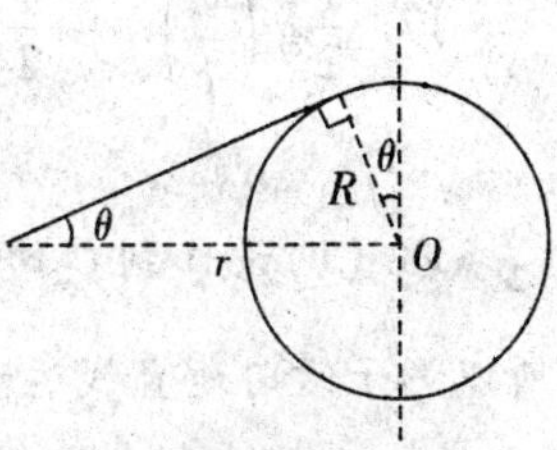

答题11图

$$\frac{2S}{S_0}=\frac{4\pi R_0^2(1-\cos\theta)}{4\pi R_0^2}=1-\cos\theta=1-\sqrt{1-\sin^2\theta}=1-\sqrt{1-\left(\frac{R_0}{r}\right)^2}=1-\sqrt{1-\left(\frac{4\pi^2R_0}{gT^2}\right)^{2/3}}$$

代入数值得 $\frac{2S}{S_0}=0.011$。

12. 由相似可知 $\frac{vt}{L_2+vt-L_1}=\frac{h}{H}H=\frac{L_2+vt-L_1}{vt}h$，解得 $L=\frac{h(L_2-L_1+vt)}{L_2-L_1}$。

13. 类比光的反射，用镜像法求解(1)60 次；(2) $t=\frac{OC}{v}=2\mathrm{s}$；(3) $h=OC\times\frac{\sqrt{3}}{2}=5\sqrt{3}$ m

14. 对第 i 段有：$v_{i-1}^2-v_i^2=2a\frac{L}{n}(1+\frac{i}{n})$ $i=0,1,2,\cdots,n-1$ 累加求和得

$$v_n^2-v_0^2=aL\frac{3n-1}{n}，故\ v_n=\sqrt{v_0^2+aL\frac{3n-1}{n}}$$

15. 由于光程最短,则渔人的路径与光路相同时,时间最短。当 $\arcsin\frac{h}{l}\geqslant\frac{\pi}{2}-\frac{\alpha}{2}$,渔人可从岸上走,$t_1=\frac{2l\sin\left[-\alpha-2\arcsin\frac{h}{l}\right]}{v}$。

当 $\frac{l^2-h^2}{h^2}\leqslant\frac{4\sin^2(\frac{\alpha}{2})}{1-4\sin^2(\frac{\alpha}{2})}$ 时,$t_2=\frac{2l}{v}$。

当 $\frac{l^2-h^2}{h^2}>\frac{4\sin^2(\frac{\alpha}{2})}{1-4\sin^2(\frac{\alpha}{2})}$ 时,$t_3=\frac{2h}{v}\sqrt{1-4\sin^2(\frac{\alpha}{2})}+\frac{4\times\sqrt{l^2-h^2}\sin(\frac{\alpha}{2})}{v}$

16. 将 O 与 O' 的速度沿绳方向分解,由 $A'O'$ 段以速度 v_1 增长,则 O' 与 O 沿绳方向以 v_1 的速度靠近,$v_1-v_1\cos\alpha=v_B\cos\alpha$,所以 $v_B=v_1\frac{1-\cos\alpha}{\cos\alpha}=\frac{2v_1\sin^2\frac{\alpha}{2}}{\cos\alpha}$.

17. $\frac{1}{2}g\left(\frac{x_2}{v}\right)^2-\frac{1}{2}g\left(\frac{x_1}{v}\right)^2=h$,$v=\sqrt{\frac{g({x_2}^2-{x_1}^2)}{2h}}$

18. (1)设 A 到 C 的水平距离为 d,$s=\frac{\frac{1}{2}gt^2}{vt}\times d=\frac{gd}{2v}t$,可知 s 是关于 t 的正比例函数,所以影子做匀速直线运动。

(2) $v_{影}=\frac{s}{t}=\frac{gd}{2v}=\frac{1}{2}g\times\sqrt{\frac{2H}{g}}=\sqrt{\frac{gH}{2}}$

19. $\arctan\frac{1}{3}$。提示:每次小球跳起在任一台阶上情况应相同,设跳起速度为 v_0,v_0 的水平、竖直分速度分别为 v_1、v_3,落地时速度为 v,v 的水平、竖直分速度分别为 v_1、v_2。每次损失的能量 $\frac{1}{2}m{v_0}^2+mgh=\frac{1}{2}m{v_0}^2\times2$,$v_0=\sqrt{2gh}=\sqrt{2}$ m/s,则 $v_{初}=\sqrt{2}v_0=2$ m/s。

由 $v_2+v_3=gt=g\frac{l}{v_1}$,${v_1}^2+{v_2}^2=v^2$,${v_1}^2+{v_3}^2={v_0}^2$ 解得:$v_1=\frac{\sqrt{10}}{5}m/s$,$v_2=\frac{3\sqrt{10}}{5}$ m/s,$v_3=\frac{2\sqrt{10}}{5}$ m/s。所以 $\varphi=\arctan\frac{1}{3}$。

20. 提示:设所求的时间为 t,用 m、M 分别表示卫星和地球的质量,r 表示卫星到地心的距离。有

$$G\frac{mM}{r^2}=mr\left(\frac{2\pi}{T}\right)^2$$

春分时,太阳光直射地球赤道,如图所示,图中圆 E 表示赤道,S 表示卫星,A 表示观察者,O 表示地心。由图可看出当卫星 S 绕地心 O 转到图示位置以后(设地球自转是沿图中逆时针方向),其正下方的观察者将看不见它,据此再考虑到对称性,有

$$r\sin\theta = R$$

$$t = \frac{2\theta}{2\pi}T$$

$$G\frac{M}{R^2} = g$$

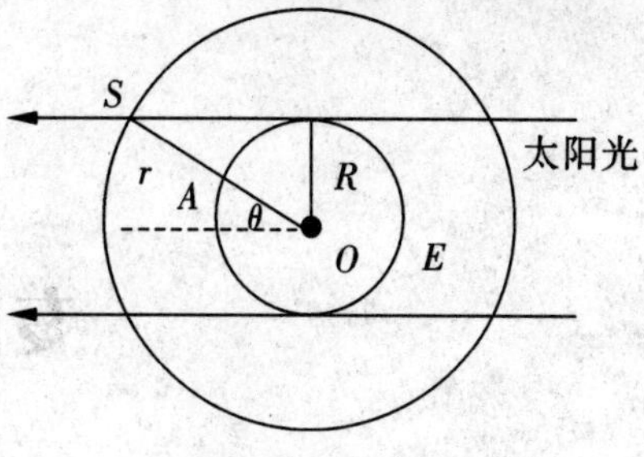

答题 20 图

由以上各式可解得

$$t = \frac{T}{\pi}\arcsin\left(\frac{4\pi^2 R}{gT^2}\right)^{\frac{1}{3}}$$

21. 提示：如图沿狐狸运动方向，猎犬追上狐狸有

$$\sum v_1\Delta t = \sum v_2\cos\theta\,\Delta t,$$

沿狐狸和猎犬连线方向，猎犬追上狐狸，有

$$\sum(v_2 - v_1\cos\theta)\Delta t = L,$$

解得 $$t = \frac{Lv_2}{v_2^2 - v_1^2}$$

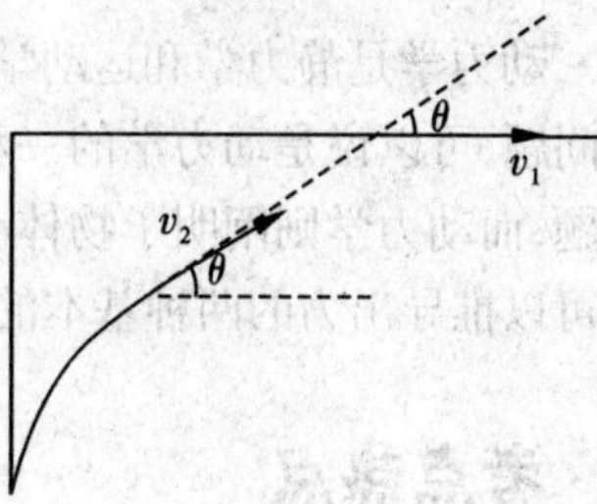

答题 21 图

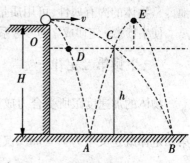

22. 提示：由 $(n+1)\dfrac{v_0^2\sin 2\alpha}{g} = s$ 得

$\theta = \dfrac{1}{2}\arcsin\dfrac{gs}{(n+1)v_0^2}$，或

$\theta = \dfrac{\pi}{2} - \dfrac{1}{2}\arcsin\dfrac{gs}{(n+1)v_0^2}$，$\left(n \geqslant \dfrac{gs}{v_0^2} - 1\text{，为正整数}\right)$

23. 提示：如图所示，设球 1 的初速度为 v_1，球 2 的初速度为 v_2，由 $v_1\sqrt{\dfrac{2H}{g}} = 3\sqrt{\dfrac{2H}{g}}v_2$ 得，$v_1 = 3v_2$。由对称性及 O 到 C 水平位移相等得，$v_1\sqrt{\dfrac{2(H-h)}{g}} = v_2\left(2\sqrt{\dfrac{2H}{g}} - \sqrt{\dfrac{2(H-h)}{g}}\right)$，解得 $h = \dfrac{3}{4}H$。

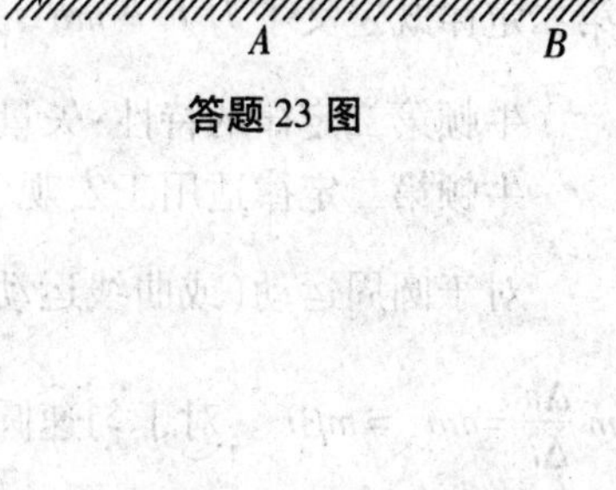

答题 23 图

另解：设 O 到 D，D 到 A 的时间分别为 t_1，t_2，则 $v_1t_1 = v_2(t_1 + 2t_2)$，得 $t_1 = t_2$，由自由落体运动规律易得 $(H-h)/h = 1/3$，故 $h = \dfrac{3}{4}H$。

专题三　动力学

动力学是静力学和运动学的枢纽,也是这两部分内容的发展和延伸。静力学只研究平衡问题,可以说是动力学的一种特殊情况。运动学只研究物体的运动规律,即怎么运动的问题,而动力学则阐明了物体受力与其运动之间的关系,即为什么运动的问题。由动力学还可以推导出力的两种基本的积累效应:功和冲量,动力学是研究能量、动量的基础。

考点热点

一、牛顿第一定律

任何物体总保持静止或匀速直线运动状态,直到有外力迫使它改变这种状态为止。牛顿第一定律是质点动力学的出发点。

物体保持静止或匀速直线运动状态的性质称为惯性,牛顿第一定律又叫惯性定律。惯性是物体的固有属性,可用质量量度。

使牛顿第一定律成立的参考系,叫惯性系。牛顿第一定律不成立的参考系,叫非惯性系。

二、牛顿第二定律

物体的加速度跟所受合力成正比,跟物体的质量成反比,即 $\boldsymbol{a}=\frac{1}{m}\boldsymbol{F}$ 或 $\boldsymbol{F}=m\boldsymbol{a}$。牛顿第二定律既定义了力 $\boldsymbol{F}=m\boldsymbol{a}$,又定义了质量 $m=\frac{F}{a}$。

牛顿第二定律的特性:矢量性、瞬时性、同体性、独立性。

牛顿第二定律适用于宏观、低速(m 不变)、弱引力场、惯性系。

对于圆周运动(或曲线运动),$\boldsymbol{F}=\boldsymbol{F}_n+\boldsymbol{F}_\tau$,$\boldsymbol{F}_n=m\omega^2r=m\frac{v^2}{r}=m\omega v=ma$,$\boldsymbol{F}_\tau=m\frac{\Delta v}{\Delta t}=ma_\tau=m\beta r$。对于匀速圆周运动,$F=F_n=m\omega^2r=m\frac{v^2}{r}=m\omega v=m\frac{4\pi^2}{T^2}r=m4\pi^2n^2r=ma_n$。

三、牛顿第三定律

两物体间的相互作用力总是大小相等、方向相反、作用在两个物体上、作用在同一直线上，作用效果不能相互抵消。

四、质点组的牛顿第二定律

由牛顿第三定律易知，质点组的内力矢量和为零，所以质点组受到一切外力的矢量和等于各个质点的质量与其加速度乘积的矢量和，这就是质点组的牛顿第二定律，即 $\sum \boldsymbol{F}_i = \sum m_i\boldsymbol{a}_i$，或者 $\boldsymbol{F}_{外} = m_1\boldsymbol{a}_1 + m_2\boldsymbol{a}_2 + \cdots + m_n\boldsymbol{a}_n$。

五、质心运动定理

质心即物体的质量中心，是物体系统总质量的等效假想集中点。质心不依赖于重力场的存在而存在，只有均匀重力场中，质心才和重心重合。

由质心定义：$\boldsymbol{r}_c = \dfrac{\sum m_i\boldsymbol{r}_i}{\sum m_i}$，求得质心速度：$\boldsymbol{v}_c = \dfrac{\Delta\boldsymbol{r}_c}{\Delta t} = \dfrac{\sum m_i\boldsymbol{v}_i}{\sum m_i}$，进一步求得质心加速度：$\boldsymbol{a}_c = \dfrac{\Delta\boldsymbol{v}_c}{\Delta t} = \dfrac{\sum m_i\boldsymbol{a}_i}{\sum m_i} = \dfrac{\sum \boldsymbol{F}_{i外}}{m}$ 或 $\sum \boldsymbol{F}_{i外} = m\boldsymbol{a}_c$，即质心加速度与质点组受到一切外力的矢量和成正比，与质点组的总质量成反比，或质点组受到一切外力的矢量和等于总质量与质心加速度的乘积，这就是质心运动定理。

注：(1) $F_{外} = 0$，则 $a_c = 0$，质心静止或做匀速直线运动。

(2) 如果质点组在某一方向不受外力，则质心在这一方向上静止或做匀速直线运动

(3) 质点的运动可以看成是随质心的运动与相对质心运动的合运动。

六、惯性力

1. 平动加速参考系中的惯性力

设惯性系 S，非惯性系 S' 以 $\boldsymbol{a}_0$ 相对 S 做匀加速直线运动，由相对运动可知 $\boldsymbol{a} = \boldsymbol{a}' + \boldsymbol{a}_0$，在 S 系中由牛顿第二定律可得 $\boldsymbol{F} = m\boldsymbol{a}$，故 $\boldsymbol{F} = m\boldsymbol{a}' + m\boldsymbol{a}_0$。

在非惯性系 S' 中则由动力学方程 $m\boldsymbol{a}' = \boldsymbol{F} - m\boldsymbol{a}_0 = \boldsymbol{F} + m(-\boldsymbol{a}_0)$，表明在非惯性系中，决定 $m\boldsymbol{a}'$ 的有真实力 $\boldsymbol{F}$，还有虚拟力 $m(-\boldsymbol{a}_0)$，把该力定义为惯性力，则惯性力 $\boldsymbol{F}' = -m\boldsymbol{a}_0$，$\boldsymbol{a}_0$ 表示非惯性系的加速度，负号表示惯性力的方向与非惯性系的加速度的方向相反。故在非惯性系中的牛顿第二定律表达式为 $m\boldsymbol{a} = \boldsymbol{F} + \boldsymbol{F}'$，$\boldsymbol{F}' = m(-\boldsymbol{a}_0)$。

2. 转动参考系中的惯性力

以匀速转动参考系为例，在匀速转动参考系中静止的物体，$a = 0$，$F_{合} = 0$。而在惯性系中观察，真实受力 $F = m\omega^2 r$，在转动参考系中，为满足牛顿定律，引入惯性力 F'，使 $F_{合} = ma = F + F' = 0$，则 $F' = -m\omega^2 r = -ma_n$，故 $F' = -m\omega^2 r$ 叫惯性离心力，负号表示方向沿半径背离转轴。

当物体在匀速转动参考系中运动时，物体还受到与运动方向垂直的惯性力，叫科里奥利力。地转偏向力是科里奥利力的水平分力，在北半球总是垂直运动方向指向右侧。与科里奥利力对应的反方向加速度叫科里奥利加速度，即科氏加速度是由于物体在转动

参考系中运动而产生的,不是参考系本身(相对惯性系)的加速度。所以 $\boldsymbol{a}_{绝}=\boldsymbol{a}_{相}+\boldsymbol{a}_{牵}$ 只对平动加速参考系成立,对转动系不成立。

变速转动参考系中,物体除了受到惯性离心力、科里奥利力外,还受到切向惯性力作用。

注:(1)平动的非惯性系中惯性力作用于物体的质心。

(2)惯性力是假想力,无反作用力,但可以做功。

(3)非惯性系中,牛顿定律表达式: $\sum(\boldsymbol{F}+\boldsymbol{F}_{惯})=m\boldsymbol{a}$ 。

(4)非惯性系中,引入惯性力后,牛顿定律、动量定理、动能定理均成立。

(5)加速度恒定的非惯性系中的惯性力可视为等效重力。

(6)转动参考系中,因为科里奥利力总是与物体的运动方向垂直,所以科里奥利力永远不做功。

典型例题

例1 (清华大学)如图1(a)所示,质量为 m_1 的斜面,倾角为 θ,放在光滑的水平面上。斜面上放有质量为 m_2 的物体,斜面光滑。当 m_2 下滑时,求 m_1 的加速度。

解 方法一:设 m_2 的加速度大小为 a_2,与斜面法线之间的夹角为 α,则 m_1 和 m_2 的受力分析如图1(b)所示,对 m_1 列出水平方向的方程为 $N_2\sin\theta=m_1a_1$,对 m_2 列出斜面法向的方程为 $m_2g\cos\theta-N_2'=m_2a_2\cos\alpha$,再列出斜面法向两物体加速度之间的关系:$a_1\sin\theta=a_2\cos\alpha$,将此关系式代入 m_2 的法向方程并与 m_1 的方程联立,即可求出 $a_1=\dfrac{m_2g\sin\theta\cos\theta}{m_1+m_2\sin^2\theta}$。

方法二:因 m_1 有向左的加速度,故分析 m_2 受力时可引入惯性力,m_2 受力如图1(c)所示,在垂直斜面方向上有 $N_2'+m_2a_1\sin\theta=m_2g\cos\theta$;对 m_1 有 $N_2\sin\theta=m_1a_1$;$N_2=N_2'$。联立方程可求出 a_1。

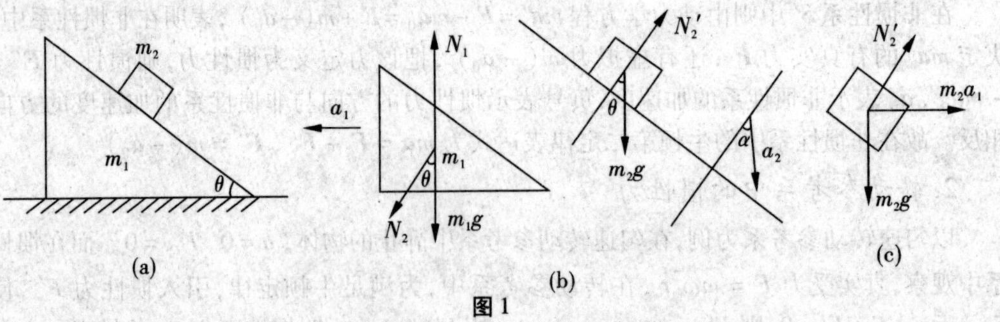

图1

注:m_2 相对于斜面沿斜面方向做匀加速运动,故 m_1、m_2 在垂直斜面方向的加速度分量相等。

例2 (北京大学)用一根不可伸长的细绳将质量分别为 m_A、m_B 的 A、B 两物体悬挂在圆盘两边，如图 2 所示。圆盘光滑且不能转动，半径为 R，试求细绳与圆盘接触处，单位长度细绳受到的圆盘的支持力 n。

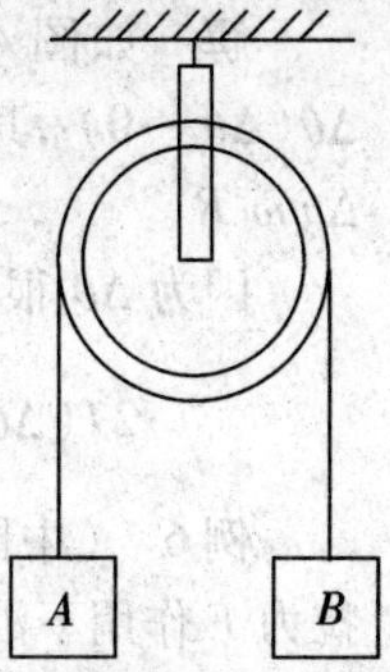

图 2

解 因为是轻绳，且无摩擦，所以绳中张力 T 处处等值，在圆盘与绳接触处取对应圆心角为 $\Delta\theta$ 的一小段绳分析，绳长 $\Delta l=\Delta\theta\cdot R$，$\Delta l$ 两边的绳与 Δl 的中点切线的夹角为 $\frac{1}{2}\Delta\theta$，因为 Δl 的质量为零，所以在法向方向上绳应受力平衡。$2T\sin(\Delta\theta/2)=\Delta N$。单位长度细绳所受的支持力为 $n=\frac{\Delta N}{\Delta l}=\frac{\Delta N}{R\Delta\theta}=\frac{\Delta N}{2R\sin(\Delta\theta/2)}=\frac{T}{R}$。对系统应用牛顿定律得 $\frac{m_A g-T}{m_A}=\frac{T-m_B g}{m_B}$，求出绳的张力 $T=\frac{2m_A m_B g}{m_A+m_B}$，所以有 $n=\frac{2m_A m_B g}{(m_A+m_B)R}$

例 3 （中国科技大学）考虑到地球上物体除受地球的引力外还受到太阳的引力作用，若用弹簧秤称量同一物体的重量时，白天的示数与夜晚的示数是否相同？试说明理由。（设地球上各点到太阳的距离之差忽略不计）

解 示数不变。在地球上考虑太阳的引力，就必须考虑物体随地球绕太阳的运动，若忽略地球上各点到太阳的距离的差别，这时太阳对物体的引力正好等于物体的质量和它与地球一起绕太阳公转的加速度的乘积，因而不影响物体所受的其他的力及由它们所决定的运动状态。也就是说，在地心系中，忽略地球上各点到太阳的距离的差异，无论白天还是夜晚，太阳引力总是与惯性离心力大小相等，方向相反，即 $G\frac{M_s m}{r^2}=ma_e=m\cdot G\frac{M_s}{r^2}$，二者合力为零，对弹簧示数无影响。所以弹簧秤示数相同。这也是通常忽略太阳引力，把地心系视为惯性系的原因之一。

例 4 以 $v_0=10\ \text{m/s}$ 的初速度自楼顶平抛一小球，若不计空气阻力，当小球沿曲线运动的法向加速度大小为 $5\ \text{m/s}^2$ 时，求小球下降的高度及所在轨迹的曲率半径。

解 小球加速度为 g。设法向加速度 a_n 与 g 成 θ 角，如图 3 所示，当 $a_n=5\ \text{m/s}^2$ 时，

$$\cos\theta=\frac{a_n}{g}=\frac{5}{10}=\frac{1}{2},$$

得

$$\theta=60°。$$

$$v_y=v_0\tan\theta=10\sqrt{3}\ \text{m/s},$$

$$h=\frac{v_y^{\ 2}}{2g}=\frac{300}{20}\text{m}=15\ \text{m},$$

$$v=\frac{v_0}{\cos 60°}=2v_0=20\ \text{m/s}。$$

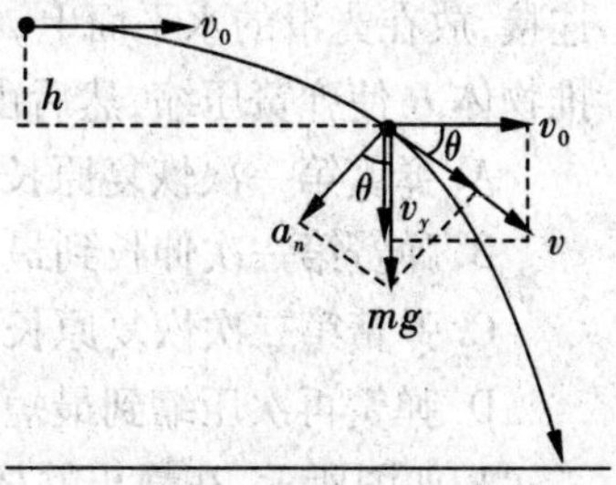

图 3

$$\rho=\frac{v^2}{a_n}=\frac{20^2}{5}=80\ \text{m}。$$

例 5 （同济大学）一质量为 M 均匀分布的圆环，半径为 R，几何轴与水平面垂直，若它能承受的最大张力为 T，求圆环可以绕几何轴旋转的最大角速度。

解 如图4所示，在圆环上取一小段圆弧，对应的圆心角为 $\Delta\theta(\Delta\theta\to 0)$，其质量 $\Delta m=\Delta\theta M/2\pi$，由牛顿定律得，$2T\sin(\Delta\theta/2)=\Delta m\omega^2 R$。

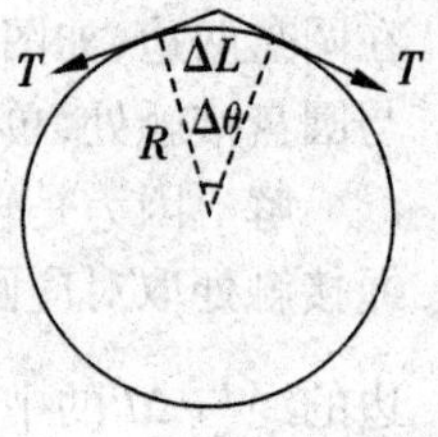

图4

因为 $\Delta\theta$ 很小，所以 $\sin(\Delta\theta/2)\approx\Delta\theta/2$，即

$$2T(\Delta\theta/2)=[\Delta\theta M/(2\pi)]\,\omega^2 R\text{，得 }\omega=\sqrt{\frac{2\pi T}{MR}}\text{。}$$

例6 （中国科技大学）一根质量为 m 的匀质弹簧，在一端恒定拉力 F 作用下沿光滑水平面做匀加速直线运动。若将此弹簧一端固定在天花板上悬挂起来，则弹簧此时长度比运动时短，如图5所示。为使弹簧长度与恒力 F 作用下水平运动时相等，问在弹簧下端应挂质量 M 为多少的重物？

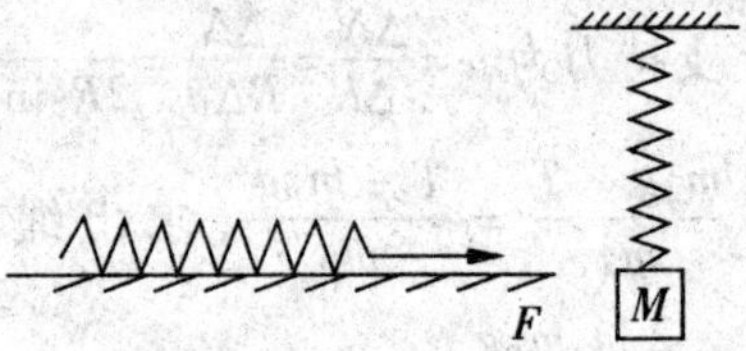

图5

解 因弹簧有质量，在恒力 F 作用下运动时，对后面弹簧依次由牛顿第二定律易知，弹簧各处张力均匀变化（线性变化），由胡克定律知弹簧伸长也均匀变化，故其总伸长量相当于弹簧受到平均张力 $\frac{F}{2}$ 时的伸长量：

$$\frac{F}{2}=k\Delta l\text{。}$$

弹簧竖直悬挂时，在自身重力作用下，弹簧的张力均匀变化，各部分伸长也均匀变化。同样可以利用平均张力 $(\frac{mg}{2})$ 计算伸长量：$(\frac{mg}{2})=k\Delta l'$。再施加质量为 M 的物体后，伸长量变为 Δl，则有关系：$\frac{1}{2}mg+Mg=k\Delta l$，$M=\frac{1}{2g}(F-mg)$。

专题训练

1.（2008同济大学）如图所示，A、B 两个物体中间用轻弹簧连接，放在光滑的水平面上，物体 A 紧靠在竖直墙上。现在向左推物体 B 使弹簧压缩，然后由静止释放，则（　　）

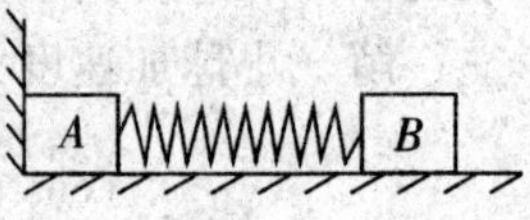

题1图

A. 弹簧第一次恢复原长后，物体 A 开始加速运动

B. 弹簧第一次伸长到最大长度时，A、B 的速度一定相同

C. 弹簧第二次恢复原长后，两物体速度一定反向

D. 弹簧再次压缩到最短时，物体 A 的速度可能为零

2. 如图所示，在静止的杯中盛水，弹簧下端固定在杯底，上端系一密度小于水的木球。当杯自由下落时，弹簧稳定时的长度将（　　）

A. 变长　　　　B. 恢复到原长

C. 不变　　　　D. 无法确定

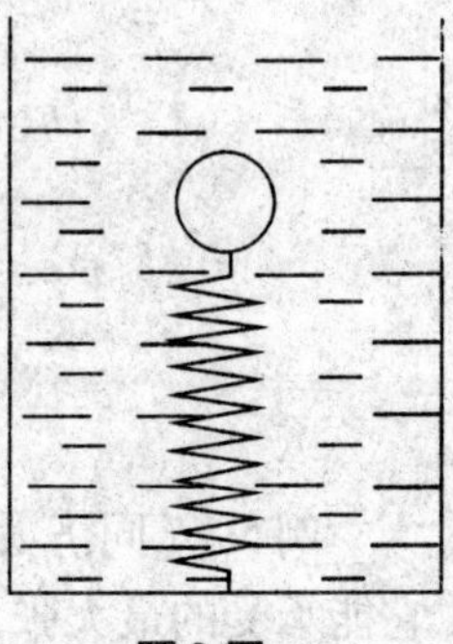
题2图

3. 如图所示，固定在小车上的支架的斜杆与竖直杆的夹角为

θ,在杆下端固定有质量为 m 的小球。下列关于杆对球的作用力 F 的判断正确的是(　　)

A. 小车静止时,$F = mg\cos\theta$,方向沿杆向上

B. 小车静止时,$F = mg\cos\theta$,方向垂直杆向上

C. 小车向右以加速度 a 运动时,一定有 $F = ma/\sin\theta$

D. 小车向左以加速度 a 运动时,$F = \sqrt{(ma)^2 + (mg)^2}$,方向斜向左方,与竖直方向夹角 $a = \arctan(a/g)$

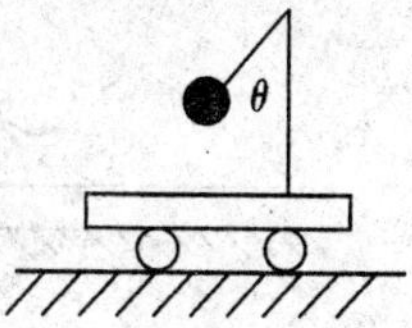

题 3 图

4. 一质量为 M 的框架放在水平地面上,如图所示,框架中间的竖直杆上套着一个质量为 m 的金属环。当环沿杆加速下滑时,它们之间的摩擦力为 f,此时框架对地面的压力为(　　)

A. Mg　　　　B. $(M+m)g$

C. $Mg+f$　　　　D. $(M+m)g-f$

5. 如图所示,木块 A、B 的质量分别为 $m_A = 0.2\ \text{kg}$,$m_B = 0.4\ \text{kg}$,托盘的质量 $m_C = 0.6\ \text{kg}$,现挂于天花板 O 处,处于静止状态。当用火烧断 O 处的细线瞬间,木块 A 的加速度 $a_A =$ ________,木块 B 对 C 的压力 $N_{BC} =$ ________。

6. 在倾角为 α 的山坡上,有在同一水平线上相距 l 的两点 A 和 B,如图所示. 一汽车从 A 点由静止出发,要求不离开直线 AB 而开往 B 点。已知车轮和坡面间的动摩擦因数 $\mu > \tan\alpha$,设汽车的质量在车轮间均匀分布,每个轮都是主动轮,则汽车完成这个要求所用的最短时间为________。

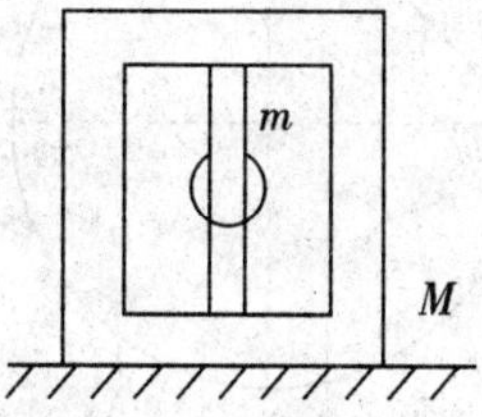

题 4 图

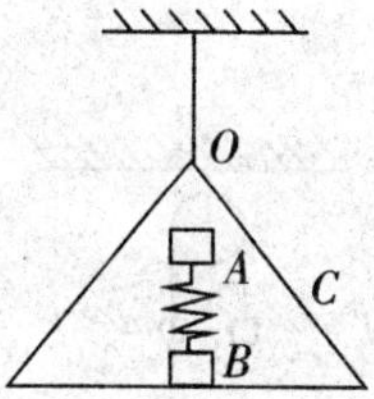

题 5 图

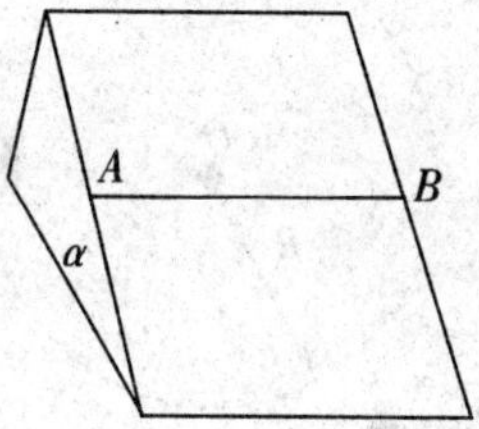

题 6 图

7. (中国科技大学)如图所示,一质量为 m 的人,从长为 l、质量为 M 的铁板的一端匀加速地跑向另一端,并在另一端骤然停止,铁板和水平地面间的摩擦因数为 μ,人和铁板间的摩擦因数 μ',$\mu' \gg \mu$,这样人能使铁板朝其跑动方向移动的最大距离 $L=$ ________.

8. 汽车所受重力为 G,其重心离前轮和后轮的距离分别为 l_1 和 l_2,重心离地面的高度为 h,如图所示,求:

(1)汽车以多大的加速度 a_1 前进时,其前、后轮的压力相等?

(2)当汽车以加速度 a_2 制动时,其前、后轮的压力各多大(设汽车是后轮制动,即滑动摩擦只发生在后轮和路面之间)?

(3)如果后轮与路面间的动摩擦因数为 μ,则汽车制动时的加速度为多大?

题 7 图

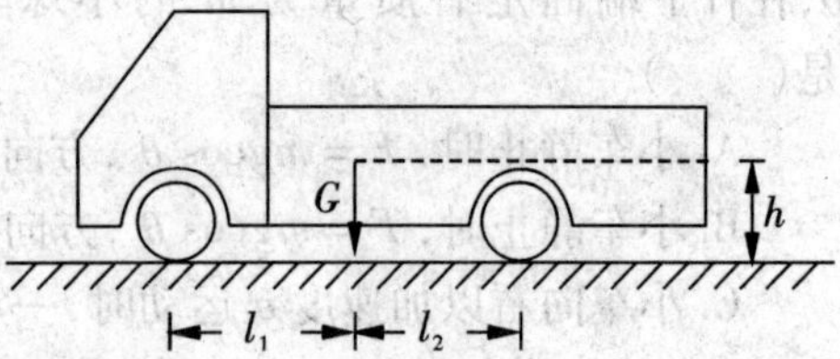

题 8 图

9. (上海交通大学)一水平放置的木板上放有砝码,砝码与木板间的动摩擦因数为 μ,如果让木板在竖直平面内做半径为 R 的匀速圆周运动,如图,假如运动中木板始终保持水平,试问:匀速圆周运动的速度为多大时,砝码才能保持在木板上不滑动?

10. (2008 同济大学)一条轻绳跨过一轻滑轮,滑轮和轴的摩擦可忽略。在绳的一端挂一质量为 m_1 的物体,在另一侧有一质量为 m_2 的环,如图所示,当环相对于绳以恒定的加速度 a_2 沿绳向下滑动时,物体和环相对地面的加速度各是多少? 环与绳间的摩擦力多大?

11. (2006 上海交通大学)两质量均为 m 的小球穿在一光滑圆环上,并由一不可伸长的轻绳相连,圆环竖直放置,在如图所示位置静止释放,试问释放瞬间绳上的张力为多少?

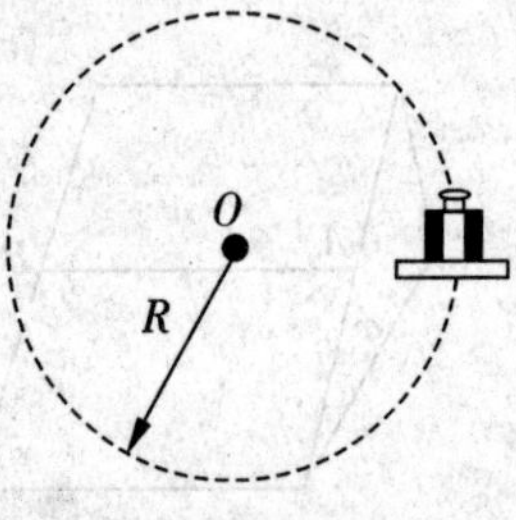

题 9 图

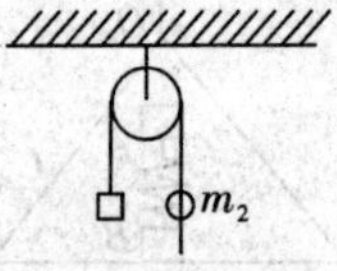

题 10 图

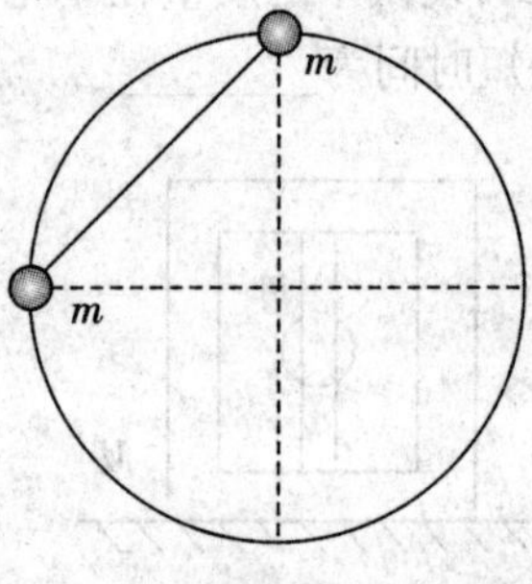

题 11 图

12. (南京大学)如图所示,质量 $m=2.0$ kg 的小铁块静止于水平导轨 AB 的 A 端,导轨及支架 $ABCD$ 形状及尺寸如图,它只能绕通过支架 D 点的垂直于纸面的水平轴转动,其重心在图中的 O 点,质量 $M=4.0$ kg,现用一细线沿导轨拉铁块,拉力 $F=12$ N,铁块和导轨之间的摩擦系数 $\mu=0.50$,重力加速度 $g=10\ m/s^2$,从铁块运动时起,导轨(及支架)能保持静止的最长时间是多少?

13. 如图所示,传送带与水平面夹角为 37°,并以 $v=10$ m/s 运行,在传送带的 A 端轻轻放一个小物体,物体与传送带之间的动摩擦因数 $\mu=0.5$,AB 长 16 m,求物体从 A 到 B 所用的时间。($g=10\ m/s^2$)

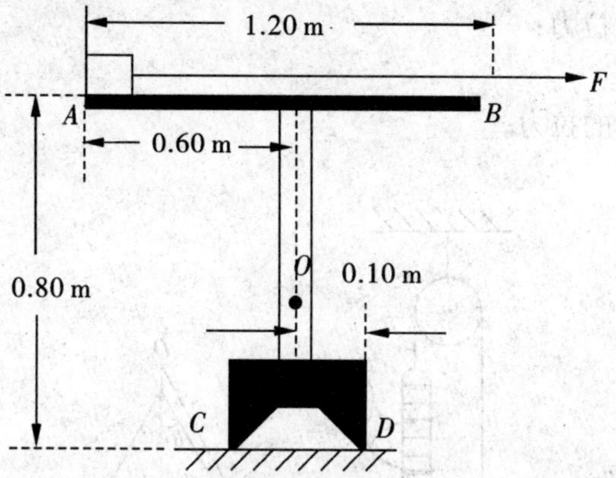

题 12 图

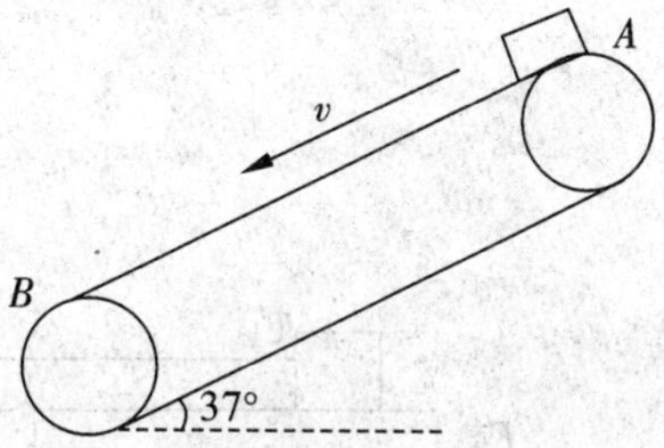

题 13 图

14. 如图所示，截面为等腰三角形的滑块 A，质量为 m_1，顶角为 2θ。两完全相同的长方形木块 B、C，质量均为 m_2，所有接触处均不计摩擦。系统由静止开始释放，在 m_1 碰到水平面前，长方体木块的加速度大小为多少？

15. 质量为 m 的木块沿水平方向以速度 v_0 滑上静止在水平面上的木板上表面，如图所示，已知木板的质量为 M，木块与木板之间、木板与地面之间的动摩擦因数分别为 μ_1、μ_2。试求：木块在木板上能滑行的距离和时间。（木板足够长，木块不会从木板另一端滑下）

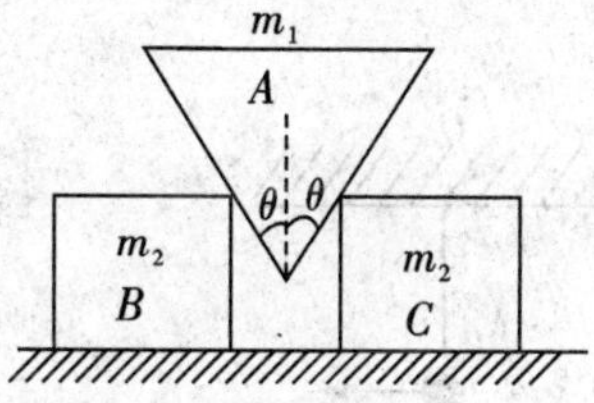

题 14 图

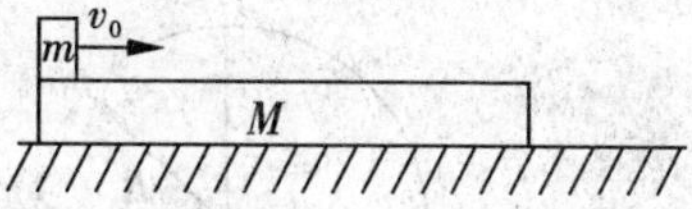

题 15 图

16. 小车质量为 $M=51$ kg，在右端伸出的细长水平臂上，固定轻质定滑轮，车上放着质量 $m_1=5$ kg 的滑块，通过水平细线经定滑轮和质量为 $m_2=4$ kg 的物体相连，所有接触处均不计摩擦，为使 M、m_1、m_2 三者保持相对静止，可对小车作用一水平向右的推力 F，求 F 的大小。

17. 如图所示，一根绳跨过装在天花板上的滑轮，绳的一端吊一质量为 M 的物体，另一端挂一载人梯子，人质量为 m，系统处于平衡状态，不计摩擦及滑轮与绳和梯子的质量，要使天花板受力为零，试求人应如何运动？

18. 一个光滑的圆锥体固定在水平桌面上，其轴线沿竖直方向，母线与轴线之间的夹角为 $\theta=30°$，如图所示。一长为 L 的绳（质量不计），一端固定在圆锥体的顶点 O 处，另一端拴着一个质量为 m 的小物体（可看作质点），物体以速度 v 绕圆锥体的轴线在水平面内做匀速圆周运动。

(1)当 $v_1=\sqrt{\frac{gL}{6}}$ 时,求绳对物体的拉力;

(2)当 $v_2=\sqrt{\frac{3}{2}gL}$ 时,求绳对物体的拉力。

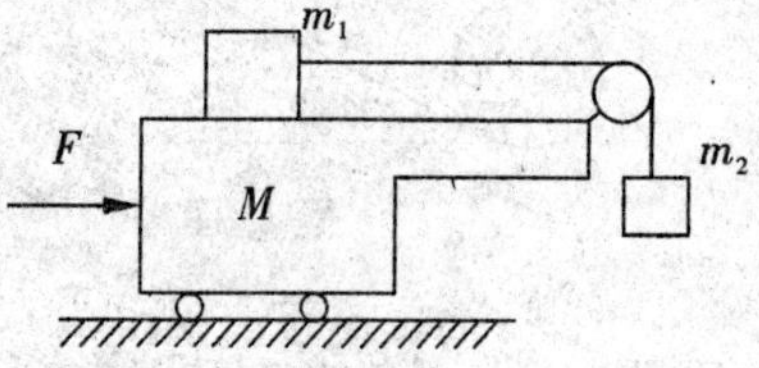

题 16 图

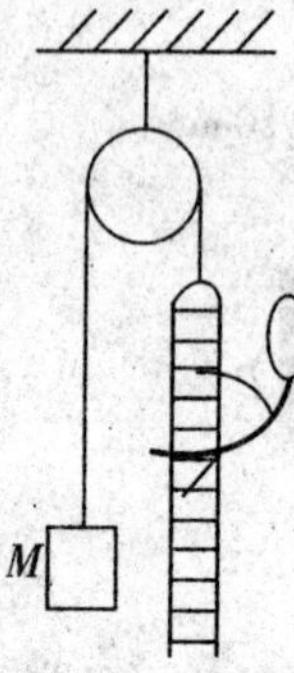

题 17 图

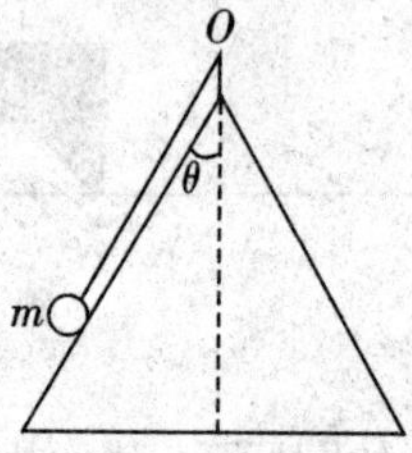

题 18 图

19. 如图所示,半径为 $R=0.5$ m 的空心球壳绕其竖直直径匀速旋转,在球壳内壁离球底 $R/2$ 高处有一小木块同球壳一起旋转,问:

(1)如果角速度为 5 rad/s,实现这一情况所需的最小摩擦因数是多少?

(2)如果角速度为 8 rad/s,实现这一情况的条件是什么?

20. 长分别为 L_1 和 L_2 的不可伸长的轻绳悬挂质量都是 m 的两个小球,如图所示,它们处于平衡状态。突然连接两绳的中间小球受水平向右的冲击,瞬间内获得水平向右的速度 v_0,求这瞬间连接 m_2 的绳的拉力为多少?

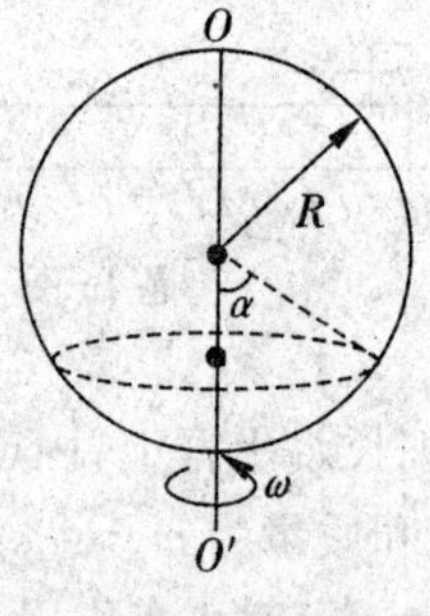

题 19 图

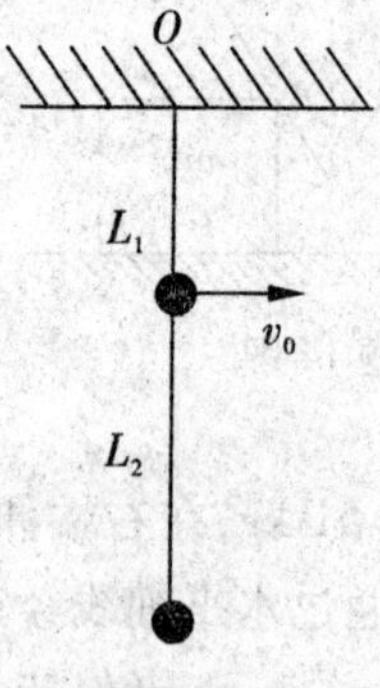

题 20 图

21. 在光滑的水平轨道上有两个半径都是 r 的小球 A 和 B,质量分别为 m 和 $2m$,当两球心间的距离大于 l(l 比 $2r$ 大得多)时,两球之间无相互作用力;当两球心间的距离等于或小于 l 时,两球间存在相互作用的恒定斥力 F。设 A 球从远离 B 球处以速度 v_0 沿两球心连线向原来静止的 B 球运动,欲使两球不发生接触,v_0 必须满足什么条件?

22. 如图所示,质量 $M=8$ kg 的小车静止放在光滑水平面上,现在在小车的一端加一水平恒力 $F=8$ N,当小车向右运动速度达到 1.5 m/s 时,在小车的前端轻放一大小不计、质量为 $m=2$ kg 的物块,物块与小车的动摩擦因数为 0.2,小车足够长,则物块从放上小车开始经过 $t=1.5$ s 通过的位移为多大?

23. 如图所示，一个厚度不计的圆环 A，紧套在长度为 L 的圆柱体 B 的上端，A、B 两者的质量均为 m，A 与 B 之间的最大静摩擦力与滑动摩擦力相同，其大小为 $kmg(k>1)$。B 由离地 H 高处由静止开始落下，触地后能竖直向上弹起，触地时间极短，且无动能损失。B 与地碰撞 n 次后，A 与 B 分离。

(1) B 与地第一次碰撞后，当 A 与 B 刚相对静止时，B 下端离地面的高度是多少？

(2) 如果 H、n、k 为已知，那么 L 应为多少？

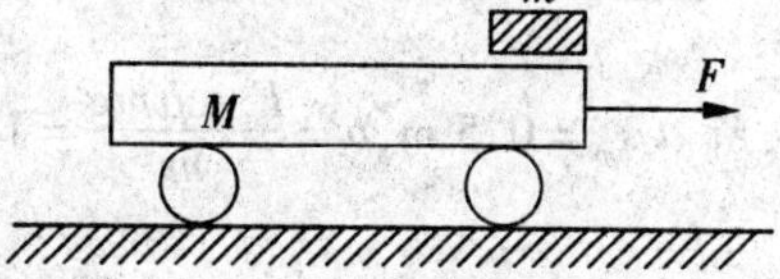

题22图

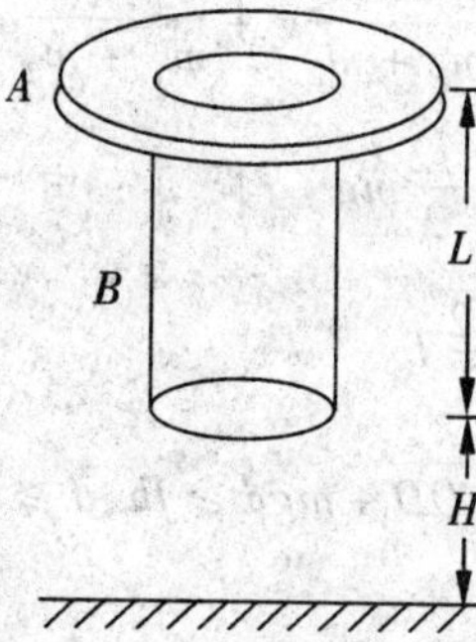

题23图

答案详解

1. AB
2. B
3. D
4. C

5. 0，1.2 N。提示：烧断瞬间弹簧保持原态，两端弹力不变，故 $a_A=0$，同时，设 B 与 C 之间弹力为 N，对 B：$(m_B+m_A)g-N=m_Ba_B$，对 C：$m_C+N=m_Ca$，又 $a_B=a_C$，联立可得 $N=\dfrac{m_Am_Bm_C}{m_B(m_B+m_C)}g=1.2\ \text{N}$

6. $\sqrt{\dfrac{2l}{g\cos\alpha\sqrt{\mu^2-\tan^2\alpha}}}$。提示：$f=\mu mg\cos\theta$，$f_\perp=mg\sin\theta$，$f_\parallel=\sqrt{f^2-m^2g^2\sin^2\theta}=ma$，$\dfrac{1}{2}at^2=l$，得：$t=\sqrt{\dfrac{2l}{g\cos\alpha\sqrt{\mu^2-\tan^2\alpha}}}$

7. $\dfrac{ml}{M+m}$。提示：人跑过程中，对系统质心有 $v^2=2a_1s_1$，人与板以共同速度运动中，有 $v^2=2\mu gs_2$，所以 $s_2=\dfrac{a_1s_1}{\mu g}$，又 $a_{1m}=\mu g$，$s_{1m}=\dfrac{ml}{M+m}$，得 $s_{2m}=\dfrac{ml}{M+m}$

8. $\dfrac{(l_2-l_1)g}{2h}$；$\dfrac{gl_2+a_2h}{g(l_2+l_1)}G$、$\dfrac{gl_1-a_2h}{g(l_2+l_1)}G$；$\dfrac{\mu gl_1}{l_2+l_1+\mu h}$。提示：(1)选取汽车为参考系，以后轮的接地点为参考点，转轴平衡，即 $\dfrac{G}{2}(l_1+l_2)+\dfrac{Ga_1}{g}h=Gl_2$。(2) $N_{前轮}(l_1+l_2)=$

$Gl_2 + \frac{Ga_1}{g}h$，$N_{前轮} + N_{后轮} = G$。(3) $N_{后轮} \cdot \mu = \frac{Ga}{g}$

9. 提示：砝码的向心力加速度 $a = \frac{v^2}{R}$，$f = ma\cos\alpha$，$mg - N = ma\sin\alpha$，不滑动 $f \leqslant \mu N$。得 $v \leqslant \sqrt{\mu gR(\cos\alpha + \mu\sin\alpha)} \leqslant \sqrt{\frac{\mu gR}{\sqrt{1+\mu^2}}}$

10. $a_1 = \frac{m_1 - m_2}{m_1 + m_2}g + \frac{m_2}{m_1 + m_2}a_2 f = \frac{m_1 m_2(2g - a_2)}{m_1 + m_2}$

11. $T = \frac{\sqrt{2}}{2}mg$。提示：由于绳子与环的限制，沿环切向加速度应相等 $mg - \frac{\sqrt{2}}{2}T = \frac{\sqrt{2}}{2}T$

12. $Mg \times \overline{OD} + mgd \geqslant fh, d \geqslant 0.2\ \text{m}$，所以 $s_m = 0.5\ \text{m}, a = \frac{F - \mu mg}{m} = 1\ \text{m/s}^2$ 所以 $t = \sqrt{\frac{2s}{a}} = 1\ \text{s}$

13. $a_1 = g\mu\cos\theta + g\sin\theta = g = 10\ \text{m/s}^2, t_1 = \frac{v}{a_1} = 1\ \text{s}, s = \frac{1}{2}a_1 t_1^2 = 5\ \text{m}$，

$a_2 = g\sin\theta - \mu g\cos\theta = 2\ \text{m/s}^2, vt' + \frac{1}{2}a_2 t' = s_{总} - s, t' = 1\text{s}$，所以 $t_{总} = 2\ \text{s}$

A 端到 B 端时间为 2 s。

14. 若滑块 A 与 B、C 间弹力为 N，如图，有 $m_1 g - 2N\sin\theta = m_1 a_1, N\cos\theta = m_2 a_2$

由于接触点相对于加速度只能沿切面方向，所以 $a_1\sin\theta = a_2\cos\theta$

由上式解得 $a_2 = \frac{m_1 g\tan\theta}{m_1 + 2m_2\tan^2\theta}$

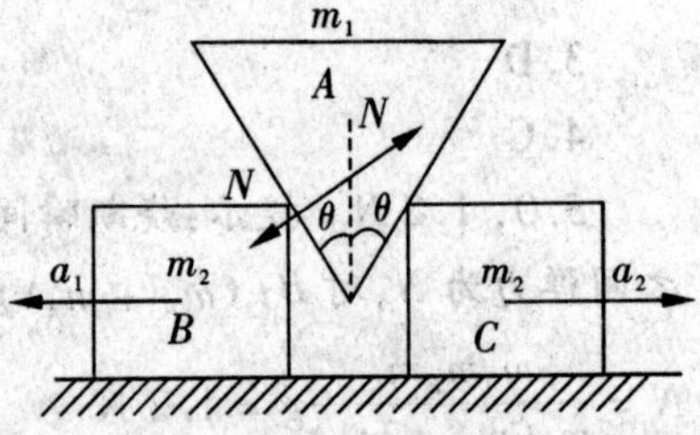

答题 14 图

15. 当 $\mu_1 mg < \mu_2(m+M)g$ 时长木板不滑动，$s = \frac{v_0^2}{2\mu_1 g}, t = \frac{v_0}{\mu_1 g}$

当 $\mu_1 mg \geqslant \mu_2(m+M)g$ 时，长木板滑动，以长木板为参考系，

$a_{相} = \mu_1 g - \frac{\mu_2(m+M)g - \mu_1 mg}{M} = \frac{(m+M)(\mu_1 - \mu_2)g}{M}$

所以 $s = \frac{v_0^2}{2a_{相}} = \frac{Mv_0^2}{2(m+M)(\mu_1 - \mu_2)g}, t = \frac{v_0}{a_{相}} = \frac{Mv_0}{(m+M)(\mu_1 - \mu_2)g}$

16. 若 m_1, m_2, M 相对静止，则三个物体加速度相同，假设为 a，如图，则

$F = (m_1 + m_2)a$，$(m_1 a)^2 = (m_2 a)^2 + (m_2 g)^2$

所以 $a = \frac{4}{3}g$，$F = 800\ \text{N}$。

17. 由于滑轮组对天花板作用力为零，则绳子中不存在张力，所以在右侧绳以加速度 g 变长，左侧梯应有向上加速度 g，$m_{梯}=M-m$，所以 $N_{人梯}=2(M-m)gN_{梯人}+mg=ma_{地}$

所以 $a_{梯人}=g+g+\frac{2Mg}{m}-2g=\frac{2Mg}{m}$

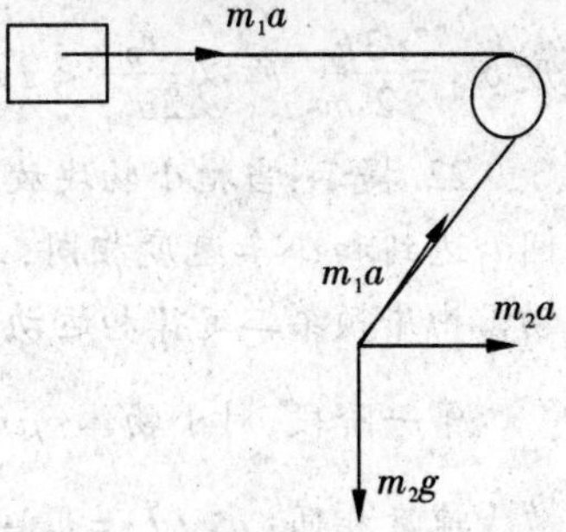

答题 16 图

18. 以小物体为研究对象，假设它与圆锥面接触，而没有弹力作用，如图，由牛顿定律得：$T\cos\theta=mg$，$T\sin\theta=\frac{mv^2}{L\sin\theta}$，$v=\sqrt{\frac{\sqrt{3}gL}{6}}$

(1) 因为 $v_1=\sqrt{\frac{gL}{6}}<v$，所以物体 m 与圆锥面接触且有压力，受力如图所示，由牛顿定律得：$T_1\cos\theta+N\sin\theta=mg$，

$T_1\sin\theta-N\cos\theta=m\frac{v_1^2}{L\sin\theta}$，则 $T_1=\frac{mg}{6}(3\sqrt{3}+1)$

(2) 因为 $v_2=\sqrt{\frac{3}{2}gL}>v$，所以物体 m 脱离圆锥面，设绳子与轴线的夹角为 φ，由牛顿定律得：$T_2\sin\varphi=m\frac{v_2^2}{L\sin\theta}$，$T_2\cos\varphi=mg$ 则绳子拉力：$T_2=2\,mg$

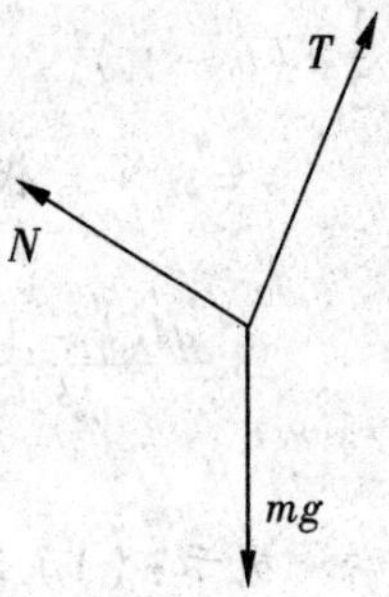

答题 18 图

19. (1) $F_{合}=m\omega^2\times\frac{\sqrt{3}}{2}R=m\frac{25\sqrt{3}}{4}$，

$$\mu_{\min}=\tan\alpha=\left|\frac{-F_{合}\times\frac{1}{2}+mg\frac{\sqrt{3}}{2}}{mg\times\frac{1}{2}+F_{合}\frac{\sqrt{3}}{2}}\right|=\frac{3\sqrt{3}}{23}$$

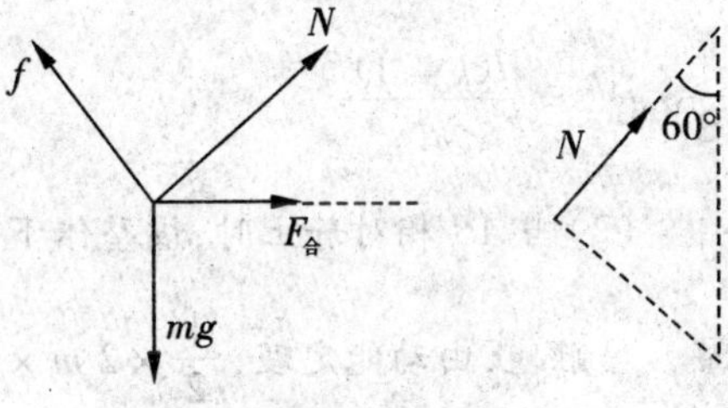

答题 19 图

(2) 同理，$F'_{合}=m\omega'^2\times\frac{\sqrt{3}}{2}R=m16\sqrt{3}$，

$$\mu_{\min}=\tan\beta=\left|\frac{F'_{合}\times\frac{1}{2}+mg\frac{\sqrt{3}}{2}}{mg\times\frac{1}{2}+F_{合}\frac{\sqrt{3}}{2}}\right|=\frac{3\sqrt{3}}{29}$$

20. 小球 m_1 由于绳子的约束，它绕 O 做圆周运动，此时的加速度为 $a_1=v_0^2/L_1$，方向竖直向上。而 m_2 相对于 m_1 也做圆周运动，对 m_2 以 m_1 为参考系时，m_2 受到重力 m_2g，L_2 对于它向上的拉力 T_2 和竖直向下的惯性力 m_2a_1 作用，绕 m_1 做圆周运动，则有：

$$T_2-m_2g-m_2a_1=m_2\frac{v_0^2}{L_2},\ T_2=m_2\left(g+\frac{v_0^2}{L_1}+\frac{v_0^2}{L_2}\right)$$

21. 提示：当 B 球被 A 球靠近时加速度 $a_A=\frac{F}{2\,m}$，A 球加速度 $-\frac{F}{m}$，A、B 球相对加速

度 $a_{相}=\frac{3F}{2m}$，所以 $\frac{v_0^2}{2a_{相}}<l-2r$，所以 $v_0<\sqrt{\frac{3F(l-2r)}{m}}$

22. 提示：当把小物块放上小车时，小物块和小车间将发生相对运动，设小物块经时间 t_1 达到和小车速度相同，此后物块和小车将在拉力 F 作用下做无相对滑动的加速运动。由牛顿第二定律和运动学规律有：

第一阶段，对小物体：$\mu mg=ma_1$，$s_1=\frac{1}{2}a\cdot t_1^2$，对小车：$F-\mu mg=Ma_2$

速度相同：$a_1\cdot t_1=v_0+a_2\cdot t_1$

第二阶段，共同运动有：$F=(M+m)a$，对小物体：$s_2=(a_1t_1)(t_0-t_1)+\frac{1}{2}a(t_0-t_1)^2$

$s=s_1+s_2$ 代入数据得：$s=2.1(\mathrm{m})$

23. $\frac{H(k-1)}{k^2}$，$\frac{2H}{k}\cdot\frac{1-\frac{1}{k^{n-1}}}{1-\frac{1}{k}}<L<\frac{2H}{k}\cdot\frac{1-\frac{1}{k^n}}{1-\frac{1}{k}}$

提示：(1) 选向上为正方向，与地碰后：$v_B=\sqrt{2gH}$，$v_A=-\sqrt{2gH}$，对 B：$-(kmg+mg)=ma_B$，$a_B=-(k+1)g$，同理：$a_A=(k-1)g$，$a_{相}=(k-1+k+1)g=2kg$。经 t_1 后相对静止，则：$a_{相}t_1=v_B-v_A$，$t_1=\frac{1}{k}\sqrt{\frac{2H}{g}}$。此时 B 上升 s，则：$s=v_Bt_1+\frac{1}{2}a_Bt_1{}^2=\frac{H(k-1)}{k^2}$

(2) 当 AB 相对静止时，设整体下降速度为 v_0，$v_0=v_B+a_Bt=-\frac{1}{k}\sqrt{2gH}$，由此时刻 B 底端接触地，由动能定理，$\frac{1}{2}\times 2m\times v_0{}^2+2mgs=\frac{1}{2}\times 2m\times v_2{}^2=2mgh_2$。此情况可等效为从 h_2 的高度两者自由落体，解得：$h_2=\frac{H}{k}$，同理，$h_3=\frac{H}{k^2}$，…。相应的相对位移也有递推列，$v_{相}^2=(v_B-v_A)^2=2a_{相}\Delta s_1$，$\Delta s_1=\frac{2H}{k}$。第二次 $\Delta s_2=\frac{2H}{k^2}$，…，可得 $\Delta s_n=\frac{2H}{k^n}$，所以碰撞 n 次时：$s_n=\sum_{i=1}^{n}\Delta s=2n(\frac{1}{k}+\frac{1}{k^2}+\cdots+\frac{1}{k^n})=\frac{2H}{k}\times\frac{1-\left(\frac{1}{k}\right)^n}{1-\frac{1}{k}}$，故 $s_{n-1}<L<s_n$，即

$$\frac{2H}{k}\cdot\frac{1-\frac{1}{k^{n-1}}}{1-\frac{1}{k}}<L<\frac{2H}{k}\cdot\frac{1-\frac{1}{k^n}}{1-\frac{1}{k}}$$

专题四 机械能

考点热点

一、功

受力点在恒力 $\boldsymbol{F}$ 的作用下产生了位移 $\boldsymbol{s}$ 。力 $\boldsymbol{F}$ 与位移 $\boldsymbol{s}$ 之间的夹角为 θ ,则定义 $\boldsymbol{F}$ 对物体所做的功为：$W = Fs\cos\theta$,式中 F 、s 分别表示力的大小和位移大小。

注:(1) $\boldsymbol{F}$ 和 $\boldsymbol{s}$ 都是矢量,但 W 是标量,有正功和负功之分。当 $W < 0$ 时,作用力阻碍物体运动,对物体做负功,或者说物体克服这个力做了正功。

(2)受力点位移不一定是物体位移,例如力的作用点在物体上发生位移的情况,物体转动的情况。

(3)功的定义式只适用于恒力对物体做功的计算,当力的大小或方向发生变化时,就不能用上式来计算功了。所以上式所表达的功的定义有相当的局限性,更普遍的功的定义应该用微积分来表达,因超出中学物理的范围,这里不再阐述。另一种办法是用动能定理求变力的功,将在后面讲述。

(4)功与参考系有关。因为位移在不同的参考系中可以不同,因此在不同的参考系中计算出来的功也就可以有不同的数值。但是一对作用力与反作用力做功之和却与参考系的选择无关。因为作用力与反作用力大小相等,方向相反,作用在两个不同的质点上,若两质点的位移相同,则这一对力做功之和显然为零。若两质点位移不同,即存在相对位移,则这一对力做功之和并不为零,应等于作用力在相对位移上做的功,而相对位移是和参考系无关的。所以,对于一对作用力和反作用力做功之和,就可以选一个方便的参考系来进行计算。例如选相对于其中一个质点静止的参考系计算作用在另一质点上的力的功,即为这一对作用力做功之和,这样做就很方便。

作用力与反作用力做功,根据具体的物理环境,在选取研究对象时,可选取一个物体或几个物体组成的系统作为研究对象。对于几个物体构成的系统,当系统内物体发生相互作用即有内力作用时,某一对内力所做的功之和始终等于力乘以其相对位移,而与所选的参考系无关。如一对滑动摩擦力总做负功,一对静摩擦力做功总是为零。但应注意,其中某个力做的功,则与所选的参考系密切相关,因为位移与参考系有关。

处理变力功的途径:

(1)转换法　一般情况下一对作用力与反作用力做功之和为零,但如果不为零,则一定有机械能和其他形式能量之间的转换,据此在求变力做功时可通过转换法变成求恒力做功。如人通过定滑轮拉住物体 m,以后人从 A 点缓慢移到 B 点,这一过程中求绳的拉力做功即为变力做功,但此功的大小与绳对重物做功大小相等,即变为恒力做功了。

(2)图像法　当力的方向不变,其大小随在力方向上的位移呈函数关系变化时,作出力-位移图像(即 $F-s$ 图),则图线与位移坐标轴围成的"面积"就表示力做的功。此外,在功率-时间图像(即 $P-t$ 图)中,图线与时间坐标轴围成的"面积"就表示牵引力的功。对于热学中的压强-体积图像(即 $P-V$ 图),其图线与体积坐标轴围成的"面积"就表示外界对气体或气体对外界做功的数值。

(3)等效法　通过因果关系,如动能定理、功能关系或 Pt 等效代换可求变力做的功。这是对求解不知其变化规律的力所做的功的一种很普遍的且行之有效的方法。

(4)微元法　当力的大小、方向及位移方向都变化时,可以将整个过程分成若干个微小过程。如果将每个微小过程都取得足够小时,可以认为在微小位移 Δs 内,力 F 为恒力,从而求得在一段微小位移内力所做的功,然后通过观察分析,作适当的近似处理,发现其规律再求和,即可得到整个过程中力所做的功。

(5)保守力做功只跟初、末位置有关,而与具体运动路径无关,如重力、弹簧弹力、分子力、电场力等做功可用相应势能变化表示,如 $W_G=-\Delta E_p$。

二、功率

功率有平均功率与瞬时功率之分,力 F 在任意一段 Δt 时间内所做功 ΔW 与 Δt 的比值,叫作平均功率,记为 $\overline{P}=\dfrac{\Delta W}{\Delta t}$,瞬时功率是 Δt 取无限小量的平均功率,有 $P=\lim\limits_{\Delta t\to 0}\dfrac{\Delta W}{\Delta t}=Fv\cos\theta$。

三、质点动能定理

依据牛顿第二定律,写出极短时间内一维直线运动的近似形式 $F=m\dfrac{\Delta v}{\Delta t}$,两边各乘一无限小位移 Δs,$F\Delta s=m\dfrac{\Delta v}{\Delta t}\Delta s=mv\Delta v=\Delta(\dfrac{1}{2}mv^2)$,此式右边括号部分称为质点的动能 $E_k=\dfrac{1}{2}mv^2$,左边为力做的功。一个有限的位移可写成许多无限小位移之和,每个小位移方程均满足上式,左、右分别相加后得到 $\sum F_i\Delta s_i=\dfrac{1}{2}mv_2^2-\dfrac{1}{2}mv_1^2=E_{k2}-E_{k1}$,即 $W=\Delta E_k$

上式表明:作用在质点上的力所做功之和等于质点动能的增量,称为质点动能定理。它是力的空间积累效应。可以证明,力做功的代数和等于合力做功。

四、质点系动能定理

由 n 个质点组成质点系,作用在质点上的力,既可能有内力,也可能有外力,在质点运动时，这些力都将做功。对每个质点利用动能定理，把这 n 个质点的 n 个动能定理方程相加，得到 $W_{外} + W_{内} = \Delta E_k = \sum \Delta E_{ki}$ 表明：作用于质点系所有外力做功之和加上所有内力做功之和等于质点系总动能的增加量，这就是质点系动能定理。

注意：质点系内力对质点系总动量的改变没有贡献，但内力的作用一般会改变系统的总动能。这是因为成对出现的内力作用时间总是相等的，故其冲量的矢量和必为零；而以内力相互作用的两质点的位移一般并不相同，故其功不能相互抵消。

如图 1 所示，在 Δt 时间内 1、2 两质点间的相互作用力及发生的微小位移，$F_{21} = F_{12}$，则 $\Delta W = F_{21}(\Delta s_1 \cos \alpha_1 + \Delta s_2 \cos \alpha_2) = F_{21} \cdot \Delta s$，式中 $\Delta s = \Delta s_1 \cos \alpha_1 + \Delta s_2 \cos \alpha_2$ 为两质点在内力方向上的相对位移。表明：内力做的功与参考系的选择无关。

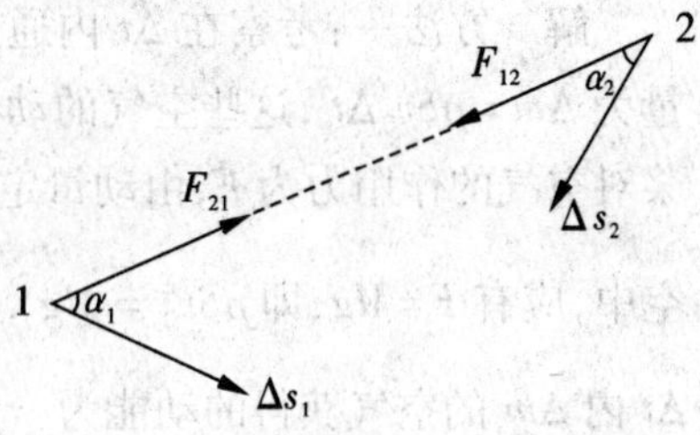

图 1

一个滑动摩擦力可以做正功，也可以做负功。但一对滑动摩擦力（作为作用力与反作用力）永远做负功。一个静摩擦力做功可以不为零（由参考系选择决定），但一对静摩擦力（作为作用力与反作用力）做功之和一定等于零。

五、功能原理

具有“做功与路径无关”这一特点的力，称为保守力。如万有引力、重力、弹力、电场力、分子力均属于保守力。而摩擦力做功与路径有关，属于非保守力，又称为耗散力。若物体系内的物体之间存在相互作用的保守力，则这个物体系具有相应的势能。如引力势能、重力势能和弹性势能、电势能、分子势能等。任何保守力做功总等于相应势能的改变量（增量）的负值，即

$$W_{保} = -\Delta E_p = -(E_{p2} - E_{p1}) = E_{p1} - E_{p2}，又\ W_{外} + W_{内} = \Delta E_k$$

式中，$W_{内}$ 一般应包括保守内力与非保守内力两者所做的功，$W_{内} = W_{保内} + W_{非保内}$，于是上式又可写成 $W_{外} + W_{保内} + W_{非保内} = \Delta E_k$，而 $W_{保内} = -\Delta E_p$，于是得 $W_{外} + W_{非保内} = \Delta E_k + \Delta E_p$。

如果保守力为重力和弹力，则 E_p 为重力势能或弹性势能。

引入机械能 $E = E_k + E_p$，上式中 ΔE 表示系统机械能的增加量。

$W_{外} + W_{非保内} = \Delta E$ 称为功能原理，它表明物体系在外力和内力作用下，由一个状态变到另一个状态时，物体系机械能的增加量等于外力和非保守内力做功之和。

六、机械能守恒定律

若外力和非保守内力都不做功或所做的功代数和为零，则由上式可知 $\Delta E = 0$，即

$$E_{kt} + E_{pt} = E_{k0} + E_{p0}$$

这一结论称为机械能守恒定律。机械能守恒定律只适用于物体系，也就是说讨论机械能守恒时，至少有两个物体。有时我们说一个物体从空中自由落体时机械能守恒，实际上意指这个物体和地球组成的系统的机械能守恒，对于孤立的物体无所谓重力势能，更谈不上机械能守恒了。

典型例题

例1 一架质量为 $M=810\ \mathrm{kg}$ 的直升机，靠螺旋桨的转动使 $S=30\ \mathrm{m}^2$ 面积内的空气以 v_0 的速度向下运动，从而使飞机悬停在空中。已知空气密度 $\rho=1.20\ \mathrm{kg/m^3}$，求 v_0 的大小，并计算飞机发动机的功率 p。（$g=9.8\ \mathrm{m/s^2}$）

解 方法一：考察在 Δt 内通过螺旋桨的空气。这些被由静止加速至 v_0 的空气的质量为 $\Delta m=\rho Sv_0\Delta t$，这些空气的动量增量为 $\Delta P=(\Delta m)v_0-0=(\Delta m)v_0=\rho Sv_0^2\Delta t$。设螺旋桨对空气的作用力为 F，由动量定理 $F\cdot\Delta t=\Delta P=\rho Sv_0^2\Delta t$，得到 $F=\rho Sv_0^2$，为使飞机悬停在空中，应有 $F=Mg$，即 $\rho Sv_0^2=Mg$，所以 $v_0=\sqrt{\dfrac{Mg}{\rho S}}=14.8(\mathrm{m/s})$。

Δt 内 Δm 的空气获得的动能为

$$\Delta E_\mathrm{k}=\frac{1}{2}(\Delta m)v_0^2-0=\frac{1}{2}(\rho Sv_0\Delta t)\cdot v_0^2=\frac{1}{2}\rho Sv_0^3\Delta t$$

此动能来源于发动机做功，故发动机功率

$$p=\frac{\Delta E_\mathrm{k}}{\Delta t}=\frac{1}{2}\rho Sv_0^3=5.89\times10^4(\mathrm{W})。$$

方法二：由于螺旋桨对空气的作用力可视为恒力，对质量 Δm 的空气而言，螺旋桨对它的加速作用可视为均匀的，加速时间为 Δt，末速度为 v_0，则在 Δt 时间内的平均速度 $v=\dfrac{v_0}{2}$，故发动机的平均功率 $p=F\cdot\dfrac{v_0}{2}=Mg\cdot\dfrac{1}{2}\sqrt{\dfrac{Mg}{\rho S}}=5.89\times10^4(\mathrm{W})$。

例2 如图2所示，长为 l 的细绳一端固定，另一端栓一质量为 m 的小球，拉起小球，使悬线沿水平方向伸直，将小球由静止释放，在小球运动到最低点过程中，求小球所受的重力的功率的最大值。

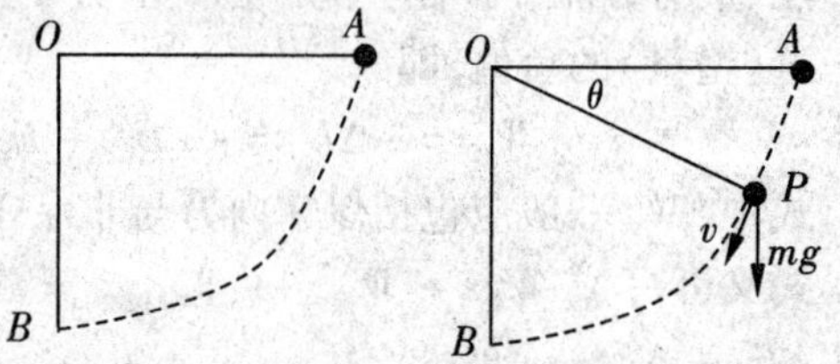

图2

解 小球运动至 P 点时，设 OP 与 OA 夹 θ 角，速度 v 满足：

$$mgl\sin\theta=\frac{1}{2}mv^2$$

得

$$v=\sqrt{2gl\sin\theta}$$

在 P 点处，重力做功的瞬间功率可以表示为

$$P_G=mgv\cos\theta=mg\sqrt{2gl\sin\theta}\cos\theta=mg\sqrt{2gl}\cdot\sqrt[4]{\frac{1}{2}\cdot2\sin^2\theta\cdot\cos^2\theta\cos^2\theta}$$

因为 $2\sin^2\theta+\cos^2\theta+\cos^2\theta=2$ 是常数，所以当 $2\sin^2\theta=\cos^2\theta$，即 $\cot\theta=\sqrt{2}$ 时，功率有最大值 $P_{G\max}=2\ mg\sqrt{\dfrac{gl}{3\sqrt{3}}}$。

例3 有一台与水平方向成30°角的传送带运输机，如图3所示，它将沙子从一处运

送到另一处。沙子在 $h=0.5$ m 高的地方自由落下，传送带始终以 $v=1$ m / s 的速度运转。若沙子落到传送带上的流量为 $Q=50$ kg/s，传送带的有效长度 $l=10$ m，电动机的效率 $\eta=80\%$，问至少须选多大功率的电动机？（$g=10$ m/s^2）

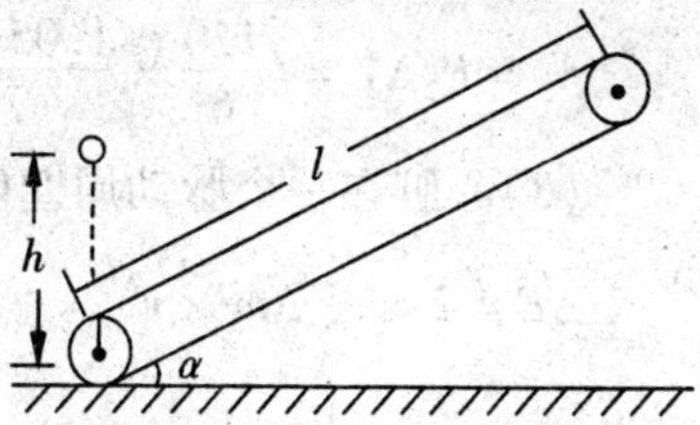

图3

解 设沙子从落到传送带上到获得与传送带相同的速度所需的时间为 Δt，则在传送带上处于受滑动摩擦力作用的沙子的质量始终是 $\Delta m = Q\Delta t$。又设传送带上沙子的质量为 M，则在传送带上受静摩擦力作用的沙子质量始终为 $M-\Delta m$，且 $M=Q\dfrac{l}{v}$。因传送带对沙子的牵引力为 $F=(M-\Delta m)g\sin\alpha+\mu\Delta mg\cos\alpha$，则传送带须传递的功率为 $P=Fv=Mgv\sin\alpha+(\mu\Delta mg\cos\alpha-\Delta mg\sin\alpha)v$。

显然第二部分为沙子加速时所受的合外力。

因沙子下落时做自由落体运动，所以当沙子运动至传送带时的速度 $v_0=\sqrt{2gh}$，沙子落到传送带上与传送带发生瞬时碰撞，垂直于传送带的动量立即变为零，而平行于传送带的动量来不及变化。以传送带运行方向为正方向，根据动量定理对 Δm 的沙子有：

$$(\mu\Delta mg\cos\alpha-\Delta mg\sin\alpha)\Delta t=\Delta m\,[v-(-v_0\sin\alpha)]$$

而 $Q=\dfrac{\Delta m}{\Delta t}$，则

$$P=Mgv\sin\alpha+Q(v+v_0\sin\alpha)v=Qgl\sin\alpha+Q(v+\sqrt{2gh}\sin\alpha)v=2\ 629\ \text{W}$$

故选用的电动机的功率至少应为：

$$P'=\frac{P}{\eta}=\frac{2\ 629}{0.8}\text{W}=3\ 286\ \text{W}$$

例4 心脏是血液循环的动力装置，心脏中的右心房接受来自全身的静脉血，经过心脏瓣膜进入右心室，再通过右心室的压缩进入肺动脉，肺动脉把静脉血输入肺脏，进行氧和二氧化碳的交换后，富含氧气的动脉血通过肺静脉流回心脏的左心房，再进入左心室，通过左心室的压缩，动脉血通过主动脉和通往身体各部位的大动脉被输送到全身的毛细血管，正常成年人在安静时心跳频率平均为每分钟 75 次，主动脉收缩压平均为 120 mmHg，肺动脉收缩压为主动脉的 $\dfrac{1}{6}$，在左、右心室收缩前，心室中的血液压强接近于零（相对于大气压强）。心脏中的左、右心室在每个搏动周期的血液搏出量均为 70 mL，试估算正常成年人心脏的平均功率。（1 大气压 $=1.05\times10^5$ Pa，血液的密度为 1.05 ~ 1.06 g/cm^3，主动脉、肺动脉内径约为 20 mm，在一个心脏搏动周期中左、右心室收缩时间约为 0.2 s）

解 (1)心脏在一个脉动周期内左心室收缩压出血液所用的压强功为：

$$A_1=P_1\Delta V=\left(120\times\frac{1.05\times10^5}{760}\right)\times(70\times10^{-6})=1.16(\text{J})$$

(2)心脏在一个脉动周期内右心室收缩压出血液所用的压强功为：

$$A_2 = P_2\Delta V = (\frac{120}{6} \times \frac{1.05 \times 10^5}{760}) \times (70 \times 10^{-6}) = 0.19(\text{J})$$

(3)心脏在一个脉动周期内，左右心室压缩出的血液具有的动能为：

$$\Delta E = 2 \times \frac{1}{2}\Delta m \times v^2$$

$$= 2 \times \frac{1}{2}(70 \times 10^{-6} \times 1.05 \times 10^5) \times \left[\frac{70 \times 10^{-6}}{(\pi \times (10 \times 10^{-3})^2 \times 0.2}\right]^2$$

$$= 0.09(\text{J})$$

(4)心脏功率 $P = \frac{(A_1 + A_2 + \Delta E) \times 75}{60} = \frac{(1.16 + 0.19 + 0.09) \times 75}{60} \approx 1.8(\text{W})$

例5 (2011北约)平直铁轨上停着一节质量 $M = 2m$ 的小车厢，可以忽略车厢与水平铁轨之间的摩擦。有 N 名组员沿着铁轨方向列队前行，另有1名组长在最后，每名组员的质量同为 m 。

(1) 当组员和组长发现前面车厢时，都以相同速度 v_0 跑步，每名组员在接近车厢时又以 $2v_0$ 速度跑着上车坐下，组长却因跑步速度没有改变而恰好未追上车，试求 N。

(2) 组员们上车后，组长前进速度减为 $\frac{v_0}{2}$，车上的组员朝着车厢前行方向一个接一个水平跳下，组员离开车瞬间相对车厢速度大小同为 u，结果又可使组长也能追上车。试问，跳车过程中组员们总共至少消耗掉人体中的多少内能?

解 (1)队员一个个跳上车的过程中系统中系统动量守恒，临界情况对应 N 个队员跳上车速度为 v_0，则 $N \cdot m \cdot 2v_0 = (Nm + M)v_0$，得 $N = 2$

(2)设第一名组员离开后车速度 v_1，第二名组员离开后车速度 v_2

由动量守恒：$(M + 2m)v_0 = (M + m)v_1 + m(v_1 + u)$

$(M + m)v_1 = Mv_2 + m(v_2 + u)$

且 $v_2 = \frac{1}{2}v_0$

解得 $u = \frac{6}{7}v_0$，$v_1 = \frac{11}{14}v_0$，

此过程中，组员们总共消耗的内能等于组员和车厢总动能的增量。

$$W = \frac{1}{2}Mv_2^2 + \frac{1}{2}m[(v_1 + u)^2 + (v_2 + u)^2] - \frac{1}{2}(M + 2m)v_0^2 = \frac{51}{98}mv_0^2$$

例6 (2011华约)如图4所示，刚性细直棒长为 $2l$，质量不计，其一端 O 用光滑铰链与固定转轴连接，在细棒的中点固定一个质量为 $4m$ 的小球 A，在棒的另一端固定一个质量为 m 的小球 B，将棒置于水平位置由静止开始释放，棒与球组成的系统将在竖直平面内做无摩擦的转动，则该系统在由水平位置转至竖直位置的过程中( )

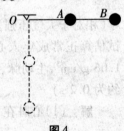

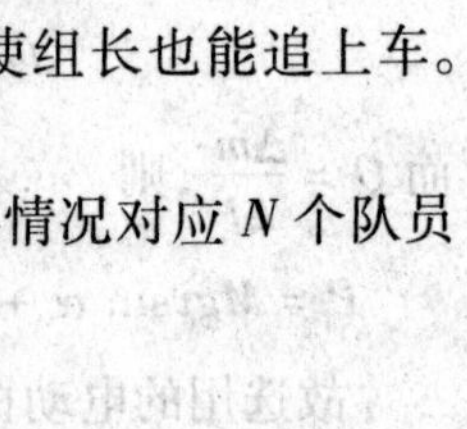

图4

A. 系统机械能守恒

B. 棒对 A、B 两球都不做功

C. A 球通过棒对 B 球做正功　　　　D. B 球通过棒对 A 球做正功

解　对 A、B 两物和杆构成的系统因只有重力做功，故系统的机械能守恒。

由 $4\,mgl + mg2l = \frac{1}{2}mv_B^2 + \frac{1}{2}4\,m\left(\frac{v_B}{2}\right)^2$，得 $v_B^2 = 6gl$

对 B 球而言有：$mg2l + W = \frac{1}{2}mv_B^2$，得 $W = mgl$ 。

选 A、C。

当然，定性判定也可以方便求得结果，因为如果 A、B 两球各自通过长为 l、$2l$ 的直棒与 O 端转轴相连后由水平位置摆下，显然 B 球摆得较慢，这表明 A 球会通过棒对 B 球做正功。

例 7　(2010 北京大学)如图 5 所示，光滑平面上，两个相隔一定距离的小球分别以 v_0 和 $0.8\,v_0$ 反向匀速运动，它们中间另有两个小球(小球 1 和小球 2)将一弹簧压紧，小球 1 和小球 2 的质量分别为 m 和 $2m$，弹簧的弹性势能为 E_p。现将弹簧由静止释放且不粘连，求：

(1)小球 1 和小球 2 各自的速度；

(2)若小球 1 能追上左边的以 v_0 运动的球，而小球 2 不能追上右边以 $0.8\,v_0$ 运动的球，求 m 的取值范围。

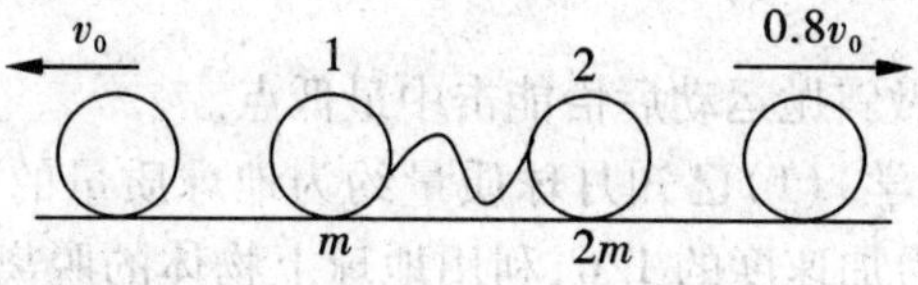

图 5

解　(1)设弹性势能全部释放后，1、2 两球向左、向右的速度分别为 v_1、v_2，则

$$mv_1 - 2\,mv_2 = 0$$

$$E_p = \frac{1}{2}mv_1^2 + \frac{1}{2}2\,mv_2^2$$

得

$$v_1 = 2\sqrt{\frac{E_p}{3\,m}}\,,\ v_2 = \sqrt{\frac{E_p}{3m}}$$

(2)由题意得 $v_1 > v_0$，$v_2 < 0.8v_0$，解得 $\frac{E_p}{0.75v_0^2} > m > \frac{E_p}{1.92v_0^2}$。

例 8　(2010 南京大学)一根长为 h 的细线上端固定于 O 点，下端悬挂着一个质点小球。现给小球一个水平初速度 v_0，大小为 $\sqrt{\frac{7gh}{2}}$，如图 6 所示。

(1)小球转过多大角度时开始不做圆周运动?

(2)证明小球恰能击中最低点(初始点)。

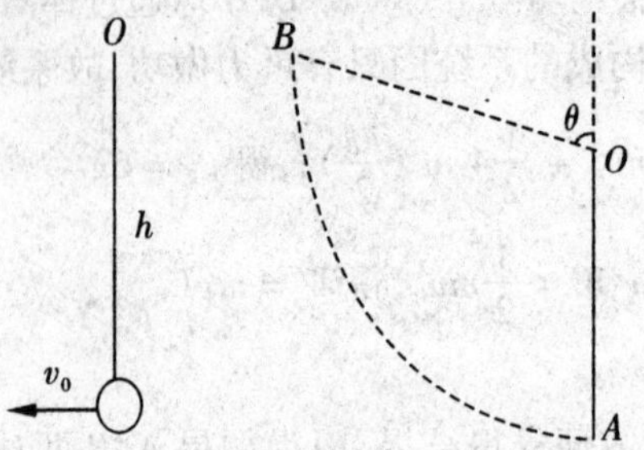

图6

解 设小球转到图示的 B 点位置时线拉力刚好为零,则以后将脱离圆轨道做斜上抛运动,小球从 A 到 B 满足:$\frac{1}{2}mv_0^2=\frac{1}{2}mv^2+mgh(1+\cos\theta)$,在 B 点有 $mg\cos\theta=mv^2/h$

得:$\theta=60°$,$v=\sqrt{\frac{gh}{2}}$

故小球转过 $120°$ 时开始不做圆周运动。设小球运动时间 t 后到 C 点,此时线刚张紧,线与竖直方向成 α 角,则

$$v\cos\theta\cdot t=h\sin\theta+h\sin\alpha,\quad -(h\cos\theta+h\cos\alpha)=v\sin\theta\cdot t-\frac{1}{2}gt^2$$

解得 $\alpha=0$,即小球做斜抛运动后恰能击中最低点。

例9 (2010南京大学)(1)已知月球质量约为地球质量的1%,月球表面的重力加速度约为地球表面的重力加速度的1/6,利用地球上物体的脱离速度估算月球上物体的脱离速度。

(2)已知 O_2 在100 ℃时的热运动平均动能为 $\overline{E}_k=3RT/(2N_A)$,式中 N_A 为阿伏伽德罗常数,求 O_2 分子的平均速率。

解 (1)对地球而言:

$$G\frac{M_1m}{R_1^2}=mg_1,\ \frac{1}{2}mv_1^2-G\frac{M_1m}{R_1}=0$$

由此得地球表面物体的脱离速度:

$$v_1=\sqrt{\frac{2GM_1}{R_1}}=\sqrt[4]{4GM_1g_1}$$

同理得月球表面物体的脱离速度:

$$v_2=\sqrt[4]{4GM_2g_2}$$

故:$\frac{v_2}{v_1}=\sqrt[4]{\frac{M_2g_2}{M_1g_1}}=0.2$,取 $v_1=11.2\ \text{km/s}$,得 $v_2=2.26\ \text{km/s}$。

(2)一个氧分子的质量 $m=M/N_A$,估算氧分子的平均速率时近似认为 $\overline{E}_k=\frac{1}{2}m\bar{v}^2$,则

$$\frac{1}{2}\frac{M}{N_A}\bar{v}^2=\frac{3RT}{2N_A}$$

得

$$\bar{v}=\sqrt{\frac{3RT}{M}}=\sqrt{\frac{3\times 8.31\times 373}{32\times 10^{-3}}}=539(\mathrm{m/s})$$

例 10 （西安交大）火车以不变的速度 v 向前运动，在其中一节车厢内的光滑桌面上有一轻质弹簧，一端固定在车厢的壁板上，现用手将弹簧压缩一段距离，然后把质量为 m 的物体与弹簧的自由端靠一起（不连接），如图 7，放手后，物体受弹力作用在桌面上运动，离开弹簧时（仍在桌面上）对车厢的速度为 v'，问从放手到物体离开弹簧瞬间，车厢壁板对弹簧的作用力做了多少功？（在地面参考系中计算）

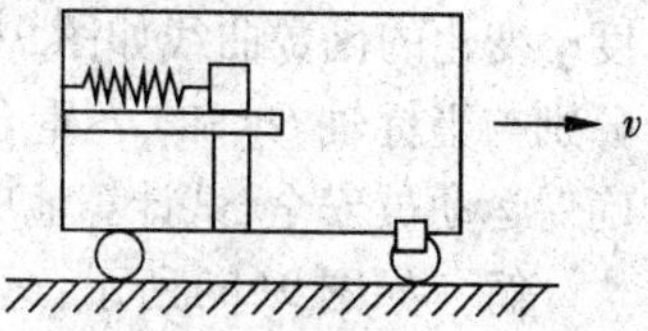

图 7

解 方法一：在火车参考系中，物体与弹簧未分离前，是一个弹簧振子系统。$mv'^2=-\Delta E_p$，ΔE_p 为弹性势能增量。

在地面的参考系中，壁板作用力对弹簧系统做功 W，加上弹性力做的功（ΔE_p）等于物体动能的增量，即 $W-\Delta E_p=\frac{1}{2}m(v'+v)^2-\frac{1}{2}mv^2$，所以，壁板作用力做的功为

$$W=\frac{1}{2}m(v'+v)^2-\frac{1}{2}mv^2+\Delta E_p=\frac{1}{2}m(v'+v)^2-\frac{1}{2}mv^2-\frac{1}{2}mv'^2=mv'v。$$

方法二：在火车参考系中应用动量定理，$\boldsymbol{F}t=mv'$，这个力 $\boldsymbol{F}$ 也是壁板对弹簧的平均作用力，方程两边均乘以车子的速度 v，得到 $\boldsymbol{F}vt=mv'v$，$\boldsymbol{F}vt=\boldsymbol{F}x=W$。$W$ 正好等于地面参考系中壁板对弹簧做的功，x 为壁板对弹簧作用点在地面参考系中的位移，最后得 $W=mvv'$。

例 11 试推导连续流体的流速与压强的关系。

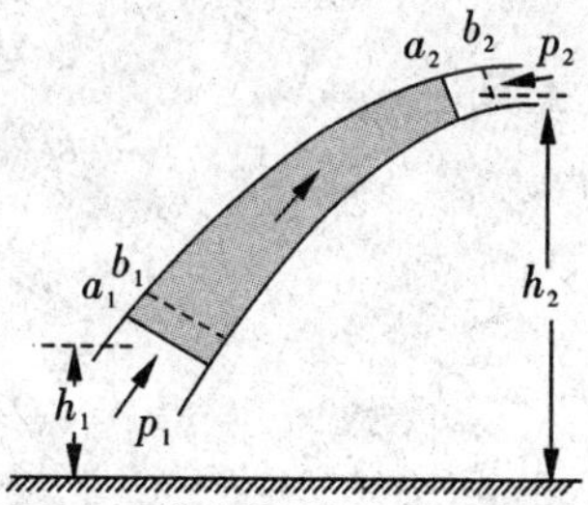

图 8

解 如图 8 管中有稳定流动的流体。用截面 S_1 和 S_2 截出一段流体，在 Δt 时间间隔内，左端从位置 a_1 移到 b_1，右端从位置 a_2 移到 b_2，设，$a_1b_1=\Delta l_1$，$a_2b_2=\Delta l_2$，则 $\Delta V_1=S_1\Delta l_1$ 和 $\Delta V_2=S_2\Delta l_2$ 分别是同一时间间隔内流出和流入的流体体积，对于不可压缩的稳定流体，$\Delta V_1=\Delta V_2=\Delta V$。设左端压强为 p_1，作用在 S_2 上的力 $F_1=p_1S_1$，外力做功为 $W_1=F_1\Delta l_1=p_1S_1\Delta l_1=p_1\Delta V$，右端压强为 p_2，作用在 S_2 上的力 $F_2=p_2S_2$，外力做功为 $W_2=-F_2\Delta l_2=-p_2S_2\Delta l_2=-p_2\Delta V$，外力所做的总功为：$W=W_1+W_2=(p_1-p_2)\Delta V$。重力对管子内流体所做的功为：$W_G=\rho g(h_1-h_2)\Delta V$。管内流体动能的改变为 $\Delta E_k=\frac{1}{2}\rho v_2^2\Delta V-\frac{1}{2}\rho v_1^2\Delta V$。由动能定理 $W_{总}=E_{k2}-E_{k1}$，得 $(p_1-p_2)\Delta V=\frac{1}{2}\rho(v_2^2-v_1^2)\Delta V+\rho g(h_2-h_1)\Delta V$。化简得 $p_1+\frac{1}{2}\rho v_1^2+\rho gh_1=p_2+\frac{1}{2}\rho v_2^2+\rho gh_2$。此式称为伯努利方程。因为 1、2 是同一管道内任意两点，所以上式也可表示为 $p+\frac{1}{2}\rho v^2+\rho gh=$ 常量，如果高度差很小，有 $p+\frac{1}{2}\rho V^2=$ 常量，这就是通常说的流速大压强小的原因。

例 12 （哈尔滨工业大学）跳水运动员从高于水面 $H=10\ \mathrm{m}$ 的跳台自由落下，假设运动员的质量 $m=60\ \mathrm{kg}$，其体形可等效为一长度 $L=1.0\ \mathrm{m}$、直径 $d=0.30\ \mathrm{m}$ 的圆柱体，略去空气阻力。运动员入水后，水的等效阻力 F 作用于圆柱体的下端面，F 的量值随入水深度 y 变化的函数曲线如图 9(a)所示，该曲线可近似看作椭圆的一部分，该椭圆的长、短轴分别与坐标轴 Oy 和 OF 重合。椭圆与 y 轴相交于 $y=h$ 处，与 F 轴相交于 $5mg/2$ 处，为了确保运动员安全，试计算池中水的深度 h 至少等于多少？（水的密度 $\rho=1.0\times10^3\ \mathrm{kg/m^3}$）

解 如图 9(b)所示：运动员的始、末速度均为零，设全过程中重力做功 W_G，水的浮力做功 W_f。由动能定理，得 $W_G+W_f+W_F=0$。

如图 9(b)所示，设水池中水深 h，则 $W_G=mg(h+H)$。运动员从位置 B 至 C，浮力随入水深度而增加，做功为 $W_{f1}=-\dfrac{1}{2}\rho\pi L\left(\dfrac{d}{2}\right)^2 gL$；从位置 C 至 D 浮力做功 $W_{f2}=-\dfrac{1}{4}\rho\pi Ld^2(h-L)g$。水的阻力做功为图中曲线下的面积，即 $W_F=-\dfrac{1}{4}\pi\times\dfrac{5}{2}mgh$。将上述各个功代入方程，得 $mg(H+h)-\dfrac{1}{8}\pi\rho L^2d^2g-\rho L\dfrac{\pi d^2}{4}(h-L)g-\dfrac{5\pi}{8}mgh=0$，代入数据得 $h=4.9\ \mathrm{m}$。

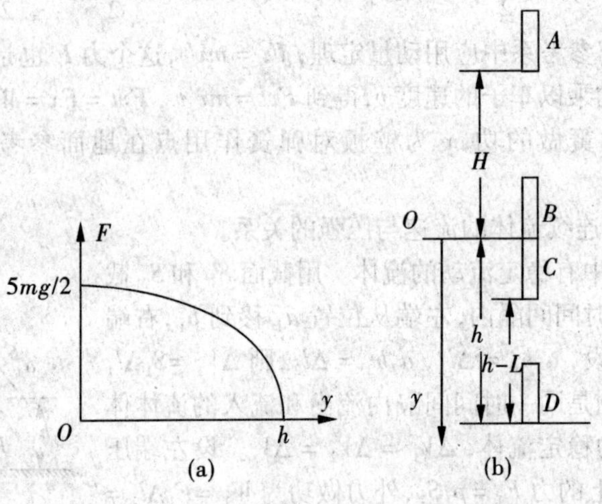

图 9

例 13 （清华大学）一质量为 m 的质点受到引力作用在一直线上运动。当 $x\geqslant a$ 时，引力值为 $\dfrac{\mu ma^2}{x^2}$；当 $x\leqslant a$ 时，引力值为 $\dfrac{\mu m}{a}x$。式中 x 是相对于线上某一固定点（取为原点）的距离，如图 10 所示。若质点在离原点 $2a$ 处从静止出发，求此质点到达原点时的速率。

图 10

解 方法一:由题意可知,当 $x \geqslant a$ 时受到的力是一个与距离平方成反比的引力,相当于万有引力,引力势能为 $\frac{-\mu ma^2}{x}$,利用机械能守恒定律可求得质点在 $x=a$ 处的速率 v_1,即 $\frac{1}{2}mv_1^2-\mu ma=\frac{-\mu ma^2}{2a}$。又从题中可知,$x \leqslant a$ 时引力值为 $\frac{\mu mx}{a}$,这是一个与位移 x 成正比、方向与位移方向相反的弹性力,其势能的表达式为 $\frac{1}{2}(\frac{\mu m}{a})x^2$。再利用机械能守恒定律可求质点在原点的速率 v,即 $\frac{1}{2}mv_1^2+\frac{1}{2}(\frac{\mu m}{a})\alpha^2=\frac{1}{2}mv^2$。解得质点到达原点的速率 $v=\sqrt{2\mu\alpha}$。

方法二:由动能定理可得 $W=\frac{1}{2}mv^2$,又 $W=\int_{2a}^{a}\frac{-\mu ma^2}{x^2}dx+\int_{a}^{0}\frac{-\mu mx}{a}dx=\mu ma$,所以,$v=\sqrt{2\mu a}$。

专题训练

1. 如图所示,一恒力 F 通过一动滑轮拉物体沿光滑水平面前进了 s,在运动过程中,F 与水平方向保持 θ 角,则拉力 F 对物体做的功为(　　)

(A) $Fs\cos\theta$　　(B) $2Fs\cos\theta$

(C) $Fs(1+\cos\theta)$　　(D) $2Fs\cos^2\frac{\theta}{2}$

2. 如图所示,物体沿弧形轨道滑下后进入足够长的水平传送带,传送带以图示方向匀速运转,则传送带对物体做功情况可能是(　　)

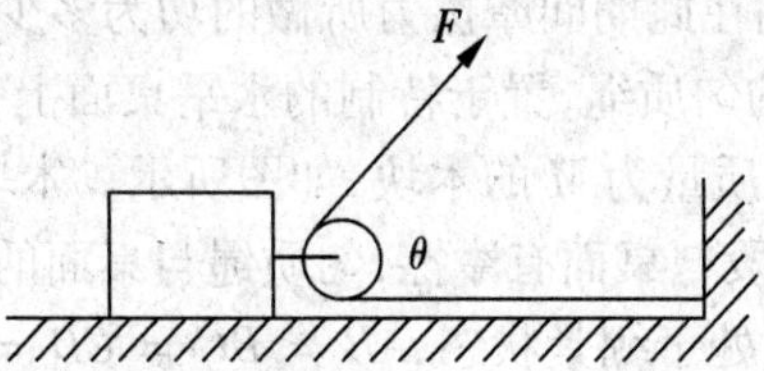

题1图

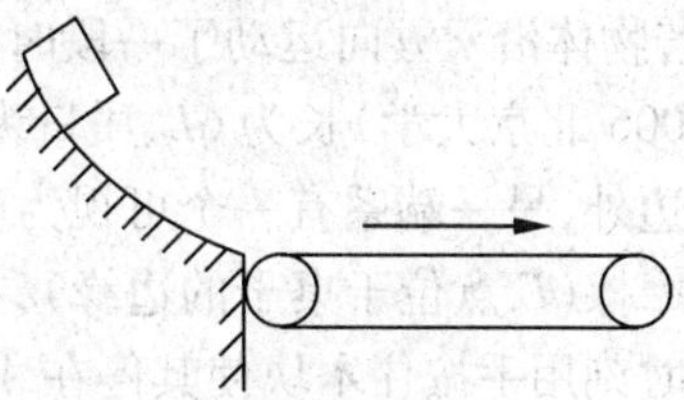
题2图

A. 始终不做功　　B. 先做负功后做正功

C. 先做正功后不做功　　D. 先做负功后不做功

3. 边长为 10 cm 的正方形木块(密度为 0.5 g/cm^3)浮在有水的杯中,杯的横截面积为 200 cm^2,水的密度是 1 g/cm^3,平衡时杯内水深 10 cm,g 取 10 m/s^2,用力使木块慢慢沉到杯底,外力所做的功是(　　)

A. 1/4 J　　B. 1/9J

C. 3/16 J　　D. 3/10J

4. 某同学选了一个倾角为 θ 的斜坡，他骑在自行车上刚好能在不踩踏板的情况下让自行车沿斜坡匀速向下行驶，现在他想估测沿此斜坡向上匀速行驶时的功率，为此他数出在上坡过程中某一只脚蹬踩踏板的圈数 N（设不间断的匀速蹬），并测得所用的时间 t，再测得下列相关数据：自行车和人的总质量 m，轮盘半径 R_1，飞轮半径 R_2，车后轮半径 R_3，试导出估测功率的表达式。已知上、下坡过程中斜坡及空气作用于自行车的阻力大小相等，不论是在上坡还是下坡过程中，车轮与坡面接触处都无滑动，不计自行车内部各部件之间因相对运动而消耗的能量。

5. 如图所示，质量为 m 的小车以恒定速率 v 沿半径为 R 的竖直圆环轨道运动，已知动摩擦因数为 μ，试求小车从轨道最低点运动到最高点过程中，摩擦力做的功。

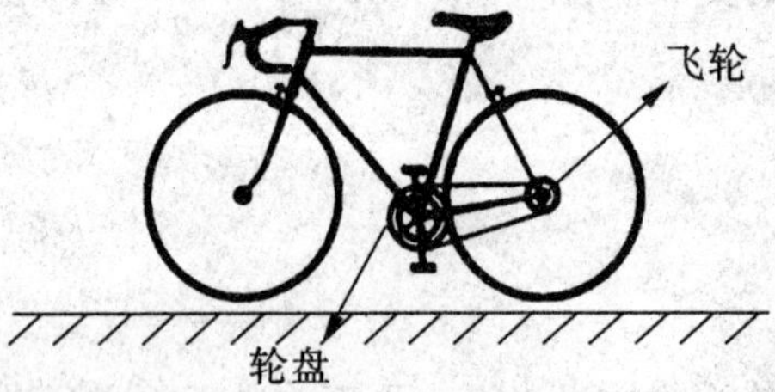

题4图

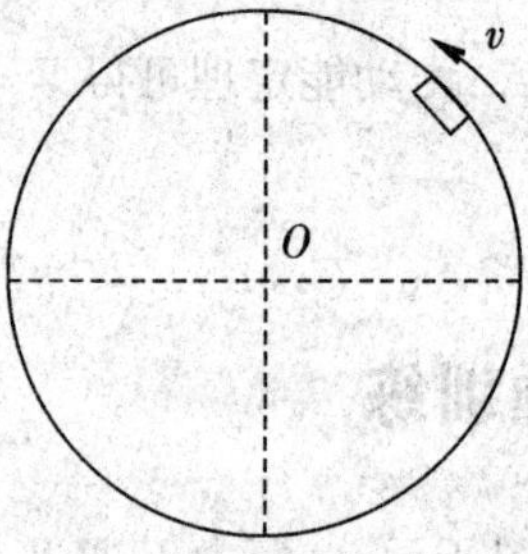

题5图

6. 如图，在水平地面 xOy 上有一沿 x 正方向做匀速运动的传送带，运动速度为 v_1，传送带上有一质量为 m 的正方形物体随传送带一起运动，当物体运动到 yOz 平面时遇到一阻挡板 C，阻止其继续向 x 正方向运动。设物体与传送带间的动摩擦因数为 μ_1，与挡板之间的动摩擦因数为 μ_2。此时若要使物体沿 y 正方向以匀速 v_2 运动，重力加速度为 g，问：

（1）沿 y 方向所加外力为多少？

（2）若物体沿 y 方向运动了一段时间 t，则在此期间摩擦力所做的功为多少？

7.（2006 北京大学）长为 $6L$、质量为 $6m$ 的匀质绳，置于特制的水平桌面上，绳的一端悬垂于桌边外，另一端系有一个可视为质点的质量为 M 的木块，如图所示。木块在 AB 段与桌面无摩擦（E 点位于桌子的边缘），在 BE 段与桌面有摩擦，匀质绳与桌面的摩擦可忽略。初始时刻用手按住木块使其停在 A 处，绳处于绷紧状态，$AB = BC = CD = DE = L$，放手后，木块最终停在 C 处。桌面距地面高度大于 6 L。

（1）求木块刚滑至 B 点时的速度 v 和木块与 BE 段的动摩擦因数 μ；

（2）若木块在 BE 段与桌面的动摩擦因数变为 $\mu' = \dfrac{21m}{4M}$，则木块最终停在何处？

（3）是否存在一个 μ 值，能使木块从 A 处放手后，最终停在 E 处，且不再运动？若能，求出该 μ 值；若不能，简要说明理由。

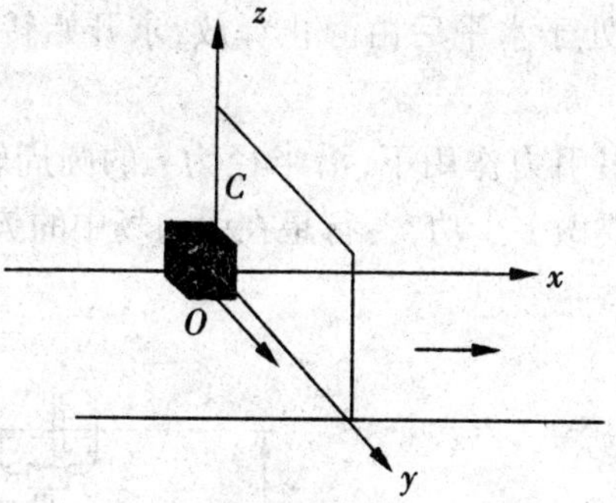

题6图

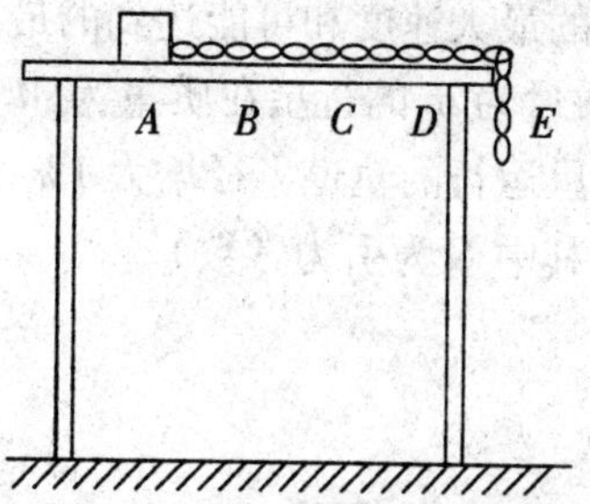

题7图

8. 如图为体积不可压缩流体中的一小段液柱，由于体积在运动中不变，因此当 S_1 面以速度 v_1 向前运动了 Δx_1 时，S_2 面以速度 v_2 向前运动了 Δx_2，若该液柱前后两个截面处的压强分别为 p_2 和 p_1，利用功能关系证明流体内流速大的地方压强反而小（忽略重力的作用及高度的变化）。

9. 长为 L 的细线一端系住一质量为 m 的小球，另一端固定在 A 点，AB 是过 A 的竖直线，E 为 AB 上一点，且 $AE=l/2$，过 E 作水平线 EF，在 EF 上钉一铁钉 D，如图所示，线能承受的最大拉力是 $9mg$。现将系小球的悬线拉至水平，然后由静止释放，若小球能绕钉子在竖直面内做圆周运动，求钉子的位置在水平线上的取值范围。不计线与钉子碰撞时的能量损失。

10. 一根未形变的弹簧长度为 l，劲度系数为 k，其上端固定在顶板上，下端系一个质量为 m 的物体，物体位于光滑的水平面上，悬挂点的正下方，如图所示。为了使物体离开平面，需要使物体沿平面具有的最小速度为多少？

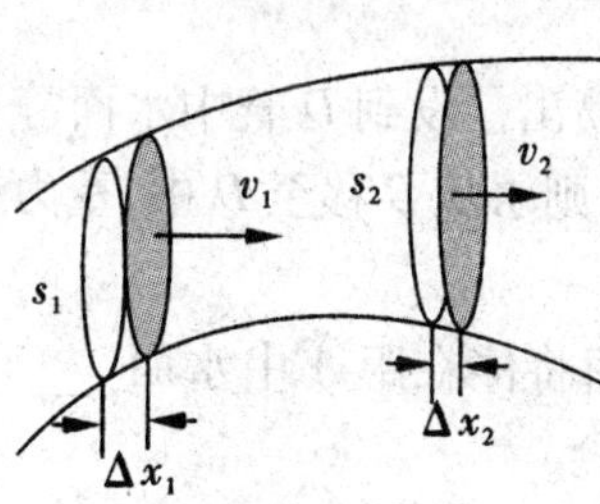

题8图

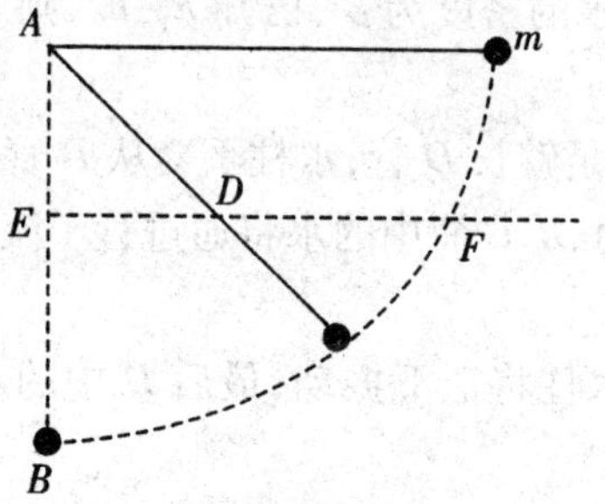

题9图

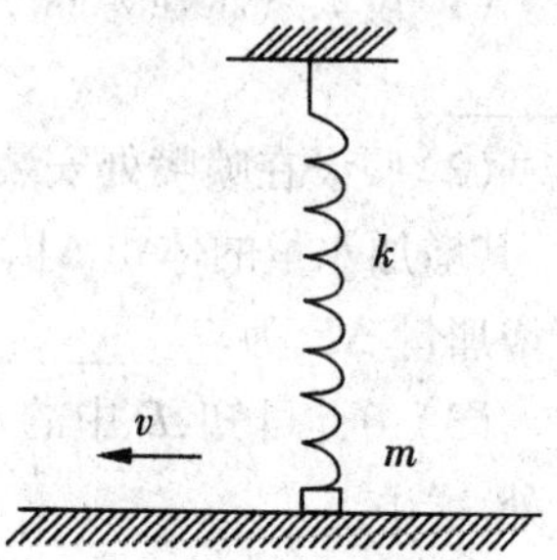

题10图

11. 如图所示，劲度系数为 k 的轻弹簧一端固定，另一端连接滑块 A，和 A 完全相同的滑块 B 靠在 A 上，置于倾角为 θ 的光滑斜面上，现将 B 沿斜面下压，使弹簧被压缩的总长度为 x_0，然后将系统由静止突然释放，问 x_0 多大可使 B 和 A 分离？若实际压缩的总长度为 x，且 $x>x_0$，则 B 与 A 分离后能沿斜面继续上升多远？

12. 如图所示，甲、乙两个小球分别固定在一根直角尺的两端 A、B，直角尺的顶点 O 处有光滑的水平固定转动轴，且 $OA=OB=L$，系统平衡时，OA 与竖直方向的夹角为 37°。

（1）求甲、乙二球的质量之比 m_A/m_B；

(2)若将直角尺顺时针缓慢转动到 OA 处于水平后由静止释放,求开始转动后 B 球可能达到的最大速度和可能达到的最高点。

13. 质量为 m 的行星在质量为 M 的恒星引力作用下,沿半径为 r 的圆周轨道运行。要使该行星运行的轨道半径增大 1%,外界要做多少功?(行星在引力场中的势能为 $E_p=-GMm/r$,其中 G 为引力常数)

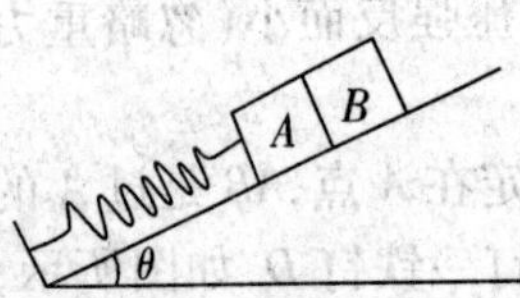

题 11 图

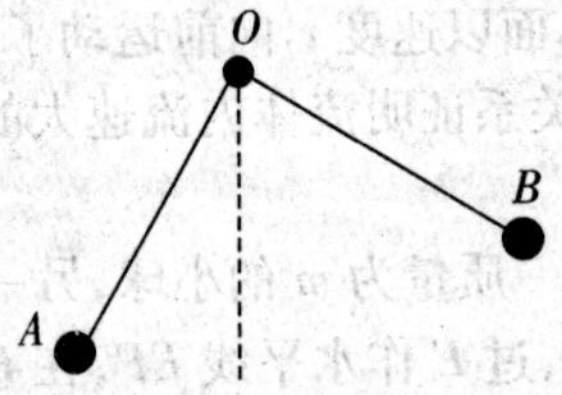

题 12 图

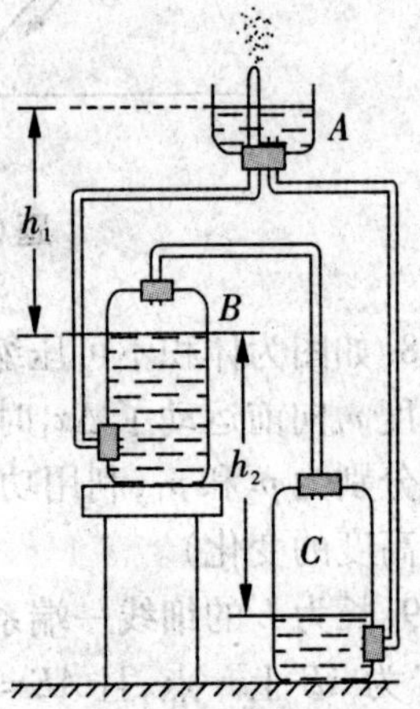

题 13 图

14. 如图所示是利用塑料瓶、塑料管、橡皮塞等材料制作的小喷泉装置。其中 A 是用一个塑料瓶割去瓶底部分后留下的瓶嘴部分。B、C 是两个侧壁上有一个圆孔的塑料瓶。先把图示中 B 瓶装满水,C 瓶不加水,再往 A 中加一些水,不要让水没过喷嘴。当 A 中的水流到 C 中时,就可以看到喷泉了。

(1)设大气压强为 P_0,水的密度为 ρ,已知 h_1、h_2,则 B 中液面处的压强为______________。

(2)假设在喷嘴处安装足够长 D 管,水柱不会从 D 管中喷出。设到 D 管中水面静止时,其增加水量的体积 ΔV,A、B、C 瓶中的水将通过管子流动,则水从 B 移至 D 中,重力势能增加量 ΔE_2 为____________。

(3)由此可知,D 中的水柱将上下振动,最后 D 中的水面将停在距 A 中水面________处。

(已知 A、B、C 瓶子的横截面积比 D 管的横截面积大很多且水面静止后 A、B、C 中都有水)

15. 如图所示,一轻绳吊着粗细均匀的棒,棒下端离地面高 H,上端套着一个细环,棒和环的质量均为 m,相互间最大静摩擦力等于滑动摩擦力 $kmg(k>1)$,断开轻绳,棒和环自由下落。假设棒足够长,与地面发生碰撞时,触地时间极短,无动能损失,棒在整个运动过程中始终保持竖直,空气阻力不计。求:

(1)从断开轻绳到棒与地面第二次碰撞的瞬间,棒运动的路程 s。

(2)从断开轻绳到棒和环都静止,摩擦力对环及棒做的总功 W。

16.(南京大学)玩具火箭内充满压缩空气,在发射的时候利用压缩空气把火箭头射离笨重的箭身。假如在竖直向上发射的时候，箭头能上升的高度 $h=16$ m。现改为另一种发射方式：首先让火箭沿半径为 $R=4$ m 的半圆形轨道滑行，在达到轨道的最低点 A 时(此时火箭具有最大的滑行速度)，再开动发动机发射火箭。试问，按这种方式发射的火箭头能上升多高(相对于地)？(不计摩擦和空气阻力，用能量守恒定律说明所得结果)

17. 一个盛水容器两端开口，小口的横截面积为 S_1，大口的横截面积为 S_2，内盛的水在不断地流出，此时的高度差为 h，求此时流出小口水流的速度。(提示：上部和下部流量 $Q=Sv$ 是相等的)

18. 滑雪者从山坡上 A 点由静止出发，沿山坡自由下滑，中间不返回，不停顿，滑行中的动摩擦因数处处为常数 μ，设他滑到 B 点时恰好停止，此时水平位移量为 s。求 A、B 两点间的高度差 h。(由于下滑速度较小，因此各处弯曲而造成的对雪面附加压力可以忽略。空气阻力也可略去，并认为 μ 与滑雪者的速度无关)

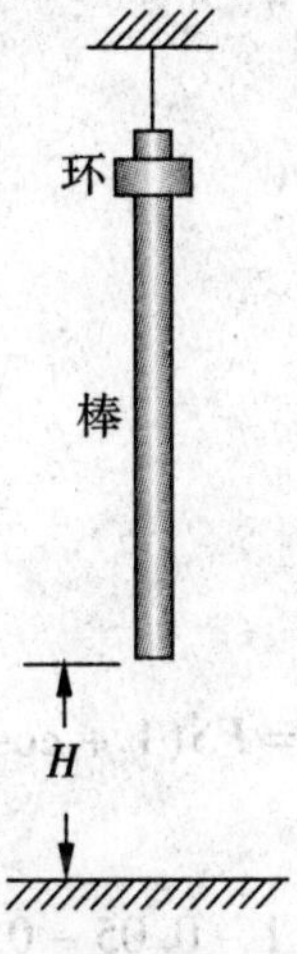

题 15 图

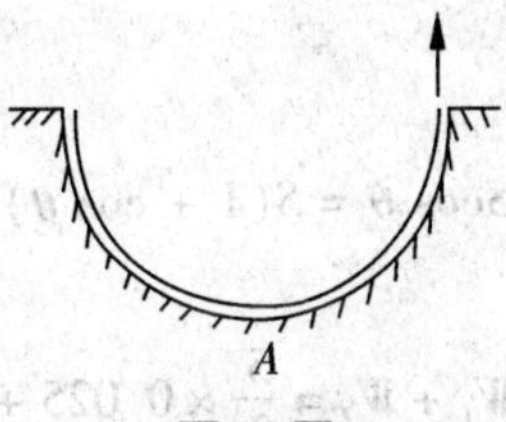

题 16 图

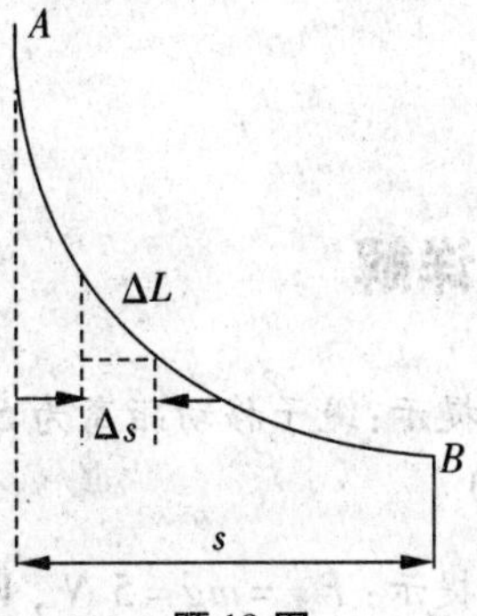

题 18 图

19. (北京理工)如图，劲度系数为 k 的轻弹簧左端固定，右端系一起始静止、与水平面间摩擦因数为 μ、质量为 m 的木块，施加一恒力与 m 且水平向右。

(1)要保证在任何情况下都能拉动木块，此恒力不得小于多少？

(2)用这个力 F 拉木块。当木块的速度再次为零时，弹簧可能的伸长量是多少？

20. 如图所示，一光滑细杆绕竖直轴以匀角速度 ω 转动，细杆与竖直轴夹角 θ 保持不变，一个相对细杆静止的小环自离地面 h 高处沿细杆下滑。求小球滑到细杆下端时的速度。

21. (清华大学)图中，光滑的水平面上两个质量均为 m 的小球，用一根长为 $2l$ 的轻绳连接起来，开始细线刚好绷直。用大小为 F 的恒力作用在连线中点，求两球第一次相碰的瞬间的相对速度。

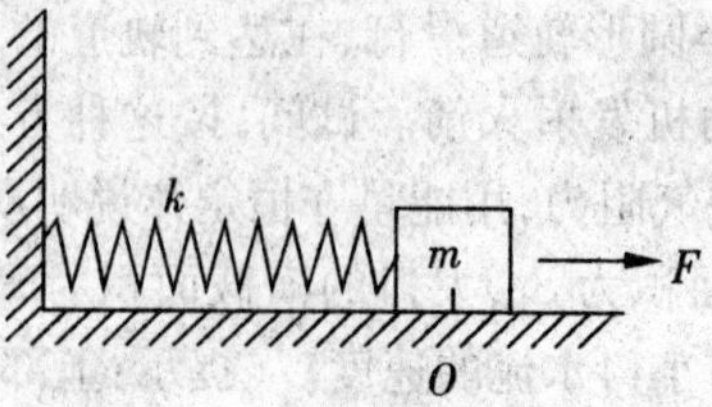

题19图

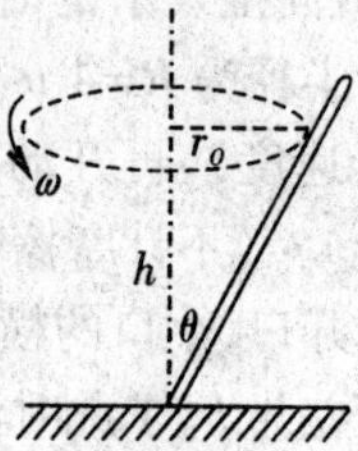

题20图

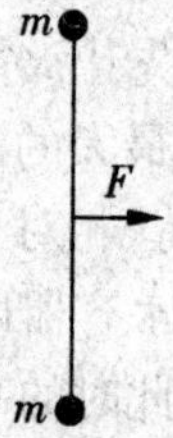

题21图

22. 在宇宙空间某惯性系 S 中有两质点 A 和 B,它们的质量分别为 m 和 M。开始时,如图 A 和 B 相距为 l_0,A 静止,B 以初速 v_0 沿 AB 连线方向运动。为使 B 从此匀速运动,应对 B 施加一个沿着其运动方向的外力 F,(1)试求当 A、B 间距最大时,外力 F 的值。(2)计算从开始起到 AB 距离最大时的过程中,变力 F 做的总功 W。

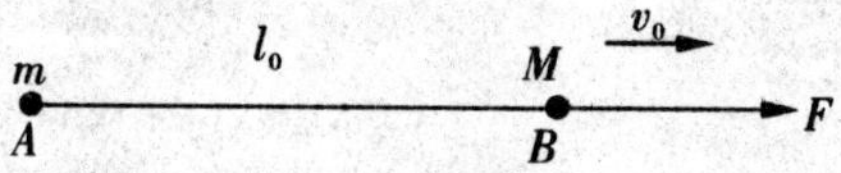

题22图

答案详解

1. C。提示:绳子移动距离为 $S+S\cos\theta=S(1+\cos\theta)$,$W=FS(1+\cos\theta)$

2. ACD

3. C。提示:$F_{浮}=mg=5\ N$,$W=W_1+W_2=\frac{5}{2}\times0.025+(0.1-0.05-0.025)=\frac{3}{16}$ J

4. 提示:人骑自行车上坡的功率等于克服阻力 f 的功率和克服重力的功率之和 $\frac{4\ mg\pi NR_1R_3\sin\theta}{R_2t}$

5. 提示:取和水平虚线对称的两点,有 $N_1-mg\sin\theta=mv^2/R$,$N_2+mg\sin\alpha=mv^2/R$,小车过这两点一小段位移的过程中摩擦力做的总功

$\Delta W_f=\Delta W_{f1}+\Delta W_{f2}=-N_1\mu R\Delta\alpha-N_2\mu R\Delta\alpha=-2\ mv^2\mu\Delta\alpha$,故

$W_f=\sum\Delta W_f=-2\ mv^2\mu\sum\Delta\alpha=-\pi\mu mv^2$。

6. 物体相对皮带的速度如图所示

f_1 为皮带给物体的摩擦力,f_2 为挡板给物体的摩擦力。$f_1=\mu_1 mg$,$N=f_1\sin\theta$,$f_2=\mu_2N=\mu_2f_1\sin\theta$,故 $F=f_2+f_1\cos\theta$,$F=\frac{\mu_1 mg(\mu_2v_1+v_2)}{\sqrt{v_1^2+v_2^2}}$,

能量守恒 $W_F-W_f=0$,$W_F=Fv_2t=\frac{mg\mu_1}{\sqrt{v_1^2+v_2^2}}(v_2+v_1\mu_2)v_2t$。

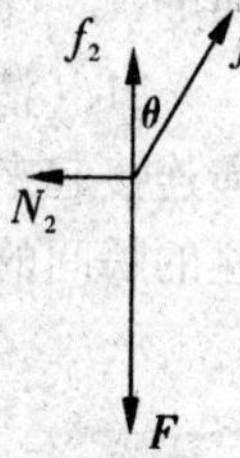

答题6图

7.(1)木块从 A 到 B 有 $-2\ mgL=-3\ mg(\frac{3L}{2})+(M+6\ m)v_B^2/2$,$v_B=\sqrt{\frac{5\ mgL}{M+6m}}$,从 A 到 C 有 $-2\ mgL-(-4\ mg2L)=\mu MgL$,$\mu=\frac{6\ m}{M}$

(2)由 $-2\ mgL+(2+\frac{x}{L})mg(L+\frac{x}{2})=\mu' Mg(x-L)$,得 $x=3L$ 和 $x=3.5L$(舍去),停在 D 处。

(3)木块要停止在 E 处须满足:$\mu'' Mg\geqslant 6\ mg$;而要木块滑到 E 点须满足 $6\ mg\cdot 3L-2\ mgL=\mu'' Mg\cdot 3L$,即 $\mu''=\frac{16m}{3M}$。两者互相矛盾,故不能。

8.考察一薄层水由位置1流到位置2,有:$W=p_1S_1\Delta x_1-p_2S_2\Delta x_2$,其中 $\Delta x_1=v_1\Delta t$,$\Delta x_2=v_2\Delta t$,$m=\rho S_1\Delta x_1=\rho S_2\Delta x_2$,而 $W=\frac{1}{2}mv_2^2-\frac{1}{2}mv_1^2$。同时考虑到定流条件有:

$S_1v_1=S_2v_2$,即可得 $\rho v_1^2/2+P_2=\rho v_1^2/2+P_2$。如果进一步考虑到势能的影响,则 $P+\rho gh+\rho v^2/2=\mathrm{C}$

9.$\sqrt{7}l/6\leqslant x\leqslant 2l/3$,提示:设 $\angle BAD=\theta$,最低时 v_1,最高时 v_2,

$mgl\cos\theta+mg(1-\cos\theta)(1-\frac{1}{\cos\theta})l=\frac{1}{2}mv_1^2$,$T-mg=\frac{mv_1^2}{(1-\frac{1}{2\cos\theta})l}$,$T\leqslant 9\ mg$,

$\frac{1}{2}mv_1^2-2(1-\frac{1}{2\cos\theta})mgl=\frac{1}{2}mv_2^2$,$\frac{mv_2^2}{(1-\frac{1}{2\cos\theta})l}\geqslant mg$ 解得 $\frac{3}{5}\leqslant\cos\theta\leqslant\frac{3}{4}$,

$\sqrt{7}l/6\leqslant DE\leqslant 2l/3$

10.$\frac{mgl}{kl-mg}\sqrt{\frac{k}{m}}$。提示:设物体离开弹簧的伸长为 x,则 $\sin\alpha=l/(l+x)$,脱离时:$mg=kx\sin\alpha$,同时由脱离临界速度为0,$\frac{mv^2}{2}=\frac{kx^2}{2}$。

11.$x_0\geqslant 4\ mg\sin\theta/k$。提示:分离处两物体间弹力 $N=0$,临界状态对应速度为0,而整体的 $\alpha=g\sin\theta$,故弹簧正好处于原长 $\frac{kx_0^2}{2}-2\ mgx_0\sin\theta=0$,$s=\frac{kx^2}{4\ mg\sin\theta}-x_0$。

12.(1)$m_A/m_B=4/3$,(2)系统力矩平衡位置处球达最大速度,而最高处对应速度为0,$v_m=\sqrt{\frac{4}{7}gL}$,B 最高比 O 高 $0.28L$。

13.$\frac{GMm}{202r}$。卫星受阻力作用,半径 r 逐渐减小,设转一周半径减少 Δr,则

$\Delta E=-\frac{GMm}{2(r-\Delta r)}+\frac{GMm}{2r}=-\frac{GMm\Delta r}{2r^2}$,而 $W_f=\Delta E$,可得 Δr;$\Delta E_k=\frac{GMm\Delta r}{2r^2}=2\pi fr$

法2:$\Delta E=-\frac{GMm}{2\times 1.01r}-(-\frac{GMm}{2r})=\frac{GMm}{202r}$

14.(1)B、C 瓶中气体压强相等,而细管中充满水,故 $P_B=P_0+\rho g(h_1+h_2)$。

(2)因 B 瓶的横截面积比 D 管的横截面积大很多,故体积为 $\rho\Delta V$ 的水从 B 瓶到 D 管后可认为 B 瓶中水面位置不变,同时最后 D 的水面将停在距 A 中水高 h_2 处,只有这样才能保持平衡。此时 $P_B = P_0 + \rho g(h_1 + h_2)$,且 $\Delta E_2 = \rho g\Delta V(h_1 + \frac{1}{2}h_2)$。

(3) h_2。

15. (1) $\frac{k+3}{k+1}H$;(2) $-\frac{2\,kmgH}{k-1}$。提示:(1)棒第一次上升过程中,环的加速度为 $a_{环} = (k-1)g$,向上设以地面为零势能面,向上为正方向,棒第一次落地的速度大小为 v_1。

由机械能守恒 $\frac{1}{2}2\,mv_2^1 = 2\,mgH$ 解得:$v_1 = \sqrt{2gH}$。设棒弹起后的加速度 $a_{棒}$,由牛顿第二定律 $a_{棒} = -(k-1)g$。第一次弹起的最大高度 $H_1 = -\frac{v_1^2}{2a_{棒}}$。解得 $H_1 = \frac{H}{k+1}$。棒运动的路程 $S = H + 2H_1 = \frac{k+3}{k+1}H$。(2)解法一:棒第一次弹起经过 t_1 时间,与环达到相同速度 v_1' 环的速度 $v_1' = -v_1 + a_{环}t_1$,棒的速度 $v_1' = v_1 + a_{棒}t_1$,环的位移 $h_{环1} = -v_1t_1 + \frac{1}{2}a_{环}t_1^2$,

棒的位移 $h_{棒1} = v_1t_1 + \frac{1}{2}a_{棒}t_1^2$,由 $x_1 = h_{环1} - h_{棒1}$,解得 $x_1 = -\frac{2H}{k}$,棒环一起下落至地 $v_2^2 - v_1'^2 = 2gh_{棒1}$,解得 $v_2 = \sqrt{\frac{2gH}{k}}$。

同理,环第二次相对棒的位移 $x_2 = h_{环2} - h_{棒2} = -\frac{2H}{k^2}$ 可知 $x_n = -\frac{2H}{k^n}$

环相对棒的总位移 $x = x_1 + x_2 + \cdots + x_n + \cdots$ $W = kmgx$ 得 $W = -\frac{2\,kmgH}{k-1}$

解法二:设环相对棒滑动距离为 l。根据能量守恒 $mgH + mg(H+l) = kmgl$

摩擦力对棒及环做的总功 $W = -kmgl$,解得 $W = -\frac{2\,kmgH}{k-1}$

16. 32 m。提示:设火箭发射结束时火箭获得的速度为 v_0,火箭头质量为 m,根据机械能守恒得 $\frac{1}{2}mv_0^2 = mgh$,所以 $v_0 = \sqrt{2gh}$。改用后一种方式发射时,设火箭沿光滑机械轨道滑到最低点 A 时的速度为 v_A,同理根据机械能守恒得 $v = \sqrt{2gR}$。

若待火箭滑到最低点 A 时刻,再开动发动机发射火箭,发射结束时火箭对地的速度为 $v = v_A + v_0$。设火箭相对 A 点上升的最大高度为 H,则 $\frac{1}{2}mv^2 = mgH$。

所以,$H = \frac{v^2}{2g} = \frac{(v_A + v_0)^2}{2g} = \frac{v_A^2 + v_0^2 + 2v_Av_0}{2g} = (\sqrt{R} + \sqrt{h})^2$。将 $h = 16$ m,$R = 4$ m 代入得 $H = 36$ m。

即相对地面上升的高度 $h = H - R = 32$ m。

17. $\sqrt{\dfrac{2ghS_2^2}{S_2^2 - S_1^2}}$

18. $h = \mu s$

19. (1) $F \geqslant 2\mu mg$；(2) $\dfrac{\mu mg}{k} \leqslant x \leqslant \dfrac{3\mu mg}{k}$。提示：(2)初始位置为 x_0，在 x 处速度为零，$F(x - x_0) - \mu mg \cdot (x - x_0) = \dfrac{1}{2}kx^2 - \dfrac{1}{2}kx_0^2$，木块静止解的 $\dfrac{\mu mg}{k} \leqslant x \leqslant \dfrac{3\mu mg}{k}$。

20. $\sqrt{2gh - \omega^2 h^2 \tan^2\theta}$

21. $2\sqrt{Fl/m}$。提示：设 O 点在 F 上的位移 s，球 m 在 F 方向上速度 v_x，加速度 a_x，有 $a_x = F/2m$，${v_x}^2 = 2a_x s = Fs/m$。动能定理 $F \cdot (l + s) = 2 \cdot \dfrac{1}{2}m(v_x^2 + v_y^2)$，$v_y = \sqrt{\dfrac{Fl}{m}}$，相对速度 $2v_y$。

22. (1) $\dfrac{m(2GM - l_0 v_0^2)^2}{4l_0 GM}$；(2) mv_0^2。提示：(1)取 B 惯性系，A、B 间最大距离 l_{max}，$\dfrac{1}{2}mv_0^2 - GM\dfrac{m}{l_0} = -GM\dfrac{m}{l_{max}}$，$F = GM\dfrac{m}{{l_{max}}^2} = \dfrac{m(2GM - l_0 v_0^2)^2}{4l_0 GM}$；(2)设 A、B 间距离最大时，A、B 速度均为 v_0，$W = \dfrac{1}{2}(m + M)v_0^2 - GM\dfrac{m}{l_{max}} - (\dfrac{1}{2}Mv_0^2 - GM\dfrac{m}{l_0})$。

专题五　动量

考点热点

一、动量和动量定理

在牛顿定律建立以前,人们为了量度物体做机械运动的“运动量”,引入了动量的概念。当时在研究碰撞和打击问题时认识到:物体的质量和速度越大,其“运动量”就越大。物体的质量和速度的乘积遵从一定的规律,例如在两物体的碰撞中,它们的改变量必然是数值相等、方向相反。在这些事实基础上,人们引入 mv 来量度物体的“运动量”,称之为动量。

人们又发现:要使原来静止的物体获得某一速度,可用较大的力作用较短的时间或用较小的力作用较长的时间,只要力 F 和力的作用时间 Δt 的乘积相同,所产生的改变这个物体的速度效果就一样,在物理学中把 $F\cdot\Delta t$ 叫作冲量。

由牛顿定律,容易得出它们的联系。

对单个物体:

$$\boldsymbol{F}\cdot\Delta t=m\boldsymbol{v}_t-m\boldsymbol{v}_0\ ;$$

$$\boldsymbol{F}\cdot\Delta t=\Delta\boldsymbol{p}\ 。$$

即冲量等于物体动量的增量,这就是质点的动量定理。

在应用动量定理时要注意它是矢量式,速度的变化前后的方向可以在一条直线上,也可以不在一条直线上。当不在一直线上时,可将矢量投影到某方向上,分量式为:

$$F_x\cdot\Delta t=mv_{tx}-mv_{0x}$$

$$F_y\cdot\Delta t=mv_{ty}-mv_{oy}$$

$$F_z\cdot\Delta t=mv_{tz}-mv_{0z}$$

对于多个物体组成的物体系:按照力的作用对象划分成内力和外力,对各个质点利用动量定理:

第1个　$I_{1外}+I_{1内}=m_1v_{1t}-m_1v_{10}$

第2个　$I_{2外}+I_{2内}=m_2v_{2t}-m_2v_{20}$

⋮　　　⋮

第 n 个　$I_{n外}+I_{n内}=m_nv_{nt}-m_nv_{n0}$

由牛顿第三定律:$I_{1内}+I_{2内}+\cdots+I_{n内}=0$。

因此得到：

$$I_{1外}+I_{2外}+\cdots+I_{n外}=(m_1v_{1t}+m_2v_{2t}+\cdots+m_nv_{nt})-(m_1v_{10}+m_2v_{20}+\cdots+m_nv_{n0})$$

即

$$I_{合外}=I_{1外}+I_{2外}+\cdots+I_{n外}=\Delta p_{系}$$

质点系所受合外力的冲量等于物体系总动量的增量，这就是质点系的动量定理。

二、动量守恒定律

对于相互作用的系统，在合外力为零的情况下，由牛顿第二定律和牛顿第三定律可得出物体的总动量保持不变。即

$$m_1v_1+m_2v_2+\cdots+m_nv_n=m_1v_1'+m_2v_2'+\cdots+m_nv'_n$$

上式就是动量守恒定律的数学表达式。

应用动量守恒定律应注意以下几点：

(1)动量是矢量，相互作用的物体组成的系统的总动量是指组成物体系的所有物体的动量的矢量和，而不是代数和，在具体计算时，经常采用正交分解法，写出动量守恒定律的分量方程，这样就可以把矢量运算转化为代数运算。

(2)在合外力为零时，尽管系统的总动量保持不变，但组成系统的各个物体的动量却可能不断变化。系统内力只能改变系统内物体的动量，却不能改变系统的总动量。在合外力不为零时，系统的总动量要发生改变，但垂直于合外力方向上系统的动量应保持不变，即合外力的分量在某一方向上为零，则系统在该方向上动量守恒。

(3)动量守恒定律成立的条件是合外力为零，但在处理实际问题时，当系统受到的合外力不为零，若内力远大于外力时，我们仍可以把它当作合外力为零处理，动量守恒定律成立。如遇到碰撞、爆炸等时间极短的问题时，可忽略外力的冲量，系统动量近似认为守恒。

(4)动量守恒定律是由牛顿定律推导出的，牛顿定律对于分子、原子等微观粒子一般不适用，而动量守恒定律却仍适用。因此，动量守恒定律是一条基本规律，它比牛顿定律具有更大的普遍性。

三、碰撞

若干物体在某时刻相遇，随机产生相互作用直到彼此脱离，若这一过程时间极短，且相互作用力远大于诸如重力等外力，则该过程称为碰撞。所谓碰撞问题，也就是已知碰撞前各物体的运动状态，要求在某些补充条件下确定碰撞后各物体的运动状态。把参加碰撞的物体一起视为质点系，质点系所受外力一般为恒力。由于碰撞时间极短，这些外力的冲量不计，于是碰撞前后动量守恒，这是解决碰撞问题的基本关系式。

物体间的碰撞，在这里均按质点间的碰撞处理。尽管有时讨论的对象涉及墙或地面之类的物体，但墙或地面都可以与地球一样视为质量无限大的质点。两个质点之间的碰撞称为二体碰撞，二体碰撞可分为正碰撞与斜碰撞两类。

四、二体正碰撞

质量分别为 m_1、m_2 的两质点 1、2 各以速度 v_1、v_2 在一条直线上运动，如图 1(a)所示。

规定向右为正，v_1、v_2可正可负，设 $v_1 \neq v_2$，且在两者相遇时发生正碰撞。碰撞后质点 1、2 仍在该直线上运动，如图 1(b)所示，现在来求解 v_1'、v_2'。

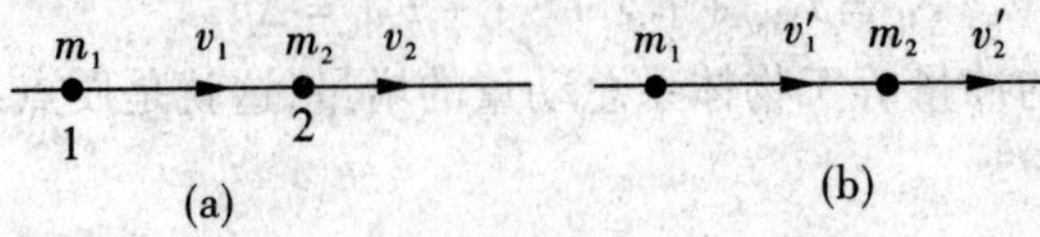

图 1

正碰撞中动量守恒式为 $m_1v_1 + m_2v_2 = m_1v_1' + m_2v_2'$，需要再补充一个能量方程或恢复系数方程。根据碰撞中动能守恒与损失的情况，可将正碰撞分为弹性、完全非弹性和非弹性碰撞三种类型，各自可给出一个补充方程。

(1)弹性碰撞。设碰撞前、后动能守恒，即有 $\frac{1}{2}m_1v_1^2 + \frac{1}{2}m_2v_2^2 = \frac{1}{2}m_1v'^2_1 + \frac{1}{2}m_2v'^2_2$。两式联立，解得 $v_1' = \frac{(m_1 - m_2)v_1 + 2m_2v_2}{m_1 + m_2}$，$v_2' = \frac{(m_2 - m_1)v_2 + 2m_1v_1}{m_1 + m_2}$。

对称性体现在下标 1、2 互换后，第一式成为第二式，第二式成为第一式。解的对称性起源于原来两个方程中质点 1、2 之间可置换的对称性，这就是物理学中的因果对称关联。

①若 $m_1 = m_2$，则 $v_1' = v_2$，$v_2' = v_1$，即等质量的两物体发生弹性正碰时，其速度互换。

②若 $m_1 \gg m_2$，则 $v_1' \approx v_1$，$v_2' \approx 2v_1 - v_2$。表明很大质量的物体受到很小质量的物体碰撞时，其速度几乎不变；$v_2' = v_1 + (v_1 - v_2)$，表明若以大质量的物体作为参考物，则小质量的物体以速度$(v_2 - v_1)$向大质量物体靠拢，当两者相碰后，两者间相对速度大小不变而方向改变，即小质量物体又以相对速度$(v_1 - v_2)$反弹，这时仍以地面为参考系时，小质量物体的速度为 $v_1 + (v_1 - v_2) = 2v_1 - v_2$。

③若 $m_1 \gg m_2$ 且 $v_2 = 0$，则 $v_2' = 2v_1$。表明一个质量很大的物体以某一速度 v_1 与一个原来静止的小物体发生弹性正碰时，碰后小物体将以速度 $2v_1$ 被弹开。若 $m_1 \gg m_2$ 且 $v_1 = 0$，则 $v_2' = -v_2$。表明一个很小质量的物体与一个原来静止的大质量物体发生弹性正碰时，碰后小物体将以原速率返回。

(2)完全非弹性碰撞。设碰撞后质点 1、2 具有相同的速度，或者说一起运动，有 $v_1' = v_2' = \frac{m_1v_1 + m_2v_2}{m_1 + m_2}$。碰撞前后动能损失量是 $\Delta E = \left(\frac{1}{2}m_1v_1^2 + \frac{1}{2}m_2v_2^2\right) - \left(\frac{1}{2}m_1v'^2_1 + \frac{1}{2}m_2v'^2_2\right) = \frac{m_1m_2(v_1 - v_2)^2}{2(m_1 + m_2)}$。

(3)非弹性碰撞。$v_2' - v_1' = e(v_1 - v_2)$，且$0 < e < 1$，解得 $v_1' = v_1 - \frac{(1+e)m_2(v_1 - v_2)}{m_1 + m_2}$，$v_2' = v_2 - \frac{(1+e)m_1(v_2 - v_1)}{m_1 + m_2}$。动能损失量为 $\Delta E = \left(\frac{1}{2}m_1v_1^2 + \frac{1}{2}m_2v_2^2\right) - \left(\frac{1}{2}m_1v_1'^2 + \frac{1}{2}m_2v_2'^2\right) = \frac{(1-e^2)m_1m_2(v_1 - v_2)^2}{2(m_1 + m_2)} = (1-e^2)E_{k相}$。由此可知，弹性碰撞 $e=1$，

动能守恒;完全非弹性碰撞 $e=0$,相对运动动能全部损失,变为零。

(4)恢复系数

定义恢复系数　　$$e=\frac{v_2'-v_1'}{v_1-v_2}=\left|\frac{v_{分离}}{v_{接近}}\right|$$

恢复系数 e 由两相碰物体的材料决定,与两物体的质量大小、速度大小都没有关系。上式中 (v_1-v_2) 表示两物体碰前的接近速度大小,$(v_2'-v_1')$ 表示两物体碰后的分离速度大小。实验表明,$0\leqslant e\leqslant 1$,其中完全非弹性碰撞中,$e=0$;非弹性碰撞中,$0<e<1$;弹性碰撞中,$e=1$。

五、质心系中的正碰撞

前面讨论的是实验室系(L 系)中的正碰撞。但是对碰撞问题的分析常采用质心系(C 系),这是因为质心系中系统的总动量永远为零,质心系中描述碰撞,表现形式简单,物理意义清晰。

设在 L 系中,碰撞前后两质点的速度分别是 v_1、v_2、v_1'、v_2',则质心速度 $v_C=\frac{m_1v_1+m_2v_2}{m_1+m_2}$。在 C 系中,碰撞前后两质点的速度分别是 u_1、u_2、u_1'、u_2',有 $m_1u_1+m_2u_2=m_1u_1'+m_2u_2'=0$,$u_1'-u_2'=e(u_2-u_1)$解得 $u_1'=-eu_1$,$u_2'=-eu_2$。

该结果表示,在 C 系中每个质点碰后的速度为其碰前速度的 $-e$ 倍。在 C 系中,碰撞损失的动能是 $\Delta E'_{损}=(1-e^2)\cdot\frac{1}{2}(m_1u_1^2+m_2u_2^2)$。

六、二体斜碰

设碰撞前质点 1、2 的速度 v_1、v_2 不共线,但既然能碰撞,故 v_1、v_2 与碰撞点必在同一平面上。在这里只讨论碰后 1、2 的速度 v_1'、v_2' 也在此平面上的情况,如图 2 所示,由动量守恒,得 $m_1\boldsymbol{v}_1+m_2\boldsymbol{v}_2=m_1\boldsymbol{v}_1'+m_2\boldsymbol{v}_2'$。

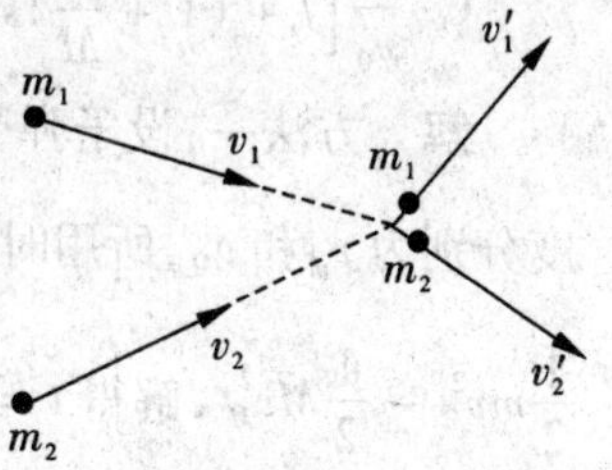

图 2

上式为矢量式,可写出两个投影式,此处略。同样需要有辅助条件补充方程后,才能将 v_1'、v_2' 解出。二体斜碰通常分解成接触面法向和切向两个分量进行讨论。法向是一次正碰撞,切向运动往往取决于有无摩擦力。如果是相同小球的弹性斜碰,并且被碰小球初速度为零,则有 $\frac{1}{2}mv^2=\frac{1}{2}mv_1^2+\frac{1}{2}mv_2^2$,即 $v^2=v_1^2+v_2^2$,表明碰后二者速度方向相互垂直。

典型例题

例 1　(2011 复旦大学)在一根长的水平杆上穿上 5 个质量相同的珠子,珠子可以在杆上无摩擦地运动,初始时若各珠子可以有任意的速度

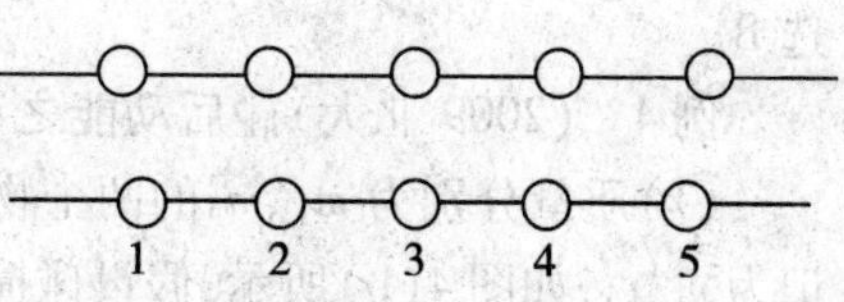

图 3

大小和方向，则它们间最多可以碰撞______次。

A. 4　　　　B. 5

C. 8　　　　D. 10

解　如图 3 所示，沿杆自左向右，设珠子的序号分别为 1、2、3、4、5，根据弹性碰撞质量相等交换速度的特点，如果 $v_1 > v_2 > v_3 > v_4 > v_5$，且自右向左碰撞时刻依次落后，则 5、4、3、2、1 依次碰撞后，5、4、3、2 又依次碰撞，5、4、3 依次碰撞，最后 5、4 又碰撞，故总共可以碰撞次数为 4+3+2+1=10(次)，选 D。

例 2　(2011 复旦大学) 设土星质量为 5.67×10^{26} kg，其相对于太阳的轨道速率为 9.6 km/s，一空间探测器质量为 150 kg，其相对于太阳的速率为 10.4 km/s，并迎着土星方向飞行。由于土星的引力，探测器绕过土星沿着和原来速度相反的方向离去，则它离开土星后相对于太阳的速率为______ km/s。

A. 20　　　　B. 29.6

C. 9.6　　　　D. 4.8

解　由运动的合成知识易知空间探测器相对于土星的速率为 20 km/s，它受土星的引力作用后会转过 180°，这样它会以 20 km/s 的速率远离土星，即相对太阳的速率为 29.6 km/s，选 B。

例 3　(2011 同盟自主) 长为 l、质量为 M 的木块静止在光滑水平面上，质量为 m 的子弹以水平速度 v_0 射入木块并且从中射出。已知从子弹射入到射出木块的过程中，木块移动的距离为 s，子弹穿过木块所用的时间为(　　)

A. $\dfrac{l+s}{v_0}$　　　　B. $\dfrac{1}{v_0}\left[l+(1+\dfrac{M}{m})s\right]$

C. $\dfrac{1}{v_0}\left[l+(1+\dfrac{m}{M})s\right]$　　　　D. $\dfrac{1}{v_0}\left[(1+\dfrac{M}{m})l+s\right]$

解　方法一：设子弹受到木块的水平阻力大小为 f，子弹穿过木块时刻子弹、木块速度分别为 v_m 和 v_M，所用时间为 t，则 $ft=Mv_M$，$-ft=mv_m-mv_0$，$s=\dfrac{1}{2}v_Mt$，$fl=\dfrac{1}{2}mv_0^2-\dfrac{1}{2}mv_m^2-\dfrac{1}{2}Mv_M^2$，解得 $t=\dfrac{1}{v_0}\left[l+\left(\dfrac{M}{m}+1\right)s\right]$，选 B。

方法二：系统质心速度 $v_c=\dfrac{mv_0}{M+m}$，取子弹将要射入木块时子弹位置为坐标原点，向右为 x 轴正方向，则初始系统质心坐标为 $x_{c1}=\dfrac{M}{M+m}\cdot\dfrac{l}{2}$，子弹穿出时系统质心坐标为

$$x_{c2}=x_{c1}+v_ct=\frac{M\left(s+\frac{l}{2}\right)+m(s+l)}{M+m}$$，故相应时间 $t=\dfrac{x_{c2}-x_{c1}}{v_c}=\dfrac{1}{v_0}\left[l+\left(\dfrac{M}{m}+1\right)s\right]$，选 B。

例 4　(2009 北大) 碰后动能之和等于碰前动能之和的碰撞，称为弹性碰撞。

(1) 质量分别为 m_1、m_2 的两个物体，碰前速度 v_{10}、v_{20}，如图 4(a) 所示，碰后速度分别记为 v_1、v_2，如图 4(b) 所示，假设碰撞是弹性碰撞，试列出可求解 v_1、v_2 的方程组，并解之。

(2)光滑的水平面上平放着一个半径为 R、内壁光滑的固定圆环，质量分别为 m、$2m$、m 的小球 A、B、C 在圆环内侧的初始位置和初始速度均在图 4(c)中标出，注意此时 B 球静止。已知而后球间发生的碰撞都是弹性的，试问经多长时间，A、B、C 又第一次恢复到图 4(c)所示的位置和运动状态。

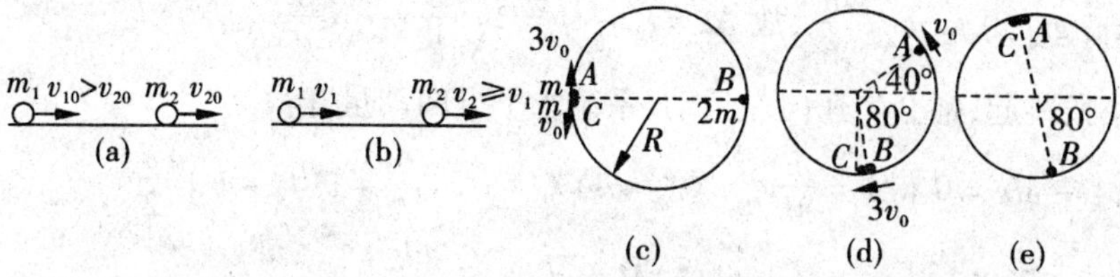

图 4

解 (1)由于碰撞是弹性的，故由系统动量、动能守恒得

$$m_1v_{10}+m_2v_{20}=m_1v_1+m_2v_2$$

$$\frac{1}{2}m_1v_{10}^2+\frac{1}{2}m_2v_{20}^2=\frac{1}{2}m_1v_1^2+\frac{1}{2}m_2v_2^2$$

也可以利用恢复系数等于 1 列方程：$v_2-v_1=v_{10}-v_{20}$

同时考虑到 $v_2\geqslant v_1$，解得

$$v_1=\frac{(m_1-m_2)v_{10}+2m_2v_{20}}{m_1+m_2},\quad v_2=\frac{2m_1v_{10}+(m_2-m_1)v_{20}}{m_1+m_2}。$$

(2)A 和 B 先碰，且 B 球初速为 0，将 $m_1=m$，$m_2=2m$，$v_{10}=3v_0$，$v_{20}=0$ 代入解得：$v_A=-v_0$，$v_B=2v_0$。B、C 碰在图 4(d)所示位置，将 $m_1=2m$，$m_2=m$，$v_{10}=2v_0$，$v_{20}=-v_0$ 代入公式解得：$v'_B=0$，$v'_C=3v_0$ 以后 B 静止在图 4(e)所示位置，而 A 球以 v_0，C 球以 $3v_0$ 迎面相碰，由于两球质量相等，碰后速度交换，即恢复到原图所示状态，只不过 B 球顺时针转过了 $80°\left(\frac{4\pi}{9}\right)$ 而已。从初始状态开始到第一次 A、C 与 B 相碰经历时间

$$t=\frac{\pi R}{3v_0}+\frac{1}{2v_0}\times\frac{4\pi R}{9}+\frac{1}{v_0}\times\frac{\pi R}{3}=\frac{8\pi R}{9v_0}$$

故从开始到第一次恢复到图示的位置和状态需要的时间

$$T=\frac{360}{80}\times 2\times\frac{8\pi R}{9v_0}=\frac{8\pi R}{v_0}。$$

例 5 (2009 北京大学)直径和高同为 d 的不带盖小圆桶，用一根水平直杆与直径和高同为 $2d$ 的带盖大圆桶相连后，静放在光滑水平面上，它们的总质量为 M。大桶顶部边缘部位有一个质量为 m 的小猴，此时小猴、两圆桶底部中心和直杆处于同一竖直平面内，如图 5 所示。设小猴水平跳离大桶顶部，恰好能经过也处于运动状态的小桶上方圆周边缘部位后，落到小桶底部中心。

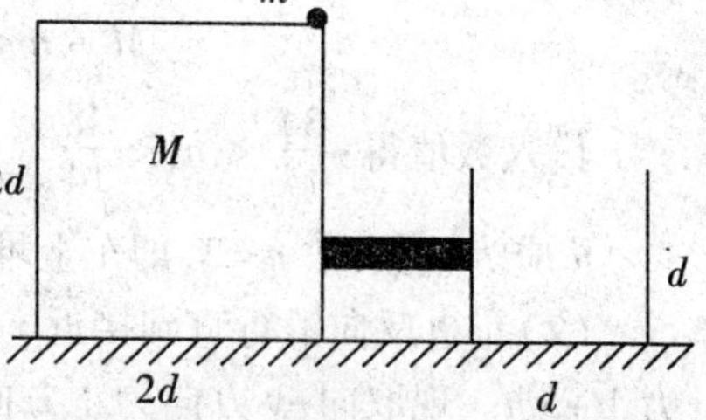

图 5

(1)计算小猴从小桶上方边缘部位落到小桶底部中心所经时间 Δt；

(2)试求直杆长度 l 及小猴跳离大桶时相对地面的速度 v_m。

解 (1)小猴做平抛运动，经过桶边缘自由下落 d 高度，由 $d=\frac{1}{2}gt_1^2$ 得 $t_1=\sqrt{\frac{2d}{g}}$，同理由 $2d=\frac{1}{2}gt_2^2$ 得 $t_2=\sqrt{\frac{4d}{g}}$，故 $\Delta t=t_2-t_1=2\sqrt{\frac{d}{g}}-\sqrt{\frac{2d}{g}}$

(2)小猴跳起，桶会匀速向左运动，系统水平方向动量守恒。

由 $mv_m-Mv=0$ 得 $v=\frac{m}{M}v_m$，$(v_m+v)t_1=l$，$(v_m+v)t_2=l+\frac{d}{2}$

解得 $l=\frac{\sqrt{2}+1}{2}d$，$v_m=\frac{(2+\sqrt{2})M\sqrt{gd}}{4(M+m)}$。

例6 如图6所示，一排人站在沿 x 轴的水平轨道旁，原点 O 两侧的人的序号都记为 n ($n=1,2,3,\cdots$)。每人只有一个沙袋，$x>0$ 一侧的每个沙袋质量为 $m=14$ kg，$x<0$ 一侧的每个沙袋质量 $m'=10$ kg。一质量为 $M=48$ kg 的小车以某初速度从原点出发向正 x 方向滑行。不计轨道阻力。当车每经过一人身旁时，此人就把沙袋以水平速度 u 朝与车速相反的方向沿车面扔到车上，u 的大小等于扔此袋之前的瞬间车速大小的 $2n$ 倍。(n 是此人的序号数)

(1)空车出发后，车上堆积了几个沙袋时车就反向滑行？

(2)车上最终有大小沙袋共多少个？

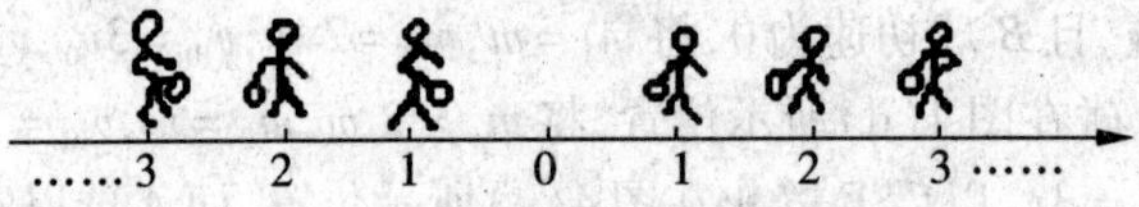

图6

解 (1)在小车朝 $+x$ 方向滑行的过程中，第 $(n-1)$ 个沙袋扔到车上后的车速为 v_{n-1}，第 n 个沙袋扔到车上后的车速为 v_n，由动量守恒定律有：

$$[M+(n-1)m]v_{n-1}-2nmv_{n-1}=(M+nm)v_n$$

$$v_n=\frac{[M-(n+1)m]v_{n-1}}{M+nm} \quad ①$$

小车反向运动的条件是：$v_{n-1}>0$，$v_n<0$，即

$$M-nm>0，M-(n+1)m<0 \quad ②$$

代入数值得：$\frac{34}{14}<n<\frac{48}{14}$

n 应为整数，故 $n=3$，即车上堆积 3 个沙袋后车就反向滑行。

(2)车自反向滑行直到接近 $x<0$ 一侧第 1 人所在位置时，车速保持不变，而车的质量为 $M+3m$。现取向 $-x$ 方向为正方向，设在朝 $-x$ 方向滑行过程中，第 $(n-1)$ 个沙袋扔到车上后车速为 v_{n-1}'，第 n 个沙袋扔到车上后车速为 v_n'，又据动量守恒定律有

$$[M+3m+(n-1)m']v'_{n-1}-2nm'v'_{n-1}=(M+3m+nm')v'_n$$

$$v'_n=\frac{[M+3m-(n+1)m']v'_{n-1}}{M+3m+nm'}$$

车不再向左滑动的条件是：$v'_{n-1}>0, v'_n\leqslant 0$

即 $M+3m-nm'>0$，$M+3m-(n+1)m'\leqslant 0$

代入数值得 $8\leqslant n<9$

故 $n=8$ 时，车停止滑行，即在 $x<0$ 一侧第 8 个沙袋扔到车上后车就停住。车上最终共有大小沙袋 3+8=11 个。

例 7 （2011 北约）如图 7 所示，质量分别为 m 和 $3m$ 的物块 A、B 用一根轻弹簧相连，置于光滑的水平面上，物块 A 刚好与墙接触。现用外力缓慢向左推物块 B 使弹簧压缩，然后撤去外力，此过程中外力做功为 W。试求：

(1)从撤去外力到物块 A 离开墙的过程中，墙壁对物块 A 的冲量；

(2)在物块 A 离开墙壁后的运动过程中，物块 A、B 速度的最小值。

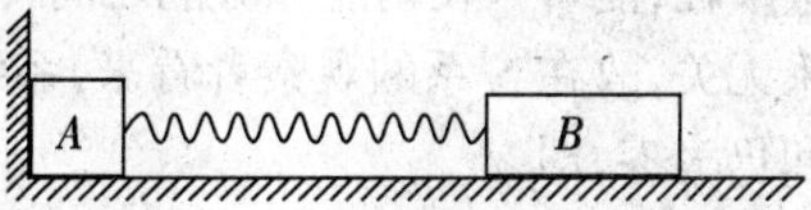

图 7

解 (1)推力对 B 物体做功 W，最终都变为弹簧的弹性势能，故 $E_p=W$，当弹簧变为拉伸后 A 物体将会被拉动，离开墙面，故弹簧刚恢复自然长度时 B 物体速度最大，满足

$$E_p=\frac{1}{2}m_Bv_{B\max}^2$$

此过程中墙对 A 的冲量大小等于弹簧对 A 的冲量大小，也等于弹簧对 B 的冲量大小，故

$$I_A=m_Bv_{B\max}=\sqrt{6mW}$$

(2)方法一：A、B 都运动后，B 先做减速运动，A 做加速运动，弹簧再次恢复原长时 A 物体速度最大，B 物体速度最小，以后 B 加速，A 物体减速，弹簧再次恢复原长时 A 物体速度最小，B 物体速度最大，故

$$m_Bv_{B\max}=m_Av_A+m_Bv_B,\ \frac{1}{2}m_Bv_{B\max}^2=\frac{1}{2}m_Av_A^2+\frac{1}{2}m_Bv_B^2$$

解得 $v_{A1}=0$，$v_{B1}=\sqrt{\frac{2W}{3m}}$，$v_{A2}=\sqrt{\frac{3W}{2m}}$，$v_{B2}=\sqrt{\frac{W}{6m}}$

故 A 的最小速度为 0，B 的最小速度为 $\sqrt{\frac{W}{6m}}$。

方法二：在质心系中研究，A、B 做简谐运动。由质点组动量定理

$$v_C=\frac{I_A}{m_A+m_B}=\frac{3}{4}\sqrt{\frac{2W}{3m}},$$

A 刚离开墙壁时 A、B 均处于平衡位置，速度最大，其中 $v_{A相}=v_C$ 向左，故此时 A 对地的速度为最小速度，$v_{A\min}=0$。B 再次经过平衡位置向左运动时对地速度最小，故

$$v_{B\min}=-(v_{B\max}-v_C)+v_C=-\frac{\sqrt{6mW}}{3m}+\frac{3}{2}\sqrt{\frac{2W}{3m}}=\sqrt{\frac{W}{6m}}。$$

例8 (2010清华大学)A、B、C三个物体(均可视为质点)与地球构成一个系统,三个物体分别受恒外力$\boldsymbol{F}_A$、$\boldsymbol{F}_B$、$\boldsymbol{F}_C$的作用。在一个与地面保持静止的参考系S中,观测到此系统在运动过程中动量守恒、机械能也守恒。S'系是另一个相对S系做匀速直线运动的参考系,讨论上述系统的动量和机械能在S'系中是否也守恒。(功的表达式可用$W_F=\boldsymbol{F}\cdot\boldsymbol{S}$的形式,式中$\boldsymbol{F}$为某个恒力,$\boldsymbol{S}$为在力$\boldsymbol{F}$作用下的位移)

解 在S系中,由系统在运动过程中动量守恒可知,

$$\boldsymbol{F}_A+\boldsymbol{F}_B+\boldsymbol{F}_C=0 \quad ①$$

设在很短的时间间隔Δt内,A、B、C三个物体的位移分别为$\Delta\boldsymbol{S}_A$、$\Delta\boldsymbol{S}_B$和$\Delta\boldsymbol{S}_C$

由机械能守恒有

$$\boldsymbol{F}_A\cdot\Delta\boldsymbol{S}_A+\boldsymbol{F}_B\cdot\Delta\boldsymbol{S}_B+\boldsymbol{F}_C\cdot\Delta\boldsymbol{S}_C=0 \quad ②$$

并且系统没有任何能量损耗,能量只在动能和势能之间转换。

由于受力与惯性参考系无关,故在S'系的观察者看来,系统仍然没有能量损耗,系统在运动过程中所受外力之和仍为零,即

$$\boldsymbol{F}_A+\boldsymbol{F}_B+\boldsymbol{F}_C=0$$

所以,在S'系的观察者看来动量仍守恒。 ③

设在同一时间间隔Δt内,S'系的位移为$\Delta S'$,在S'系观察A、B、C三个物体的位移分别为$\Delta\boldsymbol{S}'_A$、$\Delta\boldsymbol{S}'_B$和$\Delta\boldsymbol{S}'_C$,则有

$$\begin{cases}\Delta\boldsymbol{S}_A=\Delta\boldsymbol{S}'+\Delta\boldsymbol{S}'_A\\ \Delta\boldsymbol{S}_B=\Delta\boldsymbol{S}'+\Delta\boldsymbol{S}'_B\\ \Delta\boldsymbol{S}_C=\Delta\boldsymbol{S}'+\Delta\boldsymbol{S}'_C\end{cases} \quad ④$$

在S'系的观察者看来外力做功之和为

$$W'=\boldsymbol{F}_A\cdot\Delta\boldsymbol{S}'_A+\boldsymbol{F}_B\cdot\Delta\boldsymbol{S}'_B+\boldsymbol{F}_C\cdot\Delta\boldsymbol{S}'_C \quad ⑤$$

联立①②③④⑤式可得

$$\begin{aligned}W'&=\boldsymbol{F}_A\cdot(\Delta\boldsymbol{S}_A-\Delta\boldsymbol{S}')+\boldsymbol{F}_B\cdot(\Delta\boldsymbol{S}_B-\Delta\boldsymbol{S}')+\boldsymbol{F}_C\cdot(\Delta\boldsymbol{S}_C-\Delta\boldsymbol{S}')\\&=\boldsymbol{F}_A\cdot\Delta\boldsymbol{S}_A+\boldsymbol{F}_B\cdot\Delta\boldsymbol{S}_B+\boldsymbol{F}_C\cdot\Delta\boldsymbol{S}_C-(\boldsymbol{F}_A+\boldsymbol{F}_B+\boldsymbol{F}_C)\cdot\Delta\boldsymbol{S}'=0-0=0\end{aligned}$$

即在S'系中系统的机械能也守恒。

例9 (2012卓越)一质量为$m=40$ kg的孩童,站在质量为$M=20$ kg的长木板的一端,孩童与木板在水平光滑冰面上以$v_0=2$ m/s的速度向右运动。若孩童以$a=2$ m/s^{2}相对木板的恒定加速度跑向另一端,并从端点水平跑离木板时,木板恰好静止。

(1)判断孩童跑动的方向;

(2)求出木板的长度l。

解 (1)孩童应沿着木板运动的方向跑动,即孩童开始时应站在木板的左端,向右跑。

(2)设孩童跑离木板时相对木板的速度为u,根据匀加速直线运动规律得

$$u^2=2al \quad ①$$

设孩童跑离木板时木板相对于冰面的速度为v,孩童相对冰面的速度为

$$v' = u + v \quad ②$$

由于冰面光滑,孩童和木板组成的系统在水平方向上不受外力,所以动量守恒。选冰面为参考系,v_0 的方向为坐标正方向,则有

$$(M + m)v_0 = Mv + mv' \quad ③$$

若木板恰好静止,即要求木板相对冰面的速度 $v = 0$,由此可得

$$u = \frac{M + m}{m}v_0 \quad ④$$

综合上述各式得

$$l = \frac{1}{2a}\left(\frac{M + m}{m}\right)^2 v_0^2 \quad ⑤$$

将已知数据代入上式得

$$l = 2.25\ \text{m} \quad ⑥$$

例 10 (2010 清华大学)卫星携带一探测器在半径为 $3R$(R 为地球半径)的圆轨道上绕地球飞行(图 8)。在 a 点,卫星上的辅助动力装置短暂工作,将探测器沿运动方向射出(设辅助动力装置喷出的气体质量可忽略)。若探测器恰能完全脱离地球的引力,而卫星沿新的椭圆轨道运动,其近地点 b 距地心的距离为 nR(n 略小于 3),求卫星与探测器的质量比。(质量分别为 M、m 的两个质点相距为 r 时的引力势能为 $-GMm/r$,式中 G 为引力常量)

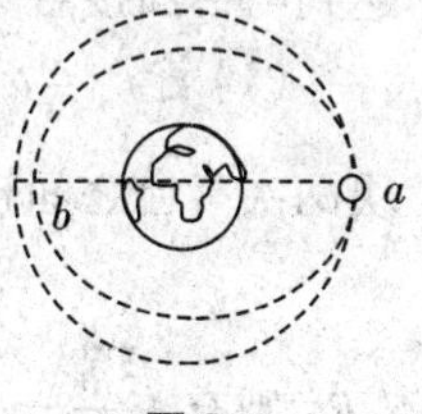

图 8

解 设地球质量为 M,卫星质量为 m,探测器质量为 m',当卫星与探测器一起绕地球做圆周运动时,由万有引力定律和牛顿第二定律得

$$\frac{GM(m + m')}{(3R)^2} = (m + m')\frac{v^2}{3R} \quad ①$$

$$v^2 = \frac{GM}{3R} \quad ②$$

设分离后探测器速度为 v',探测器刚好脱离地球引力应满足

$$\frac{1}{2}m'v'^2 - \frac{GMm'}{3R} = 0 \quad ③$$

$$v' = \sqrt{\frac{2GM}{3R}} = \sqrt{2}v \quad ④$$

设分离后卫星速度为 u,由机械能守恒定律可得

$$\frac{1}{2}mv_{近}^2 - \frac{GMm}{nR} = \frac{1}{2}mu^2 - \frac{GMm}{3R} \quad ⑤$$

由开普勒第二定律有

$$nRv_{近} = 3Ru \quad ⑥$$

联立解得

$$u = \sqrt{\frac{2n}{3 + n}}v \quad ⑦$$

由分离前后动量守恒可得

$$(m+m')v=mu+m'v' \quad ⑧$$

联立④⑦⑧式得

$$\frac{m}{m'}=\frac{\sqrt{2}-1}{1-\sqrt{\frac{2n}{3+n}}}$$

例 11 一理想的弹性水平圆台绕通过其中心 O 的竖直轴以恒定的角速度转动，一小物块自圆台上方某处自由下落，落在圆台上 A 点，弹起后再次下落，落点为圆台上 B 点。已知 O、A、B 三点共线，且 $OA=AB=R$，物块与圆台的接触面为水平面，摩擦因数为 μ，不计空气阻力，物块线度远小于 R，求圆台角速度的最小值。

解 当物块与台面碰撞时，由于台面上与物块接触的点有水平速度，而物块水平速度为零，故两者间存在滑动摩擦力，使物体获得一定的水平速度。若碰撞结束前，物块已达到与台面接触点相等的水平速度，则摩擦力将提前消失，否则将一直作用下去。

(1) 若 $v_x=\omega R$，即摩擦力提前消失。如图 9 所示，圆盘在物块两次落台之间转过的角度是 $2k\pi+\frac{\pi}{3}$，而物块水平速度为 $v_x=\omega R$，则有 $\frac{\sqrt{3}R}{\omega R}=\frac{2k\pi+\frac{\pi}{3}}{\omega}(k=0,1,2,\cdots)$，$k$ 无整数解，不可能。

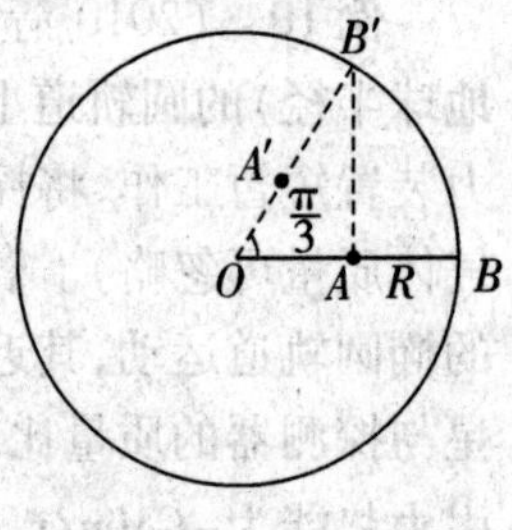

图 9

(2) 若 $v_x<\omega R$，即摩擦力一直存在。设物块落在圆台上时的竖直速度大小为 v_y，由 $mv_x=\mu F_N\cdot\Delta t$，$F_N\cdot\Delta t=2m$，$F_N\cdot\Delta t=2mv_y$，得 $v_x=2\mu v_y$，有

$$\frac{2v_y}{g}=\frac{\sqrt{3}R}{v_x}=\frac{2k\pi+\frac{\pi}{3}}{\omega}(k=0,1,2,\cdots)$$

故

$$\omega=\left(2k+\frac{1}{3}\right)\pi\cdot\frac{v_x}{\sqrt{3}R}$$

由于 $v_x<\omega R$，有

$$\left(2k+\frac{1}{3}\right)\pi>\sqrt{3},k>0.11$$

因此当 $k=1$ 时，ω 取最小值，且

$$\omega_{\min}=\frac{7\pi}{3}\sqrt{\frac{\mu g}{\sqrt{3}R}}。$$

例 12 将不可伸长的细绳的一端固定于天花板上的 C 点，另一端系一质量为 m 的小球，小球以角速度 ω 绕竖直轴做匀速圆周运动，细绳与竖直轴之间的夹角为 θ，如图 10 所示，已知 A、B 为某一直径上的两点，问小球从 A 点运动到 B 点的过程中，细绳对小球的拉力 T 的冲量为多少？

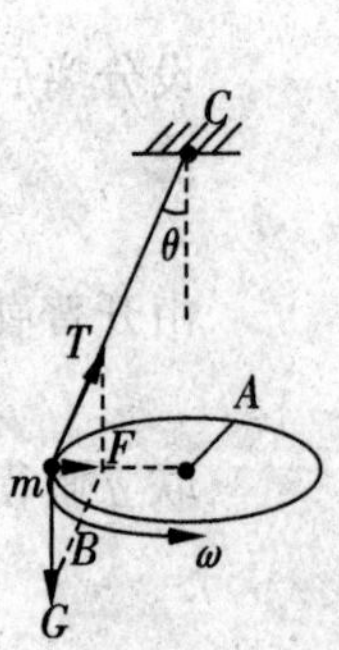

图 10

解 由于小球绕竖直轴做匀速圆周运动，因此细绳中的拉力 T 的竖起分力等于小球重力，水平分力等于重力和拉力的合力是提供小球做圆

周运动的向心力，向心力的冲量可通过动量定理求得。

设小球做圆周运动的半径为 R，则有

$$F_{合}=mg\tan\theta=m\omega^2R$$

解得

$$R=\frac{g\tan\theta}{\omega^2}$$

小球做匀速圆周运动的线速度为

$$v=\omega R=\frac{g\tan\theta}{\omega}$$

小球从 A 点运动到 B 点的过程中，合力的冲量（即拉力的水平冲量）为

$$I_1=2mv=\frac{2mg\tan\theta}{\omega},$$

方向沿水平方向；而拉力的竖直冲量为

$$I_2=mg\cdot t=\frac{mg\pi}{\omega}$$

由平行四边形定则可得拉力的冲量

$$I_T=\sqrt{I_1^2+I_2^2}=\frac{mg}{\omega}\sqrt{\pi^2+4\tan^2\theta}$$

与竖直方向所成的夹角 β 满足

$$\tan\beta=\frac{I_2}{I_1}=\frac{2\tan\theta}{\pi}$$

专题训练

1.（复旦大学）如图所示，质量分别为 m_1 和 m_2 的物体 A、B 静止在光滑水平板上，其间有一被压缩的轻弹簧，长板可以绕 O 轴转动，另一端用细绳悬于 C 点。现将弹簧释放，在 A、B 分别滑向板端的过程中，细绳上的拉力（　　）

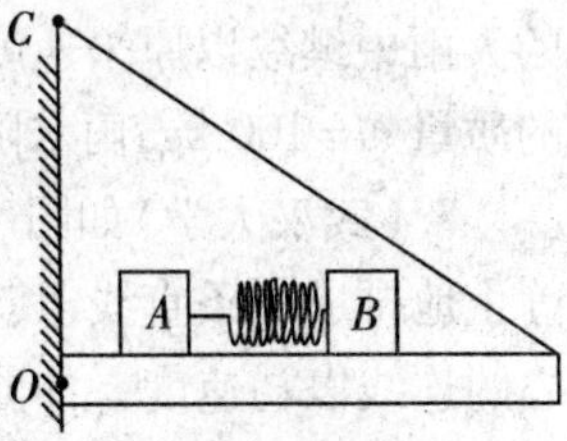

题 1 图

A. 增大　　B. 不变

C. 减小　　D. 缺条件，无法确定

2.（同济大学）如果物体在相同时间内受到的冲量相等，则此物体（　　）

A. 可能做上抛运动　　B. 可能做平抛运动

C. 可能做匀速圆周运动　　D. 可能做简谐运动

3.（复旦大学）水平面上一质量为 m 的物体，在水平推力 F 的作用下由静止开始运动，经时间 $2\Delta t$，撤去 F，又经时间 $3\Delta t$，物体停止运动。则该物体与水平面之间的动摩擦因数为（　　）

A. $\frac{2F}{mg}$　　B. $\frac{F}{mg}$

C. $\dfrac{2F}{5mg}$　　　　D. $\dfrac{F}{5mg}$

4.(清华大学)如图所示,一质量为 m、长为 l 的柔软绳自由悬垂,下端恰与一台秤接触。某时刻放开柔软绳上端,求台秤的最大读数。

5.(清华大学)有人设计了这样一辆小车,其意图是依靠摆球下落时撞击挡块反弹回来,再次撞击挡块又反弹回来,如此反复使小车前进,请你帮他作进一步分析计算:在摆球初始位置水平,初速度为零的情况下(如图所示):

(1)摆球与挡板第一次撞击后的瞬间,小车的速度是多少?

(2)摆球反弹回来后能回到原来的水平位置么?为什么?

(3)摆球第二次与挡板撞击后的瞬间,小车的速度又是多少?

设小车质量为 M_1,摆球质量为 M_2,摆球重心到悬点距离为 h,摆球与挡块撞击时正好在其铅直位置,碰撞为完全弹性的,小车与地面无摩擦。

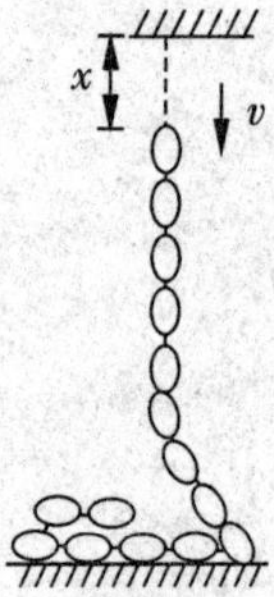

题 4 图

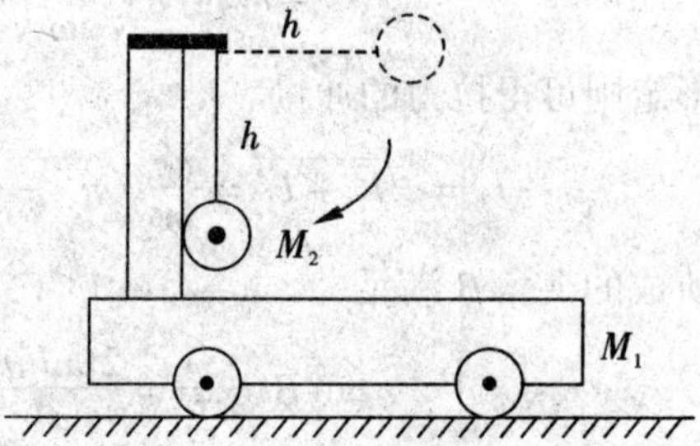

题 5 图

6.(大连理工)列车以恒定速度 $v=72$ km/h 沿水平路段行驶。要使列车在竖直下落的大雨中继续以原来速度行驶,问机车发出的功率需要怎样变化?每秒落在列车上雨水的质量 $m=100$ kg,雨水随后沿车厢壁流到地面。摩擦力变化不计。

7.(武汉大学)如图所示,在光滑的水平面上,$A,B,C,D,\cdots n$ 个大小相同的弹性小球静止地排成一条直线,其中 A 球的质量为 $2m$,其余各球的质量均为 m。现将 A 球沿各球心的连线以初速度 v_0 冲向 B 球,试求各球间不再发生相互作用时,各球的速度。

8.甲、乙两人做抛球游戏,甲站在一辆平板车上,车与水平地面摩擦不计。甲与车的总质量 $M=100$ kg,车上另有一质量 $m=2$ kg 的球,乙固定站在车对面的地上,身旁有若干质量不等的球。开始车静止,甲将球以速率 v(相对地面)水平抛给乙,乙接到球后马上将另一质量为 $m_1=2m$ 的球以相同速率 v 水平抛回给甲;甲接住后再以相同速率 v 将此球水平抛回给乙,乙接住后马上将另一质量 $m_2=2m_1=4m$ 的球以速率 v 水平抛给甲……这样往复进行。乙每次抛回给甲的球的质量都等于他接到的球的质量为 2 倍,而抛球速率始终为 v(相对于地面水平方向)不变。求:

(1)甲第 2 次抛出(质量为 $2m$)球后,后退速率多大?

(2)从第 1 次算起,甲抛出多少次后,将再不能接到乙抛来的球?

9.(北京大学)水平光滑大桌面上有一质量为 M 的均匀圆环形细管道,管道内有两

个质量同为 m 的小珠，位于管道直径 AB 的两端。开始时，环静止，两个小珠沿着朝右的切线方向，具有相同的初速度 v_0，如图所示。设系统处处无摩擦。

(1)当两个小珠在管道内第一次相碰前瞬间，试求两个小珠之间的相对速度大小；

(2)设碰撞是弹性的，试分析判定两小珠碰后能否在管道内返回到原来的 A、B 位置？

(3)若能，再通过计算确定两小珠第一次返回到 A、B 时，相对桌面的速度方向（朝左还是朝右）和速度大小。

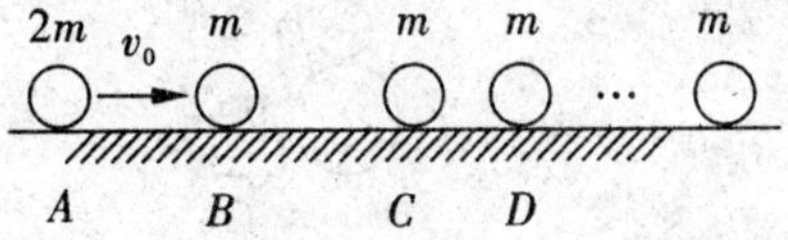

题 7 图

题 8 图

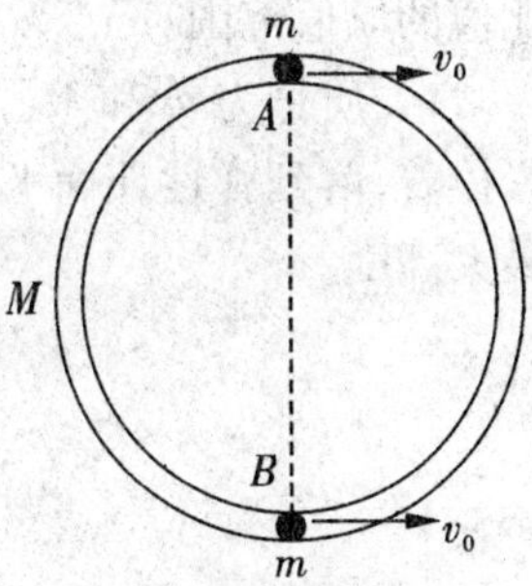

题 9 图

10. 一段凹槽 A 倒扣在水平长木板 C 上，槽内有一小物块 B，它到槽两内侧的距离均为 $L/2$，如图所示。木板位于光滑水平的桌面上，槽与木板间的摩擦不计，小物块与木板间的摩擦系数为 μ，A、B、C 三者质量相等，原来都静止。现使槽 A 以大小为 v_0 的初速向右运动，已知 $v_0 < \sqrt{2\mu gl}$，当 A 和 B 发生碰撞时，两者速度互换。求：

(1)从 A、B 发生第一次碰撞到第二次碰撞的时间内，木板 C 运动的路程。

(2)在 A、B 刚要发生第四次碰撞时，A、B、C 三者速度的大小。

11.（同济大学）如图所示，质量为 M 的直角楔子放在光滑的水平面上，其斜面上端放一个与它相似的小楔子，其质量为 m，假设大小楔子的水平边长分别为 a 和 b。试求当小楔子从顶端滑到底端时，大楔子移动的距离。

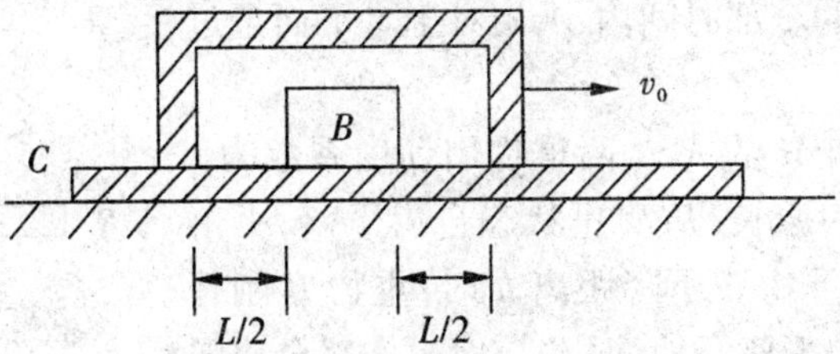

题 10 图

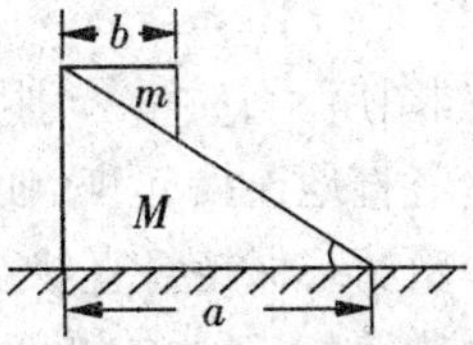

题 11 图

12.（东南大学）如图所示，竖直平面内有一光滑圆弧形轨道，O 为最低点，A、B 两点距 O 点的高度分别为 h 和 $4h$。现从 A 点释放一质量为 M 的大物体，且每隔适当的时间从 B 点释放一质量为 m 的小物体，它们都和大物体碰撞后结为一体，已知 $M=100m$。求：

(1)若每当大物体向右运动到 O 点时，都有一个小物体与之碰撞，问碰撞多少次后大物体的速度最小？

(2)若大物体第一次向右运动到 O 点时和小物体碰撞，以后每当大物体向左运动到 O 点时，才与一个小物体碰撞，问共碰撞多少次后大物体能越过 A 点？

(3)若每当大物体运动到 O 点时，都有一个小物体与之碰撞，问碰撞 50 次后，大物体运动的最大高度为 h 的几分之几？

13. 如图所示，A、B 质量分别为 m_1、m_2，右壁为弹性墙，A 以速度 v 弹性正碰静止的 B，不计一切摩擦，所有碰撞均为弹性碰撞，若两球能且仅能发生两次碰撞，试确定两球质量比值的取值范围。

14. 质量为 m 和 M($M \gg m$)的两个弹性钢球从 h 高处自由落下，如图所示，两球是紧挨着，落到弹性地面上后，又被弹起，设弹性碰撞是发生在同一竖直线上，求 m 上升的最大高度。

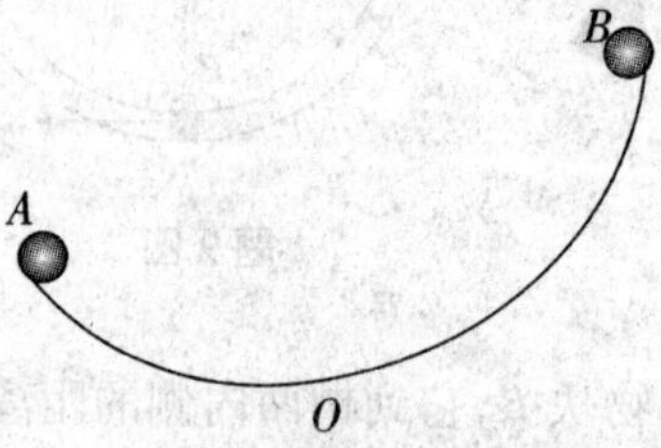

题 12 图

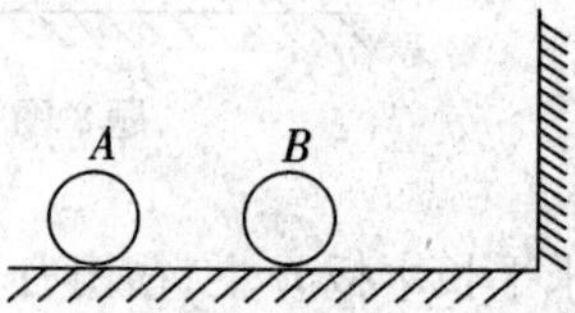

题 13 图

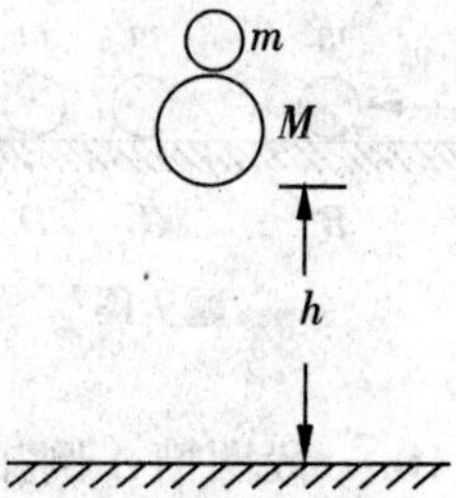

题 14 图

15. 如图所示，在光滑水平面上有一辆长 $L=1.0$ m 的小车 A，在 A 上有一小块木块(可视为质点)B，A 与 B 质量相等，两者之间的动摩擦系数为 $\mu=0.05$。开始时 A 静止，B 位于 A 的正中央以速度 $v_0=5.0$ m/s 向右运动，假设 B 与 A 的左右两壁都是完全弹性的，且 A 不会翻转。试问：

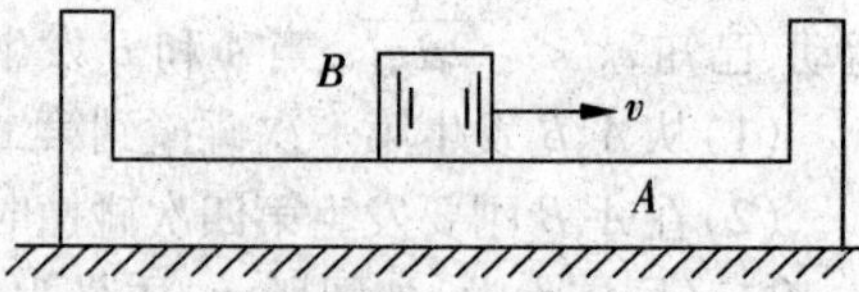

题 15 图

(1)B 与 A 的壁共能发生多少次碰撞？

(2)从开始到 B 相对于 A 停止的全部时间内，A 相对于水平面走过多少路程？($g=10$ m/s^2)

16. 如图所示，质量分别为 m 和 M 的 A、B 两重物用劲度系数为 k 的轻弹簧竖直地连接起来，使弹簧为原长，从静止状态自由下落，下落过程中弹簧始终保持竖直状态。当重物 A 下降距离 h 时，重物 B 刚好与地面相碰，假定碰后的瞬间重物 B 不离开地面(B 与地面作完全非弹性碰撞)但不粘连。为使重物 A 反弹时能将重物 B 提离地面，试问下落高度 h 至少应为多少？

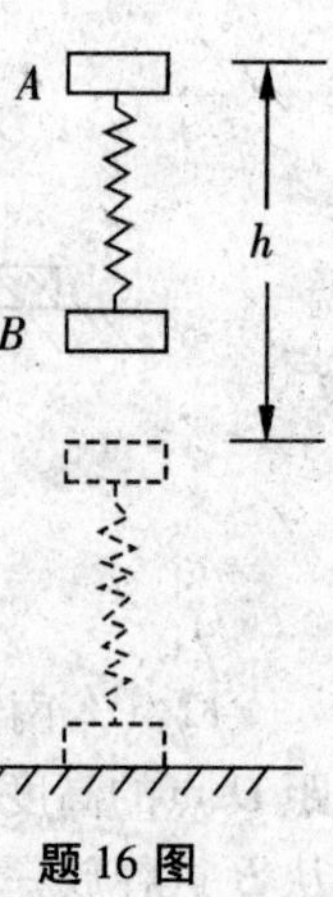

题 16 图

17. 在完成登陆任务后，登陆艇自某行星表面升空与飞船会合并与飞船一起绕行星做圆周运动，其速率为 v。飞船与登陆艇的质量均为 m，行星的质量为 M，万有引力恒量为 G。

(1)求飞船与登陆艇绕行星作圆周运动的周期 T 和轨道半径 R。

(2)在启动返程时，飞船上火箭作一短时间的喷射(喷出气体的质量可忽略)，使登陆艇和飞船分离，且分离方向与速度方向平行。若分离后飞船恰能完全脱离行星的引力，求刚分离后登陆艇的速率 u。

(3)飞船和登陆艇在火箭喷射过程中共获得的机械能 E。(本题所有答案以 G、M、m 与 v 表示)

18. 质量 $m=1$ kg 的物体在光滑的水平桌面做无摩擦的滑动，登上一座可以运动的"小山"。"小山"质量 $M=5$ kg，"小山"高 $H=1.2$ m，如图所示。"山"与桌面之间没有摩擦。试求物体和"山"的最终速度(物体的初速度 $v_0=5$ m/s)。

19. 如图所示，在光滑水平面上沿同一直线以一定间隔按从左向右顺序 1，2，3，…，N 排列着 N 个大小相同的球，球 1 的质量为 $3m$，其余球的质量均为 m。沿球心连线向右给球 1 一个冲量使其得到速度 v，则球 1 和球 2 先发生对心碰撞，接着便从左向右发生相邻球间的相互对心碰撞。若碰撞均为弹性正碰，求各球不能再碰时，球 1、球 2、…球 N 的速度各为多大?

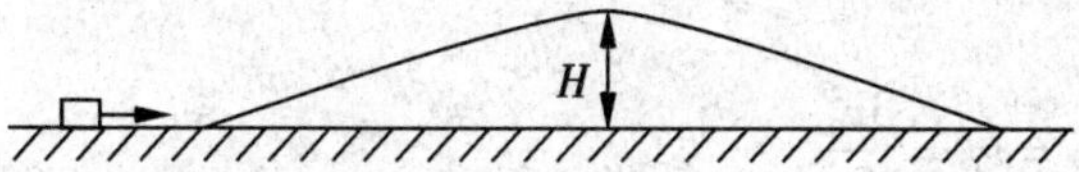

题 18 图

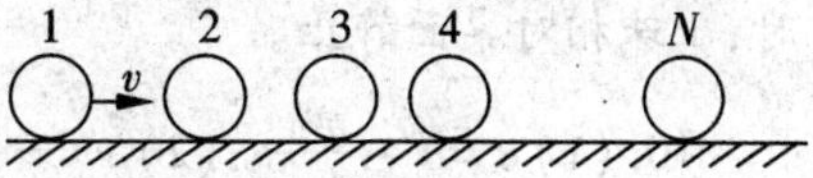

题 19 图

答案详解

1. B
2. AB
3. C。提示：$(F-\mu mg)\cdot 2\Delta t=\mu mg\cdot 3\Delta t$。

4. $3mg$。提示：将要落下的一段 $v=\sqrt{2gx}$，$G=\frac{mg}{l}x$，$N_1\Delta t=\left(\frac{mv}{l}\Delta t\right)v$，$N=N_1+G=\frac{3\,mg}{l}x$，$N_{\max}=3\,mg$。

5. (1) $v_1=M_2\sqrt{\frac{2gh}{M_1M_2+M_1^2}}$；(2)小球上摆过程与下摆过程同样遵从水平动量守恒和机械能守恒，在小球向右摆时，车朝左运动，故小球反弹回来后仍能回到水平位置而静止，同时小车也必然回到原处而静止；(3) $v_2=M_2\sqrt{\frac{2gh}{M_1M_2+M_1^2}}$。在经过小球下摆、与车挡板碰撞、小球上摆三个过程后，摆球和小车都恢复到初始状态，以后系统就不断重复这三个过程。故摆球第二次与挡板撞击后的小车速度与第一次撞击后的速度大小相同。由于摆球与小车水平动量守恒，在小球摆动时，小车只是前后往返运动，不能不断地前进。

6. 功率增加 4×10^4 W。$P=Fv$，$F\Delta t=(m\Delta t)v$，$P=mv^2=4\times10^4$ W

7. $v_{A_{n-1}}=\left(\frac{1}{3}\right)^{n-1}v_0$，$v_{B_{n-1}}=\frac{4}{3}\left(\frac{1}{3}\right)^{n-2}v_0$，由于 A、B 两球共发生(n−1)次碰撞，$v_n>v_{n-1}\cdots>v_B>v_{A_{n-1}}$，每碰一次，最后一个球将依次滚出，使相互碰的球速度不断减小，最后一次碰撞(第 n−1 次)，$v_B>v_{A_{n-1}}$。

8. (1) $\frac{v}{10}$；(2)第 5 次。提示：(1) $(m+2m+2m)v=Mv_2$，$v_2=\frac{v}{10}$；(2) $Mv_n=mv(1+2\times2+4\times2+\cdots+2^{n-1}\times2)$，又 $v_n\geqslant v$ 得 $n\geqslant5$。

9. (1) $2v_0\sqrt{\frac{M}{M+2m}}$；(2)可能返回到 A、B 位置。提示：(1) $2mv_0=(M+2m)v_{\parallel}$，$\frac{1}{2}\cdot2mv_0^2=\frac{1}{2}(M+2m)v_{\parallel}{}^2+\frac{1}{2}:2mv_{\perp}^2$，$v_{\perp}=v_0\sqrt{\frac{M}{M+2m}}$，$v_{相}=2v_{\perp}=2v_0\sqrt{\frac{M}{M+2m}}$；(2) $2mv_0=Mv_1+2mv_2$，$\frac{1}{2}\cdot2mv_0^2=\frac{1}{2}Mv_1^2+\frac{1}{2}\cdot2mv_2^2$，$v_2=\frac{2m-M}{2m+M}v_0$，当 $2m<M$ 时，小珠相对于桌面向左运动，$2m>M$ 时，小珠相对桌面向右运动，$2m=M$ 时，小珠相对桌面静止。

10. (1) $s=l-\frac{v_0^2}{4\mu g}$；(2) $v_A=\frac{1}{4}v_0$，$v_B=v_C=\frac{3v_0}{8}$。

11. $S_2=\frac{m(a-b)}{M+m}$。$mS_1=MS_2$，$S_1+S_2=a-b$。

12. (1)50；(2)4；(3)4/9。提示：(1)设 A、B 到过 O 点时的速度大小分别为 v_A、v_B。对 A、B 分别由机械能守恒定律：

$$Mgh=\frac{1}{2}Mv_A{}^2 \quad ①$$

$$mg\times4h=\frac{1}{2}mv_B{}^2 \quad ②$$

$$v_A=\sqrt{2gh},\ v_B=2\sqrt{2gh} \quad ③$$

设碰撞 n 次后：$Mv_A-nmv_B=(M+nm)v$，要使 v 最小，则应有：

$$Mv_A=nmv_B，得\ n=50 \quad ④$$

(2)设碰撞 k 次后大物体能越过 A 点，则碰撞 k 次后结合体的速度大小等于 v_A。

第一次碰撞后： $Mv_A-mv_B=(M+m)v_{AB}$ ⑤

设再碰撞 k 次： $(M+m)v_{AB}+kmv_B=(M+m+km)v_A$ ⑥

联立得：k=3，即共碰撞 4 次。

(3)第 1 次碰撞：$Mv_A-mv_B=(M+m)v_1$

第 2 次碰撞：$(M+m)v_1+mv_B=(M+2m)v_2$

第 3 次碰撞：$(M+2m)v_2-mv_B=(M+3m)v_3$

第 4 次碰撞：$(M+3m)v_3+mv_B=(M+4m)v_4$

……

第 50 次碰撞：$(M+49m)v_{49}+mv_B=(M+50m)v_{50}$

联立以上得： $Mv_A=(M+50m)v_{50}$ ⑦

故：$v_{50}=\frac{2}{3}v_A$，故碰撞 50 次后，大物体运动的最大高度 $h'=\frac{4}{9}h$。

13. $\frac{1}{3}<\frac{m_1}{m_2}\leqslant 1+\frac{2}{\sqrt{5}}$。提示：① $m_1=m_2$；② $m_1<m_2$，$-v_1'<v_2'$ 则二次碰后必有 $v_A'>v_B$，且都向左；③ $m_1>m_2$，求出二次碰后，B 向右，A 向左，只需 $v_A>-v_B$ 即可得解。

14. $9h$。提示：M 先与地面碰撞速度反向。由 $\frac{1}{2}mv^2+\frac{1}{2}Mv^2=\frac{1}{2}mv_1^2+\frac{1}{2}Mv_2^2$，$-mv+Mv=mv_1+Mv_2$，由①②可知 $v_1=\frac{-(m-M)v+2Mv}{m+M}=\frac{3M-m}{m+M}v$，由于 $M\gg m$，所以 $v_1=3v$，所以 $H=\frac{v_1^2}{2g}=9h$。

15. (1)12 次碰撞；(2)12.25 m。提示：(1)由于 A、B 间为弹性碰撞，每次碰撞后两物体交换速度，直至两者速度相等，损耗的机械能克服摩擦力做功，$\Delta E_k=\frac{1}{2}mv_0^2-\frac{1}{2}\cdot 2m\cdot v'^2$，$mv_0=2mv'$，$\mu mgs_{相}=\Delta E_k$，解得 $s_{相}=12.5\ \text{m}$，可判断 A、B 发生 12 次碰撞。(2)由于物体系在水平方向上不受外力，所以其质心速度 $v_C=\frac{mv_0}{2m}=2.5\ \text{m/s}$。以 A 为参照物，由于 A、B 间为弹性碰撞，A、B 之间相对速率均匀减少，$t=\frac{\frac{v_0}{2}}{\mu g}=5\ \text{s}$，$s_C=v_Ct=12.5\ \text{m}$。又 B 最后停在 A 的右壁处，所以 $s_A=s_C-\frac{L}{4}=12.25\ \text{m}$。

16. $h>\frac{Mg}{k}\cdot\frac{M+2m}{2m}$。提示：$B$ 触地时，弹簧为原长，A 的速度为：$v=\sqrt{2gh}$

A 压缩弹簧，后被向上弹起弹簧又恢复原长时，因机械能守恒，可知 A 的速度仍为：$v=\sqrt{2gh}$

A 继续向上运动拉伸弹簧，设 $v_A=0$ 时弹簧伸长量为 x，则要使此时 B 能被提前离地面，应有：$kx=Mg$

而在此弹簧被拉伸的过程对 A 和弹簧有：$\frac{1}{2}mv^2=mgx+\frac{1}{2}kx^2$

由上几式可解得：$h=\frac{Mg}{k}\cdot\frac{M+2m}{2m}$

17. (1) $T=\frac{2\pi GM}{v^2}$，$R=\frac{GM}{v^2}$；(2) $(2-\sqrt{2})v$；(3) $(3-2\sqrt{2})mv^2$。提示：(2) $2mv=mv'+mu$，$\frac{1}{2}mv'^2-\frac{GMm}{R}=0$；(3) $\Delta E=\frac{1}{2}mv'^2+\frac{1}{2}mu^2-\frac{1}{2}mv^2$。

18. $-3.33\ \text{m/s}$；$1.67\ \text{m/s}$。提示：首先要判断物体是否能越过山顶。这两物同速时物体离地高 H_1，则 $\frac{1}{2}mv_0^2=\frac{1}{2}(M+m)v^2+mgH_1$，$mv_0=(M+m)v$，得 $H_1=1.04\text{m}<$

1.2 m。这表明未越过，由 $\frac{1}{2}mv_0^2=\frac{1}{2}mv_1^2+\frac{1}{2}Mv_2^2$，$mv_0=mv_1+Mv_2$ 得 $v_1=-3.33\ \text{m/s}$，$v_2=1.67\ \text{m/s}$。如果物体能越过山顶，则应取前两个联立方程的另一组解。

19. $v_1=\left(\frac{1}{2}\right)^{N-1}\cdot v, v_2=\left(\frac{1}{2}\right)^{N-2}\cdot\frac{3}{2}v\cdots v_{N-1}=\frac{1}{2}\cdot\frac{3}{2}v, v_N=\frac{3}{2}v$。提示：球 1 与球 2 碰后两球的速度分别为 $v_1=\frac{v}{2}, v_2=\frac{3v}{2}$，此后球 2 与球 3 发生碰撞交换速度，球 3 与球 4 也发生碰撞交换速度……，最后 $\frac{3v}{2}$ 的速度通过碰撞给了最前面的球 N。而球 1 与球 2 还会发生第二次碰撞，使球 2 获得 $\frac{3v}{4}$ 的速度，再经过一系列的完全弹性碰撞这一速度最终给了球 $N-1$，其余情况类同。

专题六 角动量

考点热点

一、力矩

力对时间的积累效应产生冲量，力对空间的积累效应产生功，力对质点的瞬时效应产生加速度，力对参考点的瞬时效应产生力矩，力矩是改变物体转动状态的原因。

在某惯性系中，设质点相对于参考点 O 的位置矢量为 $\boldsymbol{r}$，质点受力为 $\boldsymbol{F}$，$\boldsymbol{r}$ 与 $\boldsymbol{F}$ 之间的夹角为 θ，则力相对参考点 O 的力矩定义为 $\boldsymbol{M}=\boldsymbol{r}\times\boldsymbol{F}$。力矩是矢量，大小为 $M=rF\sin\theta$，方向按从 $\boldsymbol{r}$ 到 $\boldsymbol{F}$ 的右手螺旋法则确定。

力矩大小 M 表达式中的 $r\sin\theta$ 为参考点 O 到力 $\boldsymbol{F}$ 作用线的垂直距离 d，即有 $M=Fd$，式中 d 为力臂。也可将 M 表达式中的 $F\sin\theta$ 理解为 $\boldsymbol{F}$ 在垂直于 $\boldsymbol{r}$ 方向上的分量 $F_{\perp}$ 代替，即有 $M=rF_{\perp}$。力对参考点的力矩如图 1 所示。

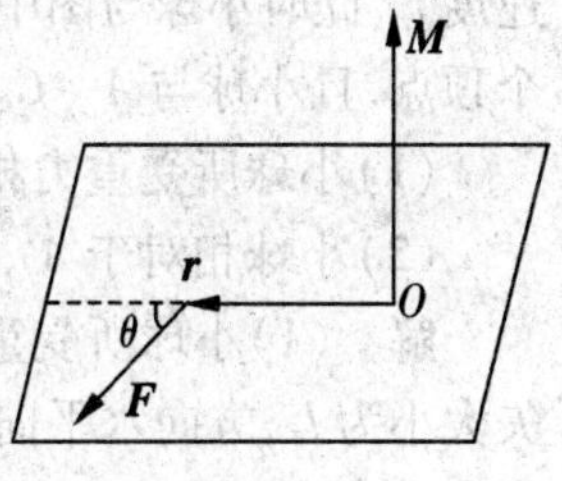

图 1

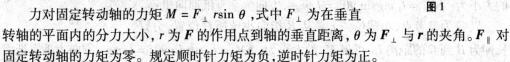

可以证明，一个质点受若干个力的作用时，相对于同一参考点的各个力矩之和等于合力的力矩。

力对固定转动轴的力矩 $M=F_{\perp}r\sin\theta$，式中 $F_{\perp}$ 为在垂直转轴的平面内的分力大小，r 为 $\boldsymbol{F}$ 的作用点到轴的垂直距离，θ 为 $\boldsymbol{F}_{\perp}$ 与 $\boldsymbol{r}$ 的夹角。$\boldsymbol{F}_{\parallel}$ 对固定转动轴的力矩为零。规定顺时针力矩为负，逆时针力矩为正。

二、角动量

动量是描述质点相对参考点运动状态的物理量之一，动量对参考点的瞬时效应叫动量矩，又叫角动量，定义为 $\boldsymbol{L}=\boldsymbol{r}\times\boldsymbol{P}$，$\boldsymbol{r}$ 是质点相对于参考点的位置矢量，$\boldsymbol{P}$ 是质点动量 $m\boldsymbol{v}$。

角动量是矢量，大小为 $L=rmv\sin\theta$，式中 θ 是 $\boldsymbol{r}$ 与 $\boldsymbol{P}$ 之间的夹角，方向按从 $\boldsymbol{r}$ 到 $\boldsymbol{p}$ 的右手螺旋法则确定。质点的角动量如图 2 所示。

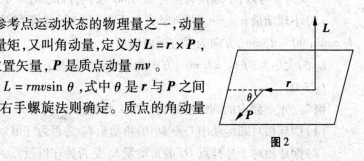

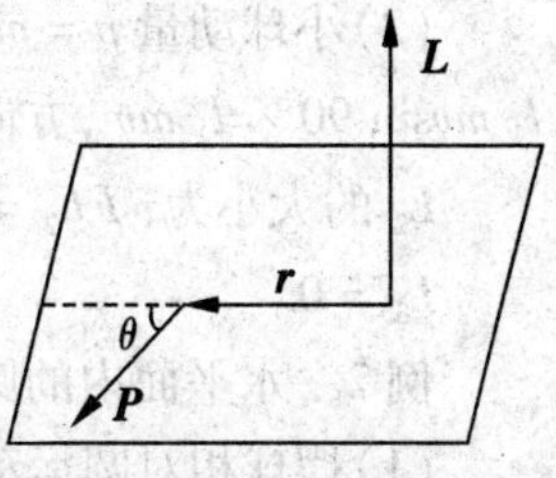

图 2

三、质点的角动量定理和角动量守恒定律

由牛顿第二定律 $\boldsymbol{F}=\frac{\Delta \boldsymbol{p}}{\Delta t}$ 和力矩定义 $\boldsymbol{M}=\boldsymbol{r}\times\boldsymbol{F}$ 可得

$$\boldsymbol{M}=\boldsymbol{r}\times\boldsymbol{F}=\boldsymbol{r}\times\frac{\Delta \boldsymbol{p}}{\Delta t}=\frac{\Delta(\boldsymbol{r}\times\boldsymbol{P})}{\Delta t}=\frac{\Delta \boldsymbol{L}}{\Delta t}$$

(注:$\frac{\Delta(\boldsymbol{r}\times\boldsymbol{p})}{\Delta t}=\frac{\Delta \boldsymbol{r}}{\Delta t}\times\boldsymbol{p}+\boldsymbol{r}\times\frac{\Delta \boldsymbol{p}}{\Delta t}=\boldsymbol{v}\times(m\boldsymbol{v})+\boldsymbol{r}\times\frac{\Delta \boldsymbol{p}}{\Delta t}=0+\boldsymbol{r}\times\frac{\Delta \boldsymbol{p}}{\Delta t}$),

即质点受到的合力矩等于质点角动量对时间的变化率,这就是质点的角动量定理,定理中必须相对同一个参考点或转轴。如果质点受到的合力矩恒为零,则质点的角动量保持不变,叫角动量守恒定律。

质点在惯性系中受合力为零,即静止或做匀速直线运动,则质点相对任意惯性系中的任意参考点或转轴的合力矩等于零,角动量守恒;质点在作用线总是通过参考点或通过转轴或平行转轴的力作用下的运动,其角动量守恒。以太阳为参考点,各行星运动的角动量守恒;以其他点为参考点,则行星运动的角动量不守恒。

典型例题

例1 如图3所示,质量为 m 的小球自由落下,某时刻具有速度 v,此时小球与图中的 A、B、C 三点恰好位于某长方形的四个顶点,且小球与 A、C 点的距离分别为 l_1、l_2。试求:

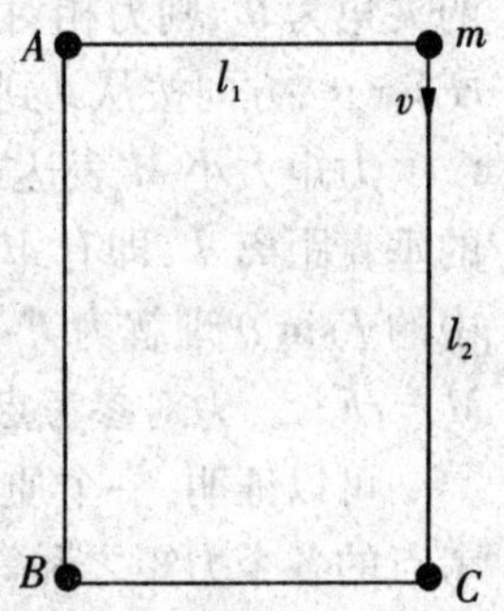

图3

(1)小球所受重力相对于 A、B、C 三点的力矩 M_1、M_2、M_3;

(2)小球相对于 A、B、C 三点的角动量 L_1、L_2、L_3。

解 (1)小球所受重力 mg 竖直向下,以 A 为参考点,小球位矢大小为 l_1,方向水平向右,mg 与 l_1 两者夹角 $\varphi=90°$,可得 M_1 的大小为:$FM_1=l_1\, mg\sin 90°=l_1\, mg$,方向为垂直纸面向里;

以 B 为参考点,小球位矢 r 是从 B 指向小球所在位置,力臂长即为 B 到 C 的距离 l_1,可得 M_2 的大小为:$FM_2=l_1\, mg\sin 90°=l_1\, mg$,方向为垂直纸面向里;

以 C 为参考点,小球位矢恰与重力 mg 反向,因此 $M_3=0$。

(2)小球动量 $p=mv$,方向竖直向下,与(1)问解答类似,可得 L_1 的大小为:$FL_1=l_1\, mv\sin 90°=l_1\, mv$,方向为垂直纸面向里;

L_2 的大小为:$FL_2=l_1\, mv$,方向为垂直纸面向里;

$L_3=0$。

例2 水平面内的圆锥摆运动如图4所示,试问:

(1)摆球相对圆运动中心点 O_1 的角动量 L_1 是否为守恒量?

(2)摆球相对于悬挂点 O_2 的角动量 L_2 是否为守恒量?

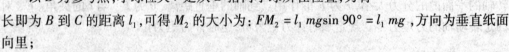

解 (1)如图所示,摆球所受重力 mg 和绳中拉力 T 的合力等于摆球做圆周运动的向

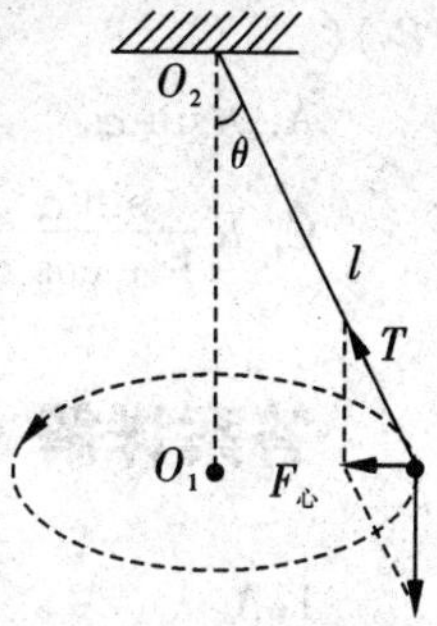

图 4

心力,此力指向圆心 O_1,所以重力和绳子拉力相对于 O_1 的合力矩为零,故相对于圆运动中心点 O_1 的角动量守恒,即 L_1 是守恒量。

(2)以悬点 O_2 为参考点,拉力过 O_2,拉力 T 的力矩为零,重力 mg 的力矩不为零,因此 L_2 不是守恒量。

例 3 在光滑水平面上,用轻质弹簧连接质量均为 m 的两个小球,如图 5 所示。开始时小球静止,弹簧处于自然长度状态。现分别给两小球垂直弹簧方向的相反初速度,使小球以后的运动中弹簧的最大伸长量恰好等于自然长度 l,已知弹簧劲度系数为 k。求小球初速度大小。

解 系统质心在弹簧中点处,始终处于静止状态,弹簧伸长最长时小球速度方向与弹簧弹力方向垂直。由系统角动量守恒,得 $mv_0\cdot\frac{l}{2}\times 2=mv\cdot l\times 2$,由系统机械能守恒,得 $\frac{1}{2}mv_0^2\times 2=\frac{1}{2}mv^2\times 2+\frac{1}{2}kl^2$,联立解得初速度 $v_0=l\sqrt{\frac{2}{3}\frac{k}{m}}$。

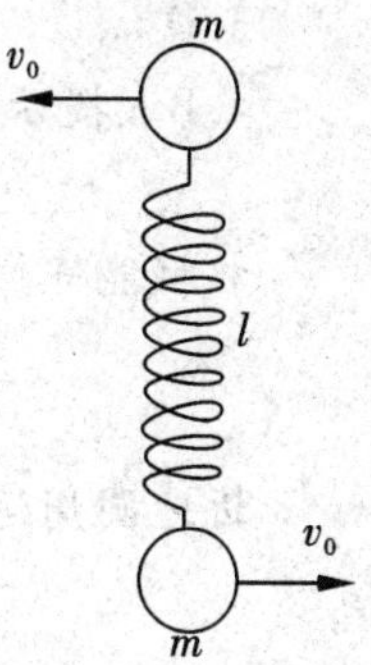

图 5

专题训练

1.(2012 清华大学)如图所示,一根光滑的均匀细杆绕通过转轴 O 点的竖直线转动,将一小球从顶端 O 点自由释放,设小球、杆和地球系统的机械能为 E,球、杆绕过 O 点的竖直线的角动量为 L,下列说法正确的是(　　)

A. E、L 均不变　　B. E 变化,L 不变

C. E 不变,L 变化　　D. E、L 均变化

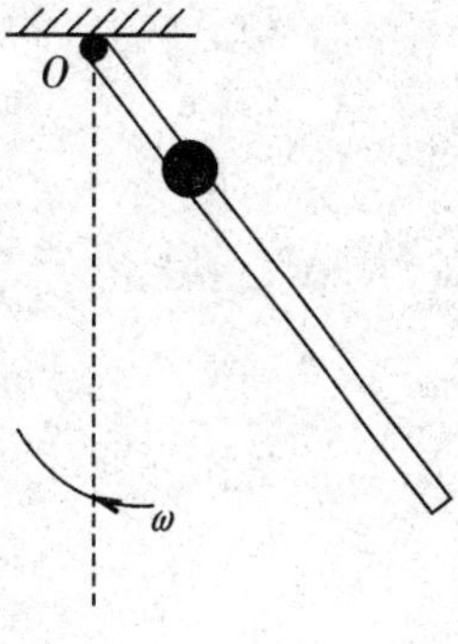

题 1 图

2. 对于竖直平面内的单摆,设摆球相对悬点的角动量为 L_1,相对过悬点的竖直轴的角动量为 L_2,下列说法正确的是(　　)

L_1 守恒,L_2 不守恒　　B. L_1 不守恒,L_2 守恒

C. L_1、L_2 都守恒　　D. L_1、L_2 都不守恒

3.(南京大学)光滑水平面上有一小球 A 被一轻绳拴住,轻绳穿过平面上小孔 O 与小球 B 连接。开始时 A 球在水平面上绕 O 做匀速圆周运动,B 球静止地向下垂挂着,如图所示。今使小球 B 的质量缓慢增加,直到 A 球绕 O 点作圆周运动的半径缩短一半,则此时 B 球质量为初始质量的(　　)

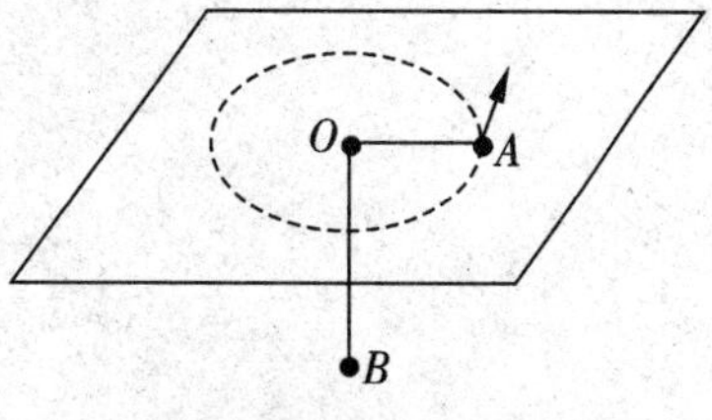

题 3 图

A. $\frac{1}{2}$ 倍　　B. 2 倍

C. 4 倍　　D. 8 倍

4.(中国科技大学)从地球表面以第一宇宙速度朝着与竖直方向成 α 角的方向发射一抛射体,忽略空气阻力和地球转动的影响,则抛射体能上升的高度为(设地球半径为

R)(　　)

A. $R\sin\alpha$　　　　B. $R\cos\alpha$

C. $R\dfrac{\sin\alpha}{1+\cos\alpha}$　　　　D. $R\tan\alpha$

答案详解

1. A
2. B
3. D
4. B。提示:如图所示,角动量守恒:

$$mvr=mRv_1\sin\alpha \quad ①$$

机械能守恒:

$$\frac{1}{2}mv^2-\frac{GMm}{r}=\frac{1}{2}mv_1^2-\frac{GMm}{R} \quad ②$$

近地圆周运动,万有引力提供向心力:

$$\frac{mv_1^2}{R}=\frac{GMm}{R^2} \quad ③$$

联立①②③解得 $r=R(1+\cos\alpha)$,$h=r-R=R\cos\alpha$。

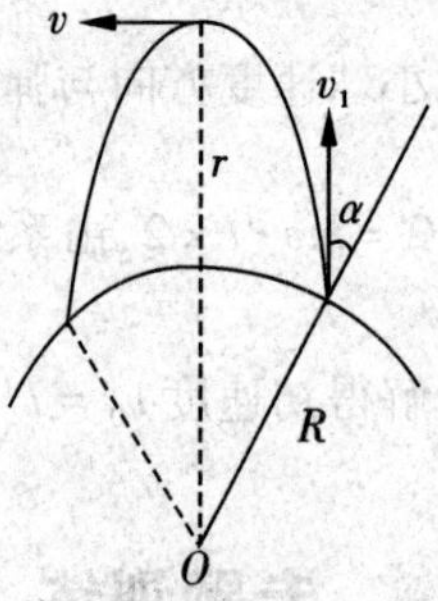

答4题图

专题七　天体运动

考点热点

一、开普勒三定律

第一定律(轨道定律):行星沿椭圆轨迹绕日运动,太阳在椭圆轨道的一个焦点上。

第二定律(面积定律):行星与太阳的连线(称为矢径)在相等的时间内扫过相等的面积,即 $vr\sin\theta$ = 常数。式中,r 为从太阳中心引向行星的矢径的长度,θ 为行星速度与矢径 r 之间的夹角。

第三定律(周期定律):行星公转周期的平方与轨道半长轴的立方成正比。即

$$\frac{T^2}{a^3}=\frac{4\pi^2}{GM}$$

式中,M 为太阳质量,G 为引力常量。

实际上,凡在中心天体的引力作用下,绕中心天体做周期运动的物体,如人造地球卫星,都遵循以上三定律,只需要把“太阳”改成“中心天体”即可。

二、万有引力定律

任何两质点间都存在着相互吸引力,其大小与两质点的质量的乘积成正比,与两质点间的距离平方成反比,力的方向沿着两质点的连线。表达式:

$$F=G\frac{m_1m_2}{r^2}$$

式中,G 为引力常量,大小 $G=6.67\times10^{-11}\ \mathrm{N\cdot m^2\cdot kg^{-2}}$。

注意:

(1)此式仅适用于两质点之间。

(2)假如两物体不能看作质点,求它们之间的引力,须把两物体分割成许多小块,然后再用上式计算,再矢量合成。

(3)质量分布均匀的球体对外部产生的万有引力,等效于把球体质量集中于球心的质点所产生的万有引力。对内部质点产生的万有引力 $F=\frac{GMmr}{R^3}\propto r$,故球心处万有引力

为零，表面处最大。

质量均匀分布的球壳对球壳外质点的引力也等同于把球壳的质量集中在球心处的质点与球壳外质点间的引力，对处于球壳内任意位置质点的引力等于零。

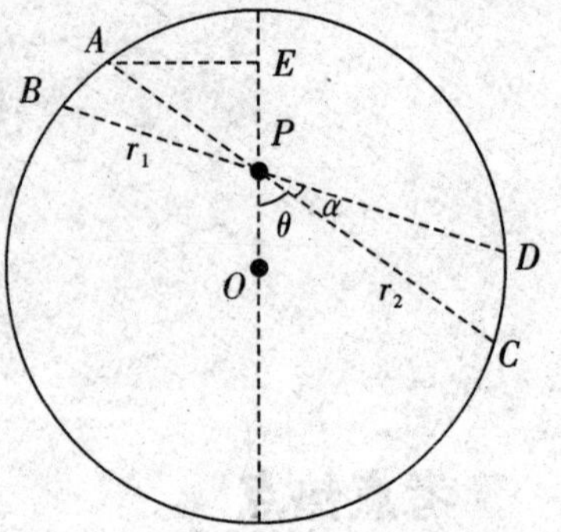

图 1

如图 1 所示，O 为球壳中心，P 为质点位置，过 O、P 两点作直线 OP（由于球对称性，总可以这样），过 P 点作直线 AC、BD，AC 与 BD 的夹角为 α，α 很小（$\alpha \to 0$）AC 与 OP 的夹角为 θ，令 $BP \approx AP = r_1$，$PC \approx PD = r_2$，则 $AB = r_1\alpha$，$DC = r_2\alpha$。

将图绕 OP 轴旋转一周，则 AB、CD 旋转成一球带，这两个球带的面积分别为 $S_1 \approx (2\pi r_1 \sin\theta) r_1\alpha$，$S_2 \approx (2\pi r_2 \sin\theta) r_2\alpha$。设 S_1、S_2 部分的质量分别为 m_1、m_2，因为球壳是均匀的，有

$$\frac{m_1}{m_2} = \frac{S_1}{S_2} = \frac{r_1^2}{r_2^2}$$

设质点 P 质量为 m，上、下两球带对质点 P 的引力大小为 F_1、F_2，考虑到 OP 为旋转对称轴，球带上每一个小质元对质点 P 的引力垂直于 OP 轴的分量抵消，两球带对质点 P 的引力为球带上每一个小质元对质点 P 的引力在 OP 轴上的分量之和。所以，两球带对质点 P 的引力一定均在 OP 轴上，方向相反，大小满足

$$\frac{F_1}{F_2} = \frac{G\dfrac{mm_1}{r_1^2}\cdot\cos\theta}{G\dfrac{mm_2}{r_2^2}\cdot\cos\theta} = 1$$

即 m_1、m_2 对质点 P 的引力作用抵消。

由于球壳是由无数对这样的球带组成，而每一对球带对质点 P 的引力均相互抵消，故整个球壳对质点 P 的引力为零。由于 P 点位置任意，所以均匀球壳对球壳内任意位置质点的引力为零。质点在球壳内任意位置的引力势能相等。

由于库仑力与万有引力的形式相似，同理可以证明“均匀带电球壳，对球壳内任意位置的点电荷的作用力为零”，即球壳内各点电势相等。（也可以以球壳内任意点 P 为顶点作小顶角的对顶圆锥，设截球面的面元 S_1、S_2，利用 $S = \Omega r^2$ 及万有引力定律证明）

三、引力势能（选无穷远处势能为0）

1. 质点与质点间的引力势能

$$E_p = -\frac{Gm_1 m_2}{r}$$

2. 质点与质量均匀分布的球体间的引力势能

$$E_p = -\frac{GMm}{r} \quad (r \geq R)$$

$$E_p = \frac{GMm}{2R^3}(r^2 - 3R^2) \quad (r < R)$$

3. 质点与质量均匀分布的球壳间的引力势能

$$E_p = -\frac{GMm}{r}\ (r > R)$$

$$E_p = -\frac{GMm}{R}\ (r \leqslant R)$$

四、天体运动

天体运动的轨道一般是圆或椭圆，它做曲线运动的向心力是靠万有引力提供的，因天体本身的大小与它们之间的距离比较起来很小，因此可以把它们当成质点来处理。

当一颗质量为 m 的行星以速度 v 绕着质量为 M 的恒星做半径为 R 的圆周运动时，如以无穷远处作为零势能，则它的动能 E_k 和势能 E_p 分别为

$$E_k = \frac{1}{2}mv^2,\ E_p = -\frac{GMm}{R}$$

而

$$\frac{GMm}{R^2} = m\frac{v^2}{R}$$

故

$$E_k = \frac{1}{2}mv^2 = \frac{GMm}{2R}$$

行星的总能量 $E = E_k + E_p = \frac{GMm}{2R} - \frac{GMm}{R} = -\frac{GMm}{2R} = -E_k = \frac{1}{2}E_p$。

由上可知，卫星飞得越高，其线速度越小，但它的总能量却越大，它是发射高轨卫星较困难的原因之一。

在解决实际问题时，常把天体的能量问题与开普勒三定律结合起来解题。

天体运动的总机械能 $E<0$ 时，做椭圆或圆周运动；$E=0$ 时，做抛物线运动；$E>0$ 时，做双曲线运动。天体运动的力学规律有角动量守恒，机械能守恒，万有引力定律，开普勒定律及牛顿运动定律等。

五、宇宙速度

1. 第一宇宙速度

在地面上发射一航天器，使之能绕地球的圆轨道运行所需的最小发射速度，称为第一宇宙速度。当质量为 m 的航天器在距地球球心为 r 的圆轨道上以速度 v 运行时，其做圆周运动所需的向心力就是地球对它的万有引力，得 $v = \sqrt{\frac{GM_e}{r}}$。航天器的动能 $E_k = \frac{1}{2}mv^2 = \frac{GmM_e}{2r}$，航天器和地球系统的势能 $E_p = -\frac{GmM_e}{r}$，则机械能为 $E = E_k + E_p = -\frac{GmM_e}{2r}$。由机械能守恒可得，发射时的动能为 $\frac{1}{2}mv^2 = \frac{GmM_e}{R_e} - \frac{GmM_e}{2r}$。

可见航天器要升得越高，即 r 越大，所需初始动能也越大。与发射时最小能量对应的是在地球表面附近（大气层外）的轨道，其半径 r 近似等于地球半径 R_e，因此得到第一宇宙速度

$$v_1=\sqrt{\frac{GM_e}{R_e}}=7.9\ \text{km/s}$$

2. 第二宇宙速度

在地面上发射一航天器，使之能脱离地球的引力场所需的最小发射速度，称为第二宇宙速度。一个航天器在它的燃料烧完后逃离地球的过程中，该系统符合机械能守恒定律，由此求得第二宇宙速度 v_2。设航天器在燃料烧完后动能 $E_k=\frac{1}{2}mv_2^{\ 2}$，然后继续飞行，直到脱离地球引力场，此时势能 $E'_p=0$，再设动能 $E'_k=0$（对应最小的发射速度），故有 $\frac{1}{2}mv_2^{\ 2}-\frac{GmM_e}{R_e}=E'_p+E'_k=0$，所以第二宇宙速度为 $v_2=\sqrt{\frac{2GM_e}{R_e}}=11.2\ \text{km/s}$。

黑洞：当天体的第二宇宙速度比光速还大时，则以光速从天体表面向外发射的物体也不能克服天体的引力作用，最终落回到天体，即天体根本不能发光。这种根本不能发光的天体叫黑洞。由 $v_2=\sqrt{\frac{2GM}{R}}=c$，得 $R=\frac{2GM}{c^2}$ 叫黑洞的临界半径，密度为 ρ 的天体成为黑洞的临界半径为 $R=\sqrt{\frac{3\ c^2}{8\pi\rho G}}$。等于地球质量的天体的临界半径约为 1 cm，即当地球收缩到一个葡萄大小时才能成为黑洞，等于地球密度的天体的临界半径约为 10^8 km，近似为地球公转半径。

3. 第三宇宙速度

在地面上发射一航天器，使之不但要脱离地球的引力场，还要脱离太阳的引力场所需的最小发射速度，称为第三宇宙速度。太阳引力场比地球引力场强得多，因此一个脱离了地球引力场的航天器，还应有足够大的相对太阳的速度，才能逃离太阳引力场。为此，我们先计算一个已远离地球但仍在地球公转轨道附近运行的航天器（离地球无限远，而离太阳距离近似为地球公转半径 $R_{se}=1.49\times10^{11}$ m）所需的最小逃离速度 v_0。这与刚才计算的第二宇宙速度完全类似，只需在第二宇宙速度表达式中以太阳质量 $M_s=1.989\times10^{30}$ kg 代替 M_e，以 R_{se} 代替 R_e，得 $v_0=\sqrt{\frac{2GM_s}{R_{se}}}=42.2\ \text{km/s}$。

其次，航天器的发射应充分利用地球绕日公转的轨道速度 v_e。计算 v_e 也很简单，类似于卫星绕地球运转速度的计算，只需在第一宇宙速度表达式中将 M_e 改为 M_s，R_e 改为 R_{se} 即可，于是得到 $v_e=\sqrt{\frac{GM_s}{R_{se}}}=29.8\ \text{km/s}$。若航天器沿着地球轨道速度 v_e 的方向发射，则只要发射速度 v_3 足够大，使它在地球轨道上脱离地球引力场时，相对地球还余下速度 $v'_0=v_0-v_e=12.4\ \text{km/s}$，就可以逃离太阳系。在地球引力场中由机械能守恒得 $\frac{1}{2}mv_3^2-\frac{GmM_e}{R_e}=\frac{1}{2}mv_0'^2$，由此解得 $v_3=\sqrt{v_0'^2+\frac{2GM_e}{R_e}}=16.7\ \text{km/s}$，这就是第三宇宙速度。

注：第一、第二、第三宇宙速度均为相对地心的发射速度，而不是相对地面的发射速

度，其中 v_1 也是环绕速度。

六、潮汐

1. 引潮力

地球上海水的周期性涨落称为潮汐。昼涨为潮，夜涨为汐。是月球、太阳对海水的引力作用及地球绕太阳公转和地球绕地月系统质心公转的结果。

在地心系中，引潮力是月球、太阳对海水的引力及海水两个惯性力的合力。地球、月球和太阳三者共线时，连线上形成大潮，垂直连线上引潮力垂直连线指向地心称为压潮力，形成落潮；地球、月球和太阳三者连线垂直时，形成小潮。

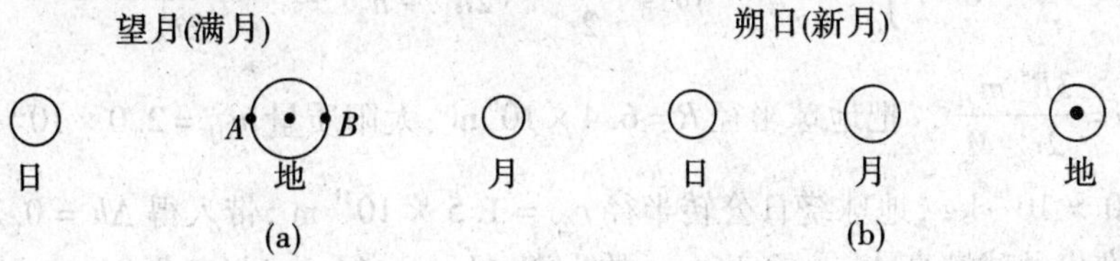

图2

如图 2(a)、(b)所示，在地月系统的地心参考系中(不考虑太阳引力作用)：

连线 A 处 Δm 海水受月球引力与惯性力合力：

$$\Delta F_A = F_{惯} - F_{月引} = \Delta m \frac{Gm_{月}}{r_{地月}^2} - \frac{Gm_{月}\ \Delta m}{(r_{地月}+R)^2} \approx \frac{2Gm_{月}\ \Delta mR}{r_{地月}^3}$$

B 处：$\Delta F_B = F_{月引} - F_{惯} = \dfrac{2Gm_{月}\ \Delta mR}{r_{地月}^3}$，即 $\Delta F_A = \Delta F_B = \Delta F$。

同理，在日地系统的地心参考系中，A 处、B 处 Δm 海水受太阳引力与惯性力的合力也相等，$\Delta F'_A = \Delta F'_B = \dfrac{2Gm_{日}\ \Delta mR}{r_{日地}^3} = \Delta F'$。

代入数据得 $\Delta F \approx 2\Delta F'$，且方向相同，均背离地心。

故引潮力 $\Delta F_{合} \approx 3\Delta F'$，地球上其他位置的引潮力都较小，故 A、B 处为涨潮。垂直连线处 $\Delta F'_{合}$ 指向地心，称为压潮力，此处为落潮。

地日系统：$\Delta F'_{压} = \dfrac{Gm_{日}\ \Delta mR}{r_{日地}^3}$，地月系统：

$\Delta F_{压} = \dfrac{Gm_{月}\ \Delta mR}{r_{地月}^3}$，总的压潮力 $\Delta F'_{合} \approx 3\Delta F'_{压} = \dfrac{1}{2}\Delta F_{合}$，即引潮力是压潮力的 2 倍。

2. 潮高

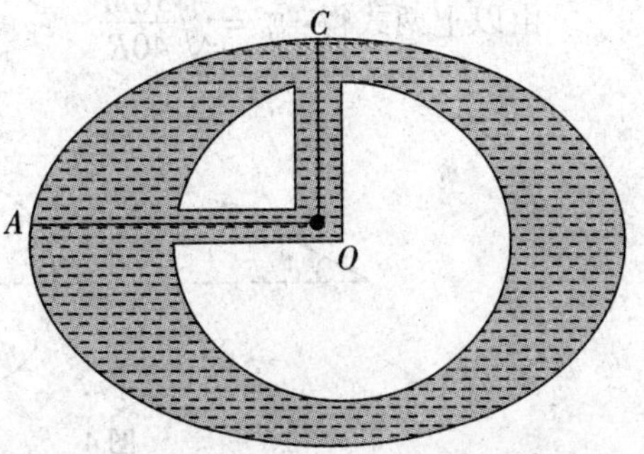

图3

如图 3 所示太阳潮，过地心的直角形地球隧道充满海水，与地球表面的海水相连通，则 OA

和 OC 隧道中的海水对地心 O 处的压强相等。设 $OA=h_1$，$OC=h_2$，则太阳潮高为：

$$\int_0^{h_2}(\rho g_r S\mathrm{d}r+\frac{Gm_日}{r_公^2}\cdot\frac{r}{r_公}\rho S\mathrm{d}r)\frac{1}{S}$$

$$=\int_0^{h_1}(\rho g_r S\mathrm{d}r-\frac{2Gm_日}{r_公^2}\cdot\frac{r}{r_公}\rho S\mathrm{d}r)\frac{1}{S}$$

整理得 $\int_0^{h_1}\rho g_r\mathrm{d}r-\int_0^{h_2}\rho g_r\mathrm{d}r=\int_0^{h_2}\frac{Gm_日\,r\rho}{r_公^3}\mathrm{d}r+\int_0^{h_1}\frac{2Gm_日\,r\rho}{r_公^3}\mathrm{d}r$

解得 $\int_{h_2}^{h_1}\rho g_r\mathrm{d}r=\frac{\rho GM(h_1^2-h_2^2)}{2R^3}\approx\frac{\rho GM\Delta h}{R^2}$

又 $\int_0^{h_2}\frac{Gm_日\,r\rho}{r_公^3}\mathrm{d}r+\int_0^{h_1}\frac{2Gm_日\,r\rho}{r_公^3}\mathrm{d}r=\frac{Gm_日\,\rho}{2r_公^3}(2h_1^2+h_2^2)\approx\frac{Gm_日\,\rho\cdot 3R^2}{2r_公^3}$

故 $\Delta h=\frac{3R^4\,m_日}{2r_公^3\,M}$。把地球半径 $R=6.4\times10^6$ m，太阳质量 $m_日=2.0\times10^{30}$ kg，地球质量 $M=6.0\times10^{24}$ kg，地球绕日公转半径 $r_公=1.5\times10^{11}$ m，带入得 $\Delta h=0.25$ m。

同理推出月球潮高 $\Delta h'=0.56$ m，故大潮 $\Delta h_{max}=\Delta h+\Delta h'=0.81$ m，小潮 $\Delta h_{min}=\Delta h'-\Delta h=0.31$ m。

上述推导结果表明了，虽然太阳对海水的吸引力大于月球对海水的吸引力，但是潮汐现象中月球起主要作用。

典型例题

例1 某行星质量为 M，半径为 R，若在距该行星中心 $10R$ 处有一物体正沿着它与行星中心连线夹角为 $\theta=30°$ 的方向运动，如图4所示。问此物体的速度至少要多大，才能避免该物体落在行星上与行星发生碰撞？

解 由角动量守恒设临界速度 v_0，相切时速度 v_1：

$$v_0\cdot 10R\cdot\sin\theta=v_1\cdot R$$

由能量守恒：$\frac{1}{2}mv_0^2-\frac{GMm}{10R}=\frac{1}{2}mv_1^2-\frac{GMm}{R}$

由以上两式得：$v_0=\sqrt{\frac{3GM}{40R}}$

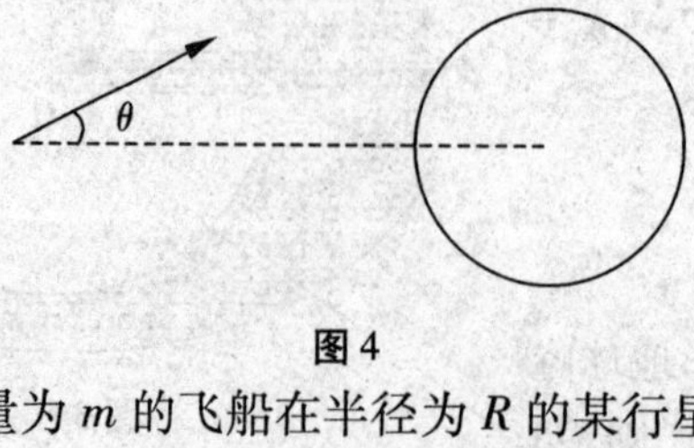

图4

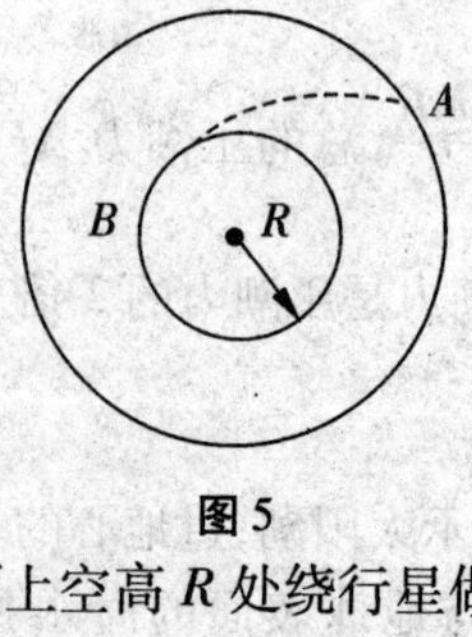

图5

例2 质量为 m 的飞船在半径为 R 的某行星表面上空高 R 处绕行星做圆周运动，飞船在 A 点短时间向前喷气，使飞船与行星表面相切地到达 B 点，如图5所示。设喷气相对飞船的速度大小为 $u=\sqrt{Rg}$,其中 g 为该行星表面处的重力加速度。

(1)试求飞船在 A 点短时间喷气后的速度;

(2)求所喷燃料(即气体)的质量。

解 (1)设行星质量 M,行星表面的重力加速度由万有引力提供:

$$mg=\frac{GMm}{R^2} \quad ①$$

设喷气前速度为 v_A ,飞船在行星表面上高 R 处做圆周运动:

$$m\frac{v_A^2}{2R}=\frac{GMm}{(2R)^2} \quad ②$$

由①②联立得:

$$v_A=\sqrt{\frac{Rg}{2}} \quad ③$$

设飞船喷气后速度为 v'_A ,经 B 处时速度为 v_B 。

由机械能守恒:

$$\frac{1}{2}mv_A'^2-\frac{GMm}{2R}=\frac{1}{2}mv_B^2-\frac{GMm}{R} \quad ④$$

由开普勒第二定律得:

$$Rv_B=2R\cdot v'_A \quad ⑤$$

由①④⑤联立得

$$v'_A=\sqrt{\frac{GM}{3R}}=\sqrt{\frac{gR}{3}} \quad ⑥$$

(2)设喷气质量 Δm ,由动量守恒

$$mv_A=(m-\Delta m)v'_A+\Delta m(u+v'_A) \quad ⑦$$

将③、⑥式代入⑦式得:

$$\Delta m=\left(\frac{1}{\sqrt{2}}-\frac{1}{\sqrt{3}}\right)m\approx 0.13m$$

例 3 质量均为 m 的三颗恒星彼此相距 L 且保持不变。试证明这三颗恒星必绕着共同的中心做匀速圆周运动,并求出运动的周期和线速度。

解 由题意可知,三颗恒星构成边长为 L 的等边三角形,如图 6 所示。由于距离保持不变,则每颗恒星受另外两颗恒星的万有引力合力大小为:

$$F=2\times G\frac{m^2}{L^2}\cos 30^\circ=\sqrt{3}G\frac{m^2}{L^2}$$

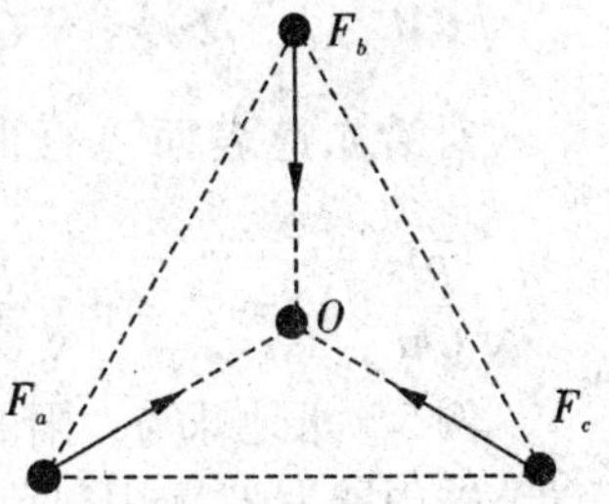

图 6

三颗恒星(a、b、c)所受的合外力分别为 F_a、F_b、F_c ,它们的作用线交于 O 点,这就是三颗恒星的“质量中心”。显然,只有它们都绕 O 点以相同的角速度沿同一轨道同方向做匀速圆周运动,即它们的合外力都刚好提供它们做圆周运动的向心力,才能保持彼此间距离不变,否则将由于吸引而聚集在一起。由图可知圆轨道的半径 $R=\frac{\sqrt{3}}{3}L$,它们做圆周运动的动力学方程均为: $\sqrt{3}G\frac{m^2}{L^2}=m\frac{v^2}{R}$ 。

所以每颗恒星的线速度 $v=\sqrt{\dfrac{Gm}{L}}$，周期 $T=\dfrac{2\pi R}{v}=2\pi L\sqrt{\dfrac{L}{3Gm}}$。

例4 牛顿证明了：一个均匀球壁状物质层，对放在其内部区域的物体不产生引力作用，而对放置在外部的物体则产生引力作用，而且其作用就像是整个球壁层的质量都集中在它的几何中心一样。假定地球为均匀球体，设想一个沿着地球旋转轴穿过地球的通道，不计空气和摩擦阻力的影响，将一物体放在通道的入口处，该物体由静止开始下落到出口处所需时间为 t_1。如果在地球表面通道的入口处发射一颗沿赤道飞行的卫星，卫星到达通道出口处所需时间为 t_2，求 t_1/t_2 的值。

解 由牛顿理论可知，在离地球球心距离为 r 的 A 点(图7)，只有质量为 M_1(图中已用虚线表明)的均匀球对物体有引力作用。

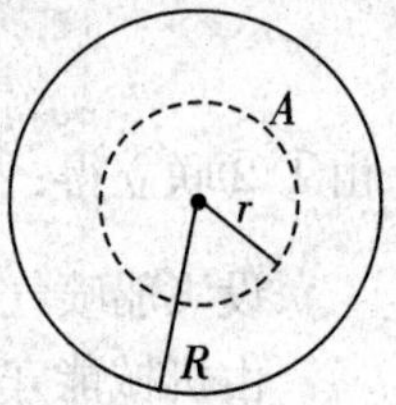

图7

设物体的质量为 m，质量为 M_1 的均匀球对位于其外面的物体的作用，可以看成是质量为 M_1 的、位于球的几何中心的质点的作用。那么对在 A 点的物体的万有引力为

$$F=\frac{GM_1m}{r^2}$$

设地球质量为 M，半径为 R，则有 $\dfrac{M_1}{M}=\left(\dfrac{r}{R}\right)^3$，即 $M_1=M\left(\dfrac{r}{R}\right)^3$，故 $F=-\dfrac{GMmr}{R^3}$，考虑到 r 的方向由地球球心向外指，而万有引力方向指向地球球心，即 r 的方向始终与引力 F 的方向相反，则将上式写成矢量式为 $\boldsymbol{F}=-\dfrac{GMm\boldsymbol{r}}{R^3}$，令常量 $\dfrac{GMm}{R^3}=k$，则有 $\boldsymbol{F}=-k\boldsymbol{r}$，由于万有引力即为物体所受的合外力，故物体在通道中做简谐运动，其周期 $T_1=2\pi\sqrt{\dfrac{m}{k}}=2\pi\sqrt{\dfrac{R^3}{GM}}$，$t_1=\dfrac{T_1}{2}=\pi\sqrt{\dfrac{R^3}{GM}}$。

对沿赤道表面飞行的卫星有 $\dfrac{GMm}{R^2}=m\dfrac{4\pi^2}{T_2^2}R$，故卫星绕赤道飞行的周期 $T_2=2\pi\sqrt{\dfrac{R^3}{GM}}$，$t_2=\dfrac{T_2}{2}=\pi\sqrt{\dfrac{R^3}{GM}}$，所以 $\dfrac{t_1}{t_2}=1$。

例5 求地球与太阳的密度比。已知：地球表面的重力加速度为 g，地球绕太阳运动的公转周期为 T，太阳视角为 $\theta=0.5°$，地球上1°纬度长度为100 km。

解 用 M_e、M_s 分别表示地球和太阳的质量，R_e、R_s 分别表示地球和太阳的半径，ρ_e、ρ_s 分别表示地球和太阳的平均密度，则由 $M_e=\dfrac{4}{3}\pi R_e^3\rho_e$，$M_s=\dfrac{4}{3}\pi R_s^3\rho_s$ 得 $\dfrac{\rho_e}{\rho_s}=\dfrac{M_eR_e^{-3}}{M_sR_s^{-3}}$，地球表面处的重力加速度 g 满足 $mg=G\dfrac{M_em}{R_e^2}$，用 $\Delta\alpha$ 表示1°所对应的弧度，有 $\Delta\alpha=\dfrac{\pi}{180°}$，根据题意有 $\dfrac{L}{R_e}=\Delta\alpha$，解以上三式得 $G\dfrac{M_e}{R_e^3}=\dfrac{g\Delta\alpha}{L}$。地球在太阳引力作用下绕太阳公转，若用 r 表示日地间的距离，则有 $G\dfrac{M_sM_e}{r^2}=M_e\left(\dfrac{2\pi}{T}\right)^2r$，把角直径 θ 的单位换算成弧度为：$\theta=$

$0.5\times\frac{\pi}{180}=\frac{\pi}{360}$，根据太阳角直径的定义有 $\frac{2R_s}{r}=\theta$，联立以上各式得 $\frac{\rho_e}{\rho_s}=\frac{gT^2\theta^3\Delta\alpha}{32\pi^2L}=\frac{gT^2\pi^2}{16L\times360^4}=3.58$。

例 6 设一天的时间为 T，地面上的重力加速度为 g，地球半径为 R_0。

(1)试求地球同步卫星 P 的轨道半径 R_P。

(2)赤道城市 A 的居民整天可看见城市上空挂着同步卫星 P。

(2.1)设 P 的运动方向突然偏北转过 45°，试分析判定当地居民一天内有多少次机会可看到 P 掠过城市上空。

(2.2)取消(2.1)问中偏转，设 P 从原来的运动方向突然偏西北转过 105°，再分析判断当地居民一天能有多少次机会可看到 P 掠过城市上空。

(3)另一个赤道城市 B 的居民，平均每三天有四次机会可看到某卫星 Q 自东向西掠过该城市上空，试求 Q 的轨道半径 R_Q。

解 (1)由牛顿第二定律

$$m\omega^2R_P=\frac{GMm}{R_P^2}$$

又

$$GM=gR_0^2,\ \omega=\frac{2\pi}{T}$$

解得

$$R_P=\sqrt[3]{\frac{gR_0^2T^2}{4\pi^2}}$$

(2.1)取地心不动的惯性参考系。卫星运动方向偏北转过 45°，P 沿与赤道成 45°的大圆轨道绕地心运动，A 城随赤道绕地心运动，经过半天，各转过半个大圆相遇。再经过半天，各自又转过半个大圆相遇。故当地居民一天能有两次机会可看到 P 掠过城市上空。

(2.2)分析同(2.1)，每经过半天，各转过半个大圆相遇，结论仍为当地居民一天能有两次机会看到 P 掠过城市上空。

(3)由题可知 Q 自东向西飞行，每次相遇 B 转过的角度为 $\frac{3\times2\pi}{4}=\frac{3}{2}\pi$，则 Q 转过的角度为 $2\pi-\frac{3}{2}\pi=\frac{1}{2}\pi$。

由 $\frac{\frac{3}{2}\pi}{\frac{2\pi}{T}}=\frac{\frac{1}{2}\pi}{WQ}$，得 $WQ=\frac{2\pi}{3T}$

又

$$GM=gR_e^2$$

$$m\omega_Q^2R_Q=\frac{GMm}{R_Q^2}$$

解得 $$R_Q=\left(\frac{9gR_e^2T^2}{4\pi^2}\right)^{\frac{1}{3}}$$

例7 涨潮和退潮现象是由天体给予整个地球和位于其表面的水以不同的加速度所引起的。太阳对于地球表面上任何一点的吸引力都比月亮对该点的吸引力大。但是引起涨潮和退潮现象的主要作用是月亮而非太阳。试分析并说明之。(可能需要的数据：地球质量 $M_e=5.97\times10^{24}$ kg，地球半径 $R_e=6\ 378$ km。月亮质量 $M_m=7.35\times10^{22}$ kg，月亮直径 $d_m=3476$ km，月地平均距离 $S_{em}=384\ 401$ km，太阳质量 $M_s=1.99\times10^{30}$ kg，日地平均距离 $S_{se}=1.49\times10^8$ km，太阳半径 $R_s=696\ 265$ km)。

解 月亮对地表海水都有引潮力，引潮力与距离的三次方成反比，月引潮力与日引潮力之比为 $\frac{(F_{潮})_月}{(F_{潮})_日}=\frac{M_月}{M_日}\cdot\left(\frac{r_{地日}}{r_{地月}}\right)^3=\frac{7.35\times10^{22}\text{kg}}{1.99\times10^{30}\text{kg}}\cdot\left(\frac{1.49\times10^8\text{km}}{3.84\times10^5\text{km}}\right)^3=2.18$。计算表明，月球的引潮力是太阳的2倍多，这就解释了为什么月球对引潮力起主要作用。

日、月引潮力合成之后的总效果与日、月、地的相对方位有关。在朔日和望日，太阳、月球和地球几乎在同一直线上，月亮潮和太阳潮彼此相加，形成每月的两次大潮。上弦月和下弦月时，地月和地日夹角为90°，太阴潮被太阳潮抵消了一部分，形成每月里的小潮，如图8所示。

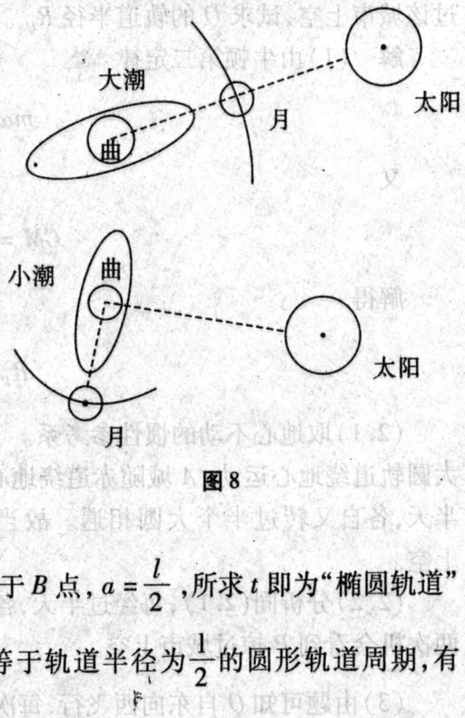

图8

例8 质量为 M 的质点固定不动，另一质量是 m 的质点 P 与 M 相距 l，从静止开始在万有引力作用下向 M 运动，$M\gg m$。求 P 与 M 相碰前经过的时间 t。

解 P 的运动为直线段运动，它可处理为椭圆运动中 $b\to0$ 的极限情况，P 相当于从 B 点出发，在 $b\to0$ 时，$v_B\to0$，F_1 趋向于 A 点，F_2 趋向于 B 点，$a=\frac{l}{2}$，所求 t 即为"椭圆轨道"周期 T 的一半，由开普勒第三定律可知周期 T 等于轨道半径为 $\frac{1}{2}$ 的圆形轨道周期，有

$$\frac{GMm}{\left(\frac{l}{2}\right)^2}=\frac{4\pi^2\left(\frac{l}{2}\right)m}{T^2}$$ 解得 $T=\pi l\sqrt{\frac{l}{2GM}a^3}$，$t=\frac{T}{2}=\frac{\pi}{2}l\sqrt{\frac{l}{2GM}}$。

例9 设太阳固定不动，略去太阳系中其他星体间的相互作用，则每颗小星体的轨迹或为椭圆(包括圆)，或为抛物线，或为双曲线，且太阳为这三种曲线的一个焦点。小星体在距太阳某处的总机械能 E 由它在该处的引力势能和动能相加而成，且 E 为一个守恒量。已知 $E>0$、$E=0$、$E<0$ 中的每一种情况各对应椭圆、抛物线，双曲线中的一种轨道，反之一种轨道也只对应一种能量。现请分析判定具体的对应关系。

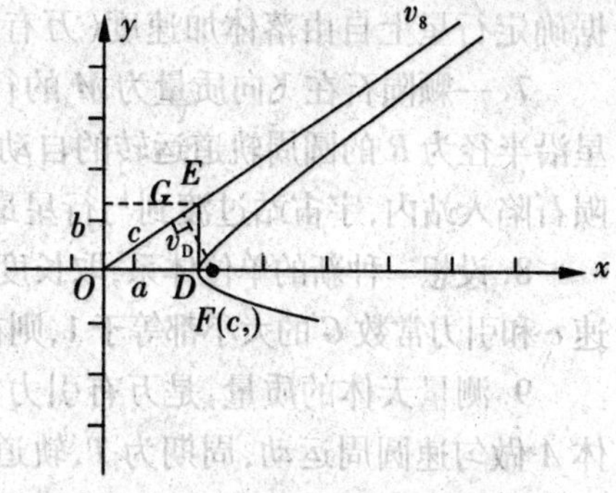

图9

解 椭圆轨道运动能量 $E=\frac{1}{2}mv_m^2-\frac{GMm}{a-c}$，万有引力提供向心力 $\frac{mV_m^2}{\frac{a^2-c^2}{a}}=\frac{GMm}{(a-c)^2}$，解得 $E=-\frac{GMm}{2a}<0$，故 $E<0$ 为椭圆轨道。双曲线 $\frac{x^2}{a^2}-\frac{y^2}{b^2}=1$，在无穷远处速度 v 方向与渐近线 $y=\frac{b}{a}x$ 方向一致。如图9所示，当星体趋向于无穷远时，速度 v_∞ 逼近渐近线，在 Rt△ODE 和 Rt△OGF 中，$OE=c$，$OF=c$，所以两三角形全等，$GF=ED=b$，$c^2=a^2+b^2$，由角动量守恒定律得 $(c-a)\cdot mv_D=GF\cdot mv_\infty$，

$v_\infty=\frac{c-a}{b}v_D=\frac{\sqrt{a^2+b^2}-a}{b}\cdot v_D>0$。因此，$E=E_{k(\infty)}>0$，故 $E>0$ 为双曲线轨道。

则 $E=0$ 为抛物线轨道。

专题训练

1. 某同学为探月宇航员设计了如下实验：在月球表面以初速度 v_0 水平抛出一个物体，测出该物体的竖直位移为 h，水平位移为 x。通过查阅资料知道月球的半径为 R，引力常量为 G。根据上述信息可求出的物理量是（　　）

A. 月球的第一宇宙速度　　B. 月球和物体的质量

C. 物体与月球之间的引力　　D. 月球表面的重力加速度

2. 要发射一台探测太阳的探测器，使其与地球具有相同的绕日运动周期，以便发射一年后与地球相遇而发回探测资料。由地球发射这样一台探测器，应使其具有多大的绕日发射速度？已知地球公转速度为 v_0。

3. 卫星沿圆形轨道运行探测某行星，对它拍照，卫星运转周期为 T，行星的密度为 ρ，试问行星的表面还有多大部分尚未拍摄到？

4. 天文学家在16世纪就观测到了哈雷彗星，天文资料显示：哈雷彗星的近日距为0.59天文单位，远日距为35.31天文单位，试根据以上资料求出哈雷彗星的最大速率 v。（1天文单位=地日距离 R，地球公转速率为30 km/s）

5. 卫星沿圆周轨道绕地球运行，轨道半径 $R=3R_地$，$R_地=$ 6 400 km。由于制动装置短时间作用，卫星的速度减慢，使它开始沿着与地球表面相切的椭圆轨道运动，如图所示。问：制动后经过多少时间卫星落回到地球上？（$g=10\ m/s^2$）

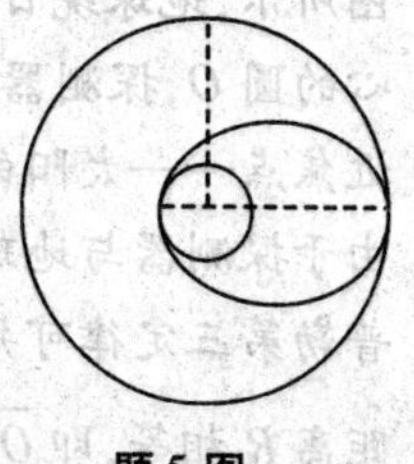
题5图

6. 学者研究新发现的行星，它是半径 $R=6\ 400$ km 的球体，整个表面都被海洋覆盖，海水（普通的水）深 $H=10$ km，测定出：在海洋中不同深度的地方，自由落体加速度在很大程度上仍然不变，试根据这些数

据确定行星上自由落体加速度(万有引力恒量$G=6.67\times10^{-11}\ N\cdot m^2/kg^2$)。

7. 一颗陨石在飞向质量为M的行星的途中(沿着通过行星中心的直线),碰到绕此行星沿半径为R的圆周轨道运转的自动宇宙站。站的质量为陨石质量的10倍。碰撞的结果陨石陷入站内,宇宙站过渡到与行星最近距离为$R/2$的新轨道上,求碰撞前陨石的速度u。

8. 设想一种新的单位体系,取长度单位为1 m,而时间单位和质量单位却这样选取:使光速c和引力常数G的大小都等于1,则在新单位体系中的1质量单位,应相当于多少千克?

9. 测量天体的质量,是万有引力定律在天文学上的一个典型应用。设有天体B绕天体A做匀速圆周运动,周期为T,轨道半径为r,A、B的质量分别为m_A、m_B,A、B间的万有引力提供向心力。由牛顿第二定律,得

$$\frac{Gm_Am_B}{r^2}=m_B\left(\frac{2\pi}{T}\right)^2r$$

解得中心天体A的质量

$$m_A=\frac{4\pi^2r^3}{GT^2}$$

可见只要知道了B绕A运动的周期T和轨道半径r,就能求出中心天体A的质量m_A,而在①式中,两边的m_B是约去的,所以无法求出运动天体B的质量。

有学生提出了这样的问题:运动是相对的,以A为参考系,观察到B是绕A做匀速圆周运动,如果以B为参考系,观察到A绕B做匀速圆周运动,周期和半径仍然为T和r,这时得到

$$\frac{Gm_Am_B}{r^2}=m_A\left(\frac{2\pi}{T}\right)^2r$$

解得中心天体B的质量

$$m_B=\frac{4\pi^2r^3}{GT^2}$$

对于上述矛盾,你如何解释?

答案详解

1. AD

2. 与地球公转速度的大小相等。提示:如图所示,地球绕日运动轨道理想化为以太阳中心的圆O,探测器绕日轨道应设计为近日点接近焦点——太阳的一个椭圆。设发射点为P。由于探测器与地球具有相同的绕日周期,由开普勒第三定律可知,椭圆轨道半长轴a与日地距离R相等,即$\overline{OP}=R$。可知P点为椭圆轨道半短轴b的顶点。发射时应使探测器绕行速度沿椭圆上P点切线方向(平行于长轴)。图中

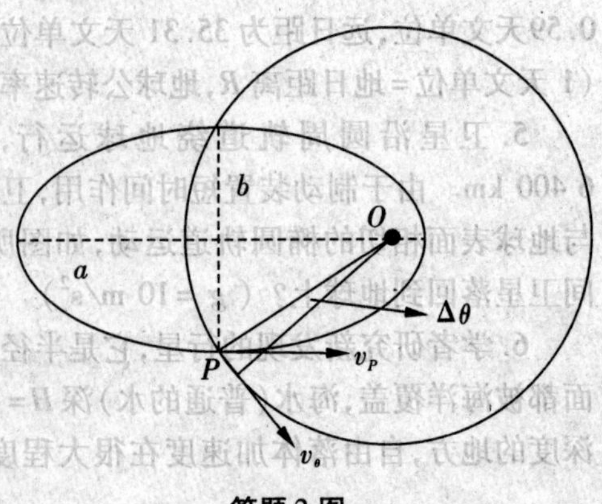

答题2图

v_P 表示探测器发射时相对太阳的速度，v_0 表示地球公转速度。现在来求探测器的发射速度 v_P。

设想从发射经极短的时间 Δt，此时间矢径 $\overline{OP}$ 扫过一个极小的角度 $\Delta\theta$，由于 $\Delta\theta$ 很小，使我们可以将 $\overline{OP}$ 在圆和椭圆上扫过的两个曲边三角形面积近似地以三角形面积公式计算，并且认为在这极短时间内，探测器速度未改变，所以有

$$\Delta S_{圆} = \frac{1}{2}v_0 \cdot \Delta t \cdot R, \quad \Delta S_{椭} = \frac{1}{2}v_P \cdot \Delta t \cdot b$$

又由开普勒第二定律，知

$$\Delta S_{圆} = \frac{\pi R^2}{T} \cdot \Delta t, \quad \Delta S_{椭} = \frac{\pi ab}{T} \cdot \Delta t = \frac{\pi Rb}{T} \cdot \Delta t$$

联立求解得

$$v_P = v_0 = \frac{2\pi R}{T}$$

即探测器发射速度应与地球的公转速度的大小相等。

3. 如图，未能拍摄到部分面积为 $2\Omega r^2 = 2 \times 2\pi(1-\cos\theta) \times r^2 = 4\pi r^2(1-\cos\theta)$。半顶角为 θ 的圆锥立顶角为 $2\pi(1-\cos\theta)$，又 $\cos\theta = \sqrt{1-\left(\frac{r}{R}\right)^2}$，$m\left(\frac{2\pi}{T}\right)^2 R = \frac{GMm}{R^2}$ ①，又对于卫星 $\rho = \frac{M}{\frac{4}{3}\pi r^3}$ ②，由①②式可得 $\frac{r}{R} = \left(\frac{3\pi}{G\rho T^2}\right)^{\frac{1}{3}}$。所以

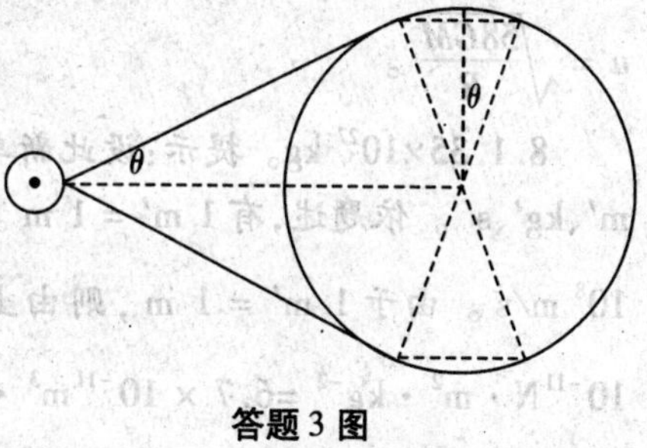

答题3图

未被拍摄到面积占总面积的 $\frac{4\pi r^2(1-\cos\theta)}{4\pi r^2} \times 100\% = 1 - \sqrt{1-\left(\frac{3\pi}{G\rho T^2}\right)^{\frac{2}{3}}}$。

4. 由机械能守恒定律：$\frac{1}{2}mv_1^2 - \frac{GMm}{r_1} = \frac{1}{2}mv_2^2 - \frac{GMm}{r_2}$ ①，又由开普勒第二定律：$r_1v_1 = r_2v_2$ ②，对于地球有 $\frac{GMm}{R^2} = mv^2R$ ③，即 $v = \sqrt{\frac{GM}{R}}$ ④，由①②得 $v_1 = \sqrt{\frac{2GM}{\frac{r_1}{r_2}(r_1+r_2)}}$ ⑤。不妨设 $r_2 > r_1$，此时为最大速度，又⑤÷④得 $v_1 = \sqrt{\frac{2 \times 35.31}{35.9 \times 0.59}}v = 54.8\ \text{km/h}$。

5. 由开普勒第三定律 $\frac{T_0^2}{(3R_0)^3} = \frac{T^2}{(2R_0)^3}$，所以 $T = \sqrt{\frac{8}{27}}T_0$，则飞船落回地球 $t = \frac{T}{2} = \sqrt{\frac{2}{27}}T_0$，又 $m\left(\frac{2\pi}{T}\right)^2 \cdot 3R_0 = \frac{GMm}{(3R_0)^2}$ ①，$mg = \frac{GMm}{{R_0}^2}$ ②，由①②得 $T = 2\pi\sqrt{\frac{27R_0}{g}}$，所以 $t = 2\pi\sqrt{\frac{2R_0}{g}} = 7\ 109\ \text{s}$。

6. 在此星球水面下 Δx 处，据题意有 $mg=\frac{GMm}{R^2}=\frac{GM-\frac{4}{3}\pi\rho G[R^3-(R-\Delta x)^3]}{(R-\Delta x)^2}$，$\Delta x\rightarrow 0$ 时成立；由合比定理有 $g=\frac{4\pi\rho G\Delta xR^2}{2R\Delta x}=2\pi\rho GR=2.68\ \text{m/s}^2$。

7. 在碰撞前站的速度有 $10\ m_0\frac{v^0}{R}=\frac{GM\cdot 10\ m}{R^2}$ ①，解得 $v=\sqrt{\frac{GM}{R}}$ ②。碰撞后以宇宙站原速度方向为 x 轴正方向，陨石原速度方向为 y 轴正方向，由动量守恒有 $m_0u=(m+10\ m)v_y$ ③，$10\ m_0v=(m+10\ m)v_x$ ④，碰撞后站的轨道成为近地点为 $\frac{R}{2}$ 的椭圆，根据开普勒第二定律 $v_xR=v_{合}R\sin\theta=v_m\frac{R}{2}$ ⑤，所以 $v_m=2v_x$ ⑥，又由于机械能守恒有 $\frac{1}{2}\cdot 11\ m\cdot(v_x^2+v_y^2)-\frac{GM\cdot 11\ m}{R}=\frac{1}{2}\cdot 11\ mv_m^2-\frac{GM\cdot 11\ m}{\frac{R}{2}}$ ⑦。联立②③④⑥⑦，解得 $u=\sqrt{\frac{58GM}{R}}$。

8. 1.35×10^{27} kg。提示：设此新单位系统中，其长度单位、质量单位、时间单位分别为 m′、kg′、s′。依题述，有 1 m′ = 1 m。为使光速 c 的大小为 1，则应为 $c=1\ \text{m}'/\text{s}'=3\times10^8\ \text{m/s}$。由于 1 m′ = 1 m，则由上式得 $1\ \text{s}'=\frac{1}{3}\times10^{-8}\ \text{s}$。而引力常数 $G=6.7\times10^{-11}\text{N}\cdot\text{m}^2\cdot\text{kg}^{-2}=6.7\times10^{-11}\text{m}^3\cdot\text{kg}^{-1}\cdot\text{s}^{-2}$，在新单位制中其值为 1，则应为 $G=1\ \text{m}'^3\cdot(\text{kg}')^{-1}\cdot(\text{s}')^{-2}=6.7\times10^{-11}\text{m}^3\cdot\text{kg}^{-1}\cdot\text{s}^{-2}$，以 1 m′ = 1 m、$1\text{s}'=\frac{1}{3}\times10^{-8}\text{s}$ 代入上式，可得 $1\ \text{kg}'=1.35\times10^{27}$ kg，即在新单位制中，1 质量单位相当于 1.35×10^{27} kg。

9. 解：在某个惯性参考系中观察，由于万有引力作用，相互环绕运动的天体 A、B 组成的系统由于不受其他外力作用，质心做匀速直线运动，所以 A、B 的质心系是一个惯性系，在质心系中观察，A、B 都绕系统的质心做匀速圆周运动，可见相互环绕的 A、B 天体都不是惯性系，它们的质心系才是惯性系，而牛顿定律只对惯性系成立。

A、B 到质心 O 的距离分别为 r_A、r_B，则

$$r_A=\frac{m_Br}{m_A+m_B}\ ① \qquad r_B=\frac{m_Ar}{m_A+m_B}\ ②$$

对于 A、B 分别由牛顿第二定律，得

$$\frac{Gm_Am_B}{r^2}=m_A\left(\frac{2\pi}{T}\right)^2r_A\ ③ \qquad \frac{Gm_Am_B}{r^2}=m_B\left(\frac{2\pi}{T}\right)^2r_B\ ④$$

联立上面的式子，可得 $m_A+m_B=\frac{4\pi^2r^3}{GT^2}$ ⑤

可见，$\frac{4\pi^2r^3}{GT^2}$ 既不是 A 的质量，也不是 B 的质量，而是 A、B 的质量之和。如果 A 的质量很大，由 r_A 式的表达式知 r_A 很小，质心很靠近 A，这时 A 相对于质心的加速度很小，A 近

似可认为是惯性系，这时题目中的①②式近似成立。另一方面，由于 m_A 远大于 m_B，由④⑤可得 $m_A \approx \frac{4\pi^2 r^3}{GT^2}$。

严格地说，在万有引力作用下相互绕行的天体 A、B 都不是惯性系，它们的质心才是惯性系。我们只能求出两个天体的质量之和，而不能求出每个天体的质量。只有在一个天体的质量远大于另一个天体的质量时，质量大的天体可近似认为是惯性系，这时以大质量天体为参考系，能近似地求出大质量天体的质量。由地球绕太阳的运动，求出太阳的质量；由月球绕地球的运动求出地球的质量，依据的就是这个道理。

专题八　机械振动

考点热点

一、简谐运动的定义

如果物体所受的回复力大小总与位移大小成正比，方向总与位移方向相反，那么它所做的振动叫简谐运动。

简谐运动物体的上述受力特征，可表示为：$F=-kx$ 或 $a=-\frac{k}{m}x$。式中，F 为简谐运动物体所受的回复力，x 为振动物体相对于其平衡位置的位移，k 为 F 与 x 间的比例系数（振动物体为弹簧振子时，k 为弹簧的劲度系数），负号表示回复力 F 的方向与位移 x 的方向相反，a 为振动物体在位移为 x 时的振动加速度。

二、简谐运动和圆运动（参考圆或旋转矢量）

一个以 ω 角速度沿半径为 R 的圆周做匀速圆周运动的质点，它的质量为 m，受到的合外力提供向心力，方向指向圆心，大小为：$F_{向}=m\omega^2R$。

取坐标系 xOy 如图1所示。设 $t=0$ 时质点的角位移为 φ_0，任意时刻角位移 $\varphi=\omega t+\varphi_0$。质点在 x 方向的分运动为：

$$x=R\sin(\omega t+\varphi_0)$$

$$v_x=v\cos(\omega t+\varphi_0)=\omega R\cos(\omega t+\varphi_0)$$

质点所受合力在 x 方向分量为：

$$F_x=-F_{向}\cos\varphi=-\frac{m\omega^2Rx}{R}=-m\omega^2x$$

即

$$F_x=-kx,\ k=m\omega^2$$

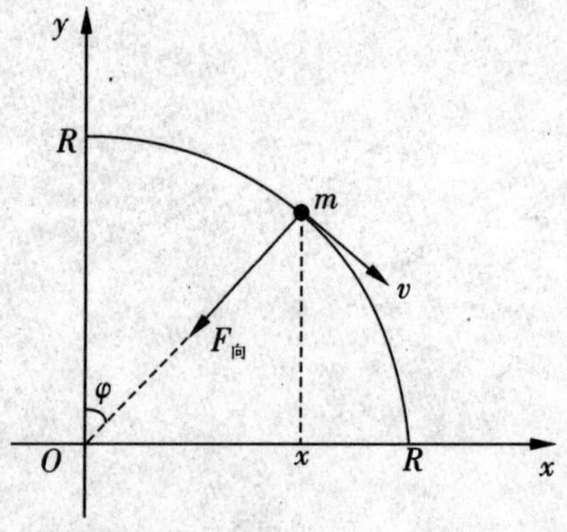

图1

由此可见，匀速圆周运动在 x 轴方向的分运动是一个简谐运动。所以匀速圆周运动可以正交分解为两个简谐运动，或者说匀速圆周运动在直径上的投影分运动为简谐运动，简谐运动的振幅等于圆运动半径，简谐运动周期等于圆运动周期。

三、简谐运动方程

由上述推导可知，满足 $F=-kx$ 的运动物体的位移 x 随时间 t 的变化规律是正弦函数（当然也可以表述为余弦函数），这就是简谐运动的方程：

$$x=A\sin(\omega t+\varphi_0)$$

式中，$\omega t+\varphi_0$ 叫振动的相位，φ_0 叫振动的初相位，A 叫振动的振幅，即振动物体离开平衡位置最大位移的大小，ω 叫振动的角频率（也称为圆频率），等于对应的匀速圆周运动的角速度，故它与振动的周期 T、频率 f、m、k 的关系为：

$$\omega=\frac{2\pi}{T}=2\pi f=\sqrt{\frac{k}{m}}$$

若 $t=0$ 时刻（起振时刻）振动位移和速度分别为 x_0 和 v_0，则有：

$x_0=A\sin\varphi_0$，$v_0=\omega A\cos\varphi_0$，从而得到 $A=\sqrt{{x_0}^2+(v_0/\omega)^2}$

$$\tan\varphi_0=\frac{\omega x_0}{v_0}$$

需要注意的是：当 $\frac{\omega x_0}{v_0}>0$ 时，φ_0 可在Ⅰ、Ⅲ象限；当 $\frac{\omega x_0}{v_0}<0$ 时，φ_0 可在Ⅱ、Ⅳ象限。因此，还需要结合 x_0 或 v_0 的正、负来辅助确定 φ_0 所在象限。

由速度定义 $v=\frac{\Delta x}{\Delta t}$（或参考圆法），易得简谐运动速度公式 $v=\omega A\cos(\omega t+\varphi_0)$，$v_m=\omega A$。

由加速度定义 $a=\frac{\Delta v}{\Delta t}$（或参考圆法），易得简谐运动加速度公式 $a=-\omega^2A\sin(\omega t+\varphi_0)=-\omega^2x$，$a_m=\omega^2A$。

其中 $a=-\omega^2x$ 或 $a+\omega^2x=0$ 叫简谐运动的动力学方程（又叫特征方程）。

例如，已知质点做直线运动的方程为 $a+2x=0$，则可以判断质点做简谐运动，其圆频率 $\omega^2=2$，周期 $T=\frac{2\pi}{\omega}=\sqrt{2}\pi(s)$。

四、简谐运动能量

一个做简谐运动的系统，若它不与外界交换能量，内部又没有机械能损失，则称该系统为谐振子。谐振子的机械能守恒。谐振子的能量可以用简谐运动的振幅、频率和相位表示。

动能 $E_k=\frac{1}{2}mv^2=\frac{1}{2}m\omega^2A^2\cos^2(\omega t+\varphi_0)$

势能 $E_p=\frac{1}{2}kx^2=\frac{1}{2}kA^2\sin^2(\omega t+\varphi_0)$（选平衡位置为零势能参考点）

可见谐振子的动能和势能都随时间变化，但总机械能：$E=E_k+E_p=\frac{1}{2}m\omega^2A^2=\frac{1}{2}kA^2=\frac{1}{2}m{v_m}^2$ 保持不变，即简谐运动系统的机械能守恒。

五、简谐运动周期

由 $\omega=\dfrac{2\pi}{T}=\sqrt{\dfrac{k}{m}}$ 可得简谐运动的周期 $T=2\pi\sqrt{\dfrac{m}{k}}$，由系统本身的性质（$m$、$k$）决定，与振幅无关，又叫系统的固有周期。

由 $E=\dfrac{1}{2}m\omega^2A^2$ 表明圆频率也可写成 $\omega=\sqrt{\dfrac{2E}{mA^2}}$，则 $T=2\pi A\sqrt{\dfrac{m}{2E}}$ 尤其求复摆（物理摆）的周期时，该方法较为简单。数学摆（单摆）的周期公式不难导出 $T=2\pi\sqrt{\dfrac{l}{g}}$，求单摆周期时，关键在于求等效摆长和等效重力（恒力）加速度，用 $T=2\pi\sqrt{\dfrac{m}{k}}$ 求弹簧振子的周期时，关键是求等效劲度系数 k 和等效振子质量。

例1 （2011 华约）一质点做简谐运动，相继通过距离为 16 cm 的两点 A 和 B，历时 1 s，并且在 A、B 两点处具有相同的速率，再经过 1 s，质点第二次通过 B 点。该质点运动的周期和振幅分别为：（　　）

A. 3 s，$8\sqrt{3}$ cm　　　　B. 3 s，$8\sqrt{2}$ cm

C. 4 s，$8\sqrt{3}$ cm　　　　D. 4 s，$8\sqrt{2}$ cm

解　由题意 A、B 两点位于平衡位置 O 两侧对称点上，距离 O 都为 8 cm，并且由对称性易知物体从 O 到 B 用时 0.5 s，从 B 到振幅位置用时也为 0.5 s，故 $T/4=1$ s，得 $T=4$ s。

设物体从平衡位置起的运动方程为 $x=A\sin(2\pi t/T)=A\sin(\pi t/2)$，在 $t=0.5$ s 时 $x=8$ cm，得 $A=8\sqrt{2}$ cm。选 D

例2 （2011 卓越）如图 2，两段不可伸长细绳的一端分别系于两竖直杆上的 A、B 两点，另一端与质量为 m 的小球 D 相连。已知 A、B 两点高度相差 h，$\angle CAB=\angle BAD=37°$，$\angle ADB=90°$，重力加速度为 g。现使小球发生微小摆动，则小球摆动的周期为（　　）

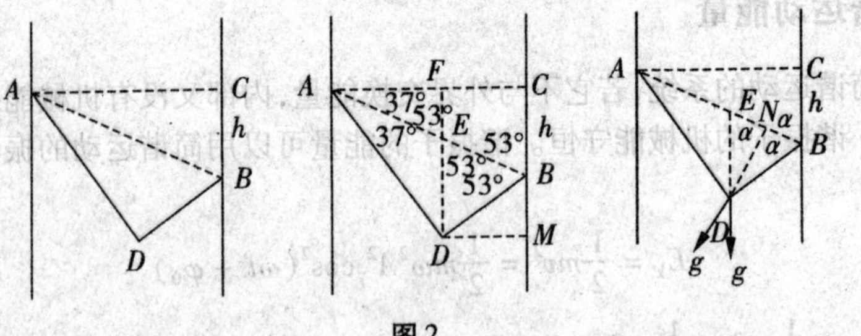

图2

A. $\pi\sqrt{\dfrac{17h}{3g}}$　　B. $\dfrac{\pi}{2}\sqrt{\dfrac{85h}{3g}}$　　C. $\pi\sqrt{\dfrac{h}{g}}$　　D. $2\pi\sqrt{\dfrac{h}{g}}$

解　方法一：小球摆动的等效摆长为 DE，而 $AB=h/\sin 37°=5h/3$，$AC=h\cot 37°=$

$4h/3$，$AD=AB\cos 37°=4h/3$，$BD=AB\sin 37°=h$，$DM=BD\sin 74°=24h/25$，$EF=AF\tan 37°=7h/25$，$DF=AD\sin 74°=32h/25$，$DE=DF-EF=h$。

故周期 $T=2\pi\sqrt{\frac{h}{g}}$，选 D。

方法二：将该单摆等效摆长视为 DN，但同时等效重力加速度沿 DN 方向，故 $L=DN=h\sin\alpha$，$g'=g\sin\alpha$，即 $T=2\pi\sqrt{\frac{L}{g'}}=2\pi\sqrt{\frac{h}{g}}$，选 D。

例 3 （2012 复旦大学）一端固定的弹簧振子水平放置在光滑平面上，开始时在一个方向与弹簧平行的冲量 I 作用下运动，以后振子每次经过平衡位置时，都有与速度方向一致的冲量 I 作用于振子，已知弹簧的最大伸长量为 L，弹簧的劲度系数为 k，振子的质量为 m，为使弹簧达到最大伸长量，弹簧振子要经过的全振动次数最接近（　　）

A. $\frac{L\sqrt{mk}}{I}$　　B. $\frac{L}{I}\sqrt{\frac{k}{m}}$

C. $\frac{L\sqrt{mk}}{2I}$　　D. $\frac{L}{I}\sqrt{\frac{m}{k}}$

解 由 $\frac{1}{2}mv_m{}^2=\frac{1}{2}kL^2$ 得 $v_m=L\sqrt{\frac{k}{m}}$。由题意一个周期内弹簧振子会受到 $2I$ 冲量的加速冲击，故 $2nI=mv_m$，得 $n=\frac{L\sqrt{mk}}{2I}$。选 C。

例 4 （2009 上海交通大学）现有一质量分布均匀的直杆，绕通过垂直于直杆的水平转轴的转动可以构成一个复摆。复摆的周期为 $T=2\pi\sqrt{I/mgh}$，其中 m 为直杆的质量，g 为重力加速度，h 为转轴到直杆质量中心的距离，I 为复摆对转轴的转动惯量。按照力学原理，复摆对转轴的转动惯量可以表示为 $I=mk^2+mh^2$，其中 k 为直杆绕通过质量中心且垂直于直杆的水平转轴的回转半径。下表为实验中测量的一组(h,T)值，请用作图法（图 3）求细杆的 k 的取值和实验室当地的重力加速度。

T/s	1.56	1.51	1.50	1.53	1.54	1.59
h/m	0.20	0.25	0.30	0.35	0.40	0.45

解 由 $T=2\pi\sqrt{I/mgh}$ 和 $I=mk^2+mh^2$ 得：$T=2\pi\sqrt{(k^2+h^2)/gh}$ 和 $T^2h=\frac{4\pi^2}{g}k^2+\frac{4\pi^2}{g}h^2$。

把表中数据在方格坐标纸上作 T^2h-h^2 图，描出实验数据（黑点），画出拟合直线；找出两个拟合直线上的点(0.05,0.53)，(0.19,1.09)（两个"+"，尽量取 h^2 为某一格上的点）。求斜率：$k_0=\frac{4\pi^2}{g}=\frac{1.09-0.53}{0.19-0.05}=4.00$

所以重力加速度为 $g=\frac{4\pi^2}{k_0}=(9.87\pm0.05)\ \text{m/s}^2$

拟合直线在 T^2h 轴上的截距为 $(T^2h)_0=0.33$，则回转半径为

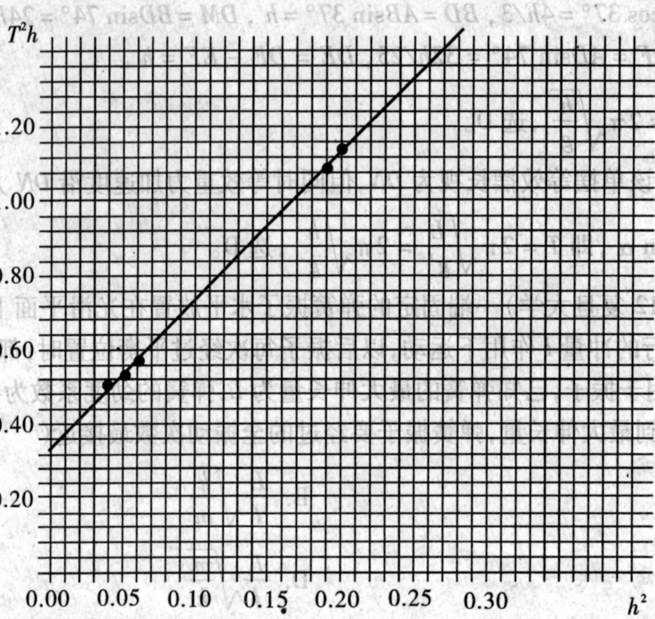

图3

$$k = \sqrt{\frac{g\ (T^2h)_0}{4\pi^2}} = (0.29\ \pm 0.02)$$

例5 （2010 清华大学）质量为 m 的物体静止在桌面上，上接一根劲度系数为 k 的轻质弹簧。现施加一力在弹簧上端，使其以速度 v 匀速上升，如图4。

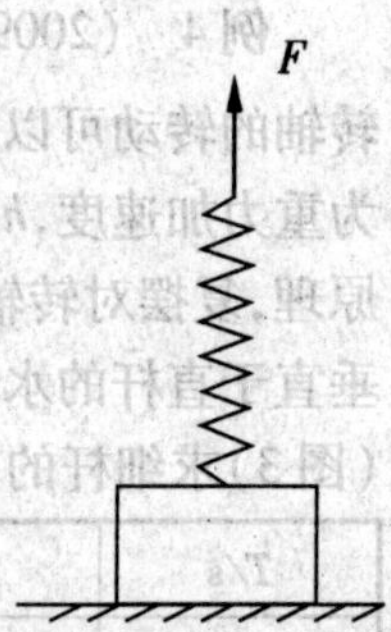

图4

（1）经过多长时间物块脱离地面；

（2）物块速度第一次达到最大值时，力 F 做的功。

解 （1）由 $kvt = mg$，得 $t = mg/kv$。

（2）物体离开桌面以后做简谐运动，振动周期 $T = 2\pi\sqrt{\frac{m}{k}}$。

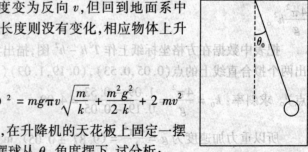

物体刚要离开桌面时弹簧伸长量为 x_0，满足：$kx_0 = mg$。

然后将问题转换到以速度 v 竖直向上运动的参考系中，重物 m 将要离开桌面时以速度 v 向下运动，经过半个周期后速度变为反向 v，但回到地面系中看，重物速度达到最大，为 $2v$。弹簧长度则没有变化，相应物体上升 $h = v \cdot \frac{T}{2} = \pi v\sqrt{\frac{k}{m}}$。

$$W_F = mgh + \frac{1}{2}kx_0{}^2 + \frac{1}{2}m\,(2v)^2 = mg\pi v\sqrt{\frac{m}{k}} + \frac{m^2g^2}{2\,k} + 2\,mv^2$$

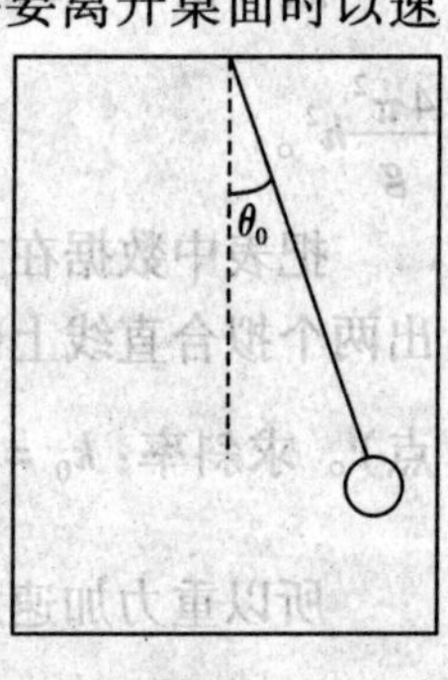

图5

例6 （西安交大）如图5所示，在升降机的天花板上固定一摆长为 l 的单摆，当升降机静止时，让摆球从 θ_0 角度摆下，试分析：

（1）当摆球摆到最高点时，升降机以加速度 g 下落，摆球相对于升降机如何运动？

(2)当摆球摆到最低点时，升降机以加速度 g 下落，摆球相对于升降机如何运动？

(3)当升降机以加速度 g 上升，则摆球相对于升降机又如何运动？

解 (1)以电梯为参考系，摆球上加一个方向竖直向上的惯性力，大小等于重力，处于平衡状态，摆球在最高点时速度为零，故摆球相对电梯不动；(2)由(1)可知，摆球做匀速圆周运动；(3)以电梯为参考系，此时惯性力方向竖直向下，摆球所受合外力等于2倍重力，相当于等效重力加速度 $g'=2g$，故摆球仍然做简谐运动，$T=2\pi\sqrt{\dfrac{L}{2g}}$。

例7 有一单摆，其摆长 l 与地球半径 R 相等，试求此单摆在地球表面附近振动时的周期 T，已知地球半径 $R=6\ 370$ km。

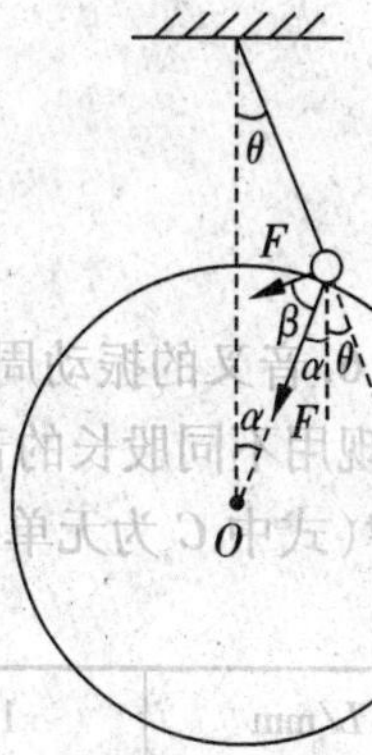

图6

解 如图6所示，设此单摆摆角为 θ 时，它偏离平衡位置的位移为 x，偏离地心的角度为 α，所受地球的引力为 F'，此时摆球所受回复力为 $F=-F'\cos\beta=-mg\cos\beta$ ①

由图有 $\beta+\alpha+\theta=\dfrac{\pi}{2}$ ②

由于均为很小的角，则有 $\theta\approx\dfrac{x}{l}$，$\alpha\approx\dfrac{x}{R}$ ③

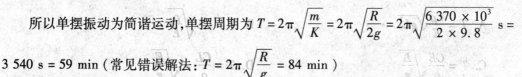

联立①②③可得 $F=-mg\sin(\theta+\alpha)\approx-mg(\theta+\alpha)\approx-mg\left(\dfrac{1}{l}+\dfrac{1}{R}\right)x=-\dfrac{2mg}{R}x=-kx$

所以单摆振动为简谐运动，单摆周期为 $T=2\pi\sqrt{\dfrac{m}{K}}=2\pi\sqrt{\dfrac{R}{2g}}=2\pi\sqrt{\dfrac{6\ 370\times10^3}{2\times9.8}}\ \text{s}=3\ 540\ \text{s}=59\ \text{min}$（常见错误解法：$T=2\pi\sqrt{\dfrac{R}{g}}=84\ \text{min}$）

专题训练

1.(2007复旦大学)一个单摆在匀加速运动电梯内做简谐运动，其周期是电梯静止时的两倍，则电梯的加速度为(　　)

A. 大小为 $g/4$，方向向下　　B. 大小为 $g/2$，方向向上

C. 大小为 $3g/4$，方向向上　　D. 大小为 $3g/4$，方向向下

2.(2008清华大学)一单摆的悬线长 l，在顶端固定点的竖直正下方 a 处有一小钉，如图所示。设摆角很小，则单摆的左右两侧振幅之比 A_1/A_2 的近似值为__________。

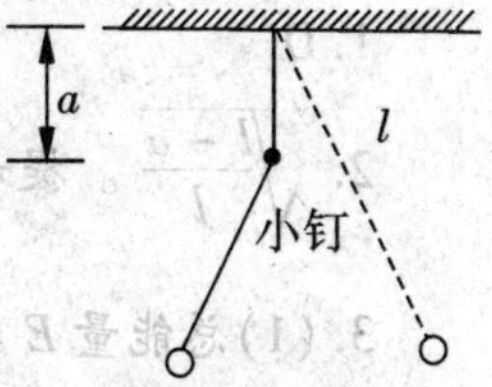

题2图

3.一物体的质量为2.5 kg，受到劲度系数 $k=250$ N/m 的弹簧的作用而做简谐运动。设开始计时时，振动系统所具有的动能 $E_k=0.2$ J，势能 $E_p=0.6$ J。回答下列问题：

(1)振动的振幅 A 为多少？(2)振动的周期 T 为多少？(3)当 $t=0$ 时位移的大小为

多少？(4)如果已知初相 φ_0 在第一象限，求出 φ_0；(5)写出振动方程。

4.(2009 同济大学)金字塔形(四棱锥形)的冰山浮在海水中，平衡时塔尖离水面高度为 h，冰的密度记为 ρ_1，海水密度记为 ρ_2，有 $\rho_1<\rho_2$。略去运动方向上所有阻力，试求冰山自身高度 H 和冰山在平衡位置附近做竖直方向小振动的周期 T。

5.(2006 清华大学)如图所示，质量分别为 m_1 和 m_2 的木块用劲度系数为 k 的轻弹簧连接起来，用两根绳子拉紧两物体，使弹簧压缩。某时刻将绳子烧断，试求两木块的振动周期。(不计摩擦)

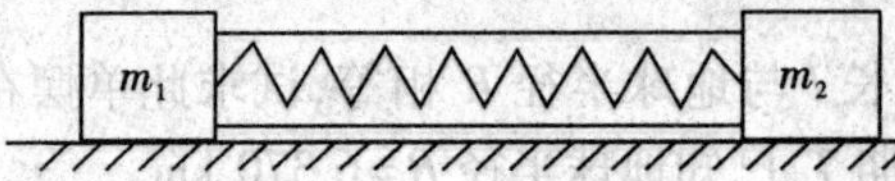

题 5 图

6.音叉的振动周期由制作音叉的材料的密度 ρ 、弹性模量 E 以及音叉的叉股长 L 决定，现用不同股长的音叉做实验得到下表所示的结果，下列公式有一个正确反映了振动规律(式中 C 为无单位的常数)，应是(　　)

L/mm	120	106	96	80	64
f/Hz	256	288	320	384	480

A. $T=\dfrac{C\rho}{E}\sqrt{gL^3}$　　B. $T=CL\sqrt{\dfrac{\rho}{E}}$

C. $T=\dfrac{CE}{\rho}\sqrt{\dfrac{L}{g}}$　　D. $T=\dfrac{CL}{\rho}=\sqrt{\dfrac{E}{g}}$

7.(西安交大)一根细的绝对刚性的轻杆下端系一个很小的球，杆偏离平衡位置小角度 α 放下。当杆与竖直线成角 β ($\beta<\alpha$)时，小球与斜墙发生完全弹性碰撞，如图。试求这样摆的振动周期与相同长度的数学摆的振动周期的比值。

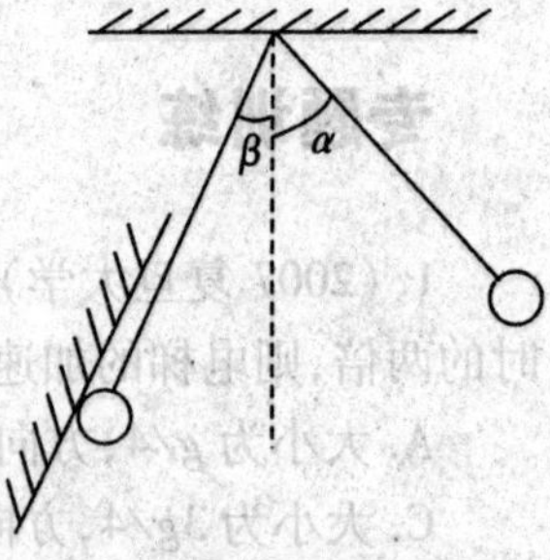

题 7 图

答案详解

1. D

2. $\sqrt{\dfrac{l-a}{l}}$。提示：$\omega_1A_1=\omega_2A_2$，$\omega_1=\sqrt{\dfrac{g}{l}}$，$\omega_2=\sqrt{\dfrac{g}{l-a}}$。

3. (1)总能量 $E=E_k+E_p=0.8\ \text{J}=\dfrac{1}{2}kA^2$，得振幅 $A=0.08$ m；(2) $T=2\pi\sqrt{\dfrac{m}{k}}=\dfrac{\pi}{5}$(s)；(3) $E_p=\dfrac{1}{2}kx^2$ 得 $x=\dfrac{\sqrt{3}}{25}$ m；(4) $\cos\varphi_0=\dfrac{x}{A}$ 得 $\varphi=\dfrac{\pi}{6}$；(5) $x=A\cos(\omega t+\varphi_0)=$

$0.08\cos\left(10t+\frac{\pi}{6}\right)$（m）。

4. 设冰山正方形底面每边长为 a，则 $G=\frac{\rho_1 a^2 Hg}{3}$，冰山排开海水体积为 $V=\frac{a^2\left(H-\frac{h^3}{H^2}\right)}{3}$，浮力 $F=\rho_2 gV$。由 $F=G$ 得 $H=h\sqrt[3]{\frac{\rho_2}{\rho_2-\rho_1}}$，再设冰山从平衡位置向下偏移 y 小量，则浮力 $F=\frac{1}{3}\rho_2 a^2\left[H-\frac{(h-y)^3}{H^2}\right]g=\frac{1}{3}\rho_2 a^2\left(H-\frac{h^3}{H^2}+\frac{3h^2}{H^2}y\right)g$，合力 $G-F=-\frac{\rho_2 a^2 h^2 g}{H^2}y$ 为线性力。而冰山质量 $m=\frac{\rho_1 a^2 H}{3}$，由 $T=2\pi\sqrt{\frac{m}{k}}$ 得 $T=2\pi\sqrt{\frac{\rho_1 h}{3(\rho_2-\rho_1)g}}$。

5. 设烧断时，细线长为 L，系统质心到 m_1 的距离为 $\frac{m_2}{m_1+m_2}L$，对 m_1 有 $k_1\frac{m_2}{m_1+m_2}L=kL$，$T=2\pi\sqrt{\frac{m_1}{k_1}}$，得 $T=2\pi\sqrt{\frac{m_1 m_2}{(m_1+m_2)k}}$。

6. B

7. $\frac{1}{2}+\frac{1}{\pi}\arcsin\frac{\beta}{\alpha}$。提示：数学摆 $T=2\pi\sqrt{\frac{L}{g}}$，题目中的摆 $T'=\frac{T}{2}+2t$，$\beta L\approx\alpha L\sin\frac{2\pi}{T}t$。

专题九　机械波

一、平面简谐波的方程——波函数

波动中，沿着波的传播方向各质点的振动相位依次落后。因此，各质点的位移除了随着时间变化而变化外，还随着它们的平衡位置相对波源平衡位置的位移的变化而变化。

各质点位移 y 与其平衡位置坐标 x 和时间 t 的关系方程叫波的方程，中学里也叫波动方程。

已知坐标原点处的波源的振动方程为 $y=A\sin\omega t$，则在波线上，平衡位置坐标为 x 的质点的振动相对波源落后 $\frac{x}{v}$ 的时间，落后 $\frac{x}{v}\cdot\omega$ 的相位。因此它的振动方程为 $y=A\sin\omega\left(t-\frac{x}{v}\right)$，即为平面简谐波的方程：

$$y=A\sin\omega\left(t-\frac{x}{v}\right)=A\sin\frac{2\pi}{T}\left(t-\frac{x}{v}\right)=A\sin2\pi\left(\frac{t}{T}-\frac{x}{\lambda}\right)=A\sin\frac{2\pi}{\lambda}(vt-x)=A\sin k(vt-x)=A\sin2\pi f\left(t-\frac{x}{v}\right)=A\sin(\omega t-kx)$$

式中，A 为振幅，ω 为圆频率，$k=\frac{2\pi}{\lambda}$为波数，即在 2π 的长度中完全波的个数，相位 $\varphi_t=\omega\left(t-\frac{x}{v}\right)$ 表明，在波的传播方向上，相位依次落后（减小）。

如果波沿 x 轴负方向传播，波速大小为 v，则波的方程为

$$y=A\sin\omega\left(t+\frac{x}{v}\right)=A\sin(\omega t+kx)$$

二、波的图像

由波的方程 $y=A\sin\omega\left(t-\frac{x}{v}\right)$ 可知，对于给定 $x=x_0$，即为 x_0 处质点的振动方程 $y=A\sin\left(\omega t-\frac{\omega x_0}{v}\right)$；对于给定的 $t=t_0$，即为 t_0 时刻各个质点的位移方程 $y=A\sin(\omega t_0-kx)$ 或 $y=A\sin(-kx+\omega t_0)$，它对应的 $y-x$ 曲线就是 t_0 时刻的波形曲线，又叫波的图像。即用横坐标 x 表示各质点的平衡位置，纵坐标 y 表示各质点的位移（横波中是横向位移，纵波中

是纵向位移,且与波的传播方向相同为正,相反为负),某时刻各质点在 xoy 坐标系中的位置连线就是波的图像。简谐波的图像就是正弦曲线。

三、惠更斯原理

任何时刻波面(波前)上的每一点都可作为次波的波源,各自发出球面次(子)波,在以后的任何时刻,所有这些次波波面的包络面(包络面即最大的公共切面),就是新的波面。它可以解释波的直线传播、反射、折射、衍射现象。

四、波的反射、折射

当波在传播过程中遇到两种介质的交界面时,一部分返回原介质中,成为反射波;另一部分进入第二种介质继续传播,称为折射波。入射波的传播方向与交界面的法线成 θ_1 角,反射波的传播方向与交界面的法线成 θ_1' 角,折射波的传播方向与法线成 θ_2 角,如图 1 所示。

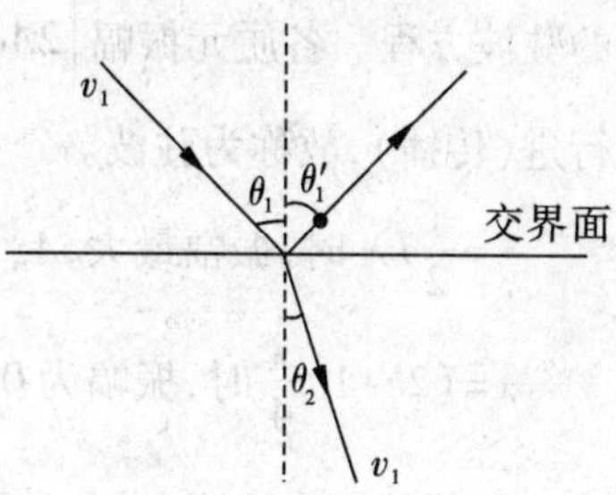

图 1

$$\theta_1=\theta_1',\quad \frac{v_1}{\sin\theta_1}=\frac{v_2}{\sin\theta_2}。$$

式中,v_1、v_2 指波在入射介质、折射介质中的传播速度。上式分别称为波的反射定律和折射定律。

五、波的干涉

几列波相遇,各自以原有的振幅、波长、频率独立传播,彼此互不影响。相遇处质元的振动是几列波单独传播时引起振动的合振动,质元的位移是几列波在该处分别引起位移的矢量和,这叫波的叠加原理。

两列频率相同(相位差恒定)、振动方向相同的波相遇,则各质元的合振幅保持不变,并且振幅最大(加强区)和振幅最小(减弱区)区域相互间隔。这种现象叫波的干涉。

设两列波在同一质元处引起的振动分别为 $y_1=A_1\cos(\omega t+\varphi_1)$ 和 $y_2=A_2\cos(\omega t+\varphi_2)$,则合振动 $y=y_1+y_2=A\cos(\omega t+\varphi)$。

其中 $A=\sqrt{A_1^2+A_2^2+2A_1A_2\cos(\varphi_1-\varphi_2)}$,$\tan\varphi=\dfrac{A_1\sin\varphi_1+A_2\sin\varphi_2}{A_1\cos\varphi_1+A_2\cos\varphi_2}$。

相位差 $\varphi_1-\varphi_2=2k\pi$,$A=A_1+A_2$,为加强区;相位差 $\varphi_1-\varphi_2=(2k+1)\pi$,$A=|A_1-A_2|$,为减弱区($k=0,\pm1,\pm2,\cdots$)。

两个同相波源到场点距离差为 Δs,则有

加强区:$\Delta\varphi=\dfrac{\Delta s}{\lambda}\cdot2\pi=2k\pi$,即 $\Delta s=k\lambda$;减弱区:$\Delta\varphi=\dfrac{\Delta s}{\lambda}\cdot2\pi=(2k+1)\pi$,即 $\Delta s=(2k+1)\dfrac{\lambda}{2}$,$k=0,\pm1,\pm2\cdots$

两个反相波源到场点距离差为 Δs,则有

加强区:$\Delta\varphi=\dfrac{\Delta s}{\lambda}\cdot2\pi-\pi=2k\pi$,即 $\Delta s=(2k+1)\dfrac{\lambda}{2}$;减弱区:$\Delta\varphi=\dfrac{\Delta s}{\lambda}\cdot2\pi+\pi=$

$(2k+1)\pi$，即 $\Delta s=k\lambda$，$k=0,\pm1,\pm2,\cdots$（注：λ 为机械波在该介质中的波长）

六、驻波

在同一介质中，频率、振幅、振动方向均相同，传播方向相反的两列相干波叠加后得到的振动称为驻波。

设两列波的波动方程分别为：$y_1=A\sin\left(t-\dfrac{2\pi}{\lambda}x\right)$，$y_1=A\sin\left(t+\dfrac{2\pi}{\lambda}x\right)$，则合成波的波动方程为 $y=y_1+y_2=2A\sin(\omega t)\cos\dfrac{2\pi}{\lambda}x$，即 $y=(2A\cos\dfrac{2\pi}{\lambda}x)\sin\omega t$，这就是这两列波形成驻波的驻波方程。各质元振幅 $\left|2A\cos\dfrac{2\pi}{\lambda}x\right|$ 随 x 作周期性变化，各个波节质元静止不动，波不行进（传播），故称为驻波。

$x=\dfrac{1}{2}k\lambda$ 时，振幅最大，$A_m=2A$，叫波腹，$k=0,\pm1,\pm2,\cdots$

$x=(2k+1)\dfrac{\lambda}{4}$ 时，振幅为 0，叫波节，$k=0,\pm1,\pm2,\cdots$

相邻的两个波腹（节）之间的距离为半波长，相邻的波腹和波节之间的距离为 $\dfrac{1}{4}$ 波长。利用驻波可以测波长。

七、半波损失

一列波在固定端反射或从波疏介质射向波密介质时，反射处的反射波有 π 相位的突变，叫半波损失。

八、多普勒效应

由于波源或观察者相对介质的运动而使观测频率与波源频率不一致的现象，称为多普勒效应。

波源频率 f_0 等于单位时间内波源发出完全波的个数，即波源单位时间内的振动次数。观测频率 f 等于单位时间内观察者接收到完全波的个数或接收到的振动次数，波相对介质的传播速度设为 u。

（1）相对于介质，波源静止，观察者以 v_R 朝波源运动。观察者在单位时间内接受到完全波的个数等于观察者移动距离加上波传播距离除以波长。

$$f=\frac{u+v_R}{\lambda_0}=\frac{u+v_R}{u/f_0}=\frac{u+v_R}{u}f_0$$

观察者远离波源运动：$$f=\frac{u-v_R}{u}f_0$$

（2）相对于介质观察者不动，波源以 v_S 朝观察者运动。这时波源发出的相邻的两个同相振动状态之间的距离等于 $uT_0-v_ST_0$，即

$$\lambda=\frac{u-v_S}{f_0},\quad f=\frac{u}{\lambda}=\frac{u}{u-v_S}f_0$$

波源背离观察者运动：$f=\frac{u}{\lambda}=\frac{u}{u+v_S}f_0$。

(3)相对于介质，波源和观察者都运动。

相向运动：$f=\frac{u+v_R}{\lambda}=\frac{u+v_R}{\frac{u-v_S}{f_0}}=\frac{u+v_R}{u-v_S}f_0$。

背离运动：$f=\frac{u-v_R}{\lambda}=\frac{u-v_R}{\frac{u+v_S}{f_0}}=\frac{u-v_R}{u+v_S}f_0$。

综上所述，多普勒效应的规律为“远小近大”。

九、马赫锥

波源速度大于波速时，在波源前进方向上，任一时刻波源都在它此前发出波的波前位置的前面，恰好在此时刻发出波的波前位置，而在波源前方没有振动。波源发出所有波的波前的包络面是以波源为顶点的圆锥面(图2)，这个圆锥面叫马赫锥。马赫锥的半顶角 α 满足 $\sin\alpha=\frac{u}{v_S}$。

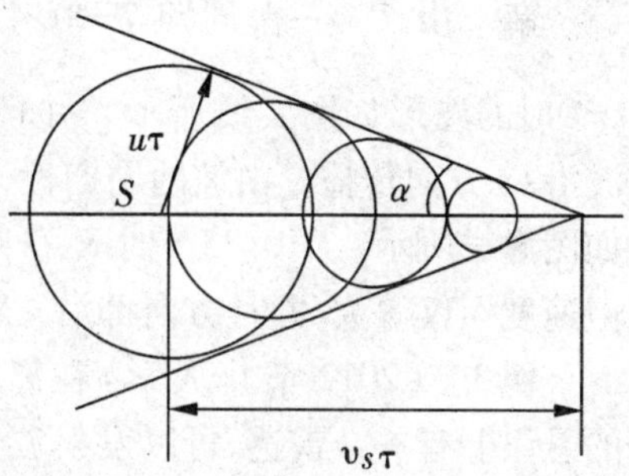

图2

当飞机、炮弹以超音速飞行时，空气中会激起这种圆锥形的波，这种波叫冲击波，使空气压强急剧增大，甚至会对掠过的物体(如玻璃)造成损坏，这就是声爆。

当飞机速度接近声波时，马赫锥的半顶角 $\alpha\approx\frac{\pi}{2}$，飞机发出所有声波的波前都被挤在飞机前缘，飞机前缘聚集大量的振动能量，空气被强烈压缩，阻碍飞机飞行。这种现象叫音障。

典型例题

例1 如图3所示，波源 S_1 在绳的左端开始发出一个时间跨度为 T_1，振幅为 A_1 的三角波 a 的同时，波源 S_2 在绳的右端开始发出一个时间跨度为 T_2，振幅为 A_2 的三角波 b。已知 $T_1>T_2$，若波沿绳的传播速度为 u，P 点为两波源连线的中点，则下列选项中错误的是(　　)

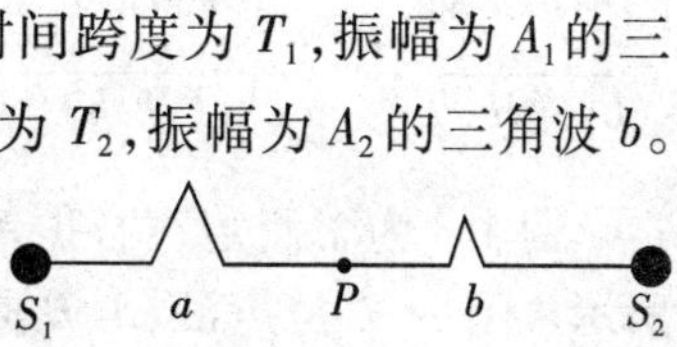

图3

A. 两列波在 P 点叠加时，P 点的位移最大可达 A_1+A_2

B. a 波的波峰到达 S_2 时，b 波的波峰尚未到达 S_1

C. 两列波波峰相遇的位置在 P 点左侧

D. 要使两列波的波峰在 P 点相遇，两列波发出的时间差为 $(T_1-T_2)/8$

解 两列波的波速相同，表明波前同时到达 P 点。波前到达 P 点后，波峰传到 P 点所需时间分别再过$\frac{T_1}{2}$和$\frac{T_2}{2}$，故要使两列波的波峰在 P 点相遇，两列波发出的时间差为$\frac{(T_1-T_2)}{2}$。故选 ABD。

例 2 （2010 清华大学）如图 4，在 xOy 平面内有一列沿 x 轴传播的简谐横波，频率为 2.5 Hz。在 $t=0$ 时，P 点位于平衡位置，且速度方向向下，Q 点位于平衡位置下方的最大位移处。则在 $t=0.35$ s 时，P、Q 两质点的（　　）

A. 位移大小相等，方向相同

B. 速度大小相等，方向相同

C. 速度大小相等，方向相反

D. 加速度大小相等，方向相反

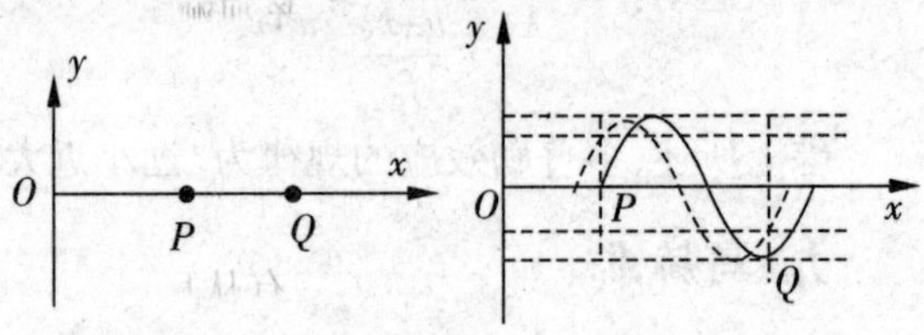

图 4

解 由 $T=\frac{1}{f}$ 得周期 $T=0.4$ s，在 $t=0$ 时的波形如图实线所示。并且易知波沿 $+x$ 方向传播。由波的周期性，$t=0.35\ \text{s}=7T/8$ 时的波形与 $t=-T/8$ 时的波形相同，如图虚线所示。$t=0.35$ s 时 P、Q 两质点的位移等大、反向，相应的加速度也等大、反向，但速度不仅等大，并且方向都沿 y 轴负方向。选 BD。

例 3 （2012 清华大学）在离海平面高 200 m 的悬崖上有一个雷达，可以发射波长为 5 m 的无线电波，若在离悬崖 20 km，且离海面 125 m 上方处接收到的电磁波信号最强。今有一架飞机在离悬崖 20 km 处从接近海平面处开始竖直向上飞行，则其在另一处离海平面最近处接收到的信号又最强的点离海平面________m。

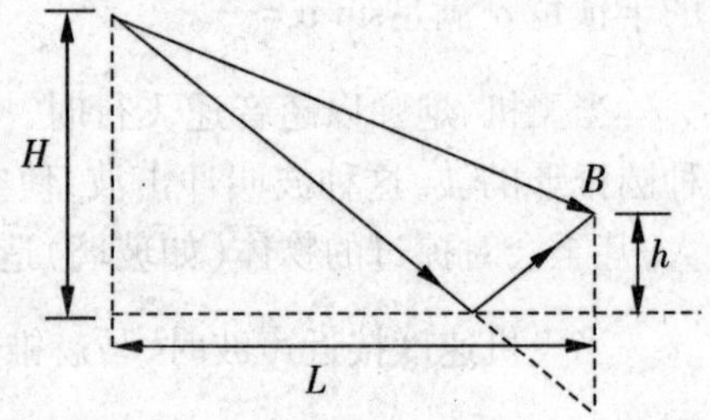

图 5

解 如图 5 所示，从雷达 A 处直接发射的无线电波和通过海平面反射的无线电波在 B 处相遇，如果两者的光程差为波长的整数倍，则发生相长干涉，即接收到的信号最强。需要注意，在海平面反射的无线电波会有半波损失，所以题中给出的离海平面 125 m 上方处接收到的电磁波信号最强，对应光程差为零的情形。而下一个离海平面最近处接收到的信号最强的点对应光程差应为 λ，即 $\sqrt{L^2+(H+h)^2}-\sqrt{L^2+(H-h)^2}=\frac{3\lambda}{2}$，考虑到 $L\gg H$，上式化为$\frac{2Hh}{L}\approx\frac{3}{2}\lambda$，解得 $h=375$ m。

例 4 为了测定声音振动的频率，采用干涉法，如图 6 所示。图中 T 是声源，A、B 是两根弯管（看作是空的金属管），弯管 B 可以移动，M 是助听器。观测时移动弯管 B 的位置，用助听器监听调节声音的增强或者减弱。为了使声音强度从一个极小值过渡到下一个极小值，将弯管 B 移动距离 $l=5.5$ cm。在室温下声速 $v=340$ m/s。求声音的频率。

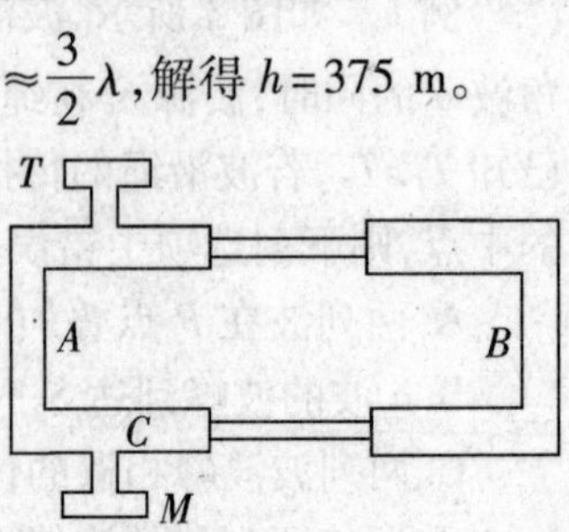

图 6

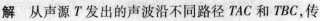

解 从声源 T 发出的声波沿不同路径 TAC 和 TBC，传

播到 C 发生干涉。弯管 B 移动距离 l，使声波的路程差改变了 $2l$。

又因为 B 的移动对应声音两个相邻的极小值，所以 $\lambda=2l$，声音振动频率 $f=\dfrac{v}{\lambda}=3.1\ \text{kHz}$。

例5　火车路轨铺设在两个相距很远的山崖之上，两崖壁竖直，相互平行，路轨与崖壁垂直。在两崖间的一段路轨上，火车头正以速度 v 匀速行进，并不断鸣笛。笛声频率为 f，声音在大气中传播速度为 u。问火车司机测得的回声频率为多大？

解　方法一：利用静止观测者观测频率的多普勒效应公式，可知火车头前方和后方崖壁处收到的频率分别为 $f_1=\dfrac{u}{u-v}f$，$f_2=\dfrac{u}{u+v}f$。这两频率的笛声在两崖壁间来回反射，因崖壁静止，所以频率不变，直至能量消耗完为止。火车司机接收到的回声，有从前方传过来的频率为 f_1、f_2 的回声，有从后方传过来的频率为 f_1、f_2 的回声，火车司机测得从前方传播过来的回声频率为 $f_1'=\dfrac{u+v}{u}f_1=\dfrac{u+v}{u}\dfrac{u}{u-v}f=\dfrac{u+v}{u-v}f$，$f_2'=\dfrac{u+v}{u}f_2=f$。火车司机测得从后方传播过来的回声频率为，$f_1''=\dfrac{u-v}{u}f_1=f$，$f_2''=\dfrac{u-v}{u}f_2=\dfrac{u-v}{u}\dfrac{u}{u+v}f=\dfrac{u-v}{u+v}f$。综合以上结果，火车司机测得的回声频率共有三种不同频率，它们的大小分别为 $\dfrac{u+v}{u-v}f$、f、$\dfrac{u-v}{u+v}f$。

方法二：镜像法。如图7(a)所示，S 为崖壁，O 为紧贴崖壁的静止观测者。火车头 A 以匀速 v 接近崖壁，O 处测得直接抵达的笛声频率，然后，经静止崖壁反射，O 处测得相同的频率。这个由 O 测得的崖壁反射的笛声频率，可以想象为崖壁另一边与 A 对称的一个虚声源 A'，以与火车头 A 同样的速度 v 向 O 开来，虚声源 A' 发出的到达观测者处的笛声频率，与观测者应收到的笛声频率是完全一样的。因此，实声源 A 加上反射崖壁 S 系统，就可以用实声源 A 加上 S 表面镜反射的虚声源 A' 系统代替。这样，在收到反射声音的时候，就可以说从虚声源 A' 直接到达观测者的声音。

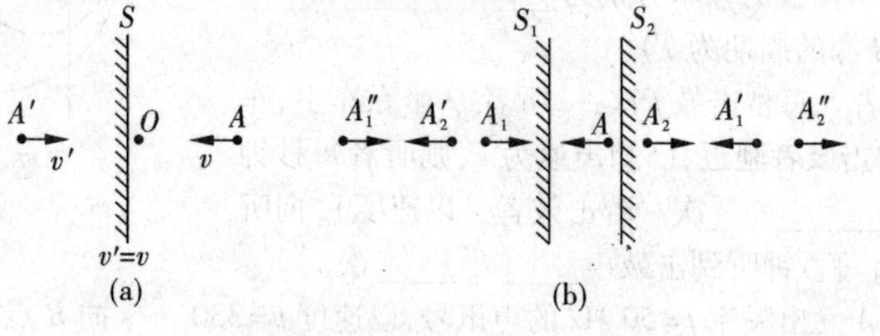

图7

如图7(b)所示，S_1 和 S_2 为两平面崖壁，壁间 A 为实声源火车头。A 相对于两崖壁的像为 A_1、A_2，A_1、A_2 相对于两崖壁的像为 A'_1、A'_2，A'_1、A'_2 相对于两崖壁的像为 A''_1、A''_2，…由图7(b)中可以看出，在观测者（火车司机）看来，各虚声源的运动方向，相对于实声源 A

的运动方向，只有三种关系：(1)相向行驶；(2)相背行驶；(3)同向行驶。因此，火车司机作为观测者，能够测得的笛声频率只有三种：

$$(1)f_1=\frac{u+v}{\frac{u-v}{f}}=\frac{u+v}{u-v}f;$$

$$(2)f_2=\frac{u-v}{\frac{u+v}{f}}=\frac{u-v}{u+v}f;$$

$$(3)f_3=\frac{u-v}{\frac{u-v}{f}}=f\text{或}f_3=\frac{u+v}{\frac{u+v}{f}}=f。$$

专题训练

1.(东南大学)一频率为$f=100$ Hz 的波源，以速度$v=500$ m/s 做匀速直线运动，且以相等的时间间隔向各个方向同时发出机械波。某一时刻，发出的机械波在运动平面上到达的最远位置如图所示(图中每个正方形的边长相等)，则该机械波的波长约为(   )

A. 1 m　　B. 3 m

C. 5 m　　D. 7 m

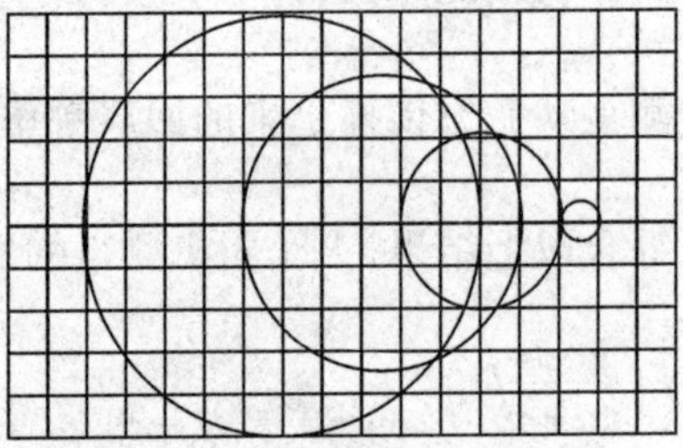

题1图

2.(上海交通大学)有一位置固定的波源S在流动的水面附近做竖直振动，波在水中的传播速度u大于水的流速v，其发出的波的波阵面形状如图所示。设波源从$t=0$时刻开始振动，以波源为原点，写出t时刻第一个波阵面的轨迹方程________。若在波源的正前方和正后方(按水流方向计)分别放置两个接收器P和Q，则P、Q接收到的水面波的频率分别为________和________。(波源的周期为T)。

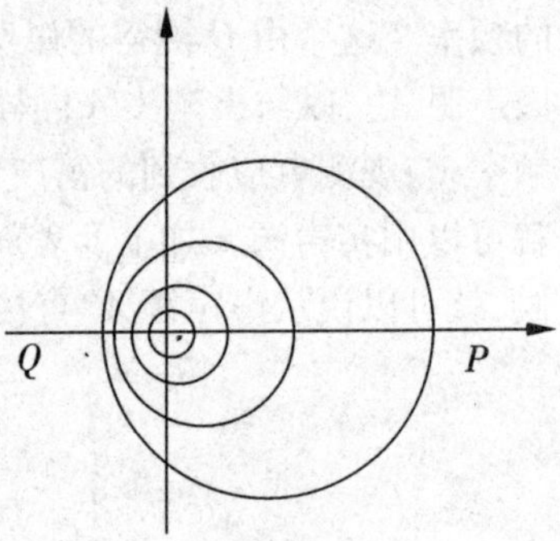

题2图

3.一击鼓者S每秒击鼓f次，一听者Q坐在车上，车正以速度v_0向击鼓者驰近，已知声速为u，则听者每秒钟听到击鼓声________次。若击鼓者又以速度v_S向听者靠近，则听者每秒钟听到击鼓声________次。

4.由某点A发出频率$f=50$ Hz 的声讯号，以速度$v=330$ m/s 向B点传播。A、B两点间的距离等于这时声波波长λ的n倍。当温度升高$\Delta t=20$ ℃时，重复这个实验，发现AB距离上的波数是$n-2$个。已知温度每升高1 ℃，声速增加0.5 m/s。求AB两点之间的距离l。

5.如图所示，广场上一个半径为45 m的圆，AB是直径，在圆心O点和A点处分别安装两个相同声源的扬声器，它们发出的声波波长是10 m。有一人站在B处几乎听不到声音，他沿着圆周逆时针向 A 走，在走到 A 之前，他还有几次几乎听不到声音？

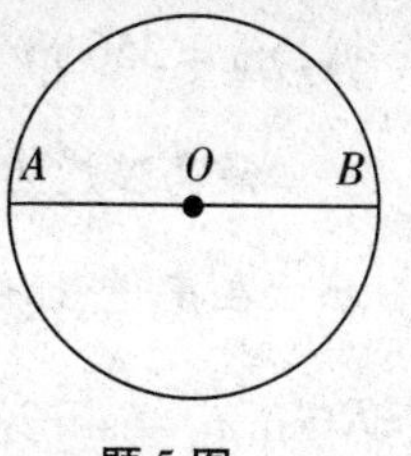

题5图

6. 冲击波是当物体的运动速度超过波在介质中的传播速度时产生的一种现象。在5 000 m高空，一喷气式飞机以 $u=495$ m/s 的速率飞跃地面上一人头顶上空，试求冲击波与喷气式飞机的运动路线所成之角，并求当喷气式飞机通过此人头顶之后，要经多长时间冲击波才能到达他所在之处？（空气中声速 $v=330$ m/s）

7. 声音从 A 地传到相距 14 km 的 B 地，由于不同高度的气温不同，"声道"为半径等于25 km 的圆弧，已知水平线 AB 的气温是 18 ℃，声速是 342 m/s，声速随温度变化的关系为 $v=v_A+0.6\Delta t$。求气温随高度的变化规律及"声道"最高点气温。

答案详解

1. B

2. $(x-vt)^2+y^2=(ut)^2$；$\dfrac{1}{T}$；$\dfrac{1}{T}$

3. $\dfrac{(u+v_0)f}{u}$，$\dfrac{(u+v_0)f}{u-v_S}$

4. 第一次波长 $\lambda=\dfrac{v}{f}=6.6$ m，升温 20 ℃后 $v'=v+0.5\Delta t=340$ m/s，$\lambda'=\dfrac{v'}{f}=6.8$ m。AB 两点间距 $l=n\lambda=(n-2)\lambda'$，得 $n=68$，因此 $l=n\lambda=448.8$ m。

5. 8

6. 飞机在飞经其路径上的任何一点时都会发出声波，所以其路径上的任何一点均可看作一个声波波源，向空中发出球面波。在声音发出后 t 时刻，球面形波前的半径为 vt。于是在飞机后面形成如图所示的冲击波。设飞行路线与冲击波的夹角为 θ，由几何关系有：$\sin\theta=v/u$，$\theta=\arcsin(v/u)=41.8°$。设 A 为地面观察者所处位置（见图所示），则有：$OA=AB/\cos\theta$，$OB=AB\cdot\tan\theta$。设飞机经观察者头顶后 t s 冲击波才能到达他所在处，则 $t=(OA/v)-(OB/u)=11.3$ s。也可以直接利用 $t=\dfrac{h\cos\theta}{v}$ 求解。

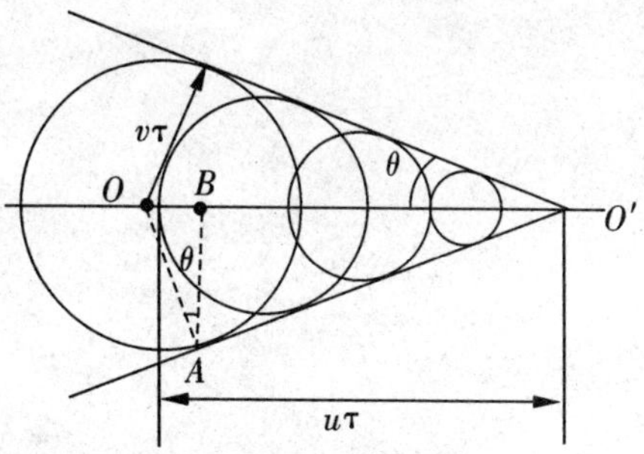

答题6图

7. 声波速度与介质折射率乘积相同 $n_1v_1=n_2v_2$，把空气层看作许多与地面平行的薄层。$\dfrac{v_1}{\sin i_1}=\dfrac{v_2}{\sin i_2}=\cdots$，$i_1,i_2\cdots$ 为声波在各分层空气中传播的入射角。在最高点 $i_m=90°$ 时，如图所示，有 $\sin i_A=\dfrac{\sqrt{R^2-\left(\dfrac{l}{2}\right)^2}}{R}$，$AB=l$，因此最高点声速 $v_M=\dfrac{\sin i_m}{\sin i_A}\cdot v_A$，代入数

据，$v_M = 356\ \text{m/s}$

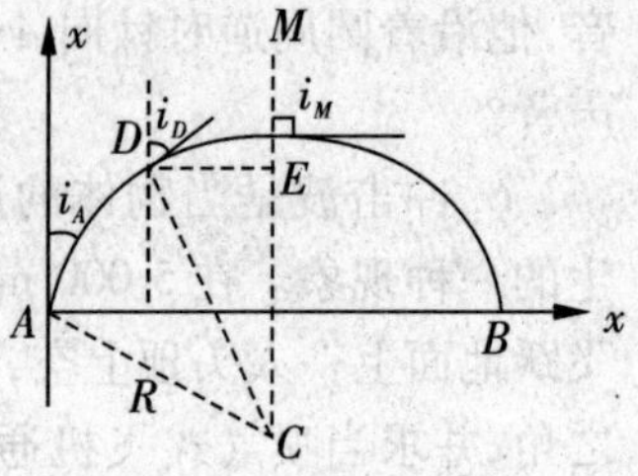

答题7图

最高温度为：$t_M = t_A + \dfrac{v_M - v_A}{0.6} = 41\ ℃$

在声道上任取一点 D，高度为 y；$i_D = \angle CDE$，$y = R(\sin i_D - \sin i_A)$，$v_D = \dfrac{\sin i_D}{\sin i_A} \cdot v_A = \left(1 + \dfrac{y}{R\sin i_A}\right) v_A$，所以

气温随高度变化的规律为：$t_M = t_A + \dfrac{v_D - v_A}{0.6} = t_A + \dfrac{v_A}{0.6R\sin i_A} \cdot y$

专题十 气体性质

考点热点

一、分子动理论

1. 物质是由大量分子组成的

1 mol 的任何物质都含有相同的粒子数,叫阿伏伽德罗常数。$N_A=6.02\times10^{23}\ mol^{-1}$。阿伏伽德罗常数把摩尔质量、摩尔体积等宏观物理量与分子质量、分子大小等微观物理量联系起来,是宏观联系微观的桥梁。

用单分子油膜法可以粗略测定分子大小。

分子体积V,分子质量m_0,分子直径d,物质密度ρ,物质摩尔体积V_m,摩尔质量μ,物体质量M,物体体积V,阿伏伽德罗常数N_A,物质的量n之间的关系式:有$V_0\approx d^3\approx\frac{1}{6}\pi d^3$,$\mu=N_Am_0$,$\mu=\rho V_m$,$V=nV_m$,$M=n\mu$,$M=\rho V$,对固体液体有:$V_m=N_AV_0$,$m_0=\rho V_0$。

2. 分子在永不停息地做无规则运动

(1)扩散现象。不同的物质相互接触时彼此进入对方的现象,叫作扩散。扩散现象直接反映了分子永不停息地做无规则运动。扩散在固、液、气中均会发生,温度越高,浓度差越大,扩散越显著。

(2)布朗运动。1827 年,英国植物学家布朗用光学显微镜观察到悬浮在水中的固体花粉颗粒在不停地做无规则运动。后来,把悬浮在液体或气体中的颗粒的无规则运动叫布朗运动。

布朗运动是液体分子或气体分子对布朗颗粒撞击作用不平衡的结果,布朗运动的无规则性间接反映了液体分子或气体分子运动的无规则性;布朗运动永不停息,间接反映了液体分子或气体分子运动永不停息。即布朗运动间接反映了分子永不停息地做无规则运动。颗粒越小,温度越高,布朗运动越明显。

(3)热运动。温度越高,布朗运动和扩散现象越明显,表明分子的无规则运动与温度有关。因此,分子永不停息的无规则运动又叫热运动。

3. 分子之间存在着相互作用力

扩散现象和布朗运动不仅说明了分子永不停息地无规则运动,同时也说明了分子之间有空隙。

分子间虽然有空隙,大量分子却能聚集在一起形成固体或液体,说明分子间存在引力,同时分子间存在引力却又有空隙,说明分子间存在斥力,即分子间同时存在引力和斥力。拉伸物体,物体内部产生的反抗拉伸的弹力就是分子引力的宏观表现;压缩物体,物体内部产生的反抗压缩的弹力是分子斥力的宏观表现。摩擦力也是分子力的宏观表现。

总之,分子间同时存在着引力和斥力,引力和斥力都随分子间距离的增大而减小,随分子间距离的减小而增大,且斥力变化得更快,分子力是引力和斥力的合力。引力和斥力相等(即分子力为零)的位置叫平衡位置,如图1所示。

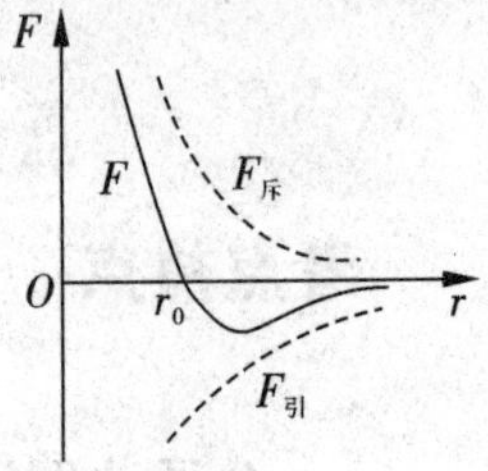

图1

当 $r > r_0$ 时,分子力为引力;

当 $r < r_0$ 时,分子力为斥力;

当 $r = r_0$ 时,分子力为零。

分子力的作用范围为分子直径的数量级,当分子间距离大于10倍分子直径时,分子力近似为零。

二、温度和内能

1. 温度

如果两个系统分别与第三个系统达到热平衡,那么这两个系统也必定处于热平衡。这个结论叫热平衡定律,又叫热力学第零定律。

两个达到热平衡的系统,至少具有一个“共同性质”,把表征这一“共同性质”的物理量定义为温度。故一切达到热平衡的系统都具有相同的温度。这就是温度计测温原理。

热力学温度和摄氏温度的关系为 $T=t+273.15\ \text{K}$。

由热力学理论得出,热力学零度(绝对零度)是不能达到的,这个结论叫热力学第三定律。

2. 内能

物体中所有分子的热运动动能和分子势能的总和,叫物体的内能。物体的内能与温度和体积等有关。选两个分子相距无穷远处分子势能为零,两分子间的分子势能与分子间距离的关系如图2。

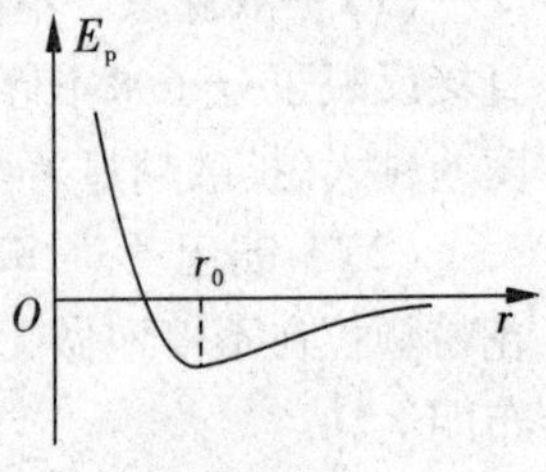

图2

三、理想气体状态方程

1. 理想气体

分子大小远小于分子间距离,除碰撞瞬间外,分子间无相互作用力,忽略分子重力,分子碰撞为弹性碰撞,分子运动遵守经典力学规律。理想气体严格遵守气体实验定律,是理想模型,是各种实际气体在压强趋于零时的极限。压强不太高(几个大气压),温度不太低(零下几十摄氏度)的常温常压气体可视为理想气体。

2. 气体实验定律

(1)玻意耳定律

一定质量的理想气体在等温变化时,其压强与体积成反正。

$P_1V_1=P_2V_2$,或 $PV=$常量

(2)盖·吕萨克定律

一定质量的理想气体在等压变化时,其体积与热力学温度成正比。

$\frac{V_1}{T_1}=\frac{V_2}{T_2}$,或 $\frac{V}{T}=\frac{\Delta V}{\Delta T}=$常量

(3)查理定律

一定质量的理想气体在等容变化时,其压强与热力学温度成正比。

$\frac{P_1}{T_1}=\frac{P_2}{T_2}$,或 $\frac{P}{T}=\frac{\Delta P}{\Delta T}=$常量

3. 理想气体状态方程

一定质量的理想气体的压强 p 和体积 V 的乘积与热力学温度 T 成正比:

$\frac{p_1V_1}{T_1}=\frac{p_2V_2}{T_2}$ 或 $\frac{pV}{T}=C$(常量 C 由理想气体的质量和种类决定)

4. 阿伏伽德罗定律

在相同的温度和压强下,1 mol 各种理想气体的体积相同,在标准状况(0 ℃,1 atm)下,体积均为22.4 L。

5. 克拉伯龙方程

利用理想气体状态方程和阿伏伽德罗定律可以推导出任意质量的理想气体状态方程,即克拉伯龙方程

$$pV=\frac{m}{M}RT=nRT$$

其中 m 是摩尔质量为 M 的某种气体的质量,n 是摩尔数,R 是一个对任何气体都适用的恒量——摩尔气体恒量,$R=8.31\ \mathrm{J/(mol\cdot K)}$。

密度公式:由克拉伯龙方程可得到理想气体密度公式 $\rho=\frac{Mp}{RT}=nm_0$,或 $\frac{p_1}{\rho_1T_1}=\frac{p_2}{\rho_2T_2}=\frac{R}{M}$,其中 n 表示分子数密度,m_0 表示分子质量。

压强公式:由克拉伯龙方程还可得到理想气体压强公式 $p=nkT$,其中 k 为玻耳兹曼常量,$k=\frac{R}{N_A}=1.38\times10^{-23}\ \mathrm{J\cdot K^{-1}}$。

6. 道尔顿分压定律

当有 n 种理想气体混合在一个容器中时,它们所产生的总压强等于每一种气体单独充满这个容器时所产生的压强之和。即

$$p=p_1+p_2+\cdots+p_n$$

7. 理想气体状态方程分态式

将状态为(p、V、T)的(混合)理想气体分成 n 份,状态分别为(p_1、V_1、T_1),(p_2、V_2、T_2),…,(p_n、V_n、T_n),根据道尔顿分压定律和克拉伯龙方程可以得到:

$$\frac{pV}{T}=\frac{p_1V_1}{T_1}+\frac{p_2V_2}{T_2}+\cdots+\frac{p_nV_n}{T_n}=R\sum n_i\ (n_i\text{为第 }i\text{ 种气体的摩尔数})$$

这就是(混合)理想气体状态方程分态式。

对于几种理想气体混合在一起(不发生化学反应)时,一般可以用(混合)理想气体状态方程分态式求解。

典型例题

例 1 (2010 复旦大学)一圆柱绝热容器中间有一无摩擦的活塞把容器分成体积相等的两部分。先把活塞固定,左边充入氢气,右边充入氧气,它们的质量和温度都相同,然后把活塞放开,则活塞将(　　)

A. 向左运动　　B. 向右运动

C. 不动　　D. 在原位置左右振动

解 由克拉伯龙方程 $pV=\frac{m}{M}RT$ 可知,在 m、T、V 相同情况下,因 $M_{O_2}>M_{H_2}$,故 $p_{O_2}<p_{H_2}$,所以将活塞放开后,活塞向右运动,选 B。

例 2 (哈尔滨工业大学)有一个用伸缩性极小且不漏气的布料制作的气球(布的质量可忽略不计),直径为 $d=2.0\ \text{m}$。球内充有压强 $p_0=1.005\times10^5\ \text{Pa}$ 的气体,该布料所能承受的最大不被撕破力为 $f_m=8.5\times10^3\ \text{N/m}$(即对于一块展平的 1 m 宽的布料,沿布面且垂直于布料宽度方向所施加的力超过 $8.5\times10^3\ \text{N}$,布料将被撕破)。开始时,气球被置于地面上,该处的大气压强为 $p_0=1.000\times10^5\ \text{Pa}$,温度 $T_0=293\ \text{K}$,假设空气的压强和温度均随高度而线性地变化,压强的变化率为 $\alpha_p=-9.0\ \text{Pa/m}$,温度的变化率为 $\alpha_T=-3.0\times10^{-3}\ \text{K/m}$,问该气球上升到多高时将破裂?(假设气球上升得很缓慢,可认为球内温度随时与周围空气的温度保持一致。在考虑气球破裂时,可忽略气球周围各处和底部之间空气压强的差别)

解 取上半球为研究对象,其受到三个力的作用:①下半球面所施加的张力 F;②上半球外空气对其压力的合力,大小为 $p_\alpha\cdot\frac{1}{4}\pi d^2$,其中 p_α 是气球所在高度处的大气压强;③球内气体对其压力的合力,大小为 $p\cdot\frac{\pi d^2}{4}$,其中 p 为气球内气体的压强。由三力平衡得 $p\cdot\frac{\pi d^2}{4}=p_\alpha\cdot\frac{\pi d^2}{4}+F$。当 $F>f_m\cdot\pi d$ 时布料被撕裂,所以气球破裂的条件是 $(p-p_\alpha)\cdot\frac{\pi d^2}{4}>f_m\cdot\pi d$,其中 p_α 为气球破裂时所在高度 h 处的压强,即 $p_\alpha=p_0+$

$\alpha_p \cdot h$，而 p 为气球破裂时所在高度 h 处的温度下球内气体的压强。因为气体是在等容条件下上升的，因此 $\frac{p}{T}=\frac{p_0}{T_0}$，其中 $T=T_0+\alpha_T h$，解得 $h>\dfrac{\frac{4f_m}{d}-(p-p_0)}{\frac{p_0}{T_0}\cdot\alpha_T-\alpha_p}=2.1\times10^3\ \mathrm{m}$。即气球上升到 2.1×10^3 m 高度时将破裂。

例3　一球形热气球总重 300 kg，经加热后气体膨胀到最大体积，此时它的直径为 18 m，球内外气体成分相同，球内气体压强稍高于大气压。试求刚好能使热气球上升时的球内空气温度。已知此时大气温度为 27 ℃，压强为 1 atm，在标准状态下空气密度为1.3 kg/m³。

解　设此时球内气体和球外空气的密度分别为 ρ'、ρ，则气球刚升起时应有 $(\rho-\rho')\frac{\pi d^3}{6}=m$，由密度公式 $\rho_1T_1=\rho_2T_2$ 得 27 ℃、1 atm 时和 T_K、1 atm 时的空气密度分别为 $\rho=\rho_0\frac{273}{300}$ 和 $\rho'=\frac{273\rho_0}{T}$。把 $m=300$ kg，$d=18$ m，$\rho_0=1.3$ kg/m³ 代入上述诸式，解得 $T=327$ K，$t=T-273=54$ ℃。

例4　（2012 北京大学）如图 3 所示，气缸上部足够长，质量不计的轻活塞 A、B 的截面积分别为 $2S$ 和 S，气缸下部长为 $2l$。A、B 活塞间以长为 $7l/4$ 的无弹性轻质细绳相连，A 活塞上部有压强为 p_0 的大气。开始时封闭气室 M、N 中充有同样多的同种气体。且 M 的体积是 N 的 2 倍，N 中气体恰好为 1 mol，且小活塞 B 位于距底部 l 处，气体温度为 T_0。现同时缓慢升高两部分封闭气体的温度至 $2T_0$，求平衡后活塞 A 与底部的距离。

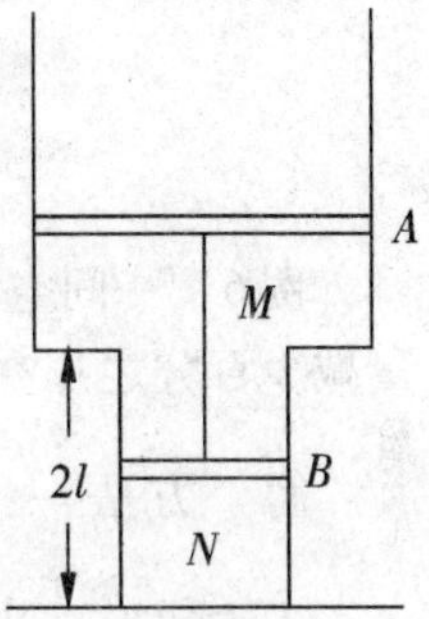

图 3

解　因初始时刻 $V_M=2V_N$，而 $V_N=lS$，$V_M=lS+x\cdot2S$，得 $x=0.5l$。这表明开始时两活塞间距为 $1.5l$，它小于 $7l/4$，即开始时细绳处于松弛状态，且 $p_M=p_N=p_0$。

现同时缓慢升高两部分气体的温度，两部分气体开始都做等压膨胀。设 B 能上移距离 l，线仍然未张紧，此时对应的温度 T' 满足：$\frac{lS}{T_0}=\frac{2lS}{T'}$，得 $T'=2T_0$。

此时对 A 部分气体有：$\frac{2lS}{T_0}=\frac{l\cdot2S}{T'}$，得 $l'=2l>\frac{7l}{4}$。

这表明在这之前线已张紧。现设想升温至 $2T_0$ 时刻 B 上移 x，且 $x<l$（M、N 两部分气体未混合），则 $p_N(l+x)S=n_xR\cdot2T_0=2RT_0$，$p_M[(l-x)S+(7l/4-l+x)\cdot2S]=n_MR\cdot2T_0=4RT_0$，且 $p_0\cdot2S+p_MS=p_N\cdot S+p_M\cdot2S$，同时对初态有：$p_0lS=RT_0$，解得 $x=1.186l>l$，这表明升温至 $2T_0$ 时，M、N 两部分气体已混合，有 $p_0[2lS+(x-2l)\cdot2S]=(n_N+n_M)R\cdot2T_0=6RT_0$，且 $p_0lS=n_NRT_0=RT_0$，解得 $x=4l$。

例5　如图 4 是一种测量低温用的气体温度计。下端是测温泡 A，上端是压强计 B，两者通过绝热毛细管相连，毛细管容积不计。操作时先将测温计在室温 T_0 下充气至大气压 p_0，然后加以密封。再将 A 浸入待测液体中，当 A 和待测液体达到热平衡后 B 的读数

为 p,B 的温度保持不变。已知 A 和 B 的容积分别为 V_A 和 V_B,试求待测液体的温度。

图 4

解　对 A 和 B 内气体的初末态分别用克拉伯龙方程有:

A 的初态　　$p_0V_A=\frac{m_1}{M}RT_0$　　①

A 的末态　　$pV_A=\frac{m_2}{M}RT$　　②

B 的初态　　$pV_B=\frac{m_3}{M}RT_0$　　③

B 的末态　　$p_0V_B=\frac{m_4}{M}RT_0$　　④

由质量守恒得　　$m_1+m_3=m_2+m_4$　　⑤

联立①②③④⑤消去 M、R 得

$$\frac{p_0V_A}{T_0}+\frac{p_0V_B}{T_0}=\frac{pV_A}{T}+\frac{pV_B}{T_0}$$

解得

$$T=\frac{p}{p_0}\frac{T_0}{1+\frac{V_B}{V_A}\left(1-\frac{p}{p_0}\right)}$$

例 6　一间空教室早上室温为 t_1,中午室温升高到 t_2,求从早上到中午教室内空气质量减少百分之几?

解　方法一:由理想气体状态方程得 $\frac{V_1}{t_1+273}=\frac{V_2}{t_2+273}=\frac{\Delta V}{t_2-t_1}$,解得 $\frac{\Delta V}{V_2}=\frac{t_2-t_1}{t_2+273}$,即减少 $\frac{100(t_2-t_1)}{t_2+273}\%$ 。

方法二:由密度公式求 $\rho_1T_1=\rho_2T_2$, $\Delta m=(\rho_1-\rho_2)V$, 得 $\frac{\Delta m}{m}=\frac{(\rho_1-\rho_2)}{\rho_1}=1-\frac{T_1}{T_2}=\frac{t_2-t_1}{t_2+273}$,即减少 $\frac{100(t_2-t_1)}{t_2+273}\%$ 。

例 7　如图 5 所示,长 $L=80$ cm 的粗细均匀的玻璃管开口端向上竖直放置,玻璃管内用高 $h=30$ cm 的水银柱封闭一段长 $l=20$ cm 的空气柱,外部大气压强 $p_0=75$ cmHg,气温 $t_0=27$ ℃,问封闭空气柱的温度至少加热到多少时,可以使水银全部溢出?

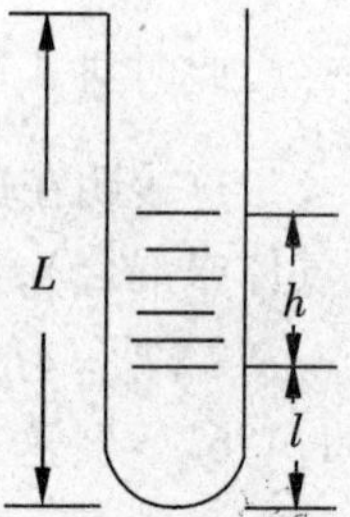

图 5

解　设水银柱溢出 x 时,温度为 t,由理想气体状态方程可得

$$\frac{(p_0+h)l}{t_0+273}=\frac{(p_0+h-x)(L-h+x)}{t+273}$$

代入数据得

$$\frac{20(p_0+30)}{t_0+273}=\frac{(p_0+30-x)(50+x)}{t+273},$$

$$7=\frac{(50+x)(105-x)}{t+273}$$

用一元二次方程判别式或者用基本不等式求得

$$7(t+273)\leqslant 77.5\times 77.5$$

解得 $x=27.5$ cm时，t 最高，为 $t=585$ ℃，即水银溢出过程中最高温度为585 ℃，故至少加热到585 ℃时，水银才能全部溢出。

注：常见错误解法是把水银刚要全部溢出时的准静态平衡温度584 ℃当作该过程的最高温度，实际上在水银溢出27.5 cm时温度达到最高，不用再升温，水银可自动全部溢出。

例8 （2011华约）在压强不太大、温度不太低的情况下，气体分子本身的大小比分子间的距离小很多，因而在理想气体模型中通常忽略分子的大小。已知液氮的密度 $\rho=810\ \mathrm{kg\cdot m^{-3}}$，氮气的摩尔质量为 $M_{\mathrm{mol}}=28\times10^{-3}\ \mathrm{kg\cdot mol^{-1}}$。假设液氮可看作由立方体分子堆积而成，根据所给数据对标准状态下的氮气作出估算，说明上述结论的合理性。

解 标准状态下气体分子数密度 $n=\dfrac{N_{\mathrm{A}}}{V_{\mathrm{m}}}=\dfrac{6.02\times10^{23}}{22.4\times10^{-3}}=2.7\times10^{25}$

氮气分子的间距 $d=\dfrac{1}{n^{\frac{1}{3}}}=\dfrac{1}{(2.7\times10^{25})^{\frac{1}{3}}}=3\times10^{-9}$ m

而液氮中单位体积的氮分子数 $n'=\dfrac{\rho N_{\mathrm{A}}}{M_{\mathrm{mol}}}=\dfrac{810\times6.02\times10^{23}}{28\times10^{-3}}=1.74\times10^{28}$

据此可以估算液氮分子的线度 $d'=\dfrac{1}{\sqrt[3]{n'}}=\dfrac{1}{\sqrt[3]{1.74\times10^{28}}}=3.86\times10^{-10}$ m

所以 $d\approx 8d'$，可见，标准状况下氮气气体分子间距比分子直径大很多。故在理想气体模型中忽略分子的大小是合理的。

专题训练

1.（复旦大学）一个绝热密闭的容器，用隔板分成两部分，左边为理想气体，气体的压强为 p_1，体积为 V_1；右边为真空，体积为 V_2，设 $n=V_1/V_2$，今将隔板抽去，气体达到平衡时，气体的压强是（　　）

A. p_1　　B. $p_1/2$

C. $p_1/(1+n)$　　D. $np_1/(1+n)$

2.（2008清华大学）一个热学过程，满足 $pV^{\frac{1}{2}}=$ 常量，则当体积从 V_1 变到 $2V_1$ 时，温度从 T_1 变到（　　）

A. $2T_1$　　B. $\sqrt{2}T_1$

C. $T_1/2$　　D. $T_1/\sqrt{2}$

3.（2006复旦大学）容积恒定车胎内部气压维持稳定，则车胎内空气质量最多的季节是（　　）

A. 春季　　B. 夏季

C. 秋季　　D. 冬季

4. (2006 复旦大学)将实际气体当作理想气体来处理的最佳条件是(　　)。

A. 常温常压　　B. 高温常压

C. 高温低压　　D. 低温高压

5. (上海交通大学)两容积相等的气室用一体积可忽略的细管相连通,两气室内各盛有1 atm、27 ℃的氦气。若将其中一气室加温至 127 ℃,另一气室降温至 -73 ℃,则气室中氦气的最终压强为______atm。

6. (上海交通大学)一个大热气球的容积为 $2.1\times10^4\ m^3$,气球本身和负载质量共 4.5×10^3 kg。若其外部空气温度为 20 ℃,要想使气球上升,其内部空气最低要加热到的温度为____℃。空气摩尔质量为 29 g/mol,大气压为 1.01×10^5 Pa。

7. (上海交通大学)高压氧气瓶的体积为 30 L,装满氧气时压强为 1.3×10^7 Pa。若每天需由该氧气瓶放出压强为 1.0×10^5 Pa、体积为 400 L 的氧气供使用,为保证氧气瓶内的压强不小于 1.0×10^6 Pa,则该瓶氧气最多能用____天。

8. (2009 同济大学)一抽气机转速 $n=400$ 转/分,抽气机每分钟能抽出气体 20 L,设容器的容积 $V_0=2$ L,问经多长时间才能使容器内的压强由 $p_0=10^5$ Pa 降到 $p_N=100$ Pa。

9. (2005 交大)如图所示,U 形管竖直固定在静止的平板车上,U 形管竖直部分和水平部分的长度均为 l,管内充有水银,两管内的水银面距离管口均为 $l/2$。若将 U 形管管口密封,并让 U 形管与平板车一起做匀加速运动,运动过程中 U 形管两管内水银面的高度差为 $l/6$,求(1)小车的加速度;(2) U 形管底部中央位置的压强。(设水银质量密度为 ρ,而大气压强恰好为 $p_0=\rho gl$,空气温度不变)

10. 如图所示,长为 $2l$ 的圆筒形气缸可沿动摩擦因数为 μ 的水平面滑动,在气缸中央有一个面积为 S 的活塞,气缸内气体的温度为 T_0,压强为 p_0(大气压也为 p_0),在墙壁与活塞之间装有劲度系数为 k 的弹簧,当活塞处于图中所示位置时,弹簧恰在原长位置,今使气缸内气体体积增加 1 倍,问气体的温度应变为多少?(气缸内壁光滑,活塞和气缸总质量为 m)

11. (上海交通大学)1 mol 理想气体初态压强、体积和温度分别为 p_1、V_1 和 T_1,然后气体经过一个压强与体积间满足 $p=AV$ 的过程(其中 A 为常量)。

(1)用 p_1、T_1、和 R(气体普适常数)表示 A;

(2)若气体经历上述过程后体积增大一倍,则气体的末态温度 T 是多少?

(3)对 1 mol 理想气体,如何才能实现上述过程?

12. (上海交通大学)如图所示,一玻璃管倒插在一水槽内,封闭一部分气体,使玻璃管在水面上保持静止,此时玻璃管露出水面部分的长度 $b=1$ cm,玻璃管的质量 $m=40$ g,横截面积 $S=2\ cm^2$,大气压强 $p_0=10^5$ Pa,玻璃管壁厚度不计,管内空气质量不计。

(1)求玻璃管内外水面的高度差;

(2)用手拿住玻璃管并缓慢地把它压入水中,当玻璃管的底端在水面下超过某一深度时,放手后玻璃管不浮起,求这个深度;

(3)求第(2)问中放手后玻璃管平衡的种类?

题9图

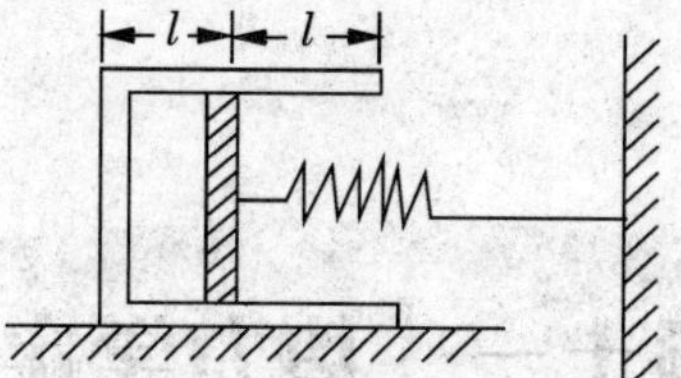

题10图

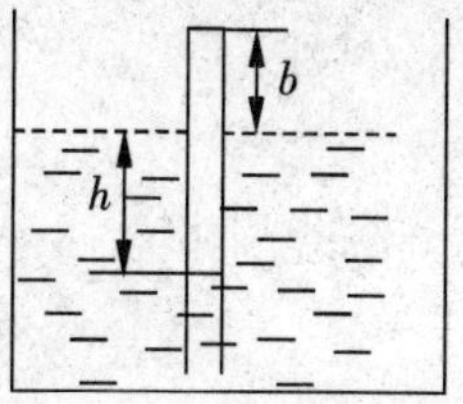

题12图

答案详解

1. D

2. B

3. D

4. C

5. $\frac{8}{9}$

6. 83.5

7. 9

8. 0.68 min

9. $a=\frac{107}{210}g$，$p=\frac{107}{70}\rho gl$

10. 当 $kl<\mu mg$ 时，$T=2T_0\left(1+\frac{kl}{p_0S}\right)$；当 $kl\geqslant\mu mg$ 时，$T=2T_0\left(1+\frac{\mu mg}{p_0S}\right)$

11. (1) $A=\frac{p_1^2}{RT_1}$；(2) $4T_1$；(3)吸热且对外做功，并使 T 与 V^2 成正比变化

12. (1)0.2 m；(2)0.51 m；(3)设玻璃管偏离平衡位置下沉一些，则气体压强变大，体积减小，浮力小于重力，玻璃管会进一步下沉；反之，设玻璃管偏离平衡位置上浮一些，则会进一步上浮。故为不稳定平衡。

专题十一　热力学定律

考点热点

一、理想气体的内能

1. 自由度

确定一个物体的空间位置所需要的独立坐标称为自由度。

自由运动的质点，需要三个独立坐标(x,y,z)来描述其运动，有三个自由度。刚体的运动可视为随质心的平动和绕质心转动的合运动，质心的平动与质点的空间运动一样有三个自由度。绕质心的转动可以用刚体相对空间直角坐标系的三个轴之间的夹角α、β、γ来表示，所以有三个转动自由度。单原子分子有三个自由度；双原子分子有三个平动自由度，两个转动自由度，共有五个自由度；多原子分子（三个或三个以上原子的分子）有三个平动自由度，三个转动自由度，共有六个自由度。

2. 能量均分定理

分子的能量是分子的平动动能、转动动能以及分子内原子的振动动能（通常视分子为刚性分子，不考虑振动动能）的总和，并且分子的能量在每个自由度上平均分配，每个自由度上分配的能量均为$\frac{1}{2}kT$，这就是能量均分定理。

每个分子都有三个平动自由度，故分子平均平动动能$\overline{\varepsilon_k}=\frac{3}{2}kT$。所以说温度是分子平均平动动能的标志，与分子的种类无关。有i个自由度的分子的平均动能$\overline{\varepsilon_k}=\frac{i}{2}kT$。

3. 理想气体的内能

理想气体没有分子势能，所有分子动能的总和就是理想气体的内能。n mol 理想气体的内能为$E=nN_A\frac{i}{2}kT=n\cdot\frac{i}{2}RT=\frac{i}{2}pV$，式中$i$为理想气体分子的自由度数。1 mol 单原子分子（如 He）气体的内能$E=\frac{3}{2}RT$，1 mol 双原子分子（如 O_2）气体的内能$E=$

$\frac{5}{2}RT$，1 mol 多原子分子（三个或三个以上原子的分子，如 CO_2）气体的内能 $E = 3RT$。

二、热量

1. 热容

物体温度每升高 1 K 所吸收的热量称为热容，$C = \frac{\Delta Q}{\Delta T}$，单位 J/K，热容与物体的质量、物质状态、物质的量有关。

1 kg 物体温度每升高 1 K 所吸收的热量称为比热容，$C = \frac{\Delta Q}{m \cdot \Delta T}$，单位 J/(kg · K)。

1 mol 物体温度每升高 1 K 所吸收的热量称为摩尔热容，分为定压摩尔热容 $C_{p,\mathrm{m}}$ 和定容摩尔热容 $C_{V,\mathrm{m}}$，其中 $C_{p,\mathrm{m}} = \frac{\Delta Q}{n \cdot \Delta T}\Big|_{p一定}$，$C_{V,\mathrm{m}} = \frac{\Delta Q}{n \cdot \Delta T}\Big|_{V一定}$，单位均是 J/(mol · K)。

根据热力学第一定律可知，1 mol 理想气体在等容变化过程中（没有做功过程），吸收的热量等于气体内能的变化，故定容摩尔热容 $C_{V,\mathrm{m}} = \frac{\Delta Q}{n \cdot \Delta T} = \frac{\Delta E}{n \cdot \Delta T} = \frac{n \cdot \frac{i}{2}R \cdot \Delta T}{n \cdot \Delta T} = \frac{i}{2}R$，即 $C_{V,\mathrm{m}} = \frac{i}{2}R, i = 3,5,6$。所以 1 mol 理想气体的内能为 $E = \frac{i}{2}RT = \frac{i}{2}pV = C_{V,\mathrm{m}}T$。

理想气体在保持压强不变的情况下，吸收的热量除了增加气体内能外，还要对外界做功，所以定压摩尔热容大于定容摩尔热容，即 $C_{p,m} > C_{V,m}$，利用热力学第一定律可以证明：$C_{p,\mathrm{m}} = C_{V,\mathrm{m}} + R$。

理想气体在绝热过程中的热容 $C = 0$（$\Delta Q = 0$），理想气体在等温过程中的热容 $C \to \infty$（$\Delta T = 0$）。利用热力学第一定律可以推出，一定质量的理想气体在绝热变化（$\Delta Q = 0$）时，其压强与体积的 γ 次方成反比，即 $PV\gamma$ = 常量（$\gamma > 1$），这就是绝热方程。显然，在 $P-V$ 图像中，绝热曲线比等温曲线陡峭。

固体的摩尔热容 $C_{\mathrm{mol}} = 3R$。

2. 热辐射

热辐射是热传递的一种方式，由于物体自身具有温度而向周围发射电磁波（能量）的现象，叫作热辐射。热辐射不依靠于任何介质，在真空中也能进行；热辐射的强弱与物体的自身温度有关，与周围物体的温度无关。在热辐射中，有一类物体在任何温度下都能够全部吸收辐射到其表面的所有电磁波而没有反射，这类物体称为黑体。

黑体单位表面积的辐射功率 P 与其热力学温度 T 的四次方成正比，即 $P = \sigma T^4$ 这就是黑体辐射定律，又叫斯忒藩定律。式中 $\sigma = 5.67 \times 10^{-8}\ \mathrm{W/(m^2 \cdot K^4)}$，称为斯忒藩常量。

三、理想气体的功

理想气体做功 $W = \sum p\Delta V$［在等压过程中 $W = p(V_2 - V_1)$］，在 $p-V$ 图中图像与 V

轴围成的“面积”表示功,若过程曲线为闭合曲线,则闭合曲线所围成的“面积”表示功,其中顺时针循环(正循环又叫热循环),气体对外做正功;逆时针循环(逆循环又叫致冷循环),气体对外做负功,即外界对气体做正功。

四、热力学第一定律

热力学第一定律:系统增加的内能等于系统从外界吸收的热量与外界对系统做功的总和,即 $\Delta E = Q + W$,系统吸热 $Q>0$,系统放热 $Q<0$;外界对系统做功 $W>0$,系统对外界做功 $W<0$。

热力学第一定律也可以表述为:系统吸收的热量等于系统增加的内能与系统对外界做功的总和,即 $Q = \Delta E + W$,系统吸热 $Q>0$,系统放热 $Q<0$;外界对系统做功 $W<0$,系统对外界做功 $W>0$。

热力学第一定律是能量守恒与转化定律在热力学领域中的具体表述,是第一类永动机不可能制成的理论依据。

五、热力学第二定律

开尔文表述:不可能从单一热源吸收热量,使之完全变为有用的功而不产生其他影响。

克劳修斯表述:不可能把热量从低温物体传到高温物体而不引起其他变化。

热力学第二定律的所有表述是等效的,它们都反映了与热现象有关的宏观过程是不可逆的。热力学第二定律是第二类永动机不可能制成的理论依据,指明了一切热机效率 $\eta<1$。

开尔文表述是说功变热的过程是不可逆的,功可以完全变为热,而在不引起其他变化的条件下,热不能完全变为功。克劳修斯表述是说热传递的过程是不可逆的,热量从高温物体向低温物体传递可不产生其他影响,而在不产生其他影响的条件下,热量不可能从低温物体向高温物体传递。

从微观角度看,热力学第二定律的实质是对于一个不受外界影响的孤立系统,总是沿着从有序到无序使无规则程度增大的方向发展,即沿着分子热运动的无序化程度增加的方向发展。

六、液体性质

1. 表面张力

液体与空气(真空)的接触面叫自由面,其薄层叫表面层。由于蒸发,分子稀疏($r>r_0$),分子间作用力为引力。如果在液体表面任意画一条直线,则直线两侧的液体之间的作用力是引力,其作用效果总是使液体表面绷紧,所以叫作液体的表面张力。液体的表面张力方向与液面相切,与两部分液面的分界线垂直,具有使表面收缩的趋势。天空中下落的雨滴呈球形,有些昆虫能够浮在水面上,都是表面张力作用的结果。表面张力的大小与直线段长度成正比,即 $f = \sigma L$。式中 σ 为液体表面张力系数,单位 N/m。σ 随温度升高而减小,有些杂质会使 σ 减小,这些杂质叫表面活性物质。如果 f 表示整个液面受到的表面张力，则 L 为液面边界线长度。

表面张力的方向总是与固液边界线垂直且沿表面层的切线方向。

2. 浸润与不浸润 接触角

液体与固体相接触的一层很薄的液体层叫附着层，固体分子与附着层内的液体分子间的吸引力叫附着力，内部液体分子与附着层内的液体分子间的吸引力叫内聚力。

附着力大于内聚力，液体会润湿固体，并附着在固体表面上，这种现象叫作浸润；附着力小于内聚力，液体不会润湿固体，也就不会附着在固体表面上，这种现象叫作不浸润。水可以浸润玻璃，不浸润石蜡，水银不浸润玻璃，但浸润铅。

在液体与固体接触处，作液体表面的切线及固体表面的切线，这两切线通过液体内部所成的角度 θ，叫接触角。

液体不浸润固体，$\theta > \frac{\pi}{2}$；液体浸润固体，$\theta < \frac{\pi}{2}$；液体完全浸润固体，$\theta = 0$；液体完全不浸润固体，$\theta = \pi$。

七、物态变化

1. 物态变化

具有相同物质成分及相同物理性质、化学性质的均匀物质，叫作相。物态变化又叫作相变。相变有汽化、液化、凝固、熔解、升华、凝华六种方式。

2. 饱和气和未饱和气

在蒸发过程中，若单位时间内飞离液面分子数大于返回液面的分子数，此时继续蒸发。若液体盛于密闭容器中，则随着蒸发的不断进行，蒸气分子数密度逐渐增大，一定时间后使单位时间内通过表面蒸发出来的分子数等于返回液面的蒸气分子数，达到动态平衡，把这时的蒸气称为饱和蒸气（简称饱和气），对应的压强称为饱和气压。在一个密闭容器中只要有液体存在，最终该种液体蒸气压一定是饱和气压。

饱和气有如下性质：

（1）在同一温度下，不同气体的饱和气压一般不同，100 ℃时水蒸气的饱和气压是 10^5 Pa。

（2）同种液体的饱和气压随温度的升高而迅速增大。

（3）温度一定时，同种液体的饱和气压和饱和气体积无关，体积变化时引起饱和气的质量变化和液体的质量变化，而饱和气压不变化。

（4）对饱和气压可运用公式 $p = \frac{\rho}{M}RT$ 求解。液体汽化时，未达到动态平衡的蒸气称为未饱和气，未饱和气近似遵循理想气体状态方程。

3. 沸腾及产生条件

一般液体的内部和器壁上，都有很多的小气泡。由于液体的不断蒸发，气泡内部的蒸气总是处于饱和状态，其压强为饱和蒸气压 p_s。随着温度升高，p_s 不断增大，从而使气泡不断地胀大，但只要气泡内饱和蒸气压 p_s 小于外界压强（气泡外压强由三部分组成：大气压强、液体静压强、气泡表面张力的附加压强,一般液体静压强、附加压强比大气压小得多,可以忽略不计),气泡还能维持平衡。一旦当气泡内部饱和蒸气压 p_s 等于外界压强 p 时,气泡无论怎样胀大也不能维持平衡,在浮力作用下迅速上升,到液面破裂,放出蒸气,从而出现沸腾现象。由此可见,液体沸腾的条件就是饱和气压和外界压强相等。因为 100 ℃时水蒸气的饱和气压是 10^5 Pa(1 atm),所以 1 atm 下水的沸点是 100 ℃。大气压强越低,则水沸腾时水蒸气的饱和气压越低,沸点越低。

含有空气的密闭容器内的气体总压强 $p = p_{空气} + p_{饱和}$,p 总是大于液体内部气泡内的饱和气压 $p_{饱和}$,所以含有空气的密闭容器内的液体永远不会沸腾。

4. 物态变化中的热量

单位质量的晶体熔解时吸收的热量叫熔解热,$\lambda = \dfrac{Q}{m}$ 或 $Q = \lambda m$;单位质量液体在温度不变的汽化时吸收的热量叫汽化热,$L = \dfrac{Q}{m}$ 或 $Q = Lm$;单位质量的晶体在温度不变的升华时吸收的热量叫升华热,升华热等于相同条件下的熔解热与汽化热之和。

典型例题

例 1 如图 1 所示,导热性能良好的气缸,开口向下,内有理想气体,气缸固定不动,缸内活塞可自由移动而不漏气。活塞下挂一沙桶,沙桶内装满沙子,活塞恰好静止。现给沙桶底部钻一小孔,细沙慢慢漏出,外界环境温度不变,则(　　)

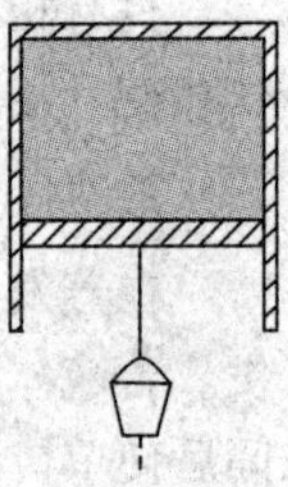

图 1

A. 封闭气体的压强增大,内能不变

B. 外界对封闭气体做功,气体放热

C. 封闭气体体积减小,内能减小

D. 外界对封闭气体做功,气体内能增加

解 设外界大气压为 p_0,活塞、沙桶及砂的总质量为 m,气缸的横截面积为 S,则封闭气体的压强为 $p = p_0 - \dfrac{mg}{S}$ 。因漏沙,m 减小,所以封闭气体的压强增大,因温度不变,所以封闭气体的体积减小,外界对封闭气体做功。因一定质量的理想气体的内能只与温度有关,所以过程中封闭气体的内能不变,由热力学第一定律知,气体对外放热。选 AB。

例 2 (清华大学)假设太阳和地球都可以看作黑体,各有其固定的表面温度,地球的热辐射能源全部来自太阳。现取地球表面的温度 $T_E = 300$ K,地球的半径 $R_E =$ 6 400 km,太阳的半径 $R_S = 6.95\times10^5$ km,太阳与地球的距离 $D = 1.496\times10^8$ km,试求太阳的表面温度。

解 由地球表面温度近似恒定可得,地球在单位时间内辐射出去的能量等于太阳在单位时间内辐射到地球上的能量。根据辐射定律 $E = \sigma T^4$,有 $\dfrac{4\pi R_S^2 \cdot \sigma T_S^4}{4\pi D^2} \cdot \pi R_E^2 =$

$4\pi R_E^2 \cdot \sigma T_E^4$，解得 $T_S = T_E \cdot \left(\frac{2D}{R_S}\right)^{\frac{1}{2}} = 6.22 \times 10^3$ K 。

例 3　(2006 同济大学)一定质量的理想气体由状态 (p_1, V_1) 沿直线过程到达状态 (p_2, V_2)，连接两状态点的线段延长线过坐标原点，如图 2 所示。该气体每摩尔内能为 $U = C_V T$，其中 C_V 为定容摩尔热容，T 为热力学温度。求：

(1)由状态 1 到状态 2 气体内能的变化量；

(2)过程中气体吸热多少；

(3)此过程中气体的平均摩尔热容量多大。

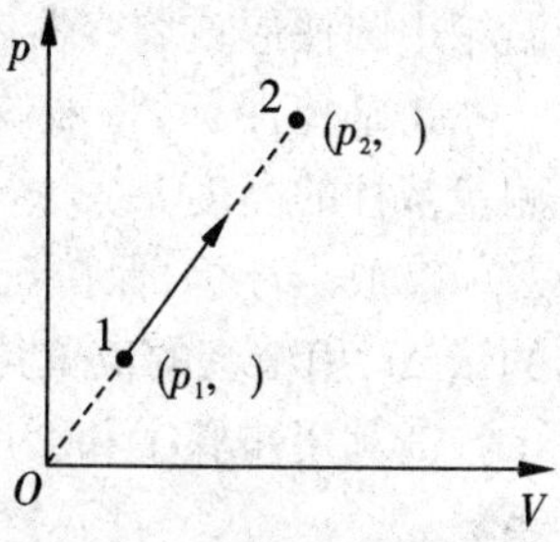

图2

解　(1)设此气体有 n mol。内能变化量为

$$\Delta E = nC_V(T_2 - T_1) = C_V(p_2V_2 - p_1V_1)/R$$

(2)该过程中气体对外界做的功等于过程线与横轴所围的“面积”。

$$A = \frac{1}{2}(p_1 + p_2)(V_2 - V_1) = \frac{1}{2}(p_1V_2 - p_1V_1 + p_2V_2 - p_2V_1)$$

利用此过程关系 $\frac{p_1}{V_1} = \frac{p_2}{V_2}$，即 $p_1V_2 = p_2V$，代入功的表达式得 $A = \frac{1}{2}(p_2V_2 - p_1V_1)$ 。

由热力学第一定律得，过程中吸热为 $\Delta Q = \Delta E + A = \left(\frac{C_V}{R} + \frac{1}{2}\right)(p_2V_2 - p_1V_1)$

(3)过程的平均摩尔比热容为 $C_m = \frac{1}{n}\frac{\Delta Q}{\Delta T} = \left(\frac{C_V}{R} + \frac{1}{2}\right)R = C_V + \frac{1}{2}R$ 。

例 4　在一个密闭容器中有 $T_0 = 100$ ℃的饱和水蒸气 $m_1 = 0.1$ kg 和 $m_2 = 0.001$ kg 水。继续对容器加热，问：

(1)当水刚好蒸发完毕时的温度是多少？

(2)所需热量是多少？已知温度每升高 1 ℃，饱和蒸汽压增加 3.7×10^3 Pa，水的汽化热为 $L = 2.25\times10^6$ J/kg，水蒸气的定容比热容 $C_V = 1.38\times10^3$ J/kg。

解　(1)假设水的摩尔质量为 M，设温度升高 ΔT 后水刚好全部汽化，饱和气压增大了 $\Delta p = \alpha \cdot \Delta T$，式中 $\alpha = 3.7 \times 10^3$ Pa，研究水被加热前的饱和汽：$pV = \frac{m_1}{M}RT_0$，研究水被全部汽化后的饱和汽：$(p + \Delta p)V = \frac{m_1 + m_2}{M}R(T_0 + \Delta T)$，可得 $\frac{p + \alpha \cdot \Delta T}{p} = \frac{m_1 + m_2}{m_1} \cdot \frac{T_0 + \Delta T}{T_0}$，解得 $\Delta T = \frac{m_2T_0p}{m_1T_0\alpha - m_1p - m_2p} = 0.29$(K) 。

(2)整个过程所需热量包括两部分，一部分是使 0.001 kg、100 ℃的水汽化成 100 ℃的水蒸气所需的热量；另一部分是使 0.101 kg、100 ℃的水蒸气等容升温到 100.29 ℃所需的热量。

$$Q = Lm + C_V(M + m)\Delta T \text{ 代入数据得 } Q = 2\ 290 \text{ J}。$$

例 5　(2011 华约)当压强不变、温度变化量 Δt 不太大时，液体或固体在某一温度下的体膨胀系数 α 可以表示为 $\alpha = \frac{1}{V}\frac{\Delta V}{\Delta t}$，其中 V 为该温度时的体积，ΔV 为体积的变化量。

一般来说，在常温常压下液体和固体的体膨胀系数分别为 $10^{-6}\ K^{-1}$ 和 $10^{-5}K^{-1}$ 数量级。图 3 中所示的装置可以用来测量控温箱中圆柱形玻璃容器内液体的体膨胀系数，实验步骤如下：

①拿掉浮标，将液体的温度调控为接近室温的某一温度 t_0，测量液柱的高度 h；

②放入浮标，保持压强不变，将液体的温度升高一个不太大的量 Δt，用精密的位置传感器确定指针高度的变化量 Δh；

③利用步骤①和②中测得的数据计算液体在 t_0 时的体膨胀系数 α。

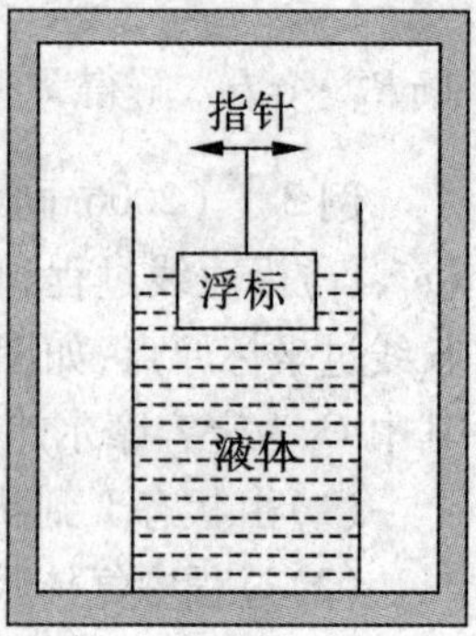

图 3

回答下列问题：

(1) 不考虑温度变化导致的液体密度变化，写出用所测量量表示的 α 的表达式；

(2) 在温度升高过程中，液体密度变化会对上面的表达式计算出的结果有什么影响？为什么？

(3) 在所用浮标为直立圆柱体时，某同学对如何减小这一影响提出了以下几条建议，其中有效的是(　　)

A. 选用轻质材料制成的浮标

B. 选用底面积较大的浮标

C. 选用高度较小的浮标

D. 尽量加大液柱的高度 h

E. 尽量选用底面积大的玻璃容器

解　(1) 不考虑温度变化导致的液体密度变化，由于液体质量不变，则液体的体积 V 不变。设圆筒形玻璃容器内液体的底面积为 S，则 $\alpha=\dfrac{\Delta V}{V\Delta T}=\dfrac{S\Delta h}{Sh\Delta T}=\dfrac{1}{h}\dfrac{\Delta h}{\Delta \mathrm{T}}$；

(2) α 会偏小。因为温度升高，导致液体体积变大，故液体密度 $\rho_{液}$ 会变小，根据阿基米德定律可得 $\rho_{液}gV_{排}=\rho_{物}gV_{物}$，则 $V_{排}$ 变大，即浮标进入液体的深度会更深，测得的 Δh 会偏小，α 会偏小。

(3) 由 $\rho gV_{排}=mg$ 可知，浮标质量越小，对 $V_{物}$ 的影响就越小，即对 Δh 的影响减少；底面积越大，密度变化时对浸入深度影响越小，故 AB 正确。高度越小，体积变化时，对 Δh 影响越大，故 C 正确。增大液柱的高度 h，浮标进入液体的深度变化对液柱高度的变化量 Δh 与 h 的比值影响减小，则 D 正确。底面积大的容器，相同的体积变化，Δh 变化小，测量相对误差大，故 E 错误。选 ABCD。

例 6　如图 4，一刚性绝热容器中用一个可以无摩擦移动的导热活塞将容器分为 A、B 两部分。A、B 两部分分别充有 1 mol 的氦气和 1 mol 的氧气。开始时氦气的温度为 $T_1=400$ K，氧气的温度 $T_2=600$ K，氦气和氧气的压强相同均为 $p_0=1.013\times10^5$ Pa。试求经过一段时间后整个系统达到平衡时的温度 T 和压强 p。已知氦气的定容摩

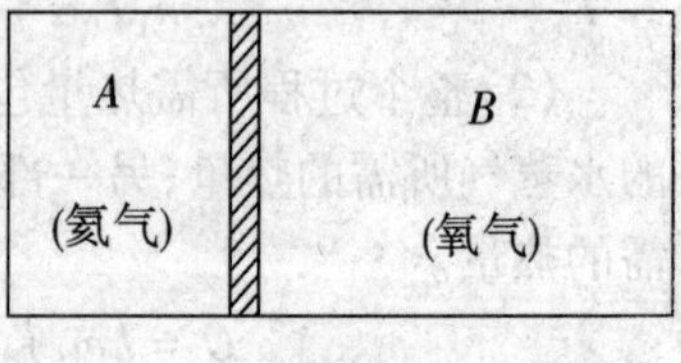

图 4

尔热容为 $C_{V_1}=\frac{3}{2}R$，氧气定容摩尔热容为 $C_{V_2}=\frac{5}{2}R$，活塞热容可忽略，R 为摩尔气体常量。

解 对氦气和氧气组成的系统，因为没有与外界发生热交换和做功，所以系统总内能将不变。设平衡时温度为 T，则 $\Delta E_1+\Delta E_2=0$，即 $C_{V_1}(T-T_1)+C_{V_2}(T-T_2)=0$，解得

$$T=\frac{C_{V_1}T_1+C_{V_2}T_2}{C_{V_1}+C_{V_2}}=525(\mathrm{K})。$$

方法一：设氦气和氧气初始体积分别为 V_1、V_2，平衡后体积分别为 V_1'、V_2'，温度为 T，压强为 p，由克拉伯龙方程可得

$$p_0V_1=RT_1 \quad ①$$
$$p_0V_2=RT_2 \quad ②$$
$$pV_1'=RT \quad ③$$
$$pV_2'=RT \quad ④$$

由几何关系得

$$V_1+V_2=V_1'+V_2' \quad ⑤$$

联立①~⑤式解得

$$p=\frac{2p_0T}{T_1+T_2}=1.06\times10^5\ \mathrm{Pa}。$$

方法二：由理想气体状态方程分态式可得

$$\frac{p(V_1+V_2)}{T}=\frac{p_0V_1}{T_1}+\frac{p_0V_2}{T_2}=2R$$

解得

$$p=\frac{2p_0T}{T_1+T_2}=1.06\times10^5\ \mathrm{Pa}。$$

专题训练

1.（2009 上海交通大学）对于一定量的理想气体，下列过程中违反热力学第一定律的是（　　）

A. 在恒温条件下，气体绝热膨胀

B. 气体从外界吸收热量而保持温度不变

C. 在绝热条件下，体积不变而温度升高

D. 气体对外做功的同时向外界放出热量

2. 决定一个物体的位置所需的独立坐标数，叫作这个物体的自由度数。如果一个质点在空间自由运动，则它的位置需要用 3 个独立坐标，如 x、y、z 来决定，所以这个质点有 3 个自由度。若 4 个质点 m_1、m_2、m_3、m_4 由不计质量的刚性杆（不会产生形变）联成如图所示的四面体，则该四面体有（　　）

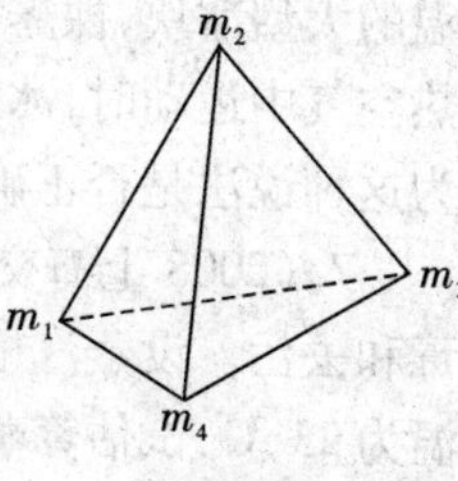

题 2 图

A. 3 个自由度　　B. 6 个自由度

C. 9 个自由度　　D. 12 个自由度

3. (2007 东南大学)如图,绝热隔热板把绝热气缸分隔成体积相等的两部分,隔板与气缸壁光滑接触但不漏气,两部分中分别盛有等质量、同温度的同种气体,气体分子势能可忽略不计,现通过电热丝对气体加热。一段时间后,各自达到新的平衡状态(气缸的形变不计),则(　　)

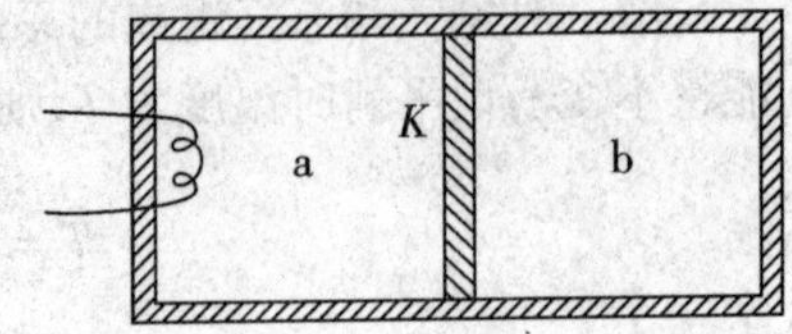

题 3 图

A. 气体 b 的温度变高

B. 气体 a 的压强变小

C. 气体 a 和气体 b 增加的内能相等

D. 气体 a 增加的内能大于气体 b 增加的内能

4. (2008 清华大学)两个热学过程如图实线所示,而 a、b 两图中虚线分别为绝热过程和等温过程,实线分别为甲过程和乙过程,则实际过程中(　　)

A. 均放热　　B. 均吸热

C. 甲过程放热,乙过程吸热　　D. 甲过程吸热,乙过程放热

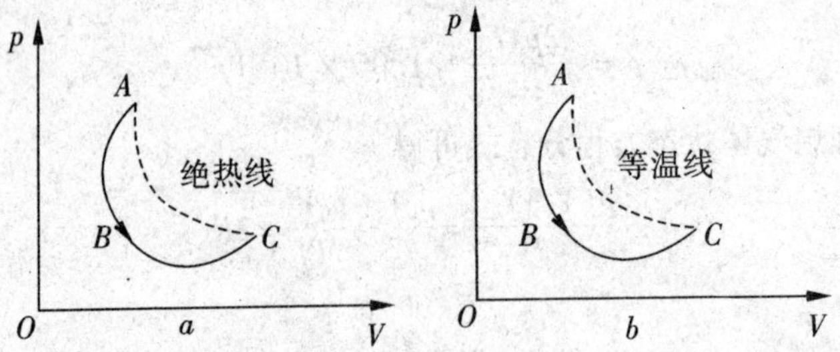

题 4 图

5. (2009 上海交通大学)有四个物体,其中三个的物理性质完全相同,以 A 表示,另一个以 B 表示。若把一个 A 和 B 放在一起时,经过充分的热量交换,A 和 B 组成的系统的温度比 B 的温度高了 5 ℃。再把一个 A 和 $A+B$ 系统放在一起时,经过充分的热量交换,$A+A+B$ 系统的温度比 $A+B$ 的温度高了 3 ℃。若把第三个 A 和 $A+A+B$ 系统放在一起时,经过充分的热量交换,系统的温度比 $A+A+B$ 高________℃(不考虑系统与外界的热量交换)。

6. (2008 上海交通大学)我们夏天在大街上偶尔会看到平板车运输御用特殊场合降温的大型冰块,裸露在空气中的冰块上方不时看到"烟雾缭绕"。有人说这是因为冰块在热空气中运动时,冰块通过与大量空气接触,吸收了空气中的热量而蒸发形成的。你认为这种说法是否正确?请给出你对这一现象的解释。

7. (2008 上海交通大学)目前,市面上销售一种高温高压蒸汽枪,用于家庭厨房的消毒和去污。设蒸汽枪的喷嘴截面积为 2 mm^2,喷气速度为 30 m/s,蒸汽温度为 100 ℃,室温为 23 ℃,试估算蒸汽枪的耗电功率。[已知水的比热容为 $C=4.2\times10^3$ J/(kg · ℃),水的汽化热为 2.26×10^6 J/kg]

8. 有一密闭容器，其体积为22.4 L，温度为 T_1，压强为3 atm，在平衡时容器底部有少量的水。今保持温度 T_1 不变，将容器体积增大一倍，此时容器内压强为2 atm，底部的水恰好消失。若仍然保持温度不变，容器体积再增加一倍，达到4×22.4 L，这时容器内的压强是多少？容器内水和空气的质量各是多少？

9. (2008 清华大学)就黑体辐射而言，辐射最大波长 λ_m 满足：$\lambda_m T=b$（T为黑体的热力学温度，b 是常量），同时黑体单位面积上的辐射功率：$P=\sigma T^4$（σ 为常量）。已知人体的 $\lambda_{m1}=9.6\ \mu\text{m}$，太阳的 $\lambda_{m2}=500.96\ \text{nm}$。

(1)如图所示，真空中有四块完全相同且彼此靠近的大金属板 A、B、C、D 平行放置，表面涂黑（可看成黑体），最外侧两块板的热力学温度各维持为 T_1 和 T_4，且 $T_1>T_4$。当达到热稳定时，求 B 板的温度。

(2)火星距太阳距离为 $400R$（R 是太阳半径）认为火星受热的面积为 πr^2（r 为火星半径），估算火星表面的温度，把火星看作黑体。

10. (武大)在水平放置的平玻璃板上倒一些水银，由于重力和表面张力的影响，水银近似呈圆饼形状（侧面向外凸出），过圆盘轴线的竖直截面如图所示。为了计算方便，水银和玻璃的接触角可按180°计算，已知水银密度 $\rho=13.6\times10^3\ \text{kg/m}^3$，水银的表面张力系数 $\alpha=0.49\ \text{N/m}$。当圆饼的半径很大时，试估算厚度 h 的数值是多少？（取一位有效数字）

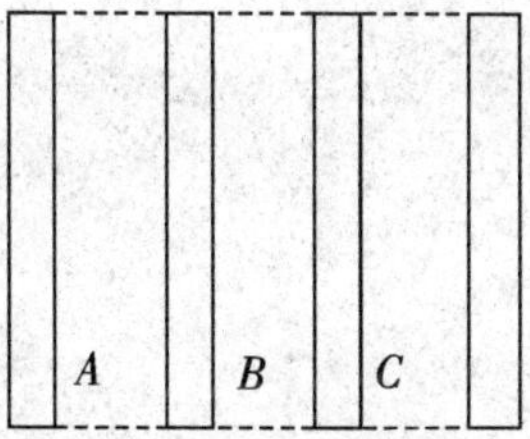

题9图

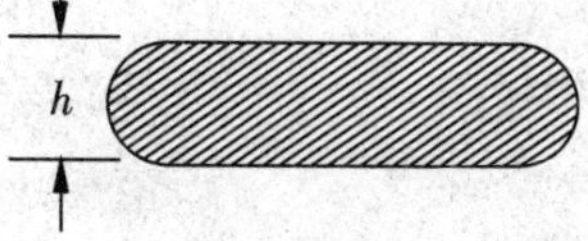

题10图

答案详解

1. AC

2. B

3. AD

4. C

5. 2

6. 不正确。原因是热空气碰到冰时，温度急剧降低，从而使空气中的水蒸气达到饱和，成为饱和水蒸气，进而液化为雾滴，形成“烟雾缭绕”现象。

7. 由 $P\Delta t=\frac{1}{2}\cdot\Delta m\cdot v^2+\Delta m\cdot C\cdot\Delta T+\Delta mL$ 得 $P=\frac{1}{2}\cdot\rho_{汽}\cdot Sv^3+\rho_{汽}Sv\cdot C\Delta T+\rho_{汽}\cdot SvL$，而水蒸气（分子间距离约为水的10倍）密度约为1 kg/m³，所以代入数据可得

$P \approx 155\ \mathrm{W}$。

8. 温度不变，饱和气压不变，$(3-p)\times 22.4=(2-p)\times 2\times 22.4$，$p=1\ \mathrm{atm}$，故水温度为 375 K。利用克拉伯龙方程易得 $m_{气}=4.25\times 10^{-2}\mathrm{kg}$，所以 $m_{水}=2.64\times 10^{-2}\mathrm{kg}$。

9. (1) $E_{2左}+E_{2右}=0$，$E_{2左}=\sigma(T_1^4-T_2^4)$，$E_{2右}=\sigma(T_3^4-T_2^4)$，$E_{3左}+E_{3右}=0$，$E_{3左}=\sigma(T_2^4-T_3^4)$，$E_{3右}=\sigma(T_4^4-T_3^4)$，得 $T_B=\left(\dfrac{2T_1^4+T_4^4}{3}\right)^{\frac{1}{4}}$；(2) 由能量守恒热平衡可得 $T_{火}=210\ \mathrm{K}$。

10. 取一段弧长 $\Delta x\to 0$ 的元侧面，受力如图所示，

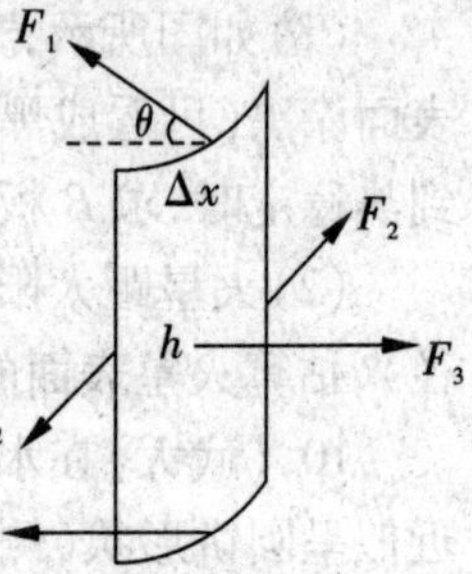

答题10图

因为 $\Delta x\to 0$，所以元侧面受到向里向外的表面张力 F_2 等大反向，相互抵消。由平衡条件可知 $F_1+F_1\cos\theta=F_3$（竖直方向由重力和支持力与 $F_1\sin\theta$ 相平衡，不予考虑），又 $F_1=\sigma\cdot\Delta x$，$F_3=\dfrac{1}{2}\rho ghh\cdot\Delta x$，解得 $h=\sqrt{\dfrac{2a(1+\cos\theta)}{\rho g}}$，$\sqrt{\dfrac{2\sigma}{\rho g}}<h<\sqrt{\dfrac{4\sigma}{\rho g}}$，$h=3\times 10^{-3}\ \mathrm{m}$。

专题十二 静电场

考点热点

一、库仑定律

真空中两个点电荷之间的作用力与它们的电量乘积成正比,与它们的距离平方成反比,作用力在两点电荷的连线上。$F = kQ_1Q_2/r^2$,$k = 9\times10^9\ \text{N}\cdot\text{m}^2/\text{C}^2$ 为静电常量。该定律只适用于真空中静止或相对静止的两个点电荷(均匀带电球体也可以)间的库仑力。

二、电场强度

电荷在电场中受到电场力 F 与其电量 q 的比值叫作电场在该点的电场强度,简称场强,$E = \dfrac{F}{q}$ 或 $F = Eq$ 。场强是矢量,方向与正点电荷的受力方向相同。

点电荷的场强公式:$E = kQ/r^2$。

电场叠加原理:多个电荷在空间中某点产生的合场强,等于各个电荷单独存在时在该点产生的场强的矢量和。

电场线:在电场中引进的假想曲线。曲线上任一点的切线方向表示该点的场强方向,疏密程度(垂直于单位面积上的电场线条数又叫作电通密度,数值上等于场强大小)表示该点的场强大小。静电场中电场线从正电荷出发到负电荷或无穷远终止,或者从无穷远出发到负电荷终止。并且电场线不相交,不相切,不闭合。

三、高斯定理

1. 电通量

穿过电场中某一截面的电通量等于截面面积和电场强度沿截面法向分量的乘积,即 $\Delta\Phi = \boldsymbol{E}\cdot\Delta\boldsymbol{S} = E\Delta S\cos\theta = E\Delta S_{\perp} = \Delta SE_{\perp}$,数值上等于穿过该截面的电场线条数。此处截面 $\Delta\boldsymbol{S}$ 矢量的正方向沿法线方向并指向预先规定的正方向的一侧。θ 为 $\boldsymbol{E}$ 与 $\Delta\boldsymbol{S}$ 方向之间的夹角(图 1),在这样的规定下,当 $\theta < 90°$ 时,电场线穿过 $\Delta\boldsymbol{S}$ 正向一侧,$\Delta\Phi > 0$;当 $90° < \theta < 180°$ 时,电场线穿过 $\Delta\boldsymbol{S}$ 负向一侧,$\Delta\Phi < 0$。

当电场线穿过一个有限大小曲面 $\boldsymbol{S}$ 时,其电通量可以通过其上无限多个小面元上的电通量代数相加得到 $\Phi=\sum_{S}\boldsymbol{E}\cdot\Delta\boldsymbol{S}$，式中求和符号下的 S 表示对 S 上无限多个小面元上的电通量求和。显然，在求和之前，S 上的正法向应先作出规定。若此有限大小的曲面 S 是一个封闭面时，除非特殊约定，外法向为曲面的正法向。

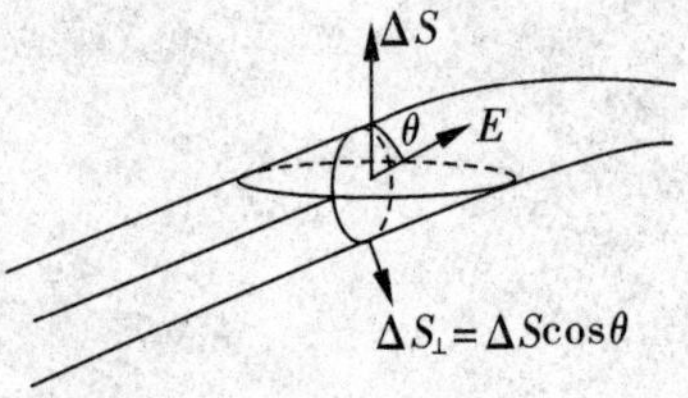

图 1

2. 真空中静电场的高斯定理

静电场中通过任意闭合曲面（高斯面）S 的电通量等于该闭合面内全部电荷代数和的 $4\pi k$ 倍，与面外的电荷无关，这个结论叫高斯定理。高斯定理的数学表达式：$\sum\boldsymbol{E}\cdot\Delta\boldsymbol{S}=4\pi k\sum q_{\text{讷}}$，其中 $\boldsymbol{E}$ 为闭合面 S 上每一个面元 $\Delta\boldsymbol{S}$ 所在处的电场强度，是形成静电场的全体电荷在面元 ΔS 处激发产生的合电场强度，既包括 S 面内的电荷，也包括 S 面外的电荷。等式右边电荷的代数和仅指 S 面内的电荷，而和 S 面外的电荷无关。高斯定理是静电场的普遍规律，对任意闭合曲面都成立，利用高斯定理可以求出具有某种对称性分布的电场的场强。

由高斯定理可得：

(1) 均匀带电球壳的电场：$\begin{cases}\text{球壳内}:E=0\\\text{球壳外}:E=kQ/r^2\end{cases}$

(2) 均匀带电球体的电场：$\begin{cases}\text{球体内}:E=kQr/R^3\\\text{球体外}:E=kQ/r^2\end{cases}$

(3) 无限大均匀带电平面外的电场：$E=2\pi k\sigma$（σ 是平面带电的面密度），为匀强电场。

(4) 无限大带电导体平板外的电场：$E=4\pi k\sigma$，为匀强电场。

(5) 带电导体表面附近的电场：$E=4\pi k\sigma$（可以用高斯定理或高斯定理与场强叠加原理相结合进行证明）。

(6) 平行板电容器内的电场：$E=4\pi k\sigma$。

四、电势

1. 电势能

由于电场力做功与路径无关（或沿某一闭合路径移动电荷，电场力做功等于零），所以电场力是一种保守力。由功能关系可以定义电势能差 $W=-\Delta\varepsilon$，把电荷从电场中某点移到零电势点（或无穷远）电场力做的功等于电荷在该点的电势能 ε。电势能是说明电场具有能量（具有物质性）的直接描述。

2. 电势

电荷 q 在电场中某点的电势能 ε 与其电量之比，或单位正电荷在某点具有的电势能，叫作电场在该点的电势。$\varphi=\varepsilon/q$，电势只与电场本身（场强及场强中某点的位置）有关，与检验电荷无关。

3. 电势差

电场中两点之间的电势之差：$U_{AB}=\varphi_A-\varphi_B=\frac{\varepsilon_A}{q}-\frac{\varepsilon_B}{q}=(\varepsilon_A-\varepsilon_B)/q=W_{AB}/q$。

电势差与场强关系：

匀强电场：$U=Ed$；一般电场：$U=\sum E_i d_i$

4. 点电荷的电势

$\varphi_P=kQ/r$（取无穷远处电势为零）

5. 电势叠加原理

在多个点电荷产生的电场中，任一点的电势等于各个点电荷单独存在时在该点产生的电势的代数和。

均匀带电球壳电势：$\varphi_{内}=kQ/R$，$\varphi_{外}=kQ/r(r\geqslant R)$

6. 等势面

由电势相等的点组成的曲面叫作等势面，等势面有下列性质：

（1）电场线与等势面处处垂直，并且由电势高的等势面指向电势低的等势面。

（2）两等势面不能相交，不能相切，相邻两等势面之间的电势差相等。

（3）在等势面上移动电荷，电场力不做功，电荷的电势能不变。

五、静电平衡

1. 处于静电平衡状态的导体的特性

（1）导体内部场强（外电场和感应电荷电场的合场强）为零，导体内无电场线；导体表面上任一点的场强沿导体表面切向分量为零，电场线处处与导体表面垂直，即导体表面的场强垂直于表面，大小为 $E=4\pi k\sigma$，这就是静电平衡条件。

（2）整个导体（包括表面）是等势体，导体表面是等势面。

（3）导体内部无净电荷，净电荷只分布在导体表面，对于孤立导体，净电荷只分布在外表面上，导体表面电荷面密度 σ 的大小与表面曲率半径有关，曲率半径小处，σ 大，但并没有单一的函数关系。

（4）带空腔导体，若接地，则腔内电场与腔外电场互不影响，称为静电屏蔽；若不接地，腔外电场不影响腔内电场，但是腔内电荷，会影响腔外电场分布。

2. 静电屏蔽

处于静电平衡状态的金属球壳或金属网罩可以使其内部不受外部电场的影响（即外电场和感应电荷电场的合场强为零）这种现象叫作静电屏蔽。接地金属球壳或金属网罩的内部电场对外界也无影响。

六、电容器

1. 电容

任何两个彼此绝缘又互相靠近的导体，都可以看成一个电容器。电容器所带电量与它两极板电势差的比值，叫作电容器的电容，用公式 $C=Q/U$ 来表示，对于平行板电容器，当板间充满电介质时，板间可以看作匀强电场，板间场强可用 $E=\frac{U}{d}$ 表示，同时，板间场强可视作两个无限大均匀带电平面的合场强，$E=\frac{4\pi k\sigma}{\varepsilon}$（$\varepsilon$ 是平行板电容器内充满的电介质的相对介电常数）。由此得平行板电容器的电容为 $C=\frac{Q}{U}=\frac{Q}{Ed}=\frac{\varepsilon S}{4\pi kd}$。电容器的电容仅与电容器本身性质（板间的距离 d，两板的正对面积 S 和电介质的相对介电常数 ε，真空 $\varepsilon=1$）有关，而与它所带电量、板间电压无关。即使电容器不带电，其电容值依然不变。因此，电容是反映电容器本身性质的物理量。

孤立导体球也能带电，它也具有电容。利用电容定义及均匀带电球面周围的电势公式可以推导出孤立导体球的电容决定式：

$$C=\frac{Q}{U}=Q/\frac{kQ}{R}=\frac{R}{k}。$$

孤立导体的电容可以理解为孤立导体与无穷远处另一个无限大极板间的电容，二者的电势差就是孤立导体的电势。带电金属小球接地，可以看作两个球形电容并联，由于地球的半径比小球半径大得多，所以几乎所有电荷都流向大地。

2. 电容器的储能

我们知道，当两点间的电势差恒为 U 时，将点电荷从低电势点移至高电势点，增加的电势能为 $\Delta E=qU$。

电容器充电的过程，也是将正电荷从低电势点移至高电势点的过程，但是电容器充电的过程中极板间的电势差是不断升高的，所以计算电容器储存的静电场能时，要把电势差不断升高的因素考虑进去。

图2是根据电容的定义画出的电容器两极板间的电压随它所带的电量而变化的函数关系。它的斜率是 $1/C$。图2中把图线下的面积划分为许多阶梯小条。每一小条的面积相当于将电量 ΔQ 从一个极板搬送到另一个极板时，克服电场力所做的功。由于 ΔQ 很小，可以认为在这一过程中，极板电压保持不变，仍为 U_i。因此在这一小过程中，电容器所增加的电能为：$\Delta E_i=U_i\Delta Q$。

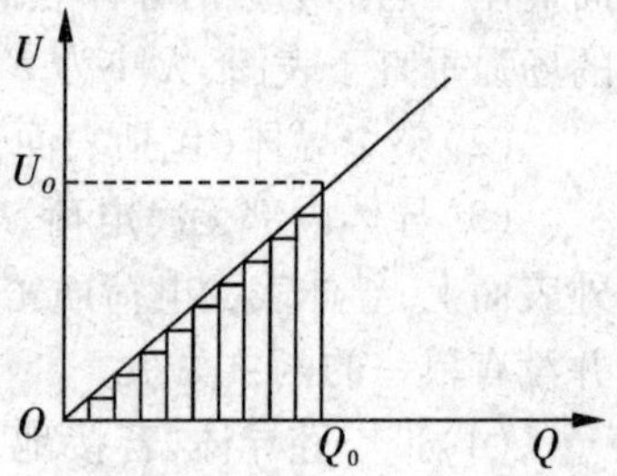

图2

当电容器极板间的电压从零增至 U 时，所增加的静电场能就是这一过程中电容器储存的能：

$$E=\sum\Delta E_i=\sum U_i\cdot\Delta Q$$

不难看出，其数值正好等于图线下的许多小条面积之和。当阶梯形小条足够多，每一个小条足够小时，这些小条的总面积就趋近于图线下的三角形面积：

$$E=\sum U_i\cdot\Delta Q=\frac{1}{2}UQ（或者利用微积分知识可得 E=\int_0^Q U\mathrm{d}Q=\int_0^Q\frac{Q}{C}\mathrm{d}Q=\frac{Q^2}{2C}）$$

因此充电后电容器储存的电能为

$E=\frac{1}{2}UQ=\frac{1}{2}CU^2=\frac{Q^2}{2C}$（注：不能用点电荷间的电势能推导方法，因为板间距离很大时，不再是电容器了）。

值得注意的是，在电容器充电过程中，电源提供的能量为：$E_0=UQ$，而电容器所得到的能量为：$E=\frac{1}{2}UQ=\frac{1}{2}E_0$，也就是说，在充电过程中，电容器仅得到了电源提供能量的一半，另一半在充电过程中消耗在电路的电阻上而转化为内能，或以电磁波的形式辐射出去。

3. 电容器的连接

串联：把未充电的电容分别为 C_1、C_2、…、C_n 的电容器的两极板依次分别连接，如图 3 所示，叫作电容器的串联。

将串联电容器组接入电源后，有以下特点：

（1）各电容器所带电量相等：$Q_1=Q_2=\cdots=Q_n=Q$。

（2）各电容器电压之和等于电容器组的总电压：$U_1+U_2+\cdots+U_n=U$。

（3）串联电容器组的电容 C 的倒数等于各个电容器电容的倒数之和。

$$\frac{1}{C_1}+\frac{1}{C_2}+\cdots+\frac{1}{C_n}=\frac{1}{C}$$

（4）串联电容器间的电压分配与各电容器的电容成反比。

$$C_1U_1=C_2U_2=\cdots=C_nU_n=CU$$

（5）串联电容器间的能量分配与各电容器的电容成反比。

$$C_1W_1=C_2W_2=\cdots=C_nW_n=CW$$

并联：把未充电的各电容器的两极板分别接在一起，如图 4 所示，叫作电容器的并联。

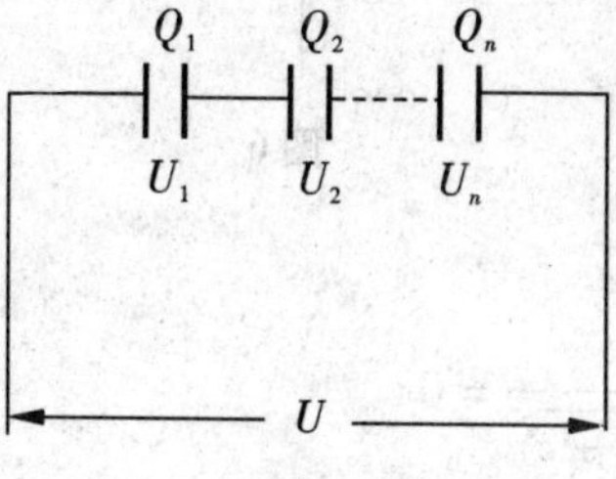

图 3

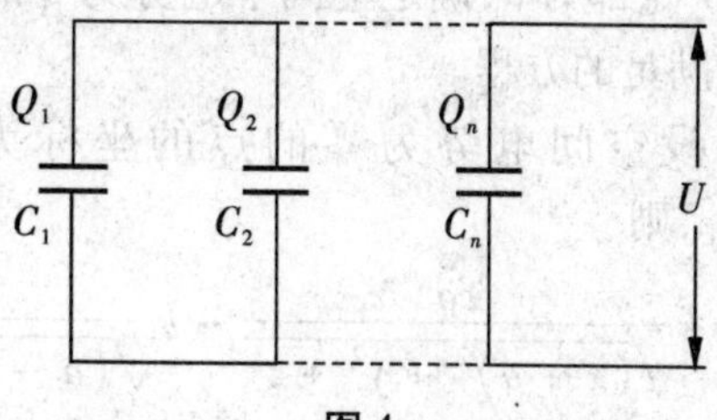

图 4

将并联电容器组接入电源后，有以下特点：

（1）各电容器的电压相等：$U_1=U_2=\cdots=U_n=U$

（2）各电容器所带电量之和等于电容器所带的总电量：$Q_1+Q_2+\cdots+Q_n=Q$

（3）并联电容器的总电容 C 等于各个电容器的电容之和：$C_1+C_2+\cdots+C_n=C$

（4）并联电容器间的电量分配与各个电容器的电容成正比：

$$\frac{Q_1}{C_1}=\frac{Q_2}{C_2}=\cdots=\frac{Q_n}{C_n}=\frac{Q}{C}$$

（5）并联电容器间的能量分配与各个电容器的电容成正比：

$$\frac{W_1}{C_1}=\frac{W_2}{C_2}=\cdots=\frac{W_n}{C_n}=\frac{W}{C}$$

典型例题:

例 1 (2010 清华大学、2012 卓越)如图 5(a)所示,用等长绝缘线分别悬挂两个质量、电量都相同的带电小球 A 和 B,两线上端固定于 O 点,B 球固定在 O 点正下方。当 A 球静止时,两悬线夹角为 θ。能保持夹角 θ 不变的方法是( )

A. 同时使两悬线长度减半

B. 同时使 A 球的质量和电量都减半

C. 同时使两球的质量和电量都减半

D. 同时使两悬线长度和两球的电量都减半

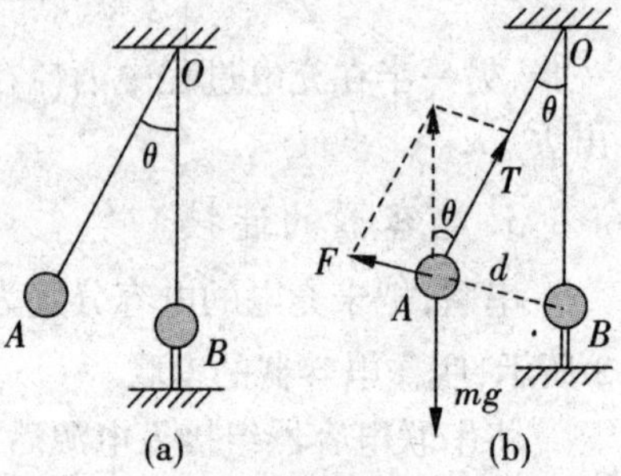

图 5

解 设两球距离为 d,分析 A 球的受力如图 5(b)所示,图中 $F=k\frac{q_A\cdot q_B}{d^2}$,

由平衡条件及三角形相似得 $T=mg$,

$2\,mg\sin(\theta/2)=F, d=2l\cdot\sin\frac{\theta}{2}$。

易知选 BD。

例 2 (2011 北京大学)如图 6 所示,在空间坐标系 $Oxyz$ 中,A、B 两处固定两个电量分别为 cq 和 $-q$ 的点电荷,A、B 位于 O 点两侧,距离 O 点都为 a,确定空间中电势为零的等势面所满足的方程。

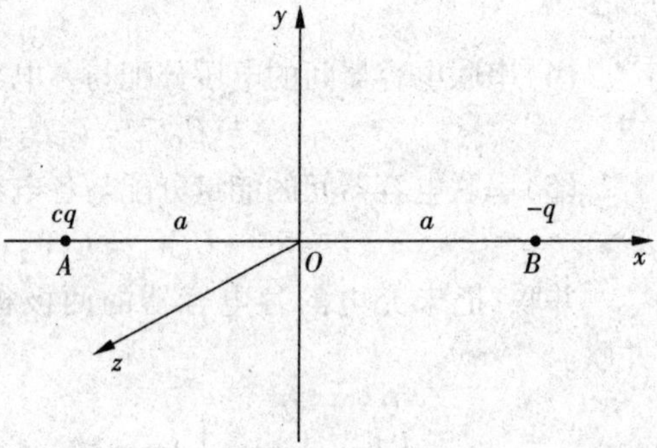

图 6

解 设空间电势为零的点的坐标为 $P(x,y,z)$,则

$$U_P=k\frac{cq}{\sqrt{(x+a)^2+y^2+z^2}}-k\frac{q}{\sqrt{(a-x)^2+y^2+z^2}}=0$$

即
$$\left(x-\frac{c^2+1}{c^2-1}a\right)^2+y^2+z^2=\frac{4\,c^2a^2}{(c^2-1)^2}$$

$c=1$ 时为平面:$x=0$,$c\neq 1$ 时为球面:球半径 $\left|\frac{2ac}{c^2-1}\right|$。

例 3 如图 7 所示,半径为 R 的均匀带电半球壳,带电量为 q,球心为 O,P、Q 为轴上对称的两点 $PO=QO$。若已知 P 点的电势为 U_P,求 Q 点电势 U_Q。

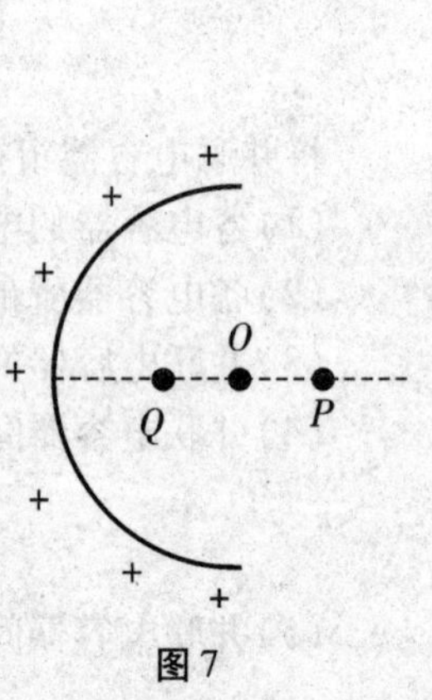

图 7

解 如果在带电半球右边再补上完全相同的带电半球壳,总带电量为 $2q$。由于对称性,左半球在 Q、P 点的电势与右半球在 P、Q 点的电势分别相同,带电量为 $2q$ 的均匀带电球壳在 P、Q 点

产生的电势等于在球心处电势，即 $U_Q + U_P = 2kq/R$ 得 $U_Q = \frac{2kq}{R} - U_P$。

例4 半径为 R 的光滑半圆环竖直放置，圆环底端固定电量 $Q(Q>0)$ 的点电荷[图8(a)]。质量为 m、电量为 $q(q>0)$ 的小环套在圆环上从右侧最高点静止释放，则(1)小环达到最大速度时，小环与 O 连线与水平方向的夹角 θ 满足的方程如何？(2)在(1)的情况下，如果 θ 已知，求小球的最大速度。点电荷的电势可以表示为 $U = kQ/r$。

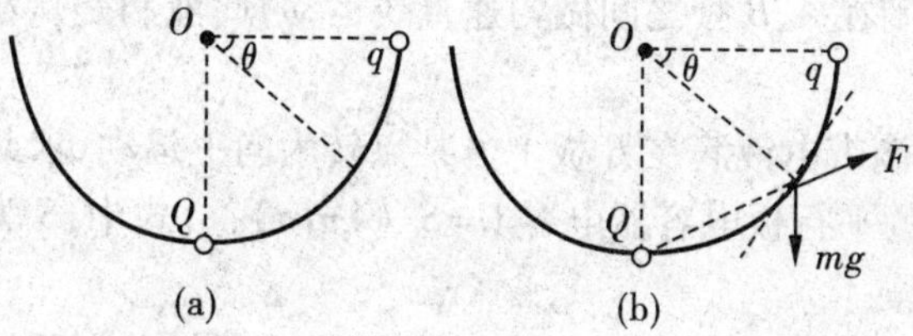

图8

解 (1)设小环到图8(b)所示位置时速度最大，此时小环受到的合力沿圆弧切线方向的分力为0，则 $mg\cos\theta = F\cos(45° - \frac{\theta}{2})$，其中 $F = k\frac{Qq}{4R^2\sin^2(45° - \frac{\theta}{2})}$

(2)对小环而言，因只有重力和库仑力做功，故

$k\frac{Qq}{\sqrt{2}R} + mgR\sin\theta = k\frac{Qq}{2R\sin(45° - \frac{\theta}{2})} + \frac{1}{2}mv^2$ 由此可得

$$v = \sqrt{2Rg\left[2\cos\theta\tan(45° - \frac{\theta}{2})(\cos\frac{\theta}{2} - \sin\frac{\theta}{2} - 1) + \sin\theta\right]}$$

例5 连接两个相同的水平放置的平板空气电容器，充电后电容器 A 中的带电微粒 P 刚好静止地悬浮着. 撤去电源，将电容器 B 的两板水平地错开，使两板相对的面积减小为原来的一半。试求此时带电微粒 P 在竖直方向运动的加速度。

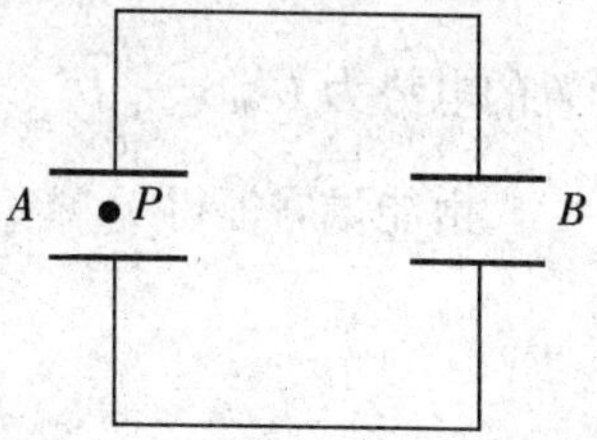

图9

解 设开始时，A、B 的电容均为 C，电量均为 Q，电压为 U，两板间的距离为 d，则两板间的电场强度为：$E = U/d = Q/(Cd)$，以带电微粒 P 为研究对象列平衡方程：$qE = mg$。

电容器 B 的两板错开后，使相对面积减半，故 B 的电容减为 $C/2$。在已经断开电源的情况下，虽然电容器的电容发生变化，但两电容器 A、B 的总电量不发生变化：$Q_{总} = Q_A + Q_B$，两电容的总电容变为：$C_{总} = C + \frac{C}{2} = 3C/2$

两电容器并联电压相同，电压变为：$U' = Q_{总}/C_{总} = 4Q/3C$

因此，电容器 A 中的场强大小变为：$E' = U'/d = 4Q/(3Cd) = 4E/3$

以微粒 P 为研究对象，列动力学方程：$ma = qE' - mg = 4qE/3 - mg = mg/3$ 得 $a = g/3$

因此，A、B 两板水平错开一些，微粒 P 的加速度 $a = g/3$，方向竖直向上。

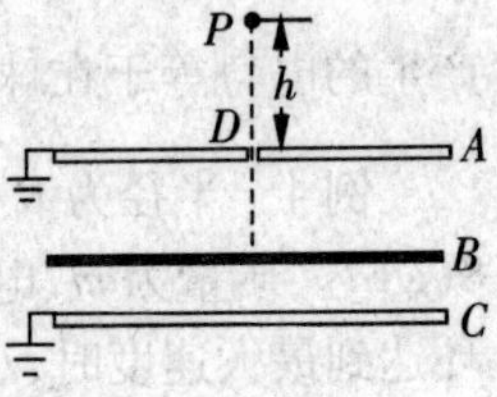

图10

例6 (2010 清华大学)如图10,三个面积均为S的金属板A、B、C水平放置,A、B相距d_1,B、C相距d_2,A、C接地,构成两个平行板电容器。上板A中央有小孔D。B板开始不带电。质量为m、电荷量为$q(q>0)$的液滴从小孔D上方高度为h处的P点由静止一滴一滴落下。假设液滴接触B板可立即将电荷全部传给B板。液滴间的静电相互作用可忽略,重力加速度取g。

(1)若某带电液滴在A、B板之间做匀速直线运动,此液滴是从小孔D上方落下的第几滴?

(2)若发现第N滴带电液滴在B板上方某点转为向上运动,求此点与A板的距离H。

[以空气为介质的平行板电容器电容$C=S/(4\pi kd)$, 式中,S为极板面积,d为极板间距,K为静电力常量。]

解 (1)根据题意,A、B板与B、C板构成的两个平行板电容器的电容分别为:

$$C_1=\frac{S}{4\pi kd_1},\quad C_2=\frac{S}{4\pi kd_2}$$

$(n-1)$滴带电液滴落到B板上后,电量分布在B板的上下两侧面,设带电量分别为Q_1和Q_2,则$Q_1=C_1U$,$Q_2=C_2U$,$Q_1+Q_2=(n-1)q$

A、B板之间的电场强度为 $E_1=U/d_1$

由于第n滴带电液滴在A、B板之间做匀速直线运动,有$qE_1=mg$

联立以上各式得$n=\frac{mgS}{4\pi kq^2}(1+\frac{d_1}{d_2})+1$

(2)当第$N-1$滴带电液滴落在B板上后相应电势以及其上下表面所带电荷量分别记为U'、Q_1'和Q_2'。B板所带电荷量为$Q_1'+Q_2'=(N-1)q$

第N滴带电液滴会在下落到离A板距离为$H(H<d_1)$时,速度为零,此时液滴所在位置的电势为$U'_H=\frac{H}{d_1}U'$

由能量守恒得

$$qU'_H=mg(h+H)$$

$$H=\frac{mghS(1+d_1/d_2)}{4\pi kq^2(N-1)-mgS(1+d_1/d_2)}$$

例7 (2005 年中国科技大学)如图11(a)坐标系中,弧AC是以B点为圆心,BA为半径的一段圆弧,$OB=L$,$OC=2L$,D为OC的中点,在D点固定一电荷量为Q的带正电的点电荷,试确定弧AC上电势最高点处的场强。

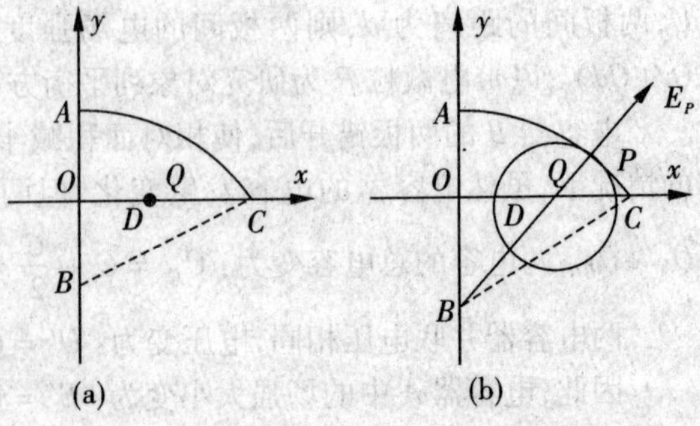

图11

解 设弧AC上P点电势最高,由于点电荷电场的等势面是一簇球面,易知正点电荷Q过P点的等势面必与弧AC相切,且为 AC 的内切圆。据此,连接 BD 并延长与弧 AC 的交点即是 P 点,点 P 的电场方向如图 11(b)所示沿 BD 方向。

$BP=BC=\sqrt{L^2+(2L)^2}=\sqrt{5}L$, $BD=\sqrt{L^2+L^2}=\sqrt{2}L$, $DP=BP-BD=(\sqrt{5}-\sqrt{2})L$,

所以 P 点的场强为 $E_P=k\dfrac{Q}{(DP)^2}=k\dfrac{Q}{(\sqrt{5}-\sqrt{2})^2L^2}$,$P$ 点的场强方向与 x 轴正方向成 45° 角。

例 8 (2007 电子科技大学)半径为 a 的导体球外同心放置一个半径为 b 的不带电导体薄球壳,在离球心距离为 $d(d>b)$ 处有一个带电量为 q 的固定点电荷,现让内导体球接地,如图 12 所示,静电平衡后,试求:

(1)内导体球上电荷量;

(2)外导体球壳电势。

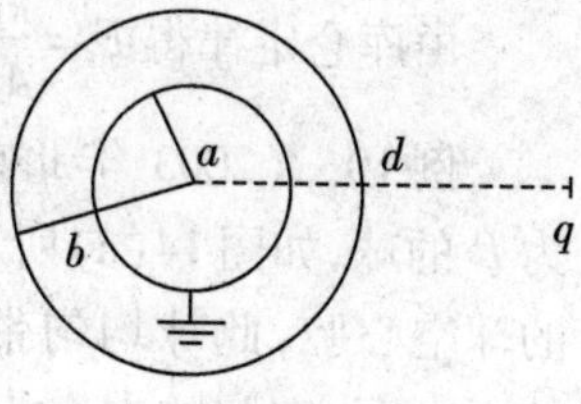

图 12

解 设球壳外表面带电为 q_a,则其内表面带电 $-q_a$,且均匀分布。内球体表面带电 q_a 且均匀分布。

(1)所有电荷在内球球心处(及内球的其他处)的总电势为

$$k\frac{q}{d}+k\frac{q_a}{a}+k\frac{-q_a}{b}+k\frac{q_a}{b}=0,\text{解得 } q_a=-\frac{a}{d}q$$

(2)外球壳到内球体的电势差即为外球壳的电势。

所以 $U_b=kq_a\left(\dfrac{1}{b}-\dfrac{1}{a}\right)=\dfrac{kq}{d}\left(1-\dfrac{a}{b}\right)$。

例 9 (2010 华约)静电学理论指出,对于真空区域,只要不改变该区域内的电荷分布及区域边界的电势分布,此区域内的电场分布就不会发生改变。试由上述结论及导体静电平衡的性质论证:在一接地的无穷大导体平板上方与导体板相距 h 处放置一电荷量为 Q 的点电荷,如图 13(a),则导体板对该点电荷作用力的大小为 $F=\dfrac{kQ^2}{4h^2}$(k 为静电力常量)。

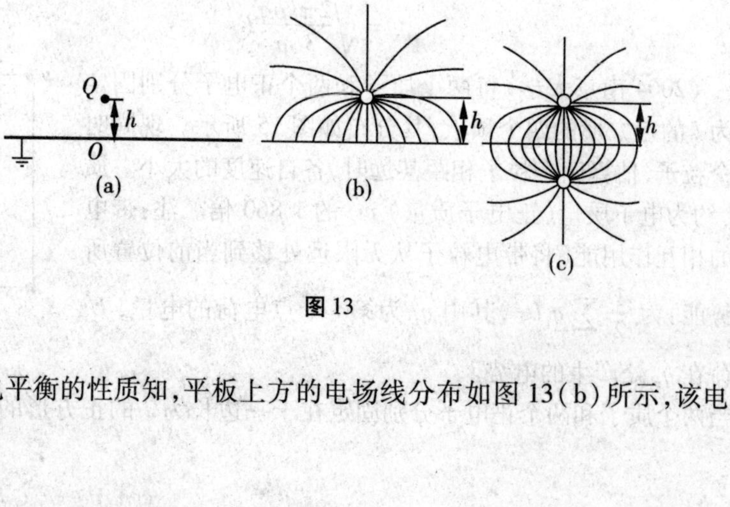

图 13

解 由静电平衡的性质知,平板上方的电场线分布如图 13(b)所示,该电场线分布的特点与两个等量异号点电荷电场的电场线分布特点相同，所以设想把导体板上表面的感应电荷用一电荷量为 $Q'=-Q$ 的点电荷替代，并且 Q' 与 Q 关于平板所处的平面对称。此时空间电场的分布如图 13(c)所示。

这样的替换既没有改变求解区域内的电荷分布，又满足了导体板上表面所在位置电势为零的条件。因此，在零等势面上方区域内电场分布与题给电场分布相同。所以导体板上感应电荷在 Q 点产生的电场与点电荷 $-Q$ 在 Q 点产生的电场相同，导体板上感应电荷对点电荷 Q 的作用力与点电荷 $-Q$ 对点电荷 Q 的作用力相同。

由库仑定律得 $F=\dfrac{kQ^2}{4h^2}$，作用力为引力。

例 10 (2003 年北京大学)一个半径为 R 的球，如图 14(a)所示挖去半径为 $R/2$ 的球空心腔，此球均匀带上电荷密度为 ρ 的正电荷，空腔的中心为 O' 点，在其正下方 A 点固定一个电荷量为 $+q$，质量为 m 的小珠，设小珠与球之间无电荷量交换，并不计小珠的重量，将固定小珠无初速释放，求它运动速度的最大值。

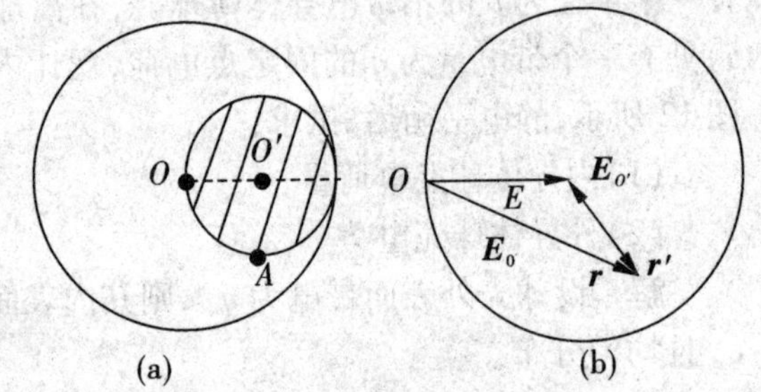

图 14

解 此球可看成是半径为 R、体电荷密度为 ρ 的球 O 与半径为 $R/2$、体电荷密度为 $-\rho$ 的球 O' 的叠加。半径为 R、体电荷密度为 ρ 的球内离球心距离为 $r(r\leqslant R)$ 的任一点场强，相当于半径为 r、体电荷密度为 ρ 的球内电荷集中在球心处在该点产生的场强，如图 14(b)所示，$E_0=k\dfrac{\frac{4}{3}\pi r^3\rho}{r^2}=\dfrac{4}{3}\pi k\rho r$，方向由球心 O 指向该点；$E_{o'}=k\dfrac{\frac{4}{3}\pi r'^3\rho}{r'^2}=\dfrac{4}{3}\pi k\rho r'$，方向由球心 O' 指向该点。

则合场强 $\boldsymbol{E}=\boldsymbol{E}_O+\boldsymbol{E}_{O'}=\dfrac{4}{3}\pi k\rho\boldsymbol{r}+\dfrac{4}{3}\pi k\rho\boldsymbol{r'}=\dfrac{4}{3}\pi k\rho\boldsymbol{OO'}$，所以 $E=\dfrac{2}{3}\pi k\rho R$，方向由 O 指向 O'。因此小球到达腔的最右端时速度最大，由动能定理，有 $qE\dfrac{R}{2}=\dfrac{1}{2}mv_{\max}^2$ 得

$$v_{\max}=\sqrt{\frac{2\pi k\rho q}{3\ m}}R$$

例 11 (2004 南京大学)将两个质子和两个正电子分别固定在一边长为 l 的正方形的四个顶点，其分布如图 15 所示。现同时释放这四个粒子，估算四个粒子相距甚远时，各自速度的大小。质子质量 m_p 约为电子质量(正电子质量) m_e 的 1 860 倍。注：带电粒子系统的相互作用能(将带电粒子从无限远处移到当前位置所增加的电势能)为 $\dfrac{1}{2}\sum q_iU_i$，其中 q_i 为第 i 个点电荷的电量，U_i 为其他电荷在 q_i 处产生的电势。

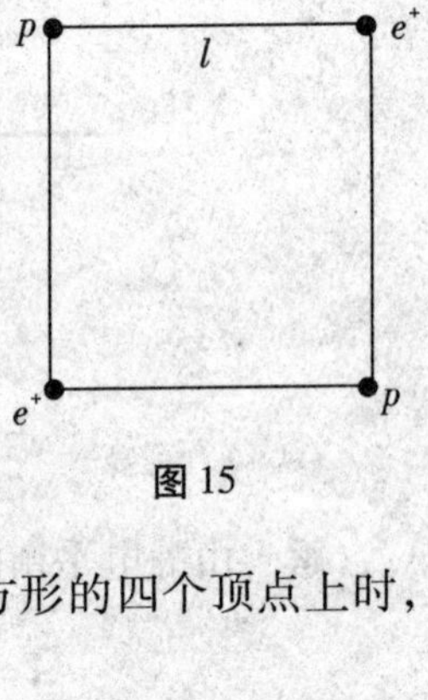

图 15

解 当两个质子和两个正电子分别固定在于一边长为 l 的正方形的四个顶点上时，

系统的相互作用能为 $4k\frac{e^2}{l}+2k\frac{e^2}{\sqrt{2}l}$。由于正电子质量远小于质子质量，近似地，可以认为当正电子跑得足够远时，质子还基本保持原位，这样近似有

$$4k\frac{e^2}{l}+2k\frac{e^2}{\sqrt{2}l}=2\frac{1}{2}m_e v_e^2+k\frac{e^2}{\sqrt{2}l},\ v_e=\sqrt{\frac{ke^2}{m_e l}\left(4+\frac{\sqrt{2}}{2}\right)}。$$

最后，两个质子分开，有 $k\frac{e^2}{\sqrt{2}l}=2\frac{1}{2}m_p v_p^2,\ v_p=\sqrt{\frac{ke^2}{\sqrt{2}m_p l}}$。

例 12 如图 16 所示，半径为 R 的导体球壳接地，现有一点电荷 $+q$ 放在球外距球心为 $a(a>2R)$ 的 P 位置，求：

(1) $+q$ 受到的库仑力；

(2) 在连线 OP 上距 O 点 $x=d(a>d>R)$ 处的场强。

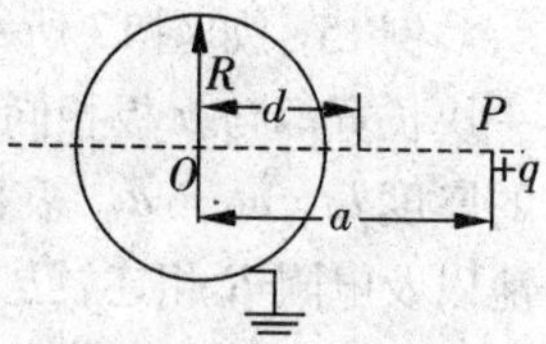

图 16

解 由对称性可知，感应电荷 q' 可等效为在 OP 连线上的到球心距离为 $r(r<R)$ 的点电荷。为使球面等势且 $U=0$

则有 $$\frac{Kq}{a-R}+\frac{Kq'}{R-r}=0 \quad ①$$

$$\frac{Kq}{a+R}+\frac{Kq'}{R+r}=0 \quad ②$$

(1) 由库仑定律得 $$F=\frac{Kqq'}{(a-r)^2} \quad ③$$

联立①②③式得 $F=\frac{-Kq^2aR}{(a^2-R^2)^2}$，负号表示库仑力为引力。

(2) 由场强叠加原理得 $$E=\frac{K^q}{(a-d)^2}-\frac{kq'}{(d-r)^2} \quad ④$$

联立①②④式得 $E=kq[(a-d)^{-2}+aR(ad-R^2)^{-2}]$。

注：第(1)问也可以利用导体球上任意一点的场强方向沿切线方向分量为零求解，读者可以自行解答。

例 13 （上海交通大学）有一孤立的平行板电容器，平板间的距离为 d。设该电容器极板带电 Q 时，平板间的电势差为 U。若再在两平板间平行插入厚度为 l，且具有与电容器极板面积相同的金属平板，外界要做的功为多少？

解 方法一：原来电容器电容为 $C=S/(4\pi kd)$，后来变为 $C'=S/4\pi k(l-d)$，故 $C'=dC/(l-d)$。电容器与电源断开后电荷量不变，故此过程外界做的功为 $W=Q^2/2C'-Q^2/2C=-Q^2l/2Cd=-QUl/2d$。

方法二：电容器间插入金属板，相当于将原电容器的极板间距离减小 l，由功能关系可得 $W=-QE\cdot l=-\frac{QUl}{2d}$。

例 14 平板电容器具有电容 C，其一个极板所带电荷量为 $+q$，而另一个极板所带电荷量为 $+4q$，求电容器两极板间的电势差。

解 如果平板电容器两个极板所带电荷量分别为 $+Q$ 和 $-Q$，那么两板间的电场强度 $E=Q/Cd$，这个电场等于两个极板相同电场之和，所以一个均匀带电的一个极板的电

场强度等于 $\frac{Q}{2Cd}$。

由以上分析可知，所带电荷量 $+q$ 的极板产生的电场强度等于 $\frac{q}{2Cd}$，而电荷量 $+4q$ 的极板产生的电场强度等于 $\frac{2q}{Cd}$，两个极板产生的电场强度方向相反，所以两极板之间的电场强度 $E=\frac{2q}{Cd}-\frac{q}{2Cd}=\frac{3q}{2Cd}$，两极板之间的电势差 $U=Ed=\frac{3q}{2C}$。

例 15 如图 17 所示，ad 为一平行板电容器的两个极板，bc 是一块长宽都与 a 板相同的厚导体板，平行地插在 a、d 之间，导体板的厚度 $bc=ab=cd$。极板 a、d 与内阻可忽略的电动势为 ε 的蓄电池以及电阻 R 相连，已知在没有导体板 bc 时电容器 ad 的电容为 C。现将导体板 bc 抽走，设已知抽走过程中所做的功为 A，求该过程中电阻 R 上消耗的电能。

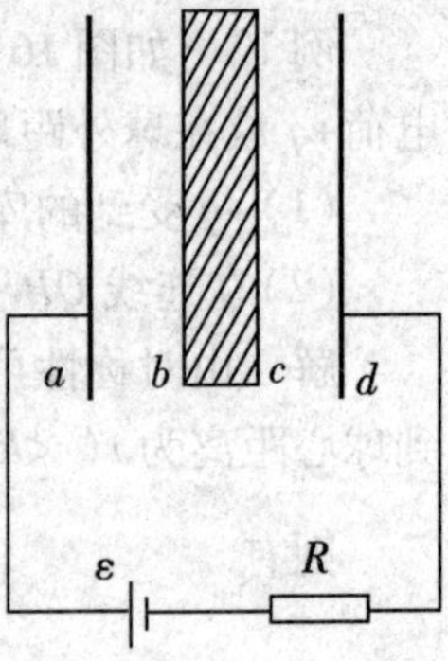

图 17

解 没有导体板 bc 时，电容器 ad 的电容为 C，当有 bc 存在时，电容器的电容 C' 相当于电容器 ab 和 cd 串联，而每个电容器都是 $3C$（因距离减为原来的 $\frac{1}{3}$），所以 $\frac{1}{C'}=\frac{1}{3C}+\frac{1}{3C}$，$C'=\frac{3}{2}C$，

电容器中的电能减少量为：$\Delta E_1=\frac{1}{2}C'E^2-\frac{1}{2}CE^2=\frac{1}{4}CE^2$

电容器极板上电量减少量为：$\Delta Q=C'E-CE=\frac{1}{2}CE$

由此可知对电源充电电能为：$\Delta E_2=\Delta QE=\frac{1}{2}CE^2$

用 W 表示电阻上消耗的电能，由能量守恒可知：$A+\Delta E_1=\Delta E_2+W$

所以 $W=A+\Delta E_1-\Delta E_2=A-\frac{1}{4}CE^2$

例 16 如图 18 所示带电量为 Q，半径为 R 的带电圆环，如果要使得在直径 AB 上保证无电场，则环上的电荷要怎么分布？此时直径上的电势为多大？

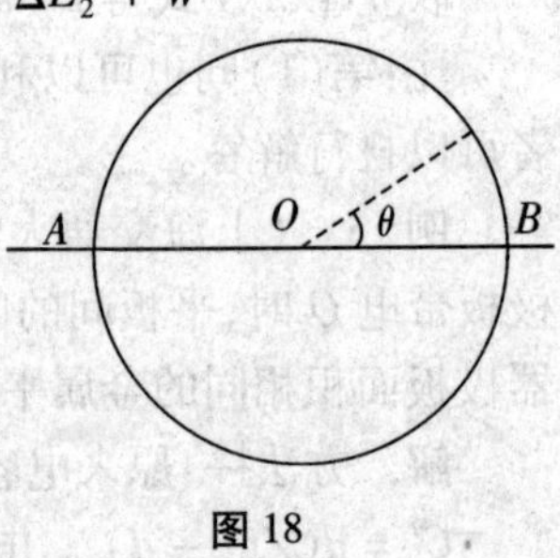

图 18

解 考虑到均匀带电的球壳在球内场强 $E=0$，即 AB 上无电场即是等势的，如图 18 所示，应用电势的叠加原理，只需将半径为 $r=R\sin\theta$ 的宽为 $\Delta L=R\Delta\theta$ 的小圆环上的电量 ΔQ 分布在 O 处 $R\Delta\theta$ 的两段圆弧上，即可实现在 AB 直径上的无电场，即等势的。$(Q/4\pi R^2)[2\pi(R\sin\theta)(R\Delta\theta)]=2\lambda R\Delta\theta$，所以 $\lambda=Q\sin\theta/4R$，即 λ 为所求的圆环的带电线密度。此时直径上的电势 $U=U_0=kQ/R$。

专题训练

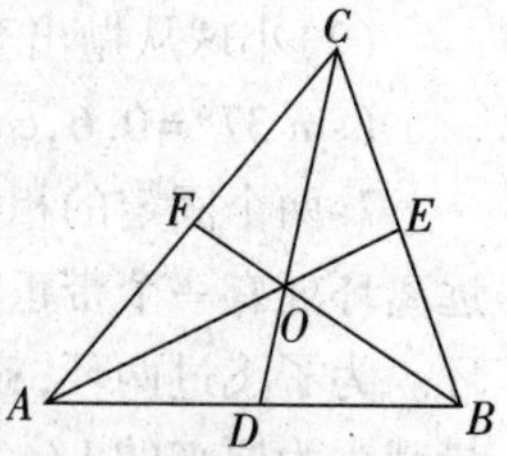

题 1 图

1. 如图所示，在匀强电场中有 ΔABC，该三角形平面与电场线平行，O 为三条中线 AE、BF、CD 的交点。将一电荷量为 1.0×10^{-8} C的正点电荷从 A 点移动到 C 点，电场力做的功为 3.0×10^{-7} J；将该点电荷从 C 点移动到 B 点，克服电场力做的功为 2.0×10^{-7} J，设 C 点电势为零。由上述信息通过计算或作图不能确定的是（　　）

A. 匀强电场的方向　　B. 过 A 点的等势线

C. O 点的电势

D. 将该点电荷沿直线 AO 由 A 点移到 O 点动能的变化量

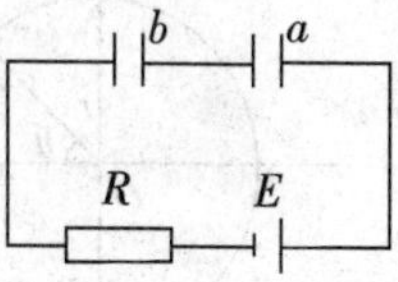

题 2 图

2. 如图所示，把以空气为介质的两个平行板电容器 a 和 b 串联，再与电阻 R 和电动势为 E 的直流电源如图连接。平衡后，若把一块玻璃板插入电容器 a 中，则再达到平衡时，有（　　）

A. 与玻璃板插入前比，电容器 a 两极间的电压增大了

B. 与玻璃板插入前比，电容器 a 两极间的电压减小了

C. 与玻璃板插入前比，电容器 b 贮存的电能增大了

D. 玻璃板插入过程中电源所做的功等于两电容器储存总电能的增加量

3. 如图所示，在水平放置的光滑金属板中点的正上方有带正电的点电荷 Q，一个表面绝缘带正电的金属球（可视为质点，且不影响原电场）自左以速度 v_0 开始在金属板上向右运动，在运动过程中（　　）

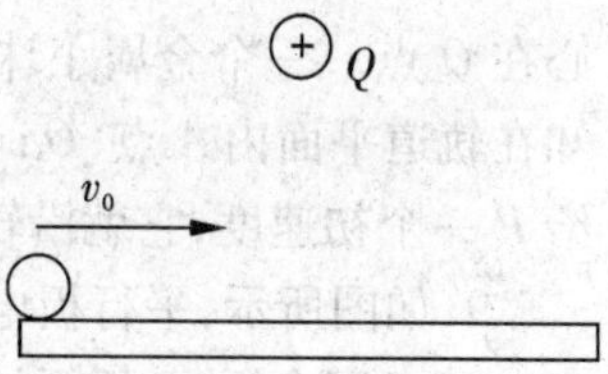

题 3 图

A. 小球先减速运动后加速运动

B. 小球做匀速直线运动

C. 小球做匀速运动

D. 以上说法都不正确

4. 如图所示，一带正电的小球 A 系于绝缘轻弹簧的一端，弹簧悬于 O 点，当小球 A 静止时，它产生的电场在其正下方 P 点的场强的大小为 E_A，现在 A 与 P 之间距 P 点给定距离处固定放置一带负电的小球 B，当只有 B 存在时，它产生的电场在 P 点的场强大小为 E_B，当 A、B 同时存在并都处于静止状态时，根据场强叠加原理，P 点的场强大小应为（　　）

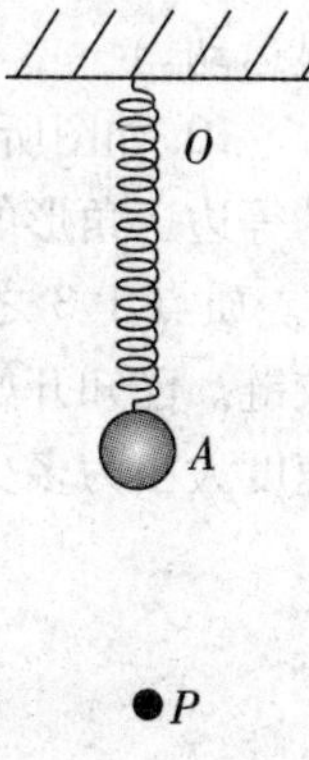

题 4 图

A. E_B　　B. E_A+E_B

C. $|E_A-E_B|$　　D. 以上说法都不对

5. 有一个匀强电场，电场线和坐标 xOy 平面平行，以原点为圆心、半径 $r=5$ cm 的圆周上任意一点 P 的电势 $U=(40\sin\theta+25)$ V，θ 为 O、P 两点连线与 x 轴的夹角，如图所示，求该匀强电场场强的方向和大小。

6. 在足够大的真空空间中，存在水平向右的匀强电场，若用绝缘细线将质量为 m 的带正电小球悬挂在电场中，静止时细线与竖直方向夹

角 θ=37°。撤去细线,现将该小球从电场中的 A 点竖直向上抛出,抛出的初速度大小为 v_0,如图所示,求:

(1)小球在电场内运动过程中的最小速率。

(2)小球从抛出至达到最小速率的过程中,电场力对小球做的功。

(sin 37°=0.6,cos 37° =0.8)

7. 两个固定的相同金属环相距某一距离同轴放置,如图所示,两环带异号等量电荷。远离环处有一个带正电粒子(重力不计),沿着通过两环中心并且垂直于环面的直线飞向环。为了飞过两环,粒子应该具有最小初速度为 v_0,如果两环所带电荷的种类不变,而电量减少为原来的 $1/n$ 时,粒子在无穷远处的速度仍为 v_0。求粒子在飞向两环过程中最大速度和最小速度之比。

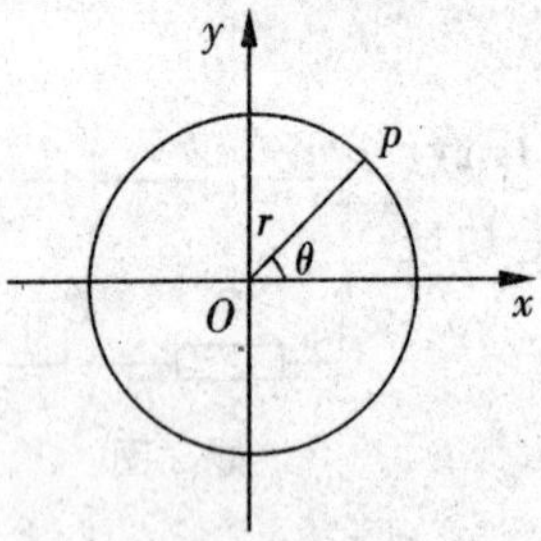

题 5 图

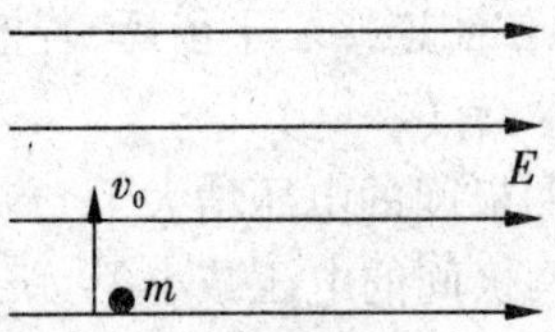

题 6 图

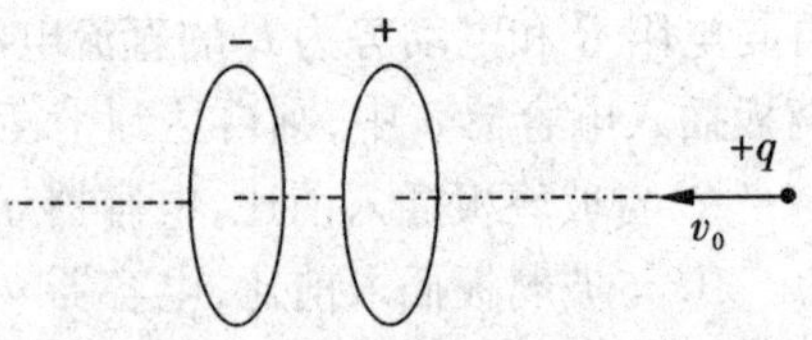

题 7 图

8. 如图所示,一个由绝缘细线构成的刚性圆形轨道,其半径为 R,此轨道水平放置,圆心在 O 点。一个金属小珠 P 穿在此轨道上,可沿轨道无摩擦地滑动,小珠带电荷 Q。已知在轨道平面内 A 点($OA=r<R$)放有一电荷 q。若在 OA 连线上某一点 A' 放电荷 q',则给 P 一个初速度,它就沿轨道做匀速圆周运动。求 A' 点的位置和电荷 q' 之值。

9. 如图所示,平行板电容器的 A 板不动,B 板用弹簧与墙相连,可以平行 A 板运动。当电键 K 闭合后,B 板开始运动,停在新的平衡位置。这时电容器两极板之间距离比原来平衡距离 d(当弹簧未伸长时)减少 10%。如果电键 K 闭合片刻就断开(设电容器已充电完毕),问两板之间平衡位置将如何变化?(可认为在这段时间内 B 板还来不及发生明显运动。)

10. 如图所示,在水平光滑绝缘的桌面上,有三个带正电的质点 1、2、3,位于边长为 l 的等边三角形的三个顶点处。C 为三角形的中心,三个质点的质量皆为 m,带电量皆为 q。质点 1、3 之间和 2、3 之间用绝缘的轻而细的刚性杆相连,在 3 的连接处为无摩擦的铰链。已知开始时三个质点的速度为零,在此后运动过程中,当质点 3 运动到 C 处时,其速度大小为多少?

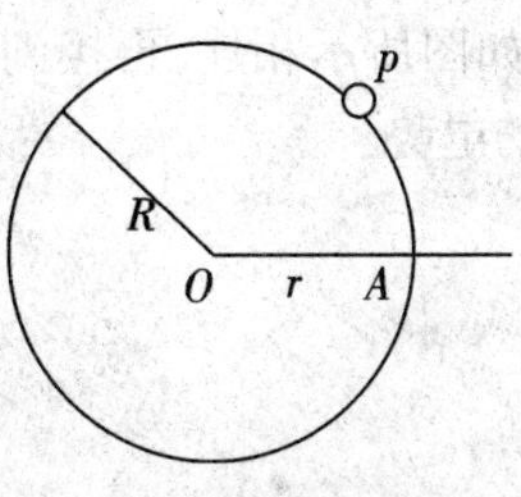

题 8 图

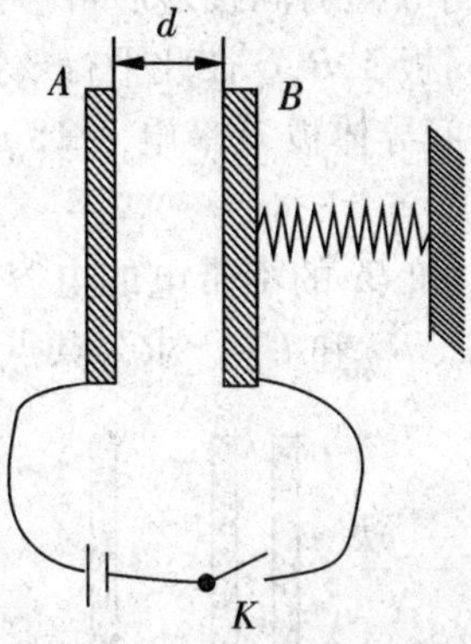

题 9 图

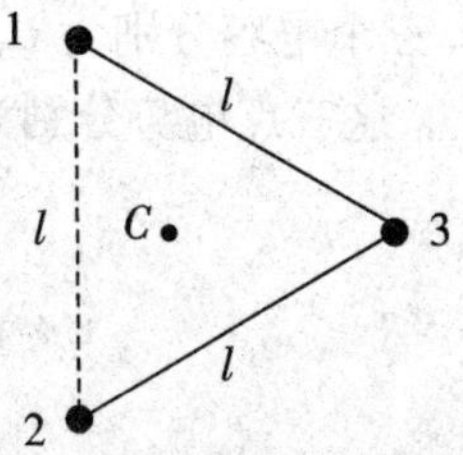

题 10 图

11. (2008 清华大学) N 个长度逐渐增大的圆筒和一个靶，沿轴线排列成一串，如图所示(图中只画出六个圆筒，作为示意图)。各筒和靶相间连接到频率为 f、最大电压为 U 的正弦交流电源两端。整个装置放在高真空的容器中。圆筒的两底面中心开有小孔。现有一电量为 q、质量为 m 的正离子沿轴线射入圆筒，并将在圆筒间及圆筒与靶间的缝隙处受到电场力的作用而加速(设圆筒内部没有电场)，缝隙的宽度很小，离子穿过缝隙的时间可以不计，已知离子进入第一个圆筒左端的速度为 v_1，且此时第一二个圆筒之间的电势差为 $U_1-U_2=-U$。为使打到靶上的离子获得最大能量，各个圆筒的长度应满足什么条件？并求出这种条件下，打到靶上的离子的能量。

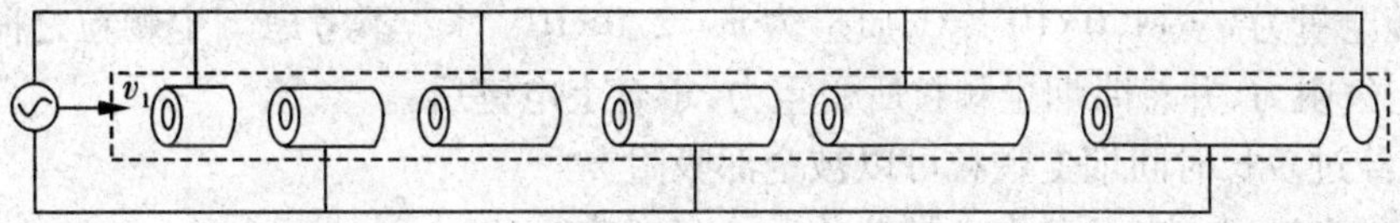

题 11 图

12. (2011 华约) 在地球大气中存在由土壤中放射性元素产生的和来自宇宙射线的正、负带电离子，其电量绝对值 $e=1.6\times10^{-19}$ C。某区域中正负离子的数密度(单位体积内粒子的个数)分别为 $n_+=620/\text{cm}^3$，$n_-=550/\text{cm}^3$。同时，大气中存在电场，场强为 120 V/m，并测得大气的电导率 $\gamma=2.70\times10^{-14}$ S/m[电导率就是电阻率的倒数，其单位是西门子/米，1 西门子/米 $=1/(\Omega\cdot\text{m})$]。若大气中的电流是正负离子定向漂移运动的结果，假设正负离子有相同的漂移速度 v_d，且已知大气中的电流密度(通过单位横截面积的电流强度) j 与场强 E 之间满足关系 $j=\gamma E$。则 v_d 为多大？

13.. 如图所示，在靠近空心金属筒 A 处，有一个接地的金属球 B，把带负电的金属小球 C 放入 A 筒内，下列各情况下指出 B 球是否带电，带电性质：

(1) C 球不接触 A 筒内壁，此时 B________。

(2) C 球接触 A 筒内壁，此时 B__________。

(3) C 球不接触 A 筒内壁而将 A 筒接地，此时 B__________。

(4) C 球不接触 A 内壁，而将 A 短时间接地后再移去 C，此时 B______。

14. 如图所示，三块平面金属板 A,B,C 彼此平行放置，BC 之间的距离是 AB 之间距离的一半。A,C 连接后接地，使中间导体板 B 带电 $+18\ \mu C$ 电量，则 A,B,C 三导体的六个表面上的电荷各为多少？

15. 三个电容分别为 C_1、C_2 和 C_3 的不带电的电容器，如图所示相连，再接到点 A、B 和 D 上。这三点电势分别为 U_A 、U_B 和 U_D 。求公共点 O 的电势。

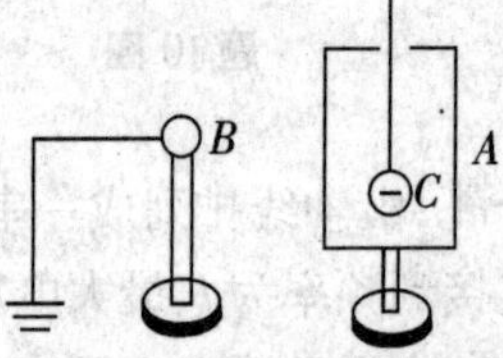

题 13 图

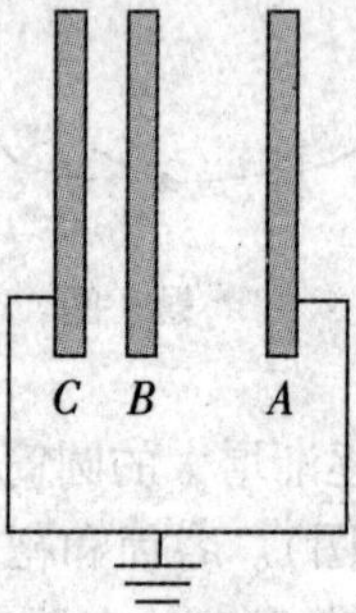

题 14 图

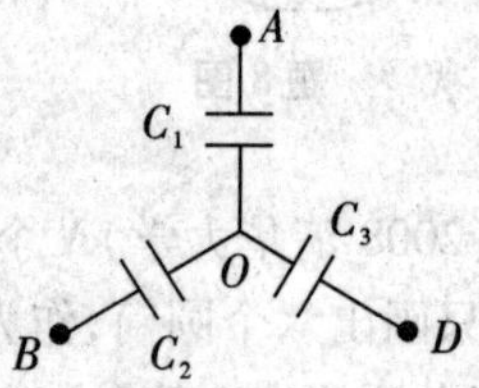

题 15 图

16. 为研究静电除尘，有人设计了一个盒状容器，容器侧面是绝缘的透明有机玻璃，它的上下底面是面积 $A=0.04\ m^2$ 的金属板，间距 $L=0.05\ m$，当连接到 $U=2\ 500\ V$ 的高压电源正负两极时，能在两金属板间产生一个匀强电场，如图所示，现把一定量均匀分布的烟尘颗粒密闭在容器内，每立方米有烟尘颗粒 10^{13} 个，假设这些颗粒都处于静止状态，每个颗粒带电量为 $q=+1.0\times10^{-17}\ C$，质量为 $m=2.0\times10^{-15}\ kg$，不考虑烟尘颗粒之间的相互作用和空气阻力，并忽略烟尘颗粒所受重力，求合上电键后：

(1) 经过多长时间烟尘颗粒可以被全部吸附？

(2) 除尘过程中电场对烟尘颗粒共做了多少功？

(3) 经过多长时间容器中烟尘颗粒的总动能达到最大？

17. (哈尔滨工业大学) 两个正点电荷 $Q_1=Q$ 和 $Q_2=4Q$ 分别置于固定在光滑绝缘水平面上的 A、B 两点，A、B 两点相距 L，且 A、B 两点正好位于水平放置的光滑绝缘半圆细管两个端点的出口处，如图所示。

(1) 若把某点电荷放于绝缘管内靠近 A 点处由静止释放，已知它在管内运动过程中速度为最大时的位置在 P 处。试求出图中 PA 和 AB 连线的夹角 θ。

(2) Q_1,Q_2 两点电荷在半圆弧上电势最低点的位置 P' 和 P 是否共点？请做出判断并说明理由。

18. 如图，带电量为 $+q$ ，质量为 m 的带电小球，在光滑水平面上某处 P 点静止释放，经 A 进入竖直平面内的光滑绝缘的半径为 R 的圆形导轨，整个系统处在水平向右场强为 E 的匀强电场中，为了使点电荷在运动中始终不脱离轨道，PA 的长度 x 应取何值？

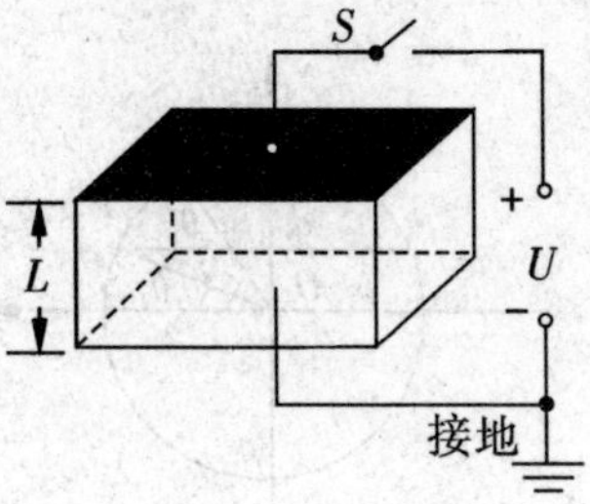

题 16 图

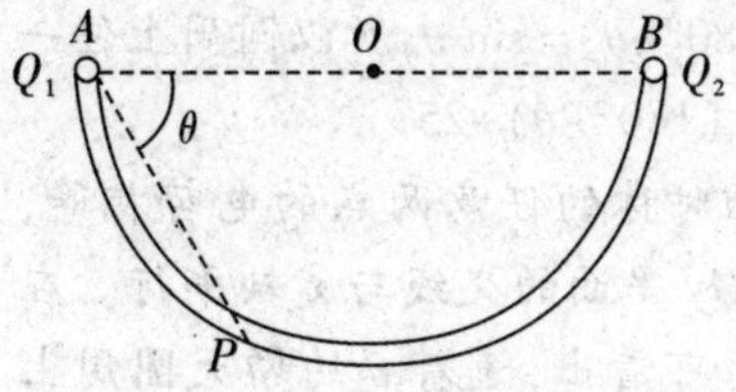

题 17 图

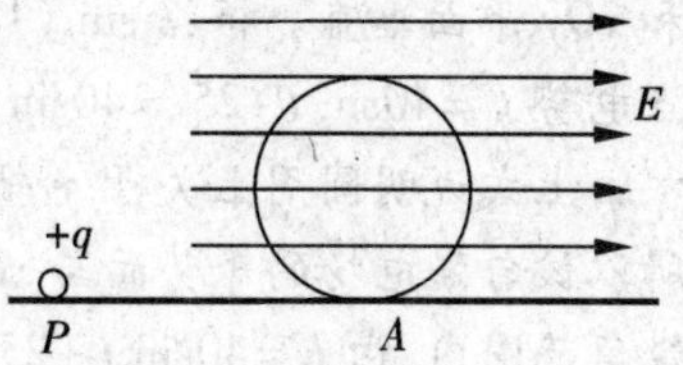

题 18 图

19. 如图所示,边长为 L 的正三角形由三条均匀带电的绝缘体组成,它们在中心 O 及 P(O 与 P 相对于 AC 对称)产生的电势分别为 U_O,U_P,现撤去 AB 棒(设其余两棒电荷分布不变),求此时 O、P 两点的电势变为多大?

20. 在如图所示的电容网络中,已知 $C_1=C_2=C_3=C_9=1\ \mu\text{F}$,$C_4=C_5=C_6=C_7=2\ \mu\text{F}$,$C_8=C_{10}=3\ \mu\text{F}$。试求 A,B 两点之间的等效电容 C_{AB}。

21. 电容器 A、B 的电容分别为 C_1 和 C_2,与电动势为 ε 的电池组连接成如图所示的电路,A、B 开始时不带电,开关先和触点 1 接触,对电容器 A 充电,然后和触点 2 接触,以后又倒向 1,再倒向 2,如此反复 n 次,试求电容器 B 获得的电量。并求当 $n\to\infty$ 时,电容器 B 获得的电量的极限值。

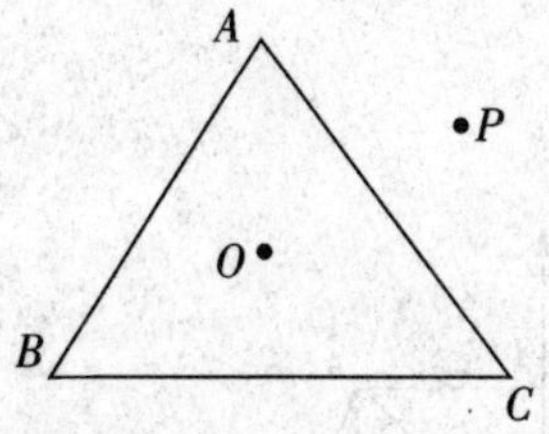

题 19 图

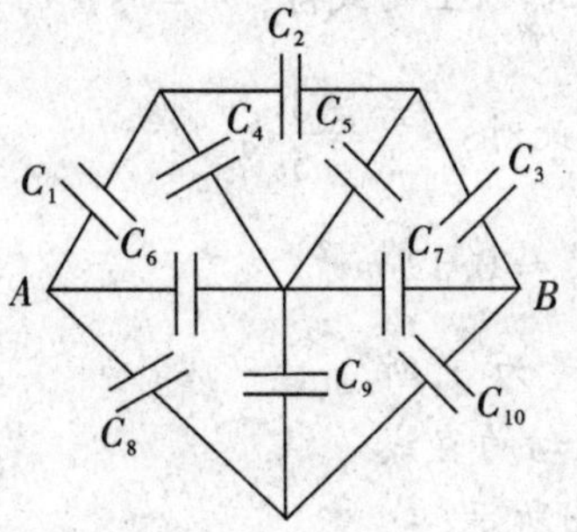

题 20 图

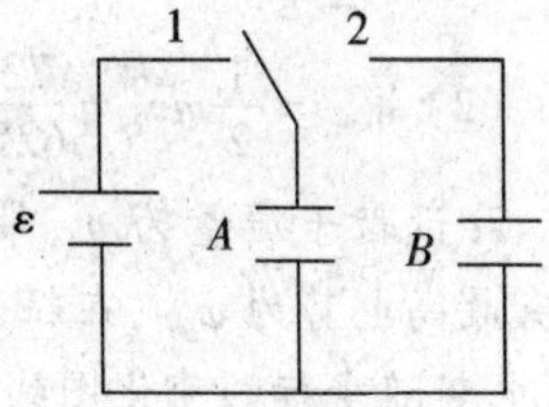

题 21 图

答案详解

1. D

2. BC

3. B。提示:终止于带电平板的电场线垂直于金属板表面,说明金属板的表面是一个等势面,金属球在它上面的滚动即是在同一等势面上移动电荷,电场力不做功,所以小球应做匀速直线运动。

4. D。提示:由于小球 B 的存在,小球 A 因受小球 B 的吸引力而将在一个新的位置静止下来,这时小球 A 产生的电场在 P 点的场强已不是 E_A,而是另一个值 E'_A,这时 P 点

的场强大小应为 $|E'_A - E_B|$。

5. 匀强电场中的电场线与 xOy 平面平行，其等势面一定和 xOy 平面垂直。根据 $\sin(180°-\theta)=\sin\theta$，所以圆周上任一点电势 $U=40\sin\theta+25=40\sin(180°-\theta)+25$。

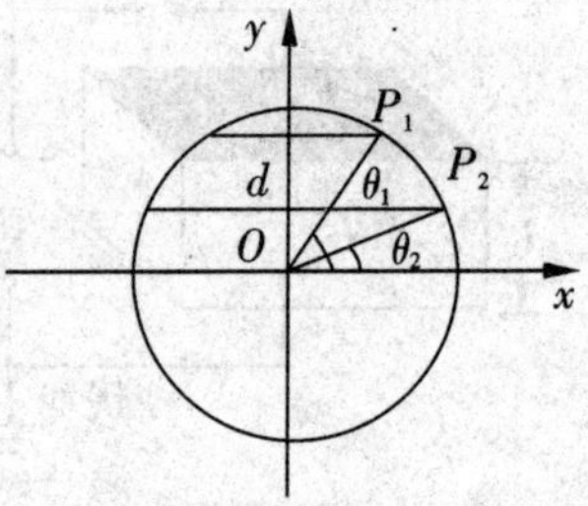

答题5图

上式说明圆周上关于 y 轴对称的任意两点的电势相等，所以该匀强电场的等势面与 xOy 平面的交线与 x 轴平行。在锐角范围内，由 $U=40\sin\theta+25$ 可看出，随着 θ 的增大圆周上点的电势升高，由此可判断该匀强电场的场强方向沿 y 轴负方向。在圆周上分别取纵坐标不同的两点 P_1、P_2，这两点间的电势差为 U_{12}，它们相应的等势面之间的距离为 d，则

$$E=\frac{U_{12}}{d}=\frac{40\sin\theta_1+25-(40\sin\theta_2+25)}{r\sin\theta_1-r\sin\theta_2}\ \text{V/m}$$

$$=\frac{40(\sin\theta_1-\sin\theta_2)}{r(\sin\theta_1-\sin\theta_2)}\ \text{V/m}=\frac{40}{0.05}\ \text{V/m}=800\ \text{V/m}$$

6. (1) 当 $\theta=37°$ 时，小球静止，则 $F_{电}=mg\tan\theta=\frac{3}{4}mg$

设小球速度最大时运动时间为 t，则水平方向：$v_x=\frac{F_{电}}{m}t=\frac{3}{4}gt$，

竖直方向：$v_y=v_0-gt$，根据以上两式得：$v^2=v_x^2+v_y^2=\left(\frac{5}{4}gt-\frac{4}{5}v_0\right)^2+\frac{9}{25}v_0^2$

当 $t=\frac{16v_0}{25g}$ 时，速度最小，此时：$v_{\min}=\frac{3}{5}v_0$

(2) $W_{电}=\frac{1}{2}mv_x^2=\frac{72}{625}mv_0^2\approx 0.12\ mv_0^2$

7. 设粒子质量为 m，带电量为 q，所具有最高电势为 φ_m，在粒子运动的直线上，电势随坐标的变化图线如图所示：

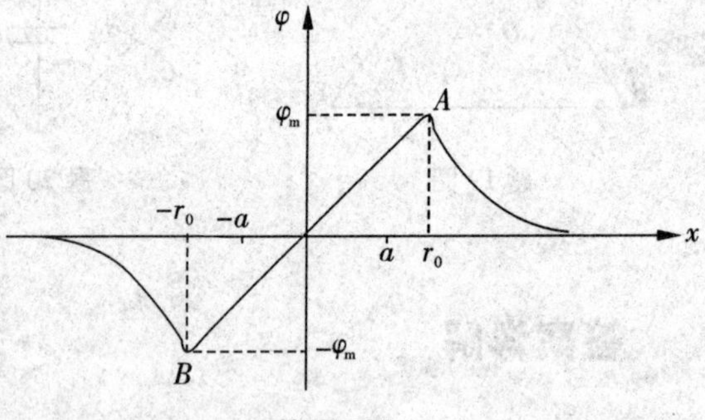

答题7图

根据题意由能量守恒有：$\frac{1}{2}mv_0^2=q\varphi_m$，当电荷量减少后，粒子通过 A 点时的速度最小：$\frac{1}{2}mv_0^2=\frac{1}{2}mv_{\min}^2+\frac{1}{n}q\varphi_m$，

粒子通过 B 点时的速度最大：$\frac{1}{2}mv_0^2=\frac{1}{2}mv_{\max}^2-\frac{1}{n}q\varphi_m$

解得：$\frac{v_{\max}}{v_{\min}}=\sqrt{\frac{n+1}{n-1}}$

8. 要小珠在圆环上匀速滑动，圆环必须是一个等势环。如图，在 OA 的延长线上的 A'

点放一个点电荷 q'，$OA'=d$。研究环上的任意点 m，其电势为：$U=k\frac{q}{l}+k\frac{q'}{l'}$，以 O 点为原点，OA 为 x 轴，m 点的坐标为 (x,y)。为了简化计算，不妨将圆环接地，使其电势为零。则有

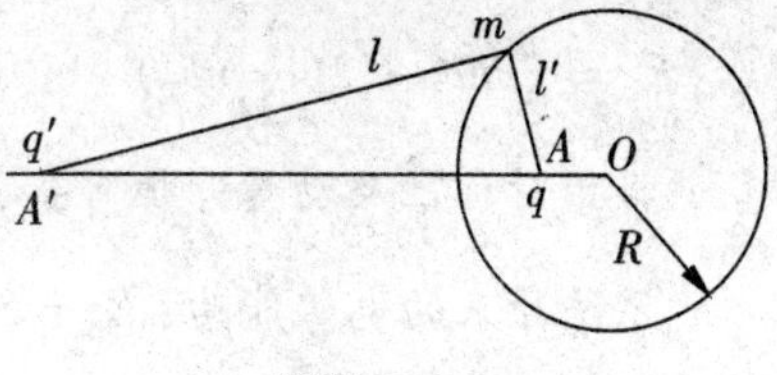

答题 8 图

$$\frac{-q'}{\sqrt{y^2+(d-x)^2}}=\frac{q}{\sqrt{y^2+(x-r)^2}},$$

$(q'^2-q^2)y^2+(q'^2-q^2)x^2-(2rq'^2-2dq^2)x=q^2d^2-q'^2r^2$，因为 m 在圆心在原点、半径为 R 的圆上，所以应该有 $\begin{cases}2rq'^2-2dq^2=0\\ \dfrac{q^2d^2-q'^2r^2}{q'^2-q^2}=R^2\end{cases}$ 可解得：$\begin{cases}d=\dfrac{R^2}{r}\\ q'=-\dfrac{d}{R}q\end{cases}$。

9. 当电键 K 闭合时，电容器上电压维持恒定且等于电池电动势 E，设 B 板到达新的平衡位置时其位移为 x_1，这时电容器上电荷 $q_1=C_1E=\frac{SE}{4\pi k(d-x_1)}$，式中 S 是电容器的面积，电容器内电场强度 $E_1=\frac{E}{d-x_1}$，但是它是由两个极板产生，所以一个极板产生的电场强度等于极板间场强 E_1 的一半，于是对作用在 B 板上的力可以表示为

$\frac{E_1q_1}{2}=\frac{SE^2}{8\pi k(d-x_1)^2}=k'x_1$，式中 k' 是弹簧劲度系数。

下面我们再讨论电键 K 闭合片刻就断开的情况，这时电容器获得的电荷 $q_2=\frac{SE}{4\pi kd}$（板来不及运动），以后电荷 q_2 保持恒定，设在新的平衡位置 B 板的位移为 x_2，则电容器内的电场强度为 $E_2=\frac{q_2}{C_2(d-x_2)}$，其中 $C_2=\frac{S}{4\pi k(d-x_2)}$，这时 B 板的平衡条件为 $\frac{E_2q_2}{2}=\frac{SE^2}{8\pi kd^2}=k'x_2$，比较两种情况下的平衡方程可得

$x_2=x_1\left(\frac{d-x_1}{d}\right)^2$，考虑到题意 $x_1=0.1d$，易得 $x_2=0.08d$。

10. 以三个质点为系统，由对称性可知，开始时其质心应位于 C 处，因为质点系所受的合外力为零，由质心运动定理可知，质心总是固定不动的。质点 1、2 在静电力作用下，彼此间距离必增大，但不可能保持在沿起始状态时 1、2 连线上运动，若是那样运动，由于杆不能伸长，质点 3 必向左运动，三者的质心势必亦向左运动，这与“质心不动”相矛盾，故不可能。由此可知，由于杆为刚性，质点 1、2 在静电力作用下，要保持质心不动，质点 1、2 必将分别向题图中右上方和右下方运动，而质点 3 将向左运动。当 3 运动到 C 处时，1、2 将运动到 A、B 处，A、B、C 三点在一直线上，1、2 的速度方向向右，3 的速度方向左（如图所示）。

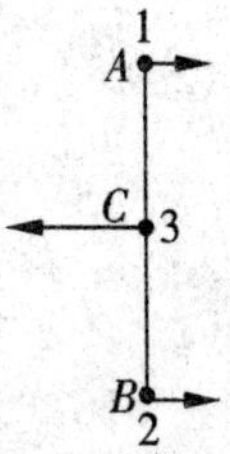

答题 10 图

令 v_1、v_2、v_3 分别表示此时它们的速度大小，则由对称性可知此时三质点的总动能

为：$E_k = \frac{1}{2}mv_3^2 + 2(\frac{1}{2}mv_1^2)$

再由对称性及动量守恒可知：$mv_3 = 2\ mv_1$

系统原来的电势能为：$E_p = 3\ k\frac{q^2}{l}$

其中 k 为静电力常数。运动到如图所示的位置时的电势能为：$E_p' = 2\ k\frac{q^2}{l} + k\frac{q^2}{2l}$

根据能量守恒有：$E_p = E_p' + E_k$

由以上各式可解得 $v_3 = \sqrt{\frac{2\ kq^2}{3lm}}$

11. $L_n = v_n\frac{T}{2} = \frac{v_n}{2f}$。为使离子获得能量最大，要求离子每次穿越缝隙前一个圆筒的电势比后一个圆筒的电势高 U，这就要求离子穿过每一个圆筒的时间都恰好等于交流电的半个周期，由于圆筒内无电场（静电屏蔽），离子在筒内做匀速运动。

$\frac{mv_{n+1}^2}{2} - \frac{mv_n^2}{2} = qU$，$\frac{mv_n^2}{2} - \frac{mv_1^2}{2} = (N-1)qU$，而 $L_n = v_n\frac{T}{2} = \frac{v_n}{2f}$，

$v_n = \sqrt{v_1^2 + \frac{2(n-1)qU}{m}}$，打到靶上时能量为 $\frac{m}{2}v_1^2 + NqU$。

12. 1.73×10^{-2} m/s。提示：电流密度 j 与电流强度的关系 $j = I/S$，而 $I = neSv$，故 $j = nev$，注意到 E 与负离子的运动方向相反，故 $j = (n_+ + n_-)ev_d = \gamma E$。注意电导率 γ 和电阻率 ρ 之间的关系为 $\gamma = 1/\rho$。题中如果出现电导率，一般同时会用到公式 $j = \gamma E$。

13. (1) 正电；(2) 正电；(3) 不带电；(4) 负电。提示：(1) C 不接触 A 内壁，因为 A 未接地，所以 A 筒无法屏蔽内部电荷的电场，A 筒内壁带正电，外壁带负电，B 球由于静电感应而带正电。(2) C 球接触 A 筒内壁，负电荷全部跑到 A 筒的外壁，B 球由于静电感应而带正电。(3) A 筒接地后，能将 C 的电场屏蔽在筒内，筒内壁带正电，外壁不带电，B 球也不带电。(4) A 短时间内接地后再移去 C，此时 A 筒上只有正电荷，且分布在外表面，B 球由于静电感应而带负电。

14. $Q_1 = 0, Q_2 = -6\mu C, Q_3 = 6\mu C, Q_4 = 12\mu C, Q_5 = -12\mu C, Q_6 = 0$。提示：由题意知，$2C_{BC} = C_{AB}$，$U_{BA} = U_{BC}$，故 $Q_左/C = Q_右/2C$，而 $Q_左 + Q_右 = 18\mu C$，得 $Q_左 = 6\mu C$，$Q_右 = 12\mu C$。

15. $U_O = \frac{C_1U_A + C_2U_B + C_3U_D}{C_1 + C_2 + C_3}$。提示：由题意 $U_A - U_O = q_1/C$，$U_B - U_O = q_2/C$，$U_D - U_O = q_3/C$，且 $q_1 + q_2 + q_3 = 0$，可得 U_O 值。

16. (1) 0.02 s；(2) 2.5×10^{-4} J；(3) 0.014 s。

17. (1) $\theta = \arctan\sqrt[3]{4}$；(2) P' 点即为 P 点。提示：(1) 设想将一正检验电荷从 A 处沿圆弧移动到 B 处，它受 A、B 两处电荷对它的共同作用，开始时 A 处的电荷对它的作用力较强，以后又必然是 B 处点电荷对它的作用力较强，也就是说开始时电场力对检验电荷做正功，以后是电场力对检验电荷做负功，因此电势最低点 P 处应该是电场力做正功和做负功的分界点，即 P 点对应检验电荷所受 A、B 两处电荷的库仑斥力 F_A 与 F_B 的合力的

延长线必过 O 点，如图所示，当点电荷在 P 点处所受库仑力的合力沿 OP 方向时速度最大，即此时满足 $\tan\theta=\frac{F_2}{F_1}=\frac{k\frac{Q_2q}{(2R\sin\theta)^2}}{k\frac{Q_1q}{(2R\cos\theta)^2}}=\frac{4\cos^2\theta}{\sin^2\theta}$，即得 $\theta=\arctan\sqrt[3]{4}$。(2) P' 点即为 P 点，因为检验电荷从 P 点运动到 B 点过程中，克服电场力做功，电势能将增大，因此该正检验电荷在 P 点处电势能最小，相应 P 点处的电势最低。

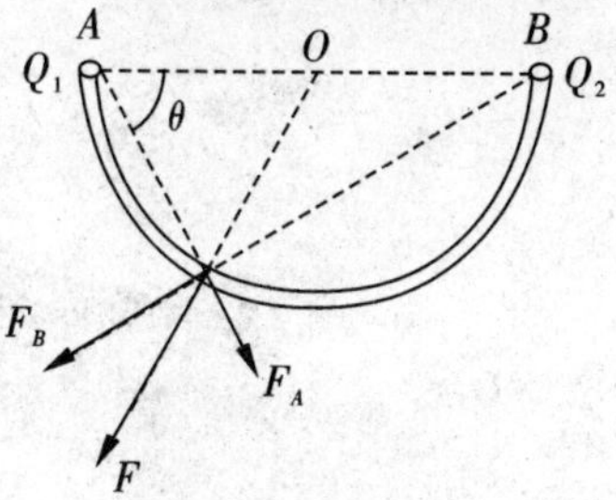

答题 17 图

18. (1) 若其能做圆周运动要使点电荷不能脱离轨道，则其在最易脱离轨道 A 处弹力至少为零（AO 连线方向为合力方向与竖直方向夹角设为 θ）有 $\tan\theta=\frac{Eq}{mg}$，所以 $\sqrt{(Eq)^2+(mg)^2}\leqslant m\frac{v^2}{R}$。又有 $\frac{1}{2}mv^2=Eq(x-R\sin\theta)-mg(R+R\cos\theta)$。

$x\geqslant R\left[\sin\theta+\frac{\sqrt{(Eq)^2+(mg)^2}}{2Eq}+\frac{mg}{Eq}(1+\cos\theta)\right]$，即 $x\geqslant R\left[\frac{3\sqrt{(Eq)^2+(mg)^2}}{2Eq}+\frac{mg}{Eq}\right]$

(2) 若其不能做圆周运动，则其脱离点应在 B 点顺时针方向向下（OB 方向垂直合力方向），若小球恰能到 B 点，有 $mgR(1+\sin\theta)=Eq(x+\cos\theta)$，$x\geqslant\frac{mgR}{Eq}$。

19. 由于 O、P 相对于带电体的位置有两种，这带电体在 OP 的电势仅有两种，由于对称性不妨设 AB 在 O 产生的电势为 U_1，AB 在 P 产生的电势为 U_2，由电场叠加原理，有 $U_O=3U_1$，$U_P=U_1+2U_2$，$U'_O=2U_1$，$U'_P=U_1+U_2$ 两式化简得 $U'_O=\frac{2}{3}U_O$，$U'_P=\frac{U_O}{6}+\frac{U_P}{2}$。

20. 由于对称性，可将 C_9 从电路中除去，再把中间结点断开。整个电路等效为三个并联电容电路。$C_{AB}=\frac{2}{5}\mu F+1\mu F+\frac{3}{2}\mu F=\frac{29}{10}\mu F$

21. $Q_B=C_2\varepsilon\left[1-\left(\frac{C_2}{C_1+C_2}\right)^n\right]$。K 接 1，$A$ 上板带正电，下板带负电，$U_1=\varepsilon$。K 由 1 切换到 2，$U_B=C_1\varepsilon/(C_1+C_2)$。K 再接 1，$U_2=\varepsilon$，

$$U'_B=\frac{C_1\varepsilon+C_2U_B}{C_1+C_2}=\frac{C_1\varepsilon(C_1+2C_2)}{(C_1+C_2)^2},$$

$$Q'_B=\frac{C_2C_1\varepsilon(C_1+2C_2)}{(C_1+C_2)^2}=C_2\varepsilon\left[1-\left(\frac{C_2}{C_1+C_2}\right)^2\right]$$ …这样可得

$Q_B^n=C_2\varepsilon\left[1-\left(\frac{C_2}{C_1+C_2}\right)^n\right]$，在 $n\to\infty$ 时，$Q_B^n=C_2\varepsilon$

专题十三 电路

考点热点

一、闭合电路欧姆定律

1. 电动势

单靠静电力是无法维持稳恒电流的，充有电荷的电容器两极板用导线接通后，电流会越来越小。要想维持稳恒电流，必须把从正极板经外电路迁移到负极板的正电荷又输运到正极板，而静电力是阻碍这种输运的。必须有一种非静电力克服静电力的阻碍把正电荷从负极输运到正极。

在稳恒电路中提供非静电力的装置称为电源。与非静电力对应，我们引入非静电场$E_{非}$，$E_{非}=\dfrac{f_{非}}{q}$。

非静电场经电源内部从负极到正极移动单位正电荷所做的功在数值上等于电源的电动势。电动势反映电源中非静电力做功的本领，是表征电源本身的特征量，与外电路的性质以及是否接通都没有关系。

2. 部分电路欧姆定律

导体中的电流强度I跟它两端的电压U成正比，跟它的电阻R成反比，即$I=\dfrac{U}{R}$，上式只适用于金属导电和均匀分布的电解液导电。

3. 电流密度

通过截面的电流与截面在垂直电流方向投影面积的比值叫电流密度。电流密度大小$j=\dfrac{I}{S_{\perp}}=\dfrac{U}{RS_{\perp}}=\dfrac{ELS_{\perp}}{\rho LS_{\perp}}=\dfrac{1}{\rho}E=\sigma E$，方向与电场方向相同，矢量式为$\boldsymbol{j}=\sigma\boldsymbol{E}$，式中$\sigma$叫电导率，$\boldsymbol{E}$为电场强度。$\boldsymbol{j}=\sigma\boldsymbol{E}$又叫欧姆定律的微分形式。

4. 闭合电路欧姆定律

闭合电路中的电流I跟闭合电路总的电动势成正比，跟闭合电路的总电阻成反比，即$I=\dfrac{\varepsilon_{总}}{R_{总}}$。只适用于外电路为纯电阻电路。

5. 一段含源电路的欧姆定律

一段含源电路中任意两点间的电势差等于连接这两点的支路上各电路元件上电势降落的代数和,这个结论叫一段含源电路的欧姆定律,即 $U=\sum IR-\sum \varepsilon$,其中电势降落的正、负符号规定如下:

(1)当从电路中的一点到另一点的走向确定后,如果支路上的电流流向和走向一致,该支路电阻元件上的电势降落取正号,反之取负号;

(2)支路上电源电动势的方向和走向一致时,电动势为正值,电源的电势降落为电源电动势的负值(电源内阻视为支路电阻),反之取正值。

如图 1 所示,为一段含源电路,由一段含源电路的欧姆定律可求得 $U_{AB}=I_1R_1-E_1+I_1r_1+E_2-I_2r_2-I_2R_2-E_3-I_2r_3$

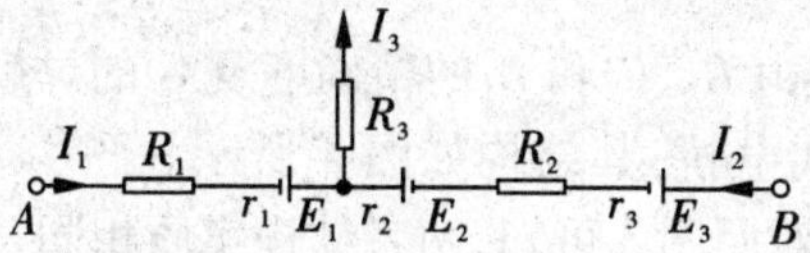

图 1

6. 电源的连接

两个直流电源(E_1,r_1)和(E_2,r_2)的串联有顺串和反串两种方式,顺串是一个电源的正极与另一个电源的负极相连,其等效的电动势和内阻可表示为 $E=E_1+E_2$, $r=r_1+r_2$。

两个直流电源(E_1,r_1)和(E_2,r_2)的并联即将两电源的正极相连,负极相连,它也可等效为一个直流电源,如图 2 所示,其内阻与电动势分别满足: $\frac{1}{r}=\frac{1}{r_1}+\frac{1}{r_2}$, $\frac{E}{r}=\frac{E_1}{r_1}+\frac{E_2}{r_2}$。

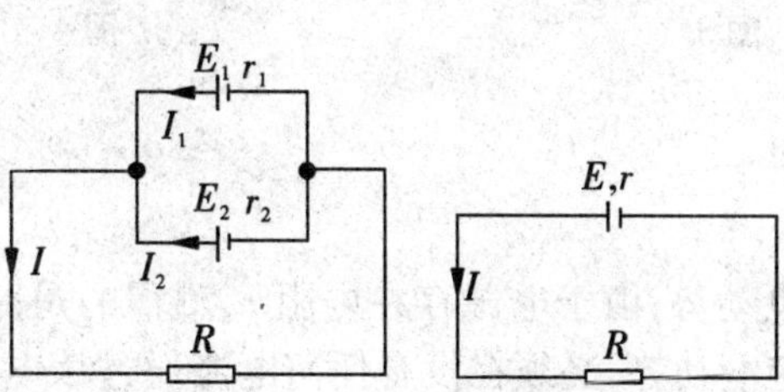

图 2

二、基尔霍夫定律

1. 第一定律(电流节点定律)

对于电路中任一节点,流入节点的电流等于从节点流出的电流,若规定流出为正,流入为负,流出节点电流的代数和为零,即 $\sum I=0$。

2.第二定律(电压回路方程)

对于电路中任一回路,电势降落的代数和等于零。即 $\sum IR-\sum \varepsilon=0$ 或 $\sum IR=\sum \varepsilon$,在任意确定一个绕行方向后,与绕行方向一致的 I 为正,相反为负,与回路方向相同的 ε 为正,否则为负。

三、惠斯登电桥

在测量精度要求较高的时候,常采用惠斯登电桥来测量电阻。其电路结构如图 3 所示。图中 AD、DC、CB 和 BA 均称为电桥的臂,BD 支路称为连接臂的桥,R_x 为待测电阻。惠斯登电桥的工作原理是:先将电键 S 闭合,然后调节 R_3 使 G 表读数为零(即桥上没有电流),这时 B、D 两点电势相等,称为电桥平衡,有 $\frac{R_3}{R_x}=\frac{R_1}{R_2}$ 或 $R_2R_3=R_1R_x$,可得待测电阻 $R_x=R_2R_3/R_1$。R_x 的精确度由 R_2、R_3 和 R_1 的精确度及 G 的灵敏度决定。

实验室中常用的滑线式电桥,其结构如图 4 所示。图中 ADB 为一粗细均匀的电阻丝。R 为已知的精密电阻,对照图 3 可知,两者结构实质相同,闭合 S,调节 D 使 G 示数为零。可得到 $R_x=\frac{l_2}{l_1}R$。

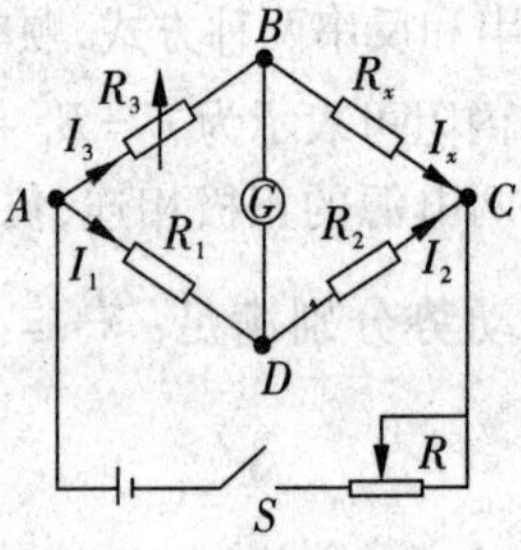

图3

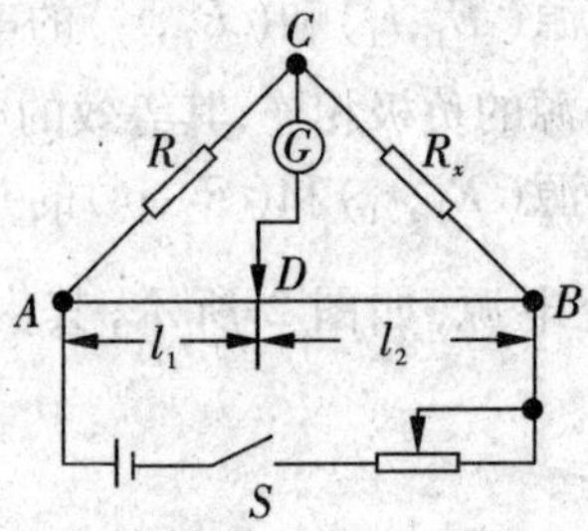

图4

四、电位差计

电压表直接测电源电动势,由于电源存在内阻 r,测得的是路端电压,因为电源内阻上有电压 Ir。要准确测定电动势,必须在没有任何电流通过该电源的情况下测定它的路端电压,解决这一问题的办法是补偿电路法。补偿电路法原理如图 5 所示,E_0 是电动势可调的电源,E_x 是待测电源,调节 E_0,使灵敏电流计 G 不偏转,则电路平衡,即 $E_x=E_0$。

电位差计即是根据上述补偿原理测定电动势的。如图 6 为滑线式电位差计,其中 E 是供电电源,E_S 是电动势已知的标准电源,G 是灵敏电流计,AB 是一条均匀电阻丝,C 是滑动触头。

测量时,S 合到 1,调节 C 位置,使 G 表读数为零,这时 A、C 两点间的电势差为 $U_{AC}=E_S$,测出 A、C 间距 L;S 合到 2,调节 C 到 C',使 G 表中无电流,这时 $U'_{AC}=E_x$,测出 AC' 为 L',$U_{AC}/U'_{AC}=L/L'$,则有 $E_x=\frac{L'}{L}\cdot E_S$。

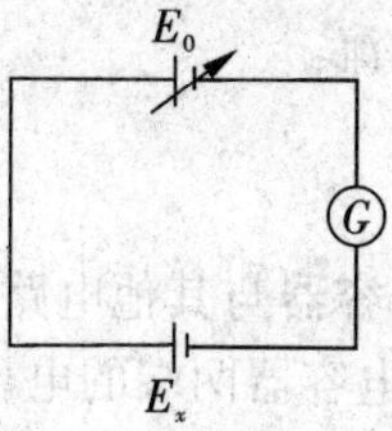

图5

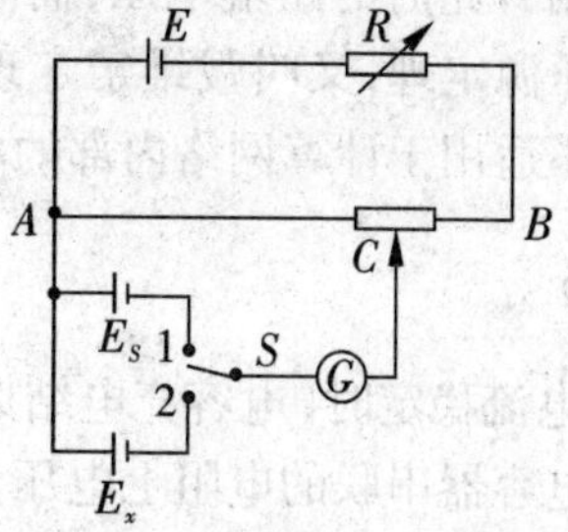

图6

五、电路的简化

1. 等势点断、接法

在一个复杂的电路中，如果能找到一些完全对称的点（以两端连线为对称轴），那么可以将接在等势点间的导线或电阻或不含源的支路断开（即去掉），也可以用导线或电阻或不含源的支路将等势点连接起来，且不影响电路的等效性。

2. 对称法

若电路结构具有对称性，可将电路合并或将等势点断开。

3. 电流分布法

假设电流 I 从网络 A 端流入，B 端流出。运用电流的分布思想和网络中两点间任意路径等电压的原理，利用电路定律建立网络中以各电阻的电流为未知量的方程组，解出各电流与电流 I 的比例关系，然后选取 A 到 B 的某一路径计算出 A、B 间的电压 U_{AB}，最后利用欧姆定律 $R_{AB}=\dfrac{U_{AB}}{I}$ 即可求出等效电阻 R_{AB}。

4. 叠加原理

若电路中有多个电源，则通过电路中某元件的电流或该元件两端的电压等于电路中各个电动势单独存在时分别引起的电流或电压的代数和，这就是叠加原理。即 $I=\sum I_i$，$U=\sum U_i$，计算中应规定各支路的正方向，除去电源电动势时应保留电源内阻。

5. 极限法

由无限多个某种小网络元按相同的方式逐个连接而成的二端无限电阻网络，可采用极限法来求解网络的等效电阻。其方法是：先设由 k 个网络元组成的二端网络的等效电阻为 R_k，再连接一个网络元，设法找出连接后的等效电阻 R_{k+1} 与 R_k 之间的数学递推关系式，最后令 $k\to\infty$，则 R_{k+1} 与 R_k 便同为原二端网络的等效电阻 R_{AB}，R_{k+1} 与 R_k 的递推关系式就变成关于 R_{AB} 的一元代数方程，由此即可解出 R_{AB}。

6. 等效电压源定理

任一线性含源二端网络可以用一个等效电动势 ε 和一个等效内阻 r 串联来替换，其中，ε 等于被换网络开路时的路端电压，而 r 等于被换网络的除去电源电动势的等效电阻，这就是等效电压源定理，又叫戴维宁定理。等效电压源定理适用于计算二端网络外部的电压和电流，不适用于计算网络内部的电压和电流。

六、含容电路

(1)在电路中电流稳定时(电容充电结束时)，电容器与其他电路或电源之间仅有电压关系相联系，与电容器串联的电阻上电压为零，测电容器两端的电压不能用电压表，只能用静电计(即外壳接地的验电器)。

(2)在电容器充电过程中，与电容器串联的电阻上有电流通过，$I=\dfrac{\Delta q}{\Delta t}=\dfrac{C\cdot\Delta U}{\Delta t}$，电容器是用电器，电(流)能转化为电容器的静电场能；在电容器放电过程中，与电容器串联的电阻上通过的电流为 $I=-\dfrac{\Delta q}{\Delta t}=-\dfrac{C\cdot\Delta U}{\Delta t}$，电容器的静电能向其他形式能转化(如通过电阻发热转变为内能)。

(3)各电容器的某极板未与电源或其他用电器相连，只是通过孤点相互连接，在极板间电荷相互转移时，转移前后的总电量保持为零不变，即 $\sum q_i=0$，叫孤岛效应。

(4)求两端电容网络的等效电容时，可以用对称法，等势点断、接法，极限法，电压分布法及电容定义式 $C=\dfrac{Q}{U}$ 求解。

七、电表改装

1. 电流表

灵敏电流表(符号为G)，其量程 I_g 仅数十微安到数毫安，内阻 R_g 的数量级一般是 $10^2\sim10^3\ \Omega$(电表内阻的测量一般要用半偏法)，虽然电流表灵敏，但却不能满足一般的电流测量。利用并联电路的分流特性，给G并联一个分流电阻 R_S，如图7所示，就组成一个量程为 I 的电流表(符号为A)。由并联分流特性可知，R_S 的值为

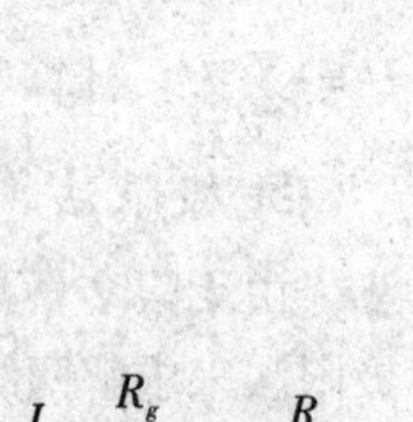

图7

$$R_S=\frac{I_g}{I-I_g}R_g=\frac{R_g}{\dfrac{I}{I_g}-1}=\frac{R_g}{n-1}$$

式中，$n=I/I_g$ 为电流量程扩大的倍数。

2. 电压表

G表满偏时，其电压量程的数量级一般只有 $10^{-1}\sim10^{-2}$ V。不能用来完成一般的电压测量。利用串联电路的分压特性，可让G表与一分压电阻 R 串联后组成一个量程为 U 的电压表V，如图8所示。分压电阻 R_m 的值，可由下式算出：

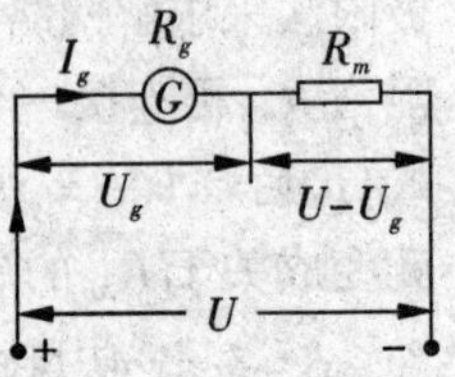

图8

$$R_m=\frac{U-U_g}{U_g}R_g=\left(\frac{U}{U_g}-1\right)R_g=(n-1)R_g,$$

式中，$n=U/U_g$为电压量程扩大的倍数。

3. 欧姆表的构造及工作原理

欧姆表是根据闭合电路的欧姆定律制成的，它的原理如图9所示。图中R_0是欧姆调零电阻，测量前，应先将两表笔短接，调R_0使指针满偏，此时指针的位置定为欧姆表的零点。$I_g=\frac{\varepsilon}{R_0+R_g+r}=\frac{\varepsilon}{R_{内}}$，上式中$(R_0+R_g+r)$叫作欧姆表的总内阻$R_{内}$，当待测电阻$R'$等于$(R_0+R_g+r)$时，指针指在表盘中央（半偏），此时$I=I_g/2$，则有$\frac{I_g}{2}=\frac{\varepsilon}{(R_0+R_g+r)+R'}$，$R'=R_0+R_g+r=R_{内}$。所以欧姆表的总内阻，也叫中值电阻，就是表盘中央的刻度值。

当两表笔断开时，通过表头的电流为零。此时指针所在位置（$I=0$）定为欧姆表的∞。当测量未知电阻R_x时，通过表头的电流强度为I_x，则

$$I_x=\frac{\varepsilon}{(R_0+R_g+r)+R_x}=\frac{\varepsilon}{R_{内}+R_x}，R_x=\frac{\varepsilon}{I_x}-R_{内}。$$

由上式可见，R_x与I_x不是正比关系，所以欧姆表表盘的刻度是不均匀的，左侧密集，右侧稀疏，如图10所示。如果$I=I_g/n$，则$R_x=(n-1)R_{中}$。若欧姆表的中值电阻$R_{中}=1.2\ \text{k}\Omega$。表盘满偏1/4处的刻度线为$(4-1)\times1.2\ \text{k}\Omega=3.6\ \text{k}\Omega$，同理，表盘满偏1/8处的刻度线为$8.4\ \text{k}\Omega$。要注意，凡使用欧姆表，必须先调零点（机械调零），再进行欧姆调零，之后才可以进行测量。并且每调换一次档位，都进行一次欧姆调零。

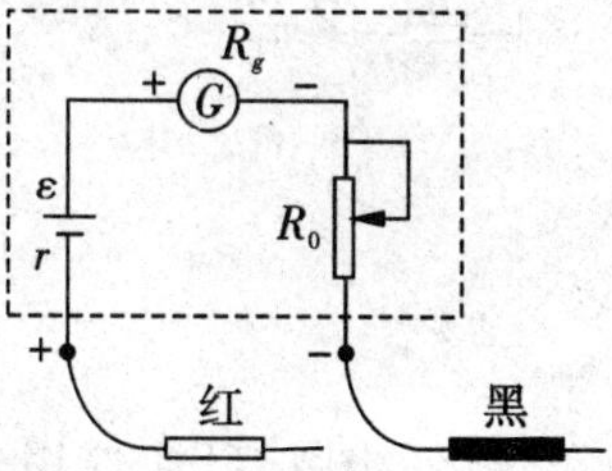

图9

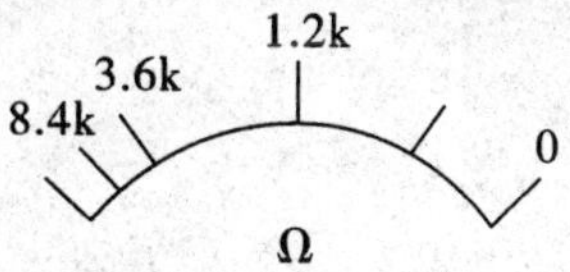

图10

典型例题

例1 （2010北京大学）如图11所示，正四面体$ABCD$，每条边的电阻均为R，取一条边的两个顶点，如图中A、B，问整个四面体的等效电阻R_{AB}为多少？

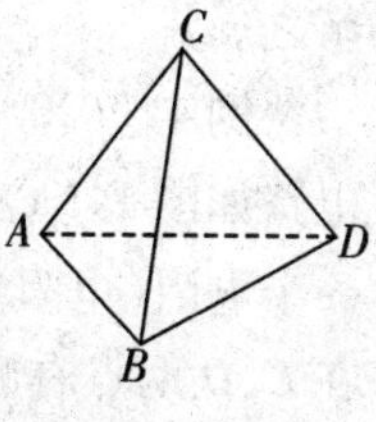

图11

解 设电流从A端流入，B端流出。由对称性易知，C、D两点一定等势，故可删除C、D两点间的电阻，则等效电阻R_{AB}满足关系式：$\frac{1}{R_{AB}}=$

$\frac{1}{R}+\frac{1}{2R}+\frac{1}{2R}$，解得 $R_{AB}=R/2$。

例2 如图12表示一个无穷方格电阻丝网络的一部分，其中每一小段电阻丝的阻值都是 r，求相邻两个结点 A、B 之间的等效电阻。如果 A、B 之间换为阻值为 R 的电阻丝，A、B 之间的等效电阻又是多少？

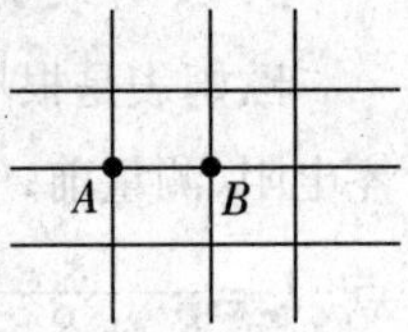

图12

解 设电流 I 从 A 点流入，向四面八方流到无穷远处，根据对称性，有 $I/4$ 电流由 A 点流到 B 点。假设电流 I 经过无限长时间稳定后，再由四面八方汇集到 B 点后流出；根据对称性，同样有 $I/4$ 电流经 A 点流到 B 点。这样，AB 段的电流便由两个 $I/4$ 叠加而成为 $I/2$，因此，$U_{AB}=\frac{I}{2}r$。A、B 间的等效电阻 $R_{AB}=U_{AB}/I=r/2$。

R_{AB} 可视为 r 与 A、B 间之外的等效电阻 r' 的并联电阻，有 $\frac{1}{R_{AB}}=\frac{1}{r}+\frac{1}{r'}$，得 $r'=r$，所以 R'_{AB} 等于 R 与 r' 的并联电阻，$R'_{AB}=\frac{Rr}{R+r}$。

例3 （2009北京大学）7个电阻均为 R 的网络如图13(a)所示。试求 A、B 间的等效电阻 R_{AB}。

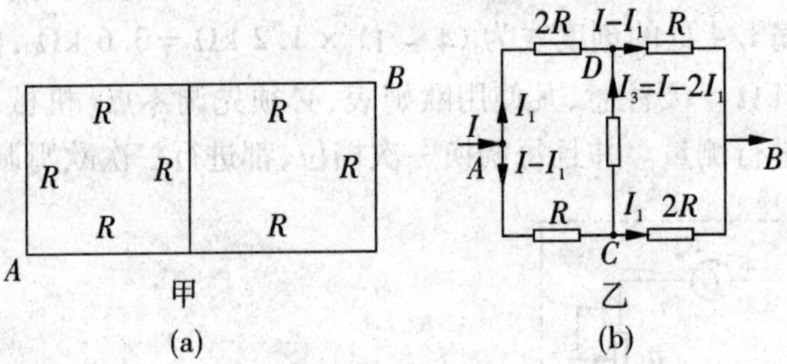

图13

解 设电流 I 从 A 端流入，B 端流出。将电路转化为图13(b)，应用分流思想，由于 $I_2=I-I_1$，$I_3=I_2-I_1=I-2I_1$，根据两点间不同路径等电压的思想，可得图13(b)中 A、D 间的电压，$U_{AD}=I_1\cdot 2R=(I-I_1)R+(I-2I_1)R$

解得 $I_1=2I/5$，取路径 ADB，可算出：$U_{AB}=I_1\cdot 2R+(I-I_1)R=4RI/5+3RI/5=7RI/5$，得 $R_{AB}=U_{AB}/I=7R/5$。本题还可以利用叠加原理求解，读者可以自行解之。

例4 （2008北京大学）由6个未必相同的电阻和电压 $U=10$ V 的直流电源构成的电路如图14(a)所示，其中电源输出电流 $I_0=3$ A。若如图14(b)所示，在电源右侧并联一个电阻（电阻值记为 R_x），则电源输出电流 $I=5$ A。今将此电源与电阻 R_x 串联后，改接在 C、D 两点右侧，如图14(c)所示，试求电源输出电流 I'。

解 图14(a)，由 $I_0=\frac{U}{R_{AB}}$，得 $R_{AB}=\frac{10}{3}\ \Omega$。

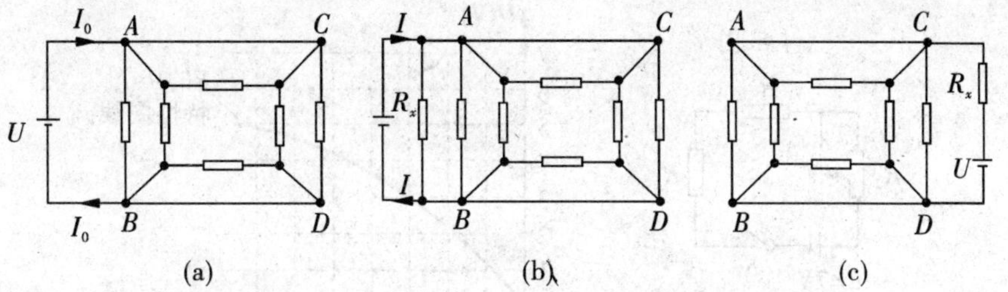

图 14

图 14(b),由 $I=\frac{U}{R_{AB}}+\frac{U}{R_x}$,得 $R_x=5\ \Omega$。因接在 AB 两点和接在 CD 两点不影响等效电阻 R_{AB},故 $R_{AB}=R_{CD}=\frac{10}{3}\ \Omega$。

图 14(c),由 $I'=\frac{U}{R_{CD}+R_x}$,得 $I'=1.2\ \text{A}$。

例 5　如图 15 所示为一种加速仪的示意图,质量为 m 的振子两端连有劲度系数均为 k 的轻弹簧,电源电动势为 E。不计内阻,滑动变阻器的总阻值为 R,有效长度为 L,系统静止时滑动触头位于滑动变阻器正中,这时电压表指针恰好在刻度盘正中。

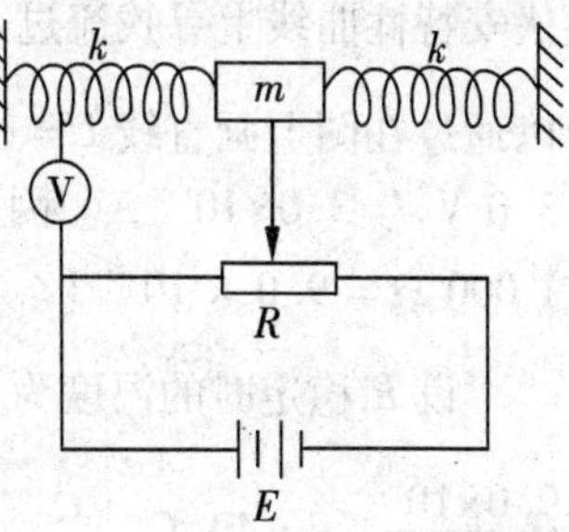

图 15

(1)求系统的加速度 a(以向右为正)和电压表读数 U 的函数表达式;

(2)将电压表刻度改为加速度刻度后,其刻度是均匀的还是不均匀的?为什么?

(3)若电压表指针指在满刻度的 3/4 位置,此时系统的加速度大小和方向如何?

解　(1)系统静止时,$\frac{U_m}{2}=\frac{E}{R}\cdot\frac{R}{2}$,即 $U_m=E$。

系统的加速度为 a(向右为正),对振子而言有向左位移 x,且 $2kx=ma$,即 $x=\frac{ma}{2k}$,

$U=\frac{U_m}{R}\cdot\frac{R}{L}\cdot\left(\frac{L}{2}-x\right)=U_m\left(\frac{1}{2}-\frac{ma}{2kL}\right)$。

(2)由上式可知:$\Delta U=-\frac{U_m m}{2kL}\Delta a$。因此其刻度是均匀的。

(3)设 $U=\frac{3U_m}{4}$,则 $\frac{3U_m}{4}=U_m\left(\frac{1}{2}-\frac{ma}{2kL}\right)$,得 $a=-\frac{kL}{2m}$。即系统的加速度方向向左。

例 6　在如图 16(a)所示的电路中,$R_1=1.0\ \text{k}\Omega$,且是一个阻值不随温度变化的标准电阻,电源电动势 $E=7.0\ \text{V}$,内阻不计。(b)图中的实线是电阻 R 的伏安特性曲线。电路周围的环境温度保持 $t_0=25\ ℃$不变,电阻 R 的散热情况跟它与环境的温度差有关,温度每相差 1 ℃,单位时间放热为 $\alpha=6.0\times10^{-4}\ \text{J/(s·℃)}$。

(1)调节 R_2,使 R_1 与 R 消耗的电功率相等,这时 R 的温度是多少?

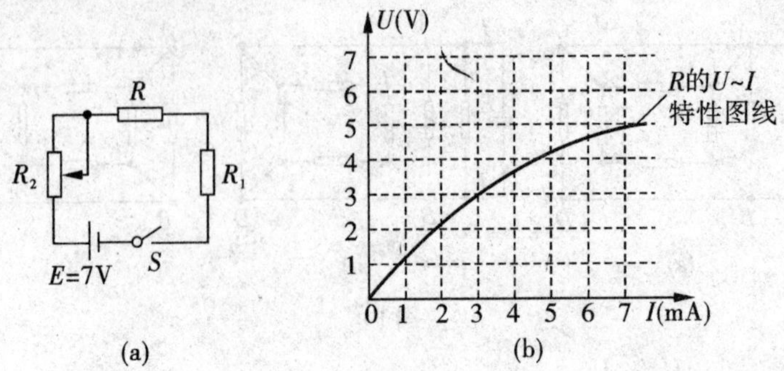

图 16

(2)当 $R_2=0$ 时,R 上的电压和 R 的阻值各是多少?

解 (1)因 R 与 R_1 串联,且电功率相同,则由 $P=I^2R$ 知,$R=R_1=1\,000\ \Omega$。因此,在伏安特性曲线上寻找流过 R 的电流,即寻找曲线上满足方程 $R=\dfrac{U}{I}=1\,000\ \Omega$ 的点。这可以通过在图上画直线 $U=1\,000I$ 来完成。由此得直线与 R 的伏安特性曲线的交点:$U=3.0\ \text{V}$,$I=3.0\times10^{-3}\ \text{A}$。因此得到 R 上每秒放出的热量为 $Q=I^2R=(3.0\times10^{-3}\text{A})^2\times1\,000\ \Omega=9.0\times10^{-3}\ \text{J}$。

设 R 稳定时的温度为 t ℃,则利用题中所给散热关系,有 $t-t_0=\dfrac{Q}{\alpha}$,$t=t_0+\dfrac{Q}{\alpha}=25$ ℃$+\dfrac{9.0\times10^{-3}}{6.0\times10^{-4}}$ ℃$=40$ ℃。

(2)依题设 $R_2=0$,若此时电路中电流为 I_R,则电阻 R 两端的电压为 $U_R=E-I_RR_1=7.0-1\,000I_R$。这是利用了 R_1 满足的欧姆定律。此式给出了电路中 R 应满足的 U_R-I 的直线关系。与此同时,R 又须满足伏安特性曲线。利用图解法,把上述方程在图 16(b)中画出直线,它与伏安特性曲线的交点,即为实际电路中 R 所处的状态。查得交点处的数值 $I_R=3.7\times10^{-3}\ \text{A}$,$U_R=3.3\ \text{V}$,$R=\dfrac{U_R}{I_R}=8.9\times10^2\ \Omega$。

例 7 用 n 个相同电池串联的电池组对一个电容器充电,第一种方式是:将这个电容器与一个电阻串联后接在 n 个串联好的电池的两端。第二种方式是:仍把这个电容器跟同一个电阻串联,先用一个电池充电,再改为用两个电池串联继续充电,再改为用三个电池串联继续充电……最后是 n 个电池串联继续充电。问用哪一种方式充电损耗电能多?说明理由。

解 用第一种方式充电损耗的电能多。

设每一节电池的电动势为 E。用第一种方式充电,电容器获得电荷量为 $Q=nCE$,电源提供的电能为 $A_1=Q(nE)=C(nE)^2$。

电容器储存的能量为 $W=\dfrac{1}{2}C(nE)^2$。

在电阻上消耗的能量为 $\Delta W_1=A_1-W=C(nE)^2-\dfrac{1}{2}C(nE)^2=\dfrac{1}{2}C(nE)^2$。

用第二种方式充电，电容器最终的带电荷量和储存的能量与第一种方式相同，储存的能量为 $W_2 = W_1 = \frac{1}{2}C(nE)^2$。

每次电容器充得的电荷量为 $q = CE$。

全过程电源提供的总电能为

$$A_2 = E \cdot CE + 2E \cdot CE + 3E \cdot CE + \cdots + nE \cdot CE$$

$$= CE^2(1 + 2 + 3 + \cdots + n) = \frac{n}{2}(n + 1)CE^2。$$

全过程电阻上消耗的能量为

$$\Delta W_2 = A_2 - W = \frac{n}{2}(n + 1)CE^2 - \frac{1}{2}C(nE)^2 = \frac{n}{2}CE^2。$$

因为 $n > 1$，所以 $n^2 > n$，则 $\Delta W_1 > \Delta W_2$，即第一种方式充电损耗电能多。

例 8 有一两端无穷的电路如图 17 所示，其中每一个电阻均为 r。求 a、b 两点之间的电阻。

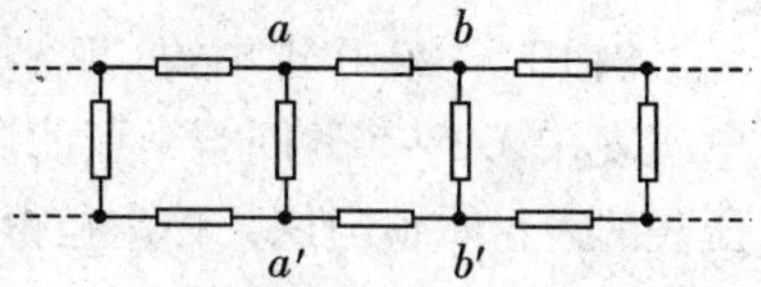

图 17

解 整个电路可看成由三部分组成：aa' 两点之间直到左边的无穷网络电路、bb' 两点之间直到右边的无穷网络电路及余下的中间部分电路。设 bb' 两点之间直到右边的无穷网络电阻为 R_x，则 aa' 两点之间直到左边的无穷网络电阻也为 R_x。a、b 两点之间的电阻为 $R_{ab} = \frac{(2R_x + r)r}{(2R_x + r) + r} = \frac{(2R_x + r)r}{2(R_x + r)}$。$bb'$ 两点之间直到右边的无穷网络，去了一个网格元，其电阻不变，所以有 $R_x = \frac{(R_x + 2r)r}{(R_x + 2r) + r}$，得 $R_x = (\sqrt{3} - 1)r$，所以 $R_{ab} = \frac{6 - \sqrt{3}}{6}r$。

例9 如图 18(a)所示电路，$R_1 = R_3 = R$，$R_2 = 2R$，$C_1 = C_2 = C$，求当 M、N 间加上电压 U 后通过电阻 R_3 的电荷量。

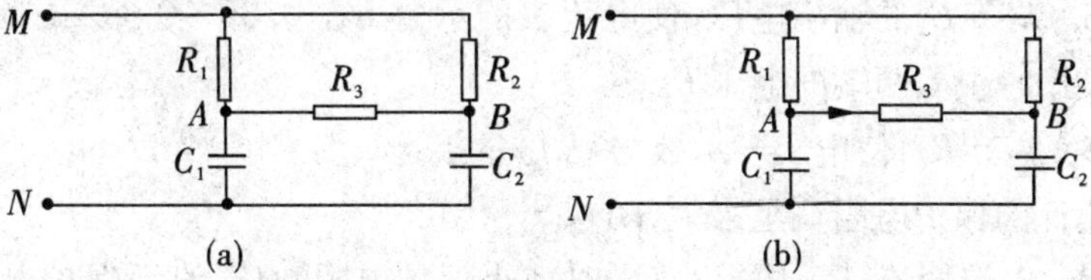

图 18

解 如果去了电阻 R_3，则电容器 C_1、C_2 各自独立充电，由于 $R_1 < R_2$，所以对 C_1 的充电快于对 C_2 的充电，那么同一时刻 A 点的电势高于 B 点的电势，当接上电阻 R_3 后，便有从 A 到 B 的电流 I 通过电阻 R_3，如图 18(b)所示。

令 N 点电势为零，在充电过程中的某一时刻 t，通过电阻 R_3 的电流为 $I = \frac{U_A - U_B}{R_3}$ ①

设经过一极小的时间间隔后，C_1、C_2 的电荷量分别增加 Δq_1、Δq_2，根据电荷守恒定律，有 $\frac{U-U_A}{R_1}\Delta t = I\Delta t + \Delta q_1$ ②，$\frac{U-U_B}{R_2}\Delta t + I\Delta t = \Delta q_2$ ③

联立①、②、③式，得 $I\Delta t = \frac{R_2\Delta q_2 - R_1\Delta q_1}{R_1+R_2+R_3} = \frac{1}{2}\Delta q_2 - \frac{1}{4}\Delta q_1$

所以通过电阻 R_3 的电荷量为 $Q = \sum I\Delta t = \sum\left(\frac{1}{2}\Delta q_2 - \frac{1}{4}\Delta q_1\right) = \frac{1}{2}\sum\Delta q_2 - \frac{1}{4}\sum\Delta q_1$，而 $\sum\Delta q_1$、$\sum\Delta q_2$ 即为电容器 C_1、C_2 的最后带电荷量。因为最后两电容器上的电压均为 U，所以 $\sum\Delta q_1 = CU$、$\sum\Delta q_2 = CU$。

故通过电阻 R_3 的电荷量为 $Q = \sum I\Delta t = \frac{1}{2}CU - \frac{1}{4}CU = \frac{1}{4}CU$。

例 10 (2010 年华约)现要对一量程为 5 V 的非理想电压表在 0.3 ~5 V 间若干点的测量误差进行检测(即求电压表的表盘示值与用某种途径得到的标准值之差 ΔU)。给定的器材有：输出电压在 0 ~6 V 间可调的直流电源 E_1；电动势为 6 V，内阻可忽略的直流电源 E_2；量程为 0.1 A 的标准电流表，其内阻不可忽略；阻值为 50.00 Ω 的标准电阻 R_0；滑动变阻器 R_1、R_2，阻值变化范围分别为 0 ~500 Ω 和 0 ~10 Ω；阻值约为 20 Ω 的固定电阻 R'；带可调保护电阻的检流计；开关 3 个：S_1、S_2、S_3，导线若干。测量原理电路图如图 19 所示。

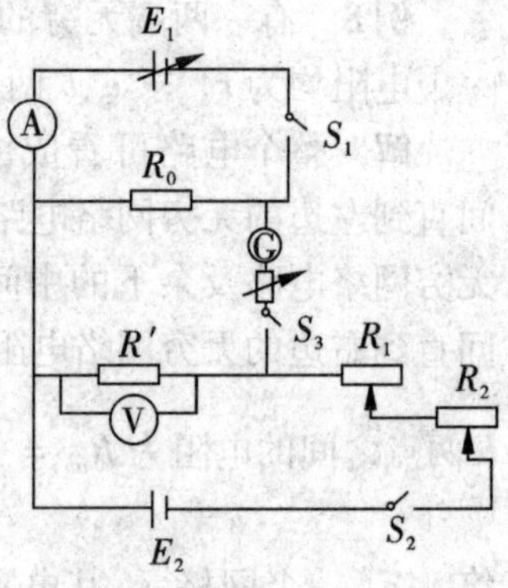

图 19

(1)请按实验原理图写出主要实验步骤；

(2)说明实验原理图中两个滑动变阻器的作用。

解 (1)主要实验步骤如下：

①按图连接电路。

②闭合 S_1，调节 E_1 的输出电压，使电流表的示数 I 在 0.06 ~0.1 A 之间。利用公式 $U_0 = IR_0$，计算出此时 R_0 两端的电压 U_0。

③闭合 S_3，调节 R_1，使电压表示数与 U_0 尽量接近。

④将检流计的保护电阻调至最大，闭合 S_2。

⑤调节 R_1、R_2 使检流计示数减小；同时减小保护电阻数值，直至保护电阻为零时，检流计示数为零。

⑥记下此时电压表的示值 U，计算 $\Delta U = U - U_0$。

⑦多次改变 E_1 的数值并重复步骤② ~⑥。

(2)两个滑动变阻器的作用是：R_1 用于粗调，R_2 用于细调。

例 11 (2010 华约)图 20 为一直线运动加速度测量仪的原理示意图。A 为 U 形底座，其内部放置一绝缘滑块 B；B 的两侧各有一弹簧，它们分别固连在 A 的两个内侧壁上；滑块 B 还与一阻值均匀的碳膜电阻 CD 的滑动头相连(B 与 A 之间的摩擦及滑动头与碳膜间的摩擦均忽略不计)，电阻 CD 及其滑动头与另外的电路相连(图中未画出)。

工作时将底座 A 固定在被测物体上，使弹簧及电阻 CD 均与物体的运动方向平行。当被测物体加速运动时，物块 B 将在弹簧的作用下，以同样的加速度运动。通过电路中仪表的读数，可以得知加速度的大小。

已知滑块 B 的质量为 0.60 kg，两弹簧的劲度系数均为 2.0×10^2 N/m，CD 的全长为 9.0 cm，被测物体可能达到的最大加速度为 20 m/s^2(此时弹簧仍为弹性形变)；另有一电动势为 9.0 V、内阻可忽略不计的直流电源，一理想指针式直流电压表及开关、导线。

设计一电路，用电路中电压表的示值反映加速度的大小。要求：

①当加速度为零时，电压表指针在表盘中央；

②当物体向左以可能达到的最大加速度加速运动时，电压表示数为满量程。(所给电压表可以满足要求)

(1)完成电路原理图。

(2)完成下列填空：(不要求有效数字)

①所给的电压表量程为________V；

②当加速度为零时，应将滑动头调在距电阻的 C 端________cm 处；

③当物体向左做减速运动，加速度的大小为 10 m/s^{2}时，电压表示数为______V。

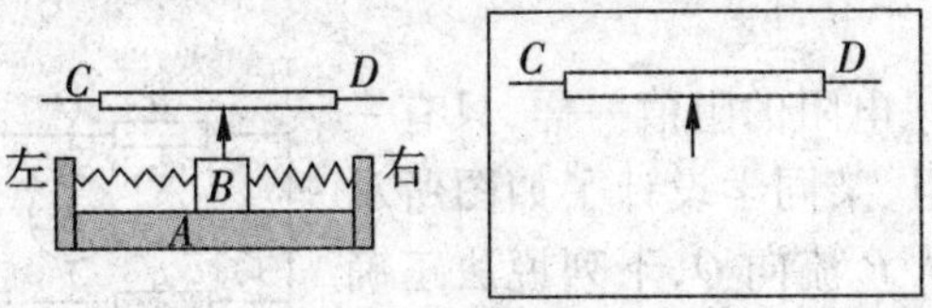

图20

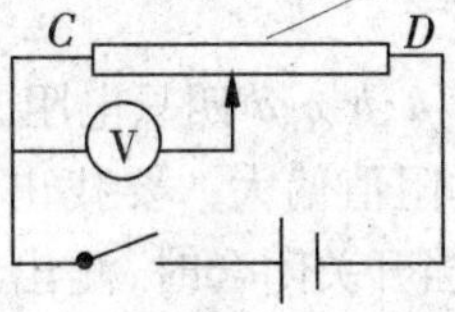

图21

解 (1)电路原理图如图 21 所示。

(2)①6.0 ②3.0 ③1.5

当加速度为零时，应将滑动头调在距电阻的 C 端 l_0 cm 处，电压表指针在表盘中央 $\frac{1}{2}U$处。

当物体向左以最大加速度 $a_m=20$ m/s^2 加速运动时，弹簧的形变量为 $x_1=\frac{ma_m}{2k}=\frac{0.6\times20}{2\times200}=0.03\ \text{m}=3\ \text{cm}$，此时电压表示数为满量程 U，由比例关系 $\frac{E}{l}=\frac{U/2}{l_0}=\frac{U}{l_0+x_1}$，解得 $l_0=3.0$ cm，$U=6.0$ V。

当物体向左做减速运动，加速度的大小为 $a=10$ m/s^{2}时，弹簧的形变量为 x_2，电压表示数为 U_2，$x_2=\frac{ma_3}{2k}=\frac{0.6\times10}{2\times200}=0.015\ \text{m}=1.5\ \text{cm}$，$\frac{E}{l}=\frac{U_2}{l_0-x_2}$，解得 $U_2=1.5$ V。

例 12 (2012 卓越)某同学设计了一个测量电阻 R_x(约为 10 Ω)的电路，如图 22 所示。图中直流电流表的量程为 50 μA，内阻 R_g 约为 3 kΩ；电源 $E=3$ V，内阻不计；R_0 为六钮电阻箱(0～99 999.9 Ω)；R 为滑动变阻器(0～500 Ω，额定电流 1.5 A)；S_1 为开关；S_2 为双刀双掷开关。(1)请简要写出实验步骤；(2)请用测量量表示出 R_x；(3)分析该电路的适用条件。

解 (1)实验步骤:

①选择 R_0 的阻值略大于 R_x 。

②闭合 S_1,将 S_2 合向 R_0 一侧,调节 R 使电流表指针指到满偏电流 $\frac{2}{3}$ 以上的刻度。

③记下电流值 I_0。

④保持 R 的滑动触头位置不变。

⑤将 S_2 合向 R_x 一侧,读出电流表读数 I_1。

(2)R_x 表达式:

$$R_x = \frac{I_1}{I_0} R_0$$

(3)适用条件:

① R_x 的阻值应远远小于 50 μA 直流电流表的内阻。

② R_0 阻值的取值应与 R_x 相近。

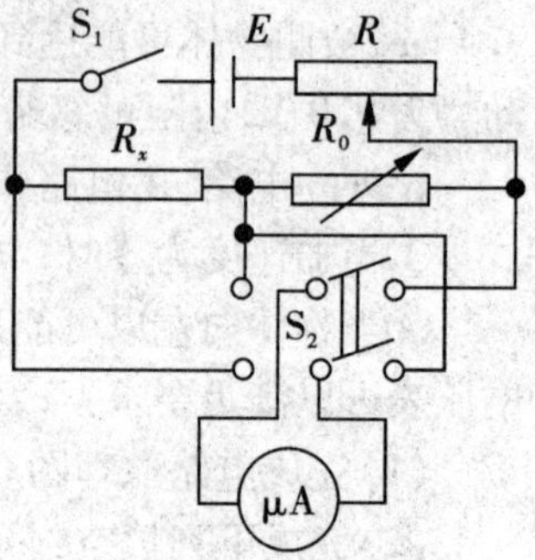

图 22

专题训练

1. 有 a、b、c、d 四只电阻,其中三只电阻的阻值一样,只有一只电阻的阻值偏大。要找出这只电阻,某同学设计了如图所示的电路,当开关闭合时,测出有电流从 P 流向 Q,下列说法正确的是(　　)

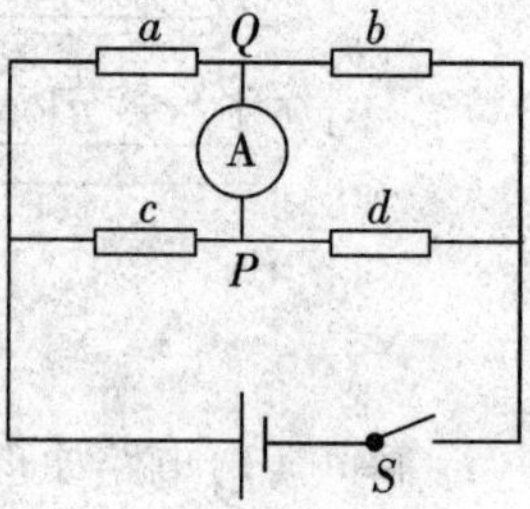

题 1 图

A. 阻值偏大的电阻一定是 a 和 d 中的一个

B. 阻值偏大的电阻一定是 c 和 b 中的一个

C. 下一步可将 a 和 d 互换位置,根据 PQ 间电流的流向来判断

D. 下一步可将 a 和 c 互换位置,根据 PQ 间电流的流向来判断

2. 用电池、定值电阻 R、电阻箱 R'、电流表、电压表、开关与导线连成如图所示的电路,可以用来进行(　　)

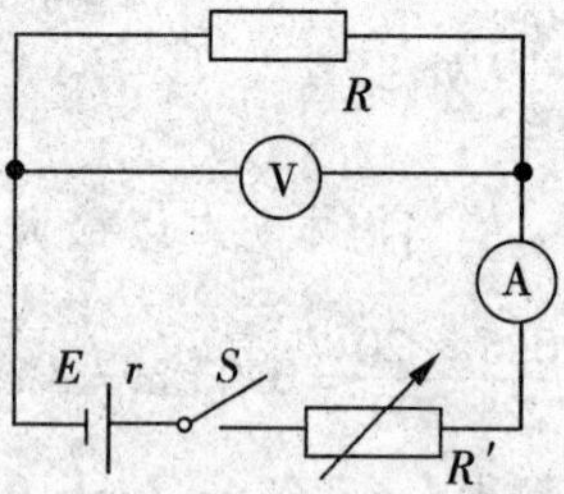

题 2 图

A. 测量电池的电动势和内电阻

B. 测定电阻 R 随温度变化的关系

C. 验证欧姆定律

D. 证明电源的电动势等于内、外电路电压之和

3. 如图所示,由电阻器组成的不可见的电路(暗盒)有四根引线,如果电压加在接线柱 1 和 2 上,那么在断开接线柱 3 和 4 的情况下,电路消耗的功率 $P_1 = 40$ W;而在闭合接线柱 3 和 4 的情况下,电路消耗的功率 $P_2 = 80$ W。如果把接线柱 3 和 4 接在同一个电源上,那么当断开接线柱 1 和 2 的情况下,电

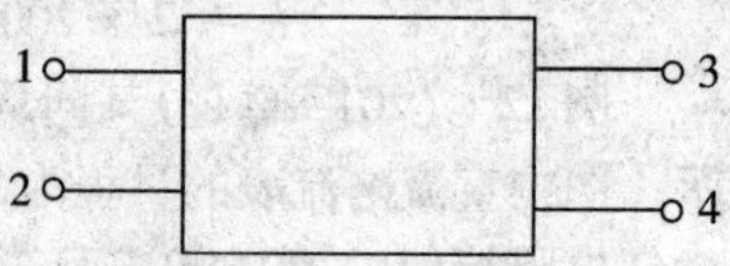

题 3 图

路中消耗的功率是 $P_3=20\ \mathrm{W}$。求当同样电压加在接线柱 3 和 4 上，在闭合接线柱 1 和 2 的情况下，电路消耗的功率 $P_4=$__________。

4.（复旦大学）如图所示的闭合电路中，当滑动变阻器的滑片 P 从 b 滑向 a 的过程中，V_1、V_2 两只电压表的示数变化量分别为 ΔU_1 和 ΔU_2，则它们的大小相比应是（　　）

A. $|\Delta U_1|>|\Delta U_2|$　　B. $|\Delta U_1|<|\Delta U_2|$

C. $|\Delta U_1|=|\Delta U_2|$　　D. 无法判断

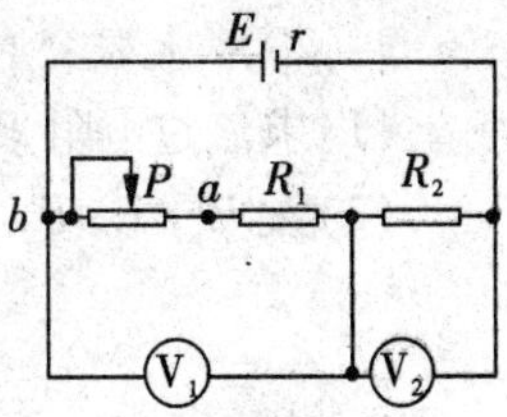

题 4 图

5.（2008 清华大学）如图所示有限网络电路中，除最后一只电阻为 R_x 外，其余电阻阻值都是 R，那么要使 A、B 两点间的等效电阻与网络级数 n 无关，$R_x=$______R。

6.（2007 上海交通大学）如图所示为一同学设计的通过电压表读数显示物体质量的实验装置和电路示意图，托盘和弹簧的质量均不计。弹簧的上端与变阻器相连，托盘中无重物时，电压表的读数为零。设变阻器的总电阻为 R，长度为 L，弹簧的劲度系数为 k，不计摩擦，则物体质量 m 与电压表读数 U 间的关系为______。

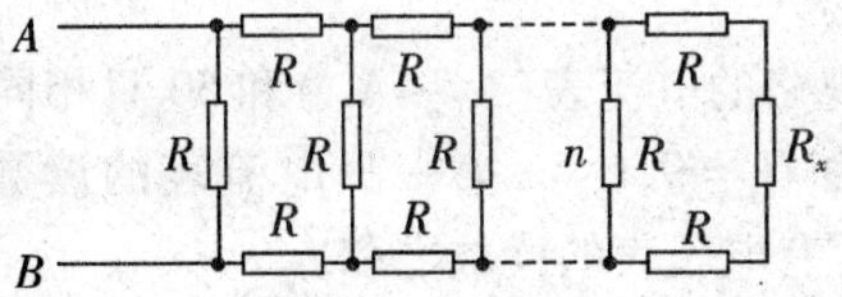

题 5 图

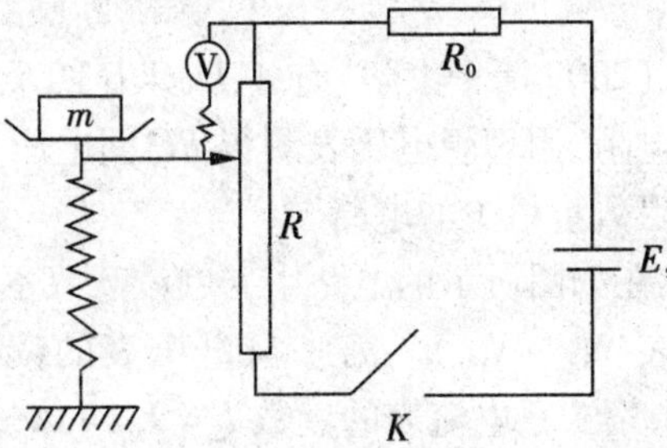

题 6 图

7.（2004 上海交通大学）在图（1）的电路中，a、b、c 为三个相同的小灯泡，电源内阻不计。已知小灯泡的电流与电压的关系如图（2）所示，则由图估测，流过灯泡 a 的电流约为____A。灯泡 a 消耗的功率约为______W。

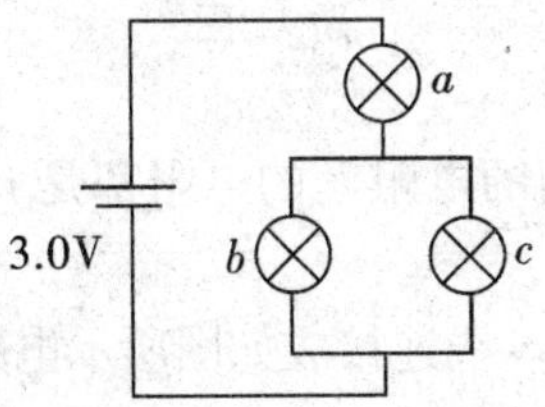

图1

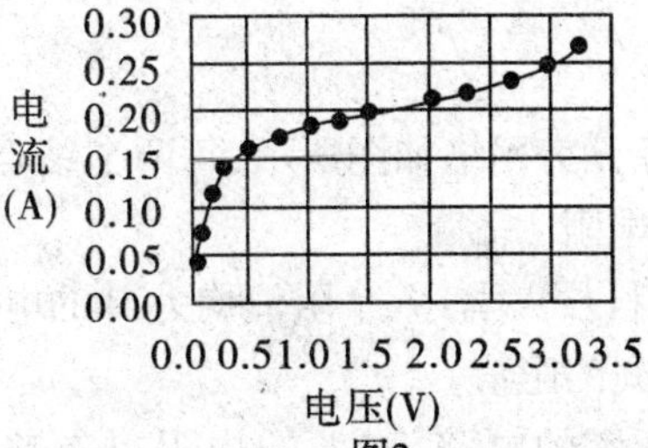

图2

题 7 图

8.（2007 北京大学）直流电路如图所示。

（1）电路中 5 Ω 电阻消耗的电功率降到零时，可变电阻器 R_0 为何值？

（2）在（1）问的条件下，电源输出电功率 P 为何值？

(3) R_0取(1)问要求值时,引入电功率 P_{AB}、P_{AC}、P_{BD}和 P_{CE},它们分别是电路中结点 A、B 间,A、C 间,B、D 间和 C、E 间的电功率,试分析判定其中哪一个最大,哪一个最小?

9.(2004 上海交通大学)如图所示电路,电源内阻不计。

(1)求流过电阻 R 的电流 I。I 的方向如何由 R_1和 R_2的相对大小而定?

(2)设 $R_1=R$, $R_2-R_1=\Delta R \ll R$,写出 I 的近似式。(精确到小量 $\Delta R/R$ 的一次方)。

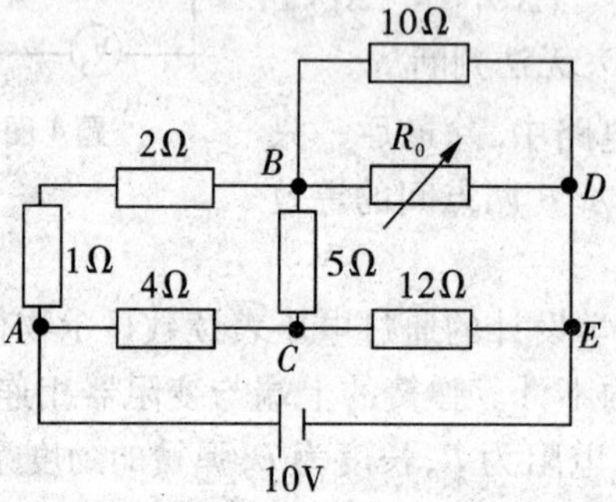

题8图

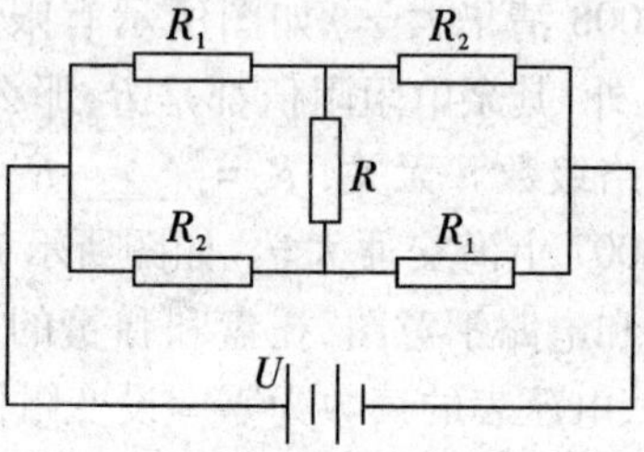

题9图

10.(2009 清华大学)有 A、B、C、D 四个接头的黑箱内有一内阻不计的电源与若干等阻值的电阻,用理想电压表测得 BC 间电压为 0,CD 间电压为 3 V,AD 间电压为 2 V。试画出电阻数量最少的电路。

11.在如图所示的电路中,共有 50 只不同规格的电流表($A_1 \sim A_{50}$)和 50 只相同规格的电压表($V_1 \sim V_{50}$)。第一只电压表的读数为 $U_1=9.6$ V,第一只电流表的读数 $I_1=9.5$ mA,第二只电流表的读数 $I_2=9.2$ mA,求所有电压表的读数之和。

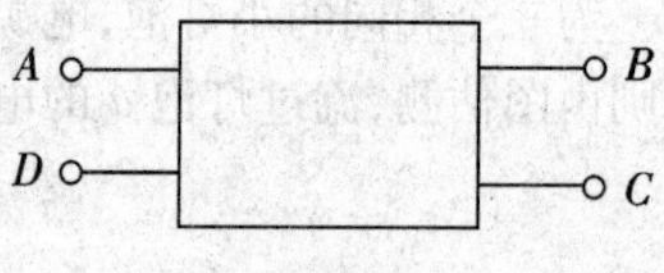

题10图

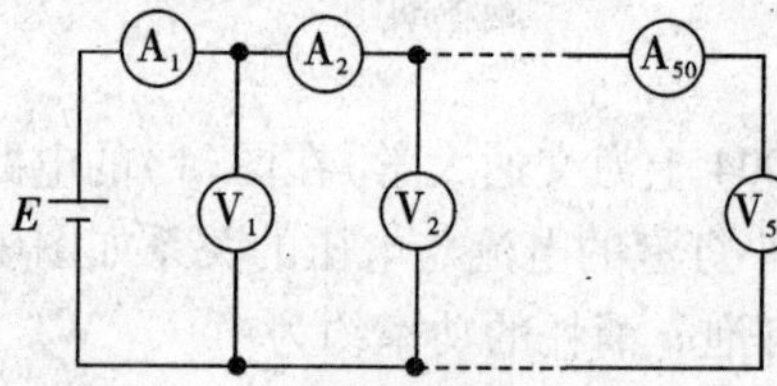

题11图

12.电阻丝无穷网络如图所示,每两个结点之间的电阻丝的电阻都是 r,试求 A、B 两点之间的等效电阻 R_{AB}。

13.(中国科技大学)六个阻值均为 R 的电阻用导线连接成如图所示电路,求 A、B、C、D 任意两端点间的阻值。

14.如图所示的电路,电源的内阻可忽略不计,电流表(内阻不能忽略)的示数为 10.0 mA,电压表的示数为 2.0 V,当电阻 R_x与电压表分开,同电流表并联后,电流表示数减小到 2.5 mA,根据上述测量,你能否确定电压表的内阻 R_V和电阻 R_x的值?

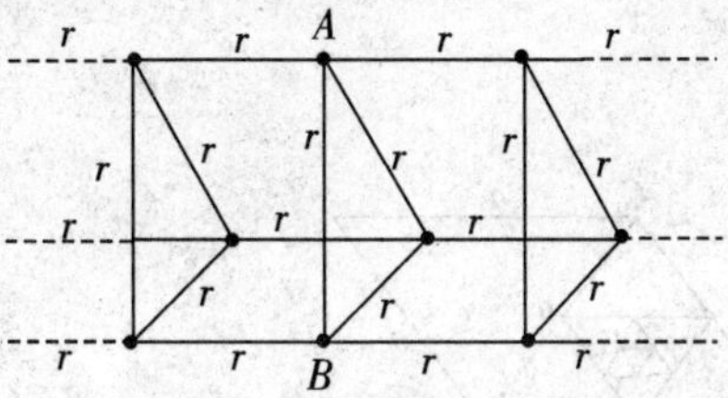

题 12 图

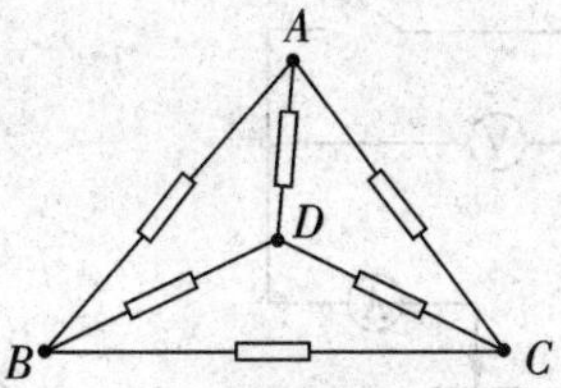

题 13 图

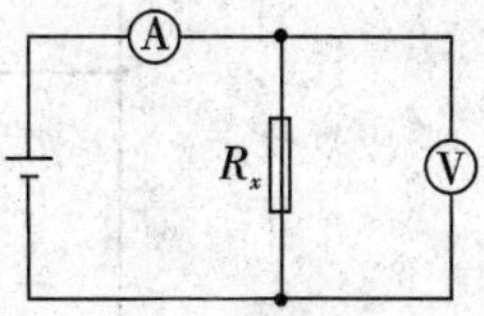

题 14 图

15.（2009 清华大学）欧姆表头是量程为 100 μA 的电流表，表盘上标示的电阻值是按照电池电动势 $\varepsilon=1.5$ V 而计算得出的，求：(1) 电池的电动势刚好是 1.5 V 时，欧姆表的内阻是多少？(2) 表盘上 30 μA 刻度线对应的电阻刻度值是多少？(3) 当电池的电动势降低到 $\varepsilon'=1.4$ V 时，用这个欧姆表测得某电阻为 22.5 kΩ，这个电阻的真实值是多少？

16.（2008 东南大学）用伏安法测电阻时，由于电压表、电流表内阻的影响，使得测量结果总存在误差，而按图所示电路进行测量，则由电压表、电流表内阻所造成的误差可消除。

(1) 请你简要写出还未完成的主要操作步骤，并用字母表达出相应的测量值。

①闭合开关 S_1，开关 S_2 接 2，调节 R_P 和 R'_P，读出电流表和电压表的示数 I_2、U_2。

②保持 R_P 不变______________。

(2) 请你推导出待测电阻 R_x 的表达式______________。

(3) 用实线表示导线，将图中的器材按电路图连成测量电路。

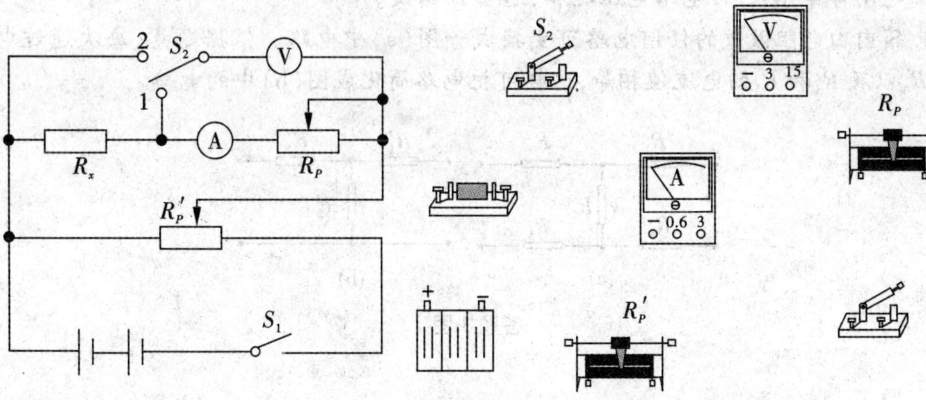

题 16 图

17. 电源电动势为 ε、内阻为 r，在利用图示的电路测定电源的电动势和内阻时，由于没有考虑电流表和电压表对电路的影响，而从测量结果中求得电源电动势为 ε'、内阻为 r'。试求 ε'、r' 与 ε、r 的关系。已知电压表内阻为 R_V、电流表内阻为 R_A。

18. 如图所示为由粗细、质地均匀的细金属丝连成的无限内接网络。已知金属丝单位长度电阻为 R_0。求等效电阻 R_{AB}。（$\triangle ABC$ 为等边三角形，内接三角形的顶点均为三角形各边的中点）

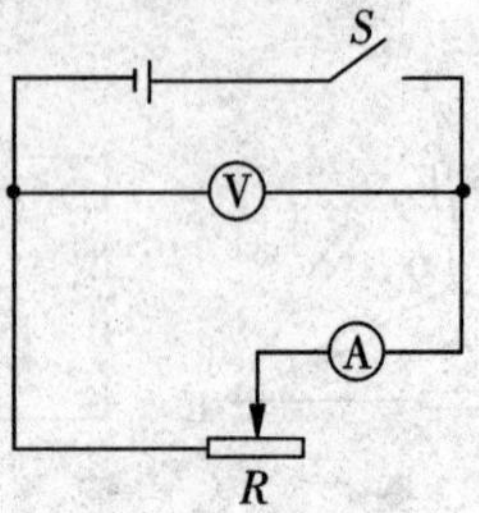

题17图

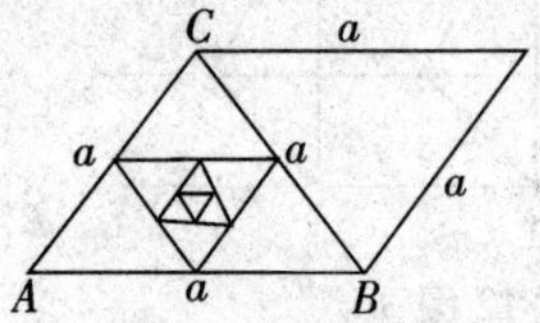

题18图

答案详解

1. AD

2. AC。提示：由电压表、电流表的读数可以求出定值电阻 R 的值，R' 为电阻箱的有效电阻，由电阻箱可直接读出。改变电阻箱的电阻，根据全电路欧姆定律，有 $E=I_1(R+R_1')+I_1r$，$E=I_2(R+R_2')+I_2r$，I_1、I_2 由电流表读出，R_1'、R_2' 为电阻箱两次的有效阻值，由以上两式可求出 E、r 的值，故选项A正确。该电路没有变温和测温系统，故不能测 R 随温度变化的关系，选项B错误。该电路中每改变电阻箱的有效阻值一次，电压表和电流表的读数都发生一次变化，根据电流表和电压表的读数可研究定值电阻中的电流与电压的关系，所以用该电路可以验证欧姆定律，选项C正确。该电路不能测内电压，不能验证电动势等于内、外电路电压之和，选项D错误。

3. 箱内由电阻做成的任何电路可变换成如图(a)中电路。根据题意，每次通过电阻 R_1 和 R_4 以及 R_3 和 R_5 的电流值相等，这样可把电路简化成图(b)中的电路。

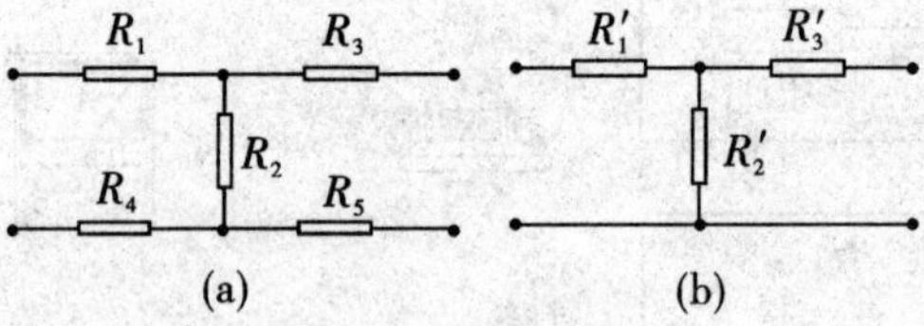

答题3图

得 $P_1=\dfrac{U^2}{R_1'+R_2'}$，$P_2=\dfrac{U^2}{R_1'+R_2'R'_3(R_2'+R'_3)}$，$P_4=\dfrac{U^2}{R'_3+R_1'R_2'(R_1'+R_2')}$，由上述式子可得 $P_1P_4=P_2P_3$，则 $P_4=40\ \text{W}$。

4. A

5. $\sqrt{3}-1$。提示：$\dfrac{(R_x+2R)R}{R_x+2R+R}=R_x$，$R_x=(\sqrt{3}-1)R$。

6. $m=\dfrac{kLU(R+r+R_0)}{REg}$。

7. $I_a=2I_b=2I_c$，$U_a=2.7\ \text{V}$，$I_a=0.24\ \text{A}$时，$I_b=0.12\ \text{A}$，$U_b=0.3\ \text{V}$，且$U_a+U_b=3\ \text{V}$，故$I_a=0.24\ \text{A}$，$P_a=0.65\ \text{W}$。

8. (1)90 Ω;(2)14.6W;(3)P_{BD}最大，P_{AC}最小。

9. (1) $I=\dfrac{(R_2-R_1)U}{2R_1R_2+(R_1+R_2)R}$，$R_2>R_1$时，$I$向下；$R_2=R_1$时，$I=0$；$R_2<R_1$时，$I$向上。(2) $R_2\approx R_1=R$，$R_2-R_1=\Delta R$代入I的表达式，$I=\dfrac{\Delta R\cdot U}{4R^2}$。

10.

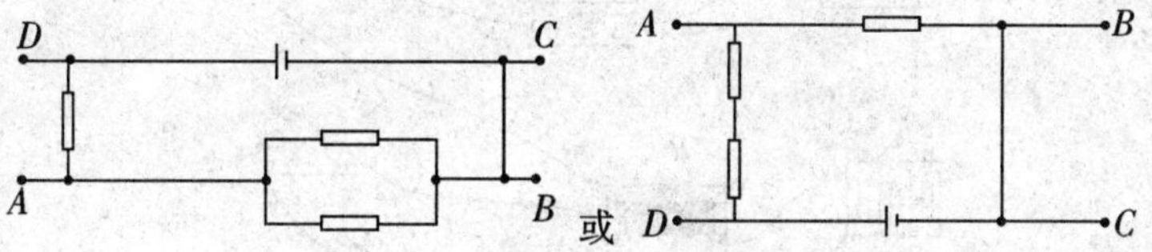

答题10图

11. 304 V。提示：$(I_1-I_2)R_V=U_1$，得$R_V=32\ 000\ \Omega$，故$U_{总}=\sum_{i=1}^{50}R_VI_i=R_V\sum_{i=1}^{50}I_i=R_VI_1=304\ \text{V}$。

12. $\dfrac{2\sqrt{21}}{21}r$。

13. $R_{AB}=R_{BC}=R_{AC}=R_{AD}=R_{BD}=R_{CD}=\dfrac{R}{2}$。

14. 令$I_1=10.0\ \text{mA}$，$I_2=2.5\ \text{mA}$，$U_1=2.0\ \text{V}$，并令电流表的内阻为R_A，电压表的内阻为R_V，电源的电动势为E，由分压关系得电压表的读数为$U_1=\dfrac{\dfrac{R_VR_x}{R_V+R_x}}{\dfrac{R_VR_x}{R_V+R_x}+R_A}E=\dfrac{R_VR_xE}{R_VR_x+R_xR_A+R_AR_V}$，当$R_x$与电压表分开，与电流表并联后，电流表两端的电压$U_A=I_2R_A=\dfrac{\dfrac{R_AR_x}{R_A+R_x}}{\dfrac{R_AR_x}{R_A+R_x}+R_V}E=\dfrac{R_AR_xE}{R_VR_x+R_xR_A+R_AR_V}$，将上述两式相除可得电压表的内阻$R_V=\dfrac{U_1}{I_2}=8.0\times10^2\ \Omega$，$R_x$与电压表并联时，通过电压表的电流为$I_V=\dfrac{U_1}{R_V}=2.5\ \text{mA}$，则$R_x=\dfrac{U_1}{I_1-I_V}=267\ \Omega$。

15. (1)15 kΩ;(2)35 kΩ;(3)20 kΩ。

16. (1)S_2接1，闭合S_1，调节R'_P，读出此时电压表和电流表的示数U_1、I_1。(2)在情况①下，$R_x+R_P+R_A=\dfrac{U_2}{I_2}$，在情况②下，$R_A+R_P=\dfrac{U_1}{I_1}$，故 $R_x=\dfrac{U_2}{I_2}-\dfrac{U_1}{I_1}$。(3)电路连接如图所示。

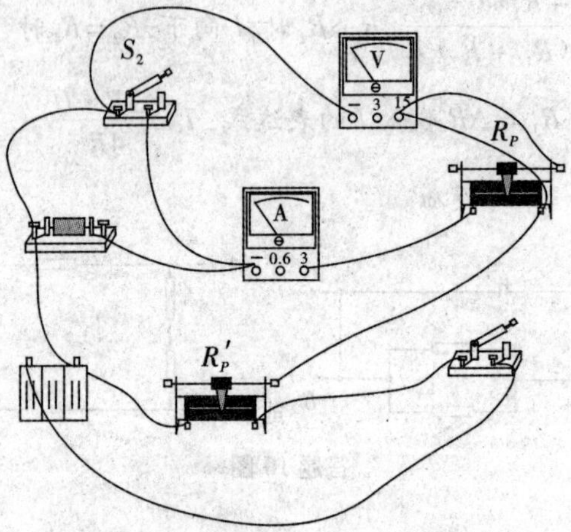

答题 16 图

17. 设以 U' 表示实验中电压表的示数，I' 表示实验中电流表对应的示数，实验中因为没有考虑电压表的分流作用，有 $U'=\varepsilon'-I'r'$，实际上，由于电压表的分流作用，有 $\varepsilon=U'+(I'+\Delta I)r=\dfrac{(R_V+r)U'}{R_V}+I'r$，即 $U'=\dfrac{R_V}{R_V+r}\varepsilon-I'\dfrac{R_Vr}{R_V+r}$，由此可以得到 $\varepsilon'=\dfrac{R_V}{R_V+r}\varepsilon$，$r'=\dfrac{R_V}{R_V+r}r$。注：本题还可以利用等效电压源定理求解。

18. 由于网络中右上部分多出来一个角，破坏了网络的对称性，所以先去掉右上角。根据对称性及无线网络特点，不难求出去掉右上角后的电阻，再根据对称性，可用一个三角形网络与之等效，三角形网络中三个电阻均为 R，则原网络可等效为如图所示电路。

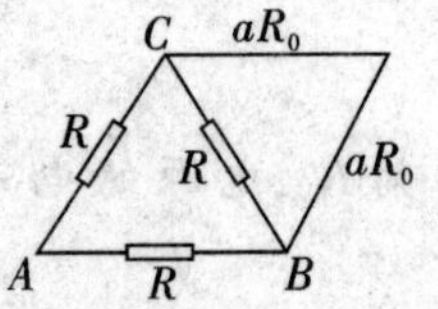

答题 18 图

由 $\dfrac{1}{R}+\dfrac{1}{2R}=\dfrac{1}{R'_{AB}}$，及 $\dfrac{1}{R_{AB}}=\dfrac{1}{R}+\dfrac{1}{R+\dfrac{2RaR_0}{R+2aRR_0}}$，解得

$R_{AB}=\dfrac{5\sqrt{7}-7}{12}aR_0$。

专题十四 静磁场

考点热点

一、磁场

1. 磁感应强度

磁感应强度是描述磁场强弱和方向的物理量。当电流元 $I\Delta L$ 与磁场方向垂直时，电流元所受的磁场力最大，记作 F_m，则该点的磁感应强度的大小为 $B=\dfrac{F_m}{I\Delta L}$，方向为小磁针 N 极受力的方向。

2. 磁通量

设 P 点为磁场中任一点，该点的磁感应强度为 B，过 P 点取一小面元，该小面元的法向矢量与 B 成 θ 角，则穿过该小面元的磁感应线条数，即为磁通量 $\Phi=BS_{\perp}=BS\cos\theta$。

3. 电流元的磁场(毕奥・萨伐尔定律)

电流元 $I\Delta L$（电流元是矢量，大小为 $I\Delta L$，方向沿导线指向电流的方向）在其周围空间产生磁场的磁感应强度，大小 $\Delta B=\dfrac{\mu_0}{4\pi}\cdot\dfrac{I\Delta L\sin\theta}{r^2}$，其中常量 μ_0 为真空的磁导率，$\mu_0=4\pi\times10^{-7}\ \mathrm{N/A^2}$，$r$ 为场点相对电流元的位置矢量大小，θ 为电流元的方向与场点相对电流元的位置矢量方向之间的夹角。磁感应强度的方向按从 $\boldsymbol{I\Delta L}$ 到 $\boldsymbol{r}$ 的右手螺旋定则判定，这就是毕奥・萨伐尔定律。

由毕奥萨伐尔定律可知，$\theta=\dfrac{\pi}{2}$ 时 ΔB 最大，即垂直电流方向上磁感应强度最大；$\theta=0$ 或 $\theta=\pi$ 时 $\Delta B=0$，即在电流方向的延长线或反向延长线上磁感应强度为零（没有磁场）。

4. 几种常见电流磁场的磁感应强度

(1)无限长通电直导线的磁场：直导线中通有电流 I，与直导线垂直距离为 a 处的磁感应强度大小为 $B=\dfrac{\mu_0 I}{2\pi a}$，方向由右手螺旋定则决定。拇指表示电流的流向，弯曲的四指指向磁场方向。

(2)环形电流中心的磁场:设电流为 I,圆环半径为 a,则圆环中心的磁感应强度 $B=\frac{\mu_0 I}{2a}$,方向由右手螺旋定则决定,四指指向电流的环绕方向,拇指指向磁场方向。

(3)通电直螺线管内的磁场:设螺线管的半径为 R,长度为 L, $R\ll L$,单位长度线圈匝数为 n,I 为电流强度。则螺线管内部磁感应强度 $B=n\mu_0 I$,螺线管端口中心点的磁感应强度 $B=\frac{1}{2}n\mu_0 I$。螺线管内部磁场方向沿轴线,其指向可按右手螺旋定则确定,四指指向电流的环绕方向,拇指指向磁场方向。

二、磁场力

1. 洛伦兹力(磁场对运动电荷的作用力)

$f_{洛}=Bqv\sin\theta$(θ 为 v 与 B 的夹角),方向由左手定则或按从 $q\boldsymbol{v}$ 到 $\boldsymbol{B}$ 的右手螺旋定则确定。$f_{洛}$ 的方向与 v 的方向始终垂直,即洛伦兹力对运动电荷不做功。但洛伦兹力可以有冲量,有力矩作用。

2. 安培力(磁场对通电导线的作用力)

$F_{安}=BIL\sin\theta$(θ 为 I 与 B 夹角),方向由左手定则或按从 $\boldsymbol{Il}$ 到 $\boldsymbol{B}$ 由右手螺旋定则确定。安培力是洛伦兹力垂直电流方向分力的宏观表现,可能做正功,也可能做负功。

3. 磁力矩(磁场力对通电线圈的力矩作用)

$M_{磁}=NBIS\sin\theta$(N 为匝数,S 为线圈面积,θ 为线圈平面法线与 B 的夹角),磁力矩与线圈形状无关。

三、带电粒子在匀强磁场中的运动

带电粒子质量 m,电量 q、运动速度 v,以与磁场方向成 θ 角的方向进入磁场。

1. $\theta=90°$,初速度方向垂直于匀强磁场方向的带电粒子的运动

当带电粒子的运动方向与匀强磁场方向垂直时,只受洛伦兹力作用,带电粒子将做匀速圆周运动,其轨道半径及运动周期为:$R=\frac{mv}{qB}$,$T=\frac{2\pi m}{qB}$,T 与 v 无关。

2. $\theta=0$,带电粒子不受磁场力,做匀速直线运动。

3. $0<\theta<90°$,初速度方向与匀强磁场方向成任意夹角的带电粒子的运动。

如果带电粒子射入匀强磁场时,它的速度方向与磁场方向之间的夹角为 θ,可将初速度 v 分解为沿磁场 B 方向的分量 $v_{\parallel}$ 和垂直于磁场 B 的分量 $v_{\perp}$,带电粒子在垂直于磁场的平面内做匀速圆周运动,同时在平行于 B 的方向上以 $v_{\parallel}$ 做匀速直线运动。带电粒子的运动是这两种运动的叠加,其轨迹为螺旋线,其半径 R 与螺距 h 分别为:$R=\frac{mv_{\perp}}{qB}=\frac{mv\sin\theta}{qB}$,$h=Tv_{\parallel}=\frac{2\pi m}{qB}v\cos\theta$,其螺距 h 与 $v_{\perp}$ 无关。

4. 磁聚焦

当从磁场中某点发出一束很窄的带电粒子束，以几乎相等的速率射入匀强磁场（θ 很小）时，因 h 近似相等，T 相等，故经过距离 h 后又重新汇聚在一起，称为磁聚焦。应用于电子显微镜。

四、带电粒子在正交电磁场中的运动

1. 速度选择器

如图 1 所示，两平行金属板间有互相垂直的匀强电场 E 和匀强磁场 B，就构成了速度选择器。带电量为 q 的粒子垂直于电场和磁场方向射入速度选择器后，同时受到电场力 qE 和洛伦兹力 qvB 作用。若带电粒子的速度为 v_0 时，粒子所受电场力和洛伦兹力相等，有 $qE = qv_0B$，得 $v_0 = E/B$。

带电粒子只能以 v_0 的速度通过速度选择器。当带电粒子的速度 $v > v_0$ 时，洛伦兹力大于电场力，带电粒子向上偏转；当带电粒子的速度 $v < v_0$ 时，电场力大于洛伦兹力，带电粒子向下偏转。这时带电粒子均不能通过速度选择器。

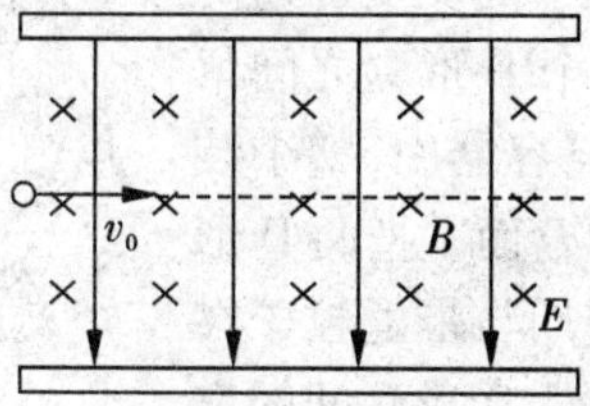

图 1

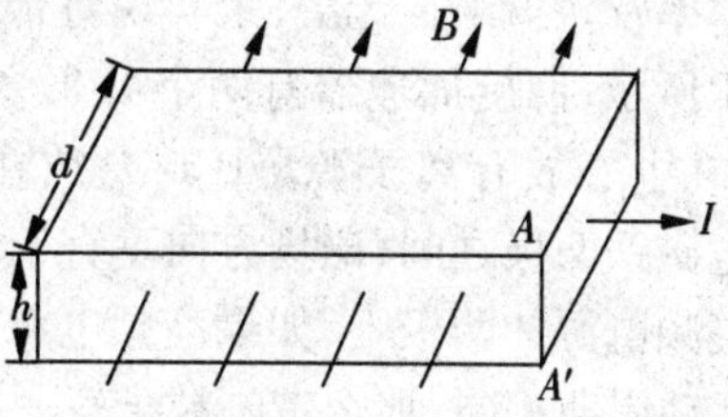

图 2

2. 霍尔效应

如图 2 所示将一导电板放在垂直于它的磁场中，当有电流通过它时，在导电板 AA' 两侧会产生电势差 $U_{AA'}$，这一现象叫作霍尔效应。霍尔效应可以用洛伦兹力来解释。

设导电板内载流子的平均定向移动速度为 v，它们在磁场中所受的洛伦兹力为 qvB。当 AA' 之间形成电势差后载流子还受到一个相反的力 $qE = qU_{AA'}/h$。E 为电场强度，h 为导电板的宽度，最后达到稳定状态时，两力平衡，有 $qvB = qU_{AA'}/h$，此外，设载流子的浓度为 n，则电流强度 I 与 v 的关系为 $I = ndhqv$。于是 $U_{AA'} = \frac{1}{nq} \cdot \frac{IB}{d}$。令 $K = \frac{1}{nq}$，K 称为霍尔系数，则 $U_{AA'} = K \cdot \frac{IB}{d}$。

利用霍尔效应可以研究半导体载流子浓度的变化，根据霍尔电势差 $U_{AA'}$ 的正负，可以判断半导体的导电类型是电子型（N 型）或是空穴型（P 型）半导体。

3. 质谱仪

质谱仪是一种测定带电粒子比荷和分析同位素的重要仪器，其基本结构如图 3 所示，它的工作程序包括四个过程：

(1)电离——中性气体在电离室中被电离成带电粒子。

(2)加速——带电粒子从缝 S_1 进入加速电场，加速电场电压为 U，获得速度 v，且有 $qU=\frac{1}{2}mv^2$。

(3)选择速度——加速后的粒子从缝 S_2 进入相互正交的匀强电场 E 和匀强磁场 B_1 区域，能直线到达缝 S_3 的粒子应满足条件：$qvB_1=qE$。

(4)产生质谱线——通过缝 S_3 的粒子垂直进入匀强磁场 B_2 区域后做匀速圆周运动，最后打在照片上形成质谱线，此时有 $qvB_2=\frac{mv^2}{R}$，$x=2R$。

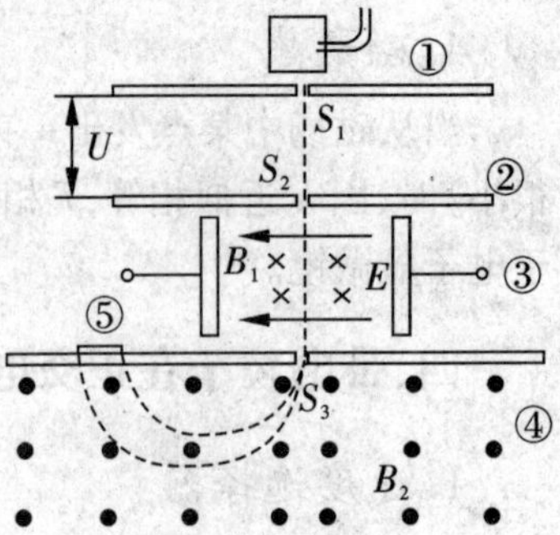

图3

其重要应用有证实同位素的存在，求带电粒子的比荷等。

4. 回旋加速器

回旋加速器是利用带电粒子在匀强磁场中做匀速圆周运动的周期与运动速率及轨道半径无关，来实现对带电粒子的反复加速的装置。如图4所示，回旋加速器有两个D形盒，两个D形盒之间留有一个窄缝，在中心放有离子源。D形盒放在真空容器中，整个装置放在巨大电磁铁两极之间，磁场方向垂直于D形盒面。把两D形盒分别接到高频电源的两极上，如果高频电源的周期与带电粒子在D形盒中的运动周期相同，那么带电粒子每一次通过D形盒间的窄缝都会被电场加速。经过反复加速，粒子的速度越来越大，轨道半径也越来越大，趋近盒的边缘。达到预期的速率后，用特殊的装置把它们引出。设带电粒子的电量为 q、质量为 m、磁场的磁感应强度为 B，D形盒的半径为 R，高频电压为 U，窄缝宽度为 d，则带电粒子能达到最大速度 $v_m=\frac{BqR}{m}$，最大动能 $E_k=\frac{B^2q^2R^2}{2m}$（与加速电压无关），运动时间 $t=t_B+t_E=\frac{BR(\pi R+2d)}{2U}$。

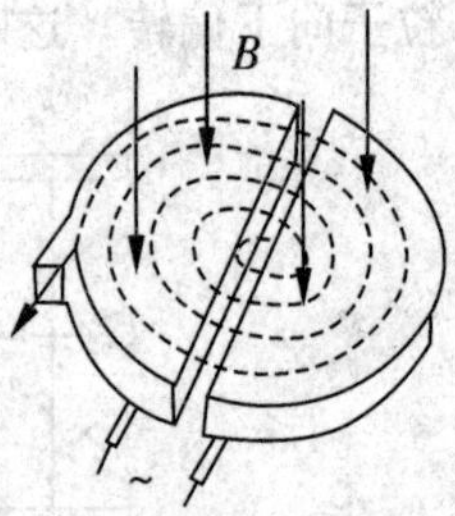

图4

由于相对论效应（$m=\frac{m_0}{\sqrt{1-v^2/c^2}}$，$m_0$ 为粒子静止的质量），当粒子的速度很大时，质量将变大，从而使带电粒子的运动周期增长，频率减小，小于高频电源频率，回旋加速器不能保持加速，所以要获得高能量的粒子，需要选择其他类型加速器。

5. 磁流体发电机

磁流体发电机是一种不依靠机械传动，直接把内能转化为电能的装置。如图5所示，距离为 d 的两平行金属板间，有垂直运动方向的匀强磁场，磁感应强度为 B。从左侧有高速运动的等离子体（含有相当数量的正负离子）。离子的电量为 q，射入时的速度为 v。

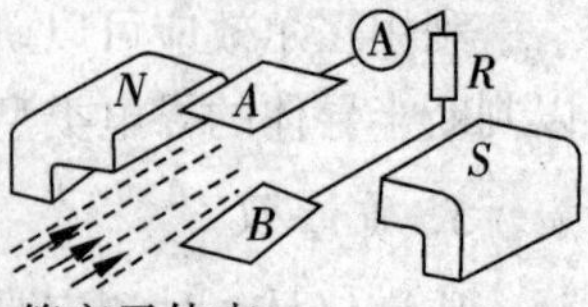

图5

第一对正负离子进入磁场后只受洛伦兹力的作用,并按圆轨迹运动,正离子向上偏转,而负离子将向下偏转,并将最终分别打在 A、B 两极板上。于是立刻在两极板上形成电场,并对继续射入的正负离子施有电场力(尽管极其微小)。随离子的继续偏转,两极板间集聚的电荷越来越多,板间的场强越强,直到电场力与洛伦兹力平衡。再射入的等离子体将沿直线运动。于是由 $q\varepsilon/d = qvB$ 得两极板间的电势差为 $\varepsilon = dvB$。按功能转化关系,这一电势差实际就是电源的电动势。如果接图 5 右侧的外电路,随着电能的消耗,板间的电场减弱,上述电荷偏转又继续进行,以维持电源的电动势。设平行板正对面积为 S,等离子体电阻率为 ρ,则电源内阻 $r = \rho\dfrac{d}{S}$,端电压 $U = \dfrac{\varepsilon}{r+R}R = \dfrac{BvdRS}{RS+\rho d}$。

6. 电磁流量计

含有正负离子的中性导电液体在用非磁性材料制成的圆形导管中流动,如果在垂直流速方向增加匀强磁场 B 并测出横向电压 U,就可以测出液体的流量。这种利用电磁方法测量液体流量的装置,叫电磁流量计。

设圆形导管直径为 d,则液体流量 $Q = \dfrac{\pi dU}{4B}$。

7. 带电粒子在正交电磁场中的匀速圆周运动

设圆周上各点场强分别为 E、B,且 E 沿半径,B 垂直圆面,利用向心力公式可得满足的关系式为:$q(E \pm \omega RB) = m\omega^2 R$,或者 $q(\omega RB \pm E) = m\omega^2 R$。

8. 带电粒子在正交的匀强电磁场中的滚轮线运动

如图 6 所示,质量为 m,电量为 $+q$ 的带电粒子在正交的电场 E 和磁场 B 中由静止释放,初速度 0 可分解为垂直电场方向的反向速度 v_0 和 v_{02},且 $v_{01} = v_{02}$,$qv_{01}B = qE$,则粒子的运动为以速度 v_{01} 的匀速直线运动和以速度 v_{02} 的匀速圆周运动的合运动。其轨迹为滚轮线,如图 6 所示。运动中粒子的最大速度为 $v_{max} = v_{01} + v_{02} = \dfrac{2E}{B}$,最小速度为 $v_{min} = v_{01} - v_{02} = 0$,滚高 $h = 2R = \dfrac{2mE}{qB^2}$,滚距 $S = 2\pi R = \dfrac{2\pi mE}{qB^2}$。

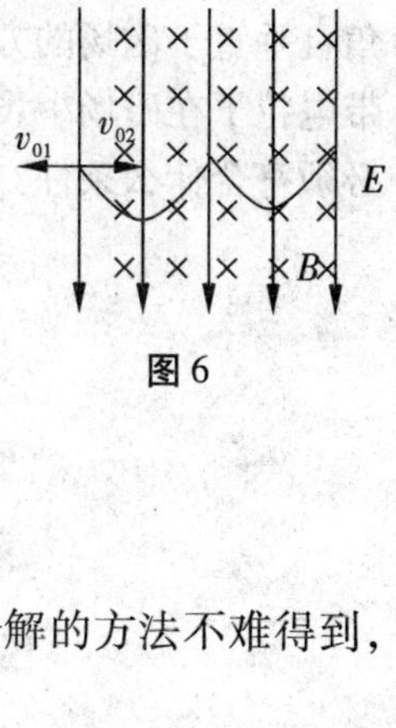

图 6

如果带电粒子的初速度为 v_0,方向沿电场方向,同样利用速度分解的方法不难得到,其轨迹仍为滚轮线。$v_{max} = \dfrac{E}{B} + \sqrt{\left(\dfrac{E}{B}\right)^2 + v_0^2}$,$v_{min} = \dfrac{E}{B} + \sqrt{\left(\dfrac{E}{B}\right)^2 + v_0^2} - \dfrac{E}{B}$。

典型例题

例 1 (2010 清华大学)如图 7,圆形区域内有一垂直纸面的匀强磁场,P 为磁场边界上的一点。有无数带有同样电荷、具有同样质量的粒子在纸面内沿各个方向以相同的速率通过 P 点进入磁场。这些粒子射出边界的位置均处于边界的某一段弧上,这段圆弧的弧长是圆周长的 1/3。将磁感应强度的大小从原来的 B_1 变为 B_2,结果相应的弧长变为原

来的一半，则 B_2/B_1 等于(　　)

A. $\sqrt{2}$　　B. $\sqrt{3}$

C. 2　　D. 3

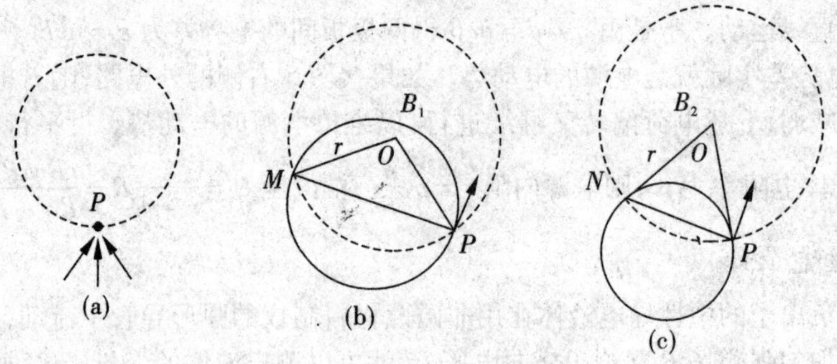

图 7

解　两种情况下粒子的运动轨迹如图 7(b)(c)中的实线圆所示，则粒子做圆运动的半径分别为：$R_1 = r\cos 30° = \sqrt{3}r/2$，$R_2 = r\sin 30° = r/2$，因 $R = \dfrac{mv}{qB} \propto \dfrac{1}{B}$，故 $\dfrac{B_2}{B_1} = \dfrac{R_1}{R_2} = \sqrt{3}$，选 B。

例 2　(2008 山东大学)如图 8(a)所示，$abcd$ 是一个边长为 L 的正方形，它是磁感应强度为 B 的匀强磁场横截面的边界线，一带正电粒子从 ab 边的中点 O 与 ab 边成 $\theta = 30°$ 角且垂直于磁场的方向射入，若该带电粒子所带电荷量为 q、质量为 m(重力不计)，则该带电粒子在磁场中飞行时间最长是多少？若要带电粒子飞行时间最长，带电粒子的速度必须符合什么条件？

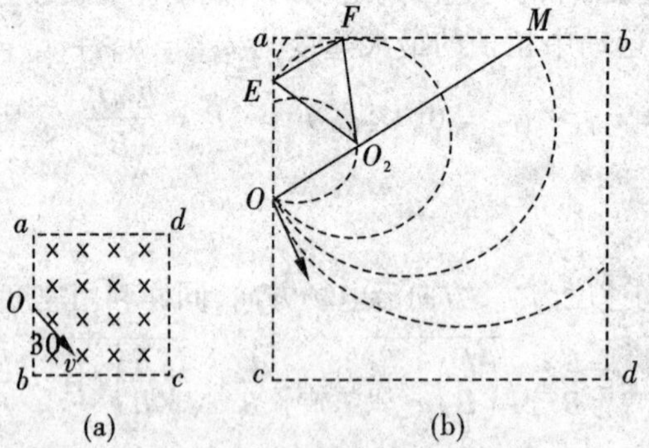

图 8

解　带电粒子在磁场中运动，洛伦兹力提供向心力，则有 $qvB = \dfrac{mv^2}{r}$，所以轨道半径 $r = \dfrac{mv}{qB}$，则粒子运动周期 $T = \dfrac{2\pi r}{v} = \dfrac{2\pi m}{qB}$，有上式可知，周期与半径和速率均没关系，说明它在磁场中运动的时间仅与轨迹所对圆心角的大小有关。由图 8(b)可以发现，粒子从入射边进入，又从入射边飞出，轨迹所对的圆心角最大，带电粒子从 ab 边飞出的轨迹中，

与 ab 相切的轨迹半径是它在磁场中所有可能轨迹半径中运动时间最长的临界半径 r_0，当 $r > r_0$ 时，在磁场中运动的时间是变化的；当 $r < r_0$ 时，在磁场中运动的时间是相同的，也是在磁场中运动最长的时间，其轨迹所对的圆心角最大为 $\alpha_{\max}$。

由图(b)可知，$\triangle O_2EF$ 和 $\triangle O_2OE$ 均为正三角形，所以 $\angle OO_2E = \frac{\pi}{3}$。

从 E 点飞出的带电粒子在磁场中轨迹所对的最大圆心角 $\alpha_{\max} = 2\pi - \frac{\pi}{3} = \frac{5\pi}{3}$。

带电粒子在磁场中运动的最长时间 $t_{\max} = \frac{\alpha_{\max}}{2\pi}T = \frac{5\pi m}{3qB}$。

由图可知 $r_0 + \frac{1}{2}r_0 = \frac{1}{2}L$．$r_0 = \frac{1}{3}L \geqslant \frac{mv}{qB}$，$v \leqslant \frac{qBL}{3m}$。

故带电粒子在磁场中飞行时间最长是 $\frac{5\pi m}{3qB}$；带电粒子的速度应不大于 $\frac{qBL}{3m}$。

例3 （2011 北约）如果质量相同的小球 A、B 在沿一条直线的运动过程中发生弹性正碰撞，则 A 的碰后速度等于 B 的碰前速度，B 的碰后速度等于 A 的碰前速度。如图9(a)所示，光滑水平绝缘大桌面取为 xOy 坐标面，空间有竖直向下（图中朝里）的匀强磁场 $\boldsymbol{B}$。

(1) xOy 平面上的小球 A，质量为 m，电量为 $q > 0$，初速度方向如图9(a)所示，大小为 v_0，而后 A 将做匀速圆周运动，试求圆半径 R 和运动周期 T。

(2) 图9(a)中小球 A_1、A_2 质量同为 m，电量也同为 q，开始时分别位于 y 轴上的 y_1、y_2（$y_2 > y_1$）位置，初速度方向如图所示，大小也同为 v_0。设 A_1、A_2 间可能发生的碰撞都是弹性正碰而且不会相互转移电荷（下同）。要使 A_1 能到达 y_2 处，试求 $y_2 - y_1$ 的所有可能取值。

(3) 图9(a)中小球 B 的质量也为 m，电量也为 q，$t = 0$ 时位于 x 轴上距 O 稍远的 x_1 位置，初速度方向沿 x 轴，大小也为 v_0。现给你一个质量为 m，电量为 $-q$，初速度大小为 v_0 的小球 B'。$t = 0$ 时 B' 的初始位置和初始速度方向由你选定，但要求在 $t = \left(K + \frac{1}{2}\right)T$ 时刻（$K \in \mathrm{N}$），B 球可达到 x 轴上与 x_1 相距尽可能远的 x_2（$x_2 > x_1$）位置，最后给出你所得的 $x_2 - x_1$ 的值。设 B 与 B' 两球弹性正碰，而且电量也不会转移。（略去球之间的电作用力）

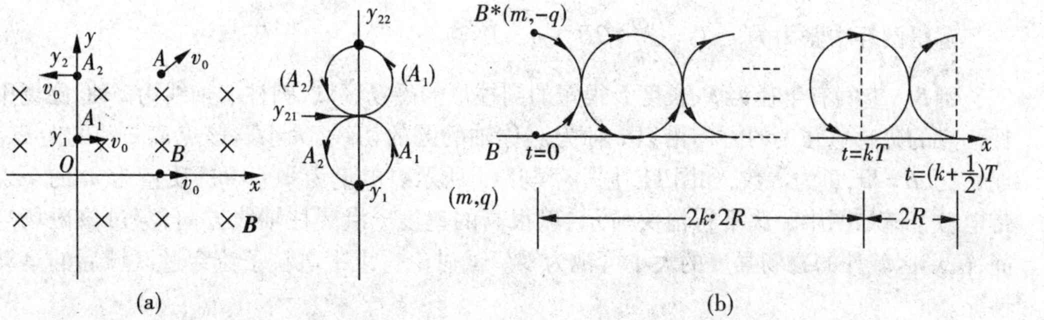

图9

解 (1)带电小球会在水平面内做匀速圆周运动,由 $Bqv = mv^2/R$ 得 $R = \dfrac{mv}{qB}$,由 $T = \dfrac{2\pi R}{v}$ 得 $T = \dfrac{2\pi m}{qB}$。

(2) 满足题意的一种情况是对应两球未发生碰撞,但各自转过半圆后分别到达另一点,此时 $y_2 - y_1 = 2R$;另一种情况是对应两球各自转过半圆周后发生弹性正碰,速度交换后又各自转过半圆后分别到达另一点,如图9(b)所示,此时 $y_2 - y_1 = 4R$。

(3)将 B' 放在($x = x_1, y = 2R$)位置,并且同时在 $t = 0$ 时刻释放 B 与 B',这样两球各自转过 $\dfrac{1}{4}$ 圈后正碰,以后每转过 $\dfrac{1}{2}$ 圈后就会正碰,经 $t = (k + 1/2)T$ 时,B 球又回到 x 轴上,如图9(b)所示。故 $x_2 - x_1 = 2(2k + 1)R, k \in \mathrm{N}$。

例4 (西安交大)如图10(a)所示,一质量均匀分布的细圆环,其半径为 R,质量为 m,令此环均匀带正电,总电量为 Q。现将此环平放在绝缘的光滑水平桌面上,并处于磁感应强度为 B 的均匀磁场中,磁场方向竖直向下,当此环绕通过其中心的竖直轴以匀角速度 ω 沿图示方向旋转时,环中的附加张力等于多少?(设圆环的带电量不减少,不考虑环上电荷之间的作用)

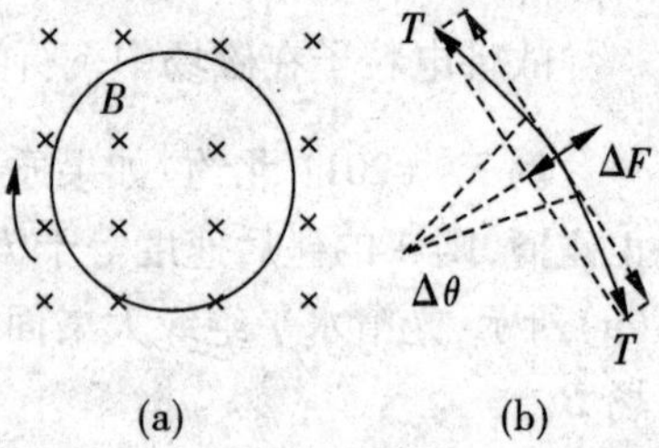

图10

解 在圆环上取 $\Delta L = R\Delta\theta$ 圆弧元,受力情况如图10(b)所示。

因转动角速度 ω 而形成的电流 $I = \dfrac{Q\omega}{2\pi}$,电流元 $I\Delta L$ 所受的安培力

$$\Delta F = I\Delta LB = \frac{R\omega}{2\pi}QB\Delta\theta$$

圆环法线方向合力为圆弧元做匀速圆周运动所需的向心力,$2T\sin\dfrac{\Delta\theta}{2} - \Delta F = \Delta m\omega^2 R$

当 $\Delta\theta$ 很小时,$\sin\dfrac{\Delta\theta}{2} \approx \dfrac{\Delta\theta}{2}$

因为 $\Delta m = \dfrac{m}{2\pi}\Delta\theta$, 所以 $T\Delta\theta - \dfrac{R\omega QB}{2\pi}\Delta\theta = \dfrac{m\omega^2 R}{2\pi}\Delta\theta$

解得圆环中张力为 $T = \dfrac{R\omega}{2\pi}(QB + m\omega)$

例5 空间有半径为 R、长度 L 很短的圆柱形的磁场区域,圆柱的轴线为 z 轴,磁场中任一点的磁感应强度的方向沿以 z 轴为对称轴的圆的切线,大小与该点离 z 轴的距离 r 成正比,$B = Kr$,K 为常数,如图11中"·"与"×"所示。电量为 $q(q>0)$、质量为 m 的一束带电粒子流如图中一簇平行箭头所示,以很高的速度 v 沿圆柱轴线方向,穿过该磁场空间,磁场区域外的磁场强度的大小可视为零。试讨论这束带电粒子流穿过区域后的运动情况。

解 设想沿距 z 轴为 r 的平行线运动的带电粒子进入磁场区,带电粒子受到指向 z

轴的径向洛伦兹力 f 向轴偏转，$f=qvB$。因粒子速度很快，粒子经过磁场区的时间 Δt 很短，$\Delta t = L/v$；粒子经磁场区所受的冲量 I_r 为：$I_r = f\Delta t = qBL = qKLr$。

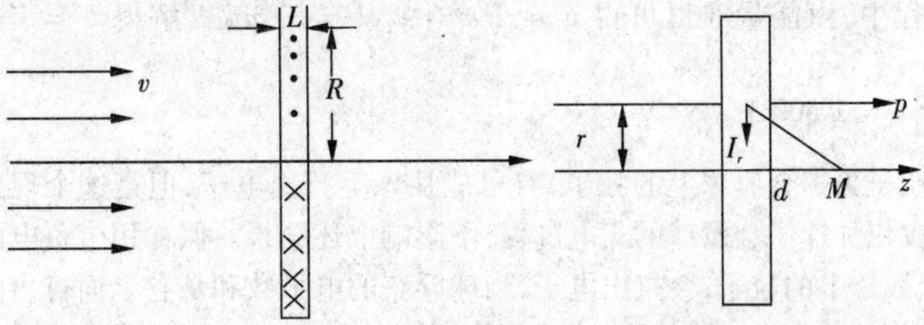

图 11

粒子逸出磁场区后将沿直线方向运动。运动的直线与 z 轴交于 M 点，令 M 点到磁场区的距离为 d，因粒子沿轴向运动的动量 P 经过磁场区域发生的改变可以忽略，则有：$\dfrac{P}{I_r}=\dfrac{d}{r}$；综合以上关系有：$d=\dfrac{P}{I_r}r=\dfrac{mv}{qKL}$。由这个式子可见，粒子与 z 轴交点 M 的位置与粒子距轴的距离无关，因所有粒子均以速度 v 平行于 z 轴进入磁场区，受到洛伦兹力后，都折向 M 点，但平行 z 轴的速度分量基本不改变，所以粒子束经磁场区后，均会同时会聚于 M 点。

例 6　如图 12 所示，在水平桌面上放有两根相互平行的相距为 0.2 m 的金属导轨 PQ 和 MN，电容器的电容 $C=1\times 10^4\ \mu F$，且已充电完毕，L 是质量 $m=0.1$ kg 的铝棒，它与轨道的摩擦不计，竖直向上的磁场的磁感强度 $B=2$ T，导轨离地面的高度 $h=0.8$ m。当开关 S 闭合后，铝棒被推出，落地点的水平位移为 0.4 m。求电容器两极板间的电压的改变量。

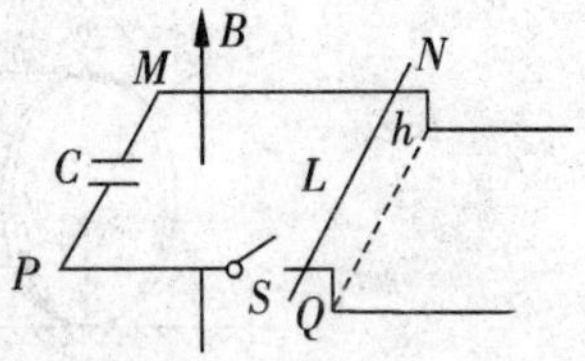

图 12

解　设铝棒平抛时初速度为 v_0，安培力作用的时间为 Δt，由平抛运动规律，$h=\dfrac{1}{2}gt^2$，$s=vt$ 得 $v_0=s\sqrt{\dfrac{g}{2h}}=1(\text{m/s})$。由动量定理得 $BL\bar{I}\Delta t=mv_0$，因为 $\bar{I}\Delta t=\Delta Q$，故 $BL\Delta Q=mv_0$，得 $\Delta Q=\dfrac{mv_0}{BL}=0.25(\text{C})$ 又由 $C=\dfrac{Q}{U}$，得电容器两极板间电压的改变量 $\Delta U=\dfrac{\Delta Q}{C}=25(\text{V})$

例 7　（北京大学）质子加速器使每个质子得到动能为 E。很细的质子束从加速器射向一个远离加速器的半径为 r 的金属球，球的中心并不处在加速器发射出质子的运动方向的直线上，而是距这条直线的距离为 d，$d<r$，如图 13 所示，问在加速器工作足够长时间后，球的电势为多大？进行计算时，可取 $E=2$ keV，$d=\dfrac{r}{2}$。如果把质子换成电子，将

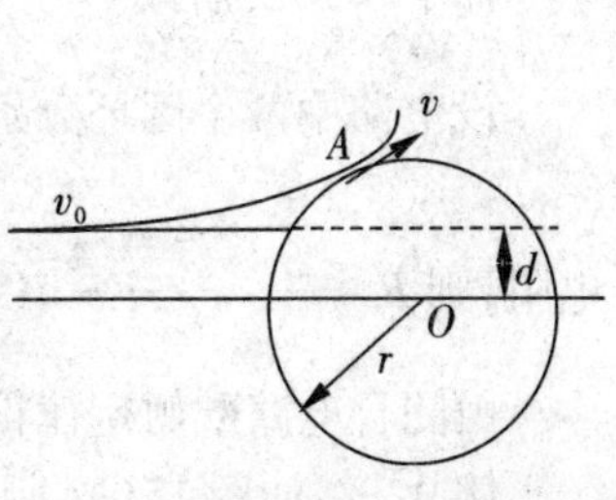

图 13

会发生什么变化?

解 质子在库仑力为有心力作用下,角动量守恒,由此可得 $mv_0d = mvr$。质子飞向金属球的过程中,由能量守恒可得 $E = \frac{1}{2}mv^2 + eU = \frac{1}{2}mv_0^2$。解得 $U = \frac{E}{e}(1 - \frac{d^2}{r^2}) = \frac{2\ \text{keV}}{e}(1 - \frac{1}{4}) = 1\ 500\ \text{V}$。

射入的质子轰击金属球上的粒子,有可能从球上打出电子,但是这个现象在我们讨论的情况中仅仅加速了金属球的充电过程,不影响上述结果。假如用带负电的电子束来充电,轰击金属球上的粒子,会打出电子,当球俘获的电子数和从它上面打出的电子数达到动态平衡时,球的充电过程停止,球的电势保持不变,显然这时电子束到球心的最远距离小于 r。所以电势的绝对值就达不到 1 500 V。

例 8 两个半径相等的电阻均为 9 Ω 的均匀光滑圆环,固定在一个绝缘水平台面上,两环面在两个相距 20 cm 的竖直平面内,两环面间有竖直向下的 B=0.87 T 的匀强磁场,两环最高点 A、C 间接有内阻为 0.5 Ω 的电源,连接导线的电阻不计。今有一根质量为 10 g、电阻为 1.5 Ω 的导体棒 MN 置于两环内且可顺环滑动,而棒恰静止于图 14(a)所示水平位置,其两端点与圆弧最低点间的弧所对应的圆心角均为 $\theta = 60°$。取重力加速度 g=10 m/s^2,求电源电动势的大小。

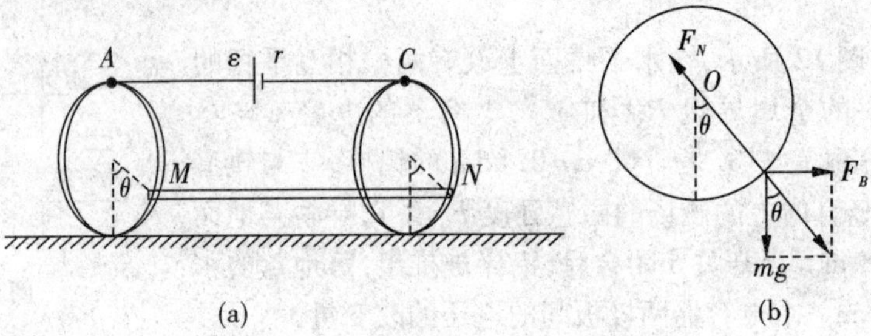

图 14

解 在图中,从左向右看,棒 MN 的受力如图 14(b)所示,棒所受的重力和安培力 F_B 的合力与环对棒的弹力 F_N 是一对平衡力,且 $F_B = mg\tan\theta = \sqrt{3}mg$

而 $F_B = IBL$,所以 $I = \frac{\sqrt{3}mg}{BL} = \frac{\sqrt{3}\times10\times10^{-3}\times10}{0.87\times0.2}\ \text{A} = 1\ \text{A}$

设电路中两个圆环分别连入电路中的电阻为 R,R 可视为圆环两段圆弧电阻的并联电阻,则 $R = \frac{\frac{9}{3}\times2\times\frac{9}{3}}{9}\ \Omega = 2\ \Omega$

由闭合电路欧姆定律得 $E = I(r + 2R + R_{棒}) = 1\times(0.5+2\times2+1.5)\ \text{V} = 6\ \text{V}$

例 9 在如图 15(a)所示的直角坐标系中,坐标原点 O 处固定有正点电荷,另有平行于 y 轴的匀强磁场,一个质量为 m、带电量 $+q$ 的微粒,恰能以 y 轴上 $O'(0,a,0)$ 点为圆心做匀速圆周运动,其轨迹平面与 xOz 平面平行,角速度为 ω,旋转方向如图中箭头所示。

试求匀强磁场的磁感应强度大小和方向。

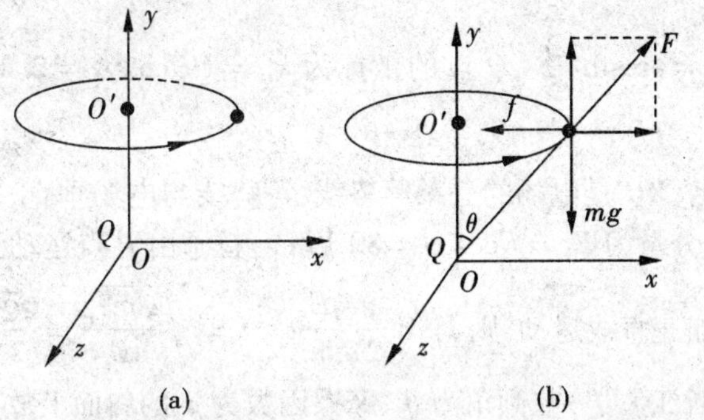

图 15

解 如图 15(b)所示,对微粒进行受力分析,微粒受的洛伦兹力 f 的方向始终指向 O',根据左手定则可以判断磁场方向沿 $-y$ 轴的方向。在竖直方向上,有:$F\cos\theta=mg$,水平方向上,有:$f-F\sin\theta=m\omega^2 r$。又 $f=qvB$,$v=\omega r$,$\tan\theta=r/a$。可解得磁感应强度 $B=(am\omega^2+mg)/aq\omega$,方向沿 $-y$ 轴。

例 10 (2011 华约)xOy 平面为一光滑水平面,在 $x>0$、$y>0$ 的空间区域内有平行于 xOy 平面的匀强电场,场强大小为 100 V/m;在 $x>0$、$y<3$ m 的区域内同时有垂直于 xOy 平面的磁场。如图 16,一质量 $m=10^{-6}$ kg、电荷量 $q=2\times10^{-7}$ C 的带负电粒子从坐标原点 O 以一定的初动能入射,在电场和磁场的作用下发生偏转,到达 $P(4,3)$ 点时,动能变为初动能的 0.2 倍,速度方向平行于 y 轴正方向。最后,粒子从 y 轴上点 $M(0,5)$ 射出电场,动能变为初动能的 0.52 倍,粒子重力不计。

(1)OP 连线上写出与 M 点等电势点的 Q 的坐标;

(2)粒子由 P 点运动到 M 点所需的时间。

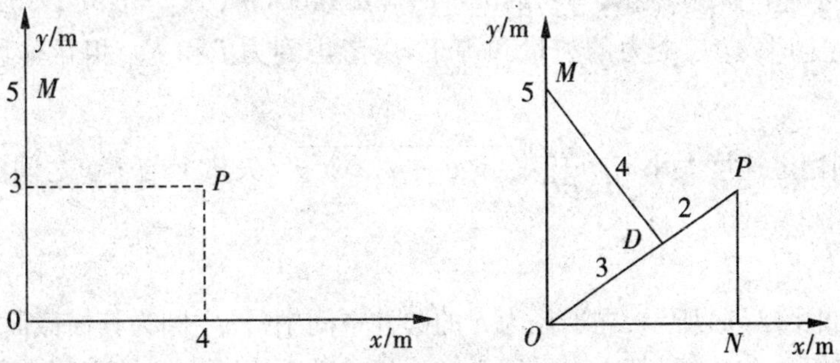

图 16

解 (1)设粒子在 O 点时的动能为 E_{k0},则 M 点的动能为 $0.52E_{k0}$,由于洛伦兹力不做功,粒子从 O 点到 P 点和从 P 点到 M 点的过程中,电场力做的功分别为 $-0.8E_{k0}$ 和 $-0.48E_{k0}$,O 点和 P 点及 M 点的电势差分别为:$U_{OP}=\dfrac{0.8E_{k0}}{q}$,$U_{OM}=\dfrac{0.48E_{k0}}{q}$。

由几何关系得 OP 的长度为 5 m，沿 OP 方向电势每米下降 $\frac{0.16E_{k0}}{q}$。则 $OQ=3$ m，OP 与 x 轴的夹角 $\alpha=\arcsin\frac{3}{5}$，$Q$ 点的坐标为 $x_Q=OQ\cos\alpha=2.4$ m，$y_Q=OQ\sin\alpha=1.8$ m

(2) M、Q 等势点，MQ 是电场的一条等势线，等势线与电场垂直，可知电场方向沿 OP 方向，电场强度的 x 分量为 $E_k=E\cos\alpha=80$ V/m，粒子由 P 点运动到 M 点，在 x 方向上做初速度为 0 的匀加速直线运动，则 $x_P=\frac{1}{2}\frac{qE_x}{m}t^2$，$t=\sqrt{\frac{2mx_P}{qE_x}}=\frac{\sqrt{2}}{2}$ s。

例 11 (2005 浙江大学) 在倾角为 θ、摩擦因数为 μ 的斜面上放有质量为 M、带电荷量为 Q 的小垫圈，磁感应强度为 B 的均匀磁场垂直斜面，如图 17(a) 所示，垫圈无初速下滑，求垫圈稳定速度的大小和方向。

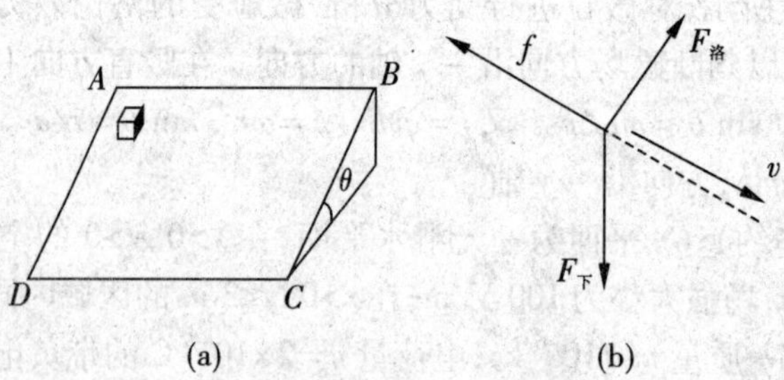

图 17

解 要求稳定速度，则须列出稳定的平衡方程，显然若 $\mu\geqslant\tan\alpha$，则垫圈不会下滑，只须讨论 $\mu<\tan\alpha$ 的情况，分析作用在垫圈上的且位于斜面所在平面内的力，如图 17(b) 所示，重力沿斜面向下的分力 $F_{下}$，摩擦力 f，方向与垫圈速度 v 方向相反；洛伦兹力 $F_{洛}$，方向垂直于速度 v，其中 $F_{下}=Mg\sin\theta$，$f=\mu Mg\cos\theta$，$F_{洛}=QBv$。

当运动稳定时，这三个力的矢量和等于零，考虑到力 $\boldsymbol{f}$ 和 $\boldsymbol{F}_{洛}$ 相互垂直，于是 $F_{下}^2=f^2+F_{洛}^2$

由此得到稳定速度大小 $v=\frac{Mg}{BQ}\sqrt{\sin^2\theta-\mu^2\cos^2\theta}$，矢量 $\boldsymbol{v}$ 与 $\boldsymbol{F}_{下}$ 之间的夹角为 $\beta=\arccos\left(\frac{\mu}{\tan\theta}\right)$

例 12 如图 18(a) 所示，在半径为 a 的圆柱空间中(图中圆为其横截面)充满磁感应强度大小为 B 的均匀磁场，其方向平行于轴线指向纸面内。在圆柱空间中垂直轴线平面内固定放置一绝缘材料制成的边长为 $L=1.6a$ 的刚性等边三角形框架 $\triangle DEF$，其中心 O 位于圆柱的轴线上。DE 边上 S 点($\overline{DS}=\frac{1}{4}L$)处有一发射带电粒子的源，发射粒子的方向皆在图中截面内且垂直于 DE 边向下，发射粒子的电量皆为 q (>0)，质量皆为 m，但速度 v 有各种不同的数值。若这些粒子与三角形框架的碰撞均为完全弹性碰撞，并要求每一次碰撞时速度方向垂直于被碰的边。试问：

(1)带电粒子速度 v 的大小取哪些数值时可使 S 点发出的粒子最终又回到 S 点？

(2) 这些粒子中,回到 S 点所用的最短时间是多少？

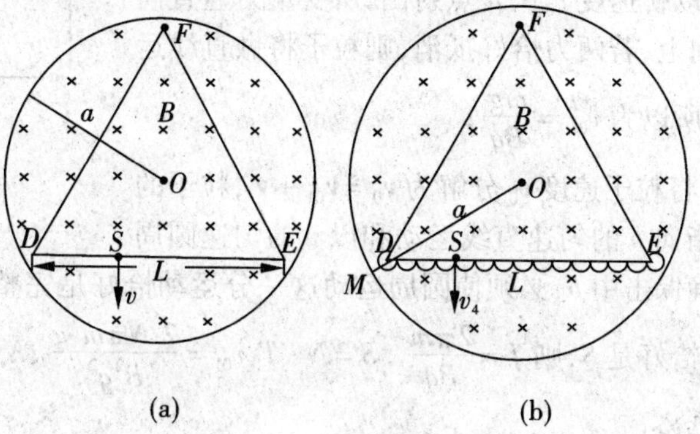

图 18

解 (1)从 S 点出发的粒子要做 $R=\dfrac{mv}{qB}$、圆心 O 位于 DE 边上的匀速圆周运动,要求此粒子每次与 $\triangle DEF$ 的三条边碰撞时都与边垂直,要能回到 S 点,则 R 和 v 应满足以下条件:①与边垂直的条件,粒子绕过三角形顶点 D 、E 、F 时的圆弧的圆心就一定要在相邻边的交点上。粒子在 SE 边上最后一次的碰撞点与 E 点的距离应为 R ,所以 $\overline{SE}$ 的长度应是 R 的奇数倍。②粒子能绕过顶点与三角形的边相碰的条件,如图 18(b)所示,$R\leqslant\overline{DM}$ 。

取 $\overline{DS}=R_1$, $\overline{DS}=(2n-1)R=(2n-1)R_n$, $R=R_n=\dfrac{1}{2n-1}\cdot\dfrac{L}{4}$,$n=1,2,3,\cdots$

此时 $\overline{SE}=3\,\overline{DS}=(6n-3)R_n$,$\overline{DM}=a-\dfrac{8\sqrt{3}}{15}a\cong0.076a$,将 $n=1,2,3,\cdots$,分别代入得 $n=1$,$R_1=\dfrac{2a}{5}=0.400a$;$n=2$,$R_2=\dfrac{2a}{15}=0.133a$;$n=3$,$R_3=\dfrac{2a}{25}=0.080a$;$n=4$,$R_4=\dfrac{2a}{35}=0.057a$

只有 $n\geqslant4$ 的粒子能经多次碰撞绕过 E 、F 、D 点,最终回到 S 点,其速度为

$v_n=\dfrac{qB}{m}R_n=\dfrac{qB}{m}\cdot\dfrac{2a}{5(2n-1)}n=4,5,6,\cdots$

(2)这些粒子在磁场中做圆周运动的周期为 $T=\dfrac{2\pi R}{v}=\dfrac{2\pi m}{qB}$,粒子从 S 点出发最后回到 S 点的过程中,与三角形的边碰撞次数愈少,所经历的时间就愈少,所以应取 $n=4$,由图可看出该粒子的轨迹包括 3×13 个半圆和 3 个圆心角为 300 °的圆弧,所需时间为

$t=3\times13\times\dfrac{T}{2}+3\times\dfrac{5}{6}T=44\dfrac{\pi m}{qB}$

例 13 如图 19 所示,在空间有一个与水平面平行且垂直纸面向里的足够大的匀强磁场 B,在磁场区域内有 a,b 两点,相距为 S,ab 连线在水平面上且与 B 垂直。一质量为

m,带电荷为 $q(q>0)$ 的粒子从 a 点以初速度 v_0 对着 b 点射出,为使粒子能经过 b 点,试问 v_0 可取什么值?

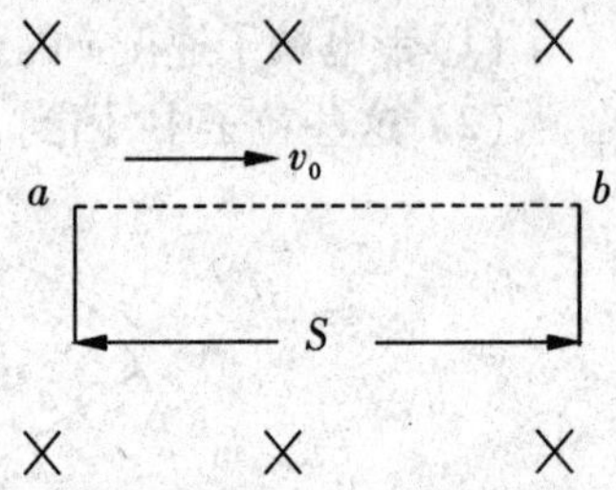

图 19

解 带点粒子以初速度 v_0 从 a 点射出,所受重力竖直向下,洛伦兹力竖直向上,若两力恰好抵消,则粒子将做直线运动,必然经过 b 点,所以为 $v_{01}=\dfrac{mg}{Bq}$;

若 $v_0 \neq v_{01}$,可将粒子速度 v_0 分解为 $\boldsymbol{v}_0=\boldsymbol{v}_{01}+\boldsymbol{v}$,粒子的运动看成是以 v_{01} 指向 b 的匀速直线运动和以 v 的匀速圆周运动的合运动,为确保击中 b,必须使圆周运动这一分运动恰好是完整的 N 圈,这时匀速直线运动的位移也恰好是 S,则 $T=\dfrac{2\pi m}{Bq}$,$S=N\cdot T, v_{01}=\dfrac{2N\pi m^2 g}{B^2q^2}$,$N=1,2,\cdots$,将以上两种情况综合,可得结论:

若 $S\neq\dfrac{2N\pi m^2 g}{B^2q^2}$,$N=1,2,\cdots$,则粒子以 $v_0=\dfrac{mg}{Bq}$ 的速度射出必能击中 b 点;

若 $S=\dfrac{2N\pi m^2 g}{B^2q^2}$,$N=1,2,\cdots$,则粒子以任何初速度 v_0 射出后均能击中 b 点。

例 14 无限大绝缘水平台面上放有质量为 m、电荷量为 $+q$ 的滑块,滑块和水平台面之间的动摩擦因数为 μ,水平台面上方有场强大小为 E、方向水平向右的匀强电场和垂直于纸面的磁感应强度大小为 B 的匀强磁场,且 $\mu<qE/(mg)$,滑块由静止释放后经过时间 t 离开水平台面,求这段时间内滑块经过的路程及滑块离开水平台面后能达到的最大速度。

解 滑块开始向右加速,获得向右速度后,另外受到竖直向上的洛伦兹力作用,导致滑块所受的滑动摩擦力变小,做加速运动的加速度相应变大,对滑块考察一段极短时间 Δt,利用动量定理得 $qE\Delta t-\mu(mg+qBv)\Delta t=m\Delta v$,将上式累加后,即可得 $qEt-\mu mgt-\mu qBs=mv_m$,而物体离开水平台面时满足 $qBv_m=mg$,解得 $s=\dfrac{(m^2g+\mu mgtBq-q^2BEt)}{\mu q^2B^2}$。

滑块离开水平台面时,虚拟竖直向上速度 v_{01} 和竖直向下速度 v_{02},且 $v_{01}=v_{02}$,$qv_{01}B=qE$,因为 v_m 引起的洛伦兹力与重力相平衡,使滑块以 v_m 做匀速直线运动,v_{01} 引起的洛伦兹力与电场力相平衡,使滑块以 v_{01} 做匀速直线运动,所以滑块做匀速直线分运动的合速度 $v_0=\sqrt{v_{01}^2+v_m^2}$;$v_{02}$ 引起的洛伦兹力就是滑块受到的合力,使滑块以 v_{02} 做匀速圆周分运动。故滑块的运动为以 v_0 的匀速直线运动和以 v_{02} 的匀速圆周运动合成的滚轮线运动。

当 v_0 与 v_{02} 方向相同时速度最大,设为 v_m',则 $v_m'=v_{02}+v_2$,解得

$$v_m'=\frac{E}{B}+\sqrt{\left(\frac{E}{B}\right)^2+\left(\frac{mg}{qB}\right)^2}$$

专题训练

1.（2011 卓越）如图所示，虚线为一匀强磁场的边界，磁场方向垂直于纸面向里。在磁场中某点沿虚线方向发射两个带负电的粒子 A 和 B，其速度分别为 v_A、v_B，两者的质量和电荷量均相同，两个粒子分别经过 t_A、t_B 从 P_A、P_B 射出，则（　　）

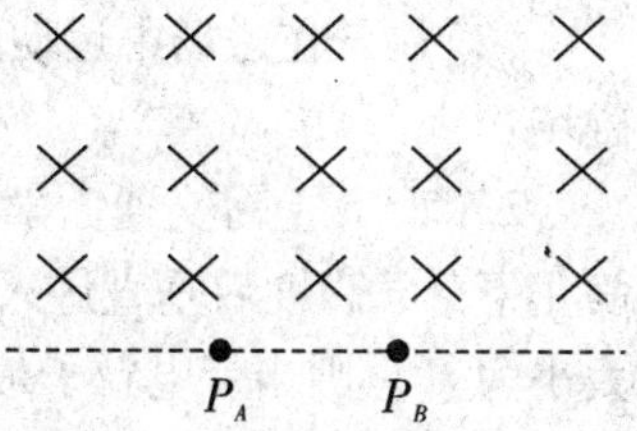

题 1 图

A. $v_A > v_B, t_A > t_B$

B. $v_A > v_B, t_A < t_B$

C. $v_A < v_B, t_A > t_B$

D. $v_A < v_B, t_A < t_B$

2.（2009 上海交通大学）长度 L 远大于半径的通电直螺线管内部为匀强磁场，在其轴线上的磁感应强度分布如图所示，已知管口截面中心处磁感应强度为管内的一半，若在管口截面上距中心为 r（r 小于管半径）处的磁感应强度为 B，则可能（　　）

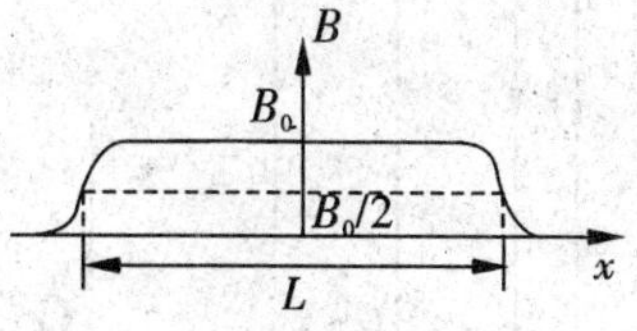

题 2 图

A. $B \geqslant B_0$　　　　B. $B_0/2<B<B_0$

C. $B=B_0/2$　　　　D. $B<B_0/2$

3.（2009 清华大学）如图所示，真空中两点电荷 $+q$ 和 $-q$ 以相同角速度 ω 在水平面内绕 O 点匀速转动，O 点离 $+q$ 较近，试判断 O 点的磁感应强度方向（　　）

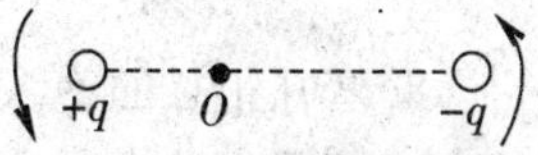

题 3 图

A. 方向竖直向上　　　　B. 方向竖直向下

C. 为 0　　　　D. 无法确定

4.（2004 上海交通大学）如图所示，一边长为 h 的正方形线圈 A，其电流 I 方向固定不变，用两条长度恒定为 h 的细绳静止悬挂于水平长直导线 CD 的正下方。当导线 CD 中无电流时，两细绳中张力均为 T，当通过 CD 的电流为 i 时，两细绳中张力均降为 $aT(0<a<1)$，而当 CD 上的电流为 i' 时，细绳中张力恰好为零。已知长直通电导线的磁场的磁感应强度与导线中电流强度成正比，与导线的距离成反比，由此可知，CD 中的电流方向________和电流之比 $\dfrac{i}{i'}=$________。

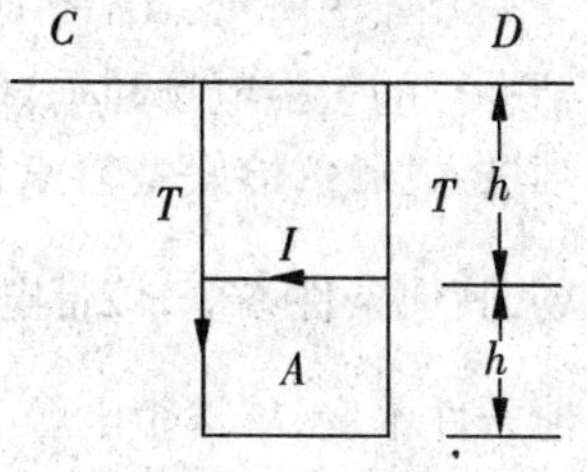

题 4 图

5. 通电长导线中电流 I_0 的方向如图，边长为 $2L$ 的正方形载流线圈 $abcd$ 中的电流强度为 I，方向如图，当线圈处于图示位置时，其平面与导线平行，且 ab 边与直导线间距离 $aa_1=2L$，且 aa_1 与 ad 垂直，已知长导线中电流磁场在 ab 处磁感应强度为 B_1，在 cd 处磁感应强度为 B_2，求载流线圈处于此位置时受到的磁力矩的大小。

6. 如图所示，足够长的矩形区域 $abcd$ 内充满磁感应强度为 B、方向垂直纸面向里的匀强磁场，现从 ad 边的中心 O 点处，垂直磁场方向射入一速度为 v_0 的带正电粒子，v_0 与 ad 边的夹角为 30°，已知粒子质量为 m，带电量为 q，ad 边长为 L，不计粒子的重力。

(1)求要使粒子能从 ab 边射出磁场，v_0 的大小范围。

(2)粒子在磁场中运动的最长时间是多少？在这种情况下，粒子将从什么范围射出磁场？

7.(2008 上海交通大学)如图所示，质量为 m，带电量为 q 的粒子，在重力作用下由静止下落 h 高度后垂直进入一高度为 L 的匀强磁场区域，磁感应强度方向垂直纸面向内，大小为 B。则当带电粒子最终离开该磁场区域时的速率为______。(注：$L \ll h$)

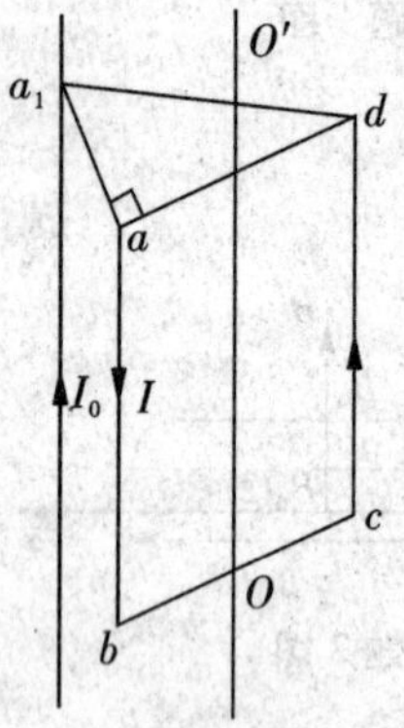

题 5 图

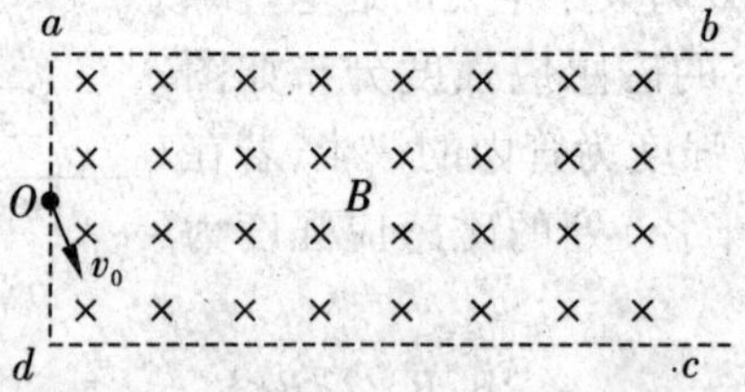

题 6 图

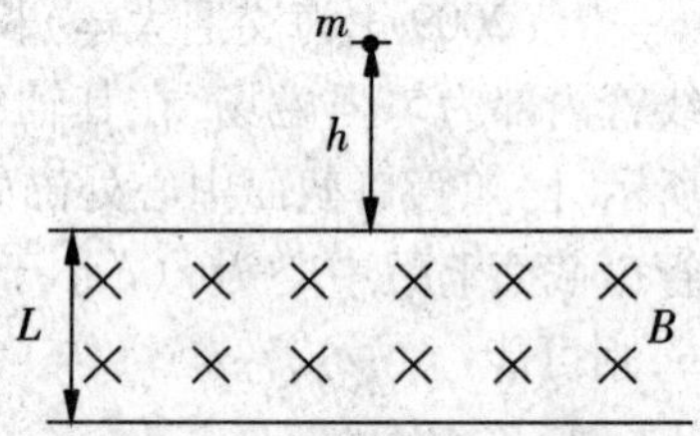

题 7 图

8. 套在很长的绝缘直棒上的小球质量为 0.1 g，带有 4×10^{-4} C 的正电，将此棒竖直地放在互相垂直的水平方向的匀强电场和匀强磁场中，匀强电场的电场强度 $E=10$ N/C，匀强磁场的磁感应强度 $B=0.5$ T，小球与棒间的动摩擦因数 $\mu=0.2$，求小球沿棒下滑的最大速度。($g=10\ \mathrm{m/s^2}$)

9. 如图所示，xOy 平面内的圆 O' 与 y 轴相切于坐标原点 O，在该圆形区域内，有与 y 轴平行的匀强电场和垂直于圆面的匀强磁场。一个带电粒子(不计重力)从原点 O 沿 x 轴进入场区，恰好做匀速直线运动，穿过圆形区域的时间为 T_0。若撤去磁场，只保留电场，其他条件不变，该带电粒子穿过圆形区域的时间为 $\frac{T_0}{2}$；若撤去电场，只保留磁场，其他条件不变，求该带电粒子穿过圆形区域的时间。

10. 如图所示，在两块长 $a=0.5$ m、宽 $b=0.2$ m，彼此相距 $L=0.2$ m 的平行金属板间，存在着磁感应强度 $B=1.2$ T 的匀强磁场，方向与板面平行并与 a 边垂直，若将含有大量的分别带正电和负电的等离子体，以 $v=1\ 000$ m/s 的速度连续不断地喷入两金属板间，它们在两极板间形成的电阻率 $\rho=0.1\ \Omega\cdot\mathrm{m}$，求该发电机的电动势和最大输出功率。

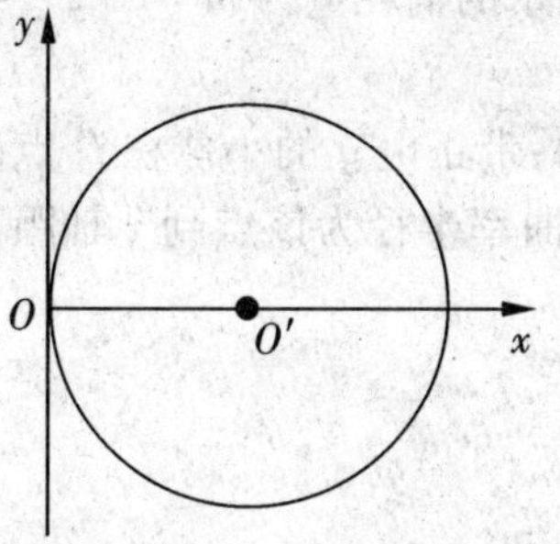

题9图

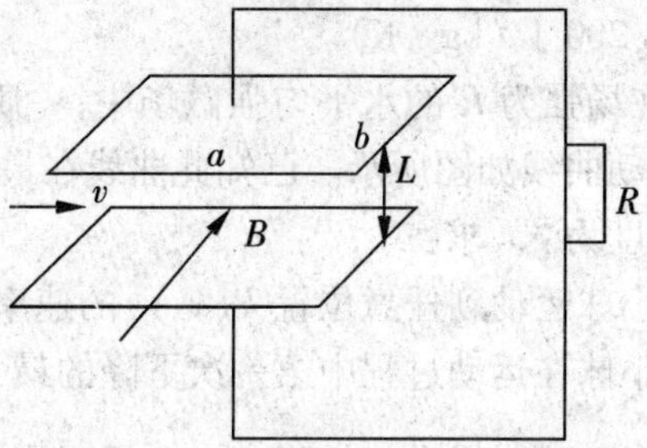

题10图

11.(2010北京大学)如图所示,在 Oxy 直角坐标系中,$y>0$ 的区域内有磁感应强度为 B 的匀强磁场,$y<0$ 的区域内有竖直向下匀强电场,一个质量为 m、带电量为 $-q$ 的粒子从 O 点出射,初速度方向与 x 轴正方向夹角为 θ($\pi/2 < \theta < \pi$),粒子在平面内做曲线运动。若粒子的运动轨迹经过 OPQ 三点,一直沿 O、P、Q 围成的闭合图形运动,已知 $P(0,40)$,$Q(30,0)$,求:

(1)粒子初速度 v 的大小和 θ;

(2)场强大小 E。

12.(2007上海交通大学)如图所示为一电阻可以忽略的水平放置的足够长的导体线框,线框两平行导线的间距为 L,线框通过开关与一带电为 $\pm Q$ 的电容器 C 以及电阻 R_0 串联。在导体框上有一可以自由移动的质量为 m 电阻为 R 的导体棒。设整个系统处于均匀的磁场 $\boldsymbol{B}$ 中,磁场与线框平面垂直,如图所示。若把开关置于联通位置,电容器将通过回路放电,导体棒将在磁场中开始运动。则导体棒运动的最大加速度为________________,最终速度值为________________。(忽略各接触点的电阻)。

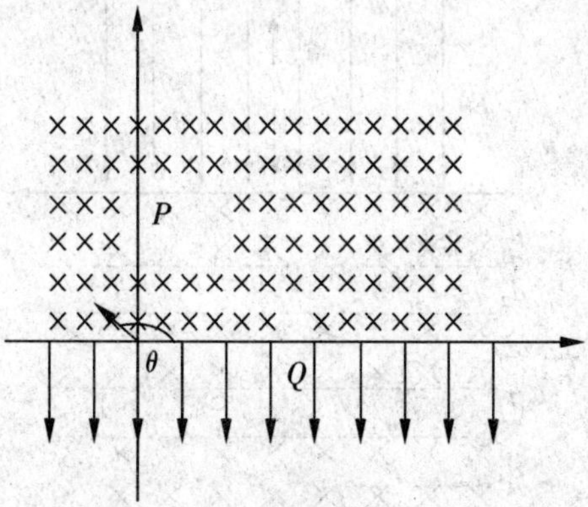

题11图

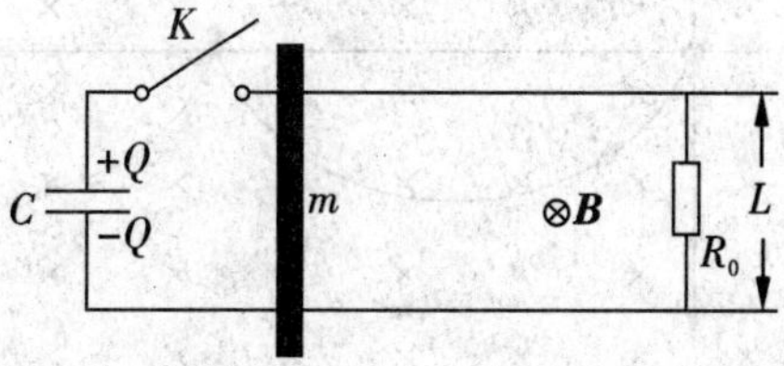

题12图

13.(2008同济大学)回旋加速器中匀强磁场的磁感应强度 $B=1$ T,高频加速电压的频率 $f=7.5\times10^{6}$ Hz,带电粒子在回旋加速器中运动形成的粒子束的平均电流 $I=1$ mA,最后粒子束从半径 $R=1$ m 的轨道飞出,如果粒子束进入冷却"圈套"的水中并停止运动,问可使"圈套"中的水的温度升高多少度？设"圈套"中水的消耗量为 $M=1\ \mathrm{kg\cdot s^{-1}}$，水的比热容 $C=4\ 200\ \mathrm{J/(kg\cdot K)}$。

14. 在场强为 B 的水平匀强磁场中，一质量为 m、带正电 q 的小球在 O 点静止释放，小球的运动曲线如图所示。已知此曲线在最低点的曲率半径为该点到 x 轴距离的 2 倍，重力加速度为 g。求：

(1) 小球运动到任意位置 $P(x,y)$ 的速率 v；

(2) 小球在运动过程中第一次下降的最大距离 y_m；

(3) 在上述磁场中加一竖直向上场强为 $E\left(E>\dfrac{mg}{q}\right)$ 的匀强电场时，小球从 O 点静止释放后获得的最大速率 v_m。

15. 电荷量为 q 的粒子飞入相互垂直的匀强电场 E 和匀强磁场 B 的区域，在此区域粒子还受到黏滞摩擦力 $f=-kv$ 作用（k 为已知正数，v 为粒子瞬时速度），求粒子稳定运动时的速度大小和方向。

16.（东南大学）如图所示，磁感应强度为 B 的条形匀强磁场区域的宽度都是 d_1，相邻磁场区域的间距为 d_2，x 轴的正上方有一电场强度大小为 E，方向与 x 轴和 B 均垂直的匀强电场区域，将质量为 m、带正电荷量为 q 的粒子从 x 轴正上方 h 高度处自由释放。（重力忽略不计）

(1) 求粒子在磁场区域做圆周运动的轨道半径 r；

(2) 若粒子只经过第 1 和第 2 个磁场区域回到 x 轴，求自释放至回到 x 轴需要的时间 t；

(3) 若粒子以初速度 v_0 从 h 处沿 x 轴正方向水平射出后，最远到达第 10 个磁场区域并回到 x 轴，求 d_1、d_2 应该满足的条件。

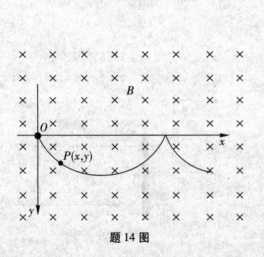

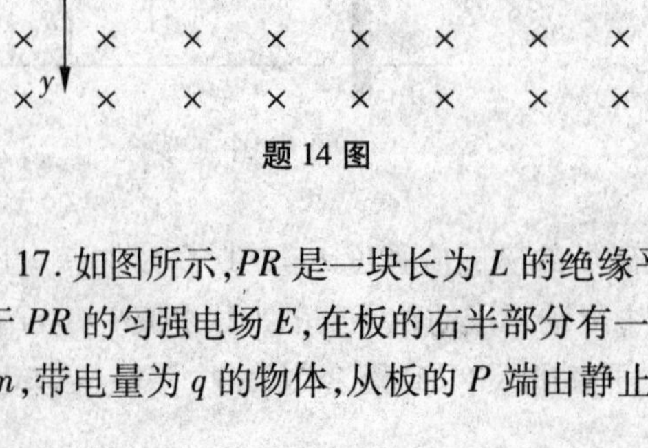

题 14 图

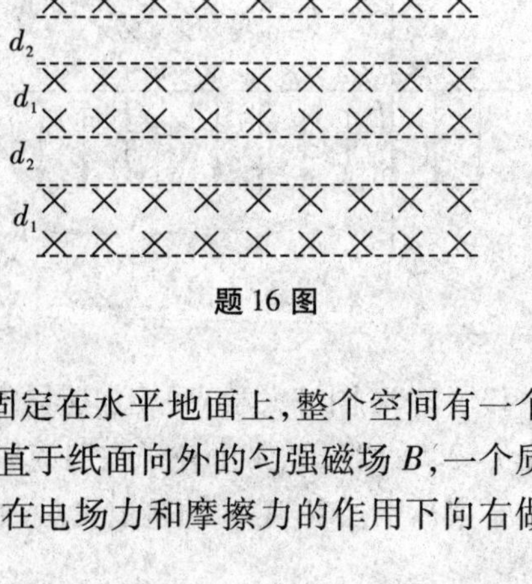

题 16 图

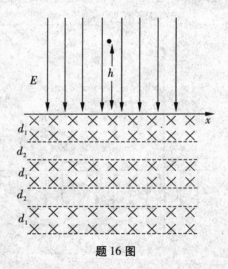

17. 如图所示，PR 是一块长为 L 的绝缘平板固定在水平地面上，整个空间有一个平行于 PR 的匀强电场 E，在板的右半部分有一个垂直于纸面向外的匀强磁场 B，一个质量为 m，带电量为 q 的物体，从板的 P 端由静止开始在电场力和摩擦力的作用下向右做匀

加速运动,进入磁场后恰能做匀速运动。当物体碰到板 R 端的挡板后被弹回,若在碰撞瞬间撤去电场,物体返回时在磁场中仍做匀速运动,离开磁场后做匀减速运动停在 C 点,$PC=L/4$,物体与平板间的动摩擦因数为 μ,求:

(1)物体与挡板碰撞前后的速度 v_1 和 v_2;

(2)磁感应强度 B 的大小;

(3)电场强度 E 的大小和方向。

18. 如图所示,两平面 S_1 与 S_2 的夹角为 φ,相交于直线 MN。匀强磁场的磁感应强度为 B,其方向与平面 S_1 平行且与两平面的交线 MN 垂直。一半径为 R 的半圆周导线 ab 中通有直流电 I。今将此半圆周载流导线的整体放在平面 S_2 的不同部位上。试求它所受到的最大安培力 $F_{\max}$ 和最小安培力 $F_{\min}$。

19. 从 z 轴上的 O 点发射一束电荷量为 $q(q>0)$ 质量为 m 的带电粒子,它们的速度方向分布在以 O 点为顶点、z 轴为对称轴的一个顶角很小的锥体内(如图所示),速度的大小都等于 v。试设计一种匀强磁场,能使这束带电粒子会聚于 z 轴上的另一点 M,M 点离开 O 点的距离为 d。要求给出该磁场的方向、磁感应强度的大小和最小值。不计粒子间的相互作用和重力的作用。

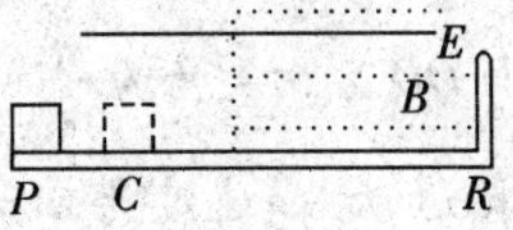

题 17 图

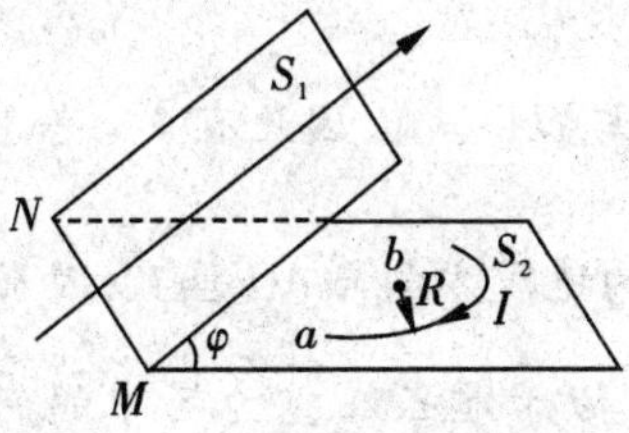

题 18 图

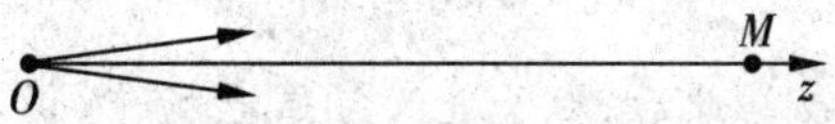

题 19 图

答案详解

1. C

2. AB。提示:管口边缘处磁感线密集。

3. A。提示:利用环形电流中心处磁感线强度 $B=\dfrac{\mu_0 I}{2\pi r}$ 及叠加原理,易得 A 正确

4. D→C,$1-a$

5. $M=IL^2(2B_1+\sqrt{2}B_2)$

6. (1) $qBL/m \geqslant v_0 > qBL/3m$;(2)粒子从 O 点上方 $\dfrac{L}{3}$ 范围内射出磁场。

7. $\sqrt{2g(L+h)}$

8. 如果洛伦兹力与场强力方向相同 $v=15\ \text{m/s}$,若相反 $v=45\ \text{m/s}$。

9. 第一过程:$qE=qvB, vT_0=2R$;去掉磁场:$R=v\dfrac{T_0}{2}$,$\dfrac{1}{2}a(\dfrac{T_0^2}{2})=R$,$a=\dfrac{qE}{m}$;去掉电

场：$qvB = \frac{mv^2}{R'}$，得 $R' = \frac{R}{2}$，故转动角速度 $\theta = \arctan 2$，$t = \frac{T_0}{2}\arctan 2$

10. 由 $Bqv = q\varepsilon/L$ 得 $\varepsilon = BLv = 240\ \text{V}$，$r = \rho L/ab = 0.2\ \Omega$

当 $R = r$ 时，$P_{\max} = E^2/4r = 7.2 \times 10^4\ \text{W}$

11. (1) 因为带电粒子垂直于磁场方向射到磁场区域时，粒子的运动轨迹是圆。已知 O、P、Q 三点在一个圆上，而 OP 与 OQ 垂直，因此，PQ 为粒子圆轨道直径。

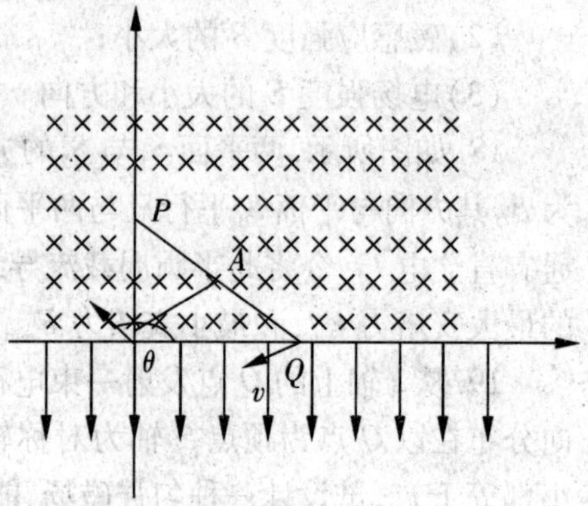

答题 11 图

由 $R = \frac{mv}{qB}$ 得粒子的初速度大小为 $v = \frac{qBR}{m}$，其中圆轨道半径为

$R = \sqrt{OQ^2 + OP^2}/2 = 25$，$v = \frac{25qB}{m}$

圆心 PQ 中点 A 点，A 点的坐标为 (15, 20)。OA 与 OQ 的夹角为

$$\alpha = \arcsin\frac{20}{OA} = \arcsin\frac{20}{25} = \arcsin\frac{4}{5}$$

带电粒子入射磁场区域时的速度与 OA 垂直，因此有 $\theta = \frac{\pi}{2} + \alpha$

(2) 粒子在 Q 点离开磁场区域时的速度方向与 AQ 垂直，因而与 QO 方向夹角为 $\frac{\pi}{2} - \alpha$。此后，粒子进入匀强电场中，做类似于质点在重力场中的斜抛运动，加速度为 $a = \frac{qE}{m}$，斜抛角为 $\frac{\pi}{2} - \alpha$。从 O 点离开电场区域，进入磁场区域，进行下一个周期运动。

由斜抛距离公式 $s = \frac{v^2\sin 2(\frac{\pi}{2} - \alpha)}{a} = \frac{v^2\sin 2\alpha}{a}$，以及 $s = OQ = 30$ 得电场强度

$E = \frac{mv^2\sin 2\alpha}{30q} = \frac{20qB^2}{m}$。

12. $\frac{QBL}{mRC}$，0。提示：刚闭合电源时导体棒两端电压最大，电流最大，加速度也最大。

13. 粒子在盒内运动有：$Bqv = mv^2/R$，$f = v/2\pi R$ 得 $q/m = 2\pi f/B$。设单位时间内飞出回旋加速器的粒子数为 N，则 $I = Nq$，粒子束的功率 $P = N \cdot mv^2/2$，得 $P = \pi IfBR^2$，由热平衡条件得 $P = CM\Delta t$，$\Delta t = 5.6\ ℃$。

14. (1) $mgy = \frac{1}{2}mv^2$，$v = \sqrt{2gy}$

(2) 设在最大距离 y_m 处的速率为 v_m，根据圆周运动有，$qv_mB - mg = m\frac{v_m^2}{R}$，$v_m = \sqrt{2gy_m}$

由 $R = 2y_m$ 得 $y_m = \frac{2m^2g}{q^2B^2}$

(3) $(qE-mg)|y_m|=\frac{1}{2}mv_m^2$, $v_mB+mg-qE=m\frac{v_m^2}{R}$ 由 $R=2|y_m|$ 解得 $v_m=\frac{2}{qB}(qE-mg)$ 。

15. $v=\frac{qE}{\sqrt{q^2E^2+k^2}}$,速度方向与电场方向夹角 $\theta=\arctan\frac{qB}{k}$

16. (1) $r=\sqrt{\frac{2mhE}{qB^2}}$;(2) $t=t_1+2t_2+t_3$, $\frac{1}{2}vt_1=h$, $v\cos\theta\cdot t_2=d_2$, $\sin\theta=\frac{d_1}{r}$, $t_3=\frac{\pi m}{qB}$, $h=\frac{1}{2}\cdot\frac{qE}{m}t_1^2$, $r=\frac{mv}{qB}$,解得 $t=\sqrt{\frac{2mh}{qE}}+\frac{\pi m}{qB}+\frac{2md_2}{\sqrt{q(2mEh-qB^2d_1^2)}}$;(3) $qvB=\frac{mv^2}{R}v=\sqrt{v_0^2+\frac{2qEh}{m}}$, $\cos\theta=\frac{v_0}{v}$, $9d_1<(1-\cos\theta)R<10d_1$, $\frac{m(\sqrt{v_0^2+\frac{2qEh}{m}}-v_0)}{10qB}<d_1<\frac{m(\sqrt{v_0^2+\frac{2qEh}{m}}-v_0)}{9qB}$, d_2 可以取任意值。

17. (1) $v_1=\sqrt{2\mu gL}$, $v_2=\frac{1}{2}\sqrt{2\mu gL}$;(2) $B=\frac{m}{q}\sqrt{\frac{2g}{\mu gL}}$;(3) $E=\frac{3\mu mg}{q}$,方向向右。

18. 半圆载流导体所受安培力与其连接端点的线段通有同样电流,所受安培力一样,则 $F=2BIR\sin\theta$ 。式中, θ 为线段 ab 与磁感应强度方向的夹角。因线段 ab 在平面 S_2 上,故 $\varphi\leqslant\theta\leqslant\frac{\pi}{2}$, $\sin\varphi\leqslant\sin\theta\leqslant1$ 。当 $\varphi=\theta$ 时, F 最小, $F_{\min}=2BIR\sin\varphi$ 。当 $\theta=\frac{\pi}{2}$ 时, F 最大, $F_{\max}=2BIR$ 。

19. 设计的磁场为沿 z 轴方向的匀强磁场,粒子由 O 点射入磁场,将与 z 轴成 θ 角的速度分解成沿磁场方向的分速度 v_Z 和垂直于磁场方向的分速度 $v_\perp$,注意到 θ 很小,得

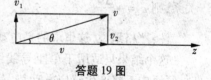

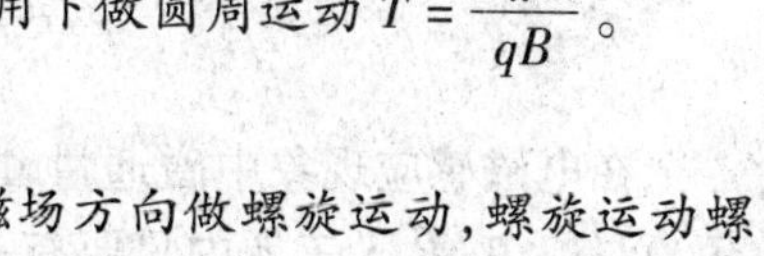

答题 19 图

$v_Z=v\cos\theta\approx v$, $v_\perp=v\sin\theta\approx v\theta$

粒子因具有垂直磁场方向的分速度,在洛伦兹力作用下做圆周运动 $T=\frac{2\pi m}{qB}$ 。

可见周期与速度分量 $v_\perp$ 无关。

粒子沿磁场方向做匀速直线运动。粒子合运动沿磁场方向做螺旋运动,螺旋运动螺距为 $h=v_ZT=vT$ 。

由于它们具有相同的 v ,因而也就具有相同的螺距;又由于这些粒子是从同一点射出的,所以经过整数个螺距又必定会聚于同一点。即 OM 等于螺距的 n (整数)倍

$d=nh$, $n=1,2,3,\cdots$ 解得 $B=\frac{2\pi mvn}{qd}$, $n=1,2,3,\cdots$

这就是所要求磁场的磁感应强度的大小,最小值应取 $n=1$, $B_{\min}=\frac{2\pi mv}{qd}$ 。

专题十五　电磁感应

考点热点

一、电磁感应定律

当穿过导体回路的磁通量发生变化时，回路中会产生“感应电动势”，这类现象称为“电磁感应现象”。如果回路是闭合的，将会形成“感应电流”。

精确的实验表明，导体回路中感应电动势 ε 的大小与穿过回路的磁通量的变化率 $\frac{\Delta \Phi}{\Delta t}$ 成正比。这个结论叫作“法拉第电磁感应定律”。

感应电动势的方向由右手定则或楞次定律判定，如果用“-”表示 ε 的方向与 $\Delta \Phi$ 的关系，则 $\varepsilon = -\frac{\Delta \Phi}{\Delta t}$。

注：严格地说，这里求的是电动势的平均值，瞬时值是 $\Delta t \to 0$ 时的极限。

这个结果只适用于单匝导线组成的回路。如果回路是多匝的，那么当磁通量变化时，每匝中都将产生感应电动势。由于匝与匝之间相互串联，整个线圈的总电动势就等于各匝所产生的电动势之和。即

$$\varepsilon = -N\frac{\Delta \Phi}{\Delta t}$$

在电磁感应现象中磁通量 Φ 的变化是关键，由 $\Phi = BS\sin\theta$（θ 为 B 和 S 平面的夹角）可知：θ、B、S 三者中只要有一个发生变化，就将引起磁通量 Φ 的变化，从而产生感应电动势。根据电磁感应现象产生的机制不同，感应电动势可以分为动生电动势和感生电动势。

1. 动生电动势

导体在磁场中做切割磁感线运动时，导体中产生的感应电动势叫动生电动势。动生电动势的产生是洛伦兹力作用的结果。导体 ab 在磁场 B 中做垂直于磁感线的运动，速度为 v，导体长度为 L。由于导体中所有自由电子也随着导体一起以 v 向右运动，故受到洛伦兹力 $F_{洛} = evB$，这样就使导体的 b 端积累了负电荷，a 端积累了正电荷，如图 1 所示，形成了感生电动势。这种自由电子的定向移动一直要进行到洛伦兹力和感生电场的电

场力相互平衡为止,即

$$evB = \frac{\varepsilon_{ab}}{L}e$$

$$\varepsilon_{ab} = BLv$$

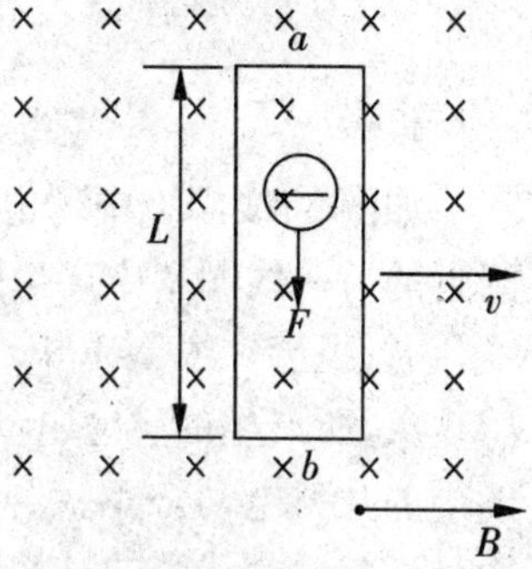

图 1

由此可见,在导体切割磁感线运动而产生电磁感应过程中,是洛伦兹力充当了搬运电荷的非静电力。而维持导体运动,就需要靠外力克服由于电荷相对导体定向运动而受到的洛伦兹力阻碍作用做功,把其他形式的能(如动能)转化为回路中的电能。

当 v 与 B 成 α 角时,$\varepsilon_{ab} = BLv\sin\alpha$,如果导体与 B 不垂直,则 $L\sin\alpha$ 表示垂直于 B 方向的有效长度。

2. 感生电动势

导体相对磁场静止,由于磁场的变化而引起导体内产生的感应电动势叫作感生电动势。

根据麦克斯韦电磁场理论,变化的磁场在空间激发感生电场或涡流电场,感生电场的电场线是涡旋状的闭合曲线,电荷在感生电场中沿任一闭合路径运动一周电场力所做的功不为零,因此感生电场不是保守力场,没有电势(差)的概念,只有在静电场中或电流场中才有电势(差)。感生电动势是感生电场的电场力作用的结果。

如图 2 所示,是一圆柱状均匀磁场区的横截面,截面半径为 R,如果磁感应强度 B 随时间增加,变化率为 $\frac{\Delta B}{\Delta t}$,$B$ 的方向如图 2 所示垂直于纸面向里,根据法拉第电磁感应定律,则磁场中以 O 点为圆心,以 r 为半径的导体回路上的感应电动势为:

$$\varepsilon = \frac{\Delta B}{\Delta t}\pi r^2 \ (r \leqslant R);\ \varepsilon = \frac{\Delta B}{\Delta t}\pi R^2 \ (r > R)$$

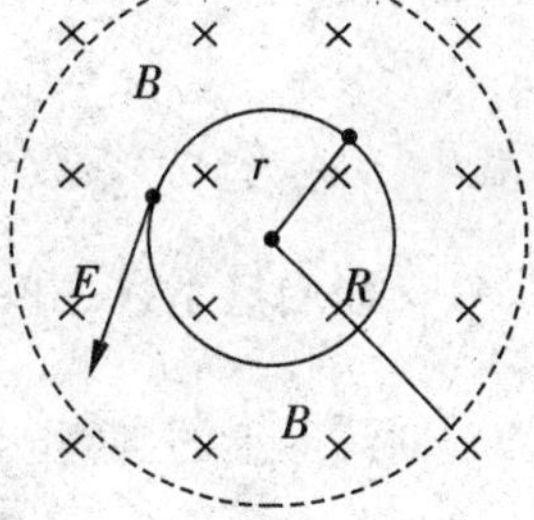

图 2

根据麦克斯韦理论可知,圆形回路上的感生电场强度大小处处相等,方向沿图示的圆周切线方向,电动势是非静电场力做功的结果,故回路感生电动势大小等于单位正电荷沿闭合回路一周感生电场力做的功,即 $\varepsilon = \sum \boldsymbol{E} \cdot \Delta \boldsymbol{l} = \frac{\Delta \Phi}{\Delta t}$。

注:圆柱形区域内的匀强磁场变化产生的感生电场电场线是以圆柱形区域中心为圆心的一簇同心圆,场强方向沿圆切向,即与半径垂直,场强大小由 $E \cdot 2\pi r = \frac{\Delta B}{\Delta t} \cdot \pi r^2$ 给出。感生电场中说到两点间的电动势,必须明确是哪段导体(或哪段积分路径)上的电动势,利用 $\varepsilon = \sum \boldsymbol{E} \cdot \Delta \boldsymbol{l}$ 求解,也可以构建闭合回路利用 $\varepsilon = \frac{\Delta \Phi}{\Delta t}$ 求解。

二、互感和自感

1. 互感

如图3,线圈1中的电流变化时激发的变化磁场,会在它附近的另一线圈2中产生感应电动势;同样,线圈2中的电流变化时,也会在线圈1中产生感应电动势。这种现象称为互感现象,所产生的感应电动势称为互感电动势。显然,一个线圈中的互感电动势不仅与另一线圈中电流改变的快慢有关,而且还与两个线圈的结构以及它们之间的相对位置有关。

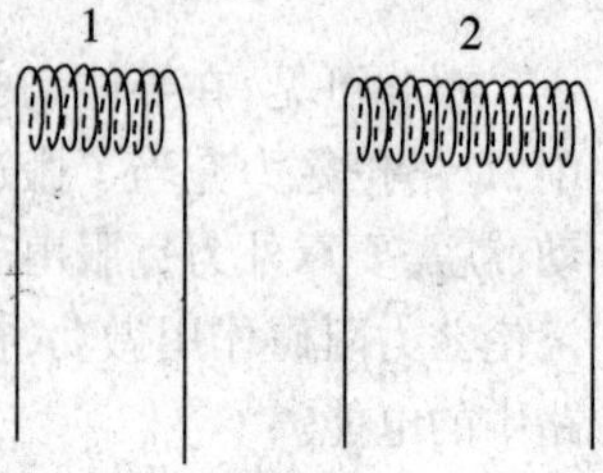

图3

2. 自感

(1)自感现象:自感现象是电磁感应现象的特例。当通过线圈的电流强度发生变化时,该电磁场将随之变化,穿过该线圈的磁通量也随之变化,因而在线圈中将产生阻碍变化的感生电动势,这就是自感现象。自感现象产生的电动势称为自感电动势,它的方向仍用楞次定律判定,它的大小为

$$\varepsilon_{自} = N\frac{\Delta\Phi}{\Delta \mathrm{t}}$$

式中,N为线圈的匝数,Φ为一匝线圈上的磁通量。

又
$$N\Phi = LI$$

故
$$\varepsilon_{自} = L\frac{\Delta I}{\Delta t}$$

式中,L称为自感系数。

(2)自感系数:由$\varepsilon_{自} = L\frac{\Delta I}{\Delta t}$可知,$L = \frac{\varepsilon_{自}}{\Delta I/\Delta t}$,在数值上$L$的大小等于当电流每秒变化1 A时线圈上的自感电动势。对于密绕通电螺线管,内部磁场$B = \mu_0 nI = \mu_0\frac{N}{l}I$。则

$$L = N\Phi/I = \mu_0 N^2 S/l$$

L的大小决定于线圈本身,如线圈的截面积S、匝数N,单位长度的匝数n、线圈的长度l等。同时有铁芯存在会变得更大。L的单位为V·s/A = Ω·s。

(3)电感线圈通电与断电时的特点:如图4所示,当合上K使电感线圈通电时,线圈上将产生电动势来阻碍电流的增大。而$\varepsilon_{自} = L\frac{\Delta I}{\Delta t}$,它是以$I$的增大为前提条件而存在的,故$\varepsilon_{自} \leqslant \varepsilon$。在K合上的瞬间,$\varepsilon_{自}$与电动势的大小相等;过一段时间后趋于稳定,$I$达到最大,$\frac{\Delta I}{\Delta t} = 0$。

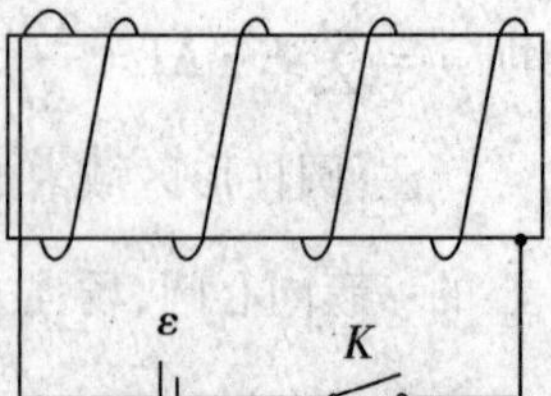

图4

当K断开时,线圈上的电流I将减小到0,因而线圈上将产生自感电动势,其大小为$\varepsilon_{自} = L\frac{\Delta I}{\Delta t}$,它阻碍电流的减小,即它有维持原电流不变的趋势。

但是$\varepsilon_{自}$的存在是以I的减小为前提的,因而自感电动势提供的电流$I_{自} \leqslant I$,只有在K断开的瞬间,$I_{自} = I$。此时加在K两端的最大电压为$U = IR$(其中R为K两端的电阻),可见R越大,U就越大。应用该装置可以在瞬间产生高压。

由以上分析可知,电感线圈通电时,它的自感电动势不大于电源电压;而断电时,它的自感电流不大于原来线圈上的电流。

(4)自感的应用——日光灯:日光灯电路的组成如图5所示。

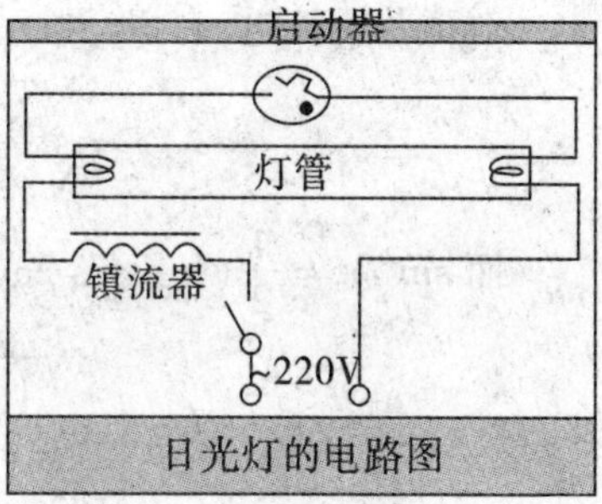

图5

灯管:日光灯管的两端各有一个灯丝,灯管内有微量的氩和汞蒸气,灯管内涂有荧光粉。两个灯丝之间的气体导电时发出紫外线,激发管壁上的荧光粉发出可见光。但要使管内气体导电所需电压比220 V的电源电压高得多。

镇流器作用:灯管启动提供一个瞬时高压,灯管工作时起降压限流作用。

启动器:①结构:电容、氖气、静触片、U形动触片、管脚、外壳。②原理:热胀冷缩。③作用:先接通电路,再瞬间断开电路,使镇流器产生瞬间高压,起自动开关作用。

日光灯电路的工作过程:合上开关,电源电压220 V加在启动器两极间→氖气放电发出辉光→辉光产生的热量,使U形动触片伸长,与静触片接触接通电路→镇流器和灯丝中通过电流→氖气停止放电→动静触片分离→切断电路→镇流器产生瞬间高压,与电源电压加在一起,加在灯管两端→灯管中气体放电→日光灯发光。

日光灯启动后正常工作时,启动器断开,电流从灯管中通过。镇流器产生自感电动势起降压限流作用,以维持灯管两端的较低电压。

(5)自感磁能:

$$E_{自} = \sum \Delta q \cdot \varepsilon = \sum \Delta q \cdot L\frac{\Delta I}{\Delta t} = L\sum I \cdot \Delta I = \frac{1}{2}LI^2$$

三、交流电

大小和方向均随时间作周期性变化的电压或电流叫交流电。它的最基本的形式是正弦电流。矩形线圈在绕磁场方向的轴匀速转动时产生的交流电是正弦交流电。从中性面计时,电动势$e = NBS\omega\sin\omega t$,$E_m = NBS\omega$,一般形式为

$$u = v_m\sin(\omega t + \varphi),\quad i = I_m\sin(\omega t + \varphi)$$

1. 交流电流的有效值

在交流电变化的一个周期内,交流电流在电阻R上产生的热量相当于某一数值的直流电流在该电阻上所产生的热量,此直流电流的数值就是该交流电流的有效值。交流电的有效值通常用U或I来表示。设电阻R通以交流电i,在一个周期内交流电在电阻上产生的总热量

$$W = \sum_{t=0}^{T} i^2 R\Delta t$$

而直流电 I 在同一时间 T 内在该电阻上产生的热量

$$W = I^2RT$$

根据有效值的定义有

$$\sum_{t=0}^{T} i^2R\Delta t = I^2RT$$

对正弦交流电，有 $i = I_m\sin\omega t$，故

$$I = \sqrt{\frac{1}{T}I_m^2\sum_{t=0}^{T}\sin^2\omega t\Delta t}\ (\text{其中 } T = 2\pi/\omega)$$

而 $\sin^2\omega t = \frac{1}{2}(1 - \cos 2\omega t)$，所以

$$I = I_m\sqrt{\frac{1}{2T}\sum_{t=0}^{T}(1 - \cos 2\omega t)\Delta t} = \frac{I_m}{\sqrt{2}} \approx 0.707I_m$$

可见正弦交流电的有效值等于峰值的 0.707 倍。通常，交流电表都是按有效值来刻度的。一般不作特别说明，交流电的大小均是指有效值。例如电压 220 V，就是指其有效值为 220 V，它的峰值为 $U_m = 220\sqrt{2}\ \text{V} \approx 311\ \text{V}$。

2. 交流电流的平均值

交流电在电流方向相同的半周期内，通过电路中导体横截面的电量 Q 和某一直流电在同样时间内通过该电路中导体横截面的电量相等时，这个直流电的数值就称为该交流电在半周期内的平均值。根据定义，不难算出交流电流的平均值 $I = \frac{2}{\pi}I_m \approx 0.637I_m$。

3. 交流电路中的电阻

交流电路中，虽然纯电阻电路的电压和电流都随时间而变，但对同一时刻，欧姆定律仍然成立，即

$$i = \frac{u}{R} = \frac{U_m}{R}\sin\omega t = I_m\sin\omega t\text{，其中 } I_m = \frac{U_m}{R}\text{。}$$

4. 交流电路中的电感

如图 6 所示，在纯电感电路中，电感线圈两端的电压 u 和自感电动势 e_L（规定它们的正方向相同）的关系为

$$u = -e_L$$

因自感电动势 $$e_L = -L\frac{\Delta i}{\Delta t}$$

故有 $$u = L\frac{\Delta i}{\Delta t}$$

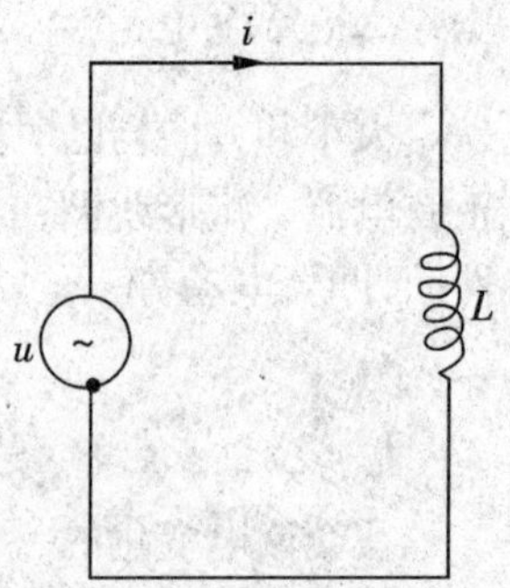

图 6

如果电路中的电流为正弦交流电流 $i = I_m\sin\omega t$，则

$$u = L\frac{\Delta i}{\Delta t} = L\frac{\Delta(I_m\sin\omega t)}{\Delta t} = I_mL\omega\cos\omega t$$

$$= I_mL\omega\sin\left(\omega t + \frac{\pi}{2}\right) = U_m\sin\left(\omega t + \frac{\pi}{2}\right)$$

其中 $U_m = I_m L\omega$，有效值 $U = IL\omega$，电感元件对交流的阻碍作用叫感抗，通常用符号 X_L 表示，$X_L = \frac{U}{I} = \omega L = 2\pi fL$。

电感元件的感抗随交流电的频率成正比地增大。电感元件对高频交流电的感抗大，限流作用大，而对直流电流，相当于短路，所以电感元件在交流电路中的基本作用之一就是"阻交流通直流"或"阻高频通低频"；在纯电感电路中，电感两端的电压相位超前其电流相位 $\frac{\pi}{2}$。这是因为电感的基本规律是 $u = L\frac{\Delta i}{\Delta t}$，即电压和电流的变化成正比，而不是和电流的大小成正比。

5. 交流电路中的电容

对于纯电容电路 $i = \frac{\Delta q}{\Delta t} = C \cdot \frac{\Delta u}{\Delta t} = CU_m\omega\cos\omega t$，其中 $u = U_m\sin\omega t$，故 $I_m = \omega CU_m$，有效值 $I = \omega CU$，电容对交流的阻碍作用叫容抗，通常用符号 X_C 表示，即 $X_C = \frac{U}{I} = \frac{1}{\omega C} = \frac{1}{2\pi fC}$。

由于电容器的容抗与交流电的频率成反比，因此频率越高，容抗就越小，频率越低，容抗就越大。对直流电来讲，容抗为无限大，故相当于断路。所以电容元件在交流电路中的基本作用之一就是"隔直流，通交流"或"阻低频，通高频"；在纯电容电路中，其电流的相位超前于电容两端的电压 $\frac{\pi}{2}$。

四、变压器

利用互感现象改变交流电压的设备叫作变压器。变压器由绕在闭合铁芯上的两个线圈组成，一个线圈跟电源连接，叫作初级线圈；一个线圈跟负载连接，叫作次级线圈。图7为变压器的原理图。

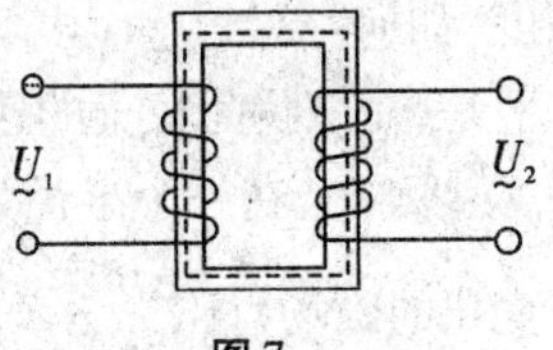

图7

初级线圈与次级线圈共用同一铁芯，忽略铁芯的漏磁可以认为穿过初级线圈与次级线圈的磁通量 Φ 相同，因而磁通量的变化率也相同，在初级线圈与次级线圈的每一匝上产生的感应电动势 $\Delta\Phi/\Delta t$ 也相等。初级线圈与次级线圈中的感应电动势分别为：

$$\varepsilon_1 = n_1\frac{\Delta\Phi}{\Delta t}, \ \varepsilon_2 = n_2\frac{\Delta\Phi}{\Delta t}$$

式中，n_1、n_2 分别是初级线圈与次级线圈的匝数，因此 $\frac{\varepsilon_1}{\varepsilon_2} = \frac{n_1}{n_2}$。

对于理想变压器，初级线圈与次级线圈的电阻可忽略不计，则输入电压 $U_1 = \varepsilon_1$，输出电压 $U_2 = \varepsilon_2$。因此变压器的输入电压与输出电压满足

$$\frac{U_1}{U_2} = \frac{n_1}{n_2}$$

上式表明变压器初级线圈与次级线圈的端电压之比等于这两个线圈的匝数比。

对于理想变压器,不计能量损耗,所以变压器的输入功率等于输出功率,即

$$U_1I_1 = U_2I_2$$

因此
$$\frac{I_1}{I_2} = \frac{U_2}{U_1} = \frac{n_2}{n_1}$$

这就是说,对于只有一个次级线圈的变压器工作时,初级线圈与次级线圈中电流强度跟线圈匝数成反比。

对于多个次级线圈的理想变压器工作时,电压与匝数成正比的关系和输入功率等于输出功率的关系仍然成立。

典型例题

例1 (2006复旦大学)在圆柱形均匀磁场中,带正电的粒子沿如图8所示圆形轨道运动(可等效成一圆电流),与磁场方向构成左手螺旋。若磁感应强度 B 的数值增大,则在 B 增大的瞬间,带电粒子的运动速度(　　)

A. 变慢　　B. 不变

C. 变快　　D. 不能确定

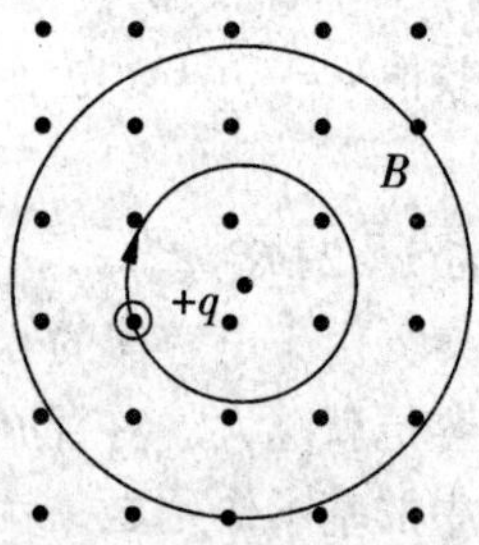

图8

解 若磁感应强度 B 的数值突然增大,在空间会激发顺时针方向的感应电场。因带正电粒子的运动(位移)方向与感应电场对粒子的作用力的方向大体相同,故电场力做正功。按照动能定理,带电粒子的动能增大,所以粒子速度应随时间变大。但题目中问的是"则在 B 增大的瞬间,带电粒子的运动速度"如何?尽管感应电场会有作用力作用在带电粒子上,使其在 B 增大的瞬间有加速度,但是,在该瞬间粒子的速度还没有增大,应选B。

例2 在一个半径为 R 的长直螺线管中通有变化的电流,使管内圆柱形的空间产生变化的磁场,且 $\frac{\Delta B}{\Delta t} = K > 0$,如图9(a)所示,如果在螺线管横截面内放置一根长为 R 的导体棒 ab,使得 $Oa = ab = Ob$,那么 ab 上的感应电动势 ε_{ab} 是多少?如果将导体棒延伸到螺线管外,并使得 $ab = bc = R$,那么 ac 上的感应电动势 ε_{ac} 是多少?

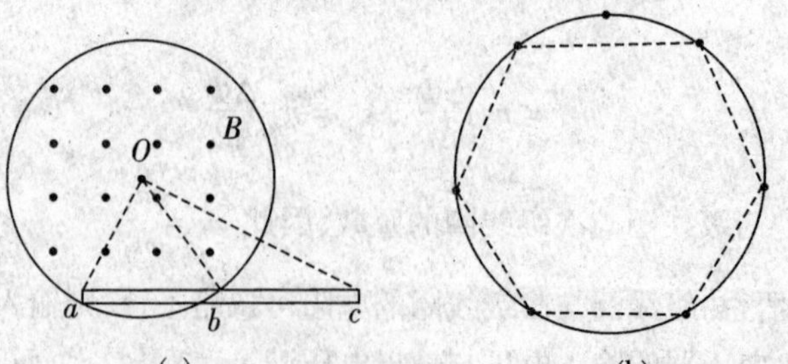

图9

解 方法一:由感生电场强度 E 的表达式可求 ab 棒上各点的电场强度,但要根据这些电场强度来求出 ε_{ab} 却要用到积分的知识,因此中学生一般无法完成。我们可取等边三角形 Oab,因为 Oa 与 Ob 垂直于感生电场的电场线,所以 Oa 与 Ob 上没有感应电动势。又根据法拉第电磁感应定律,Oab 回路上的感应电动势 $\varepsilon=\dfrac{\Delta\Phi}{\Delta t}=\dfrac{\sqrt{3}}{4}R^2\dfrac{\Delta B}{\Delta t}=\dfrac{\sqrt{3}}{4}R^2K$,即 $\varepsilon_{ab}=\dfrac{\sqrt{3}}{4}R^2K$。

方法二:构筑一个对称的圆内接正六边形。如图 9(b)所示,显然 $\varepsilon_{总}=kS_{六边形}$,而由对称性易知 ab 杆中感应电动势 $\varepsilon=\varepsilon_{总}/6$,同样可得相同结果。

如果将 ab 延伸到 c,则可研究 $\triangle Oac$,根据同样的道理可得,$\varepsilon_{ac}=\dfrac{\Delta\Phi'}{\Delta t}=(\dfrac{\sqrt{3}}{4}+\dfrac{\pi}{12})R^2k$。

例 3 (2011 北约)大的水平桌面上放一棒,长为 l,质量为 m,电阻为 R,棒平行桌缘放置,桌子的侧面有一根相同的棒,用两根无电阻的光滑导线将上面的棒系在一起,空间中有匀强磁场 B,方向与桌缘垂直,与水平方向夹角为 θ(图 10)。开始时刻将两棒由静止释放。

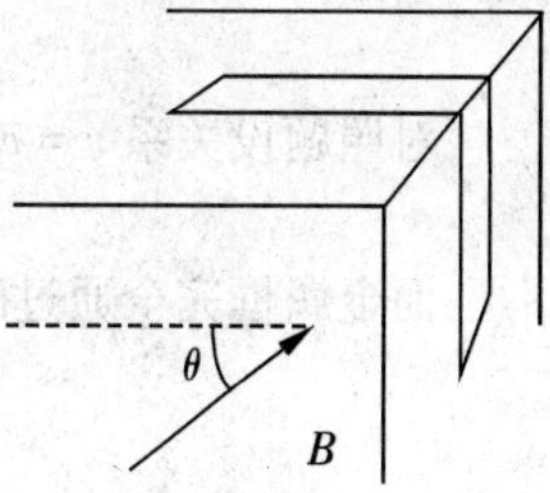

图 10

(1)问理论上棒的最大速度 v_{max} 多大?

(2)当棒速为 v,且 $v<v_{max}$ 时,求机械能损耗的功率 P_1 与电功率 P_2。

解 (1)金属棒达最大速度 v_{max} 时,回路中的感应电动势大小为

$$E=Blv_{max}\cos\theta-lv_{max}\sin\theta B=Blv_{max}(\cos\theta-\sin\theta)$$

回路中的电流 $I=\dfrac{E}{2R}$。

当两棒均作匀速运动时,棒的速度达最大值,故由 $mg=BIl\cos\theta-BIl\sin\theta$ 得 $v_{max}=\dfrac{2mgR}{B^2l^2(\cos\theta-\sin\theta)^2}$

(2)金属棒速度为 v 时,回路中的电动势:$E'=Blv(\cos\theta-\sin\theta)$,

此时 $F_{安}=B\cdot\dfrac{E'}{2R}\cdot l(\cos\theta-\sin\theta)=\dfrac{B^2l^2v}{2R}(\cos\theta-\sin\theta)^2$;

所以机械能损失的功率:$P_1=F_{安}\cdot v=\dfrac{B^2l^2v^2}{2R}(\cos\theta-\sin\theta)^2$

此时回路中的电功率为:$P_2=\dfrac{E'^2}{2R}=\dfrac{B^2l^2v^2(\cos\theta-\sin\theta)}{2R}$

例 4 (2009 上海交通大学)如图 11 所示,阻值为 R,质量为 m,边长为 l 的正方形金属框位于光滑水平面上。金属框的 ab 边与磁场边缘平行,并以一定的初速度进入矩形磁场区域,运动方向与磁场边缘垂直。磁场方向垂直水平面向下,在金属框运动方向上的长度为 $L(L>l)$。设金属框的 ab 边进入磁场后,框的运动速度与 ab 边在磁场中的位

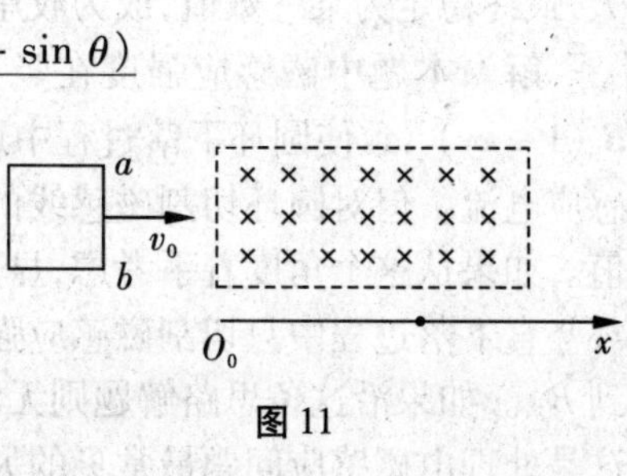

图 11

置坐标之间关系为 $v=v_0-cx\ (x<l)$,式中 c 为未知的正值常量。若金属框完全通过磁场后恰好静止,求

(1)磁场的磁感应强度;

(2)从线框进入磁场区域到线框 ab 边刚出磁场区域的运动过程中安培力所做的功。

解 (1)线框进入磁场过程中的短小时间内由动量定理得

$$-Bil\Delta t=m\Delta v=-Bl\Delta q$$

而
$$\Delta q=\bar{I}\Delta t=\frac{\Delta\Phi}{R}=\frac{Bl\Delta x}{R}$$

代入上式得
$$-B^2l^2\Delta x=mR\Delta v$$

将上式累加得
$$-B^2l^2x=mR(v-v_0)$$

即
$$v=v_0-\frac{B^2l^2x}{mR}$$

对照题设关系 $v=v_0-cx$,易知 $c=\dfrac{B^2l^2}{mR}$。

而金属框完全通过磁场后恰好静止,即 $v|_{末}=v_0-cl-cl=0$,则 $c=\dfrac{v_0}{2l}$,所以

$$B=\sqrt{\frac{v_0\,mR}{2l^3}}\ 。$$

(2)按照对称性,在线框进入磁场区域的运动过程中安培力使线框的运动速度的减少量和线框出磁场区域的运动过程中线框速度的减少量是相同的,即 $v_0\to v_0/2$, $v_0/2\to 0$。而整个线框都在磁场区域内运动时,整个线框中没有电动势,也没有安培力作用。

所以,按照动能定理,从线框进入磁场区域到线框 ab 边刚出磁场区域的运动过程中,安培力所做的功为:

$$W=\left[\frac{1}{2}m\left(\frac{v_0}{2}\right)^2-\frac{1}{2}mv_0^2\right]=-\frac{3}{8}mv_0^2$$

例5 一个质量为 m、直径为 d、电阻为 R 的金属圆环,在范围足够大的磁场中竖直向下下落,磁场的分布情况如图12所示。已知磁感应强度竖直方向分量 B_y 的大小只随高度 y 变化,其随高度 y 变化关系为 $B_y=B_0(1+ky)$(此处 k 为比例常数,且 $k>0$),且 B_y 的方向始终向上。金属圆环在下落过程中环面始终保持水平,速度越来越大,最终稳定为某一数值,成为收尾速度,求圆环收尾速度的大小。

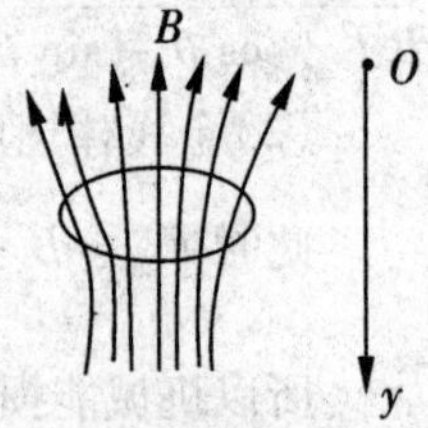

图12

解 本题中磁感应强度在竖直方向上分布不均匀,其分量 $B_y=B_0(1+ky)$,致使圆环下落过程中通过圆环的磁通量在不断变化,从而在金属圆环中产生感应电流。但对圆环切割磁感线的问题,同学们一般习惯于用 $E=Blv$ 计算感应电动势值。如果从这个角度着手考虑,显然要知道磁感应强度的水平分量 B_x 的表达式,因为圆环竖直下落过程中只切割磁感应强度的水平分量,同时在计算圆环所受安培力时也要用到 B_x。如果沿这条思路解题则无法求解本题,因而只能从能量变化关系着手建立方程,这是处理电磁感应问题最常见的另一条基本思路。

设圆环的收尾速度为 v_m,则在 $\Delta t(\Delta t\to 0)$ 时间内,圆环下落的高度为 $v_m\Delta t$,由此引

起的穿过圆环磁通量的变化量 $\Delta\Phi=\Delta B_y\cdot S=B_0k\Delta yS=B_0k\cdot v_m\Delta t\cdot\frac{1}{4}\pi d^2$。所以,在此短时间内回路中的感应电动势 $E=\frac{\Delta\Phi}{\Delta t}=\frac{1}{4}\pi B_0kv_md^2$。同时,在圆环匀速下落时,金属圆环重力做功的功率等于回路的发热功率,故 $\frac{E^2}{R}=mgv_m$,即 $\frac{\pi^2B_0^2k^2v_m^2d^4}{16R}=mgv_m$,解得收尾速度 $v_m=\frac{16mgR}{\pi^2k^2B_0^2d^4}$。

例6 (2006华中科技大学)水平面内,有两根足够长的固定平行金属导轨,在它们上面横放两根平行导体棒,构成矩形回路,每根棒长度为 L,质量为 m,电阻为 R,导轨电阻不计,空间有方向竖直向下、磁感应强度为 B 的匀强磁场。不计电磁辐射及导体棒与导轨间的摩擦,且开始时图13中左侧导体棒Ⅰ静止,右侧导体棒Ⅱ具有向右的初速度 v_0,试求两根导体之间距离增长量 x 的上限。

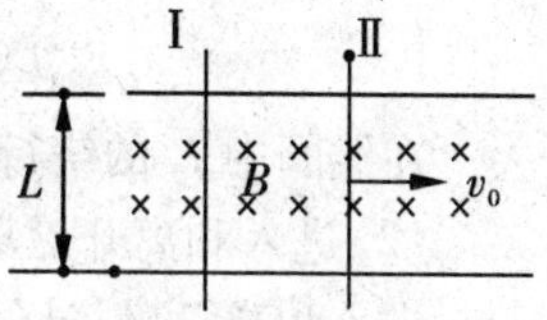

图13

解 导体棒Ⅱ运动,回路中有感应电流,两棒受到安培力作用,导体棒Ⅱ做减速运动,导体棒Ⅰ从静止开始做加速运动,导体棒Ⅰ、Ⅱ的速度分别用 v_1、v_2 表示,只要 $v_2>v_1$,两根导体之间距离便增大,当两者速度相等时,两者间距最大,回路中电流为零,两导体棒以共同速度 v 运动,两根导体之间距离增长量 x 取得最大。两导体棒在任一时刻受到的安培力大小相等、方向相反,两棒构成的系统动量守恒,则 $mv_0=2mv$,得

$$v=\frac{v_0}{2}$$

考察过程中某一极小的时间间隔 Δt,两导体棒之间距离增加

$$\Delta x=(v_2-v_1)\Delta t$$

t 时刻,导体棒Ⅰ的加速度为

$$a=\frac{Bil}{m}=\frac{(BL)^2(v_2-v_1)}{2mR}$$

$$\Delta x=\frac{2mRa\Delta t}{(BL)^2}=\frac{2mR}{(BL)^2}\Delta v_1$$

全过程,两导体棒间距增量

$$x=\sum\Delta x=\frac{2mR}{(BL)^2}\sum\Delta v_1$$

而 v_1 从0变化到 $v_0/2$,所以有

$$x=\frac{2mR}{(BL)^2}\cdot\frac{v_0}{2}=\frac{mRv_0}{B^2L^2}$$

例7 如图14所示,一边长为 L 的刚性正方形单匝线圈沿光滑水平面运动,以速度 v_1 开始进入一有界的方向竖直向下的匀强磁场区域,最终以速度 v_2 滑出磁场。设线圈在运动过程中速度方向始终与磁场边界垂直,磁场区域宽度大于

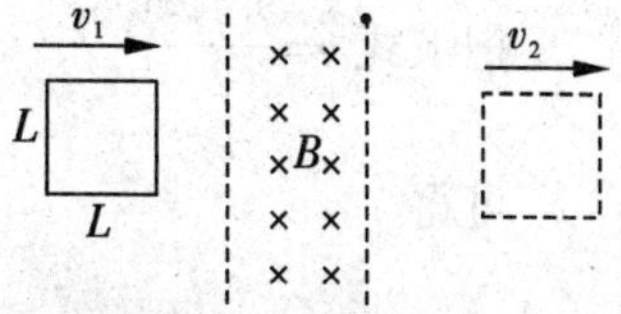

图14

L。刚进入磁场瞬间，线圈中的感应电流为 I_1。根据以上信息，你能求出哪些物理量的定量结果？试写出求解过程，并用题中已知量表示所求得的物理量。

解 能求出四个物理量的定量结果。

(1)线圈刚离开磁场区域瞬间线圈中的感应电流 I_2。

刚进入磁场区域瞬时与刚离开磁场区域瞬时，线圈切割磁感线的有效长度一样，所以线圈中的感应电流大小与线圈切割磁感线的速度成正比，有 $\frac{V_1}{I_1}=\frac{V_2}{I_2}$ 得

$$I_2=\frac{v_2}{v_1}I_1$$

在线圈中 I_2 的绕行方向与 I_1 相反。

(2)进入和离开磁场区域过程中通过线圈的电荷量 q。

进入和离开磁场区域过程中通过线圈的电荷量 q 是相等的，则

$$q=\bar{I}\Delta t=\frac{\Delta\Phi}{\Delta t}\frac{1}{R}\Delta t=\frac{\Delta\Phi}{R}=\frac{BL^2}{R}$$

而
$$I_1=\frac{BLv_1}{R}$$

所以
$$q=\frac{I_1L}{v_1}$$

(3)线圈刚完全进入磁场时的速度 v。

设线圈完全进入磁场区域时的速度为 v，对进入磁场区域过程和离开磁场区域过程，分别由动量定理，得

$$mv-mv_1=-\sum BLi\Delta t=-BLq$$
$$mv_2-mv=-\sum BLi\Delta t=-BLq$$

则
$$v=\frac{v_1+v_2}{2}$$

(4)线圈刚进入磁场时的加速度的大小 a_1 和线圈刚离开磁场时的加速度大小 a_2。

线圈进入磁场时，由牛顿第二定律，有

$$\frac{B^2L^2v_1}{R}=ma_1$$

对进入过程，由动量定理有

$$mv-mv_1=-\sum BLi\Delta t=-BLq=\frac{-BL\Delta\Phi}{R}=\frac{-B^2L^3}{R}$$

把上式 $v=\frac{v_1+v_2}{2}$ 代入

可得
$$a_1=\frac{v_1(v_1-v_2)}{2L}$$

同理可得
$$a_2=\frac{v_2(v_1+v_2)}{2L}$$

例 8 (2003 北京大学)质量为 m 的小珠，只能沿半径为 r 的圆形轨道运动，轨道平

面为水平面,小珠带有正电荷 q。设有空间均匀分布但随时间变化的磁场,磁感应强度 $B(t)$ 方向垂直环面向上,$t=0$ 时,$B=0$,小珠静止于环上;$0<t<T$ 时,$B(t)$ 随时间均匀增大;$t=T$ 时,$B=B_0$;$t\geqslant T$ 时,磁场稳定不变。试定量讨论 $t>0$ 时小珠的运动状况及由于小珠的运动而对轨道的作用力(阻力不计)。

提示:在磁场随 t 增长的过程中,由于电磁感应,空间将有感应电场 E,其方向在水平面内,在环上 E 的方向指向环的切线方向。

解 在轨道法线方向,珠子受到洛伦兹力和轨道对它的支持力的作用。洛伦兹力大小为

$$f=qBv$$

而均匀变化的磁场产生恒定的感应电场,在 $0<t<T$ 时间内,场强的大小为

$$E=\frac{\pi r^2\dfrac{\Delta B}{\Delta t}}{2\pi r}=\frac{rB_0}{2T}$$

$t\geqslant T$ 时,磁场稳定不变,不存在感应电场。

(1) $0<t<T$ 时,感应电场恒定,珠子在切线方向上受到很顶的电场力作用,切线加速度恒定,t 时刻珠子的线速度为 $v=at=\dfrac{qE}{m}t=\dfrac{rB_0qt}{2mT}$,珠子做变速圆周运动。

t 时刻珠子受到的洛伦兹力大小为

$$f=qBv=q\cdot\frac{B_0}{T}t\cdot v=\frac{q^2B_0^2rt^2}{2mT^2}$$

洛伦兹力的方向指向环心,如图 15 所示。

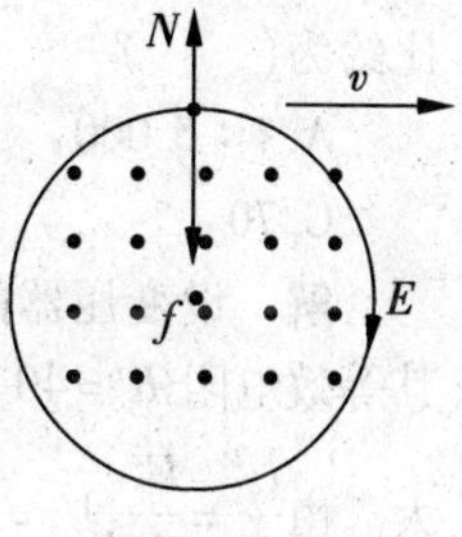

图 15

珠子所需向心力为

$$F=m\frac{v^2}{r}=\frac{q^2B_0^2rt^2}{4mT^2}$$

显然,$F<f$,所以轨道对珠子有沿半径向外的支持力 N,即

$$N=f-F=\frac{q^2B_0^2rt^2}{4mT^2}$$

由牛顿第三定律,珠子对轨道的作用力大小为 $N'=N=\dfrac{q^2B_0^2rt^2}{4mT^2}$,方向沿半径指向圆心。

(2) $t>T$ 时,磁场恒定,感应电场消失,珠子做匀速圆周运动,其速率为 $v=\dfrac{B_0qr}{2m}$,珠子对轨道的作用力恒定。洛伦兹力大小为 $f=B_0qv=\dfrac{B_0^2q^2r}{2m}$,方向沿半径指向环心。

珠子所需向心力为

$$F=m\frac{v^2}{r}=\frac{q^2B_0^2r}{4m}$$

轨道对珠子有沿半径向外的支持力 N,则

中的波长。则两束光在相遇点的相位差为(　　)

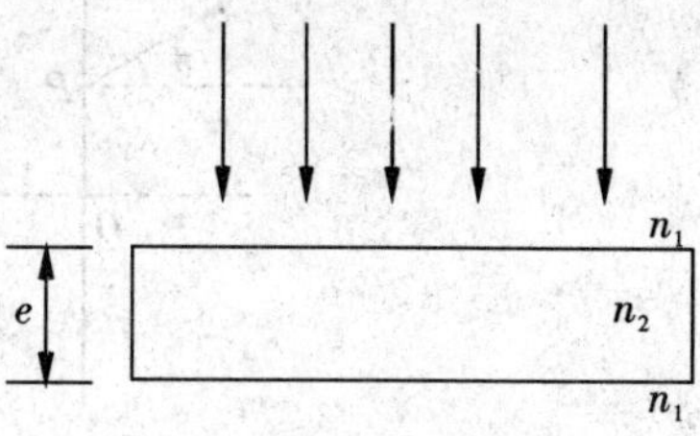

图 15

A. $\frac{2\pi}{\lambda}\cdot\frac{n_2}{n_1}e$

B. $\frac{4\pi}{\lambda}\cdot\frac{n_1}{n_2}e+\pi$

C. $\frac{4\pi}{\lambda}\cdot\frac{n_2}{n_1}e+\pi$

D. $\frac{4\pi}{\lambda}\cdot\frac{n_2}{n_1}e$

解　因 $n_1<n_2$,故光在薄膜上表面反射时会附加半个波长的光程,即半波损失,设真空中的波长为 λ',因为 $\lambda'f=c,\lambda f=\frac{c}{n_1}$,所以波长满足关系 $\lambda'=n_1\lambda$,上表面两束反射光的光程差为 $\delta=2n_2e+\frac{1}{2}\lambda'$,相位差为 $\Delta\varphi=2\pi\frac{\delta}{\lambda'}+\pi$

答案为 C

例 8　(2008 同济大学)频率为 ν 的一束光以入射角 i 照射在平面镜上并完全反射,设光束单位体积中的光子数为 n,则每一个光子的能量为__________,每一个光子的动量为__________,每个光子的静质量为__________;光束对平面镜的光压为__________。

解　每个光子的能量:$E=h\nu$,每个光子的动量:$P=\frac{h}{\lambda}=\frac{h\nu}{c}$,每个光子的静止质量都为 0。

光射到平面镜上后以反射角 i 反射,每个光子的动量改变 $\Delta P=\frac{2h\nu\cos i}{c}$。

设光束的截面积为 S,t 时间内射到镜面上的光子数为 N,则 $N=Sctn$。

由动量定理得 $Ft=N\Delta P$,由压强公式得　$P=\frac{F}{s/\cos i}$。

解得光压 $P=2nh\nu\cos^2 i$

例 9　(2006 西安交大)如图 16(a)所示,一条光线射到焦距大小为 13.5 cm 的凹透镜上,入射点 P 到光心 O 的距离为 3 cm,经凹透镜折射后,这条光线的折射线过 A 点,A 点到凹透镜的距离为 3 cm,到主轴的距离 2 cm,求这条入射光线与主轴夹角 θ 的正切值 $\tan\theta$__________。

解　由光路可逆,设想有一物点 S,经透镜成像在 S',如图 16(b)所示。设物距为 u,光线 PS 与主轴夹角为 α,则 $\tan\alpha=\frac{OP}{u}=\frac{O'P}{O'A}$,即 $\frac{3}{u}=\frac{3-2}{3}$,得 $u=9$ cm。

由透镜公式 $\frac{1}{u}+\frac{1}{v}=\frac{1}{f}$,得像距为 $v=\frac{uf}{u-f}=\frac{9\times(-13.5)}{9+13.5}$ cm $=-\frac{27}{5}$ cm

$\tan\theta=\frac{OP}{OS'}=\frac{OP}{-v}=\frac{5}{9}$

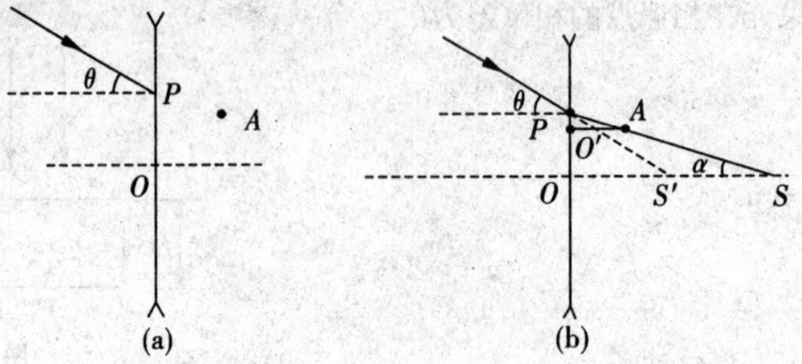

图 16

例 10 物点 S 位于焦距为 20 cm 的凸透镜的主轴上，沿主轴运动，距光心 30 cm 时物点向光心移动的速度为 4 cm/s，求经凸透镜所成的像点在该时刻的移动速度大小和方向。

解 由薄透镜成像公式 $\frac{1}{u}+\frac{1}{v}=\frac{1}{f}$，得 $v=\frac{uf}{u-f}$。

物点沿主轴移动，设经时间 Δt，物距变化 Δu，像距为 $v'=\frac{(u+\Delta u)f}{(u+\Delta u)-f}$，像距的改变量为 $\Delta v=v'-v$，像点的移动速度为 $v_{像}=\lim_{\delta t\to 0}\frac{\Delta v}{\Delta t}=-\frac{f^2}{(u-f)^2}\lim_{\delta t\to 0}\frac{\Delta u}{\Delta t}=-v_{物}(\frac{v}{u})^2$。

负号表示像点与物点相对于光心的移动方向相反。

代入本题数据 $u=30$ cm，$f=20$ cm，$v_{物}=4$ cm/s，得 $v_{像}=16$ cm/s。

即像点以 16 cm/s 的速度远离光心。

例 11 费马定理可用来证明光的反射和折射定律及物像距公式，也可类比解决质点运动学问题。在图 17 所示中，AC 是东西走向的马车道，它的北面是一片沙砾地带，马车在上面疾行的速度只有 6 km/h，而车道上马车的速度为 10 km/h。已知 $BD=12$ km，$AD=16$ km，则一马车从 A 地走到 B 地所需时间至少是多少？

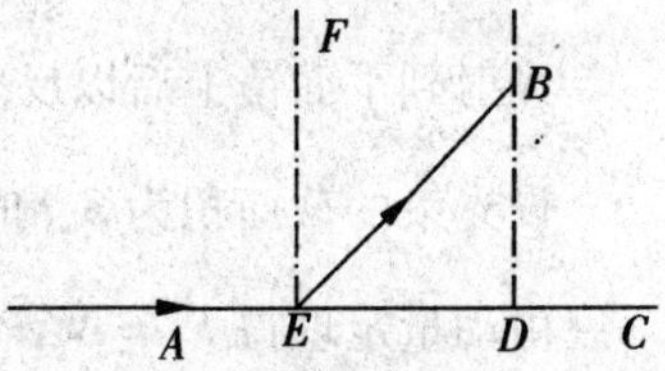

图 17

解 马车的运动可类比为光的折射，根据光路可逆原理，A 到 B 地的时间等于 B 到 A 地的时间，把 AC 看成两种介质的分界面，当 B 地到 A 地在 AC 上恰好发生全反射时，所用时间最短。$\frac{\sin 90°}{\sin\angle BEF}=\frac{v_1}{v_2}=\frac{10}{6}$，$\sin\angle BEF=0.6$，

$$t=\frac{AE}{v_1}+\frac{BE}{v_2}=\frac{AD-BD\tan\angle BEF}{v_1}+\frac{BE/\cos\angle BEF}{v_2}=3.2\ \text{h}$$

专题训练

1.(复旦大学)在上下放置的双缝干涉实验中,若把下面一条缝封闭,并将一平面反射镜(镜面向上)平放在两缝的垂直平分线上,如图所示,则在屏上(　　)

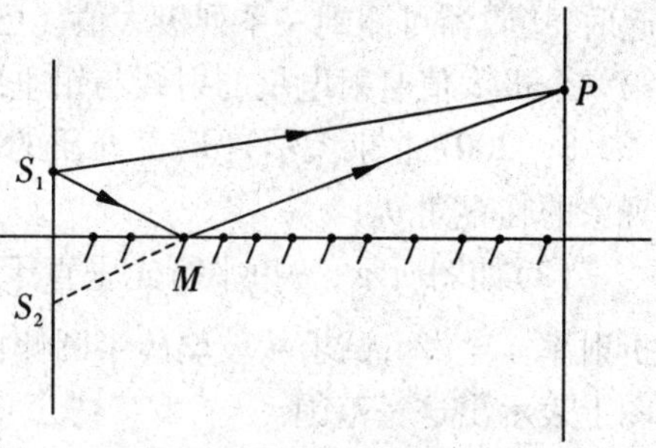

题 1 图

A. 没有干涉条纹

B. 干涉条纹不变

C. 干涉条纹的区域只在屏中心以上的部分,干涉条纹的间距不变,亮纹和暗纹的位置也不变

D. 干涉条纹的区域只在屏中心以上的部分,干涉条纹的间距不变,亮纹和暗纹的位置与原来的对换

2.(2008 东南大学)如图所示,有三块截面为等腰直角三角形的透明材料(图中的Ⅰ、Ⅱ、Ⅲ)恰好拼成一个正方形棱镜。从 E 点垂直于一边射入的单色光在 F 处发生全反射,在 G、H 连续发生两次折射后射出。若该单色光在三块材料中的传播速率依次为 v_1、v_2、v_3,下列关系式中正确的是(　　)

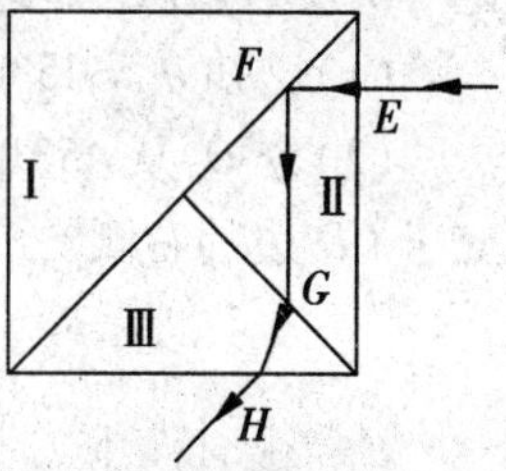

题 2 图

A. $v_3>v_1$　　B. $v_2>v_3$

C. $v_3>v_2$　　D. $v_1>v_2$

3.(复旦大学)已知用一束某种波的平行光照射一小块某种金属能产生光电效应,光电子的最大初动能为 E_1,单位时间内产生了 N_1 个光电子。现用同一束光经过凸透镜会聚后照射该金属,光电子的最大初动能为 E_2,单位时间内产生了 N_2 个光电子,则(　　)

A. $E_1=E_2, N_1>N_2$　　B. $E_1<E_2, N_1>N_2$

C. $E_1>E_2, N_1<N_2$　　D. $E_1=E_2, N_1<N_2$

4.(2008 复旦大学)为了在沉入水(水的折射率是 1.3)中的潜水艇内部观察外面的目标,在艇壁上开一个方形的孔,设壁厚 51.96 cm,孔宽度为 30 cm,孔内嵌入折射率为 n 的特种玻璃砖(填满孔)。要想看到外面 180°范围内的景物,n 应该是(　　)。

A. 2.6　　B. 2

C. 1.3　　D. 0.65

5.(2002 复旦大学)某同学欲测直角棱镜 abc 的折射率。他让一束平行光以一定入射角从空气投射到三棱镜的侧面 ab 上,经过棱镜两次折射后,又从另一侧面 ac 出射。逐渐减小入射角,当侧面 ac 上恰无射出光时,测出此时光在 ab 面上的入射角 α。

(1)在右面图上画出光路图;

(2)若测得 $\alpha=75°$,写出折射率 n 计算公式:____________。并求出 n 值:____________。

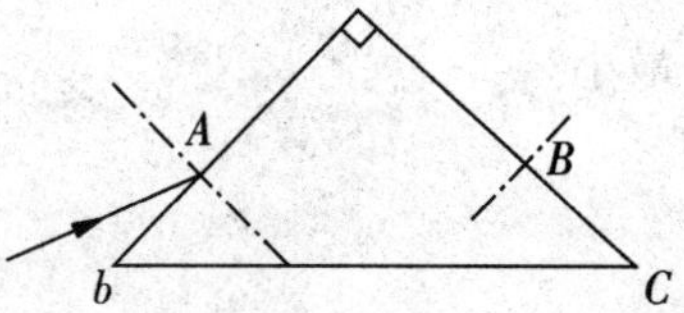

6.(2007 北京大学)等腰三棱镜顶点为 α,出射光线

相对入射光线的最小偏折角为δ_m，则棱镜的折射率$n=$__________；若顶角α很小（单位为弧度），棱镜折射率为n，以很小入射角入射时，最小偏折角$\delta_m=$__________。

7.（清华大学）湖面上方$h=0.50\ \text{m}$处放一电磁波接收器，当某射电星从地面渐渐升起时，接收器可测到一系列极大值。已知射电星所发射的电磁波的波长为20 cm，求出现第一个极大值时射电星的射线与铅垂线间的夹角θ（湖水可看作是电磁波的反射体）。

8.（2007北京大学）（1）某介质的折射率为n，一束光从介质射向空气，试求出全反射现象的临界角θ_0；

（2）如图所示，一束平行光垂直于AB面射到截面为半圆形的玻璃砖上。设玻璃砖的折射率$n=\sqrt{2}$，试求从玻璃砖半圆侧面射出光线的范围。要求通过计算得出结果，并在图上表示出这一范围。

9.（2008北京大学）如图所示，折射率$n=\sqrt{2}$的长方透明板$ABCD$的四周是空气，AB边长$2\sqrt{3}a$，BC边长计为$2x$。点光源S位于透明板中分线MN上，S与AB边相距a，它朝着AB边对称地射出两条光线，光线的方位角θ_i已在图中示出。光线进入透明板后，只讨论一次反射后从CD边出射的光线。

（1）已知$\theta_i=45°$时，两条出射光线相交MN上与CD边相距a的点，试求x值；

（2）令O_i从45°单调增大，当接近但未达到60°时，从CD边出射的两条光线能否相交于CD边的右侧？

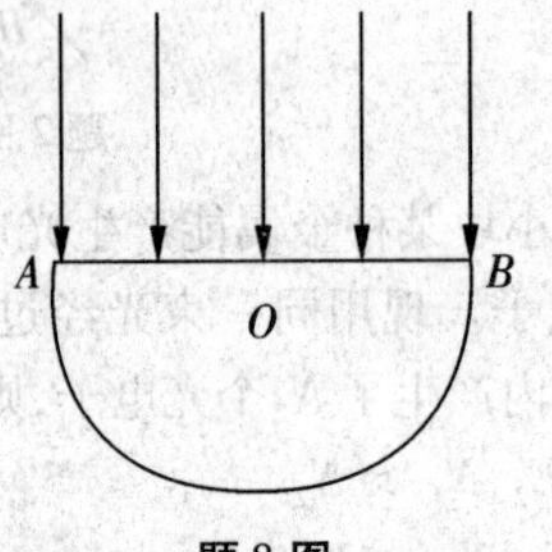

题8图

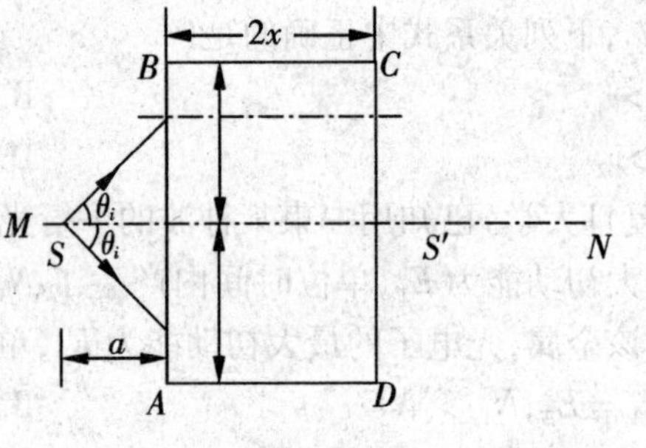

题9图

10.（2008大连理工大学）近轴会聚光束（光束的顶角很小）会聚在轴线上的F点，如图所示，现要使该会聚光束会聚在与F相距a的F'处，可让光束通过一块垂直于光轴放置的两面平行的平板玻璃。若此玻璃的折射率为n，则此玻璃板的厚度d为多少？

11.一玻璃齿轮，每个齿轮均为全同的正三角棱镜（顶角为60°），若此装置能使光绕着齿轮转，求齿数为N时，玻璃的折射率n为多少？当$N=6$时，折射率n为多少？

12.如图所示，点光源S到屏M的距离为L，焦距为f的凸透镜位于S和M之间，其主光轴过S而垂直于屏M，若$\frac{L}{4}<f<L$，则透镜距点光源S为多远可使屏M上的光斑最小？

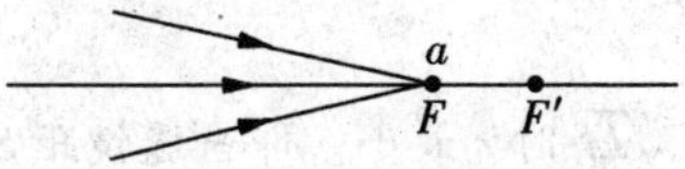

题 10 图

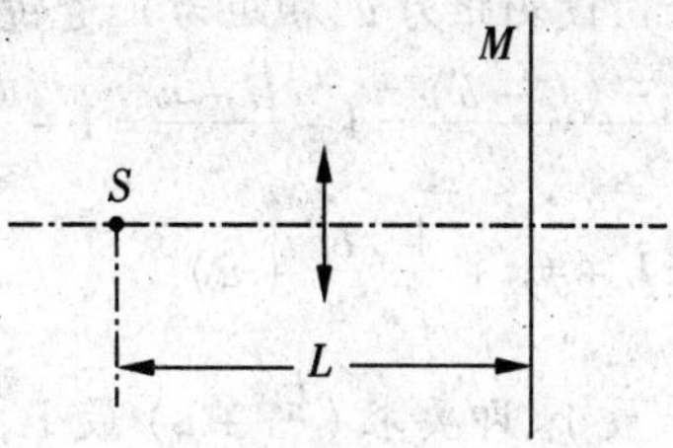

题 12 图

答案详解

1. D　2. BD　3. D　4. A

5(1)略 (2) $n=\sqrt{\sin^2\alpha+1}$, $n=1.39$

6. $\sin\dfrac{\delta_m+\alpha}{2}/\sin\dfrac{\delta_m}{2}$, $(n-1)\alpha$

7. $\theta=\arccos 0.1=84.26°$

8. (1) $\theta_0=\arcsin\left(\dfrac{1}{n}\right)$

(2)光线在平面上的折射角为 30°,在圆柱面上的全反射临界角为 45°,由几何关系易得在 O 点两侧 45°范围内有光线射出。

9. (1)由 $\sin\theta_i=n\sin\beta$ 得 $\beta=30°$, $x=(\sqrt{3}a-a)\cot\beta=(3-\sqrt{3})a$。(2) θ_i 接近 60°入射相当于光线从靠近 B 点处入射,此时 $\sin 60°=n\sin\beta$,得 $\beta=37.8°$。相应地在 BC 面上的入射角为 52.2°,而全反射的临界角为 $C=45°$,这表明光线会在 BC 面上发生全反射,因而由对称性易知出射光线能够交于 CD 边的右侧。

10. $l=d\tan i-d\tan r$, $\sin i=n\sin r$

$i\to 0$, $\tan i\approx\sin i\approx i$, $\tan r\approx\sin r\approx r$, 再利用几何关系可得 $d=na/(n-1)$。

11. 当光绕着齿轮转时,光线在每个棱镜中必须与其底边平行,并当光线进入棱镜和从棱镜中折射出时,它们的偏转角必须相同且为 $\dfrac{\pi}{N}$,这样,由折射定律,当光线从棱镜中折射出时,满足 $n\sin\dfrac{\pi}{6}=\sin\left(\dfrac{\pi}{6}+\dfrac{\pi}{N}\right)$, 得 $n=\dfrac{\sin\left(\dfrac{\pi}{6}+\dfrac{\pi}{N}\right)}{\sin\dfrac{\pi}{6}}=2\sin\left(\dfrac{\pi}{6}+\dfrac{\pi}{N}\right)$。

当 $N=6$ 时, $n=2\sin\left(\dfrac{\pi}{6}+\dfrac{\pi}{6}\right)=\sqrt{3}$

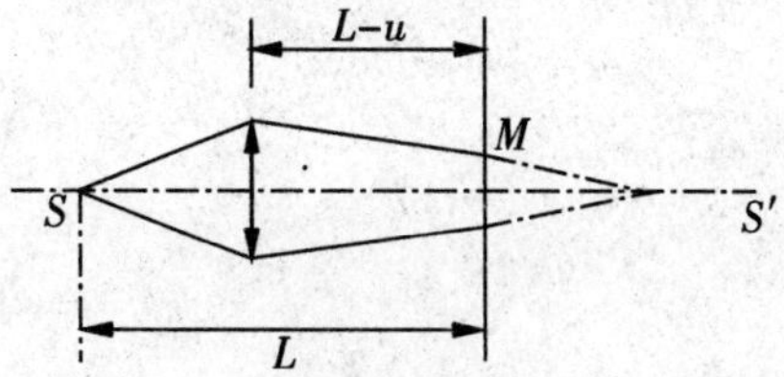

答题 12 图

12. 若点光源 S 经凸透镜成虚像时,屏上光斑面积要大于透镜的面积;而点光源 S 经凸透镜成实像时,屏上光斑面积可比透镜面积小,可见最小面积在成实像时取得。因 $L<4f$,实像 S' 必成于屏的右侧

(如图所示),设物距为 u,相距为 v,透镜半径为 R,屏上光斑半径为 r,由几何关系,得

$$\frac{r}{R}=\frac{v-(L-u)}{v}=1-\frac{L-u}{v}=1-\frac{(L-u)(u-f)}{uf}=1-\frac{1}{f}\left[\left(\frac{L}{u}-1\right)(u-f)\right]=1-\frac{1}{f}(L+f)+\frac{1}{f}\left(\frac{Lf}{u}+u\right)$$

要使 r 最小,即要求 $\left(\frac{Lf}{u}+u\right)$ 最小,所以 $u=\sqrt{Lf}$ 时 r 最小。即当透镜距 S 的距离为 $\sqrt{Lf}$ 时可使屏 M 上的光斑最小。

专题十七 近代物理

考点热点

一、原子的结构

1. 卢瑟福的原子核式结构模型

原子核式结构模型：在原子的中心有一个很小的核（称为原子核），原子的全部正电荷和几乎全部质量都集中在原子核里，带负电的电子在核外空间里绕着核旋转。

卢瑟福的原子核式结构模型说虽然能成功地解释 α 粒子的散射实验，但与经典理论相矛盾。

(1)原子的稳定性不能解释。即按经典电磁学理论，电子绕核运动（变化电磁场）要辐射电磁波，能量逐渐减少，电子轨道半径要减小，于是将沿着螺旋线的轨道落入原子核，然而实际并不是这样。

(2)原子光谱是明线光谱不能解释。即按经典电磁学理论，电子绕核运动时辐射电磁波的频率应等于电子绕核运行的频率，随着运行轨道半径不断变化，电子绕核的频率不断变化，因此原子辐射电磁波的频率应该是包含一切频率的连续光谱，然而实际上是不连续的明线光谱。

2. 玻尔的氢原子理论

(1)玻尔理论的三条基本假设：①原子只能处于一系列不连续的能量状态中，在这些状态中原子是稳定的，电子虽然做变加速运动，但并不向外辐射能量，这些状态叫作定态。②原子从一种定态（设能量为 $E_{高}$）跃迁到另一种定态（设能量为 $E_{低}$）时辐射一定频率的光子，光子的能量由这两种定态的能量决定，即 $h\nu = E_{高} - E_{低}$。③原子的不同能量状态与电子沿不同的圆形轨道绕核运动相对应，原子的定态是不连续的，因此电子的可能轨道的分布也是不连续的，只有满足下列条件的轨道才是可能的：轨道半径 r 跟电子动量 mv 的乘积（角动量）等于 $h/2\pi$ 的整数倍，即

$$mvr = n \cdot \frac{h}{2\pi}, n = 1,2,3,\cdots$$

式中，n 是正整数，叫量子数，这叫作角动量的量子化。

(2)氢原子的轨道半径和能级。玻尔在上述假设的基础上，利用了经典电磁学理论

和牛顿力学对氢原子轨道半径和能级进行了计算，得出了可能的轨道和能量的量子化公式。设电子质量为 m，带电量为 e，轨道半径为 r，速度是 v，则根据牛顿定律和库仑定律可得：$k\frac{e^2}{r^2}=m\cdot\frac{v^2}{r}$．又 $mvr=n\cdot\frac{h}{2\pi}$，解得 $r=\frac{h^2}{4\pi^2 kme^2}\cdot n^2, n=1,2,3,\cdots$

当 $n=1$ 时，为电子最小轨道半径，称为第一轨道半径，用 r_1 表示，把 e、n、k、h 值代入可得 $r_1=0.53\times10^{-10}$ m。第 n 条轨道半径 r_n 与 r_1 的关系为：$r_n=n^2r_1$。

电子动能 $E_k=\frac{1}{2}mv^2=k\frac{e^2}{2r}$，取无限远处电势能为零，则电子与原子核系统的势能 $E_p=-e\varphi=-k\frac{e^2}{r}$，故氢原子总能量：$E=E_p+E_k=-k\frac{e^2}{2r}$，把 $r=\frac{h^2}{4\pi^2 kme^2}$ 代入，得氢原子能量 $E_n=-\frac{2\pi^2k^2me^4}{h^2}\frac{1}{n^2}, n=1,2,3,\cdots$，当 $n=1$ 时，电子离核最近，能量最低，原子最稳定，这种状态叫基态。把 e、m、k、h 值代入可得，基态能量 $E_1=-2.17\times10^{-18}$ J $=-13.6$ eV。当电子在第 n 条轨道（$n\geqslant2$ 的状态叫激发态）上运动时，可得氢原子第 n 级能量 E_n 与基态能量 E_1 的关系为：$E_n=E_1/n^2$，氢原子在第 n 级（$n\geqslant1$）的能量 E_n 也叫作氢原子的能级。

3. 氢原子的光谱

利用玻尔理论可得氢原子从较高的能级 E_n 跃迁到较低的能级 E_m 时，发射光子的频率满足 $\upsilon=\frac{E_n-E_m}{h}=\frac{2\pi^2k^2me^4}{h^3}(\frac{1}{m^2}-\frac{1}{n^2})$，又 $c=\lambda\upsilon$，得 $\frac{1}{\lambda}=\frac{2\pi^2k^2me^4}{ch^3}(\frac{1}{m^2}-\frac{1}{n^2})$。令 $R=\frac{2\pi^2k^2me^4}{ch^3}$，把 e、m、c、k、h 的值代入可得 $R\approx1.0961158\times10^7\ \text{m}^{-1}$，叫作氢原子的里德伯常量。上式改写为 $\frac{1}{\lambda}=R(\frac{1}{m^2}-\frac{1}{n^2})$，称为氢原子光谱的波长公式，式中 $n=2,3,4,\cdots$，$m=1,2,3,\cdots$，λ 是氢原子从 n 轨道向 m 轨道跃迁时发射光子的波长。

其中 $m=1, n=2,3,4\cdots$ 属于赖曼系（紫外区），$m=2, n=3,4,5\cdots$ 属于巴耳末系（可见光区），$m=3, n=4,5,6\cdots$ 属于帕邢系（红外区），$m=4, n=5,6,7\cdots$ 属于布拉开系（远红外区）。

处于 n 激发态的氢原子，利用数学知识不难得到可能辐射的光谱线条数为 $C_n^2=\frac{1}{2}n(n-1)$。

二、原子核

1. 原子核的变化

原子核的变化有衰变、人工转变、裂变、聚变四种，衰变是放射性元素原子核的自发变化，其余三种是原子核受激变化，称为核反应。所有核变化遵守下列守恒定律：①电荷数守恒（即反应前后的核电荷数不变）；②质量数（核子数）守恒（即反应前后总的质量数不变）；③能量守恒（即反应前后系统的能量形式可以发生变化，但总能量不变）；④动量守恒(即反应前后系统的总动量保持不变);⑤质量守恒(但静质量发生变化)。

2. 半衰期

放射性元素的原子核有半数发生衰变所需的时间叫半衰期,设某种放射性元素的半衰期为τ,在衰变前有N_0个核,经过t时间后还剩有N个核,则$N=N_0\left(\frac{1}{2}\right)^{\frac{t}{\tau}}$。半衰期由原子核内部本身的因素决定,与原子所处的物理状态或化学状态无关,是对大量原子核的统计规律。

3. 原子核的结合能

由爱因斯坦相对论得出的质能方程为$E=mc^2=m_0c^2+E_k$,其中c是光速。这个方程表示物体的质量跟它的能量有一定关系。

核子结合成原子核时放出的能量,或原子核分解为核子时吸收的能量,叫作原子核的结合能。结合能与其核子数之比叫每个核子的平均结合能,质量数为50~60的原子核平均结合能最大,原子核最稳定,所以轻核聚变和重核裂变都会释放核能。

由于核子结合成原子核时放出了结合能,因此核的质量比组成它的核子质量小,把组成原子核的核子质量与原子核的质量之差叫作核的质量亏损。若质量亏损Δm,则放出的能量$\Delta E=\Delta mc^2$。注:释放的核能就是原子核增加的动能,即$\Delta E=\Delta E_k$,质量亏损Δm是静止质量的减少。

4. 核反应

卢瑟福用α粒子轰击氮原子核而发现质子的核反应方程为${}_2^4\mathrm{He}+{}_7^{14}\mathrm{N}\longrightarrow{}_8^{17}\mathrm{O}+{}_1^1\mathrm{H}$

查德威克用α粒子轰击铍原子核发现中子的核反应方程为${}_2^4\mathrm{He}+{}_4^9\mathrm{Be}\longrightarrow{}_6^{12}\mathrm{C}+{}_0^1\mathrm{n}$

居里夫人用α粒子轰击铝核发现磷的放射性同位素的核反应方程为

${}_2^4\mathrm{He}+{}_{13}^{27}\mathrm{Al}\longrightarrow{}_{15}^{30}\mathrm{P}+{}_0^1\mathrm{n}$,${}_{15}^{30}\mathrm{P}\longrightarrow{}_{14}^{30}\mathrm{Si}+{}_{+1}^{0}\mathrm{e}$

重核裂变${}_{92}^{235}\mathrm{U}+{}_0^1\mathrm{n}\longrightarrow{}_{56}^{141}\mathrm{Ba}+{}_{36}^{92}\mathrm{Kr}+3{}_0^1\mathrm{n}$(有多种形式)

轻核聚变${}_1^2\mathrm{H}+{}_1^3\mathrm{H}\longrightarrow{}_2^4\mathrm{He}+{}_0^1\mathrm{n}$

α衰变${}_{92}^{238}\mathrm{U}\longrightarrow{}_{90}^{234}\mathrm{Th}+{}_2^4\mathrm{He}$

β衰变${}_{90}^{234}\mathrm{Th}\longrightarrow{}_{91}^{234}\mathrm{Pa}+{}_{-1}^{0}\mathrm{e}$

三、不确定关系

在经典力学中,运动物体具有确定的轨道,任一时刻物体的运动状态可用在该轨道上确定的位置、动量和能量来描述,我们可以通过实验手段精确测定。然而对微观粒子,由于波粒二象性,微观粒子在各个时刻出现在什么位置、具有多大动量和多大能量是不确定的,其概率分布具有波动性规律,例如电子的单缝衍射图样上所谓的"明纹",是电子到达概率大的区域,而"暗纹"是电子到达概率小的区域,这正是电子波动性的表现。我们可以描述的只是粒子在空间某区域出现的概率,动量在某一范围内的概率,以及能量在某一范围内的概率。即对微观粒子而言,确定其位置所达到的精确度Δr和同时测量其动量所达到的精确度Δp是受限制的,确定其运动时间的精确度Δt和同时测量其能量

所达到的精确度 ΔE 也是受限制的，这叫量子力学的不确定关系。不确定关系也称为测不准关系，数学表达式：$\Delta p \cdot \Delta r \geqslant \frac{h}{4\pi}$，$\Delta E \cdot \Delta t \geqslant \frac{h}{4\pi}$。

四、狭义相对论

1. 爱因斯坦狭义相对论的基本假设

（1）狭义相对性原理：在不同的惯性参考系中，一切物理规律都是相同的。因此各惯性系都是等价的，不存在特殊的、绝对的惯性系。

（2）光速不变原理：真空中的光速在不同的惯性参考系中都是相同的，与光源的运动和观察者的运动没有关系。

2. 由爱因斯坦基本假设得到的推论

（1）狭义相对论的时空观

1）同时的相对性。发生在两个不同位置的两件事的同时性与观察者选择的参考系有关，在 A 惯性系中观察是同时发生的，而在与 A 相对运动的 B 惯性系中观察则不是同时发生的，并且沿 B 相对 A 的运动方向上位置靠前的事件先发生。

2）时间间隔的相对性。相对于发生事件的地点做匀速运动的参考系中所测得的时间，要比相对静止的参考系中测得的时间长。例如，在 K 系中某处发生的事件经历的时间为 Δt，则从相对 K 系匀速运动的 K' 系中测得该事件经历的时间 $\Delta t' = \frac{\Delta t}{\sqrt{1 - \frac{v^2}{c^2}}} = \frac{\Delta t}{\sqrt{1 - \beta^2}} > \Delta t$，这通常称为"钟慢效应"，即地面上的人看到相对于地面高速运动的物体上发生的一切过程都变慢了，时钟也走慢了，生命的新陈代谢也变慢了，"钟慢效应"揭示了运动参考系中的时间不再均匀。

3）长度的相对性。在以速度 v 相对物体匀速运动的参考系中，测得物体沿相对运动方向的长度 l'，总是比在相对物体静止的参考系中测得的长度 l 短，即 $l' = l\sqrt{1 - \frac{v^2}{c^2}}$。在垂直相对运动方向上的长度不变。这种运动的尺子缩短的现象叫"尺缩效应"，即相当于地面上的人测得高速行驶的列车长度小于静止时的长度。"尺缩效应"揭示了运动参考系中的空间不再均匀。

（3）狭义相对论的动力学

1）质量。在狭义相对论里，物体的质量随着速度的变化而变化，两者的关系为 $m = \frac{m_0}{\sqrt{1 - \frac{v^2}{c^2}}}$，式中，$m_0$ 是物体在相对静止的惯性参考系中的质量，叫作静止质量，m 则称为相对论质量。

2)动量。在狭义相对论中,动量的表达式仍然是 $p=mv$,所以 $p=\frac{m_0}{\sqrt{1-\frac{v^2}{c^2}}}v$,当 v 比光速 c 小很多时,因子 $\sqrt{1-\frac{v^2}{c^2}}$ 趋于1,$p=m_0v$。可见牛顿定律只适用于低速情况。

3)质能方程。相对论中物体的静止能量 $E_0=m_0c^2$,物体的总能量 $E=mc^2=\frac{m_0}{\sqrt{1-\frac{v^2}{c^2}}}c^2$,这就是著名的爱因斯坦质能方程($E$ 与 m 成正比)。动能的表达式为 $E_k=mc^2-m_0c^2$。

4)动质能方程。物体的动量、能量与静止质量的关系为 $E^2=c^2p^2+m_0{}^2c^4$。

5)光子的能量。光子的能量 $E=mc^2=Pc=h\nu=\frac{hc}{\lambda}=E_k$,光子的静止质量是零。

典型例题

例1 (2008 东南大学)具有相等的德布罗意波长的下列粒子中,动能最大的是( )

A. α 粒子　　B. 质子

C. 中子　　D. 电子

解 粒子的动能 $E_k=\frac{p^2}{2m}$ 与质量成反比,德布罗意波长 $\lambda=\frac{h}{p}$ 相同,表明粒子的动量 p 相等,因电子质量最小,相应的动能最大,答案为 D。

例2 (2011 华约)根据玻尔的氢原子理论,当某个氢原子吸收一个光子后( )

A. 氢原子所处的能级下降　　B. 氢原子的电势能增大

C. 电子绕核运动的半径减小　　D. 电子绕核运动的动能增大

解 电子所受库仑力提供向心力 $\frac{ke^2}{r^2}=m\frac{v^2}{r}$

电子动能为 $E_K=\frac{1}{2}mv^2=\frac{ke^2}{2r}$

氢原子的电势能为 $E_P=-\frac{ke^2}{r}$

氢原子的能量为 $E=-\frac{ke^2}{2r}$

氢原子吸收光子后能量增加,故半径增加,动能减少,势能增加,答案为 B。

例3 (2012 北约)玻尔原子理论的轨道量子化条件可表述为:电子绕原子核(可看作静止)做圆周运动的轨道周长为电子物质波长的整数倍,即 $2\pi r_n=n\lambda$,$n=1,2,3,\cdots$ 其中 r_n 是第 n 个能级对应的轨道半径。若已知:静电力常数 k、普朗克常数 h、电子质量 m,不考虑相对论效应,试求:

(1)氢原子第 n 个能级对应的轨道半径 r_n 的表达式；

(2)氢原子第 n 个能级对应的电子环绕原子核的运动轨道周期 T_n 的表达式；

(3)反电子(即正电子,质量和电量与电子相同,但电荷符号为正的基本粒子)与电子在库仑引力作用下束缚在一起构成的体系被称为正反电子偶素,其中正反电子绕其对称中心各自做半径相同的圆周运动,若将此半径作为轨道半径,则量子化条件应修改为 $2\pi(2r_n)=n\lambda_n$。求正反电子偶素第 n 个能级对应的轨道半径 r_n 的表达式。

解 (1)因为 $r_n=\dfrac{n\lambda}{2\pi}$,所以氢原子第 n 个能级电子的动量为 $p_n=\dfrac{h}{\lambda_n}=\dfrac{n}{2\pi}\dfrac{h}{r_n}$

电子做圆周运动的向心力由库仑引力提供 $\dfrac{ke^2}{r_n{}^2}=m\dfrac{v_n^2}{r_n}=\dfrac{p_n^2}{mr_n}=\dfrac{n^2}{4\pi^2}\dfrac{h^2}{mr_n^3}$

解得 $r_n=\dfrac{n^2}{4\pi^2}\dfrac{h^2}{kme^2}$

(2)周期 $T_n=\dfrac{2\pi r_n}{v_n}$,电子圆周运动的速率 $v_n=\dfrac{p_n}{m}=\dfrac{2\pi ke^2}{nh}$

解得 $T_n=\dfrac{n^3h^3}{4\pi^2k^2me^4}$

(3)正反电子偶素的半径为 $r_n=\dfrac{n\lambda}{4\pi}$,相应结果修改为 $p_n=\dfrac{h}{\lambda_n}=\dfrac{n}{4\pi}\dfrac{h}{r_n}$

同时库仑力为 $\dfrac{ke^2}{4r_n^2}$,所以 $\dfrac{ke^2}{4r_n^2}=m\dfrac{v_n^2}{r_n}=\dfrac{(nh)^2}{(4\pi)^2mr_n^3}$

解得 $r_n=\dfrac{n^2}{4\pi^2}\dfrac{h^2}{kme^2}$

例4 (2012 清华大学)物理学家在微观领域中发现了“电子偶素”这一现象。所谓“电子偶素”就是由一个负电子和一个正电子绕它们的质量中心旋转形成的相对稳定的系统。已知正、负电子的质量均为 m_e,电量大小均为 e,普朗克恒量为 h,静电力常量为 k。

(1)用玻尔模型推算电子偶素的基态半径；

(2)求赖曼线产生光子的最高频率。

解 (1)由 $k\dfrac{e^2}{(2r_1)^2}=m_e\dfrac{v_1^2}{r_1}$ 及 $2m_ev_1r_1=\dfrac{h}{2\pi}$ 得 $v_1=\dfrac{\pi ke^2}{h}$,$r_1=\dfrac{h^2}{4\pi^2km_ee^2}$。

(2)把由 $2m_ev_nr_n=\dfrac{nh}{2\pi}$ 及 $k\dfrac{e^2}{(2r_n)^2}=m_e\dfrac{v_n^2}{r_n}$ 得 r_n、v_n 的值代入 $E_n=-k\dfrac{e^2}{2r_n}+2\times\dfrac{1}{2}m_ev_n^2$,得 $E_n=-\dfrac{m_e\pi^2k^2e^4}{n^2h^2}$。赖曼线产生光子的最高频率理解为从 $r_n\to\infty(n\to\infty)$ 处跃迁到 $n=1$ 的轨道上辐射光子的频率。

即 $h\nu_{\max}=\dfrac{m_e\pi^2k^2e^4}{h^2}$,得 $\nu_{\max}=\dfrac{m_e\pi^2k^2e^4}{h^3}$

例5 (2008 同济大学)根据玻尔的氢原子理论,氢原子中电子绕核运动的最小半径为 5.29×10^{-11} m,此时电子运动速度大小为____________。若将此时电子沿某直径方向的位置不确定量取为 $\Delta x \approx 1.0 \times 10^{-10}$ m，则据不确定关系，电子沿该方向的速度不确定量已达 $\Delta v_x \approx$ ________。可见玻尔理论是一种"粗糙"的理论。（电子质量 $m = 9.11 \times 10^{-31}$ kg，结果取 3 位有效数字）

解　由玻尔氢原子理论的量子化条件，有 $mv_n r_n = nh/2\pi$，$mv_1 r_1 = h/2\pi$，得

$$v_1 = \frac{h}{2\pi m r_1} = \frac{6.63 \times 10^{-34}}{2\pi \times 9.11 \times 10^{-31} \times 5.29 \times 10^{-11}} = 2.19 \times 10^6 (\text{m/s})$$

由 $\Delta x \cdot \Delta p_x \geqslant h/4\pi$，得

$$\Delta v_x = \frac{h}{4\pi m \cdot \Delta x} = \frac{6.63 \times 10^{-34}}{4\pi \times 9.11 \times 10^{-31} \times 1.0 \times 10^{-10}} = 5.79 \times 10^5 (\text{m/s})。$$

例 6　（2012 卓越联盟）通过荧光光谱分析可以探知元素的性质，荧光光谱分析仪是通过测量电子从激发态跃迁到基态时释放的光子频率来实现的。激发态的原子可以采用激光照射基态原子的方法来获得。现用激光照射迎着激光而来的一离子束，使其电子从基态跃迁到激发态，已知离子质量为 m，电荷量为 $e(e > 0)$，假设该离子束处于基态时的速度分析如图 1 所示，v_0 为该离子束的最大速度（$v_0 \ll c$）。

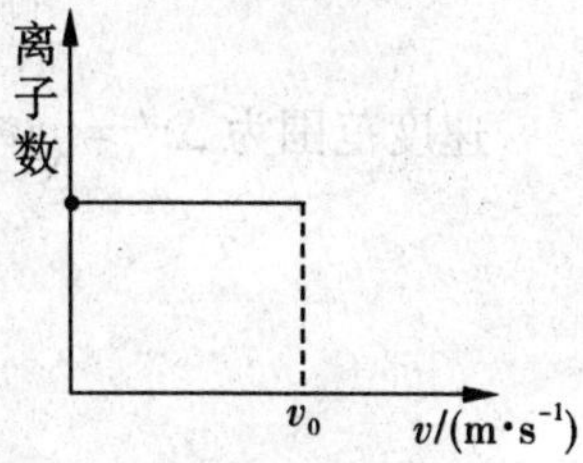

图 1

(1) 速度为 v 的离子束迎着发射频率为 ν 的激光运动时，根据经典多普勒效应，接收到此激光的频率为 $\nu' = \nu(1 + \frac{v}{c})$，其中 c 为光速。设波长为 λ_0 的激光能够激发速度 $v = 0$ 的基态离子，若要激发全部离子，试推断激光的波长范围。

(2) 若用电压为 U 的加速电场加速处于基态的离子束，试推断离子束的速度分布的范围是变大了还是变小了；加速后的基态离子束再被激发，那么激光的波长范围与 (1) 问的结论相比如何变化？

解　(1) 由题意激发速度 $v = 0$ 的基态离子对应的波长为 λ_0，说明离子的激发态的能量 E_2 满足 $E_2 - E_1 = h\nu_0 = \frac{hc}{\lambda_0}$，此处 E_1 为基态能量。

离子以速度 v 运动时，能级差 $E_2 - E_1$ 不变，但由经典多普勒效应，迎着激光以速度 v 运动的离子束接收到激光的频率为

$$\nu' = \nu(1 + \frac{v}{c}) \quad ①$$

因此，离子能被激发的频率满足

$$E_2 - E_1 = h\nu'$$

或

$$\nu' = \frac{E_2 - E_1}{h} = \frac{c}{\lambda_0} \quad ②$$

联立①②式得

$$\nu' = \frac{c}{\lambda}(1 + \frac{v}{c}) = \frac{c}{\lambda_0}$$

激发速度为 v 的离子束的激光波长 λ 为 $\lambda = \lambda_0(1 + \frac{v}{c})$　③

若要激发全部离子，激光的波长范围为 $\lambda_0 \leqslant \lambda \leqslant \lambda_0(1+\frac{v_0}{c})$ ④

(2)速度为 v 的离子经过加速电场后的速度为 v'，由动能定理得

$$eU = \frac{1}{2}mv'^2 - \frac{1}{2}mv^2$$

$$v' = \sqrt{v^2 + \frac{2e}{m}U}$$

原来速度为零的离子加速后的速度最小，速度为 v_0 的离子加速后的速度最大，设加速后速度分布的范围为(v_1, v_2)，其中 $v_1 = \sqrt{\frac{2e}{m}U}$, $v_2 = \sqrt{v_0^2 + \frac{2e}{m}U}$ 。

速度范围为 $\Delta v' = \sqrt{v_0^2 + \frac{2e}{m}U} - \sqrt{\frac{2e}{m}U}$，整理得

$$\Delta v' = \frac{v_0^2}{\sqrt{v_0^2 + \frac{2e}{m}U} + \sqrt{\frac{2e}{m}U}}$$

加速前离子的速度分布范围为 $\Delta v = v_0 - 0$，所以

$$\Delta v' < \Delta v \quad ⑤$$

离子束经加速电场后，速度分布的范围变小了。

在离子束不被加速时激光的波长范围为 $\Delta\lambda_0$，由式③可得

$$\Delta\lambda_0 = \lambda_0(1+\frac{v_0}{c}) - \lambda_0 = \frac{\lambda_0}{c}v_0 = \frac{\lambda_0}{c}v_0 = \frac{\lambda_0}{c}\Delta v \quad ⑥$$

经加速电场加速后所需激光的波长范围为 $\Delta\lambda$，仍由式③可得

$$\lambda_1 = \lambda_0(1+\frac{v_1}{c}),\lambda_2 = \lambda_0(1+\frac{v_2}{c})$$

所以

$$\Delta\lambda = \frac{\lambda_0}{c}\Delta v' \quad ⑦$$

联立⑤、⑥和⑦式得

$$\Delta\lambda < \Delta\lambda_0$$

可见激发经加速电场后的全部离子，激光的波长范围变小。

例 7 (2005 清华大学)S 系中有一静止时各边长为 a 的正方形面板，如图 2(a)所示。今使面板沿其对角线方向匀速运动，速度大小为 v。某学生将 v 沿面板静止时的两条直角边方向分解，每一个方向上的分速度大小均为 $v' = v/\sqrt{2}$ 。考虑到每一直角边的长度收缩，他认为 S 系中运动面板的形状是一个各长为 $a' = \sqrt{1-\beta'^2}a$ ($\beta' = v'/c$)的正方形，如图 2(b)所示。试分析该学生的结论是否正确。如果是错误的，请给出运动面板的正确形状以及各边长度和面积。

解 该学生的结论不正确。因为运动物体沿运动方向上线度的收缩不能分解。

运动面板的正确形状如图 3 所示。与运动方向垂直的对角线 BD 长度仍为 $\sqrt{2}a$ ，沿

运动方向的对角线 AC 长度将收缩为 $\sqrt{1-\beta^2}\sqrt{2}a$，其中 $\beta=v/c$，运动面板的形状变成菱形，各边边长为 $l=\left[\left(\frac{1}{2}\sqrt{2}a\right)^2+\left(\frac{1}{2}\sqrt{1-\beta^2}\sqrt{2}a\right)^2\right]^{1/2}=\frac{\sqrt{2}}{2}a\sqrt{2-\beta^2}$，菱形面积为 $S=\frac{1}{2}\overline{BD}\cdot\overline{AC}=\frac{1}{2}\sqrt{2}a\cdot\sqrt{1-\beta^2}\cdot\sqrt{2}a=\sqrt{1-\beta^2}a^2$，可见运动面板的面积收缩为静止面积的 $\sqrt{1-\beta^2}$ 倍。

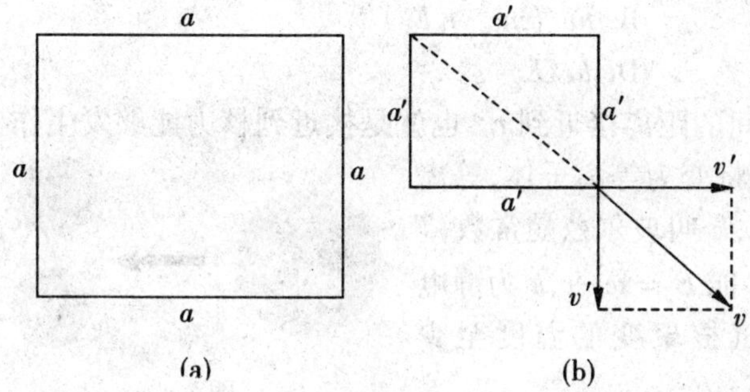

图 2

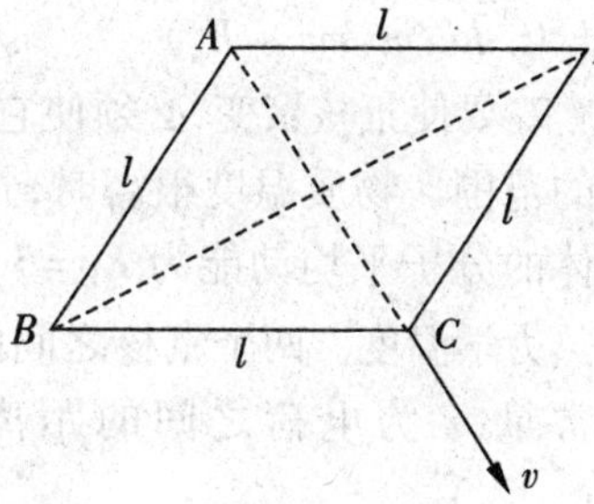

图 3

专题训练

1. (2009 复旦大学) 光子能量为 E 的一束光照射容器中的氢气，氢原子吸收光子后能发出频率分别为 ν_1,ν_2,ν_3 的三种光，且 $\nu_1>\nu_2>\nu_3$，则所需最小入射光的光子能量是(　　)

A. $h\nu_3$　　B. $h\nu_2$

C. $h\nu_1$　　D. $h(\nu_1+\nu_2+\nu_3)$

2. 欲使处于基态的氢原子激发，下列措施可行的是(　　)

A. 用 10.2 eV 的光子照射　　B. 用 11 eV 的光子照射

C. 用 14 eV 的光子照射　　D. 用 11 eV 动能的电子碰撞

3. (2006 复旦大学) 玻尔理论的基本假设是为了解释(　　)

A. 光电效应　　B. 电子衍射现象

C. 光的干涉现象　　D. 氢原子光谱的实验规律

4. 氢原子从能级 a 跃迁到 b 时，吸收频率为 ν_1 的光子，从能级 b 跃迁到 c 时释放频率为 ν_2 的光子，已知这两种光相应的波长间的关系为 $\lambda_1>\lambda_2$，则氢原子从能级 c 跃迁到 a 时将(　　)

A. 释放频率为 $\nu_2-\nu_1$ 的光子　　B. 释放波长为 $\frac{\lambda_1\lambda_2}{\lambda_1+\lambda_2}$ 的光子

C. 吸收频率为 $\nu_2-\nu_1$ 的光子　　D. 吸收波长为 $\frac{\lambda_1\lambda_2}{\lambda_1-\lambda_2}$ 的光子

5. (2009 清华大学) 一个能量为 $h\gamma$ 的光子被一个质量为 M 的静止原子核吸收，则该原子核所获得的内能为(　　)

A. $h\gamma$　　B. $\frac{h^2\gamma^2}{2Mc^2}$

C. $(1+\frac{h\gamma}{2Mc^2})h\gamma$　　D. $(1-\frac{h\gamma}{2Mc^2})h\gamma$

6. 一对正电子和负电子碰撞湮没而转化为一对光子，已知正电子和负电子的质量都是 m，电量都是 e，光在真空中的速度是 c，普朗克常量是 h，相遇前它们的动能均为 E_k，则转化成光子的波长是(　　)

A. h/mc^2　　B. $hc/(mc^2+E_k)$

C. $hc/m(mc+E_k)$　　D. hc/E_k

7. 要使氘核聚变，必须使它们之间的距离接近到 r_0，也就是接近到核力能够发生作用的范围。物质温度很高时，氘原子将变为等离子体，等离子体的分子平均动能为 $E_k=3\ k_1T/2$，k_1 叫玻尔兹曼常数，T 为热力学温度。两个氘核之间的电势能 $E_p=ke^2/r$，k 为静电力常量，r 为电荷之间的距离，则氘核聚变的温度至少为(　　)

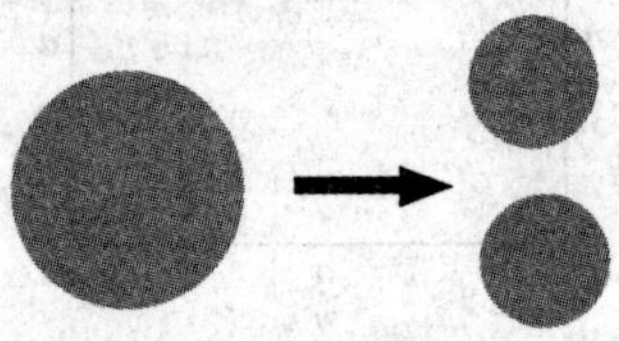

图 4

A. $\frac{ke^2}{k_1r_0}$　　B. $\frac{ke^2}{2\ k_1r_0}$

C. $\frac{ke^2}{3\ k_1r_0}$　　D. $\frac{2\ ke^2}{3\ k_1r_0}$

8. (2009 上海交通大学)氢原子第 n 能级的能量为 $E_n=E_1/n^2$，其中 E_1 是基态能量，而量子数 $n=1,2,3,\cdots$。假设用通过电场加速的电子来轰击氢原子使其脱离基态跃迁到激发态，电子的加速电压 U 至少为__________；要使氢原子发生电离，电子的加速电压 U 至少为__________。

9. (2007 上海交通大学)有一密闭容器，内有大量的氢原子，这些氢原子均处于基态 E_0。

(1)设某一时刻有动能为 E_k 的电子进入该容器，并与氢原子发生碰撞，如果 E_1、E_2 分别表示氢原子的第一、二激发态的能量，且 $E_1-E_0<E_k<E_2-E_0$，你认为会发生什么样的物理过程？

(2)如果把电子换成一个具有相同能量的光子，你认为会发生什么样的物理过程？

10. (2003 上海交通大学)如图为 $^{235}_{92}U$ 裂变的理想化模型。假设两裂变产物体积相等，带电量相同，并假设裂变前 $^{235}_{92}U$ 的半径为 8.5×10^{-15} m，且裂变后密度不变，则两裂变产物间的相互作用力为__________。

11. 一个粒子的动能是其静止能量的 n 倍，则该粒子的速率为__________。

12. 质量为 M 的原子第一激发态与基态间的能量差为 ΔE，现在用质量为 m 的电子碰撞该原子，求电子的动能至少为多少时才能使处于基态的该原子发生跃迁？

13. 一正三角板沿着平行板面的方向高速运动时，变成了等腰直角三角板。求正三角板运动的速率。

答案详解

1. A 2. ACD 3. D 4. CD 5. D 6. B 7. C

8. 10.2 V,13.6 V

9. (1)电子和氢原子碰撞,使基态的氢原子跃迁到第一激发态,电子动能减少。而氢原子从第一激发态返回基态时也会放出光子。

(2)因为氢原子跃迁时吸收光子的频率一定满足 $h\nu = \Delta E$,而照射光子的频率不能满足这个关系,故没有什么物理现象发生。

10. 裂变前后体积相等,$\rho \frac{4}{3}\pi R^3 = 2\rho \frac{4}{3}\pi r^3$,$Q = 46 \times 1.6 \times 10^{-19}$C,

$F = \frac{kQ^2}{(2r)^2} = 2667.9(\text{N})$

11. $C\sqrt{n(n+2)}/(n+1)$

12. 动量守恒 $mv_1 + Mv_2 = mv_1' + Mv_2'$

能量守恒 $\frac{1}{2}mv_1^2 + \frac{1}{2}Mv_2^2 = \frac{1}{2}mv_1'^2 + \frac{1}{2}Mv_2'^2 + \Delta E$

ΔE 为系统静止能量增量,也是氢原子静止能量的增量,利用 $v_2 = 0$,判别式为 $\Delta \geqslant 0$,可以求得 $E_k = \frac{1}{2}mv_1^2 \geqslant (1 + \frac{m}{M})\Delta E$。

13. 如图所示,$\frac{\sqrt{3}}{2}a\sqrt{1-(\frac{v}{c})^2} = \frac{a}{2}$,$v = \sqrt{\frac{2}{3}}c$

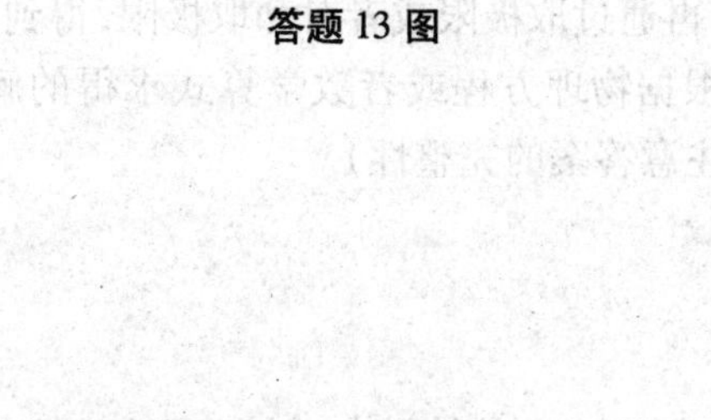

答题 13 图

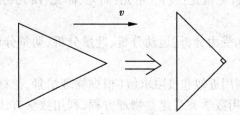

专题十八　微元法

考点热点

一、微元法概述

微元法是从研究事物的微小部分到研究事物整体的思维方法，是隔离法的极限。也就是把复杂的事物分割成许多简单的微元，使每个微元遵循相同的规律，然后将微元进行必要的数学方法或物理思想处理，以使问题得以解决。

微元法的关键是无限分割与逼近，即通过无限分割把变量处理成常量，再把常量逼近成变量。

二、微元法解题程序

1. 选择合适微元（常见微元：线元、角元、面元、体元、质元、元时间、元过程、元位移、元电荷、元电流、元功）。

2. 分析物理情境（如受力分析、运动分析、冲量分析、动量分析、做功分析、能量分析等）。

3. 列出物理方程，利用近似和极限求解（根据物理情景，挖掘隐含条件，利用物理规律建立物理方程或者利用数学关系建立物理方程，利用数学方法处理方程时，通常保留一阶小量，忽略高阶小量，再通过取极限或者对和取极限，得到精确值）。

4. 回归题目所问（把根据物理方程或者数学算式求得的解返回到物理问题，把数学结果转化为物理量，并且注意答案的完整性）。

典型例题

例1　一根质量为 M，长度为 L 的铁链条，被竖直地悬挂起来，其最低端刚好与磅秤的秤盘接触，今将链条由静止释放，让它落到秤盘上，如图1所示，求链条下落 x 长度时，磅秤的读数是多少？

解　在下落过程中链条作用于秤盘的压力实质就是链条对秤盘的“冲力”加上落在秤盘上那部分链条的重力。根据牛顿第三定律，这个冲力也就等于同一时刻秤盘对链条

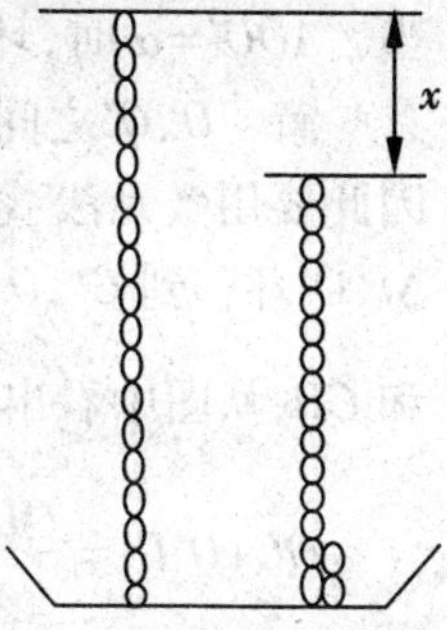

图1

的反作用力，这个力的冲量使得链条落至秤盘时的动量发生变化。由于各质元原来的高度不同，落到秤盘的速度不同，动量改变也不相同。我们取某一时刻一小段链条（微元）作为研究对象，就可以将变速冲击变为恒速冲击。

设开始下落的时刻 $t=0$，在 t 时刻落在秤盘上的链条长为 x，未到达秤盘部分链条的速度为 v，并设链条的线密度为 ρ。由题意可知，链条落至秤盘后，速度立即变为零。从 t 时刻起取很小一段时间 Δt，在 Δt 内又有 $\Delta M=\rho\Delta x$ 落到秤盘上并静止。秤盘对 ΔM 作用的冲量为 $(F-\Delta Mg)\Delta t=\Delta I$。

因为 $\Delta Mg\cdot\Delta t\approx 0$，所以 $F\Delta t=\Delta M\cdot v-0=\rho v\Delta x$，解得冲力：$F=\rho v\dfrac{\Delta x}{\Delta t}$。

又 $\dfrac{\Delta x}{\Delta t}$ 就是 t 时刻链条的速度 v，故 $F=\rho v^2$。链条在 t 时刻的速度 v 即为链条下落长为 x 时的即时速度，即 $v^2=2gx$，代入 $F=\rho v^2$，得 $F=2\rho gx$，此即 t 时刻链条对秤盘的作用力，也就是 t 时刻链条对秤盘的冲力。

所以在 t 时刻链条对秤盘的总压力为 $N=2\rho gx+\rho gx=3\rho gx=\dfrac{3Mgx}{L}$，即为磅秤的读数。

例2　粗细均匀，质量分布也均匀的半径分别为 R 和 r 的两圆环相切，在切点处放一质点。欲使两边圆环对该质点的万有引力的合力为零，则大小圆环的线密度必须满足什么条件？

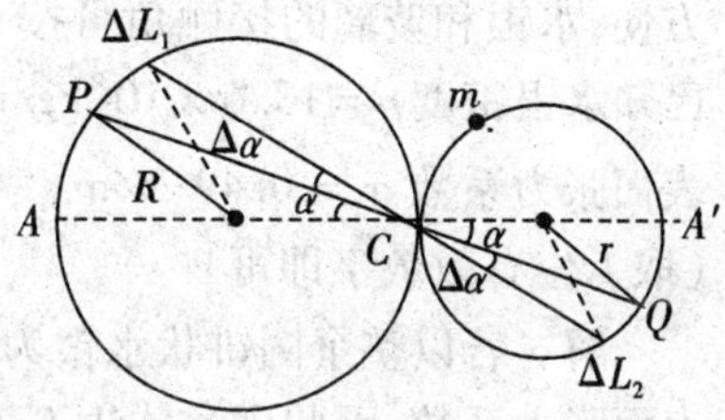

图2

解　要直接求整个圆对质点的万有引力比较困难，所以利用微元法求解。如图2所示，设切点处质点质量为 m，过切点作直线交大小圆分别于 P、Q 两点，并设与水平线夹角为 α，当 α 有微小增量时，则大小圆环上对应微小线元 $\Delta L_1=R\cdot 2\Delta\alpha$，$\Delta L_2=r\cdot 2\Delta\alpha$。

其对应的质量分别为：$\Delta m_1=\rho_1\Delta l_1=\rho_1 R\cdot 2\Delta\alpha$，$\Delta m_2=\rho_2\Delta l_2=\rho_2 r\cdot 2\Delta\alpha$。由于 $\Delta\alpha$ 很小，故 Δm_1、Δm_2 与 m 的距离可以认为分别是 $r_1=2R\cos\alpha$，$r_2=2r\cos\alpha$。

所以 Δm_1、Δm_2 与 m 的万有引力分别为

$$\Delta F_1=\frac{Gm\Delta m_1}{r_1^2}=\frac{G\rho_1 R\cdot 2\Delta\alpha m}{(2R\cos\alpha)^2},\quad \Delta F_2=\frac{Gm\Delta m_2}{r_2^2}=\frac{G\rho_2 R\cdot 2\Delta\alpha m}{(2r\cos\alpha)^2}$$

由于 α 具有任意性，只需 ΔF_1 与 ΔF_2 的合力为零，则两圆环对 m 的引力的合力也为零，故 $\dfrac{G\rho_1 R\cdot 2\Delta\alpha m}{(2R\cos\alpha)^2}=\dfrac{G\rho_2 r\cdot 2\Delta\alpha m}{(2r\cos\alpha)^2}$

解得大小圆环的线密度之比：$\dfrac{\rho_1}{\rho_2}=\dfrac{R}{r}$。

例3　如图3所示，小环 O 和 O' 分别套在不动的竖直杆 AB 和 $A'B'$ 上，一根不可伸长的绳子穿过环 O'，绳的两端分别系在 A' 点和 O 环上，设环 O' 以恒定速度 v 向下运动，求

当$\angle AOO'=\alpha$时，环O的速度。

解 O、O'之间的速度关系与O、O'的位置有关，即与α角有关，因此要用微元法找它们之间的速度关系。设经历一段极短时间Δt，O'环移到C'，O环移到C，自C'与C分别作为$O'O$的垂线$C'D'$和CD，从图中看出：$OC=\frac{OD}{\cos\alpha}$，$O'C'=\frac{O'D'}{\cos\alpha}$，因此

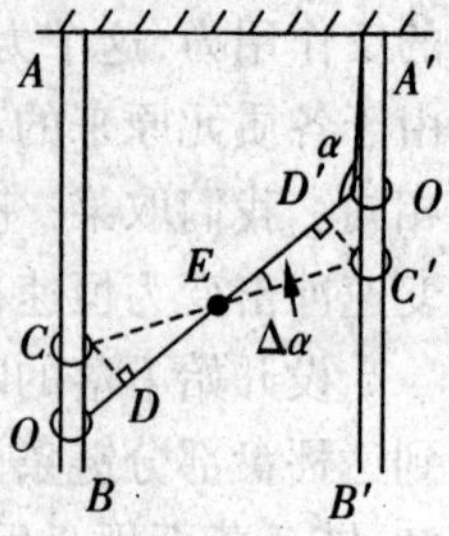

图3

$$OC+O'C'=\frac{OD+O'D'}{\cos\alpha} \quad ①$$

因$\Delta\alpha$极小，所以$EC'\approx ED'$，$EC\approx ED$，从而$OD+O'D'\approx OO'-CC'$ ②

由于绳子总长度不变，故$OO'-CC'=O'C'$ ③

联立①、②、③式可得：$OC+O'C'=\frac{O'C'}{\cos\alpha}$，即$OC=O'C'\left(\frac{1}{\cos\alpha}-1\right)$

等式两边同除以Δt得环O的速度为$v_0=v\left(\frac{1}{\cos\alpha}-1\right)$

例4 在水平放置的平玻璃板上倒一些水银，由于重力和表面张力的影响，水银近似呈圆饼形状(侧面向外凸出)，过圆饼轴线的竖直截面如图4(a)所示，为了计算方便，水银和玻璃的接触角可按180°计算。已知水银密度$\rho=13.6\times10^3\ \mathrm{kg/m^3}$，水银的表面张力系数$\sigma=0.49\ \mathrm{N/m}$。当圆饼的半径很大时，试计算其厚度$h$的数值为多少？(取1位有效数字即可)

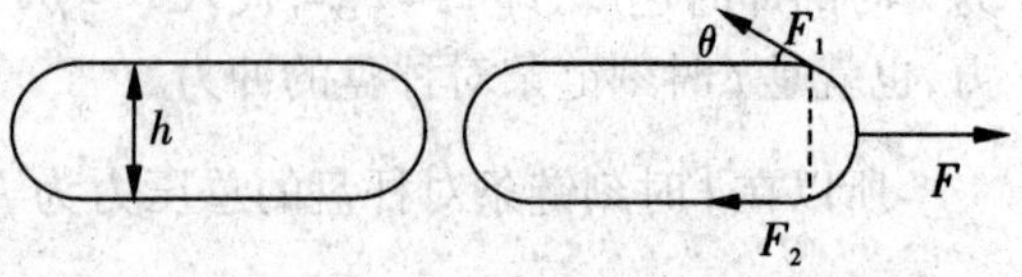

图4

解 若以整个圆饼状水银为研究对象，只受重力和玻璃板的支持力，不涉及厚度和表面张力系数，因此用整体法不可能求解h，故用微元法求解。

在圆饼的侧面取一个宽度为Δx，高为h的体积元，如图4(b)所示，该体积元受到液体内部作用在面积$\Delta x\cdot h$上向右的压力$F=\overline{P}S=\frac{1}{2}\rho hg\cdot\Delta xh=\frac{1}{2}\rho gh^2\cdot\Delta x$，上表面分界线上受到斜向上的表面张力$F_1=\sigma\Delta x$和下表面分界线上受到水平向左的表面张力$F_2=\sigma\Delta x$，因体积元的宽度很小，作用在前、后两个侧面上的液体压力互相平衡，作用在前后侧面的两个弯曲交界线上的表面张力互相平衡，重力、玻璃板的支持力、上表面分界线上表面张力的竖直分力互相平衡，图中都未画出。

水平方向，由力的平衡条件得：$F-F_1\cos\theta-F_2=0$，即

$$\frac{1}{2}\rho gh^2\Delta x-\sigma\Delta x\cos\theta-\sigma\Delta x=0$$

解得：$h=\sqrt{\frac{2\sigma(1+\cos\theta)}{\rho g}}=2.7\times10^{-3}\sqrt{1+\cos\theta}$

由于$0<\theta<\frac{\pi}{2}$，所以$1<\sqrt{1+\cos\theta}<\sqrt{2}$，故$2.7\times10^{-3}\ \mathrm{m}<h<3.8\times10^{-3}\ \mathrm{m}$

取1位有效数字，所以水银的厚度h为3×10^{-3} m。

例5 一个密闭容器内的空气压强为 p，外界空气压强为 p_0 且 $p<p_0$，空气密度为 ρ。容器上方有一小孔，小孔内有一塞子，现把塞子拔掉，如图5所示。问空气最初以多大初速度冲进容器？

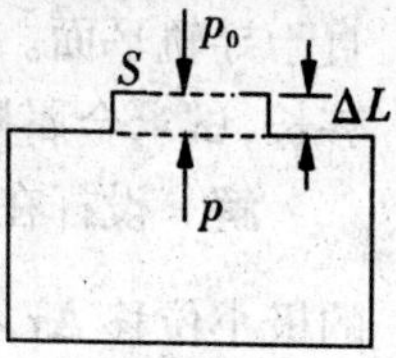

图5

方法一：设小孔的面积为 S，取开始时位于小孔外一薄层气体为研究对象，令薄层厚度为 ΔL，因 ΔL 很小，所以其质量 Δm 进入容器过程中，不改变容器压强，故此薄层所受外力 F 是恒力，$F=(p_0-p)S$ ①

对进入的 Δm 气体，由动能定理得：$F\Delta L=\frac{1}{2}\Delta mv^2$ ②

又 $\Delta m=\rho S\Delta L$ ③

联立①②③式可得：最初冲进容器的空气速度 $v=\sqrt{\frac{2(p_0-p)}{\rho}}$

方法二：力 F 的分析与方法一相同，对进入的 Δm 气体，由动量定理得：$F\Delta t=\Delta mv$ ④

又进入的 Δm 气体做的是初速度为零的匀加速直线运动，故 $\Delta m=\rho Sv\Delta t/2$ ⑤

联立①④⑤式可得：最初冲进容器的空气速度 $v=\sqrt{\frac{2(p_0-p)}{\rho}}$

例6 如图6所示，一质量 m 均匀分布的绝缘细圆环，均匀带正电，总电量为 Q，细圆环半径为 R。现将此环平放在绝缘的光滑水平桌面上，并处于磁感应强度为 B 的均匀磁场中，磁场方向竖直向下。当此环绕通过其中心的竖直轴以匀角速度 ω 沿图6(a)所示方向旋转时，环中由于旋转产生的附加张力等于多少？（设圆环的带电量不减少，不考虑环上电荷之间的作用）

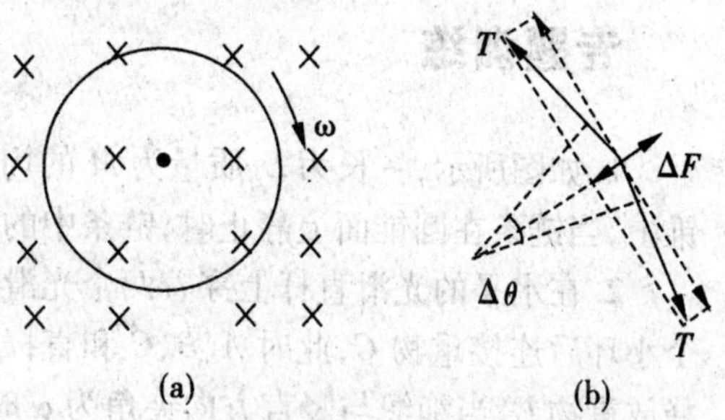

图6

解 当环静止时，环上没有电流，不受磁场力。当环匀速转动时，一方面环上各质元做匀速圆周运动需要向心力而产生附加张力；另一方面环上电荷随环转动，形成电流，在磁场中受到向外的磁场力而产生附加张力，所以此附加张力与电流元受磁场力和质元受向心力有关。在圆环上取一小段圆弧微元 $\Delta L=R\Delta\theta$ 作为研究对象，受力如图6(b)所示。因转动角速度 ω 而形成的电流 $I=\frac{Q\omega}{2\pi}$，电流元 $I\Delta L$ 所受的安培力 $\Delta F=I\Delta LB=\frac{R\omega}{2\pi}QB\Delta\theta$，圆环法线方向合力为圆弧元做匀速圆周运动所需的向心力，即 $2T\sin\frac{\Delta\theta}{2}-\Delta F=\Delta m\omega^2R$

当 $\Delta\theta$ 很小时，$\sin\frac{\Delta\theta}{2}\approx\frac{\Delta\theta}{2}$，$T\Delta\theta-\frac{R\omega QB}{2\pi}\Delta\theta=\Delta m\omega^2R$

又 $\Delta m=\frac{m}{2\pi}\Delta\theta$，解得圆环中的附加张力为 $T=\frac{R\omega}{2\pi}(QB+m\omega)$。

例7 如图7所示，一水平放置的光滑平行导轨上放一质量为 m 的金属杆，导轨间距为 L，导轨的一端连接一阻值为 R 的电阻，其他电阻不计，磁感应强度为 B 的匀强磁场垂直于导轨平面。现给金属杆一个水平向右的瞬时初速度 v_0，导轨足够长，试求金属杆在导轨上向右移动的最大距离是多少？

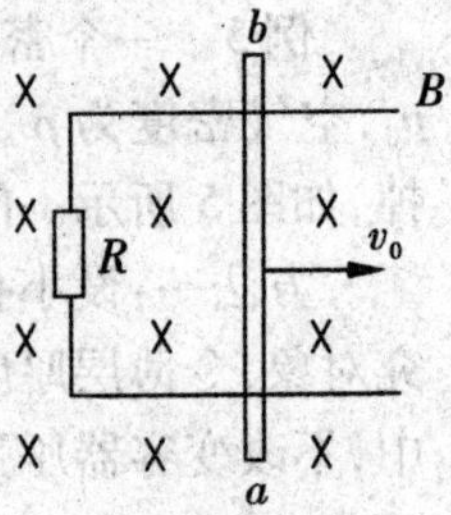

图7

解 设杆在减速中的某一时刻速度为 v，取一极短时间 Δt，发生的极小位移 Δx，在 Δt 时间内，磁通量的变化为 $\Delta\Phi=BL\Delta x$，$I=\dfrac{\varepsilon}{R}=\dfrac{\Delta\Phi}{\Delta tR}=\dfrac{BL\Delta x}{\Delta tR}$，金属杆受到安培力为 $F_{安}=ILB=\dfrac{B^2L^2\Delta x}{\Delta tR}$。

由于时间极短，可以认为 $F_{安}$ 为恒力，选向右为正方向，在 Δt 时间内，安培力 $F_{安}$ 的冲量为 $\Delta I=-F_{安}\cdot\Delta t=-\dfrac{B^2L^2\Delta x}{R}$

对所有的冲量求和，可得安培力的总冲量为 $I=\sum\left(-\dfrac{B^2L^2\Delta x}{R}\right)=-\dfrac{B^2L^2}{R}x$ ①

对金属杆由动量定理可得 $I=0-mv_0$ ②

由①②两式解得杆运动的最大距离 $x=\dfrac{mv_0R}{B^2L^2}$。

专题训练

1. 如图所示，一长为 L、质量为 M 的均匀链条水平地套在一表面光滑、顶角为 α 的圆锥上，当链条在圆锥面上静止时，链条中的张力是多少？

2. 在水平的光滑直杆上穿着两个光滑的小环 A、B，一根不可伸长的轻质细绳穿过两个小环后连接重物 C，此时 A、B、C 和直杆在同一水平线上，细绳处于伸直状态。由静止释放重物 C，当细绳与竖直方向夹角为 α 时环的速度为 v，则此时重物 C 的速度是多少？

3. 一枚质量为 M 的火箭，依靠向正下方喷气在空中保持静止，如果喷出气体的速度为 v，那么火箭发动机的功率是多少？

4. 一均匀的不可伸长的绳子，质量为 m，绳长为 l，其两端悬挂在 A、B 两点，B 点比 A 点高 h，如图所示，A 点的绳子张力大小为 T_A，求 B 点绳子的张力大小 T_B。

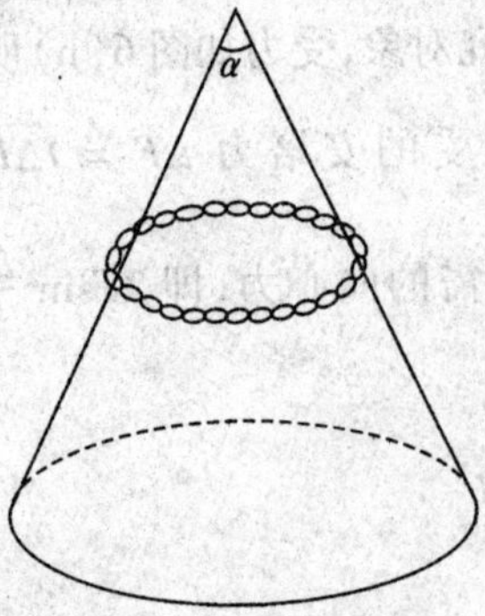

题1图

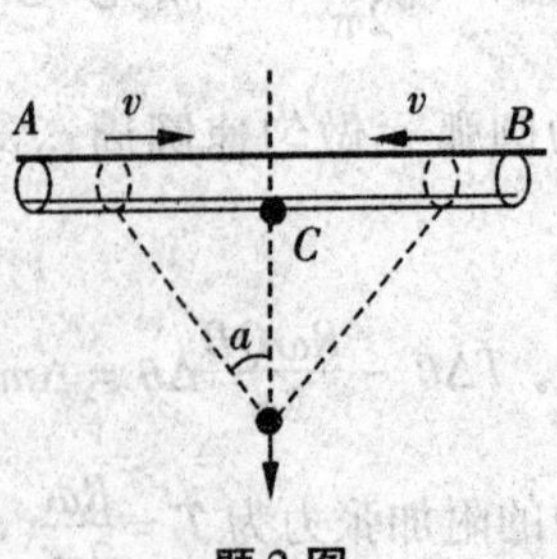

题2图

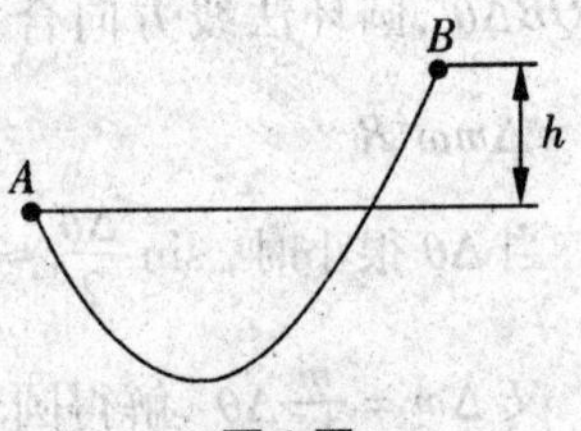

题4图

5. 半径为 R 的光滑球固定在水平桌面上，有一质量为 M 的圆环状均匀弹性绳圈，原

长为 πR,且弹性绳圈的劲度系数为 k,将弹性绳圈从球的正上方轻放到球上,使弹性绳圈水平停留在平衡位置上,如图所示,若平衡时弹性绳圈长为 $\sqrt{2}\pi R$,求弹性绳圈的劲度系数 k。

6. 一质量为 M 的刚性均匀圆环,其半径为 r,中心几何轴与水平面垂直,若它能承受的最大张力为 T,求此圆环可以绕中心几何轴旋转的最大角速度。

7. 如图所示,空间有一水平方向的匀强磁场,磁感应强度大小为 B,一宽度为 L 的足够长光滑导轨竖直放置,导轨上接有一电容为 C 的电容器,并套一可以自由滑动的金属棒,金属棒的质量为 m。由静止释放金属棒后,求金属棒下滑 h 高度所用的时间。

8. 如图所示,电源的电动热为 E,电容器的电容为 C,S 是单刀双掷开关,MN、PQ 是两根位于同一水平面上的平行光滑长导轨,它们的电阻可以忽略不计,两导轨间距为 L,导轨处在磁感应强度为 B 的均匀磁场中,磁场方向垂直于两导轨所在的平面并指向图中纸面向里的方向。L_1 和 L_2 是两根横放在导轨上的导体棒,质量分别为 m_1 和 m_2,且 $m_1 < m_2$,它们在导轨上滑动时与导轨保持垂直并接触良好,不计摩擦,两导体棒的电阻相同,开始时两棒均静止在导轨上。现将开关 S 先合向 1,然后合向 2。求:

(1)两导体棒最终的速度大小;

(2)整个过程中的焦耳热。

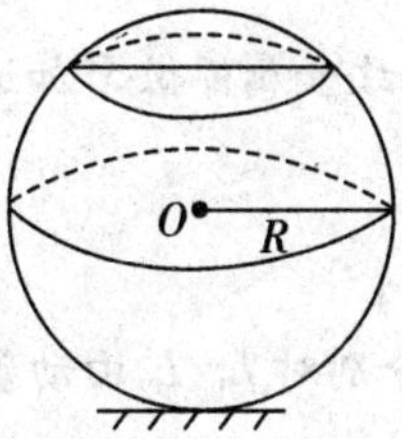

题 5 图

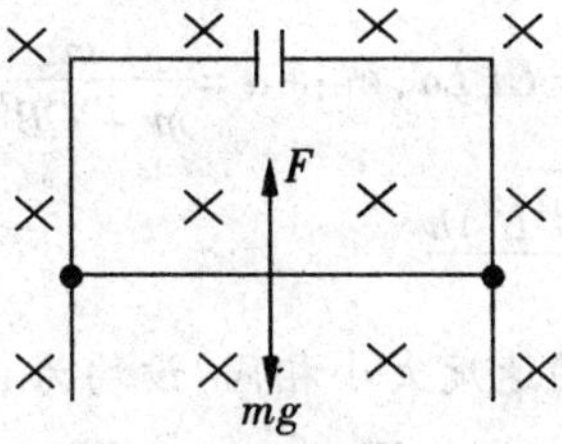

题 7 图

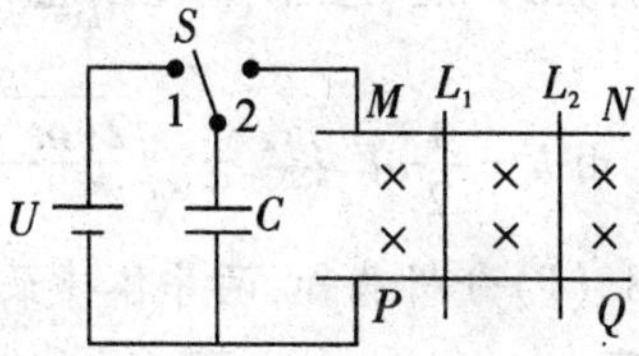

题 8 图

9. 一点光源以 $v=0.2$ m/s 的速度沿焦距 $f=20$ cm 的凸透镜主轴朝光心 O 运动,求分别运动到物距 $u_1=30$ cm 和 $u_2=15$ cm 时的像速。

答案详解

1. 利用微元法求得 $\frac{1}{2\pi}Mg\cot\frac{\alpha}{2}$

2. 根据总绳长不变,利用微元法或者绳端速度分解法求得 $\frac{v(1+\sin\alpha)}{\cos\alpha}$

3. 设火箭推气体的力为 F,对 Δt 时间内喷出的气体,由动量定理得 $F\Delta t=\Delta m\cdot v$,火箭静止在空中,由平衡条件得 $F=Mg$,由动能定理得 $W=\frac{1}{2}\Delta mv^2$。解得发动机的功率 $P=\frac{W}{\Delta t}=\frac{\frac{1}{2}\Delta mv^2}{(\Delta mv/Mg)}=\frac{1}{2}Mgv$

4. 由虚功原理得 $(T_B - T_A)\Delta x = \frac{m}{l} \cdot \Delta x \cdot gh$，得 $T_B = T_A + \frac{mgh}{l}$

5. $T = 2F\cos\left(\frac{\pi - \Delta\theta}{2}\right) = 2F\sin\frac{\Delta\theta}{2}$，因为 θ 很小时，$\sin\theta \approx \theta$，所以 $T = 2F\frac{\Delta\theta}{2} = F\Delta\theta$，由平衡条件得 $T = \Delta mg \cdot \tan\theta$，其中 $\Delta m = \frac{\Delta\theta}{2\pi}M$，平衡时弹性绳圈的半径为 $r = \frac{\sqrt{2}\pi R}{2\pi} = \frac{\sqrt{2}}{2}R$，故 $\sin\theta = \frac{r}{R} = \frac{\sqrt{2}}{2}$，$\theta = 45°$，$\tan\theta = 1$，解得弹性绳圈的张力 $F = \frac{Mg}{2\pi}$，又弹性绳圈的伸长量 $x = \sqrt{2}\pi R - \pi R = (\sqrt{2} - 1)\pi R$，所以绳圈的劲度系数为 $k = \frac{F}{x} = \frac{Mg}{2(\sqrt{2} - 1)\pi^2 R} = \frac{(\sqrt{2} + 1)Mg}{2\pi^2 R}$

6. 在圆环上取很小一段圆弧 ΔL，对应的圆心角为 $\Delta\theta$，其质量为 $\Delta m = \frac{\Delta\theta}{2\pi}M$，设圆环张力为 T，由牛顿定律得 $2T\sin\frac{\Delta\theta}{2} = \Delta mr\omega^2$，因为 $\Delta\theta$ 很小，所以 $\sin\frac{\Delta\theta}{2} \approx \frac{\Delta\theta}{2}$，解得最大角速度 $\omega = \sqrt{\frac{2\pi T}{Mr}}$

7. $ma = mg - BIL$，$I = CBL\Delta v/\Delta t = CBLa$，解得 $a = \frac{mg}{m + CB^2L^2}$，故金属棒做匀加速直线运动，由 $h = \frac{1}{2}at^2$ 得 $t = \sqrt{\frac{2(m + CB^2L^2)h}{mg}}$

8. (1) 分析易知，两导体棒最终的速度大小相同，设均为 v。分别对 L_1、L_2 由动量定理得：$\sum F_{i1}\Delta t_{i1} = m_1 v$，$\sum F_{i2}\Delta t_{i2} = m_2 v$，即 $\sum F_{i1}\Delta t_{i1} + \sum F_{i2}\Delta t_{i2} = (m_1 + m_2)v$，又 $F_{i1} = Bli_1$，$\Delta t_{i1} = \Delta t_{i2}$，$F_{i2} = Bli_2$，$i_1 + i_2 = i$，所以

$$\sum BLi_1\Delta t_{i1} + \sum BLi_2\Delta t_{i2} = BL\sum(i_1 + i_2)\Delta t_i = BL\sum i\Delta t_i = BL(Q - q) = (m_1 + m_2)v,$$

又 $Q = CE$，$q = CU' = CBLv$，解得两棒的最终速度 $v = \frac{BLCE}{(m_1 + m_2) + CB^2L^2}$。

(2) 由能量守恒得，$\frac{1}{2}CE^2 = \frac{1}{2}\frac{q^2}{C} + \frac{1}{2}(m_1 + m_2)v^2 + Q_热$，解得热量 $Q_热 = \frac{1}{2}CE^2 - \frac{1}{2}\frac{q^2}{C} - \frac{1}{2}(m_1 + m_2)v^2 = \frac{1}{2}CE^2 - \frac{1}{2}\frac{1}{C}(CBLv)^2 - \frac{1}{2}(m_1 + m_2)v^2 = \frac{1}{2}CE^2 - \frac{1}{2}[CB^2L^2 - (m_1 + m_2)]\frac{BLCE}{(m_1 + m_2) + CB^2L^2} = \frac{(m_1 + m_2)CE^2}{2(m_1 + m_2 + B^2L^2C)}$。

9. 由透镜成像公式(高斯公式或者牛顿公式)及速度定义，利用微元法可求得 $v_1' = 0.8\ \mathrm{m/s}$，$v_2' = 3.2\ \mathrm{m/s}$，像速度方向与物速度方向相同。

第二部分

真题汇编

真题一　2013年北约自主招生考试物理试题及参考答案

一、选择题

1. 简谐机械波在同一种介质中传播时，下述结论中正确的是(　　)。

A. 频率不同时，波速不同，波长也不同　　B. 频率不同时，波速相同，波长则不同

C. 频率不同时，波速相同，波长也相同　　D. 频率不同时，波速不同，波长则相同

2. 一个具有放射性的原子核A放射一个β粒子后变成原子核B，原子核B再放射一个α粒子后变成原子核C，可以肯定的是(　　)。

A. 原子核A比原子核B多2个中子　　B. 原子核A比原子核C多2个中子

C. 原子核为A的中性原子中的电子数，比原子核为B的中性原子中的电子数少1

D. 原子核为A的中性原子中的电子数，比原子核为C的中性原子中的电子数少1

3. 人在平面镜前看到站在自己身边朋友在镜中的像时，虽然上下不颠倒，左右却互换了。今将两块相互平等的平面反射镜如图放置，观察者A在图示右侧位置可看到站图示左侧位置的朋友B，则A看到的像必定是(　　)。

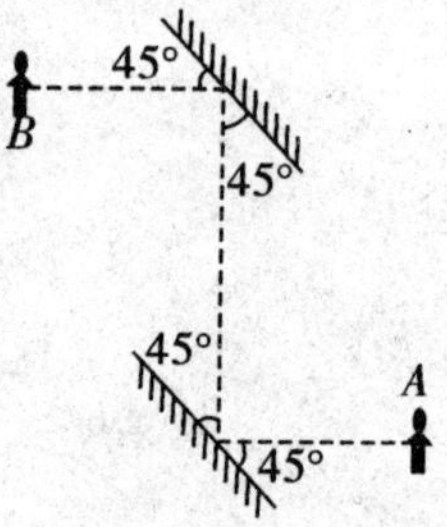

题3图

A. 上下不颠倒，左右不互换

B. 上下不颠倒，左右互换

C. 上下颠倒，左右不互换

D. 上下颠倒，左右互换

4. 在一个绝热的竖直气缸里面放有一定质量的理想气体，绝热的活塞原来是固定的，现拆去销钉(图中未画出)，气体因膨胀把活塞及重物举高，如图所示，则在此过程中气体的(　　)。

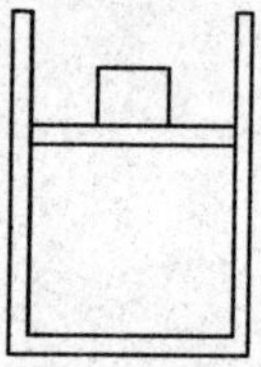
题4图

A. 压强不变，温度升高　　B. 压强不变，温度降低

C. 压强减小，温度升高　　D. 压强减小，温度降低

二、填空题

5. 北京家庭采用电压为220 V的供电，香港家庭采用电压为200 V的供电。北京厨房内一支"220 V,50 W"照明用的灯泡，若改用200 V供电，使用相同的时间可以节省电能百分之__________。如果采用200 V供电的同时，又不减弱厨房照明亮度，则原灯光电阻丝要换成电阻为__________ Ω的新电阻丝。

6. 将地球半径R、自转周期T、地面重力加速度g取为已知量，则地球同步卫星的轨道半径为__________，轨道速度对第一宇宙速度的比值为__________。

7. 如图所示，与水平地面夹角为锐角的斜面底端A向上有三个等间距点B_1，B_2和B_3，即$AB_1=B_1B_2=B_2B_3$。小滑块P以初速v_0从A出发，沿斜面向上运动。先设置斜面与滑块间处处无摩擦，则滑块到达B_3位置刚好停下，而后下滑。若设置斜面AB_1部分与滑块间有处处相同的摩擦，其余部位与滑

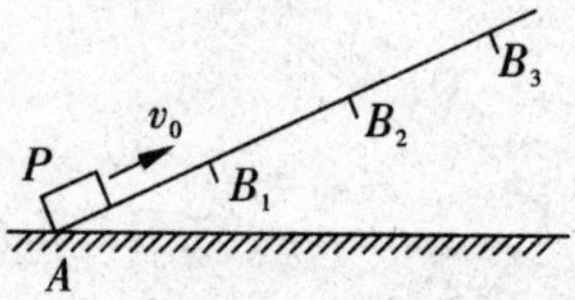

题7图

块间仍无摩擦，则滑块上行到 B_2 位置刚好停下，而后下滑。滑块下滑到 B_1 位置时速度大小为________，回到 A 端时速度大小为________。

8. 如图所示，每边长为 a 的等边三角形区域内有匀强磁场，磁感应强度 B 的方向垂直图平面朝外。每边长为 a 的等边三角形导体框架 ABC，在 $t=0$ 时恰好与磁场区的边界重合，而后以周期 T 绕其中心沿顺时针方向匀速旋转，于是在框架 ABC 中有感应电流。规定电流按 $A—B—C—A$ 方向流动时电流强度取为正，反向流动时取为负。设框架 ABC 的总电阻为 R，则从 $t=0$ 到 $t_1=T/6$ 时间内平均电流强度 $\bar{I}_1=$________；从 $t=0$ 到 $t_2=T/2$ 时间内平均电流强度 $\bar{I}_2=$________。

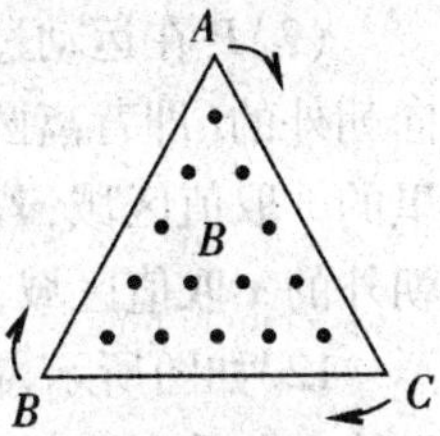

题 8 图

9. 某车辆在平直路面上作行驶测试，测试过程中速度 v（带有正负号）和时间 t 的关系如图所示。已知该过程发动机和车内制动装置对车辆所做总功为零，车辆与路面间的摩擦因数 μ 为常量，试求 μ 值。数值计算时，重力加速度取 $g=10\ \mathrm{m/s^2}$。

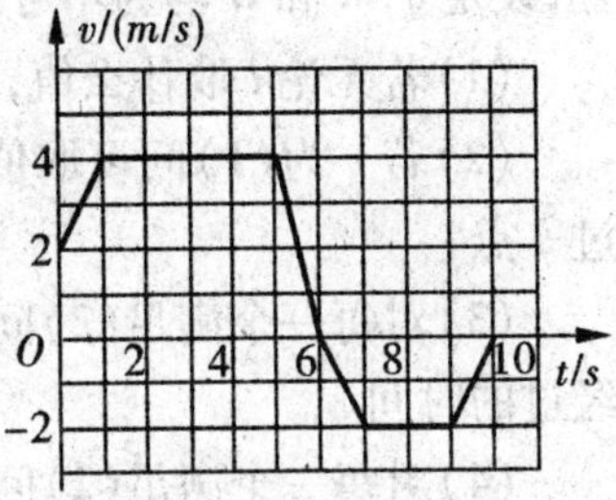

题 9 图

三、计算题

10. 质量为 M、半径为 R 的匀质水平圆盘静止在水平地面上，盘与地面间无摩擦。圆盘中心处有一只质量为 m 的小青蛙（可处理成质点），小青蛙将静止跳出圆盘。为解答表述一致，将青蛙跳起后瞬间相对地面的水平分速度记为 v_x。竖直向上的分速度记为 v_y，合成的初始速度大小记为 v，将圆盘后退的速度记为 u。

(1) 设青蛙跳起后落地点在落地时的圆盘外。

(1.1) 对给定的 v_x，可取不同的 v_y，试导出跳起过程中青蛙所做功 W 的取值范围，答案中可包含的参量为 M,R,m,g（重力加速度）和 v_x。

(1.2) 将 (1.1) 问所得 W 取值范围的下限记为 W_0，不同的 v_x 对应不同的 W_0 值，试导出其中最小者 $W_{\min}$，答案中可包含的参量为 M,R,m 和 g。

(2) 如果在原圆盘边紧挨着另外一个相同的静止空圆盘，青蛙从原圆盘中心跳起后瞬间，相对地面速度的方向与水平方向夹角为 45°，青蛙跳起后恰好能落在空圆盘的中心。跳起过程中青蛙所做功记为 W'，试求 W' 与 (1.2) 问所得 $W_{\min}$ 间的比值 $\gamma=W'/W_{\min}$，答案中可包含的参量为 M 和 m。

11. 如图所示，在水平 Oxy 坐标平面的第 I 象限上有一个内外半径几乎同为 R、圆心位于 $x=R,y=0$ 处的半圆形固定细管道，坐标平面上有电场强度沿着 y 轴方向的匀强电场。带电质点 P 在管道内，从 $x=0,y=0$ 位置出发，在管道内无摩擦地运动，其初始动能为 E_{k0}。P 运动到 $x=R,y=R$ 位置时，其动能减少了二分之一。

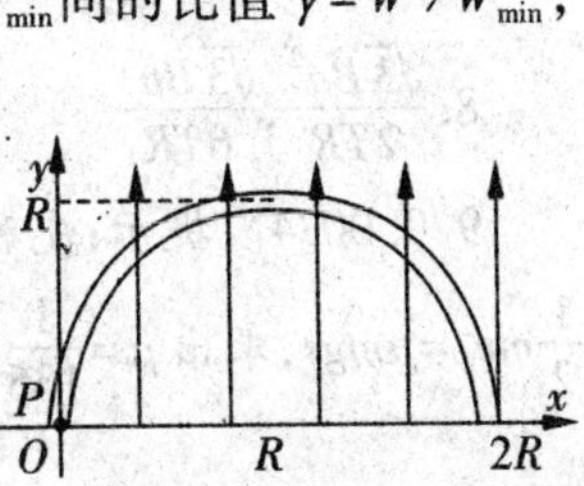

题 11 图

(1) 试问 P 所带电荷是正的还是负的？为什么？

(2) P 所到位置可用该位置的 x 坐标来标定，试在 $2R\geqslant x\geqslant 0$ 范围内导出 P 的动能 E_k 随 x 变化的函数。

(3) P 在运动过程中受管道的弹力 N 也许是径向朝里的(即指向圆心的)，也许是径向朝外的(即背离圆心的)。通过定量讨论，判定在 $2R\geqslant x\geqslant 0$ 范围内是否存在 N 径向朝里的 x 取值区域，若存在，请给出该区域；继而判定在 $2R\geqslant x\geqslant 0$ 范围内是否存在 N 径向朝外的 x 取值区域，若存在，请给出该区域。

12. 如图所示，在一竖直平面内有水平匀强磁场，磁感应强度 $\boldsymbol{B}$ 的方向垂直该竖直平面朝里。竖直平面中 a, b 两点在同一水平线上，两点相距 l。带电量 $q>0$，质量为 m 的质点 P，以初速度 v 从 a 对准 b 射出。略去空气阻力，不考虑 P 与地面接触的可能性，设定 q, m 和 $\boldsymbol{B}$ 均为不可改取的给定量。

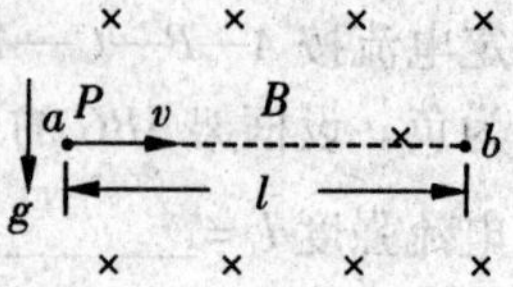

题 12 图

(1) 若无论 l 取什么值，均可使 P 经直线运动通过 B 点，试问 v 应取什么值？

(2) 若 v 为(1)问可取值之外的任意值，则 l 取哪些值，可使 P 必定会经曲线运动通过 b 点？

(3) 对每一个满足(2)问要求的 l 值，计算各种可能的曲线运动对应的 P 从 a 到 b 所经过的时间。

(4) 对每一个满足(2)问要求的 l 值，试问 P 能否从 a 静止释放后也可以通过 b 点？若能，再求 P 在以后运动过程中可达到的最大运动速率 $v_{\max}$。

【参考答案】

1. B

2. C

3. A

4. D

5. 17.4, 800

6. $\sqrt[3]{\dfrac{gT^2R^2}{4\pi^2}}$, $\sqrt[6]{\dfrac{4\pi^2R}{gT^2}}$

7. $\dfrac{\sqrt{3}}{3}v_0$, $\dfrac{\sqrt{3}}{3}v_0$

8. $\dfrac{\sqrt{3}Ba^2}{2TR}$, $\dfrac{\sqrt{3}Ba^2}{6TR}$

9. 0.0074。提示：先利用 v-t 图像求出车辆通过的总路程 s 为 27 m，再利用动能定理 $\dfrac{1}{2}mv_0^2=\mu mgs$，求出 $\mu=\dfrac{1}{135}\approx 0.0074$。

10. (1)(1.1) 水平方向动量守恒，$mv_x=Mu$；青蛙落在圆盘外，$(v_x+u)\cdot\dfrac{2v_y}{g}\geqslant R$；动能定理，$W=\dfrac{1}{2}Mu^2+\dfrac{1}{2}m(v_x^2+v_y^2)$。解得 $W\geqslant\dfrac{m}{2}\left[\dfrac{(M+m)v_x^2}{M}+\dfrac{M^2R^2g^2}{4(M+m)^2v_x^2}\right]$

(1.2)由(1.1)可知 $W \geqslant \frac{m}{2}\left[\frac{(M+m)v_x^2}{M}+\frac{M^2R^2g^2}{4(M+m)^2v_x^2}\right] \geqslant \frac{mgR}{2}\sqrt{\frac{M}{M+m}}$,

$W_{\min}=\frac{1}{2}mgR\sqrt{\frac{M}{M+m}}$

(2)夹角为45°,$v_x=v_y$;青蛙落在空圆盘中心,$v_x \cdot \frac{2v_y}{g}=2R$;水平方向动量守恒,$mv_x=Mu$;动能定理,$W'=\frac{1}{2}Mu^2+\frac{1}{2}m(v_x^2+v_y^2)$。解得 $W'=\frac{1}{2}mgR\left(\frac{2M+m}{M}\right)$,

$\gamma=\frac{W'}{W_{\min}}=\frac{2M+m}{M}\sqrt{\frac{M+m}{M}}$。

11.(1)带负电荷,因为动能减少,电场力做负功,电场力方向与电场方向相反。

(2)由 $qER=\frac{1}{2}E_{k_0}$,$qE\sqrt{R^2-(R-x)^2}=E_{k_0}-E_k$,得 $E_k=E_{k_0}\left[1-\frac{1}{2R}\sqrt{x(2R-x)}\right]$

(3)在 x 处,选 N 径向朝里为正值,有

$N+qE\cdot\frac{\sqrt{R^2-(R-x^2)}}{R}=\frac{2E_k}{R}$,得

$N=\frac{E_{k_0}}{R}\left[2-\frac{3}{2R}\sqrt{x(2R-x)}\right] \geqslant \frac{E_{k_0}}{R}\left(2-\frac{3}{2}\right)=\frac{E_{k_0}}{2R}>0$。故在 $2R \geqslant x \geqslant 0$ 范围内,N 始终径向朝里,不存在 N 径向朝外的区域。

12.(1)由 $qvB=mg$,得 $v=\frac{mg}{qB}$。

(2)P 沿滚轮线运动,每个周期前进距离 $S=vT$,$T=\frac{2\pi m}{qB}$,$qvB=mg$,P 通过 b 点,满足 $l=ns$,解得 $l=\frac{2\pi nm^2g}{q^2B^2}$,$n=1,2,\cdots$

(3)$t=nT$,$T=\frac{2\pi m}{qB}$,解得 $t=\frac{2\pi nm}{qB}$,$n=1,2,\cdots$

(4)能通过 b 点。P 仍沿滚轮线运动,每个周期前进距离 $S'=2\pi R$,$R=\frac{mv}{qB}$,$qvB=mg$,解得 $S'=S$,所以能通过 b 点。

$v_m=v+v=\frac{2mg}{qB}$。(所用方法详见专题十四的考点热点讲解)。

真题二 2013年华约自主招生考试物理试题及参考答案

1. 已知质量为1t的汽车在10s内加速至60 km/h。

(1)若不考虑一切阻力,则汽车发动机的平均功率为多少?

(2)假设汽车迎风面为一横截面积为1 m^2 的长方体,当汽车以60 km/h的速度行驶时,试根据该模型估算发动机因空气阻力而增加的功率?(已知空气密度 $\rho=1.3\ kg/m^3$)

(3)已知空气阻力与速度的平方成正比。汽车行驶过程中所受阻力 F 与速度的平方 v^2 的关系如图所示,其他阻力与速度无关。试估算汽车所受其他阻力的大小。

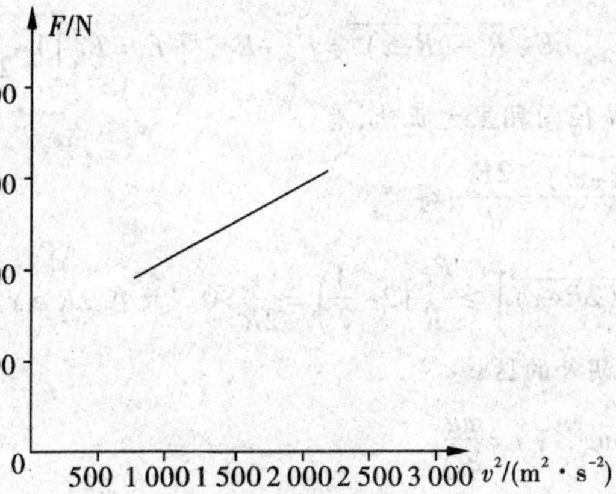

题1图

2. 已知4个氢核(^1_1H)聚变生成氦核(^4_2He)并放出2个正电子(^0_1e)和2个中微子($^0_0\nu$)。

(1)请写出核反应方程式;

(2)计算生成一个氦核(^4_2He)所释放出的能量;

(3)计算1 kg氢(^1_1H)聚变放出的能量是1 kg煤完全燃烧释放能量的多少倍?($m_{^1_1H}=1.672\ 621\ 777\times10^{-27}$ kg,$m_{^4_2He}=6.644\ 656\ 75\times10^{-27}$ kg,$m_{^0_1e}=9.109\ 382\ 15\times10^{-31}$ kg,$m_{^0_0\nu}=0$ kg,1 kg煤完全燃烧放出的热量为 3.4×10^7 J(注:此处取的是无烟煤的热值,如果试卷采取的是其他数据只会对结果有影响,不妨碍解题过程)

3. 明理同学很注重锻炼身体,能提起50 kg的重物。现有一个倾角为15°的粗糙斜面,斜面上放有重物,重物与斜面间的动摩擦因数为 $\mu=\frac{\sqrt{3}}{3}=0.58$,求他能沿斜面向上拉动重物质量的最大值。

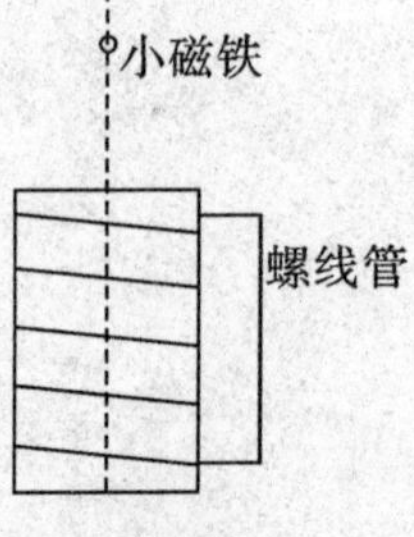

题4图

4. 现有一总阻值为 R 的长直螺线管,螺线管的两端用电阻不计的导线相连。在螺线管轴线的正上方有一质量为 m 的小磁铁。将小磁铁静止释放,经过一段时间后小磁铁将在螺线管中以速度 v 做匀速运动。在下落过程中小磁铁始终沿轴线且无翻转。

(1)定性说明小磁铁磁性越强,最终匀速下落的速度越小。

(2)最终小磁铁在螺线管中匀速运动时,回路中的感应电动势大约是多少?

5. 自行车轮胎充足气后骑起来很轻快。当一车胎经历了慢撒气(缓慢漏气)过程后,胎内的气体压强减小了1/4,设漏出的气体占原气体的比例为 η。已知漏气的过程是绝热的,不考虑气体之间的热量交换,且一定质量的气体在绝热过程中满足 pV^{γ} = 常量,其中 γ 是与轮胎内气体本身有关的一个常数,求 η。

6. 如图所示,凸透镜和球面反射镜的中心与光源 S 在同一条直线上。凸透镜焦距为 f,球面反射镜半径为 R,置于凸透镜右侧 l 处。

(1)设光源与凸透镜的距离为 d,若要使光源发出的光,经凸透镜折射—反射镜反射—凸透镜折射后,仍能成实像于 S 点,求 d 的可能值。

(2)利用(1)的结果,固定 d 不变,若仍要求达到(1)中的实验效果,求 l 的调节范围。

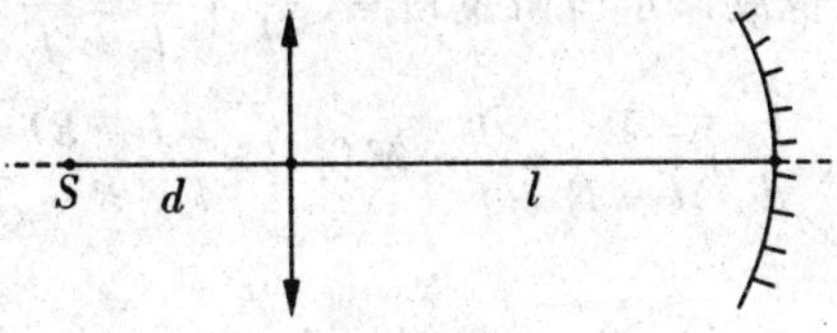

题6图

7. 古语曰"顿牟掇芥","顿牟"即琥珀,"芥"统喻干草、纸等的微小屑末,"掇芥"的意思是吸引轻小的物体,这里的成语是指带电物体可以吸引细小物体的现象。我们可以将其原理简化成如下情况:设带电量为 Q 的点电荷正下方 h 处有一个原子,由于点电荷产生的电场的作用,原子内的正、负电荷中心会偏移分开一微小距离 l,形成电偶极子。电偶极矩 $p = ql$。经实验测得 $p = \alpha E$,α 为极化率,是与原子本身特性有关的常数,反映原子被极化的难易程度。这样点电荷 Q 就会对点偶极子产生一个大小为 F 的作用力。

(1)判断这个力 F 是吸引力还是排斥力?说明理由。

(2)将点电荷电量增加一倍,则 F 变为原来的多少倍?

(3)将点电荷和原子的距离减小为原来的一半,则力 F 变为原来的多少倍?

【参考答案】

1.(1)能量守恒:$\bar{p}\cdot t=\frac{1}{2}mv^2$,$\bar{p}=1.4\times10^4$ W;(2)对极短时间 Δt 内的空气,由动量定理:$f\cdot\Delta t=Sv\Delta t\rho v$,汽车克服空气阻力的功率 $P_{阻}=fv=\rho sv^2=6\,018.5$ W(常见解法是利用动能定理得到汽车对空气的功率 $P=\frac{1}{2}\rho sv^2$,然后错误地认为空气对汽车的阻力功率的绝对值也为 $\frac{1}{2}\rho sv^2$。而实际上后者为 ρsv^2,其差值等于摩擦生热的功率);(3)延长图中直线得到的截距即为阻力,$f_{阻}=125$ N。

2. (1) $4{}_1^1\mathrm{H} \longrightarrow {}_2^4\mathrm{He} + 2{}_1^0e + 2{}_0^0\nu$；(2) $E = \Delta mc^2 = 3.96 \times 10^{-12}$ J；(3) $E' = \dfrac{E}{4\ m_{{}^1\mathrm{H}}} = 5.92 \times 10^{14}$ J，$\dfrac{E'}{E_{煤}} = 1.74 \times 10^7$ 倍。

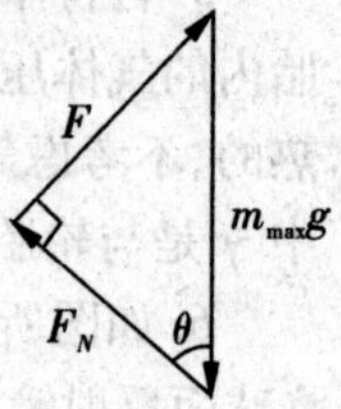

3. 力矢量图如右图。摩擦角 $\alpha = \arctan \mu = 30°$，$\theta = 15° + \alpha = 45°$，显然，当 $F \perp F_N$ 时重力有最大值 $m_{\max}g = \sqrt{2}F = 50\sqrt{2}g$，得 $m_{\max} = 50\sqrt{2}$ kg。

4. (1) 磁性越强磁力越大，越早与重力平衡，故速度越小；(2) 能量守恒：$mgv = \dfrac{U^2}{R}$，$U = \sqrt{mgvR}$。

5. $p_0[(1-\eta)V_0]^\gamma = \dfrac{3}{4}p_0V_0^\gamma$ 解得 $\eta = 1 - \left(\dfrac{3}{4}\right)^{\frac{1}{\gamma}}$。

6. (1) 情况一：经凸透镜成像于凹面镜顶点，$\dfrac{1}{d} + \dfrac{1}{l} = \dfrac{1}{f}$，解得 $d = \dfrac{fl}{l-f}$；情况二：经凸透镜成像于凹面镜球心，$\dfrac{1}{d} + \dfrac{1}{l-R} = \dfrac{1}{f}$，解得 $d = \dfrac{f(l-R)}{l-R-f}$。(2) 由 (1) 得 $l = \dfrac{df}{d-f}$ 或 $l = \dfrac{df}{d-f} + R$。

7. (1) 是吸引力，由于 Q 对正、负电荷的库仑力作用，使得与 Q 电性相同的电荷距 Q 距离大于电性相反的电荷距 Q 的距离，所以吸引力大于排斥力，合力 F 为吸引力。

(2)(3)：$F = \dfrac{kQq}{(h-\dfrac{l}{2})^2} - \dfrac{kQq}{(h+\dfrac{l}{2})^2} \approx kQq\left[\dfrac{1}{h^2}\left(1+\dfrac{2l}{2h}\right) - \dfrac{1}{h^2}\left(1-\dfrac{2l}{2h}\right)\right] = \dfrac{2kQql}{h^3}$

又电偶极矩 $P = \alpha E = ql$，$E = \dfrac{kQ}{h^2}$，故 $F = \dfrac{2k^2Q^2\alpha}{h^5}$。

电量增加一倍，$Q' = 2Q$，得 $F' = 4F$，即 F 变为 4 倍；

距离减少为原来的一半，$h' = \dfrac{1}{2}h$，得 $F' = 32F$，即 F 变为 32 倍。

真题三　2013 卓越自主招生考试物理试题及参考答案

1. 带负电量 q 的粒子绕固定的带正电 Q 的正电荷以速度为 v 做顺时针方向的匀速圆周运动，粒子所在区间有垂直圆周所在平面磁感强度为 B 的匀强磁场，两电荷相距 r，则(　　)。

A. 若 $Bqv<k\frac{Qq}{r^2}$，B 可能垂直纸面向里

B. 若 $Bqv<k\frac{Qq}{r^2}$，B 可能垂直纸面向外

C. 若 $Bqv>k\frac{Qq}{r^2}$，B 一定垂直纸面向里

D. 若 $Bqv>k\frac{Qq}{r^2}$，B 一定垂直纸面向外

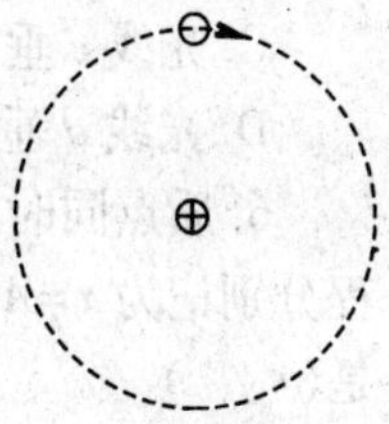

题 1 图

2. 两平行板间距为 d，两板间加电压 U，不计重力的电子以平行极板的速度 v_0 射入两板间，沿板运动距离 L 时侧移为 y，如果要使电子的侧移 $y'=\frac{1}{4}y$，下列哪些措施是可行的(仅改变一个量)(　　)。

A. 使两板间距 $d'=\frac{1}{2}d$　　B. 使两板间距 $U'=\frac{1}{2}U$

C. 使粒子沿板方向前进 $L'=\frac{1}{2}L$　　D. 使粒子进入的速度 $v_0'=2v_0$

3. 如图所示，一定质量的理想气体沿不同路径由状态 A 变到状态 B，则下列说法正确的是(　　)。

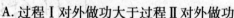

A. 过程Ⅰ对外做功大于过程Ⅱ对外做功

B. 过程Ⅰ对外做功小于过程Ⅱ对外做功

C. 过程Ⅰ吸热大于过程Ⅱ吸热

D. 过程Ⅰ吸热小于过程Ⅱ吸热

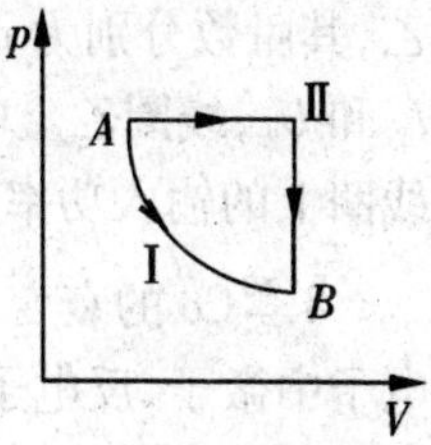

题 3 图

4. 卫星远离地球做圆运动的半径为 R，现设法使卫星通过两次变轨Ⅰ→Ⅱ→Ⅲ，由远地卫星变为近地卫星，近地卫星做圆运动的半径为 r。下列说法正确的是(　　)。

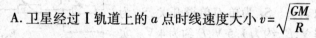

A. 卫星经过Ⅰ轨道上的 a 点时线速度大小 $v=\sqrt{\frac{GM}{R}}$

B. 卫星经过Ⅱ轨道上的 a 点时线速度大小 $v=\sqrt{\frac{GM}{R}}$

C. 卫星经过Ⅲ轨道上的 b 点时向心加速度大小 $a=\frac{GM}{r^2}$

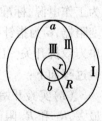

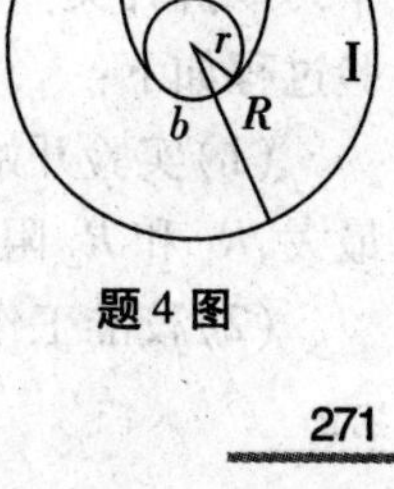

题 4 图

D. 卫星经过Ⅱ轨道上的 b 点时向心加速度大小 $a=\frac{GM}{r^2}$

5. 如图所示，直角棱镜的折射率 $n=\sqrt{3}$，$\angle A=60°$，BC 边上中点 D 处有 4 条光线 a,b,c,d 按图示方向射入，其中 b 垂直 BC 边，关于光线第一次射出三棱镜的说法中正确的是(　　)。

A. 光线 a 垂直 AC 边射出

B. 光线 b 垂直 AB 边射出

C. 光线 c 垂直 BC 边射出

D. 光线 d 垂直 AB 边射出

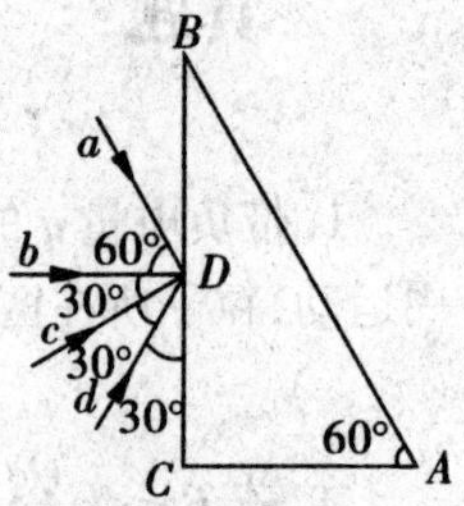

题 5 图

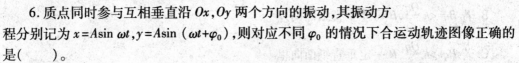

6. 质点同时参与互相垂直沿 Ox,Oy 两个方向的振动，其振动方程分别记为 $x=A\sin\omega t$，$y=A\sin(\omega t+\varphi_0)$，则对应不同 φ_0 的情况下合运动轨迹图像正确的是(　　)。

A. 若 $\varphi_0=0$，则对应图(a)　　B. 若 $\varphi_0=\pi/2$，则对应图(b)

C. 若 $\varphi_0=\pi$，则对应图(c)　　D. 若 $\varphi_0=3\pi/2$，则对应图(d)

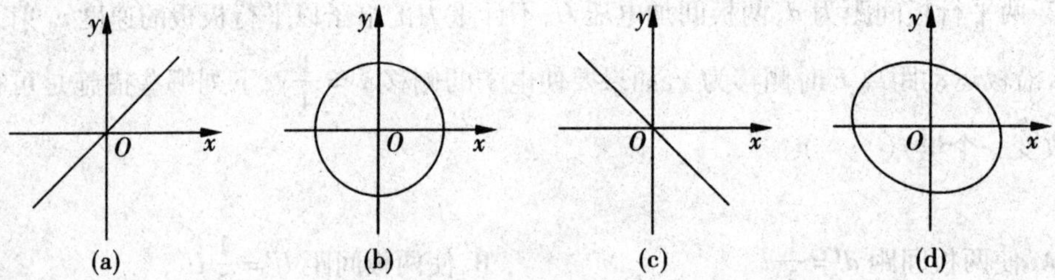

题 6 图

7. 如图所示，理想变压器有两个接有电阻的独立副线圈甲、乙，其匝数分别为 n_1 和 n_2。现测得线圈甲上的电流与电压分别为 I_1 和 U_1，线圈乙上电流为 I_2，则线圈乙上的电压 $U_2=$________，原线圈上的输入功率 $P=$________。

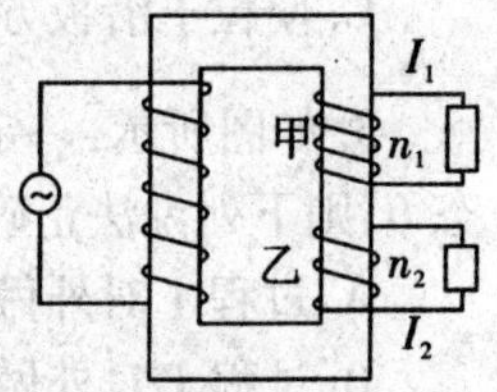

题 7 图

8. ${}^{60}_{27}Co$ 的衰变方程可以写成 ${}^{60}_{27}Co\to{}^{60}_{Z}Ni+{}^{0}_{-1}e+\bar{u}_e$，其中 $\bar{u}_e$ 是反电子中微子，反电子中微子不带电，质量可视为零。由衰变方程可知 Z=________。如果静止的 ${}^{60}_{27}Co$ 发生衰变，实验过程中测量衰变产物中 ${}^{60}_{Z}Ni$ 和 ${}^{0}_{-1}e$ 的轻迹时，由________守恒定律可知，${}^{60}_{Z}Ni$ 和 ${}^{0}_{-1}e$ 在径迹的同一条直线上。

9. 用如图所示电路可以测量电源电动势，其中 E,E_N,E_x 分别为工作电源、标准电源和待测电源。R_1,R_2 为电阻箱，R_3 为滑动变阻器，G 为指针可以左右摆的表头。S_1 为单刀单掷开关，S_2 为单刀双掷开关。已知 $E_N=1.018$ V，E_x 约为 1.5 V，E 约为 4 V。实验过程如下：

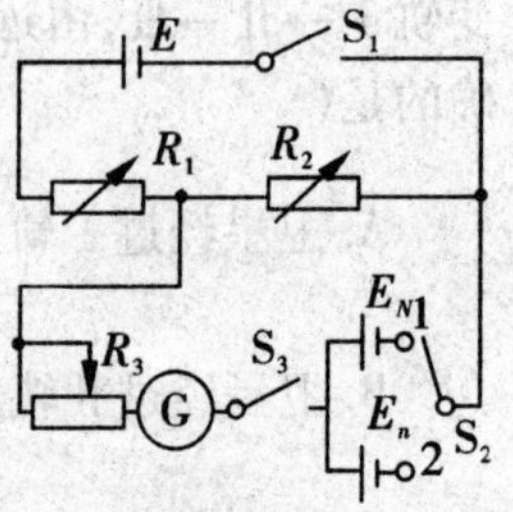

题 9 图

(1) 实验开始前，为保护表头，将滑动变阻器 R_3 的阻值调至最大，R_1 和 R_2 阻值限定在 1 000～3 000 Ω。

(2) 校准工作电源电动势。将开关 S_2 于 1 处，闭合 S_1，反复

调节电阻 R_1 的阻值，使当 S_3 闭合时，表头的示数为零。减小 R_3 的阻值，通过调整 R_1 的阻值，使表头的示数继续为零，直至 R_3 的阻值为零时，表头示数仍为零。

（3）测量待测电源电动势，将开关 S_2 置于 2 处，在重复上述操作过程中适当调节 R_2 的阻值，使 R_3 的阻值为零时，表头示数为零。

根据上述实验过程回答下列问题：

（1）在校准工作电源电动势时，测得 $R_{1校}$ 和 $R_{2校}$ 的阻值分别为 2 931 Ω 和 1 069 Ω。在测量待测电源电动势的过程中，下列关于 R_1 和 R_2 预估值合理的是________（填字母代号）。

A. $R_{1估}=2\ 437\ \Omega$，$R_{2估}=1\ 463\ \Omega$　　B. $R_{1估}=2\ 524\ \Omega$，$R_{2估}=1\ 376\ \Omega$

C. $R_{1估}=2\ 420\ \Omega$，$R_{2估}=1\ 580\ \Omega$　　D. $R_{1估}=2\ 372\ \Omega$，$R_{2估}=1\ 628\ \Omega$

（2）在测量待测电源电动势的实验过程中，当表头示数为零时，$R_{1测}$ 的读数为 2 320 Ω，此时 $R_{2测}$ 的阻值应为________Ω，待测电源电动势的表达式为________，根据实验测得的数据计算待测电源电动势为________V（结果保留四位有效数字）。

10. 某同学用图（a）所示的实验装置验证碰撞中动量守恒，他用两个质量相等、大小相同的钢球 A 和 B 进行实验。首先该同学使球 A 自斜槽某一高度由静止释放，从槽的末端水平飞出，测出球 A 落在水平地面上的点 P 与球飞出点在地面上垂直投影 O 的距离 L_{OP}。然后该同学使球 A 自同一高度由静止释放，在槽的末端与静止的球 B 发生非对心弹性碰撞［见图（b）］，碰后两球向不同方向运动，测出两球落地点 M，N 与 O 点间的距离 L_{OM}，L_{ON}，该同学多次重复上述实验过程，并将测量值取平均。

（1）下列关系正确的是________（填字母代号）。

A. $L_{OP}=L_{OM}+L_{ON}$　　B. $L_{OP}<L_{OM}+L_{ON}$　　C. $L_{OP}>L_{OM}+L_{ON}$

（2）根据实验原理，试推导出 OM 与 ON 间夹角的大小。

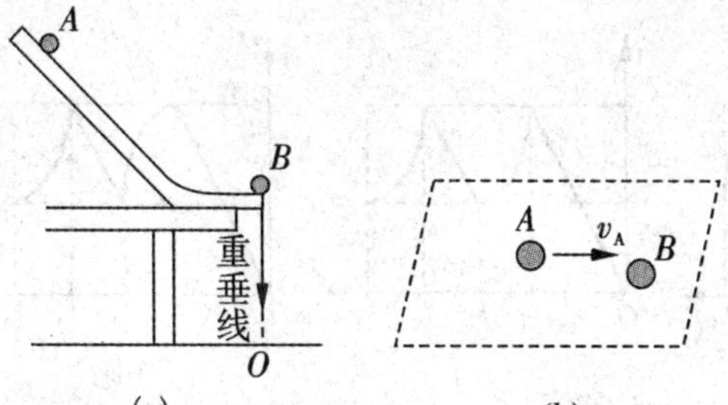

(a)　(b)

题 10 图

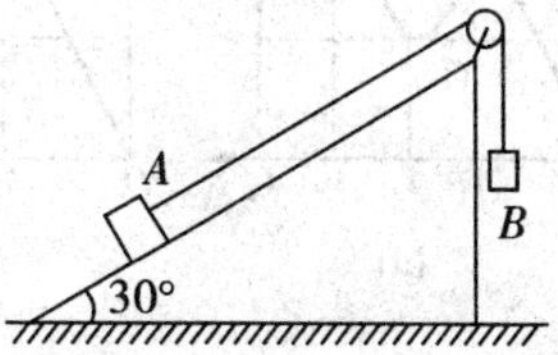

题 11 图

11. 如图所示，可视为质点的两物块 A，B，质量分别为 m，$2m$，A 放在一倾角为 30°并固定在水平面上的光滑斜面上，一不可伸长的柔软轻绳跨过光滑轻质定滑轮，两端分别与 A，B 相连接。托住 B 使两物块处于静止状态，此时 B 距地面高度为 h，轻绳刚好拉紧，A 和滑轮间的轻绳与斜面平行。现将 B 从静止释放，斜面足够长，重力加速度为 g。求：

（1）B 落地前绳中张力的大小 T。

（2）整个过程中 A 沿斜面向上运动的最大距离 L。

12. 如图所示，可视为质点的三个物块A,B,C质量分别为m_1,m_2,m_3，三物块间有两根轻质弹簧a,b，其原长均为L_0，劲度系数分别为k_a,k_b。a的两端与物块连接，b的两端与物块只接触不连接。a,b被压缩一段距离后，分别由质量忽略不计的硬质连杆锁定，此时b的长度为L，整个装置竖直置于水平地面上，重力加速度为g。

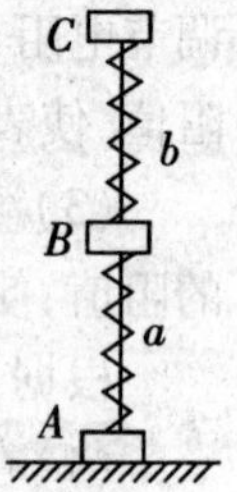

题12图

(1)现解开对a的锁定，若当B达到最高点时，A对地面压力恰为零，求此时C距地面的高度H。

(2)在B到达最高点瞬间，解除a与B的连接，并撤走A与a，同时解除对b的锁定。设b恢复形变时间极短，此过程中弹力冲量远大于重力冲量，求C的最大速度的大小v_3[弹簧的弹性势能可以表示为$E_p=\frac{1}{2}k(\Delta x)^2$，式中$\Delta x$为弹簧形变量]。

(3)求C自b解锁瞬间至恢复原长时上升的高度h。

13. 如图所示，两根电阻不计的光滑金属导轨竖直放置，相距为L，导轨上端接有阻值为R的电阻，水平条形区域Ⅰ和Ⅱ内有磁感应强度为B、方向垂直导轨平面向里的匀强磁场，其宽度均为d，Ⅰ和Ⅱ之间相距为h且无磁场。一长度为L、质量为m、电阻不计的导体棒，两端套在导轨上，并与两导轨始终保持良好接触。现将导体棒由区域Ⅰ上边界H处静止释放，在穿过两段磁场区域的过程中，流过电阻R上的电流及其变化情况相同。重力加速度为g。求：

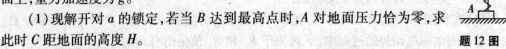

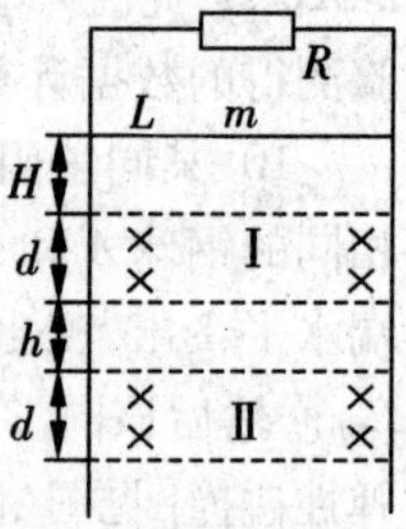

题13图

(1)导体棒进入区域Ⅰ的瞬间，通过电阻R的电流大小与方向。

(2)导体棒穿过区域Ⅰ的过程中，电阻R上产生的热量Q。

(3)下面四个图像定性地描述了导体棒速度大小与时间的关系，请选择正确的图像并简述理由。

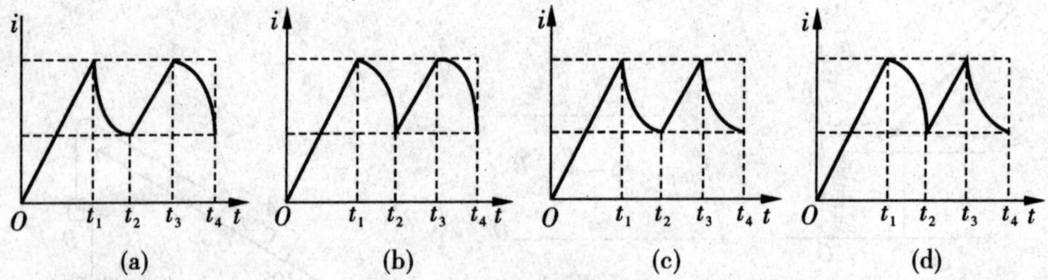

题13图

【参考答案】

1. ABC
2. CD
3. BD
4. ACD
5. AD

6. ABC

7. $\frac{n_2U_1}{n_1}$, $I_1U_1+\frac{n_2I_2U_2}{n_1}$

8. 28，动量。

9.（1）CD。提示：因为工作电源电动势和内阻未知，所以测量待测电源电动势时，必须保证(R_1+R_2)不变的情况下，利用比例关系求解。

（2）由$R_{1校}+R_{2校}=R_{1测}+R_{2测}$得$R_{2测}=1\ 680\ \Omega$，由$E_N=\frac{ER_{2校}}{R_{1校}+R_{2校}+r}$，$E_x=\frac{ER_{2测}}{R_{1测}+R_{2测}+r}$得电动势表达式$E_x=\frac{E_N\cdot R_{2测}}{R_{2校}}$，代入数据得$E_x=1.600\ V$。

10.（1）B

（2）90°。提示：弹性斜碰机械能守恒：$\frac{1}{2}mv_0^2=\frac{1}{2}mv_1^2+\frac{1}{2}mv_2^2$，即$v_0^2=v_1^2+v_2^2$，故$v_0<v_1+v_2$，且$\vec{v_1}\perp\vec{v_2}$，所以有$L_{OP}<L_{OM}+L_{ON}$，且$OM$与$ON$夹角为90°。

11.（1）mg

（2）$2h$

12.（1）$H=L_0+L+\frac{m_1g}{k_a}$

（2）C相对B、C系统的质心做简谐运动，由$m_3x_3=m_2x_2$，$k_b'x_3=k_b(x_3+x_2)$，$T=2\pi\sqrt{\frac{m_3}{k_b'}}$得$T=2\pi\sqrt{\frac{m_2m_3}{k_b(m_2+m_3)}}$。因为时间极短，所以质心静止不动，由$v_3=\frac{2\pi A}{T}$，$A=\frac{(L_0-L)m_2}{m_2+m_3}$，可得$v_3=(L_0-L)\sqrt{\frac{k_bm_2}{m_2(m_2+m_3)}}$

（3）由$m_3h=m_2h'$，$h+h'=L_0-h$得$h=\frac{m_2(L_0-L)}{m_2+m_3}$

13.（1）$I=\frac{BL\sqrt{2gH}}{R}$，方向向左

（2）因为穿过两段磁场区域的过程中，流过电阻R上的电流及其变化情况相同，所以进入区域Ⅰ、Ⅱ前的瞬间速度相同，穿过区域Ⅰ产生的热量等于下落$(d+h)$高度减少的重力势能，即$Q=mg(h+d)$

（3）(c)

真题四　2013年复旦大学自主招生考试物理试题及参考答案

1. 质点做直线运动，$0 \leqslant t \leqslant T$ 时段内瞬时速度为 $v=v_0\sqrt{1-(t/T)^2}$，其平均速度为(　　)。

A. v_0　　B. $v_0/2$　　C. $\pi v_0/4$　　D. $\sqrt{3}v_0/2$

2. 礼花弹在空中某点爆炸，明亮的火药碎屑以相同初速率向四面八方迸射，忽略空气阻力，这些碎屑在下落过程中形成(　　)。

A. 大小不变的球面　　B. 逐渐膨胀的球面

C. 形状不变的抛物面　　D. 形状渐变的抛物面

3. 长 L 的细杆 AB 靠在竖直墙上沿墙滑下，当杆和地面夹角为 θ 时，B 点速度为 v，则 A 点速度为(　　)。

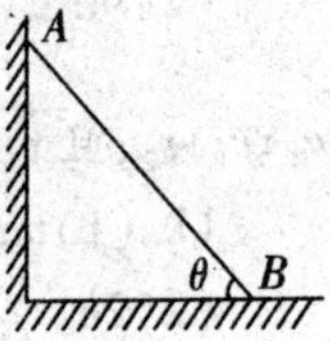

题3图

A. $v\sin\theta$　　B. $v\cos\theta$

C. $v\tan\theta$　　D. $v\cot\theta$

4. 如果太阳系尺度等比例缩小 10^{12} 倍，则1年对应的时间是(　　)年(假设所有星体密度不变)。

A. 10^{-12}　　B. 10^{-4}　　C. 10^{-1}　　D. 1

5. 质量为 M 的楔子置于光滑水平面上，给楔子施加水平推力 F，要使质量为 m 的小球沿其倾角 α 的粗糙斜面向上滚动，则只要 F 大于(　　)必可实现。

A. $mg\tan\alpha$　　B. $mg\sin\alpha$　　C. $(M+m)g\tan\alpha$　　D. $Mg\sin\alpha$

6. 单摆绳长 l，摆球最低点速度 $v=2\sqrt{gl}$，其到达的最高点与最低点高度差为 h，则(　　)。

A. $h<5l/3$　　B. $h=5l/3$　　C. $5l/3<h<2l$　　D. $h=2l$

7. 振子由两根相同的并联轻弹簧提供回复力，振动周期为 T，若将两根弹簧改为串联，则周期变为(　　)。

A. $T/2$　　B. $T/\sqrt{2}$　　C. $\sqrt{2}T$　　D. $2T$

8. 在子弹与木块的非弹性碰撞中，(　　)与观察者的参考系无关。

A. 碰撞中损失的机械能　　B. 子弹的动能

C. 子弹对木块所做的功　　D. 子弹与木块的总机械能

9. 如图所示双原子分子势能曲线中，A 为曲线与 r(原子间距)轴交点，B 为曲线最低点，则下列说法中错误的是(　　)。

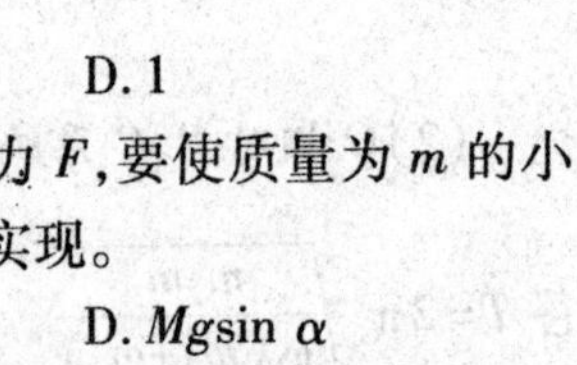

题9图

A. A 点处原子间受的是斥力

B. A 点处分子的动能最小

C. B 点处原子间作用力为0

D. 原子间引力最大时，原子间距大于 B 处

10. 直立长玻璃管上端开口，管内上、下分装长度相同的水银、空气，处于平衡状态，

封闭气体压强为大气压强的2倍。缓慢加热管内气体，使其膨胀，直至水银全部溢出。视空气为理想气体，则整个过程中，封闭气体的温度(　　)。

A. 先升后降　　B. 先降后升　　C. 一直上升　　D. 保持不变

11. 设大气温度为280 K，压强为标准大气压。用温度为320 K的热气球提起一个体重70 kg的人，热气球的最小体积约为(　　)m^2。

A. 45　　B. 90　　C. 450　　D. 900

12. 将一批额定功率相同的灯泡并联后接到电源两端，则灯泡越多(　　)。

A. 每个灯泡的亮度不变　　B. 每个灯泡越暗

C. 每个灯泡越亮　　D. 灯泡的实际功率必定越小

13. 两块竖直放置的平行金属板AB之间的距离为d，两板间电压为U。在两板间放一半径为R的金属球壳，球心到两板间距离相等，C为球壳上距离A板最近的一点，则A板至C点的电压为(　　)。

A. $U/2$　　B. $(\frac{1}{2}-\frac{R}{d})U$　　C. $(\frac{1}{2}+\frac{R}{d})U$　　D. $2RU/d$

14. 以下关于电磁场的不正确说法是(　　)。

A. 电磁场有能量　　B. 电磁场的测量值与参考系无关

C. 电磁场有质量　　D. 电磁场能脱离带电粒子单独存在

15. 已知单色光A在真空中的波长等于单色光B在玻璃中的波长，则(　　)。

A. 玻璃对A光的折射率小于对B光的折射率

B. A光在玻璃中的速度大于B光在玻璃中的速度

C. A光在玻璃中的波长大于B光在玻璃中的波长

D. A光子的能量大于B光子的能量

16. 一物体发绿光，当其从观察者前方高速掠过时，表现颜色为(　　)。

A. 由紫到红渐变　　B. 由红到紫渐变　　C. 先紫后红　　D. 先红后紫

【参考答案】

1. C　提示：把$v=v_0\sqrt{1-\left(\frac{t}{T}\right)^2}$化为$\frac{v^2}{v_0^2}+\frac{t^2}{T^2}=1$，其$v-t$图像为$\frac{1}{4}$椭圆，$\bar{v}=\frac{\frac{1}{4}\pi ab}{T}=\frac{\pi v_0 T}{4T}=\frac{\pi v_0}{4}$

2. B　3. D　4. D　5. C　6. C　7. D　8. A　9. B　10. A　提示：设水银原长为h，气体温度为T时水银长为h'，由理想气体状态方程可得$\frac{(\rho gh+\rho gh)\cdot 2h}{T_0}=\frac{(\rho gh+\rho gh')(2h-h')}{T}$，由基本不等式可知，当$h'=\frac{1}{2}h$时，温度最高，$T_m=\frac{9}{8}T_0$。

11. C　提示：利用密度公式$\rho_1T_1=\rho_2T_2$及$(\rho_1-\rho_2)Vg=mg$求解。

12. B

13. A

14. C　提示：静电场、静磁场的质量为零，电磁场的静质量为零。

15. D

16. C　提示：波源和观察者在其连线上匀速运动时，声波多普勒效应 $f'=\frac{v_{波}\pm v_{观}}{v_{波}\mp v_{源}}f$，观察者静止时光波多普勒效应 $f'=f\sqrt{\frac{c\pm v_{源}}{c\mp v_{源}}}$。观察频率均为定值，规律为“远小近大”。

真题五　2013 年北大保送生考试物理试题及参考答案

1. (1) 有一质量为 m 的物块，放在倾角为 φ 的斜面上，物块与斜面间的动摩擦因数为 μ。问 μ 最小为多少时物块可保持静止。

(2) 有一质量为 m_1 的物块，与斜面接触光滑，另有一质量 m_2 的物块，与斜面间的动摩擦因数为 μ，斜面的倾角为 φ，m_1 在 m_2 的上方，初状态均保持静止。

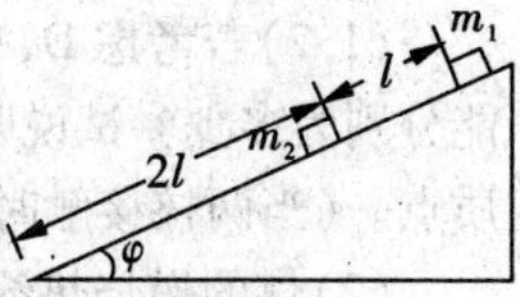

题 1 图

(2.1) 将 m_1 由静止释放，与 m_2 碰撞后粘连在一起向下运动，若两物块向下运动速度不断减小，求 μ 的范围。

(2.2) 若 m_2 距底部 $2l$，m_1 在 m_2 上方与 m_2 相距 l，m_1 由静止释放，与 m_2 碰撞后粘连在一起向下运动，到斜面底部正好静止，物块的大小忽略不计，如图所示，求 μ 的值。

2. 大量实验表明，1 mol 气体的压强 p，体积 V 与温度 t（摄氏温标）存在如下关系：在等容和等压情况下分别有 $p=a(1+\beta t)$，$V=b+(1+\beta t)$。

(1) 求出压强 p、体积 V、温度 t 之间的关系，要求：不含 a，b，结果保留三位有效数字。

(2) 已知在温度为 100 ℃，压强为 101 kPa 时，1 mol 气体体积为 30.6 L。

(2.1) 求出 β 的数值及单位。

(2.2) 列出 a，b 的表达式。

3. 有一线圈 $ABCDEF$，$AB=EF=3a$，$BC=DE=a$，$AF=BE=CD=l$，AF，BE，CD 的电阻均为 r，其余电阻不计，PQ 左侧存在垂直于纸面向里的匀强磁场，大小为 B，线圈在外力作用下向右以速度 v 做匀速直线运动，CD 始终与 PQ 保持平行。(1) 问 CD 边在越过 PQ 后瞬间，AF，BE，CD 中通过的电流分别为多少？

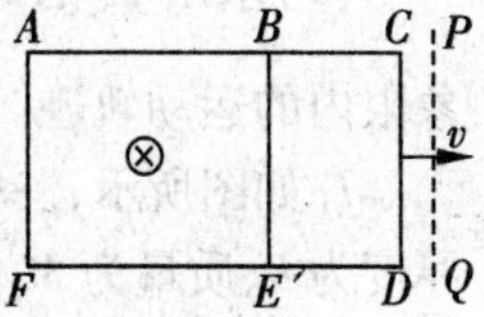

题 3 图

(2) 从 CD 边越过 PQ 开始到 AF 边离开磁场为止，外力做功为多少？

4. (1.1) 有一块厚为 d 的玻璃砖，折射率为 n，在其左侧面距左边 x 处有一点光源 A，从 P 点向左看去，问 A 点由如图 (a) 所示的两条光线确定的像 A' 在玻璃砖左侧面多远处？

(1.2) 如图 (b) 所示，有两块等腰直角三角形棱镜，折射率为 $n'=1.5$，从 P 点向左看去，问 A 点经玻璃砖系统成像的 A' 点在何处？各点位置和玻璃砖位置和大小如图 4(b) 所示。

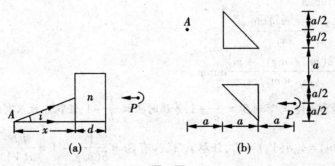

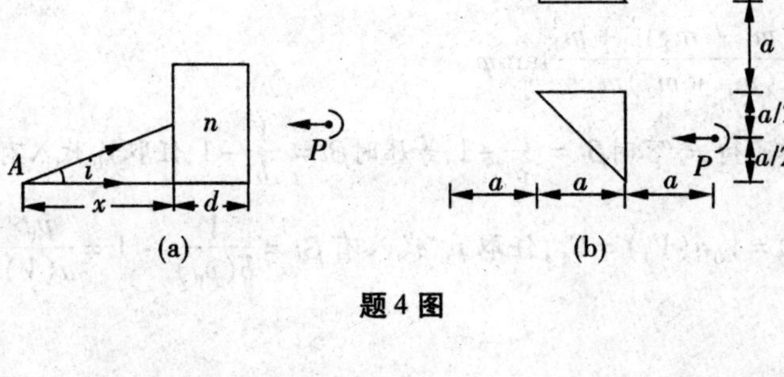

题 4 图

5. 氢(H)有两种同位素，一种氘(D)，由一个质子和一个中子组成，一种氚(T)，由一个质子和两个中子组成，它们会发生核反应：$D+T\longrightarrow{}_2^4He+{}_0^1n$

已知：$m_D=2.014\ 102u$，$m_T=3.016\ 049\ 7u$，$m_{He}=4.002\ 603u$，$m_n=1.008\ 665u$，

(1.1)若忽略D，T的初始动能，求反应后中子的动能。

(1.2)若考虑D，T的初始动能，使反应后中子的动能最小，则反应前D，T的最小动能分别为多少？试说明1.1中忽略初始动能是否合理。在计算相互作用时将两核当作质点。(当两核接触时即可发生反应，D，T核半径均为$r=2\times10^{-15}$ m)。

(2)煤的燃烧热约为33×10^6 J/kg，1 L海水中含氘0.03 g，假设反应后中子动能转化率为50%，则1 L海水中的氘完全反应后产生的热量相当于多少kg煤完全燃烧产生的热量？

6. 在xOy坐标系的第二象限中存在水平向右的匀强电场E_0，在横坐标为$-A$，纵坐标大于零，小于y^*上排列着质量为m、电荷量为$q>0$的粒子，在第一象限的虚线上方存在竖直向下的匀强电场E，电场边界为一条曲线，且$E=4E_0$，不计粒子重力和粒子之间的相互作用力，所有的粒子由静止同时释放都能运动到点$(A,0)$。

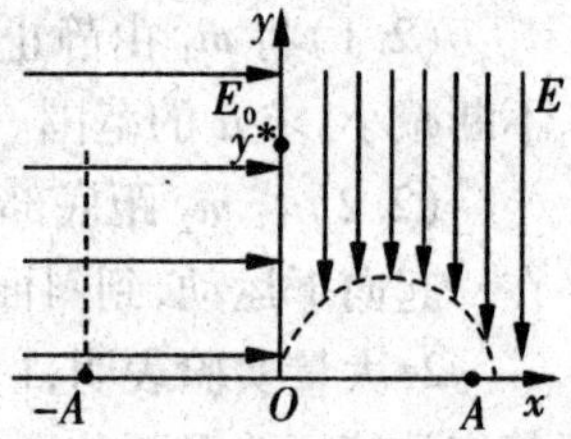

题6图

(1)粒子运动到点$(A,0)$的时间是否与粒子初位置有关？为什么？

(2)求出第一象限内电场的分界线(即图中虚线)方程。

(3)求出y^*的最大值y_0，并作出由$(0,y_0)$和$(0,\frac{3}{4}y_0)$进入第一象限的粒子，在第一象限内的运动轨迹。

7. 如图所示，一根劲度系数为k的轻弹簧，一端固定，一端系一厚度为b、质量为M的木块，木块放于光滑水平面上，现有一质量为m的子弹以水平速度v_0射入木块或穿透木块，在子弹射入木块和穿透木块过程中，受到木块的阻力为一常量F。试求木块第一次向右运动过程中，速度可能达到的最大值，以及相应的子弹初速度v_0应满足的条件。已知$kb\geqslant2F$，$4m\geqslant5M$。

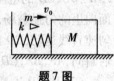

题7图

【参考答案】

1. (1)$\mu=\tan\varphi$

(2.1)$\mu>\dfrac{(m_1+m_2)\tan\varphi}{m_2}$

(2.2)$\mu=\dfrac{2(m_1+m_2)^2+m_1^2}{(m_1+m_2)m_2}\tan\varphi$

2. (1) 由题意可得，等容时$\beta t=\dfrac{p}{a}-1$，等压时$\beta t=\dfrac{V}{b}-1$，任取V_0代入有$\beta t=\dfrac{p}{a(V_0)}-1=\dfrac{V_0}{b(p)}-1$，即$pb(p)=V_0a(V_0)=C_1$；任取$p_0$代入有$\beta t=\dfrac{V}{b(p_0)}-1=\dfrac{p_0}{a(V)}-1$，即$Va(V)=$

$p_0b(p_0)=C_2$，所以 $b(p)=\dfrac{C_1}{p}$，$a(V)=\dfrac{C_2}{V}$，解得 $\beta t=\dfrac{pV}{C_2}-1=\dfrac{pV}{C_1}-1$，这表明 $C_1=C_2=C$，所以由 $\beta t=\dfrac{pV}{C}-1$ 得 $pV=C(1+\beta t)$，代入 $t=0$ ℃ 时 $p_0V_0=RT_0=8.31\times273.15=C$，所以 $pV=2.27\times10^3(1+\beta t)$。

(2.1) 将 $p=101$ kPa，$V=30.6\times10^{-3}$ m^2，$t=100$ ℃ 代入上式得 $\beta=3.62\times10^{-3}$/℃。

(2.2) 由以上讨论可得 $b(p)=\dfrac{2.27\times10^3}{p}$，$a(V)=\dfrac{2.27\times10^3}{V}$。

3. (1) $\dfrac{Blv}{3r}$，$\dfrac{Blv}{3r}$，$\dfrac{2Blv}{3r}$ (2) $\dfrac{8B^2l^2va}{3r}$

4. (1.1) $x+d\left(\dfrac{\cos i}{\sqrt{n^2-\sin^2 i}}-1\right)$，(1.2) 把 $i\approx0$ 代入(1.1)表达式得 $x+d\left(\dfrac{1}{n}-1\right)$

(2) 利用正入射情况下的近似处理公式依次得点光源在各个面上折射、反射后的物、像位置分别为：在第一个玻璃砖的竖直面上：$h_1=a$，$h_1'=nh_1=1.5a$；在第一个玻璃砖的斜面上：$h_2=h_1'+0.5a=2a$，反射后 $h_2'=h_2=2a$；在第一个玻璃砖的水平面上：$h_3=h_2'+0.5a=2.5a$，$h_3'=h_3/n=5a/3$；在第二个玻璃砖的水平面上：$h_4=h_3'+a=8a/3$，$h_4'=nh_4=4a$；在第二个玻璃砖的斜面上：$h_5=h_4'+0.5a=4.5a$，反射后 $h_5'=h_5=4.5a$；在第二个玻璃砖的竖直面上：$h_6=h_5'+0.5a=5a$，$h_6'=h_3/n=10a/3$；所以最终的像在人眼 P 前 $13a/3$ 处。

5. (1.1) 反应前系统初动量为0，反应后 ${}_2^4\mathrm{He}$ 和 ${}_0^1\mathrm{n}$ 的动量等值反向，故 $\dfrac{E_a}{E_n}=\dfrac{m_n}{m_a}=\dfrac{1}{4}$。而该核反应放出的能量 $\Delta E=(m_D+m_T-m_a-m_n)c^2=17.6$ MeV，所以由 $E_a+E_n=\Delta E$ 得 $E_n=14.1$ MeV。

(1.2) 设反应前 D，T 的动量分别为 p_D 和 p_T，动能分别为 E_D 和 E_T，则有 $E_D=\dfrac{p_D^2}{2m_D}$，$E_T=\dfrac{p_T^2}{2m_T}$。反应后由于质量亏损而释放的能量为 $\Delta E=\Delta mc^2=17.6$ MeV。要求反应后中子动能最小，那就假设中子速度为0。由动量守恒和能量守恒列式：$m_av_a=p_D+p_T$，$\dfrac{1}{2}m_av_a^2=\dfrac{p_D^2}{2m_D}+\dfrac{p_T^2}{2m_T}+\Delta E$，先将其看作关于 p_D 的一元二次方程，它要有解，必有 $\Delta=b^2-4ac\geqslant0$，即可解得 $p_T\geqslant2.34\times10^{-19}$ kg·m/s，$E_T\geqslant34.1$ MeV。同理，再将其看作关于 p_T 的一元二次方程，求解得 $p_D\geqslant1.345\times10^{-19}$ kg·m/s，$E_D\geqslant16.9$ MeV。而核反应释放的能量 $\Delta E=\Delta mc^2=17.6$ MeV，可见这两个最小动能值皆可与 E_T，E_D 比拟。并且这两个动能都是在两核接触瞬间的最小动能，当两核距离较远时，最小动能要比这两个值还大。所以忽略初始动能是不合理的。(2)480 kg。

6. (1) 无关。因为所有粒子进入第一象限时沿 x 轴的水平速度都相同，以后水平方向速度又不变，故经过相同位移所用的时间都相同。

(2) 粒子在第一象限内做类平抛运动，以后做匀速运动。设对从 $(0,y_0)$ 处进入的粒子而方出偏转电场的边界坐标为(x,y)，则粒子偏转经历的时间为 $t=\frac{x}{v_0}$，且 $qE_0A=\frac{1}{2}mv_0^2$。因而类平抛的偏转距为 $y'=\frac{1}{2}\cdot\frac{4qE_0}{m}t^2=\frac{x^2}{A}$。因粒子在电场中的偏转好像是从极板的中点沿直线出来一样，故 $\frac{y'}{x/2}=\frac{y}{A-x}$。化简得 $y=\frac{2}{A}(Ax-x^2)$，这就是第一象限内电场分界线的方程。

(3) 将(2)中的方程变为 $y=-\frac{1}{A}(x-A)^2+A$，易知当 $x=A$ 时 $y_0=A$。对由$(0,y_0)$和$\left(0,\frac{3}{4}y_0\right)$进入第一象限的粒子，在第一象限内的运动轨迹如图所示。

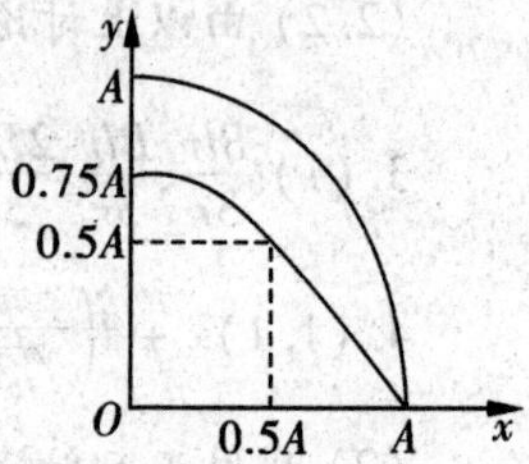

答题6图

7. 当子弹进入木块以后，子弹将以不变的力 F 作用在木块上。若木块在达到最大速度之前，此力 F 并不消失（即子弹一直处在木块内的相对运动状态），由于 F 为恒力，所以木块仍将做简谐运动。相应的振幅 x 满足 $x=\frac{F}{k}$，题中所求木块第一次向上运动过程中速度可能达到的最大值 v_{max} 就是木块在平衡位置 O 处的速度值。由 $\frac{1}{2}kx^2=\frac{1}{2}Mv_{max}^2$ 得 $v_{max}=x\sqrt{\frac{k}{M}}=\frac{F}{\sqrt{kM}}$。以上结论满足木块达 O 之前，子弹一直处于在木块内运动之中。若子弹速度过小，木块未达 O 点时，子弹已停在木块内；若子弹速度过大，木块未达 O 点时，子弹已穿透木块。以上情况均不能使木块达到可能达到的最大速率 v_{max}。为了确定子弹初速 v_0，先求出木块自开始向右运动到 O 点所经历的时间：$t=\frac{1}{4}T=\frac{1}{4}\cdot2\pi\sqrt{\frac{M}{k}}=\frac{\pi}{2}\sqrt{\frac{M}{k}}$。首先，子弹的初速必须足够大，即 $v_0-a_mt\geqslant v_{max}$，$a=\frac{F}{m}$ 得 $v_0\geqslant\frac{F}{\sqrt{kM}}+\frac{\pi F}{2m}\sqrt{\frac{M}{k}}$。其次，子弹的初速度不能过大，即在 t 时间内的位移不能超过 $(x+b)$，即 $v_0t-\frac{1}{2}a_mt^2\leqslant x+b$ 得 $v_0\leqslant\frac{8mF+8mkb+MF\pi^2}{4\pi m\sqrt{kM}}$。

真题六 2013 年清华保送生考试物理试题及参考答案

1. 如图所示，置于光滑水平面上的长木板 B 的左端有一物块 A，A、B 间有摩擦，现用恒力 F 将 A 拉至 B 的右端，第一次将 B 固定在水平面上，F 做的功为 W_1，产生的内能增量为 ΔE_1，第二次使 B 可自由滑动，F 做的功为 W_2，产生的内能增量为 ΔE_2，则（ ）。

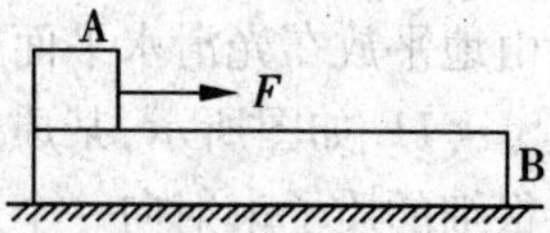

题 1 图

A. $W_1=W_2, \Delta E_1=\Delta E_2$　　B. $W_1=W_2, \Delta E_1<\Delta E_2$

C. $W_1<W_2, \Delta E_1=\Delta E_2$　　D. $W_1<W_2, \Delta E_1<\Delta E_2$

2. 一单摆挂在木板上的小钉上，木板质量远大于单摆质量。木板平面在竖直平面内，并可以沿两竖直轨道无摩擦地自由下落。如图所示，现使单摆摆起来，当单摆离开平衡位置但未达到最高点时木板开始自由下落，则摆球相对于板（ ）。

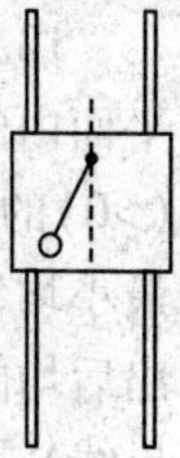
题 2 图

A. 静止　　B. 仍做简谐运动

C. 做匀速率圆周运动　　D. 做非匀速率圆周运动

3. 假设某一循环由等温过程和绝热过程组成（如图所示），可以认为（ ）。

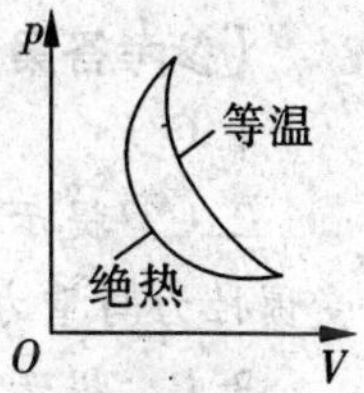

题 3 图

A. 此循环过程违反热力学第一定律，但不违反热力学第二定律

B. 此循环过程违反热力学第二定律，但不违反热力学第一定律

C. 此循环过程既违反热力学第一定律，也违反热力学第二定律

D. 此循环过程既不违反热力学第一定律，也不违反热力学第二定律

4. 把静止的电子加速到动能为 0.25 MeV，则它增加的质量约为原有质量（ ）倍。

A. 0.1　　B. 0.2　　C. 0.5　　D. 0.9

5. 一辆列车以加速度 a 前进，车上有一物体自由下落，则地面观察者看到物体的加速度大小为__________，车内观察者看到的物体的加速度大小为__________。

6. 如图所示，光滑水平桌面上球 1，2，3，4 是完全相同的弹性小球，球 2，3，4 静止，球 1 以速度 v_0 正对着球 2 撞去，球 1，2 的球心连线正好过球 3，4 的切点，则碰撞之后静止的是球__________，运动的球中速度最小的球是__________。

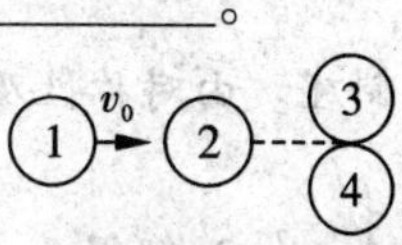

题 6 图

7. 三等长绝缘棒连成正三角形，每根棒上均匀分布等量同号电荷，测得图中 P，Q 两点（均为相应正三角形的中心）的电势分别为 U_P 和 U_Q，若撤去 BC 棒，则 P，Q 两点的电势为 $U'_P=$__________；$U'_Q=$__________。

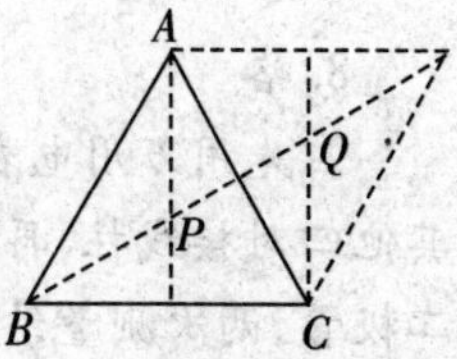

题 7 图

8. 试写出近 5 年来获得诺贝尔物理学奖的两个项目__________。

9. 有 5 对接线柱，每一对之间分别接有：1.5 V 干电池、电阻、电容、二极管及阻值比前述电阻阻值小很多的电感。请用万用电表判断每对接线柱之间分别是什么元件？简要说明步骤及原理。

10. 一轻弹簧两端固连着两个小球 A，B，若将小球 B 固定，测得小球 A 的振动频率为 f_A。若将小球 A 固定，测得小球 B 的振动频率为 f_B。现将此系统自由地平放在光滑水平面上，求此系统的自由振动频率。

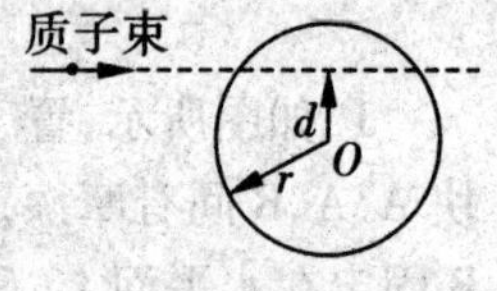

题 11 图

11. 如图所示，某质子加速器使每个质子获得动能 $E_k=2$ keV，很细的质子束射向一个远离加速器、半径为 r 的金属球，从球心到质子束延长线的垂直距离为 $d=r/2$。假定质子与金属球相碰后将其电荷全部交给金属球，经足够长时间后，求金属球的最高电势值（以无穷远处的电势为零）。

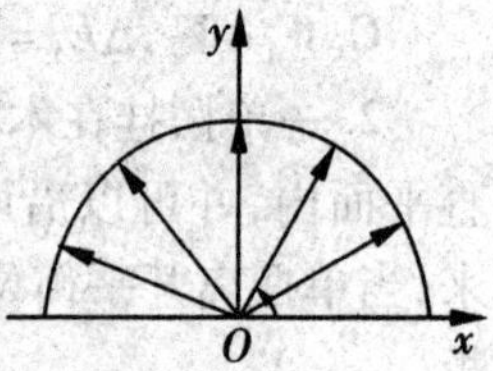

题 12 图

12. 图中原点 $O(0,0)$ 处有一带电粒子源，以同一速率 v 沿 xy 平面内的各个不同方向 $\theta(0°\leqslant\theta\leqslant180°)$ 发射质量为 m，电量为 q (>0) 的带电粒子。试设计一个方向垂直于 xy 平面，大小为 B 的最小均匀磁场区域，使由 O 发射的带电粒子经磁场并从其边界逸出后均能沿 x 轴正方向运动（写出磁场边界线的方程，并给出边界线）。

【参考答案】

1. C

2. C　提示：木板质量远大于单摆质量，木板做自由落体运动，以木板为参考系，摆球受惯性力与重力抵消。

3. B　提示：此循环过程等价于从单一热源吸收热量并全部用于对外做功，而不引起其他变化。

4. C　提示：$\dfrac{\Delta m}{m_0}=\dfrac{\Delta m\cdot c^2}{m_0c^2}=\dfrac{E_k}{m_0c^2}$。

5. $g,\sqrt{g^2+a^2}$

6. 2，1　提示：球 1 和球 2 第一次碰后，交换速度，球 1 静止，球 2 以 v_0 与球 3、球 4 发生斜碰。由对称性及动量守恒可知 $mv_0=mv_2+2mv_3\cos 30°$，由机械能守恒得 $\dfrac{1}{2}mv_0^2=\dfrac{1}{2}mv_2^2+\dfrac{1}{2}mv_3^2\times2$，解得 $v_2=-0.2v_0$，$v_3=\dfrac{2\sqrt{3}}{5}v_0$，球 2 与球 1 再次碰撞，碰后 $v_2'=0$，$v_1'=-0.2v_0$

7. $\dfrac{1}{3}U_P$，$\dfrac{1}{2}U_Q+\dfrac{1}{6}U_P$。提示：利用电势叠加原理及对称性求解。

8. 略

9. 先用万用电表电压挡测每一对接线柱，若有电压示数，说明被测元件为干电池；对其他四对接线柱，再用万用电表欧姆挡正反两次测量，两次测量结果不同的被测元件为二极管，两次测量结果均为无穷大阻值的是电容，阻值相同且均接近零的为电感，阻值相同且均为中间值的元件为电阻。

10. $\sqrt{f_A^2+f_B^2}$。提示：$\frac{1}{f_A}=2\pi\sqrt{\frac{m_A}{k}}$，$\frac{1}{f_B}=2\pi\sqrt{\frac{m_B}{k}}$，$\frac{1}{f}=2\pi\sqrt{\frac{m_A m_B}{k(m_A+m_B)}}$。

11. 1 500 V。提示：金属球的电势稳定后，由入射质子对球心的角动量守恒得 $mv_0 d=mvr$，由入射质子和金属球的系统能量守恒得 $\frac{1}{2}mv_0^2=e\varphi+\frac{1}{2}mv^2$。

12. 平面向里，且无边界，则粒子源发射粒子的速度 v 与 x 轴夹角 θ 的粒子轨迹为图(a)所示的圆，圆的半径为 $R=\frac{mv}{qB}$。过圆心 O' 作垂直于 x 轴的直线，它与圆周相交于 P 点，粒子运动到 P 点时其运动方向恰沿 x 轴方向。P 点的坐标为 $\begin{cases}x=-R\sin\theta\\ y=-R+R\cos\theta\end{cases}$ 得 $R^2=x^2+(y+R)^2$，此即射出磁场的边界线方程，它是半径为 R，圆心在 O' 点 $(0,-R)$ 的圆。

不难求出，最小磁场区域的边界线由两个小的半圆和一个大的半圆围成，如图(b)所示。边界线方程为 $x^2+(y-R)^2=R^2, x\geqslant 0$；$x^2+y^2=4R^2, x\leqslant 0$；$x^2+(y+R)^2=r^2, x\leqslant 0$；如果均匀磁场垂直 xy 平面向外，最小磁场区域的边界线如图(c)所示，边界线方程为 $x^2+(y-R)^2=R^2, x\leqslant 0$；$x^2+y^2=4R^2, x\leqslant 0$；$x^2+(y+R)^2=R^2, x\geqslant 0$。

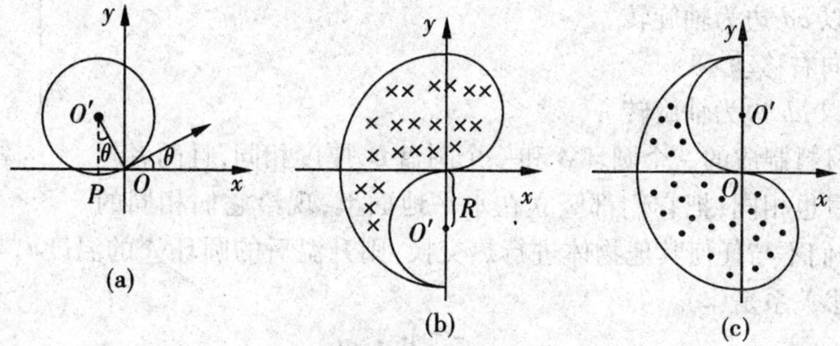

答题 12 图

真题七　2012年北约自主招生考试物理试题及参考答案

一、选择题

1. 两质量相同的卫星绕地球做匀速圆周运动，运动半径之比 $R_1:R_2=1:2$，则关于两卫星的下列说法正确的是(　　)

A. 向心加速度之比为 $a_1:a_2=1:2$

B. 线速度之比为 $v_1:v_2=2:1$

C. 动能之比为 $E_{k1}:E_{k2}=2:1$

D. 运动周期之比为 $T_1:T_2=1:2$

2. 如图所示，通电直导线旁放一个金属线框且线框和导线在同一平面内。以下哪种运动方式不能使线框 $abcd$ 中产生感应电流？(　　)

A. 线框以 AB 为轴旋转

B. 线框以 ad 边为轴旋转

C. 线框向右移动

D. 线框以 ab 边为轴旋转

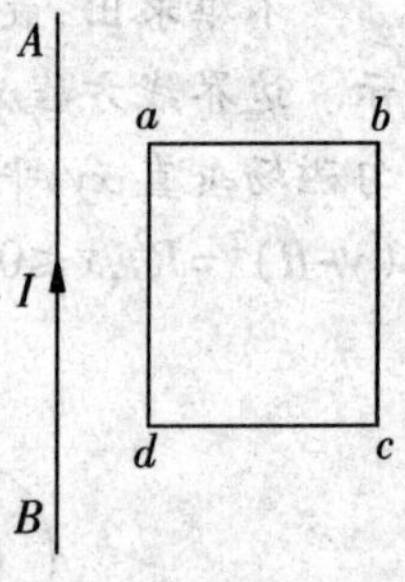

题2图

3. 相同材料制成的一个圆环 A 和一个圆盘 B，厚度相同，且两者起始温度和质量也相同，把它们都竖立在水平地面上，现给它们相同的热量，假设它们不与任何其他物体进行热交换，则升温后的圆环 A 的温度 t_A 与圆盘 B 的温度 t_B 的大小关系是(　　)

A. $t_A>t_B$　　B. $t_A<t_B$

C. $t_A=t_B$　　D. 无法确定

二、填空题

4. 质量为 m 的小球，以初速度 v_0 与另一质量为 M(未知)的小球发生弹性正碰。若碰后 m 球的速率为 $v_0/2$ 且与原方向相反，则 $M=$ ______；若碰后 m 球速率为 $v_0/3$ 且与原方向相同，则 $M=$ ____。

5. OA、OB 是两面镜子，成36°夹角，观察者在两镜之间，则人从两镜中最多能看到________个像；从 B 镜中最多能看到____________个像。

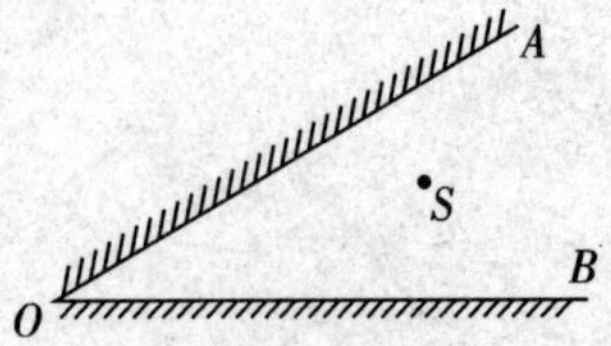

题5图

6. 固定在地面上的两激光器 A 和 B 相距为 L_0，有大木板平行贴近地面以速度 $v=0.6c$ 相对地面沿 AB 连线方向高速运动。地面参考系中，某时刻，两激光器同时发射激光在运动木板上形成点状灼痕 A' 和 B'。此后，让大木板缓慢减速至静止后，测量两灼痕的间距为 $L=$ ____ L_0。随原木板高速运动的惯性参考系的观察者认为，两束激光不是同时，应存在发射时间差 $\Delta t'=$ ____ L_0/c。

三、实验题

7. 图为杨氏双缝干涉实验装置，光源 S 为单色面光源，波长为 λ，单缝 A 的中心位于双缝 B 和 C 的垂直平分线上，B 与 C 相距为 d，单缝与双缝相距为 r，接收屏 P 与双缝相距为 R，$R \gg d$，$r \gg d$，问：

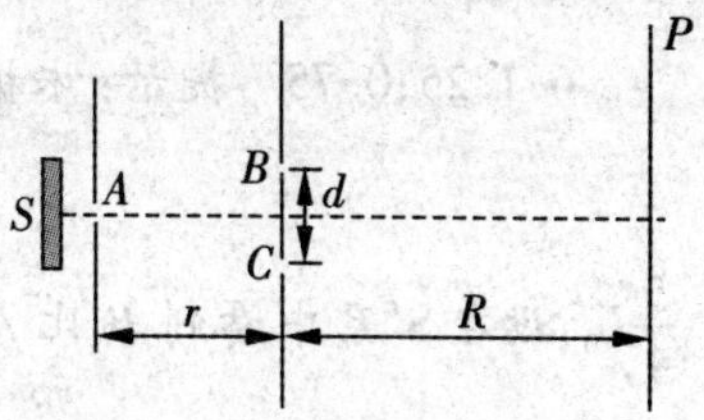

题 7 图

(1) 接收屏上的干涉条纹间距是多少？

(2) 设单缝 A 的宽度 b 可调，问 b 增大为多少时干涉条纹恰好第一次消失？

(3) 接(2)问，条纹恰好消失时，固定 A 的宽 b，为了使干涉条纹再次出现，试问 d、r、R 三个参量中应调节哪些量？

四、计算题

8. 两个相同的电容器 A 和 B 如图连接，它们的极板均水平放置。当它们都带有一定电荷并处于静电平衡时，电容器 A 中的带电粒子恰好静止。现将电容器 B 的两极板沿水平方向移动使两极板错开，移动后两极板仍然处于水平位置，且两极板的间距不变。已知这时带电粒子的加速度大小为 $g/2$，求 B 的两个极板错开后正对着的面积与极板面积之比。设边缘效应可忽略。

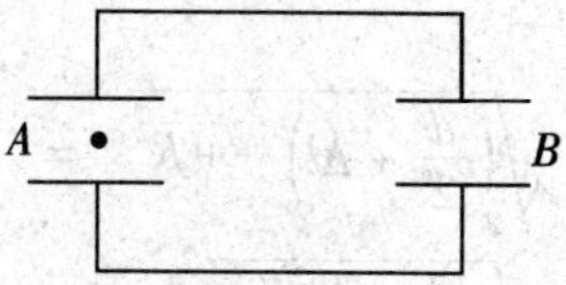

题 8 图

9. 车轮是人类在搬运东西的劳动中逐渐发明的，其作用是使人们能用较小的力量搬运很重的物体。假设匀质圆盘代表车轮，其他物体取一个正方形形状。我们现在就比较在平面和斜面两种情形下，为使它们运动（平动、滚动等）所需要的最小作用力。假设圆盘半径为 b，正方形物体的每边长也为 b，它们的质量都是 m，它们与水平地面或斜面的摩擦因数都是 μ，给定倾角为 θ 的斜面。

(1) 使圆盘在平面上运动几乎不需要作用力。使正方形物体在平面上运动，需要的最小作用力 F_1 是多少？

(2) 在斜面上使正方形物体向上运动所需要的最小作用力 F_2 是多少？

(3) 在斜面上使圆盘向上运动所需要的最小作用力 F_3 是多少？限定 F_3 沿斜面方向。

10. 氢原子模型中，轨道的量子化条件为：$2\pi r_n = n\lambda_n$，其中 r_n 为 n 级轨道半径，λ_n 为 n 级的物质波的波长。已知电子电量 e、静电力恒量 k、电子质量 m、普朗克常数 h。

(1) 求第 n 级的电子轨道半径 r_n。

(2) 求第 n 级的电子的运动周期。

(3) 偶电子素的量子化条件为 $2\pi(2r_n) = n\lambda_n$（偶电子素是指反电子与电子构成的体系，它们绕两点中心做圆运动），求偶电子素中第 n 级的电子轨道半径 r_n。

【参考答案】

1. C

2. A

3. B　提示：显然环的半径比盘的大，因膨胀而增加的重力势能大。

4. $3m$；$m/2$

5.9;5

6.1.25;0.75　提示：木板参考系中灼痕的间距为静长，L_0 为动长，故 $L=\frac{L_0}{\sqrt{1-\beta^2}}=\frac{5}{4}L_0$，设在 S′系中看到 B 比 A 先发射 $\Delta t'$，由洛伦兹变换可知，$\Delta t'=\frac{\frac{v}{c^2}L_0}{\sqrt{1-\beta^2}}=\frac{3L_0}{4c}$，$\Delta t'=0.75\frac{L_0}{c}$。

7.(1) $\Delta y=\frac{\lambda R}{d}$；(2)干涉条纹第一次消失时，来自单缝某边缘光形成的零级亮纹与单缝中心光形成的一级暗纹重叠。设边缘光零级亮纹移动了 Δl，则 $\sqrt{\left(\frac{d}{2}-\frac{b}{2}\right)^2+r^2}+\sqrt{\left(\frac{d}{2}+\Delta l\right)^2+R^2}=\sqrt{\left(\frac{d}{2}+\frac{b}{2}\right)^2+r^2}+\sqrt{\left(\frac{d}{2}-\Delta l\right)^2+R^2}$，$\sqrt{\left(\frac{d}{2}+\Delta l\right)^2+R^2}-\sqrt{\left(\frac{d}{2}-\Delta l\right)^2+R^2}=\frac{\lambda}{2}$，利用 R、$r\gg b$、d 近似得 $\Delta l=\frac{R\lambda}{2d}$，$b=\frac{2r\Delta l}{R}$，得 $b=\frac{\lambda r}{d}$；(3)要使干涉条纹再次出现，只需使单缝边缘光的零级亮纹与单缝中心光的一级亮纹重叠，在(2)结论中用 2λ 代替 λ 得 $b=\frac{2\lambda r'}{d'}$，固定 b，则应减小 r'，增大 d，与 R 无关，不用调节 R。

8.设电容器 A 和 B 的电容都为 C，原本各自带电荷 Q，因 $C\propto S$，故设错开后电容变为 αC，而 $F\propto Q$，可设 $F=kQ$，故 $kQ=mg$，错开后 $\frac{Q'_A}{C}=\frac{2Q-Q'_A}{\alpha C}$，且 $k|Q_A-Q'_A|=\frac{1}{2}mg$，解得 $\alpha=\frac{1}{3}$。

9.(1) $F\cos\alpha=(mg-F\sin\theta)\mu$，$F_{\min}=\frac{\mu mg}{\sqrt{\mu^2+1}}$；

(2) $F\cos\alpha=mg\sin\theta+(mg\cos\theta-F\cos\alpha)\mu$，$F_{\min}=mg\cdot\frac{\sin\theta+\mu\cos\theta}{\sqrt{\mu^2+1}}$；

(3)若 $\mu>\frac{1}{2}\tan\theta$，发生滚动，由力矩平衡得 $F=\frac{1}{2}mg\sin\theta$，若 $\mu<\frac{1}{2}\tan\theta$，发生滑动，得 $F=mg(\sin\theta-\mu\cos\theta)$。

10.(1) $\frac{ke^2}{r_n^2}=\frac{mv_n^2}{r_n}$，$2\pi r_n=n\lambda_n$ 且 $\lambda_n=\frac{h}{p}=\frac{h}{mv_n}$ 解得 $r_n=\frac{n^2h^2}{4\pi^2mke^2}$；(2) $T_n=\frac{2\pi r_n}{v_n}$，解得 $T_n=\frac{n^3h^3}{4\pi^2k^2me^4}$；(3) $\frac{ke^2}{(2r_n)^2}=\frac{mv_n^2}{r_n}$，$2\pi(2r_n)=n\lambda_n$ 得 $r_n=\frac{n^2h^2}{4\pi^2ke^2m}$。

真题八　2012 年华约自主招生考试物理试题及参考答案

一、选择题

1. 带有等量异种电荷的板状电容器不是平行放置的，下列图像中的电场线描绘正确的是(　　)

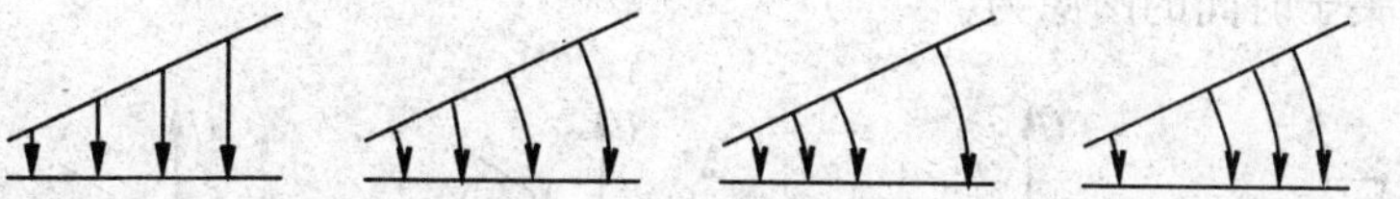

A.　　B.　　C.　　D.

2. 一铜板暴露在波长 $\lambda = 200$ nm 的紫外光中，观测到有电子从铜板表面逸出。当在铜板所在空间加一方向垂直于板面、大小为 $E = 15$ V/m 的电场时，电子能运动到距板面的最大距离为 10 cm。已知光速 c 与普朗克常数 h 的乘积为 1.24×10^{-6}eV · m，则铜板的截止波长约为 (　　)

A. 240 nm　　B. 260 nm

C. 280 nm　　D. 300 nm

3. 若实心玻璃管长 40 cm，宽 4 cm，玻璃的折射率为 $2/\sqrt{3}$，光从管的左端正中心射入，则光最多可以在管中反射几次(　　)

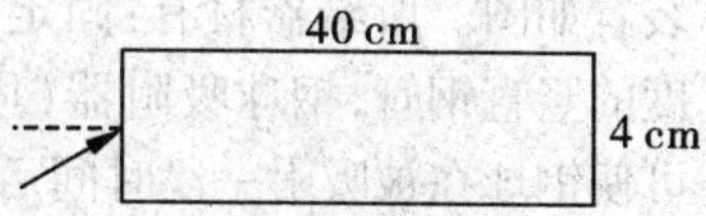

题 3 图

A. 5　　B. 6

C. 7　　D. 8

4. 已知两电源的电动势 $E_1 > E_2$，当外电路电阻为 R 时，外电路消耗功率正好相等。当外电路电阻降为 R'时，电源为 E_1时对应的外电路功率 P_1，电源为 E_2时对应的外电路功率为 P_2，电源 E_1 的内阻为 r_1，电源 E_2的内阻为 r_2。则(　　)

A. $r_1 > r_2, P_1 > P_2$　　B. $r_1 < r_2, P_1 < P_2$

C. $r_1 < r_2, P_1 > P_2$　　D. $r_1 > r_2, P_1 < P_2$

5. 如图所示，绝热容器的气体被绝热光滑密封活塞分为两部分 A、B，已知初始状态下 A、B 两部分体积、压强、温度均相等，A 中有一电热丝对 A 部分气体加热一段时间，稳定后(　　)

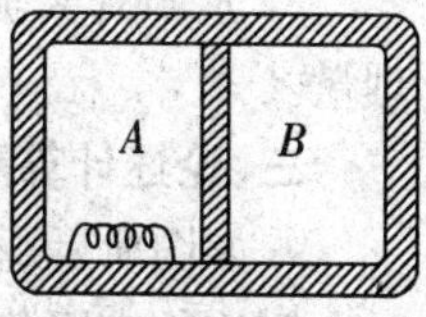

题 5 图

A. A 气体压强增加，体积增大，温度不变

B. B 气体的温度升高，B 中分子运动加剧

C. B 气体的体积减小，压强增大

D. A 气体的内能变化量等于 B 气体的内能变化量

6. 如图，一简谐横波沿 x 轴正方向传播，图中实线为 $t=0$ 时刻的波形图，虚线为 $t=0.286$ s时刻的波形图。该波的周期 T 和波长 λ 可能正确的是(　　)

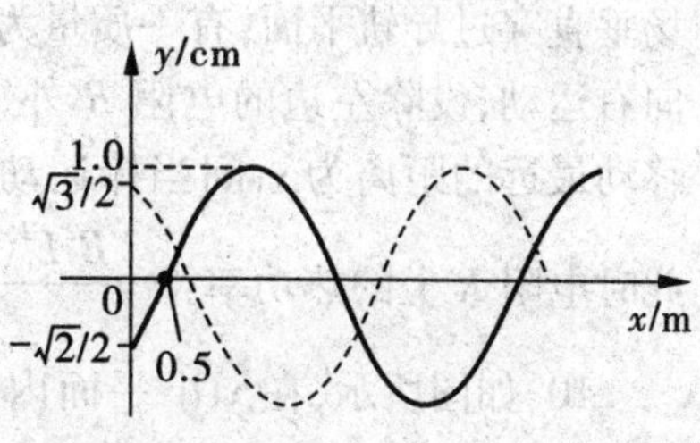

题 6 图

A. 0.528 s,2 m　　B. 0.528 s,4 m

C. 0.624 s,2 m　　D. 0.624 s,4 m

7. 铁路上使用一种电磁装置向控制中心传输信号以确定火车的位置,能产生匀强磁场的磁铁被安装在火车首节车厢下面,如图所示(俯视图)。当它经过安放在两铁轨间的线圈时,便会产生一个电信号,通过和线圈相连的电压传感器被控制中心接收,从而确定火车的位置。现一列火车以加速度 a 驶来,则电压信号关于时间的图像为(　　)

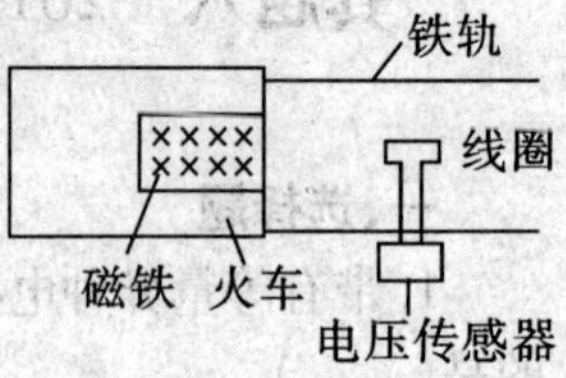

题 7 图

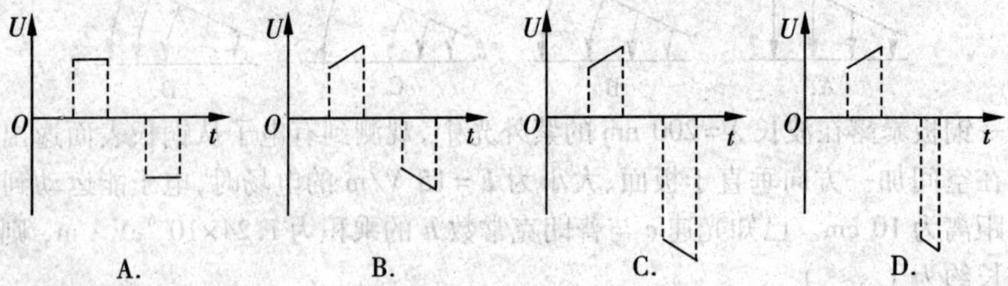

二、实验题

8. 利用光电计时器测量重力加速度的实验装置如图。所给器材有:固定在底座上带有刻度的竖直钢管,钢球吸附器(固定在钢管顶端,可使钢球在被吸附一段时间后由静止开始自由下落),两个光电门(用于测量钢球从第一光电门到第二光电门所用的时间间隔),接钢球用的小网。实验时,将第一光电门固定在靠近钢球开始下落的位置。测量并求出钢球下落不同路程的平均速度,通过作图得到重力加速度的数值。

(1) 写出实验原理;

(2) 写出实验步骤,并指明需测量的物理量。

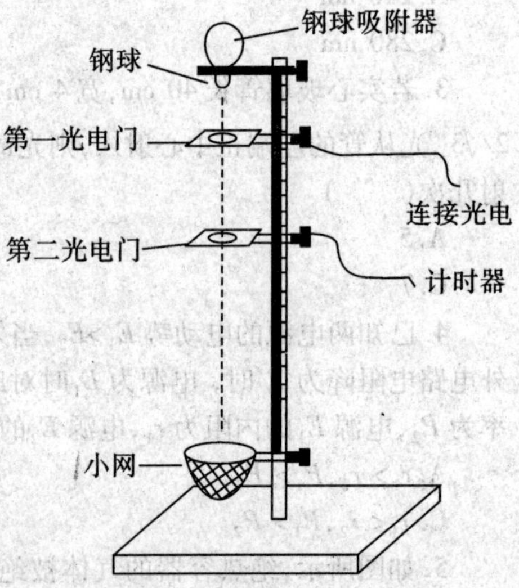

题 8 图

三、论述计算题

9. 如图所示,两个光滑的水平导轨间距为 L,左侧连接有阻值为 R 的电阻,磁感应强度为 B 的匀强磁场垂直穿过导轨平面,有一质量为 m 的导体棒以初速度 v_0 向右运动,设除左边的电阻 R 外,其他电阻不计。棒向右移动最远的距离为 s,问当棒运动到 λs 时 $(0<\lambda<1)$,证明此时电阻 R 上的热功率:$P=\dfrac{B^2L^2(1-\lambda)^2v_0^2}{R}$

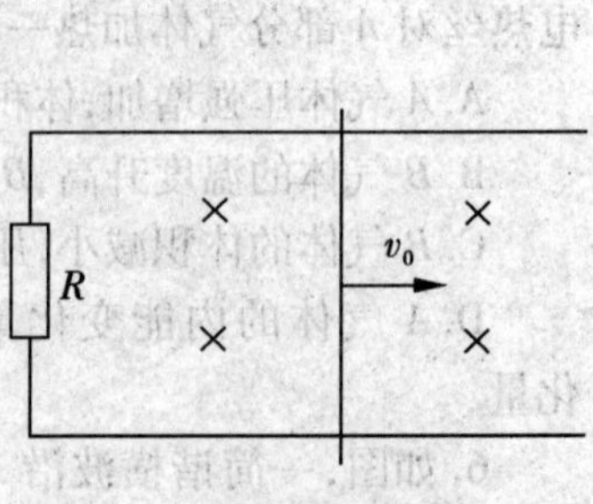

题 9 图

10. 如图所示,在 xOy 平面内有磁感应强度为 B 的匀强磁场，其中 $x\in(0,a)$ 内有磁场方向垂直 xOy 平面向里，在 $x\in(a,\infty)$ 内有磁场方向垂直 xOy 平面向外，在 $x\in(-\infty,0)$ 内无磁场。一个带正电 q、质量为 m 的粒子(粒子重力不计)在 $x=0$ 处，以速度 v_0 沿 x 轴正方向射入磁场。

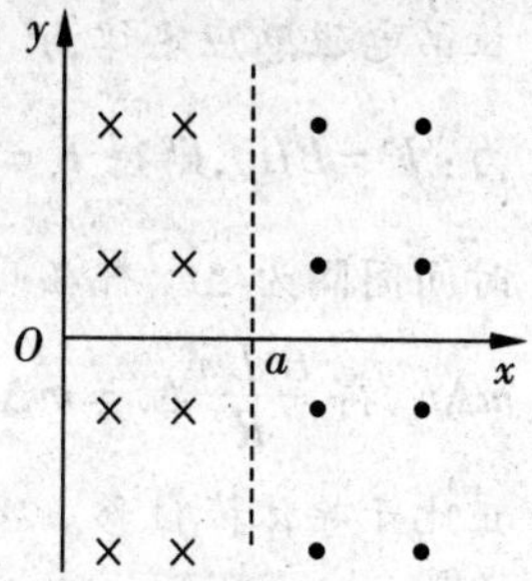

题 10 图

(1)若 v_0 未知，但粒子做圆运动的轨道半径为 $r=\sqrt{2}a$，求粒子与 x 轴的交点坐标。

(2)若无(1)中 $r=\sqrt{2}a$ 的条件限制，粒子的初速度仍为 v_0(已知)，问粒子回到原点 O 需要使 a 为何值?

11. 小球从台阶上以一定初速度水平抛出，恰落到第一级台阶边缘，反弹后再次落下，经 0.3 s 恰落至第 3 级台阶边界，已知每级台阶宽度及高度均为 18 cm，取 $g=10\ m/s^2$。且小球反弹时水平速度不变，竖直速度反向，但变为原速度的 1/4。

(1)求小球抛出时的高度及距第一级台阶边缘的水平距离。

(2)问小球是否会落到第 5 级台阶上? 说明理由。

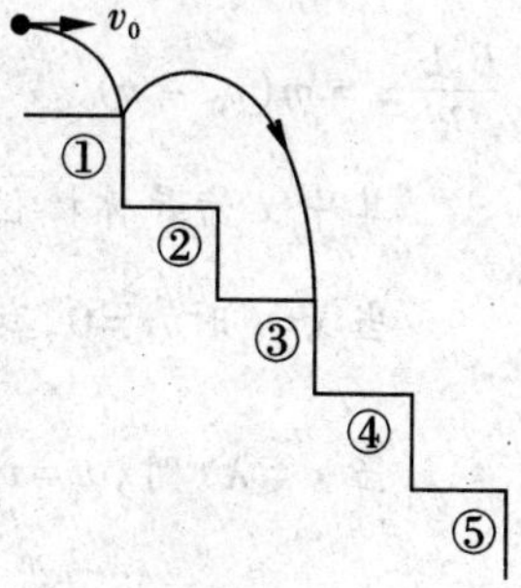

题 11 图

【参考答案】

1. C　提示：电容两端电压相等，d 增大时，E 减小。

2. B

3. B

4. D

5. BC

6. B

7. D　提示：加速运动时，v 增大，ε 增大。当线圈全在磁场内时，磁通量不变，$\varepsilon=0$，当线圈离开时，v 增大，ε 减小。

8. (1)实验原理是：$v_i=\dfrac{\Delta h_i}{\Delta t_i}$，$v_i=v_0+g\Delta t_i/2$，式中，下标 i 表示第 i 次试验，Δh_i 是两个光电门之间的距离，Δt_i 是光电计时器读出的时间。v_0 表示通过第一个光电门时的速度，v_i 表示时间 Δt_i 内的平均速度。

(2)实验步骤：①调整第二光电门使其与第一光电门相距一定的距离，从带有刻度的竖直钢管上读取两光电门之间的距离 Δh_i；②释放钢球，记录钢球通过两光电门所用的时间间隔 Δt_i；③多次重复步骤①②，获得多组数据 Δh_i 和 Δt_i；④计算各组数据对应的平均速度 v_i，画出 $v-\Delta t$ 图像；⑤从 v-Δt 图中的拟合直线求出其斜率，此斜率的 2 倍即为所求重力加速度的数值。

需测量的物理量：每次实验两个光电门之间的距离 Δh_i 和对应时间 Δt_i。

由 $v=v_0+g\Delta t/2$ 可得 v-Δt 图像的斜率 $k=g/2$，$g=2k$。

9. 提示：取导体棒开始运动时为计时起点，设导体棒向右运动时刻 t 的速度为 v，由法拉第电磁感应定律，产生的感应电动势 $E = BLv$，感应电流 $I = E/R$，导体棒受到的安培力：$F = BIL$，解得 $F = \frac{B^2L^2v}{R}$，注意到此力为变力，将区间 $[0,t]$ 分为 n 小段，设第 i 小段时间间隔为 Δt，杆在此段时间的位移为 Δx，规定向右的方向为正，由动量定理，$F\Delta t = m\Delta v$，得 $\frac{B^2L^2v}{R}\Delta t = m\Delta v$，又 $v\Delta t = \Delta x$，所以有 $\frac{B^2L^2}{R}\Delta x = m\Delta v$。即瞬间导体棒动量变化量正比于导体棒位移。

在整个过程中，有：$\sum \frac{B^2L^2v}{R}\Delta x = \sum m\Delta v$。即 $\frac{B^2L^2}{R}\sum \Delta x = m\sum \Delta v$。得到：$\frac{B^2L^2}{R}x = m(v_0 - v)$。

其中 x 为导体棒位移，v 为导体棒瞬时速度。

当 $x=s$ 时，$v=0$，有 $\frac{B^2L^2}{R}s = mv_0$；

当 $x = \lambda s$ 时，$v = v_0 - \frac{B^2L^2\lambda s}{mR}$；联立解得：$v = v_0(1-\lambda)$，此时产生的感应电动势 $E = BLv = BLv_0(1-\lambda)$，此时电阻 R 上的热功率：$P = \frac{E^2}{R} = \frac{B^2L^2(1-\lambda)^2v_0^2}{R}$。证毕。

10. 提示：(1) 带电粒子在匀强磁场中做匀速圆周运动，设其轨道半径为 R，其在第一象限的运动轨迹如图(a)所示。此轨迹由两段圆弧组成，圆心分别在 C 和 C' 处，轨迹与 x 轴交点为 P。由对称性可知 C' 在 $x=2a$ 直线上。设此直线与 x 轴交点为 D，P 点的 x 坐标为 $x_P=2a+DP$。过两段圆弧的连接点作平行于 x 轴的直线 EF，则

$$DF = R - \sqrt{R^2-a^2}, C'F = \sqrt{R^2-a^2}, C'D = C'F - DF, DP = \sqrt{R^2-(C'D)^2}$$

由此可得 P 点的 x 坐标为 $x_P = 2a + 2\sqrt{R\sqrt{R^2-a^2}-(R^2-a^2)}$，

代入题给条件得 $x_P=2[1+\sqrt{\sqrt{2}-1}]a$

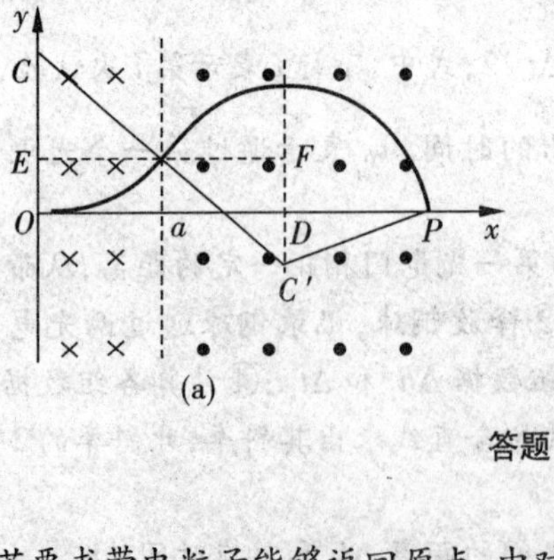

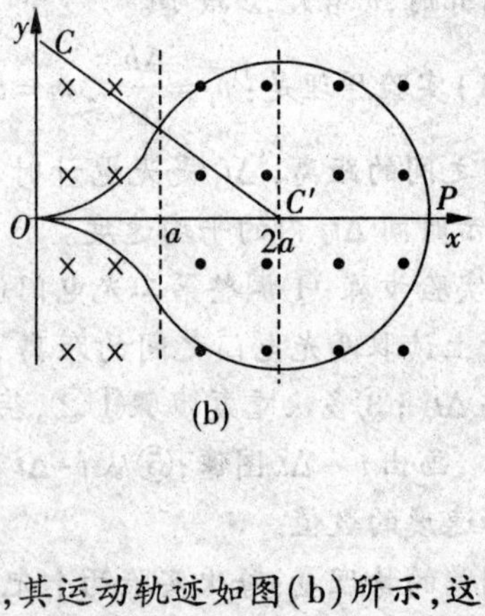

答题10图

(2) 若要求带电粒子能够返回原点，由对称性，其运动轨迹如图(b)所示，这时 C' 在 x 轴上。设 $\angle CC'O=\alpha$，粒子做圆周运动的轨道半径为 r，由几何关系得：$\alpha = \frac{\pi}{6}$，轨道半径

$r=\dfrac{a}{\cos\alpha}=\dfrac{2\sqrt{3}}{3}a$。

设粒子入射速度为 v_0,由牛顿第二定律和洛伦兹力公式得,$qv_0B=mv_0{}^2/r$,

解得 $a=\dfrac{\sqrt{3}\,mv_0}{2qB}$。

11.提示:(1)设台阶的宽度和高度为 a,小球抛出时的水平初速度为 v_0,第一次与台阶碰撞前、后的速度的竖直分量(竖直向上为正方向)的大小分别为 v_{y1} 和 v'_{y1}。两次与台阶碰撞的时间间隔为 t_0,则 $v_0=2a/t_0$①

$-2a=v'_{y1}\,t_0-\dfrac{1}{2}g\,t_0{}^2$ ②

$v_{y1}=4v'_{y1}$③

联立解得:$v_{y1}=v_0=1.2\ \text{m/s}$ ④

设小球从第一次抛出到第一次落到台阶上所用时间为 t_1,落点与抛出点之间的水平距离和竖直距离分别为 x_1 和 y_1,则 $t_1=v_{y1}/g$,⑤

$x_1=v_0t_0$⑥

$y_1=\dfrac{1}{2}gt_1^2$⑦

联立解得:小球抛出时的高度 $y_1=0.072\ \text{m}$ ⑧

距第一级台阶边缘的水平距离 $x_1=0.36\ \text{m}$ ⑨

(2)设小球第二次与台阶碰撞前速度的竖直分量大小为 v_{y2},则 $v_{y2}{}^2-v'_{y1}{}^2=2g(2a)$ ⑩

由③④⑩式得 $v_{y2}=2.7\ \text{m/s}$,可见:$v_{y2}>v_{y1}$。

反弹后再次落下到第3级台阶的水平位置时间将大于0.3 s,水平位移将大于 $2a$,所以不会落到第5级台阶上。

真题九　2012年卓越自主招生考试物理试题及参考答案

一、选择题

1. 我国于2011年发射的“天宫一号”目标飞行器与“神舟八号”飞船顺利实现了对接。在对接过程中，“天宫一号”与“神舟八号”的相对速度非常小，可以认为具有相同速率。它们的运动可以看作绕地球的匀速圆周运动，设“神舟八号”的质量为 m，对接处距离地球中心为 r，地球的半径为 R，地球表面处的重力加速度为 g，不考虑地球自转的影响，“神舟八号”在对接时(　　)

A. 向心加速度为 $\frac{gR}{r}$　　B. 角速度为 $\sqrt{\frac{gR^2}{r^3}}$

C. 周期为 $2\pi\sqrt{\frac{r^2}{gR^3}}$　　D. 动能为 $\frac{mgR^2}{2r}$

2. 在如图所示的坐标系内，带有等量负电荷的两点电荷 A、B 固定在 x 轴上，并相对于 y 轴对称，在 y 轴正方向上的 M 点处有一带正电的检验电荷由静止开始释放。若不考虑检验电荷的重力，那么检验电荷运动到 O 点的过程中(　　)

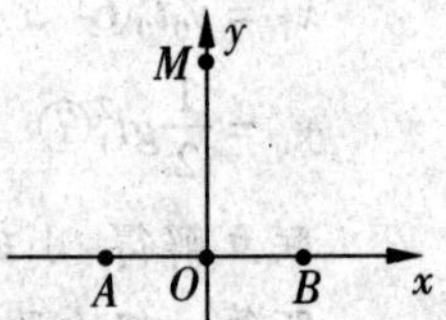

题2图

A. 电势能逐渐变小

B. 电势能先变大后变小，最后为零

C. 先做加速运动后做减速运动

D. 始终做加速运动，到达 O 点时加速度为零

3. 在两端开口竖直放置的U形管内，两段水银封闭着长度为 L 的空气柱，a、b 两水银面的高度差为 h，现保持温度不变，则(　　)

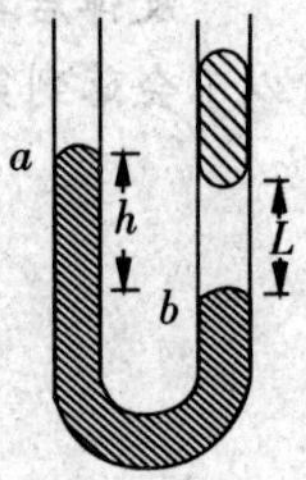

题3图

A. 若再向左管注入些水银，稳定后 h 变大

B. 若再向左管注入些水银，稳定后 h 不变

C. 若再向右管注入些水银，稳定后 h 变大

D. 若两管同时注入些水银，稳定后 h 变大

4. 如图，A 和 B 两单色光，以适当的角度向半圆形玻璃砖射入，出射光线都从圆心 O 沿 OC 方向射出，且这两种光照射同种金属，都能发生光电效应，则下列说法正确的是(　　)

A. A 光照射该金属释放的光电子的最大初动能一定比 B 光的大

B. A 光单位时间内照射该金属释放的光电子数一定比 B 光的多

C. 分别通过同一双缝干涉装置，A 光比 B 光的相邻亮条纹间距小

D. 两光在同一介质中传播，A 光的传播速度比 B 光的传播速度大

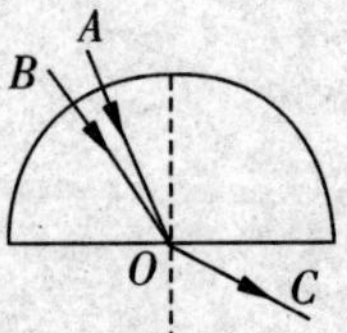

题4图

5. A、B 为一列简谐横波上的两个质点，它们在传播方向上相距20 m，当 A 在波峰时，B 恰在平衡位置。经过2 s再观察，A 恰在波谷，B 仍在平衡位置，则该波(　　)

A. 最大波长是 80 m　　　　B. 波长可能是 $\frac{40}{3}$ m

C. 最小频率是 0.25 Hz　　　　D. 最小波速是 20 m/s

6. 如图，固定在水平桌面上的两个光滑斜面 M、N，其高度相同，斜面的总长度也相同。现有完全相同的两物块 a、b 同时由静止分别从 M、N 的顶端释放，假设 b 在通过斜面转折处时始终沿斜面运动且无能量损失。则(　　)

A. 物块 b 较物块 a 先滑至斜面底端

B. 两物块滑至斜面底端时速率相等

C. 两物块下滑过程中的平均速率相同

D. 两物块开始下滑时加速度大小相等

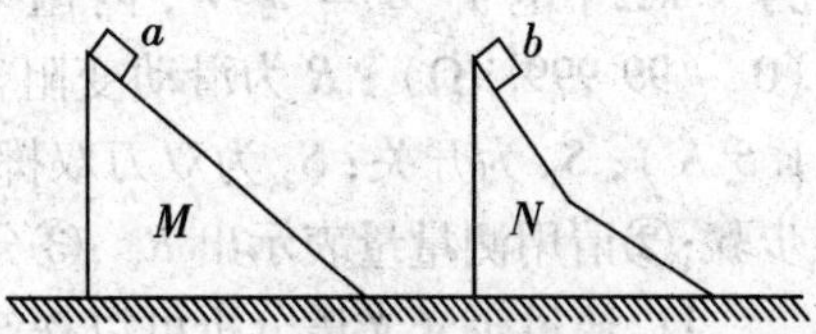

题 6 图

7. 如图，电阻分布均匀的电阻丝构成的闭合线框 $abcd$ 水平放置在竖直向下的匀强磁场中，电阻不可忽略的导体棒 MN 两端搭接在 ad 和 bc 上，MN 在水平外力 F 的作用下，从靠近 ab 处无摩擦地匀速运动到 cd 附近。MN 与线框始终保持良好接触，在运动过程中(　　)

A. MN 中的电流先减小，后增大

B. MN 两端的电压先增大，后减小

C. MN 上外力的功率先减小，后增大

D. MN 上消耗的电功率先增大，后减小

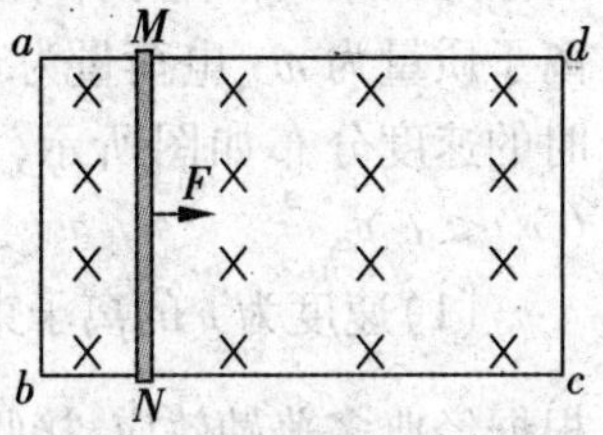

题 7 图

8. 用等长的丝线分别悬挂两个质量、电荷量都相同的带电小球 A、B，两线上端固定在同一点 O，把 B 球固定在 O 点的正下方，当 A 球静止时，两悬线夹角为 θ，如图所示。若在其他条件不变，只改变下列某些情况，能够保持两悬线夹角不变的方法是(　　)

A. 同时使两悬线的长度都减半

B. 同时使 A 球的质量、电荷量都减半

C. 同时使 A、B 两球的质量、电荷量都减半

D. 同时使两悬线的长度和两球的电荷量都减半

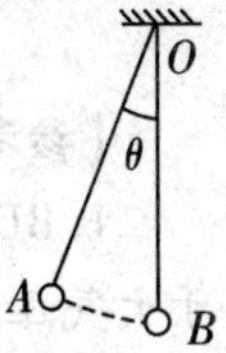

题 8 图

二、综合题

9. 一质量为 $m = 40$ kg 的孩童，站在质量为 $M = 20$ kg 的长木板的一端，孩童与木板在水平光滑冰面上以 $v_0 = 2$ m/s 的速度向右运动。若孩童以 $a = 2$ m/s^2 相对木板的匀加速度跑向另一端，并从端点水平跑离木板时，木板恰好静止。

(1)判断孩童跑动的方向；

(2)求出木板的长度 l。

10. (1)液体的黏滞系数是描述液体黏滞性大小的物理量。落球法测定蓖麻油的黏滞系数 η，通常是将蓖麻油装满长为 1 m 左右圆柱形玻璃筒，通过测得小球竖直落入蓖麻油后做匀速运动时的速度来获得。小球在蓖麻油中下落时受到重力、浮力和黏滞阻力 F 的作用，其中黏滞阻力 $F = 3\pi\eta vd$（其中 d、v 分别是小球的直径和速度）。当小球匀速运动时，利用受力平衡等条件便可求得 η，于是测得小球匀速运动的速度是这个实验的关键。若你手边只有秒表和毫米刻度尺可以利用,①你怎样确定小球已经做匀速运动了;②如何测得小球匀速运动的速度。

(2)某同学设计了一个测量电阻 R_x（约为 10 Ω）阻值的电路,如图所示。图中直流电流表的量程为 50 μA,内阻 R_g 约为 3 kΩ;电源 $E=3$ V,内阻不计;R_0 为六钮电阻箱(0 ~ 99 999.9Ω);R 为滑动变阻器(0 ~ 500 Ω,额定电流 1.5 A);S_1 为开关;S_2 为双刀双掷开关。①请简要写出实验步骤;②请用测量量表示出 R_x;③分析该电路的适用条件。

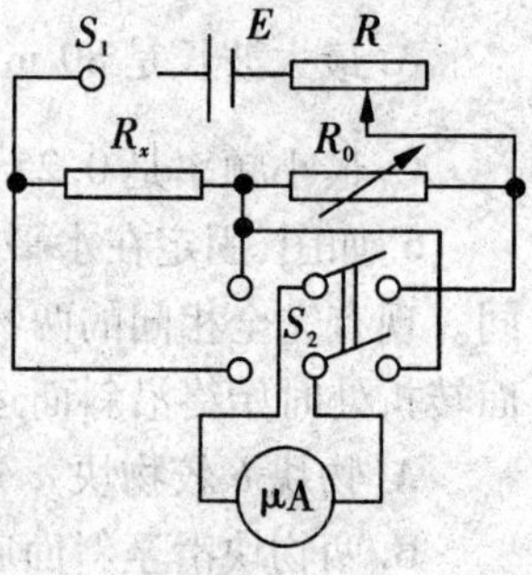

题 10 图

11. 通过荧光光谱分析可以探知元素的性质,荧光光谱分析仪是通过测量电子从激发态跃迁到基态时释放的光子频率来实现的。激发态的原子可以采用激光照射基态原子的方法来获得。现用激光照射迎着激光而来的一离子束,使其电子从基态跃迁到激发态,已知离子质量为 m,电荷量为 e($e>0$),假设该离子束处于基态时的速度分布如图所示,v_0 为该离子束中离子的最大速度($v_0 \ll c$)。

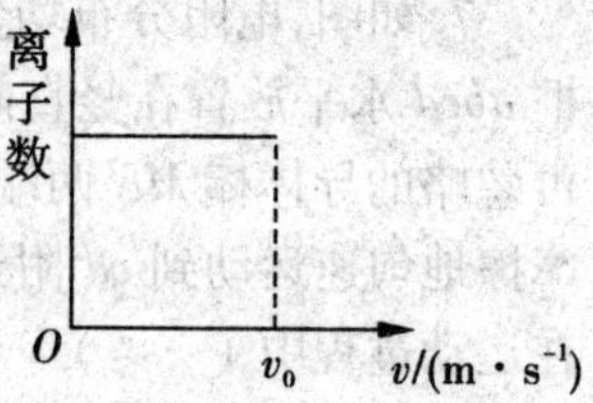

题 11 图

(1)速度为 v 的离子束迎着发射频率为 ν 的激光运动时,根据经典多普勒效应,接收到此激光的频率为 $\nu'=\nu(1+\frac{v}{c})$,其中 c 为光速。设波长为 λ_0 的激光能够激发速度 $v=0$ 的基态离子,若要激发全部离子,试推断激光的波长范围。

(2)若用电压为 U 的加速电场加速处于基态的离子束,试推断离子束的速度分布的范围是变大了还是变小了;加速后的基态离子束再被激发,那么激光的波长范围与(1)问的结论相比如何变化。

【参考答案】

1. BD　2. AD　3. BCD　提示:L 中的气体压强等于大气压加上右段水银压强等于大气压加 ρgh。

4. AC　提示:A 比 B 频率高。

5. AC　6. AB　7. ABC　提示:当 MN 达到 ad 中点时总电阻最大。

8. BD

9. (1)孩童应沿着木板运动的方向跑动,即孩童开始时应站在木板的左端,向右跑。

(2)设孩童跑离木板时相对木板的速度为 u,根据匀加速直线运动规律得

$$u^2=2al \quad ①$$

设孩童跑离木板时木板相对于冰面的速度为 v,孩童相对冰面的速度为

$$v'=u+v \quad ②$$

由于冰面光滑,孩童和木板组成的系统在水平方向上不受外力,所以动量守恒。选冰面为参考系,v_0 的方向为坐标正方向,则有

$$(M+m)v_0=Mv+mv' \quad ③$$

若木板恰好静止，即要求木板相对冰面的速度 $v=0$，由此可得

$$u=\frac{M+m}{m}v_0 \quad ④$$

综合上述各式得

$$l=\frac{1}{2a}\left(\frac{M+m}{m}\right)^2 v_0^2$$

将已知数据代入上式得

$$l=2.25\ \text{m}$$

10.(1)①在玻璃筒下部选取一段距离，让小球贴近蓖麻油面下落，测量其通过这段距离的时间，然后再将小球从油面上某一高度处下落，测量其通过同样区域的时间，若两次时间在误差允许范围内相同，即可判断小球在该区域做匀速运动。

或在玻璃筒下部选取上下两段相同的距离，若小球通过这两段距离所用的时间在误差允许范围内相同，即可判断小球在该区域做匀速运动。其他正确答案均得分。

②小球匀速下落时，用刻度尺测量玻璃筒侧壁上选取的那段距离的长度，用秒表测量其通过的时间，其长度与时间之比即为小球的下落速度，同时要多次测量取平均值。

(2)①实验步骤：

Ⅰ.选择 R_0 的阻值略大于 R_x；Ⅱ.闭合 S_1，将 S_2 合向 R_0 一侧，调节 R 使电流表指针指到满偏电流 $\frac{2}{3}$ 以上的刻度；Ⅲ.记下电流值 I_0；Ⅳ.保持 R 的滑动触头位置不变；Ⅴ.将 S_2 合向 R_x 一侧，读出电流表读数 I_1。

②计算式：$R_x=\frac{I_1}{I_0}R_0$

③适用条件：Ⅰ.R_x 的阻值应远远小于 50 μA 直流电流表的内阻；Ⅱ.R_0 阻值的取值应与 R_x 相近。

11.(1)因为波长为 λ_0 的激光能够激发速度 $v=0$ 的基态离子，因此，以速度为 v 运动的离子若要被激发，该离子接收到的激光波长（即固定于以速度 v 运动的参考系上测到的激光波长）也必须是 λ_0。由经典多普勒效应，迎着激光以速度 v 运动的离子束接收到

激光的频率为 $\nu'=\nu(1+\frac{v}{c})$，因此，离子能被激发的频率是 $\nu'=\frac{c}{\lambda_0}$　①

设激发速度为 v 的离子束的激光波长为 λ，则 $\lambda=\lambda_0(1+\frac{v}{c})$　②

若要激发全部离子，激光的波长范围为 $\lambda_0\leqslant\lambda\leqslant\lambda_0(1+\frac{v_0}{c})$　③

(2)设初速度为 v 的离子经加速电场后的速度为 v'，由动能定理得

$$eU=\frac{1}{2}mv'^2-\frac{1}{2}mv^2 \quad ④$$

$$v'=\sqrt{v^2+\frac{2e}{m}U} \quad ⑤$$

原来速度为零的离子加速后的速度最小，速度为 v_0 的离子加速后的速度最大，设加

速后速度分布的范围为 $\Delta v'$，则

$$\Delta v' = \sqrt{v_0^2 + \frac{2e}{m}U} - \sqrt{\frac{2e}{m}U}$$

整理得

$$\Delta v' = \frac{v_0^2}{\sqrt{v_0^2 + \frac{2e}{m}U} + \sqrt{\frac{2e}{m}U}} \qquad ⑥$$

加速前离子的速度分布范围为 $\Delta v = v_0 - 0$，所以 $\Delta v' < \Delta v$

离子束经加速电场后，速度分布的范围变小了。

设(1)问中激光的波长范围为 $\Delta\lambda_0$

$$\Delta\lambda_0 = \lambda_0(1 + \frac{v_0}{c}) - \lambda_0 = \frac{\lambda_0}{c}v_0 \qquad ⑧$$

设经加速电场加速后所需激光的波长范围为 $\Delta\lambda$，综合②⑤⑥式得

$$\Delta\lambda = \frac{\lambda_0}{c}\Delta v' \qquad ⑨$$

由⑦⑧⑨式得 $\Delta\lambda < \Delta\lambda_0$ ⑩

为激发经加速电场后的全部离子，激光的波长范围变小。

本题的第一问也可以从如下角度进行考虑：

运动的离子束受迎面而来激光照射而被激发所需的能量应小于激发静止离子所需的能量。速度为 v 的离子被激发所需的激光能量为 $h\nu = h\nu_0(1 - \frac{v}{c})$ ⑪

由 $c = \lambda\nu$ 得 $\frac{c}{\lambda} = \frac{c}{\lambda_0}(1 - \frac{v}{c})$ ⑫

整理得

$$\lambda = \lambda_0 \frac{1}{(1 - \frac{v}{c})}$$

$$\lambda = \lambda_0 \frac{1}{1 - \frac{v^2}{c^2}}(1 + \frac{v}{c})$$

由于 $v \ll c$，因此激光器的波长为

$$\lambda = \lambda_0(1 + \frac{v}{c}) \qquad ⑬$$

若要激发全部离子，可变激光器的波长范围为

$$\lambda_0 \leqslant \lambda \leqslant \lambda_0(1 + \frac{v_0}{c}) \qquad ⑭$$

真题十　2012 年复旦大学自主招生考试物理试题及参考答案

1. 关于单色光作单缝衍射，下列说法中不正确的是(　　)

A. 中央条纹最宽

B. 中央亮纹最亮

C. 单缝衍射现象与干涉无关

D. 衍射花样是多光束干涉的结果

2. 在马路旁观察会感觉马路上开行的汽车白天快夜晚慢，这是因为(　　)

A. 夜晚看不清马路两旁的参照物(房屋，行道树等)

B. 夜晚看不清车身

C. 白天车速的确较快

D. 夜晚司机比较小心降低车速

3. 手头有如下器材，可以用来直接演示单缝衍射的是(　　)

A. 平面镜　　B. 游标卡尺

C. 验电器　　D. 凸透镜

4. 对不同的惯性参照物，如下物理量中与参考系无关的是(　　)

A. 功　　B. 动能

C. 力　　D. 声音频率

5. 人站在地面上抛出一个小球，球离手时的初速度为 v_0，落地时的末速度为 v_t，忽略空气阻力，能正确表达速度矢量演变过程的图是(　　)

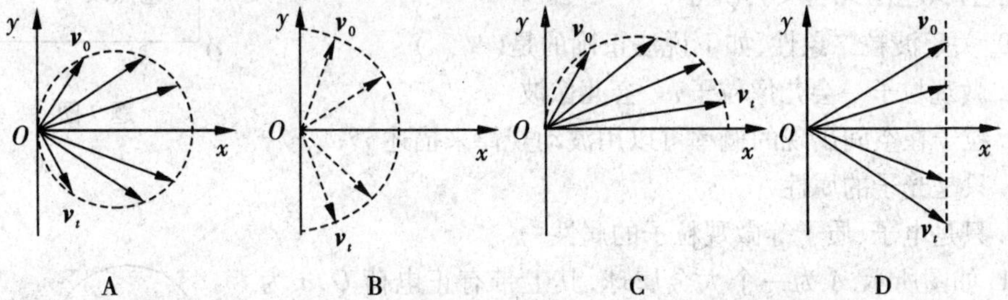

A　　B　　C　　D

6. 几个同学在一起做直流电学实验，用如图所示的线路观察电流随电阻 R 的变化，并且用灯泡作定性直观显示，开关接通后发现即使 $R=0$，电流表读数仍很低，灯泡也不亮，检查后发现电池的标称电压大于灯泡工作的标称电压，一同学断开电路用电压表测电池两端电压，发现与标称值的差别不超过 20%，几位同学对此现象作了各种分析，你认为最合理的是(　　)

A. 电流计可能损坏

B. 灯泡灯丝断了

C. 电池老化，内阻升高

D. 条件不够，无法判断

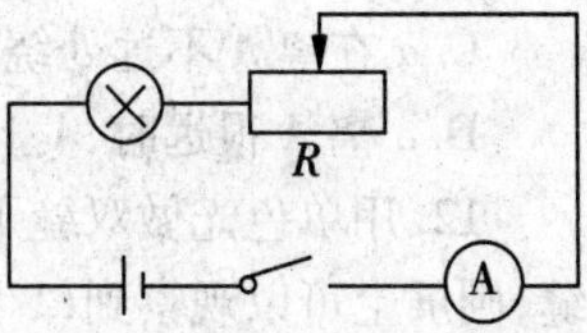

题 6 图

7. 一端固定的弹簧振子水平放置在光滑平面上，开始时在一个方向与弹簧平行的冲量 I 作用下运动，以后振子每次经过平衡位置时，都有与速度方向一致的冲量 I 作用于振子，已知弹簧的最大伸长量为 L，弹簧的劲度系数为 k，振子的质量为 m，为使弹簧达到最大伸长量，弹簧振子要经过的全振动次数最接近(　　)

A. $\frac{L\sqrt{mk}}{I}$　　B. $\frac{L}{I}\sqrt{\frac{k}{m}}$

C. $\frac{L\sqrt{mk}}{2I}$　　D. $\frac{L}{I}\sqrt{\frac{m}{k}}$

8. 一平面简谐波平行于 x 轴传播，波速为 v，在 P 点的振动表达式为 $y=A\cos\omega t$，按图示坐标，其波动表达式为(　　)

A. $y=A\cos\left(\omega t-\frac{\omega}{v}x\right)$

B. $y=A\cos\left[\omega t+\frac{\omega}{v}(x+l)\right]$

C. $y=A\cos\left[\omega t-\frac{\omega}{v}(x-l)\right]$

D. $y=A\cos\left[\omega t+\frac{\omega}{v}(x-l)\right]$

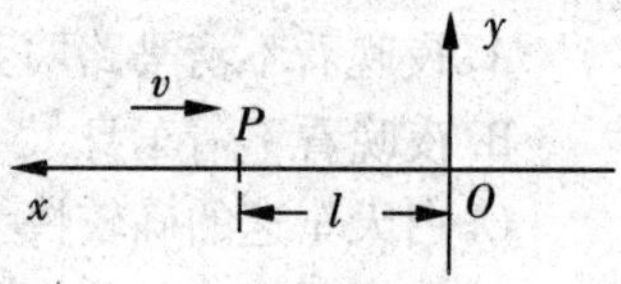

题 8 图

9. 如图所示，曲线 1→3 为绝热线，理想气体经历过程 1→2→3，则其热力学能变化 ΔE，温度变化 ΔT，体系对外做功 W 和吸收的热量 Q 是(　　)

A. $\Delta T<0, \Delta E<0, W>0, Q>0$

B. $\Delta T<0, \Delta E<0, W>0, Q<0$

C. $\Delta T>0, \Delta E>0, W>0, Q>0$

D. $\Delta T>0, \Delta E>0, W<0, Q<0$

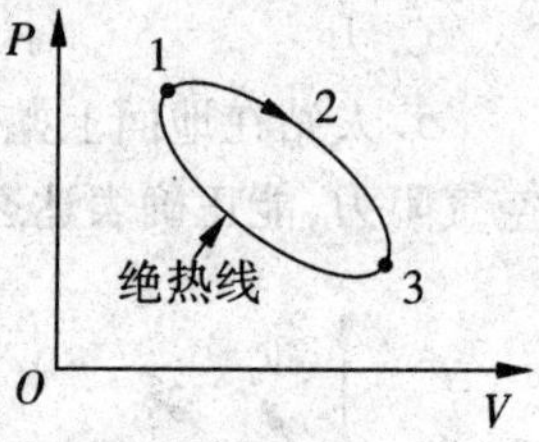

题 9 图

10. 关于波粒二象性，如下说法正确的是(　　)

A. 微观粒子一会儿像粒子，一会儿像波

B. 粒子在空间出现的概率可以用波动规律来描述

C. 只是光子的属性

D. 只是电子、质子等微观粒子的属性

11. 如图所示，A 为一个大金属球，其上带有正电荷 Q，a 为小金属球，其上带负电荷 q，A 静止，a 球运动，如下说法正确的是(　)

A. a 接近或远离 A 时，a 上的电荷密度不发生变化

B. A 球外的电场均可严格按电荷量为 Q 的点电荷的电场计算

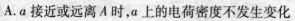

C. a 在离 A 不远处绕 A 球心转动时，A 上的电荷密度不变

D. a 离 A 很远时，A 上的电荷密度近似为均匀分布

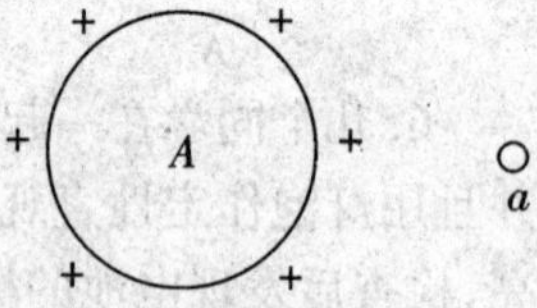

题 11 图

12. 用单色光做双缝干涉实验，现将折射率为 $n(n>1)$ 的透明薄膜遮住上方的一条缝，则屏上可以观察到(　　)

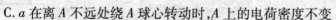

A. 干涉条纹向上移动,条纹宽度不变

B. 干涉条纹向下移动,条纹宽度变窄

C. 干涉条纹向上移动,条纹宽度变宽

D. 干涉条纹不移动,条纹宽度不变

13. 如图所示,在水中有两条相互垂直的光线1和2,其中光线1射到水和平行水面的平板玻璃的分界面上,已知水的折射率为1.33,光线1的入射角为60°,则在空气中( )

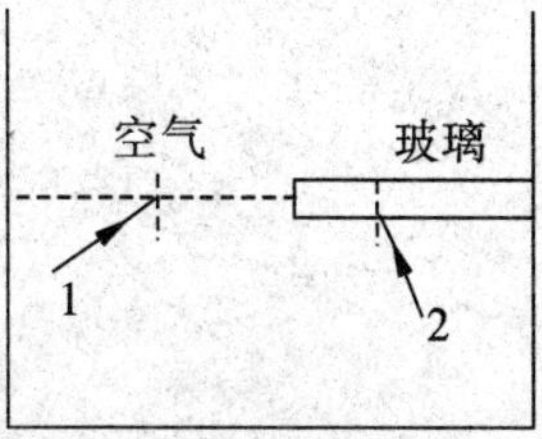

题13图

A. 两条折射光线的夹角等于90°

B. 只有光线2出射

C. 只有光线1出射

D. 没有光线出射

14. 两个容器中分别盛有理想气体氧气和氮气,两者密度相同,分子平均动能相等,则两种气体( )

A. 温度相同,氧气压强小于氮气压强

B. 温度不相同,压强不相同

C. 温度相同,氧气压强大于氮气压强

D. 温度相同,压强相同

15. 金属球壳内有如图所示的一静止正电荷 q,球壳内外一面感应电荷分布应该是( )

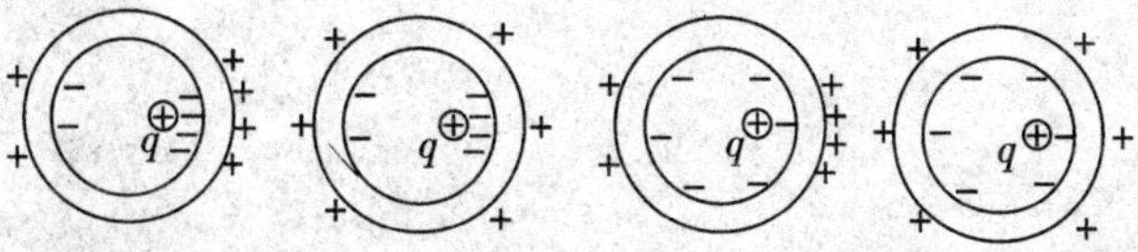

16. 图示为一复杂直流电路的一部分,A、B、C、D、E 均为其与电路其他部分的连接点,关于这部分电路中电池电动势 E_1 与 E_2(假设内阻不计)同各电阻 $R_i(i=1,2,\cdots,5)$ 上的电压 $U_i(i=1,2,\cdots,5)$ 之间有如下关系( )

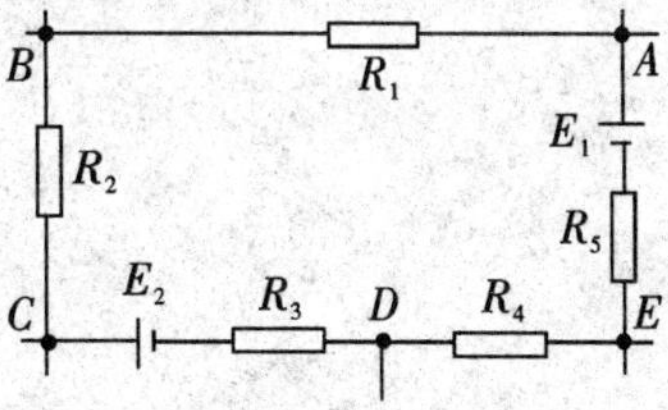

题16图

A. 无法判断

B. $|\sum U_i|<|E_1-E_2|$

C. $|\sum U_i|>|E_1-E_2|$

D. $|\sum U_i|=|E_1-E_2|$

【参考答案】

1. C

2. A 提示:在一般问题中,干涉与衍射现象同时存在。

3. B 提示:可以用游标卡尺形成的单缝。

4. C 5. D

6. C 提示:电压表内阻很大,用电压表测标称值差别小,说明电池内阻过高。

7. C　　8. D　　9. A　　10. B　　11. D　　12. A　　13. B

14. A　提示:分子平均动能相等,说明温度相同。

15. B　提示:壳外感应电荷分布只与其表面平滑程度有关,球壳外处处相同。

16. D

真题十一 2012年北大保送生考试物理试题及参考答案

1. 有一倾角为 $\theta = 45°$ 的固定斜面，将一质量为 m 的正方体物块置于其上，若两者间的动摩擦因数为 μ，且 $\mu < 1$。

(1) 为使物块不下滑，作用于物块上的最小力 F_1 为多少？

(2) 为使物块沿斜面上滑，作用于物块上的最小力 F_2 又为多少？

(3) 为使物块不翻滚，F_2 的作用点有无要求？

2. 如图所示，质量为 M 的木板放在光滑水平面上以速度 v_2 向左运动。现另有一个质量为 m 的小球以大小为 v_1、方向和竖直方向成 β 角的速度斜向右下方撞击木板，则要使球与板弹性碰撞后球不再向前运动，应满足什么条件？设球和板间的动摩擦因数为 μ。

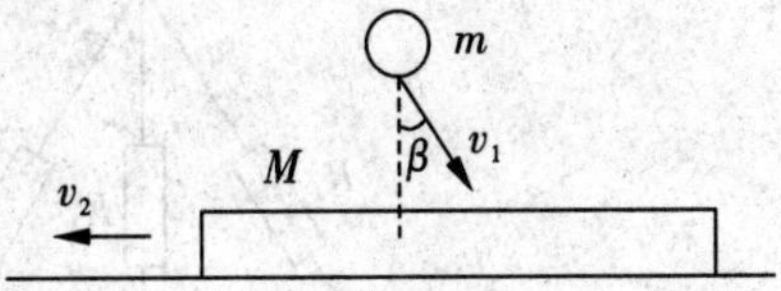

题2图

3. 如图所示，A、B、C 三个物块的质量皆为 m，与 B、C 板相连的弹簧的劲度系数为 k，A 与 B 相距 h，现无初速放开物块 A，它与 B 碰撞后黏在一起向下运动。

(1) 若在之后的运动中，物 C 能够离开地面，h 应满足什么条件？

(2) 若在 C 物刚好能被拉起的情况下，则 B 下降的最大高度为多少？

4. 如图所示气缸上部足够长，质量不计的轻活塞 A、B 的截面积分别为 $2S$ 和 S，气缸下部长为 $2l$。A、B 活塞间以长为 $7l/4$ 的无弹性轻质细绳相连，A 活塞上部有压强为 p_0 的大气。开始时封闭气室 M、N 中充有同种气体。且 M 的体积是 N 的 2 倍，N 中气体恰好为 1 mol，且小活塞 B 位于距底部 l 处，气体温度为 T_0。现同时缓慢升高两部分封闭气体的温度至 $2T_0$，求平衡后活塞 A 与底部的距离。

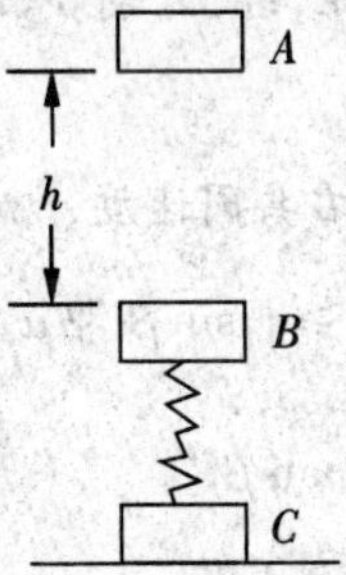

题3图

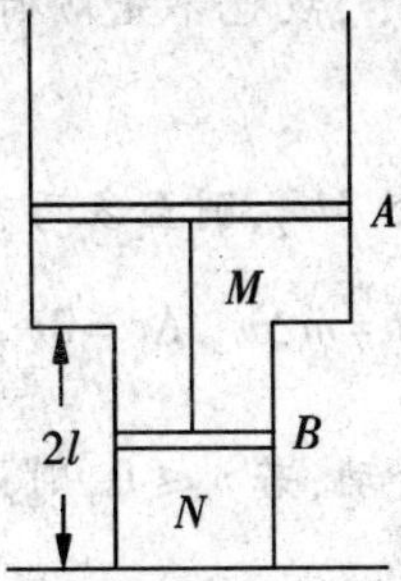

题4图

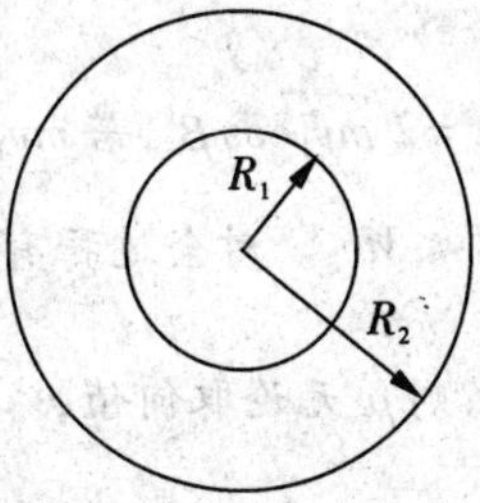

题5图

5. 如图所示，铜球壳的内外半径分别为 $R_1 = 1$ cm，$R_2 = 2$ cm，电子电量为 1.6×10^{-19}C，铜的密度为 8.9 g/cm^3，铜的摩尔质量 64 g/mol，阿伏伽德罗常数为 6.02×10^{23} mol^{-1}，空气的击穿电压为 3×10^4 V。求

(1) 铜球壳的最大带电量，其对应多少个电子？

(2) 设每个铜原子带一个自由电子，则(1)中电子数与自由电子总数的比值为多少？

6. 如图所示的电路中，$R_1 = R_2 = R_3 = R$，变阻器 R_4 的最大阻值也为 R，滑动头 D 可自由滑动。求 A、D 两点间的电阻的最大值。

7. 如图所示，有一直木棒静止于地面系 S 中(用坐标 Oxy 表示)，测得棒与 x 轴夹角 $\theta_1=30°$，现使木棒沿 x 轴正方向以高速 v 运动(S'系)。

(1)则当在 S 系中的观察者测得棒与 x'轴夹 $\theta_1=45°$ 时，他测得的棒长 l_2 为多大？v 又为多大？

(2)若 $t=0$ 时棒的下端正好经过 O 点，此时刻刚好有一质点在 S 系中以速度 v 从 O 点出发沿棒爬动，求该质点的轨迹 $y=y(x)$。

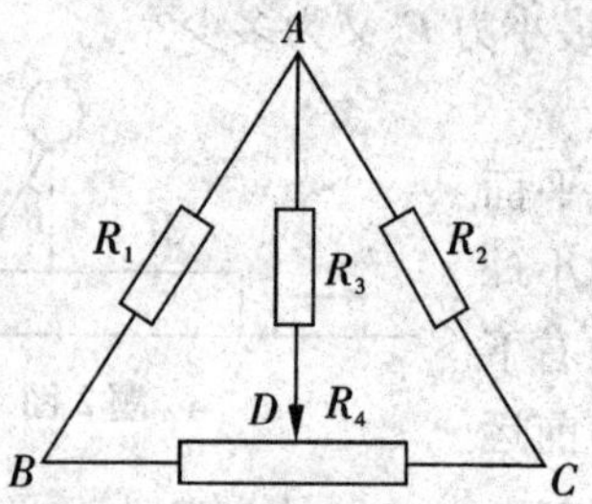

题6图

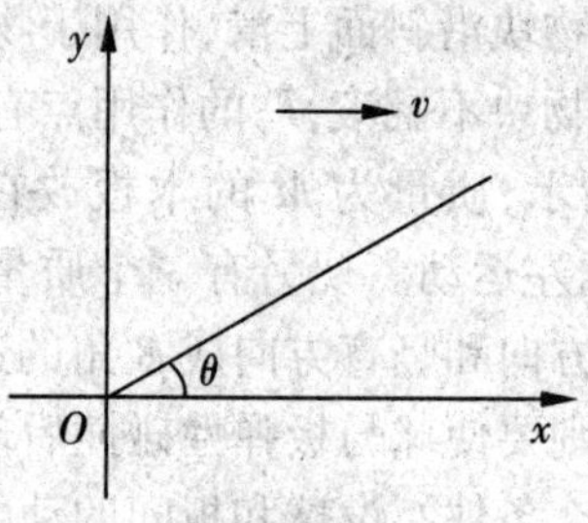

题7图

【参考答案】

1. (1) $F\cos\alpha+(F\sin\alpha+mg\cos\theta)\mu=mg\sin\theta$，$F(\cos\alpha+\mu\sin\alpha)=mg(\sin\theta-\mu\cos\theta)$，$F_{1\min}=\dfrac{mg(\sin\theta-\mu\cos\theta)}{\sqrt{1+\mu^2}}=\dfrac{\sqrt{2}mg(1-\mu)}{2\sqrt{\mu^2+1}}$；(2) 同理 $F_{2\min}=\dfrac{\sqrt{2}mg(1+\mu)}{2\sqrt{\mu^2+1}}$；(3) 以下接触点为参考点，$F$ 所给力矩是回复性质的，不会下翻；以上接触点为参考点，由于 $\alpha=\arctan\dfrac{1}{\mu}>45°$，故也不是顺时针力矩，综上，对 F_2 的作用点无要求。

2. $N\Delta t=2mv_1\cos\beta$，若 $mv_1\sin\beta>Mv_2$，则至多两者有向右共同速度，f 就不再作用，故 $mv_1\sin\beta\ll Mv_2$。对全过程有：$N\mu\Delta t=m\Delta v$，$\Delta v=2v_1\mu\cos\beta\geqslant v_1\sin\beta$ 即 $\mu\geqslant\dfrac{1}{2}\tan\beta$。故若 $v>0$，则 μ 无论取何值，球都不会动；若 $v\leqslant0$，则 $\mu\geqslant\dfrac{1}{2}\tan\beta$。

3. (1) $v=\sqrt{2gh}$ 碰后 $v'=\sqrt{\dfrac{gh}{2}}$，$E_k=\dfrac{1}{2}2mv'^2=\dfrac{mgh}{2}$，平衡位置下降了 $\dfrac{mg}{k}$，故 $E_{总}=\dfrac{mgh}{2}+\dfrac{1}{2}k\left(\dfrac{mg}{k}\right)^2=\dfrac{1}{2}kA^2$，$A-\dfrac{2mg}{k}=\dfrac{mg}{k}$ 得 $h=\dfrac{8mg}{k}$；(2) $A+\dfrac{mg}{k}=\dfrac{4mg}{k}$。

4. 初态 $V_M=2V_N$，即 $l\cdot S+x\cdot 2S=2l\cdot S$，$x=0.5l$，开始时绳子松弛，现同时对气体加热，开始都等压膨胀，若 B 能上移 l，线仍未张紧，此时满足 $\dfrac{lS}{T_0}=\dfrac{2lS}{T'}$，得 $T'=2T_0$。此时对 A 气体有 $\dfrac{2lS}{T_0}=\dfrac{l'\cdot 2S}{T'}$，$l'=2l>\dfrac{7l}{4}$。这说明在这之前线已张紧。若升温到 $2T_0$ 时 B 上移 y，且

$y < l$，即两气体未混合，则 $p_N(l+y)S = n_N R \cdot 2T_0$，$p_M\left[(l-y)S + \left(\frac{7l}{4} - l + y\right) \cdot 2S\right] = n_M R \cdot 2T_0 = 4RT_0$，$p_0 \cdot 2S + p_M S = p_N S + p_M \cdot 2S$。同时 $p_0 lS = RT_0$，由以上式子解得 $y = 1.186l$，这表明升温至 $2T_0$ 时 M、N 气体已混合 $p_0[2lS + (y-2l) \cdot 2S] = (n_N + n_M)R \cdot 2T_0 = 6RT_0$，$p_0 lS = n_N RT_0 = RT_0$，得 $y = 4l$，故 A 与底部距离为 $4l$。

5. (1) $\frac{kQ}{R_2} = 3 \times 10^4$ V 得 $Q = 4.17 \times 10^{11}$ e；(2) 1.6×10^{-13}。

6. $\frac{1}{R_{AD}} = \frac{1}{R} + \frac{1}{R+R_x} + \frac{1}{2R-R_x} \geqslant \frac{7}{3R}$，当且仅当 $R_x = \frac{1}{2}R$ 时成立，故 A、D 间电阻最大值为 $\frac{3R}{7}$。

7. (1) $l_2 = \frac{\sqrt{2}}{2}l$，$v = \sqrt{\frac{2}{3}}c$；(2) v 是在 S' 系中的速度，由速度变换公式 $u_x = \frac{u'_x + v}{1 + \frac{u_x v}{c^2}}$，

$$u_y = \frac{\sqrt{1 - \frac{v^2}{c^2}}u'_y}{1 + \frac{u'_x v}{c^2}}$$，得 $\frac{y}{x} = \frac{u_y}{u_x} = \frac{\sqrt{6} - \sqrt{3}}{3}$，即 $y = \frac{\sqrt{6} - \sqrt{3}}{3}x$。

真题十二　2012 年清华保送生考试物理试题及参考答案

一、选择题

1. 如图所示，一根光滑的均匀细杆绕通过转轴 O 点的竖直线转动，将一小球从顶端 O 点自由释放，设小球、杆和地球系统的机械能为 E，球、杆绕过 O 点的竖直线的角动量为 L，下列说法正确的是(　　)

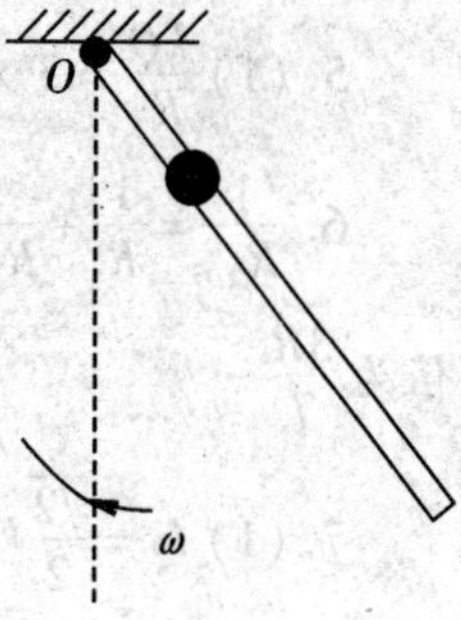

题 1 图

A. E、L 均不变

B. E 变化，L 不变

C. E 不变，L 变化

D. E、L 均变化

2. 理想气体无法通过相变变成液体，这是因为(　　)

A. 气体分子间无相互作用力　　B. 理想气体没有分子势能

C. 理想气体分子体积很小　　D. 理想气体分子没有碰撞

3. 如图所示，AB 为一定量理想气体的绝热线，当它以图示 $A\to B\to E\to A$ 过程变化时，下列关于气体吸、放热的表述正确的是(　　)

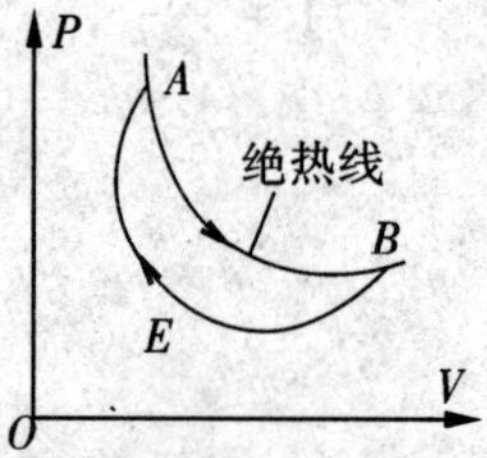

题 3 图

A. 始终吸热

B. 始终放热

C. 有时吸热，有时放热，但吸热等于放热

D. 有时吸热，有时放热，但吸热大于放热

E. 有时吸热，有时放热，但吸热小于放热

4. 无限大带电平板上方的场强 E 为定值，它的大小与下列哪一项是成正比的(　　)

A. $k\sigma$　　B. k/σ

C. $k\sigma^2$　　D. σ/k

5. 利用千分尺原理制成的读数显微镜，放大率显示为 50×，准确度达到 10^{-2} mm，现读到 0.501 mm，则测量数据最终应该记为(　　)

A. 0.50 mm　　B. 0.501 mm

C. 0.501×50 mm　　D. 0.501/50 mm

二、填空题

6. 若地球质量不变，但地球的半径减小 1%，则其表面重力加速度改变______%。地球的转动动能变化_________%。(用+、-分别表示增加、减少)

7. 量纲计算，表示电子精细结构常数 $\dfrac{e^2}{4\pi\varepsilon_0 hc}$ 的量纲。因为 $\dfrac{e^2}{4\pi\varepsilon_0}$ 的量纲是________，$\dfrac{1}{hc}$ 量纲是________，所以 $\dfrac{e^2}{4\pi\varepsilon_0 hc}$ 量纲是__________。设[L]、[M]、[T]为长度、质

量、时间的量纲。

8. 一个气泡从湖底升至水面,体积变为原来的10倍,则湖水深约为__________m。

9. 一平行板电容器接在电源两端,记断开电源将其拉开一段距离做功为A,接通电源时拉开相同距离做功为B,则A与B哪个大?答:________大,理由:__________。

10. 在离海平面高200 m的悬崖上有一个雷达,可以发射波长为5 m的无线电波,若在离悬崖20 km,且离海面125 m上方处接收到的电磁波信号最强。今有一架飞机在离悬崖20 km处从接近海平面处开始竖直向上飞行,则其在另一处离海平面最近处接收到的信号又最强的点距海平面________m。

三、计算题

11. 如图所示,一个沙漏(古代的一种计时器)置于一个盘秤上,初始时瓶中的所有沙子都放在上面的容器中,瓶的质量为M,瓶中的沙子质量为m。在$t=0$时,沙子开始释放流入下面的容器,沙子以质量变化率为$\frac{\Delta m}{\Delta t}=\lambda$离开上面的容器,试画出(并定性标明)一个图,给出在$t>0$的全部时间内秤的读数。

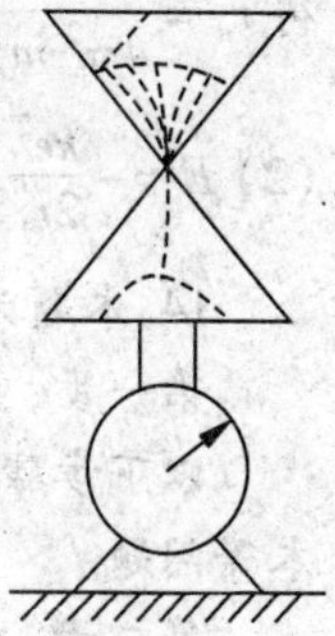

题11图

12. A、B、C为三个气体系统,当A与C热平衡时,有

$$p_AV_A - nap_AV_A - p_CV_C = 0$$

B与C热平衡时,有

$$p_BV_B - nbp_BV_B - p_CV_C = 0$$

试运用热力学第零定律求A、B、C的状态方程。

13. 物理学家在微观领域中发现了"电子偶素"这一现象。所谓"电子偶素"就是由一个负电子和一个正电子绕它们的质量中心旋转形成的相对稳定的系统。已知正、负电子的质量均为m_e,电量大小均为e,普朗克恒量为h,静电力常量为k。

(1)用玻尔模型推算电子偶素的基态半径;

(2)求赖曼线产生光子的最高频率。

14. 运用合适的原理和可以测得的数据估测地球和太阳的质量。说明你的方法。

【参考答案】

1. A 2. B 3. D 4. A 5. B

6. 2,2 提示:第二问应考虑角动量守恒。

7. $[L]^3[M][T]^{-2}$,$[L]^{-3}[M]^{-1}[T]^2$。

8. 90

9. A 接上电源U不变,拉开过程Q减少,F也相应减少。

10. 375 提示:发射而来的电磁波与直接到达的电磁波会干涉,此题类比杨氏双缝干涉。$\Delta x=\frac{\lambda L}{d}=250$ m,故下一级加强为125+250=375 m。

11. 设沙子从漏斗中央到底部用时为T,则造成的冲击力$F=\frac{\Delta mv}{\Delta t}=\lambda gT$,故中途支持力$N=(M+m-\lambda T)g+F=(M+m)g$。

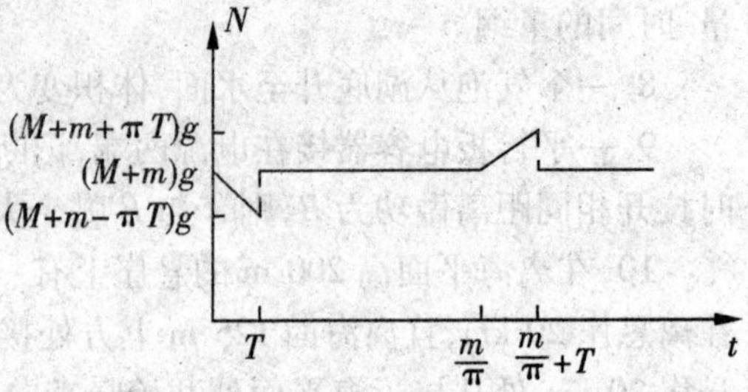

答题 11 图

12. 由热力学第零定律可知热平衡时气体定有一个相同的函数 $f(T)$ 描述状态 $f(T) = p_AV_A(1-na)$ $f(T) = p_BV_B(1-nb)$ ，$f(T)=p_CV_C$，其中 $f(T)$ 是以 T 为唯一变量的函数。

13. (1) $2\pi\times 2r_n=\dfrac{nh}{m_ev_n}$，$\dfrac{m_ev_n^2}{r_n}=\dfrac{ke^2}{(2r_n)^2}$

得 $r_n=\dfrac{n^2h^2}{4\pi^2m_eke^2}$，故基态 $r_1=\dfrac{h^2}{4\pi^2m_eke^2}$；

(2) $E=-\dfrac{ke^2}{2r_1}=-\dfrac{\pi^2m_ek^2e^4}{h^2}$，$0-\left(-\dfrac{\pi^2m_ek^2e^4}{h^2}\right)=hv_m$ 得 $v_m=\dfrac{\pi^2m_ek^2e^4}{h^3}$。

14. 本题为开放性试题，以下答案仅供参考。

第一步，重复卡文迪许扭秤实验或查阅资料得到 G 值。

以下步骤均将地球、太阳视为完美球体；不考虑地形、气候、大气对光的折射、实验成本等问题。

第二步，在赤道上选取两城市，测量它们之间的距离和日出时刻的差异 Δt，计算出地球半径 R_E。

第三步，在南极点用自由落体法测出重力加速度 g。

第四步，计算地球质量 $M_E=\dfrac{gR_E^2}{G}$。

第五步，根据天文观测得到太阳系中各星体的相对距离，再在不同地点、同一时刻用两架望远镜对准某一行星上的同一点，在三角形中解出地球到该行星的绝对距离，代入到相对距离中算出地球到太阳的绝对距离 R_{SE}。（注意：不能用三角法直接测地日距离，因为两架望远镜无法准确对准太阳上同一点，从而造成角度误差）

第六步，由 $\dfrac{GM_SM_E}{R_{SE}^2}=M_E\dfrac{4\pi^2}{T^2}R_{SE}$，得 $M_S=\dfrac{4\pi^2R_{SE}{}^3}{GT^2}$，$T$ 可根据生活经验获取。

真题十三　2011 年北约自主招生考试物理试题及参考答案

1. 平直铁轨上停着一节质量 $M = 2\,m$ 的小车厢,可以忽略车厢与水平铁轨之间的摩擦。有 N 名组员沿着铁轨方向列队前行,另有 1 名组长在最后,每名组员的质量同为 m 。

(1)当组员和组长发现前面车厢时,都以相同速度 v_0 跑步,每名组员在接近车厢时又以 $2v_0$ 速度跑着上车坐下,组长却因跑步速度没有改变而恰好未追上车,试求 N 。

(2)组员们上车后,组长前进速度减为 $\frac{v_0}{2}$,车上的组员朝着车厢前行方向一个接一个水平跳下,组员离开车厢瞬间相对车厢速度大小同为 u,结果又可使组长也能追上车。试问:跳车过程中组员们总共至少消耗掉人体中的多少内能?

2. 两质量均为 m 的小球,放在劲度系数为 k,原长为 L 的弹簧两端,自由静止释放。设两个小球中心与整个弹簧都始终在一条直线上并已知小球密度为 ρ 。

(1)问在两球间万有引力作用下,弹簧的最大压缩量为多大?

(2)若体系整体绕中心以角速度 ω 旋转,要求弹簧保持原长,ω 应为多大?

3. 设一天的时间为 T,地面上的重力加速度为 g,地球半径为 R_0。

(1)试求地球同步卫星 P 的轨道半径 R_p 。

(2)赤道城市 A 的居民整天可看见城市上空挂着同步卫星 P:

(2.1)设 P 的运动方向突然偏北转过 45°,试分析地判定而当地居民一天内有多少次机会可看到 P 掠过城市上空。

(2.2)取消(2.1)问中偏转,设 P 从原来的运动方向突然偏西北转过 105°,再分析地判断当地居民一天能有多少次机会可看到 P 掠过城市上空。

(3)另一个赤道城市 B 的居民,平均每三天有四次机会可看到某卫星 Q 自东向西掠过该城市上空,试求 Q 的轨道半径 R_Q 。

4. 设无重力空间有匀强电场 $\boldsymbol{E}$ 。现两质量为 m 的小球,A 带电 $q > 0$,B 不带电。$t = 0$ 时,两球静止,且相距 l,$\boldsymbol{AB}$ 方向与 $\boldsymbol{E}$ 方向相同。$t = 0$ 时刻,A 开始受电场力而向 B 运动。A 与 B 相遇时发生第一次弹性正碰,且无电量转移,求第 8 次正碰到第 9 次正碰之间需要的时间。

5. 如果质量相同的小球 A 、B 在沿一条直线的运动过程中发生弹性正碰撞,则 A 的碰后速度等于 B 的碰前速度, B 的碰后速度等于 A 的碰前速度。如图所示,将光滑水平绝缘大桌面取为 Oxy 坐标面,空间有竖直向下(图中朝里)的匀强磁场 $\boldsymbol{B}$ 。

(1) Oxy 平面上的小球 A,质量为 m,电量为 $q > 0$,初速度方向如图所示,大小为 v_0,而后 A 将作匀速圆周运动,试求圆半径 R 和运动周期 T 。

(2)图中小球 A_1、A_2 质量同为 m,电量也同为 q,开始时分别位于 y 轴上的 y_1、y_2($y_2 > y_1$)位置,初速度方向如图所示,大小也同为 v_0。设 A_1、A_2 间可能发生的碰撞都是弹性正碰而且不会相互转移电荷(下同)。要求 A_1 能到达 y_2 处,试求 $y_2 - y_1$ 的所有可能取值。

(3)图中小球 B 的质量也为 m，电量也为 q，$t=0$ 时位于 x 轴上距 O 稍远的 x_1 位置，初速度方向沿 x 轴，大小也为 v_0。现给你一个质量为 m，电量为 $-q$，初速度大小为 v_0 的小球 $B*$。$t=0$ 时 $B*$ 的初始位置和初始速度方向由你选定，但要求在 $t=\left(K+\frac{1}{2}\right)T$ 时刻（$K\in N$），B 球可达到 x 轴上与 x_1 相距尽可能远的 $x_2(x_2>x_1)$ 位置，最后给出你所得的 x_2-x_1 的值。

附注：解题时略去球之间的电作用力。

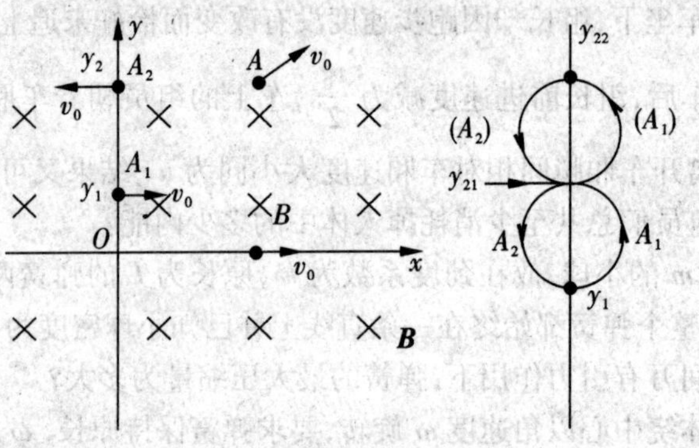

题5图

6. 两根长为 L，质量为 m，电阻为 R，棒平行桌缘放置，桌子的侧面有一根相同的棒，用两根无电阻的光滑导线将上面的棒系在一起，空间中有匀强磁场 B，方向与桌缘垂直，与水平夹角为 θ。开始时刻将两棒由静止释放。

(1)问理论上棒的最大速度 v_{max} 为多大?

(2)当棒速为 v，且 $v<v_{max}$ 时，求机械能损耗的功率 P_1 与电功率 P_2。

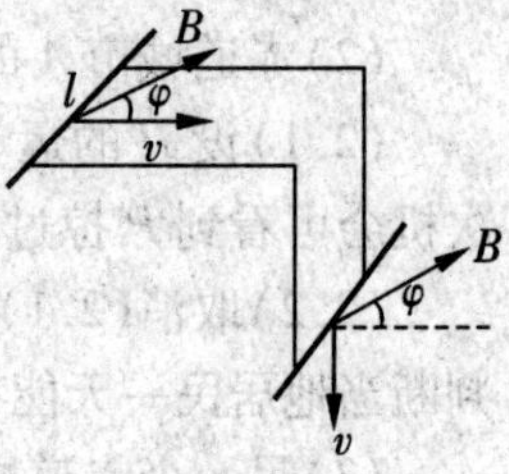

题6图

7. 如图所示，置于空气中的等腰直角三棱镜 ABC 的斜面 BC 长 $4l$，其中 BD 段长 l，棱镜材料折射率为 n。

(1)如图中实线所示，从 D 点正入射的细光束在直角面 AB、AC 外侧均无透射光，试求 n 的取值范围。

(2)取 n 为(1)问所得最小值，略去入射光在镜内经过三次或三次以上的反射光线。如图中虚线所示，对于从斜上方 30° 入射到 D 点的细光束，试问在直角面 AB 外侧和在直角面 AC 外侧是否有透射光?

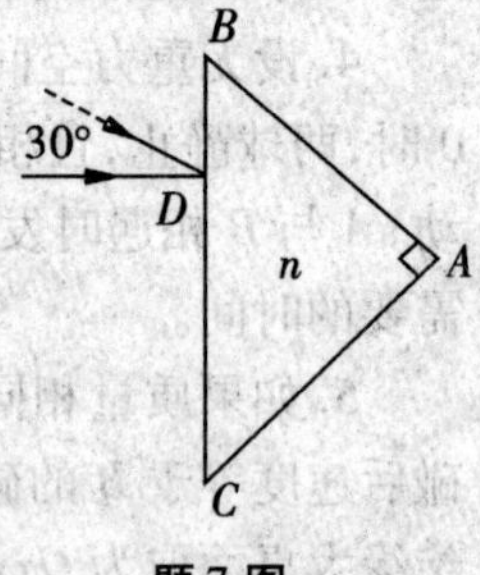

题7图

【参考答案】

1. (1) 设组员全部上车后，车的速度为 v，由动量守恒：

$$2Nmv_0=(M+Nm)v\Rightarrow v=\frac{2Nm}{M+Nm}v_0=\frac{2N}{2+N}v_0$$

队长恰好未能追上车，必有 $v = v_0$，即得 $N = 2$

(2) 设第一名组员离开后车速度 v_1，第二名组员离开后车速度 v_2

由动量守恒：$(M+2m)v_0 = (M+m)v_1 + m(v_1+u) \Rightarrow 4v_0 = 4v_1 + u \Rightarrow v_1 = v_0 - \dfrac{u}{4}$

$(M+m)v_1 = Mv_2 + m(v_2+u) \Rightarrow 3v_1 = 3v_2 + u \Rightarrow v_2 = v_1 - \dfrac{u}{3}$

可使组长也能追上车，要求

$$v_2 < \frac{1}{2}v_0 \Rightarrow \frac{1}{2}v_0 > v_2 = v_1 - \frac{u}{3} = v_0 - \left(\frac{1}{3}+\frac{1}{4}\right)u = v_0 - \frac{7}{12}u$$

$$\Rightarrow u > \frac{6}{7}v_0$$

为了计算临界情况，取 $v_2 = \dfrac{1}{2}v_0$，$u = \dfrac{6}{7}v_0$，得

$$v_1 = u_0 - \frac{u}{4} = \frac{11}{14}v_0,\ v_1 + u = \frac{23}{14}v_0$$

$$v_2 = v_1 - \frac{u}{3} = \frac{1}{2}v_0,\ v_2 + u = \frac{19}{14}v_0$$

$$E_{内} = \frac{1}{2}Mv_2^2 + \frac{1}{2}m[(v_1+u)^2 + (v_2+u)^2] - \frac{1}{2}(M+2m)v_0^2$$

$$= \frac{51}{98}mv_0^2$$

2. (1) 设小球半径为 r：$\dfrac{4}{3}\pi r^3\rho V = m$

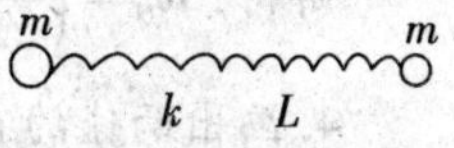

答题 2 图

设平衡位置相对原长移动 Δl，则

由 $\sum F = 0$：$\Delta l \cdot k - \dfrac{Gm^2}{(l+2r-\Delta l)^2} = 0$

由于 $\Delta l \ll l$ 万有引力很弱，所以 $\Delta l \approx \dfrac{Gm^2}{l^2 k}$，压缩到最大程度共缩 $2\Delta l$。

$$2\Delta l = \frac{2Gm^2}{l^2 k}$$

(2) 由 $\sum F = ma$，弹簧弹力为 0

$$m \cdot \omega^2\left(\frac{L}{2} + r\right) = \frac{Gm^2}{(L+2r)^2}$$

解得：$\omega = \sqrt{\dfrac{Gm}{4(L+2r)^3}}$

3. (1) 由牛顿第二定律：$m\omega^2 R_p = \dfrac{GMm}{R_p^2}$

由定义 $GM = gR_0^2$，$\omega = \dfrac{2\pi}{T}$ 解得 $R_P = \sqrt[3]{\dfrac{gR_0^2T^2}{4\pi^2}}$

(2.1) 取地心不动的惯性参考系。卫星运动方向偏北转过 45°，P 点就的大圆轨道

绕圆心运动，A 城 P 边赤道沿大圆，绕地心运动，经过半天，各转过半个大圆近日方向相遇。再经过半天，各自又转过半个大圆，近日方向相遇。故当地居民一天能有两次机会可看到 P 掠过城市上空。

(2.2)分析同(2.1)，只是每经过半天，各转过半个大圆，经过半天相遇，结论仍为当地居民一天能有两次机会看到 P 略过城市上空。

(3)由题意得

$$B\text{城}Q\text{星}:\ \frac{3}{4}\text{天}\begin{cases}B\text{转过}\frac{3}{4}\text{大圆}\\ Q\text{转过}\frac{1}{4}\text{大圆}\end{cases}\ \frac{6}{4}\text{天}\begin{cases}B\text{转过}\frac{6}{4}\text{大圆}\\ Q\text{转过}\frac{3}{4}\text{大圆}\end{cases}$$

$$\frac{9}{4}\text{天}\begin{cases}B\text{转过}\frac{9}{4}\text{大圆}\\ Q\text{转过}\frac{3}{4}\text{大圆}\end{cases}\ \frac{12}{4}\text{天}\begin{cases}B\text{转过}\frac{12}{4}\text{大圆}\\ Q\text{转过}\frac{4}{4}\text{大圆}\end{cases}$$

故 Q 的角速度 ω_Q 为 B（地球）的（自转）角速度 ω_B 的三分之一，即有

$$\omega_Q=\frac{\omega_B}{3}\Rightarrow T_Q(\text{周期})=3T_B=3T$$

同第(1)问，得：$GM=gR_e^2$，$\omega_Q=\dfrac{2\pi}{T_Q}$，$m\omega_Q^2R_Q=\dfrac{GMm}{R_Q^2}$

解得：$R_Q=\left(\dfrac{9gR_e^2T^2}{4\pi^2}\right)^{\frac{1}{3}}$

4. 画出两球的 $v-t$ 图，发现每两次碰撞之间需要时间相同，

A 球加速度 $a=\dfrac{Eq}{m}$

第一次碰撞前相对速度 $v_0=\sqrt{2al}=\sqrt{\dfrac{2Eql}{m}}$

两次碰撞过程中相对速度从 $-v_0$ 变化到 v_0

所以两次碰撞之间需要时间 $t=\dfrac{2v_0}{a}=\sqrt{\dfrac{2Eql}{m}}=2\sqrt{\dfrac{2lm}{Eq}}$

5. (1) $R=\dfrac{mv}{qB}$，$T=\dfrac{2\pi m}{qB}$

(2) 参见题解图，可得 $y_2-y_1=2R$ 或 $4R$

(3) 参见题解图，$t=0$ 时刻将 $B*$ 放在（$x=x_1$，$y=2R$）位置，初速度方向沿 x 轴，得 $x_2-x_1=2(2K+1)R$

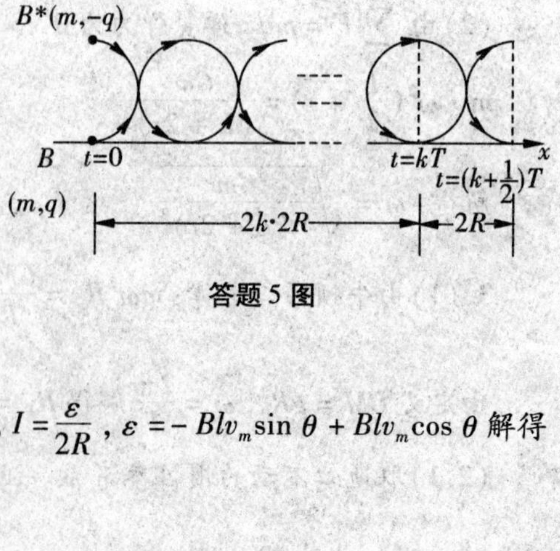

答题5图

6. (1)由于 v 到最大，棒的加速为0。由牛顿第二定律

$F_{安}-mg=0$，$F_{安}=BIl=B\cos\theta Il-B\sin Il$，$I=\dfrac{\varepsilon}{2R}$，$\varepsilon=-Blv_m\sin\theta+Blv_m\cos\theta$ 解得

$$v_m = \frac{2Rmg}{B^2l^2(\cos\theta - \sin\theta)^2} = \frac{2Rmg}{B^2l^2(1 - \sin 2\theta)}$$

(2)速度为 v 时，$F_{安} = \frac{B^2l^2v}{2R}(1 - \sin 2\theta)$

除非保守力做功功率等于机械能损耗功率

$$P_1 = F_{安} \cdot v = \frac{B^2l^2v^2}{2R}(1 - \sin 2\theta)$$

电路功率

$$P_2 = I \cdot \varepsilon = I^2R = \frac{B^2l^2v^2(1 - \sin 2\theta)}{2R}$$

7.(1) $n\sin 45° \geqslant 1 \Rightarrow n \geqslant \sqrt{2}$

(2) 镜内射面镜面时发生全反射现象的入射角 $\theta_0 = 45°$

参考答题图，有 $\sin 30° = n\sin\varphi_1 = \sqrt{2}\sin\varphi_1 \Rightarrow \varphi_1 = \arcsin\left(\frac{1}{2\sqrt{2}}\right)$

$\theta_1 = 90° = [180° - 45° - (90° + \varphi_1)] = 45° + \varphi_1 > \theta_0 = 45°$

取直角面 AB 外侧透射光，有

$\theta_2 = 90° - [180 - 90° - (90° - \theta_1)] = 90° - \theta_1 = 45° - \varphi_1 < \theta_0$

故直角边 AC 外侧有透射光。

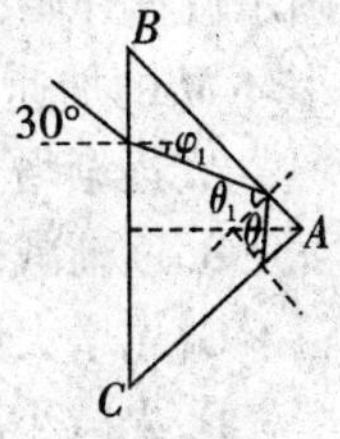

答题7图

真题十四　2011年华约自主招生考试物理试题及参考答案

一、选择题

1. 根据玻尔的氢原子理论,当某个氢原子吸收一个光子后(　　)

A. 氢原子所处的能级下降　　B. 氢原子的电势能增大

C. 电子绕核运动的半径减小　　D. 电子绕核运动的动能增加

2. 如图所示,纸面内两根足够长的细杆 ab、cd 都穿过小环 M,杆 ab 两端固定,杆 cd 可以在纸面内绕过 d 点并与纸面垂直的定轴转动。若杆 cd 从图示位置开始,按照图中箭头所示的方向,以匀角速度转动,则小环 M 的加速度(　　)

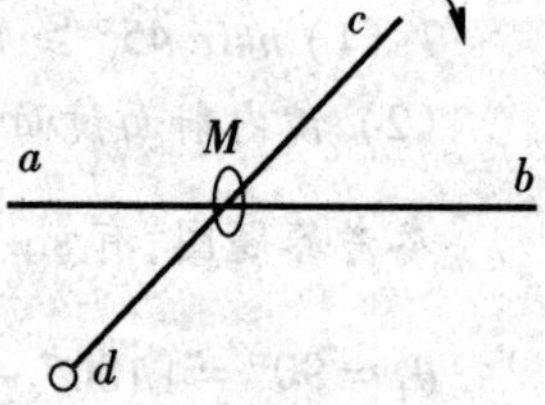

题2图

A. 逐渐增大

B. 逐渐减小

C. 先增大后减小

D. 先减小后增大

3. 如图所示,在杨氏双缝干涉实验中,若单色点光源从图示位置沿垂直于 SO 的方向上移动微小距离,则屏上的干涉条纹将(　　)

A. 向上移动,间距不变

B. 向上移动,间距变大

C. 向下移动,间距不变

D. 向下移动,间距变大

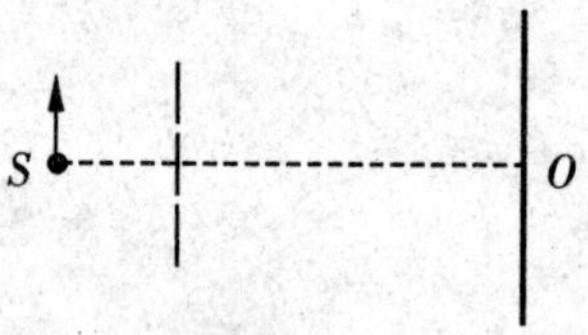

题3图

4. 一质点沿直线做简谐运动,相继通过距离为16 cm的两点 A 和 B,历时1 s,并且在 A、B 两点处具有相同的速率;再经过1 s质点第二次通过 B 点。该质点运动的周期和振幅分别为(　　)

A. 3 s, $8\sqrt{3}$ cm　　B. 3 s, $8\sqrt{2}$ cm

C. 4 s, $8\sqrt{3}$ cm　　D. 4 s, $8\sqrt{2}$ cm

5. 如图所示,水流由与水平方向成 α 角的柱形水管流入水平水槽,并由水槽左右两端流出,则从右端流出的水量与从左端流出的水量的比值可能为(　　)

A. $1+2\sin^2\alpha$

B. $1+2\cos^2\alpha$

C. $1+2\tan^2\alpha$

D. $1+2\cot^2\alpha$

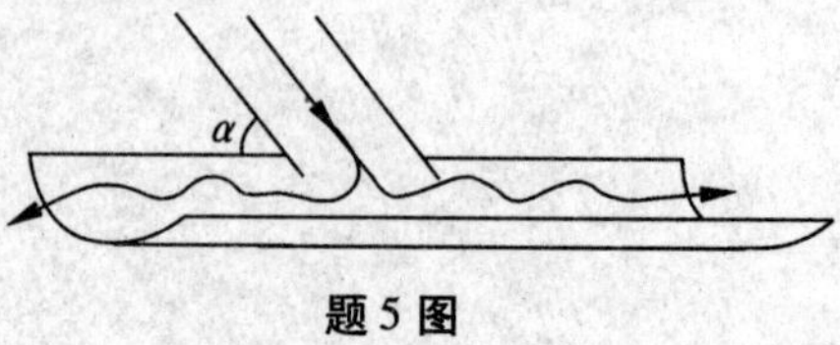

题5图

6. 如图所示,带电质点 P_1 固定在光滑的水平绝缘桌面上,在桌面上距 P_1 一定距离有另一带电质点 P_2,P_2 在桌面上运动。某一时刻质点 P_2 的速度沿垂直于 P_1P_2 连线的方向,则(　　)

A. 若 P_1、P_2 带同种电荷,以后 P_2 一定做速度变大的曲线运动

B. 若 P_1、P_2 带同种电荷,以后 P_2 一定做加速度变大的曲线运动

C. 若 P_1、P_2 带异种电荷，以后 P_2 的速度大小和加速度大小可能都不变

D. 若 P_1、P_2 带异种电荷，以后 P_2 可能做加速度、速度都变小的曲线运动

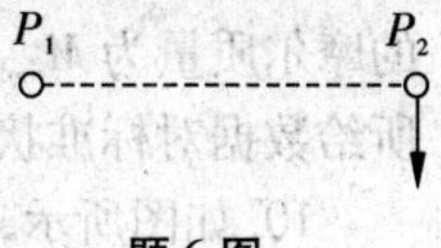

题 6 图

7. 如图所示，空间某区域内存在匀强磁场，磁场的上边界水平，方向与竖直平面（纸面）垂直；两个由完全相同的导线制成的刚性线框 a 和 b，其形状分别是周长为 $4l$ 的正方形和周长为 $6l$ 的矩形。线框 a 和 b 在竖直面内从图示位置自由下落。若从开始下落到线框完全离开磁场的过程中安培力对两线框的冲量分别为 I_a、I_b，则 $I_a:I_b$ 为（　　）

A. 3 : 8　　B. 1 : 2

C. 1 : 1　　D. 3 : 2

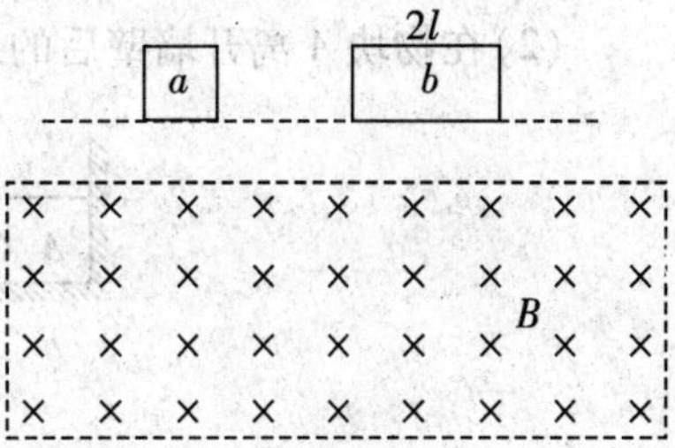

题 7 图

二、实验题

8. 当压强不变、温度变化量 Δt 不太大时，液体或固体在某一温度下的体膨胀系数 α 可以表示为 $\alpha=\dfrac{1}{V}\dfrac{\Delta V}{\Delta t}$，其中 V 为该温度时的体积，ΔV 为体积的变化量。一般来说，在常温常压下液体和固体的体膨胀系数分别为 $10^{-6}\ \mathrm{K}^{-1}$ 和 $10^{-5}\mathrm{K}^{-1}$ 量级。图中所示的装置可以用来测量控温箱中圆柱形玻璃容器内液体的体膨胀系数，实验步骤如下：

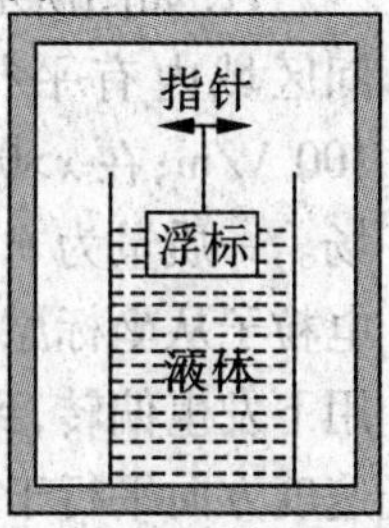

题 8 图

①拿掉浮标，将液体的温度调控为接近室温的某一温度 t_0，测量液柱的高度 h；

②放入浮标，保持压强不变，将液体的温度升高一个不太大的量 Δt，用精密的位置传感器确定指针高度的变化量 Δh；

③利用步骤①和②中测得的数据计算液体在 t_0 时的体膨胀系数 α。

回答下列问题：

Ⅰ. 不考虑温度变化导致的液体密度变化，写出用所测量表示的 α 的表达式；

Ⅱ.（1）在温度升高过程中，液体密度变化会对上面的表达式计算出的结果有什么影响？为什么？

（2）在所用浮标为直立圆柱体时，某同学对如何减小这一影响提出了以下几条建议，其中有效的是（　　）

A. 选用轻质材料制成的浮标

B. 选用底面积较大的浮标

C. 选用高度较小的浮标

D. 尽量加大液柱的高度 h

E. 尽量选用底面积大的玻璃容器

三、推理论证题

9. 在压强不太大、温度不太低的情况下，气体分子本身的大小比分子间的距离小很多，因而在理想气体模型中通常忽略分子的大小。已知液氮的密度 $\rho=810\ \mathrm{kg\cdot m^{-3}}$，氮气

的摩尔质量为 $M_{mol}=28\times10^{-3}\ kg\cdot mol^{-1}$。假设液氮可看作由立方体分子堆积而成,根据所给数据对标准状态下的氮气作出估算,说明上述结论的合理性。

10. 如图所示,质量分别为 m 和 $3m$ 的物块 A、B 用一根轻弹簧相连,置于光滑的水平面上,物块 A 刚好与墙接触。现用外力缓慢向左推物块 B 使弹簧压缩,然后撤去外力,此过程中外力做功为 W,试求:

(1)从撤去外力到物块 A 离开墙的过程中,墙壁对物块 A 的冲量;

(2)在物块 A 离开墙壁后的运动过程中,物块 A、B 速度的最小值。

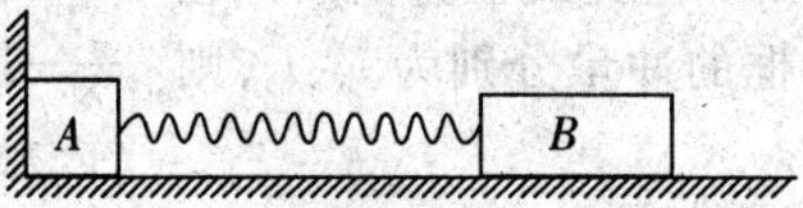

题10图

11. 如图所示,xOy 平面为一光滑水平面,在 $x>0$,$y>0$ 的空间区域内有平行于 xOy 平面的匀强电场,场强大小为 $E=100\ V/m$;在 $x>0$,$y<3\ m$ 的区域内同时有垂直于 xOy 平面的磁场。一质量为 $m=2\times10^{-6}\ kg$、电荷量大小为 $q=2\times10^{-7}\ C$ 的带负电粒子从坐标原点 O 以一定的初动能入射,在电场和磁场的作用下发生偏转,到达 $P(4,3)$ 点时,动能变为初动能的 0.2 倍,速度方向平行于 y 轴正方向。最后,粒子从 y 轴上 $y=5\ m$ 的 M 点射出电场,动能变为初动能的 0.52 倍。求:

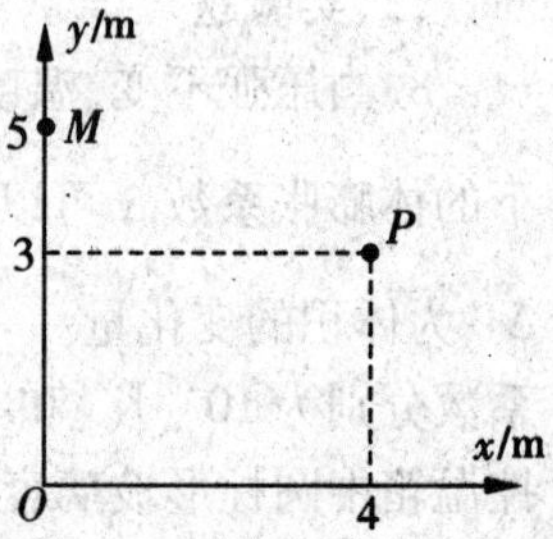

题11图

(1)OP 连线上与 M 点等电势的点的坐标;

(2)粒子由 P 点运动到 M 点所需的时间。

【参考答案】

1. B　2. A　3. C　4. D

5. D　提示:取 $\alpha=0$ 与 $\alpha=\dfrac{\pi}{2}$,排除其他三项。

6. ACD　7. A

8. Ⅰ. $\alpha=\dfrac{1}{h}\dfrac{\Delta h}{\Delta t}$;Ⅱ.(1)若 t 升高,ρ 减小,对浮标由 $\rho gV_{排}=mg$,$V_{排}$ 增大使 Δh 偏小,从而 α 偏小;若 t 升高,ρ 增大,同理知 α 偏大。(2)ABCD,提示:A,利用极限思想,浮标密度趋近于0时几乎全部浮于液面上,影响小;BC,浮标高度减小,底面积增大,因密度变化引起的升降减小;D,由 α 表达式可知 h 大误差小。

9. 一个氮气分子的体积 $V_0=1\ m^3\div\left(\dfrac{810\ kg}{28\times10^{-3}\ kg/mol}\times6.02\times10^{23}\ mol^{-1}\right)=5.74\times10^{-29}\ m^3$,分子直径 $d=\sqrt[3]{V_0}$,在标准状况下,一个氮气分子所占体积 $V=\dfrac{22.4\times10^{-3}}{6.02\times10^{23}}\ m^3=3.72\times10^{-26}\ m^3$,分子间距离 $D=\sqrt[3]{V}$,由于 $\dfrac{D}{d}=8.65$,故结论合理。

10. (1)墙对A的冲量最后作用于B，$\frac{3}{2}m(\Delta v)^2=W$，$I=3m\Delta v=\sqrt{6mW}$；(2)$A$：最小速度为0，$B$：以质心为参考系，则$A$、$B$相对质心做简谐运动，质心速度为$\frac{3}{4}\sqrt{\frac{2W}{3m}}$，当以质心为参考系，$B$相对质心向左速度最大时，$v_B$达到最小值，$v_{相max}=\frac{1}{4}\sqrt{\frac{2W}{3m}}$，故$v_{B\min}=\sqrt{\frac{W}{6m}}$。

11. (1)由于O到P能量均匀变化，设与M的等势点为F，F在OP上，则$\frac{\overline{OF}}{\overline{FP}}=\frac{(1-0.52)E_k}{(0.52-0.2)E_k}$，故$\overline{OF}=3\text{ m}$，故$F$的坐标$\left(\frac{12}{5},\frac{9}{5}\right)$。

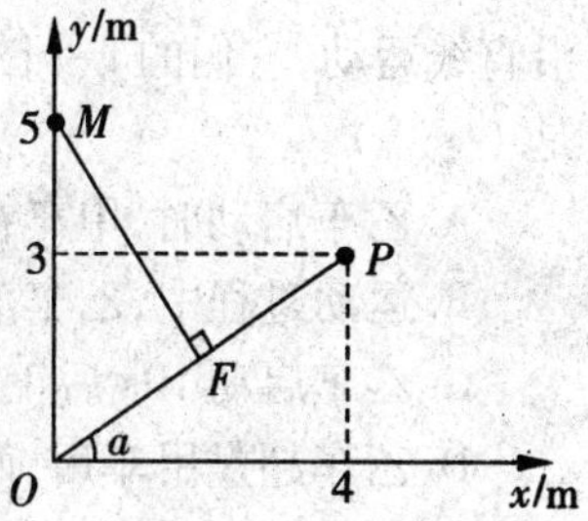

答题11图

(2)由(1)得$MF\perp OP$，故E沿OP方向，设粒子在P点速率为v_P，则$a=\frac{Eq}{m}$，$v_P\sin\alpha t-\frac{1}{2}at^2=-\overline{FP}$，$v_P\sin\alpha t=\overline{MF}$，得$t=1\text{ s}$。

真题十五　2011年卓越自主招生考试物理试题及参考答案

一、选择题

1. 甲、乙两车在一平直公路上从同一地点沿同一方向沿直线运动，它们的 $v-t$ 图像如图所示。下列判断正确的是（　）

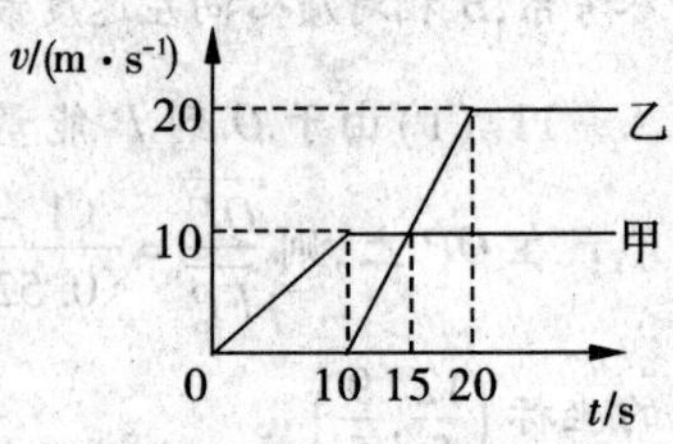

题1图

A. 乙车启动时，甲车在其前方 50 m 处

B. 运动过程中，乙车落后甲车的最大距离为 75 m

C. 乙车启动 10s 后正好追上甲车

D. 乙车超过甲车后，两车不会再相遇

2. 如图所示，光滑水平面上有一质量为 M 的物块 a，左侧与一个固定在墙上的弹簧相连，弹簧劲度系数为 k；物块 a 上有一个质量为 m 的物块 b，a、b 之间的最大静摩擦力为 f_0。现用一水平力缓慢向左推动物块 a，使弹簧压缩。若在撤去此力后物块 a 与 b 间没有相对运动，弹簧压缩的最大距离为（　　）

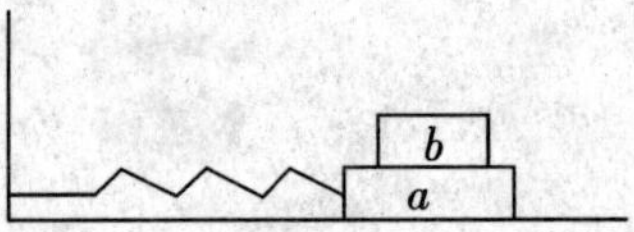

题2图

A. $\dfrac{M}{mk}f_0$

B. $\dfrac{M+m}{mk}f_0$

C. $\dfrac{M}{(m+M)k}f_0$

D. $\dfrac{m}{(m+M)k}f_0$

3. 一质量为 m 的质点以速度 v_0 运动，在 $t=0$ 时开始受到恒力 F_0 作用，速度大小先减小后增大，其最小值为 $v_1=1/2v_0$。质点从开始受到恒力作用到速度最小的过程中的位移为（　　）

A. $\dfrac{3\ m{v_0}^2}{8F}$　　B. $\dfrac{\sqrt{6}m{v_0}^2}{8F}$

C. $\dfrac{\sqrt{3}m{v_0}^2}{4F}$　　D. $\dfrac{\sqrt{21}m{v_0}^2}{8F}$

4. 长为 l，质量为 M 的木块静止在光滑水平面上。质量为 m 的子弹以水平速度 v_0 射入木块并从中射出。已知从子弹射入到射出木块移动的距离为 s，则子弹穿过木块所用的时间为（　　）

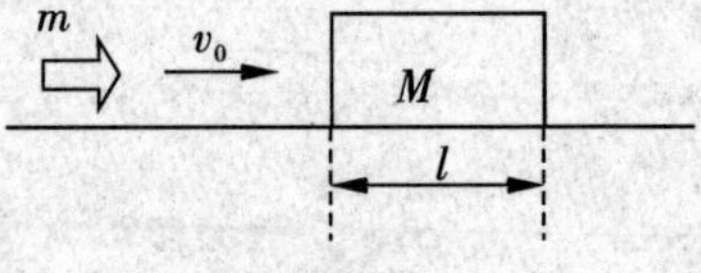

题4图

A. $\dfrac{l+s}{v_0}$

B. $\dfrac{1}{v_0}\left[l+(1+\dfrac{M}{m})s\right]$

C. $\frac{1}{v_0}\left[l+(1+\frac{m}{M})s\right]$

D. $\frac{1}{v_0}\left[(1+\frac{M}{m})l+s\right]$

5. 如图,两段不可伸长细绳的一端分别系于两竖直杆上的 A、B 两点,另一端与质量为 m 的小球 D 相连。已知 A、B 两点高度相差 h,$\angle CAB=\angle BAD=37°$,$\angle ADB=90°$,重力加速度为 g。现使小球发生微小摆动,则小球摆动的周期为(　　)

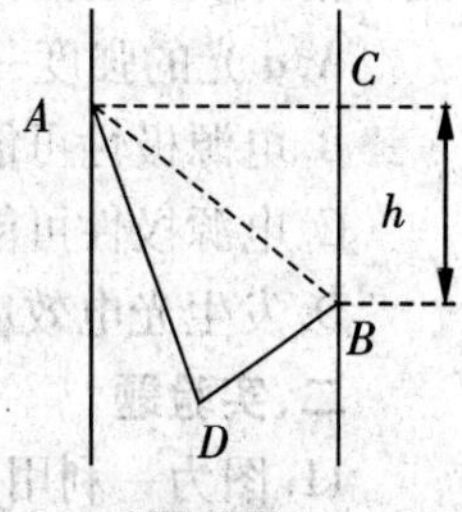

题5图

A. $\pi\sqrt{\frac{17h}{3g}}$　　B. $\frac{\pi}{2}\sqrt{\frac{85h}{3g}}$

C. $\pi\sqrt{\frac{h}{g}}$　　D. $2\pi\sqrt{\frac{h}{g}}$

6. 半径为 R 的接地金属球外有一电荷量为 q 的点电荷,点电荷与球心 O 相距 $d=2R$,如图所示。金属球上的感应电荷为(　　)

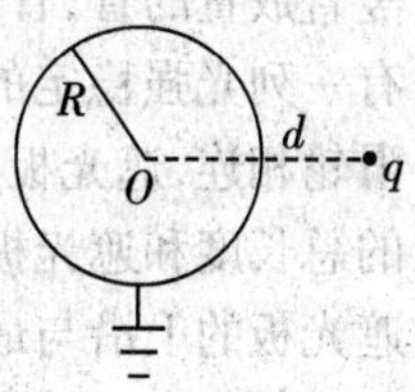

题6图

A. 0　　B. $-\frac{q}{4}$

C. $-\frac{q}{2}$　　D. q

7. 已知两极板间距为 d,极板面积为 S 的平行板电容器的电容为 $\frac{\varepsilon_0 S}{d}$,其中 ε_0 为常量。若两板的电荷量减半,间距变为原来的4倍,则电容器极板间(　　)

A. 电压加倍,电场强度减半　　B. 电压加倍,电场强度加倍

C. 电压减半,电场强度减半　　D. 电压加倍,电场强度不变

8. 如图所示,虚线为一匀强磁场的边界,磁场方向垂直于纸面向里。在磁场中某点沿虚线方向发射两个带负电的粒子 A 和 B,其速度分别为 v_A、v_B,两者的质量和电荷量均相同,两个粒子分别经过 t_A、t_B 从 P_A、P_B 射出,则(　　)

A. $v_A>v_B$　$t_A>t_B$

B. $v_A>v_B$　$t_A<t_B$

C. $v_A<v_B$　$t_A>t_B$

D. $v_A<v_B$　$t_A<t_B$

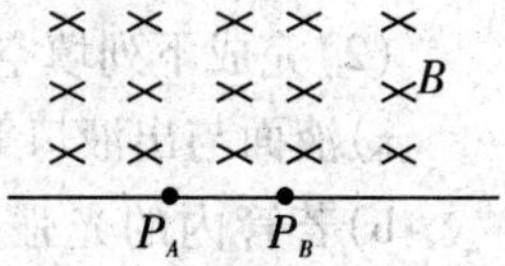

题8图

9. 心电图仪是将心肌收缩产生的脉动转化为电压脉冲的仪器,其输出部分可用一个与大电阻(40 kΩ)相连的交流电源来等效,如图所示。心电图仪与一理想变压器的初级线圈相连,以扬声器(可以等效为阻值为8 Ω的电阻)与该变压器的次级线圈相连。在等效电源的电压有效值 V_0 不变的情况下,为使扬声器获得最大功率,变压器的初级线圈和次级线圈的匝数比约为(　　)

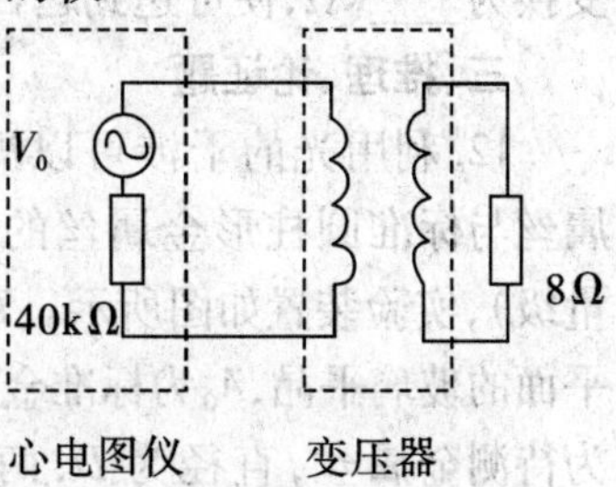

题9图

A. 1∶5000　　B. 1∶70

C. 70 ∶ 1　　　　　　　　D. 5000 ∶ 1

10. 如图,在光电效应实验中用 a 光照射光电管时,灵敏电流计指针发生偏转,而用 b 光照射光电管时,灵敏电流计指针不发生偏转,则(　　)

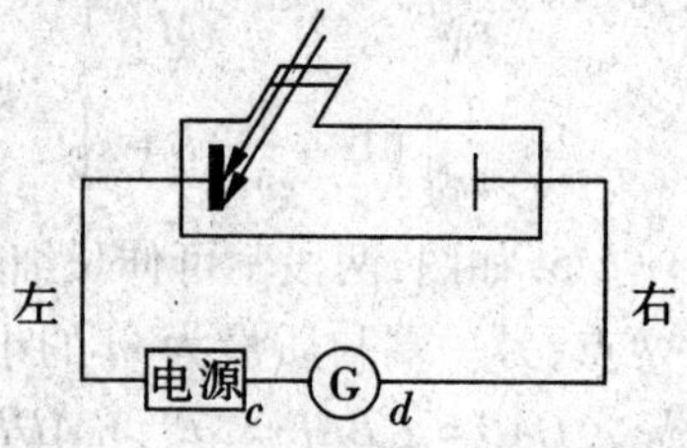

题 10 图

A. a 光的强度一定大于 b 光的强度

B. 电源极性可能是右边为正极,左边为负极

C. 电源极性可能是左边为正极,右边为负极

D. 发生光电效应时,电流计中的光电流沿 d 到 c 方向

二、实验题

11. 图为一利用光敏电阻测量储液罐中液面高度装置的示意图。当罐中装满液体时,液面与出液口高度差为 h,罐外有一竖直放置的管,管内一侧有沿竖直线排列的光敏电阻,另一侧有一列光强稳定的光源。液面上一浮块与一块遮光板通过定滑轮相连,遮光板可随浮块的升降在管内上下运动,光敏电阻的总长度和遮光板的总长度都为 h。当储液罐内装满液体时,遮光板的上沿与最下面的光敏电阻的下边缘等高,管内的光均匀地照射在光敏电阻上,光敏电阻和仪表相连。现要求设计一电路以利用上述装置测量液面高度。

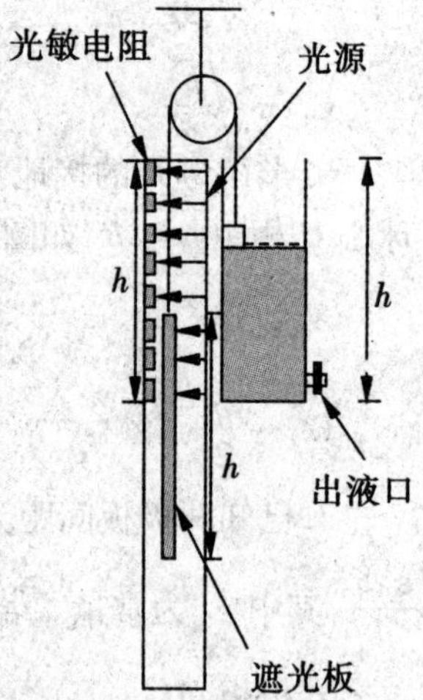

题 11 图

为将问题简化,假设管内只有 3 个光敏电阻 R_1、R_2、R_3,分别位于管的上端、下端和中央;它们的暗电阻均为 10 kΩ,被管内光源照亮时电阻均为 1.0 kΩ。给定的仪器还有:直流电源 E(电动势为 9V,电阻不计),3 个固定电阻,阻值分别为 $R_{10}=2.5\ \text{k}\Omega$,$R_{20}=1.8\ \text{k}\Omega$,$R_{30}=1.5\ \text{k}\Omega$;电压表一块(量程为 3V,内阻可视为无穷大),开关一个,导线若干。

要求:当罐内装满液体时,电压表恰好为满量程。

(1)选择合适的固定电阻,画出电路图,并用题中给定的符号标明图中各元件。

(2)完成下列填空:(结果保留两位有效数字)

a)液面与出液口等高时电压表的示值为____V。

b)若管内的光强变暗,使得光敏电阻被照亮时的阻值变为 1.2 kΩ,则固定电阻的阻值应变换为____kΩ,便可达到题目要求。

三、推理、论证题

12. 利用光的干涉可以测量待测圆柱形金属丝与标准圆柱形金属丝的直径差(约为微米量级),实验装置如图所示。T_1 和 T_2 是具有标准平面的玻璃平晶,A_0 为标准金属丝,直径为 D_0;A 为待测金属丝,直径为 D;两者中心间距为 L。实验中用波长为 λ 的单色光垂直照射平晶表

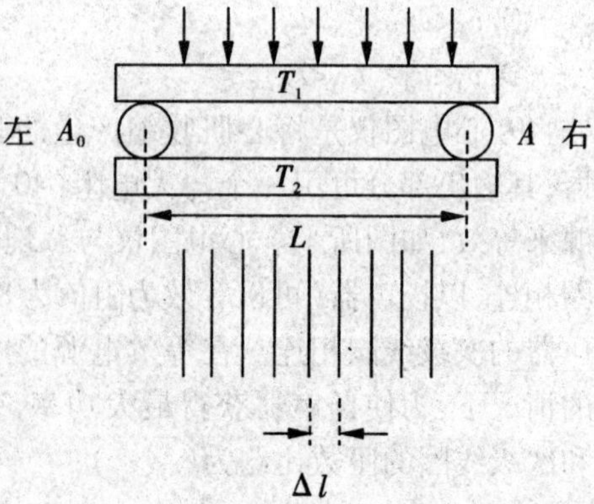

题 12 图

面，观察到的干涉条纹如图所示，测得相邻条纹的间距为ΔL。

(1)证明 $|D-D_0|=\dfrac{\lambda L}{2\Delta l}$

(2)若轻压T_1的右端，发现条纹间距变大，试由此分析D与D_0的大小关系。

四、计算题

13. 如图，一导热良好、足够长的气缸水平放置在地面上。气缸质量$M=9.0\ \text{kg}$，与地面的动摩擦因数$\mu=0.40$。气缸内一质量$m=1.0\ \text{kg}$，面积$S=20\ \text{cm}^2$的活塞与缸壁光滑密接。当气缸静止，活塞上不施加外力时，活塞与气缸底（即图中气缸最左端）的距离$L_0=8.0\ \text{cm}$。已知大气压$p_0=1.0\times10^5\ \text{Pa}$，重力加速度$g=9.8\ \text{m/s}^2$，现用逐渐增大的水平拉力向右拉活塞，使活塞始终相对气缸缓慢移动，近似认为最大静摩擦力与滑动摩擦力相等，求：

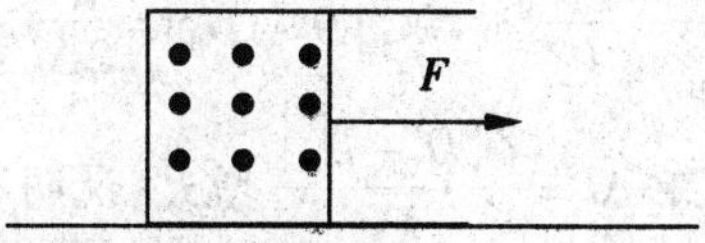

题13图

(1)当拉力达到30 N时，活塞与气缸底之间的距离；

(2)当拉力达到50 N时，活塞与气缸底之间的距离。

14. 如图所示，一半径为R，位于竖直面内的绝缘光滑轨道上静止着两个相同的带电小球A和B（可视为质点），两球质量均为m，距离为R。用外力缓慢推左球A使其到达圆周最低点C，求此过程中外力所做的功。

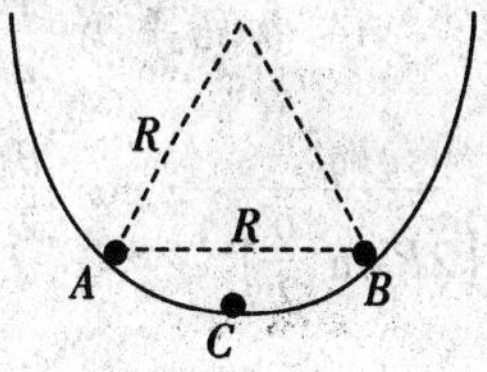

题14图

【参考答案】

1. ABD 用面积法。

2. B 若使没有相对运动，则$ma\leqslant f_0$，a为系统加速度，$a\geqslant\dfrac{kx}{M+m}$。

3. D 用矢量三角形解。

4. B 系统质心速度$v_C=\dfrac{mv_0}{M+m}$，取子弹将要射入木块时子弹位置为坐标原点，向右为x轴正方向，初始系统质心坐标$x_{C1}=\dfrac{M}{M+m}\cdot\dfrac{1}{2}$，子弹穿出时质心坐标为$x_{C2}=\dfrac{M\left(s+\dfrac{l}{2}\right)+m(s+l)}{M+m}$，故相应时间$t=\dfrac{x_{C2}-x_{C1}}{v_C}=\dfrac{1}{v_0}\left[l+\left(\dfrac{M}{m}+1\right)s\right]$。

5. D DE为平行杆的线段，E为AB上一点，求出DE长，则$T=2\pi\sqrt{\dfrac{DE}{g}}$。

6. C 将球感应电荷等效为一点电荷，此电荷与q在球壳上的电势叠加为0，列方程可解。

7. A 由$U=\dfrac{Q}{C}$，$U=Ed$可得。

8. C

9. C 设变压器初级线圈与次级线圈匝数比为k，将副线圈电阻折算成原回路中，等

效电阻值为 $R' = k^2R$，当 $R' = 40\text{k}\Omega$ 时，扬声器可获得最大功率，得 $k=70$。

10. BC

11. (1)如图所示;(2)0.43;(3)1.8。

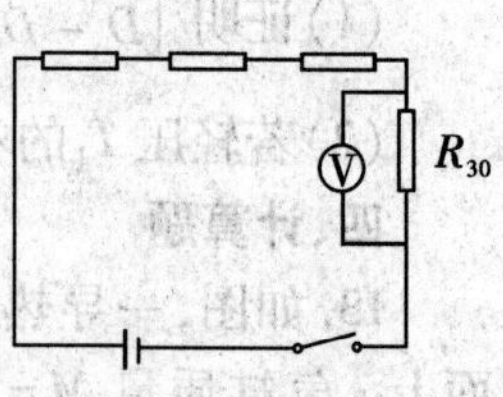

答题 11 图

12. (1)可类比楔形玻璃出现的干涉 $2\Delta l\tan\theta = \lambda$，$\tan\theta = \frac{|D-D_0|}{l}$，故 $|D-D_0| = \frac{\lambda l}{2\Delta l}$；(2)轻压 T_1 右端，D 减小，而条纹间距 $\Delta l = \frac{2|D-D_0|}{\lambda l}$ 增大，说明 D 与 D_0 之间差距增大，故 $D > D_0$。

13. (1) $f_m = 10\times9.8\times0.4 = 39.2\ \text{N} > 30\ \text{N}$，故不动，设平衡时压强变为 p_1，$p_1x_1S = p_0L_0S$，又 $p_1S + F = p_0S$，得 $x_1 = 9.4\text{cm}$；(2) $F > f_m$，故 $(M+m)a = F - f_m$，$a = 1.08\ \text{m/s}^2$，由板的受力平衡得 $p_2S + F - p_0S = ma$，又 $p_2x_2S = p_0L_0S$，得 $x_2 = 10.6\ \text{cm}$。

14. 初始平衡 $\frac{1}{2}mg = \frac{\sqrt{3}}{2}\frac{kq^2}{R^2}$，设平衡时，$B$ 与圆心与 C 点的连线夹角为 θ，则 $\frac{kq^2}{\left(2R\sin\frac{\theta}{2}\right)^2}\cdot\cos\frac{\theta}{2} = mg\sin\theta$，对整体由功能原理有 $W + 2mg\left(1-\frac{\sqrt{3}}{2}\right)R + \frac{kq^2}{R} = mg\left(2\sin\frac{\theta}{2}\cdot R\right)\cos\left(90^\circ - \frac{\theta}{2}\right) + \frac{kq^2}{2R\sin\frac{\theta}{2}}$，解得 $W = \left(\frac{\sqrt[3]{q}}{2} - \frac{2}{3}\sqrt{3} - 2\right)mgR$。

真题十六 2011年北大保送生考试物理试题及参考答案

1. 各电阻的阻值如图所示，电源电动势为6V，内阻为2Ω，求 AB 支路中的电流强度。

2. 如图所示，P 为一个水闸的剖面图，闸门质量为 m，宽为 b。水闸两侧水面高分别为 h_1，h_2，水与闸门间、闸门与轨道间的动摩擦因数分别为 μ_1、μ_2，求拉起闸门至少需要多大的力？

3. 如图所示，AC 为光滑竖直杆，ABC 为构成直角的光滑L形直轨道，B 处有一小圆弧连接可使小球顺利转弯，并且 A、B、C 三点正好是圆上三点，而 AC 正为该圆的直径，如果套在 AC 杆上的小球自 A 点静止释放，分别沿 ABC 轨道和 AC 直轨道运动，如果沿 ABC 轨道运动的时间是沿 AC 直轨道运动所用时间的1.5倍，求 α 的值。

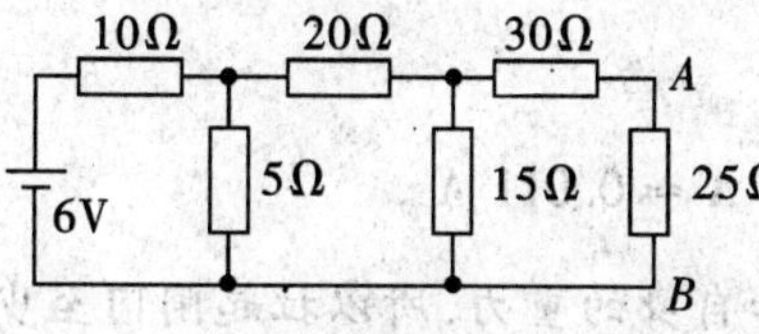

题1图

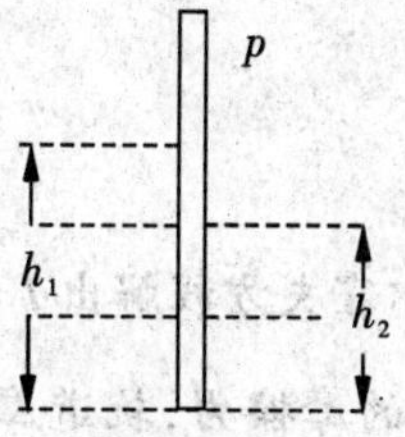

题2图

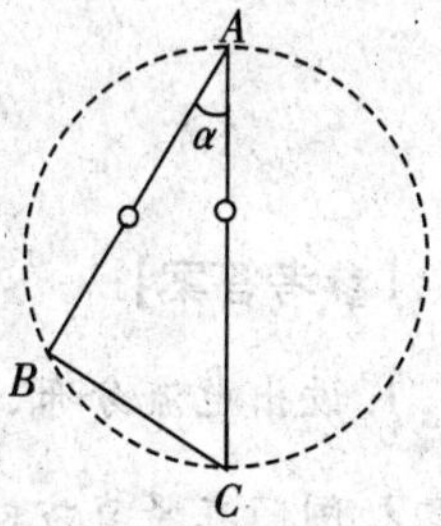

题3图

4. 如图所示，三个小球 A、B、C 静止放在光滑水平桌面上，B 在 A、C 之间，如果各球之间的碰撞均为完全弹性正碰，现使 A 球以速度 v_0 碰撞 B 球，B 球又撞击 C 球，如果 A、C 两球质量 m_1、m_3 确定，则 B 球质量 m_2 为多少时可使 C 球获得的速度最大？

5. 如图所示，在空间坐标系 $Oxyz$ 中，A、B 两处固定两个电量分别为 cq 和 q 的点电荷，A 处为正电荷，B 处为负电荷，A、B 位于 O 点两侧，距离 O 点都为 a，确定空间中电势为零的等势面所满足的方程。

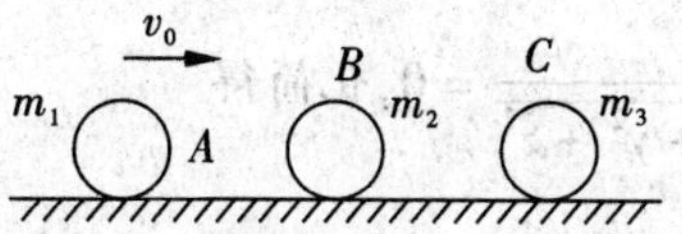

题4图

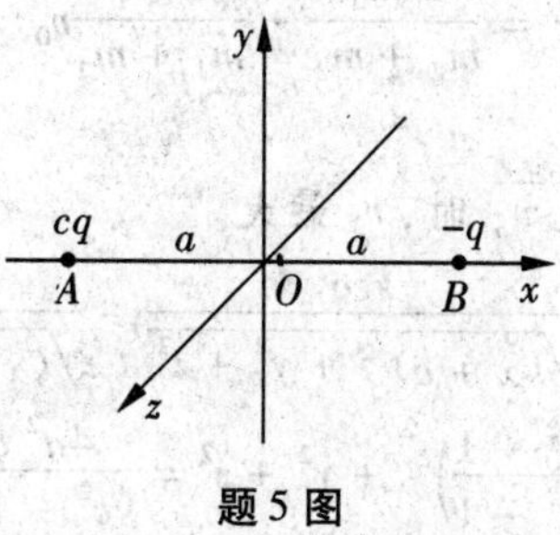

题5图

6. 如图所示，半径为 R 的光滑圆轨道竖直放置，匀强磁场垂直纸面向外，一个质量为 m、电量为 q 的带正电小球从圆轨道最高点静止释放。

(1) 如果磁感应强度大小为 B，小球从左侧滑下，求小球脱离圆轨道时与球心连线和竖直方向之间的夹角。

(2)如果 B 大小未知,小球从右侧静止滑下,刚好能滑到底部,求 B 的大小。

(3)在(2)的情况下,小球能否继续转圈。

7. 厚度分别为 d_2、d_3,折射率分别为 n_2、n_3 的无限大透明介质平板紧靠并放置于无限大透明液体中,d_2 左侧液体的折射率为 n_1,d_3 右侧液体的折射率为 n_0,电光源 S 置于左侧液体中,并到平板前侧面的距离为 d_1,求在 d_3 右界面上光亮的面积。已知 $n_1>n_2>n_3>n_0$。

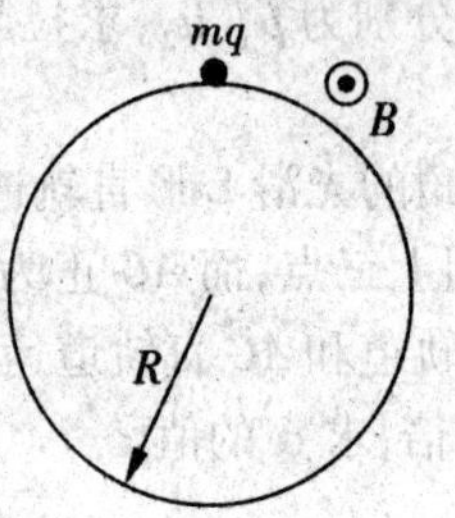

题6图

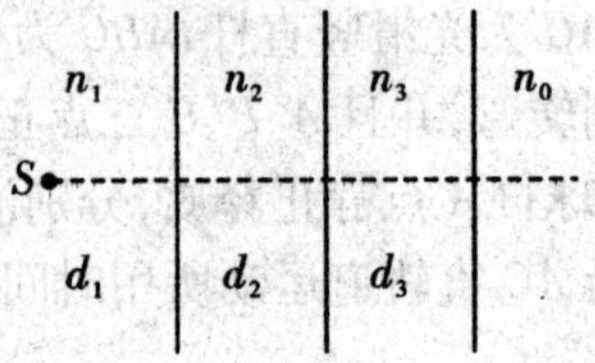

题7图

【参考答案】

1. 设出电流分布,用基尔霍夫方程解出 $I=\frac{18}{1\ 681}\text{ A}\approx 0.011\text{ A}$。

2. 闸门在竖直方向受水的摩擦力,轨道摩擦力和自身的重力,所以拉起闸门至少需要 $F=\frac{\rho bg}{2}(h_1^2+h_2^2)\mu_1+\frac{\rho bg}{2}(h_1^2-h_2^2)\mu_2+mg=\frac{\rho bg}{2}[(h_1^2+h_2^2)\mu_1+(h_1^2-h_2^2)\mu_2]+mg$。

3. 从 A 到 C, $t=2\sqrt{\frac{R}{g}}$,从 A 到 B, $t=\sqrt{\frac{2\overline{AB}}{g\cos\alpha}}=2\sqrt{\frac{R}{g}}$, $v_B=\sqrt{2\overline{AB}g\cos\alpha}=2\sqrt{gR}\cos\alpha$,对 BC 段有 $v_B\cdot 0.5t+\frac{1}{2}g(0.5t)^2\sin\alpha=\overline{BC}$,解得 $\alpha=\arctan\frac{4}{3}$。

4. A 撞击 B 满足 $m_1v_0=m_1v_1+m_2v_2$, $\frac{1}{2}m_1v_0^2=\frac{1}{2}m_1v_1^2+\frac{1}{2}m_2v_2^2$ 得 $v_2=\frac{2m_1v_0}{m_1+m_2}$,同理 $v_3=\frac{2m_2v_2}{m_2+m_3}=\frac{2m_2}{m_2+m_3}\cdot\frac{2m_1}{m_1+m_2}v_0=\frac{4m_1v_0}{m_2+\frac{m_1m_3}{m_2}+(m_1+m_3)}$,易知当 $m_2=\frac{m_1m_3}{m_2}$ 即 $m_2=\sqrt{m_1m_3}$ 时, v_3 最大。

5. $U=\frac{kcq}{\sqrt{(x+a)^2+y^2+z^2}}-\frac{kq}{\sqrt{(x+a)^2+y^2+z^2}}=0$,化简得

$$\left(x-a\frac{c^2+1}{c^2-1}\right)^2+y^2+z^2=\frac{4a^2c^2}{(c^2-1)^2}。$$

6. (1) $mg(1-\cos\theta)=\frac{1}{2}mv^2$, $\frac{mv^2}{R}=mg(1-\cos\theta)-qvB$ 二式联立解得 $\theta=\arccos\frac{6m^2g-q^2B^2R+\sqrt{q^4B^4R^2+6m^2g^2q^2B^2R}}{9m^2g}$;(2) $mg(1-\cos\theta)=\frac{1}{2}mv^2$,

$\frac{mv^2}{R} \leqslant mg(1-\cos\theta) - qvB$ 得 $\frac{3mv^2}{2R} - mg - Bqv \leqslant 0$，对 $v \in [0, 2\sqrt{gR}]$ 恒成立，得 $B_{\min} = \frac{5m}{2q}\sqrt{\frac{g}{12}}$；(3)由运动的对称性可知，仍可转圈。

7. 临界光线对应在 n_0 介质中折射角为 θ_3，故 $n_1\sin\theta_1 = n_2\sin\theta_2 = n_3\sin\theta_3 = n_0$，$r = d_1\tan\theta_1 + d_2\tan\theta_2 + d_3\tan\theta_3$，得 $r = \frac{n_0}{\sqrt{n_3^2 - n_0^2}}d_3 + \frac{n_0}{\sqrt{n_2^2 - n_0^2}}d_2 + \frac{n_0}{\sqrt{n_1^2 - n_0^2}}d_1$，则

$$S = \pi r^2 = \pi\left(\frac{n_0}{\sqrt{n_3^2 - n_0^2}}d_3 + \frac{n_0}{\sqrt{n_2^2 - n_0^2}}d_2 + \frac{n_0}{\sqrt{n_1^2 - n_0^2}}d_1\right)^2。$$

真题十七　2010 年北大保送生考试物理试题及参考答案

1. 光滑平面上两个相隔一定距离的小球分别以 v_0(向左)和 $0.8v_0$(向右)反向匀速运动,它们中间有两个小球,质量为 m 的小球 1 在左侧,质量为 $2m$ 的小球 2 在右侧,中间有一压缩的弹簧,弹性势能为 E_P,当弹性势能全部释放:

(1)求小球 1、2 的速度。

(2)若小球 1 能追上左边的以 v_0 运动的球,而小球 2 不能追上右边以 $0.8v_0$ 运动的球,求 m 的取值范围。

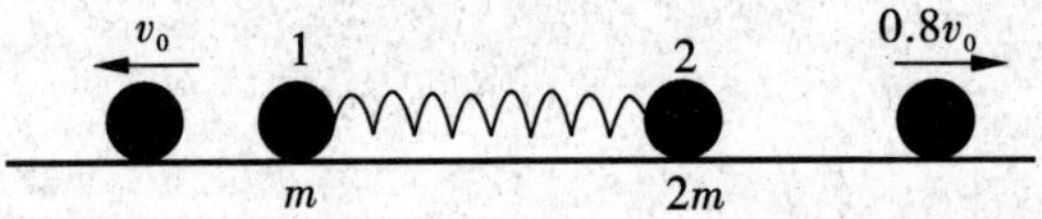

题 1 图

2. 物体做斜上抛运动

(1)已知抛出速度 v_0 和抛射角 θ,求物体的水平位移 S。

(2)假设一个人站在光滑冰面上,以相对自己的速度 v_0 斜向上抛出一个球,当小球下落至抛出点高度时,水平位移为 L,设人与球的质量分别为 M 和 m,求抛出速度 v_0 的最小值,以及小球抛出时速度与水平方向的夹角 θ。

3. 如图所示,一个质量为 M、棱边长为 L 的立方体放在粗糙的平面上,在左上棱施力,使立方体向前或向后翻转,立方体不与平面发生相对滑动,求向前和向后施加力的最小值以及对应的摩擦因数。设想立方体开始翻转后,施加的外力 F 的大小和方向会改变,以维持 F 始终为最小值。

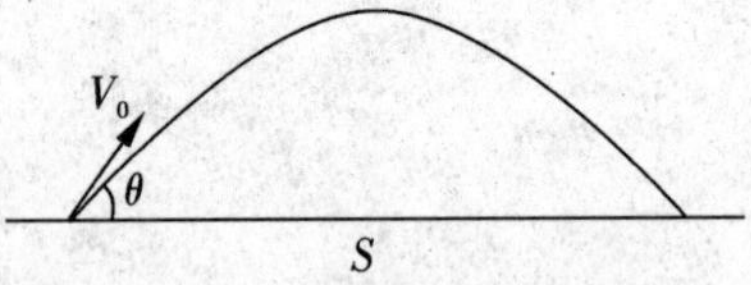

题 2 图

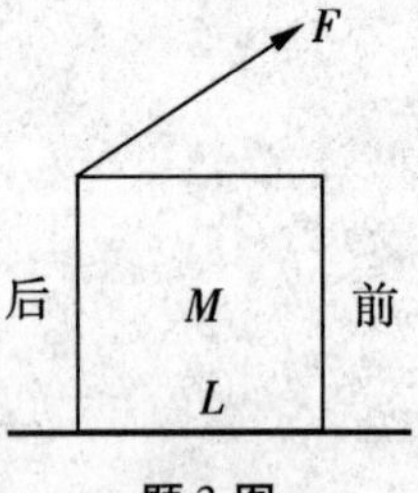

题 3 图

4. 如图所示,一定量的理想气体,从状态 A 出发,经图中 AB、BC、CA 状态变化后回到 A 状态,其中 AB 为等温变化,BC 为等压变化,CA 为等积变化,求:

(1)三个过程中哪个过程气体对外做功的绝对值最大?

(2)哪个过程气体内能增加,哪个过程减少?

(3)哪个过程气体热量变化的绝对值最大?哪个过程最小?

5. 正四面体 $ABCD$,每条边的电阻均为 R,取一条边的两个顶点,如图中 A、B,问整个

四面体的等效电阻 R_{AB} 为多少？

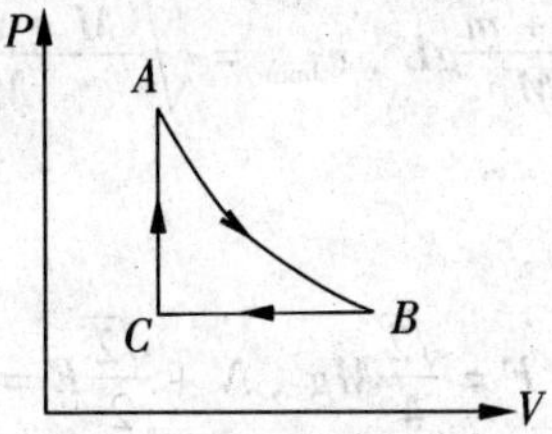

题 4 图

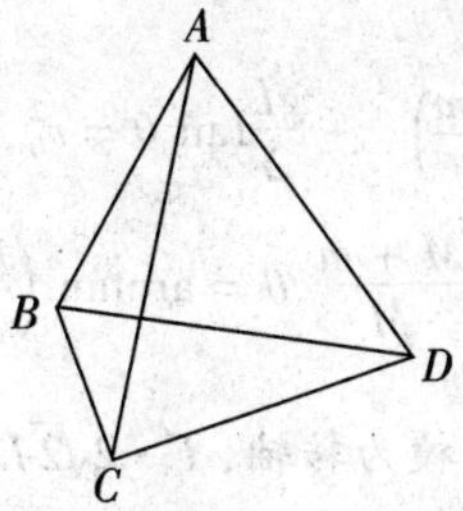

题 5 图

6. 如图所示，光滑 U 形导轨上有一长为 $L=0.6\ \mathrm{m}$ 的导线以 $v_0=0.4\ \mathrm{m/s}$ 的速度向右切割匀强磁场，磁感强度 $B=0.5\ \mathrm{T}$，回路电阻为 $R=0.3\ \Omega$，其余电阻不计，求：

(1) 回路中产生的感应电动势；

(2) R 上消耗的电功率；

(3) 若在运动导线上施加一外力 F，使导线保持匀速直线运动，求 F 的大小。

7. 在直角坐标系 Oxy 中，$y>0$ 的范围内有匀强磁场 B，方向垂直纸面向外。$y<0$ 范围内有竖直向下的电场，平面内两点 P、Q 坐标为 $P(-3L,0)$、$Q(0,4L)$，一个质量为 m、带电为 $-q$ 的粒子从 O 点射出，与 x 轴正方向夹角为 φ，一直沿 OQP 围成的闭合图形运动。粒子重力不计。(1) 求运动速度大小 v 和 φ；(2) 场强大小 E 为多大？

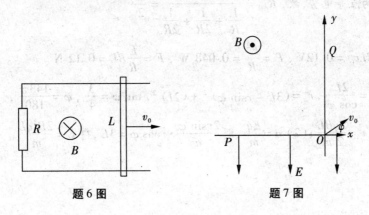

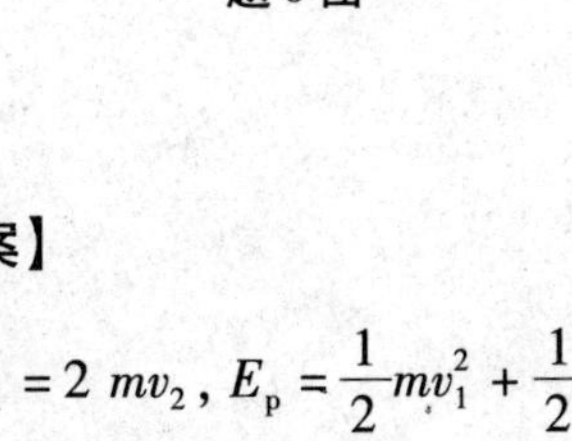

题 6 图

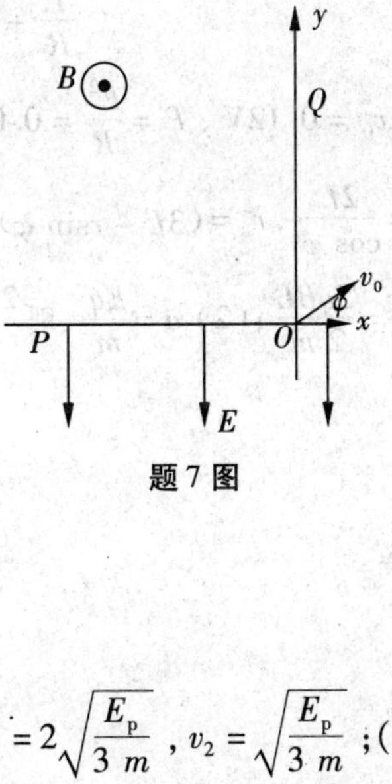

题 7 图

【参考答案】

1. (1) $mv_1=2mv_2$，$E_p=\frac{1}{2}mv_1^2+\frac{1}{2}2mv_2^2$，$v_1=2\sqrt{\frac{E_p}{3m}}$，$v_2=\sqrt{\frac{E_p}{3m}}$；(2) 易知刚释放时 1、2 速度最大，$v_1>v_0$，$v_2\leqslant 0.8v_0$，得 $\frac{25E_p}{48v_0^2}\leqslant m<\frac{4E_p}{3v_0^2}$。

2. (1) $S=\frac{v_0^2\sin 2\theta}{g}$；(2) 设在地面系中球向上速度 v_y，向前速度 v_x，人向后速度 $v_人$。

$mv_x = Mv_人$，$(v_人 + v_x)^2 + v_y^2 = v_0^2$，$\frac{2v_y}{g} \cdot v_x = L$，$v_y = v_x \tan\theta$ 得

$\frac{gL}{2\tan\theta}\left(\frac{M+m}{M}\right)^2 + \frac{gL}{2}\tan\theta = v_0^2$，$v_0^2 \geqslant \frac{M+m}{M}gL$，$v_{0\min} = \sqrt{\frac{(M+m)gL}{M}}$，

此时 $\tan\theta = \frac{M+m}{M}$，$\theta = \arctan\left(\frac{M+m}{M}\right)$。

3.（1）以前下棱为转轴，$F \cdot 2\sqrt{2}L = MgL$，$F = \frac{\sqrt{2}}{4}Mg$，$N + \frac{\sqrt{2}}{2}F = Mg$，$\frac{\sqrt{2}}{2}F = \mu N$ 得 $F_{\min} = \frac{\sqrt{2}}{4}Mg$，$\mu_{\min} = \frac{1}{3}$。

（2）以后下棱为轴，$F \cdot 2L = MgL$，$F = \frac{1}{2}Mg$，$N = Mg$，$F = \mu N$，得 $F_{\min} = \frac{1}{2}Mg$，$\mu_{\min} = \frac{1}{2}$

4.（1）AB 过程是等温变化过程，气体对外界做功的绝对值等于图线与坐标轴围成的面积，由图显然可看出，AB 过程对应面积最大，CA 过程，体积不变，所以最小为 0，即 AB 过程气体对外做功的绝对值最大；（2）根据 $pV=CT$ 可知，越靠近坐标轴的图线对应温度越低，所以，AB 过程温度不变，内能不变，BC 过程内能减小，CA 过程内能增加；（3）根据 $\Delta U=\Delta W+\Delta Q$，可知 AB 过程最大，CA 过程最小。

5. C、D 两点等电势，故，$R_{AB} = \frac{1}{\frac{1}{R}+\frac{1}{2R}+\frac{1}{2R}} = \frac{R}{2}$。

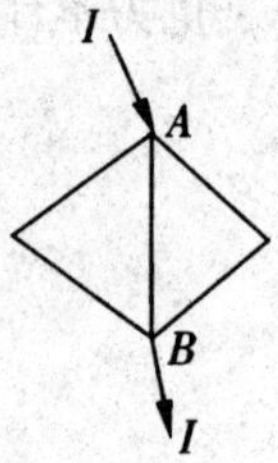

题 5 图

6. $E = BLv_0 = 0.12\text{V}$，$P = \frac{E^2}{R} = 0.048\ \text{W}$，$F = \frac{E}{R}BL = 0.12\ \text{N}$。

7.（1）$r = \frac{2L}{\cos\varphi}$，$r^2 = (3L - r\sin\varphi)^2 + (2L)^2$，$\tan\varphi = \frac{3}{4}$，$\varphi = \frac{143\pi}{180}$，又 $r = \frac{mv}{qB}$，故 $v = \frac{5qBL}{2m}$；（2）$a = \frac{Eq}{m}$，则 $\frac{2v\sin\varphi}{a} \cdot v\cos\varphi = 3L$，得 $E = \frac{2B^2qL}{m}$。

真题十八　2010 年清华保送生考试物理试题及参考答案

一、选择题

1. 在光滑的水平面上有一质量为 M、倾角为 θ 的光滑斜面，其上有一质量为 m 的物块，如图所示。物块在下滑的过程中对斜面压力的大小为(　　)

A. $\dfrac{Mmg\cos\theta}{M+m\sin\theta\cos\theta}$　　B. $\dfrac{Mmg\cos\theta}{M-m\sin\theta\cos\theta}$

C. $\dfrac{Mmg\cos\theta}{M+m\sin^2\theta}$　　D. $\dfrac{Mmg\cos\theta}{M-m\sin^2\theta}$

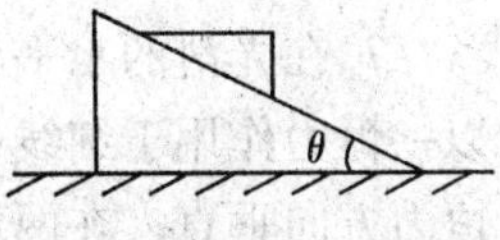

题 1 图

2. 如图所示，用等长绝缘线分别悬挂两个质量、电量都相同的带电小球 A 和 B，两线上端固定于 O 点，B 球固定在 O 点正下方。当 A 球静止时，两悬线夹角为 θ。能保持夹角 θ 不变的方法是(　　)

A. 同时使两悬线长度减半

B. 同时使 A 球的质量和电量都减半

C. 同时使两球的质量和电量都减半

D. 同时使两悬线长度和两球的电量都减半

题 2 图

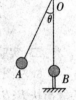

3. 匀强磁场中有一长方形导线框，分别以相同的角速度绕图 a、b、c、d 所示的固定转轴旋转，用 I_a、I_b、I_c、I_d 表示四种情况下线框中电流的有效值，则(　　)

A. $I_a=I_d$

B. $I_a>I_b$

C. $I_b>I_c$

D. $I_c=I_d$

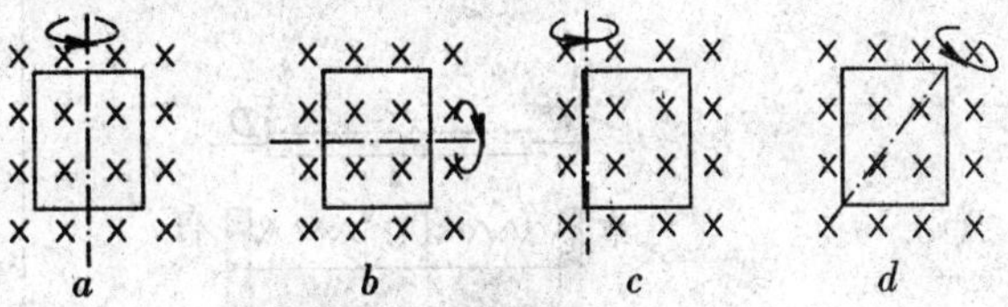

题 3 图

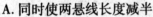

4. 如图，在 xOy 平面内有一列沿 x 轴传播的简谐横波，频率为 2.5 Hz。在 $t=0$ 时，P 点位于平衡位置，且速度方向向下，Q 点位于平衡位置下方的最大位移处。则在 $t=0.35$ s时，P、Q 两质点的(　　)

A. 位移大小相等、方向相反

B. 速度大小相等、方向相同

C. 速度大小相等、方向相反

D. 加速度大小相等、方向相反

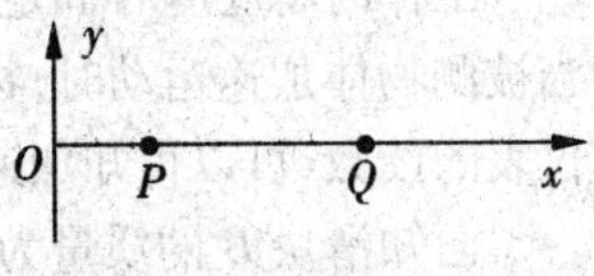

题 4 图

5. 在光电效应实验中，先后用频率相同但光强不同的两束光照射同一个光电管。若实验 a 中的光强大于实验 b 中的光强，实验所得光电流 I 与光电管两端所加电压 U 间的关系曲线分别以 a、b 表示，则下列 4 图中可能正确的是(　　)

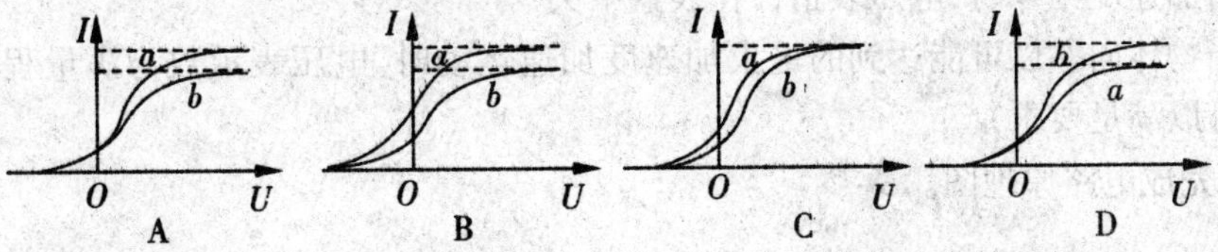

6. 如图，圆形区域内有一垂直纸面的匀强磁场，P 为磁场边界上的一点。有无数带有同样电荷、具有同样质量的粒子在纸面内沿各个方向以同样的速率通过 P 点进入磁场。这些粒子射出边界的位置均处于边界的某一段弧上，这段圆弧的弧长是圆周长的1/3。将磁感应强度的大小从原来的 B_1 变为 B_2，结果相应的弧长变为原来的一半，则 B_2/B_1 等于(　　)

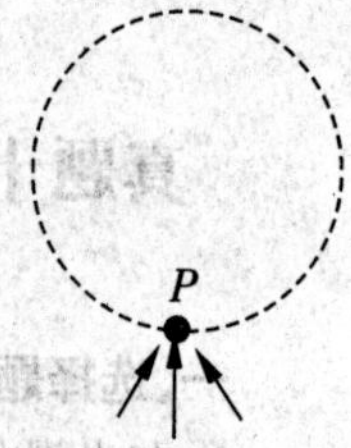

题6图

A. 2　　　　B. 3

C. $\sqrt{2}$　　　　D. $\sqrt{3}$

7. 在光滑的水平桌面上有两个质量均为 m 的小球，由长度为 $2l$ 的拉紧细线相连。以一恒力作用于细线中点，恒力的大小为 F，方向平行于桌面。两球开始运动时，细线与恒力方向垂直。在两球碰撞前瞬间，两球的速度在垂直于恒力方向的分量为(　　)

A. $\sqrt{\frac{Fl}{2m}}$　　　　B. $\sqrt{\frac{Fl}{m}}$

C. $2\sqrt{\frac{Fl}{m}}$　　　　D. $\sqrt{\frac{2Fl}{m}}$

二、实验题

8. 左图为一直线运动加速度测量仪的原理示意图。A 为U形底座，其内部放置一绝缘滑块 B；B 的两侧各有一弹簧，它们分别固连在 A 的两个内侧壁上；滑块 B 还与一阻值均匀的碳膜电阻 CD 的滑动头相连（B 与 A 之间的摩擦及滑动头与碳膜间的摩擦均忽略不计），如图所示。电阻 CD 及其滑动头与另外的电路相连（图中未画出）。

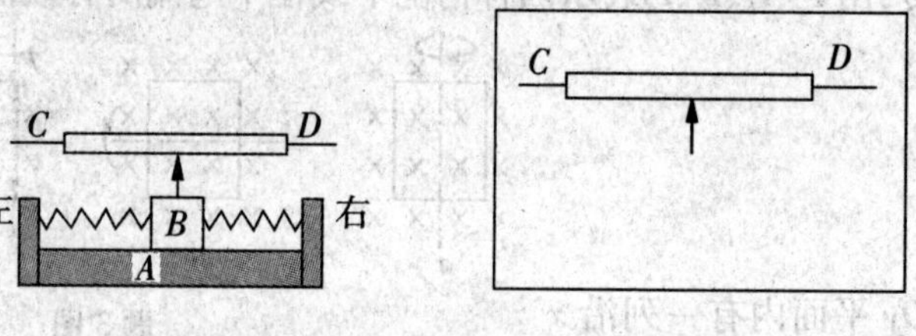

题8图

工作时将底座 A 固定在被测物体上，使弹簧及电阻 CD 均与物体的运动方向平行。当被测物体加速运动时，物块 B 将在弹簧的作用下，以同样的加速度运动。通过电路中仪表的读数，可以得知加速度的大小。

已知滑块 B 的质量为0.60 kg，两弹簧的劲度系数均为 2.0×10^2 N/m，CD 的全长为9.0 cm，被测物体可能达到的最大加速度为20 m/s^2（此时弹簧仍为弹性形变）；另有一电动势为9.0 V、内阻可忽略不计的直流电源，一理想指针式直流电压表及开关、导线。

设计一电路，用电路中电压表的示值反映加速度的大小。要求：

①当加速度为零时，电压表指针在表盘中央；

②当物体向左以可能达到的最大加速度加速运动时，电压表示数为满量程。（所给电压表可以满足要求）

(1)完成电路原理图。

(2)完成下列填空:(不要求有效数字)

①所给的电压表量程为__________V;

②当加速度为零时,应将滑动头调在距电阻的 C 端________cm处;

③当物体向左做减速运动,加速度的大小为 10 m/s^2时,电压表示数为____V。

三、推理、论证题

9. A、B、C 三个物体(均可视为质点)与地球构成一个系统,三个物体分别受恒外力 F_A、F_B、F_C的作用。在一个与地面保持静止的参考系 S 中,观测到此系统在运动过程中动量守恒、机械能也守恒。S'系是另一个相对 S 系做匀速直线运动的参考系,讨论上述系统的动量和机械能在 S'系中是否也守恒。(功的表达式可用 $W_F = F \cdot S$ 的形式,式中,F 为某个恒力,S 为在力 F 作用下的位移)

四、计算题

10. 卫星携带一探测器在半径为 $3R$ (R 为地球半径)的圆轨道上绕地球飞行。在 a 点,卫星上的辅助动力装置短暂工作,将探测器沿运动方向射出(设辅助动力装置喷出的气体质量可忽略)。若探测器恰能完全脱离地球的引力,而卫星沿新的椭圆轨道运动,其近地点 b 距地心的距离为 nR (n 略小于3),求卫星与探测器的质量比。(质量分别为 M、m 的两个质点相距为 r 时的引力势能为 $-GMm/r$,式中,G 为引力常量)

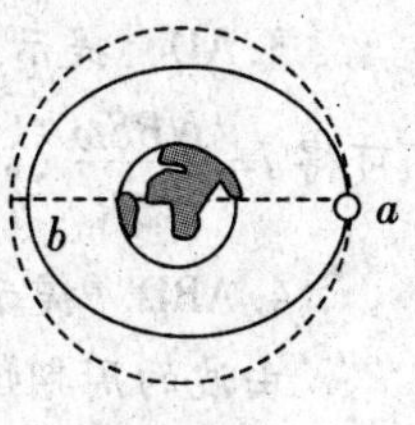

题10图

11. 如图,三个面积均为 S 的金属板 A、B、C 水平放置,A、B 相距 d_1,B、C 相距 d_2,A、C 接地,构成两个平行板电容器。上板 A 中央有小孔 D。B 板开始不带电。质量为 m、电荷量为 $q(q>0)$的液滴从小孔 D 上方高度为 h 处的 P 点由静止一滴一滴落下。假设液滴接触 B 板可立即将电荷全部传给 B 板。油滴间的静电相互作用可忽略,重力加速度取 g。

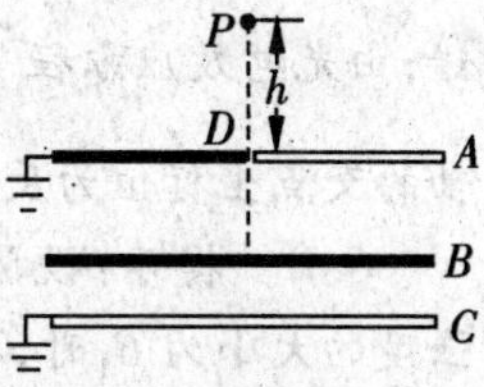

题11图

(1)若某带电液滴在 A、B 板之间做匀速直线运动,此液滴是从小孔 D 上方落下的第几滴?

(2)若发现第 N 滴带电液滴在 B 板上方某点转为向上运动,求此点与 A 板的距离 H。(以空气为介质的平行板电容器电容 $C=S/(4\pi kd)$,式中,S 为极板面积,d 为极板间距,k 为静电力常量。)

【参考答案】

1. C　提示:设物块对斜面的压力为 N,物块 m 相对斜面的加速度为 a_1,斜面的加速度为 a_2,方向向左;则物块 m 相对地面的加速度为 $a_x = a_1\cos\theta - a_2$,$a_y = a_1\sin\theta$,由牛顿第二定律得:

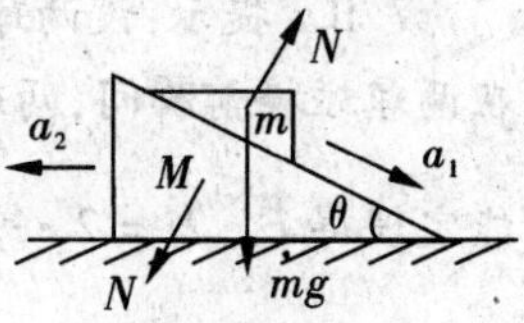

答题1图

对 m 有　$N\sin\theta = m(a_1\cos\theta - a_2)$

$N\cos\theta = ma_1\sin\theta$

对 M 有　$N\sin\theta = Ma_2$

解得　$N=\dfrac{Mmg\cos\theta}{M+m\sin^2\theta}$　　故选 C 正确。

2. BD　提示：设两球距离为 d，分析 A 球的受力如图示，图中 $F=k\dfrac{q_A\cdot q_B}{d^2}$，

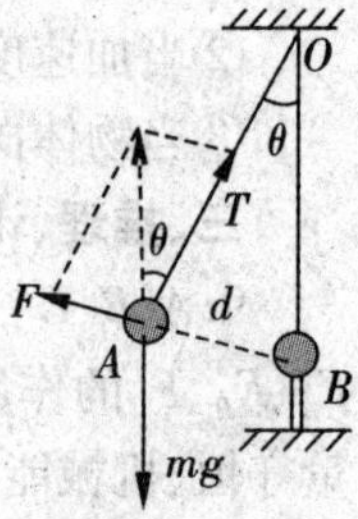

答题 2 图

由平衡条件得 $T=mg$，$2\,mg\sin\theta/2=F=k\dfrac{q_A\cdot q_B}{d^2}$，

同时使两悬线长度减半，则 d 减半，不能满足上式，A 错；

同时使 A 球的质量和电量都减半，上式仍然能满足，B 正确；

同时使两球的质量和电量都减半，不能满足上式，C 错；

同时使两悬线长度和两球的电量都减半，则 d、q_1、q_2 减半，上式仍然能满足，D 正确。

3. AD　提示：由 $E_m=NBS\omega$，$E_m=\sqrt{2}\,E$，$I=E/R$，联立求解可得 $I=\dfrac{NBS\omega}{\sqrt{2}R}$，故选 AD 正确。

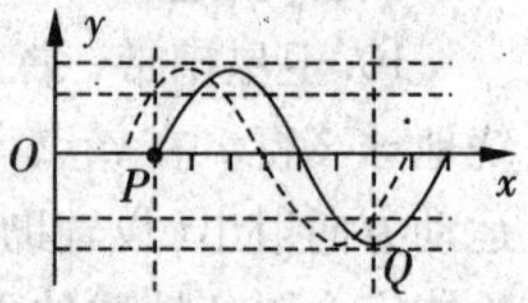

答题 3 图

4. ABD　提示：$T=0.4$ s，在 $t=0$ 时的波形如图实线所示。

由波的周期性，$t=0.35\text{ s}=7T/8$ 时的波形与 $t=-T/8$ 时的波形相同，如图虚线所示，可见选项 ABD 正确。

5. A　提示：由光电效应现象的规律，饱和光电流与照射光的强度成正比，选项 C、D 错；由光电效应方程 $\dfrac{1}{2}mv_m^2=h\nu-W$，反向截止电压 $U_{反}$ 决定于照射光的频率，图线与 U 轴的交点坐标值为反向截止电压，可见选项 B 错 A 正确。

6. D　提示：设圆形区域磁场的半径为 r，磁感应强度的大小为 B_1 时，从 P 点入射的粒子射出磁场时与磁场边界的最远交点为 M，（见答图甲）由题意知 $\angle POM=120°$，则该带电粒子在磁场中的运动轨迹是以 PM 为直径的圆。由几何关系得轨迹圆半径为 $R_1=\sqrt{3}r$，磁感应强度的大小为 B_2 时，从 P 点入射的粒子射出磁场时与磁场边界的最远交点为 N，（见答图乙）由题意知 $\angle PON=60°$，由几何关系得轨迹圆半径为 $R_2=r$，$R=\dfrac{mv}{qB}\propto\dfrac{1}{B}$，所以 $\dfrac{B_2}{B_1}=\dfrac{R_1}{R_2}=\sqrt{3}$

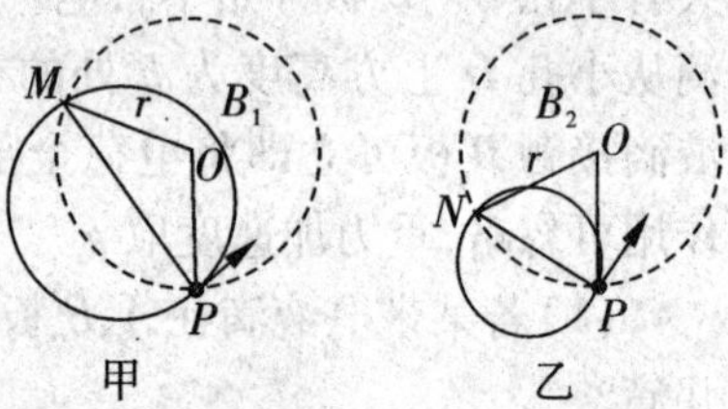

答题 6 图

7. B　提示：设两球的速度沿恒力方向的分量为 v_x，在垂直于恒力方向的分量为 v_y，在两球碰撞前瞬间，两球的速度的两个分量大小相等，即 $v_x=v_y$，恒力 F 的位移为 $2l$，由动能定理得 $F\cdot 2l=2\cdot\dfrac{1}{2}mv_x^2+2\cdot\dfrac{1}{2}mv_y^2=2\,mv_y^2$，所以 $v_y=\sqrt{\dfrac{Fl}{m}}$

8. (1) 电路原理图如答图 1 所示。

(2) ①6.0　②3.0　③1.5

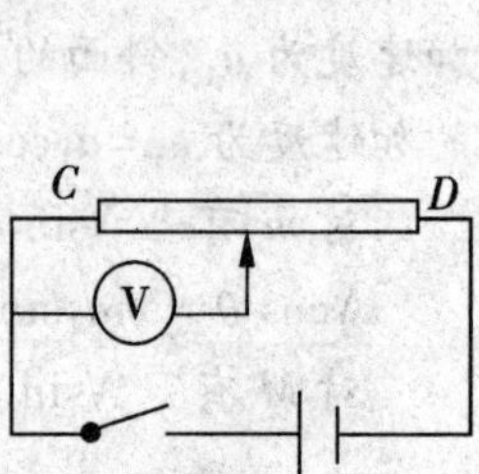

答图1

提示：(2) 当加速度为零时，应将滑动头调在距电阻的 C 端 l_0 cm处，（答图 2）电压表指针在表盘中央，$U_1=U/2$，当物体向左以

最大加速度 $a_m=20\ \text{m/s}^2$ 加速运动时，弹簧的形变量为 x_2（答图3）

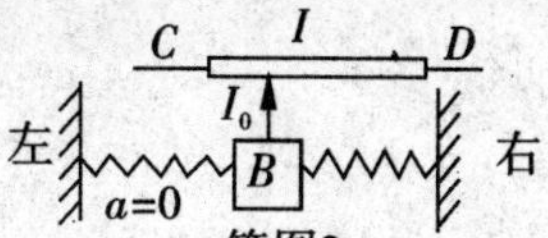

答图2

$$x_2=\frac{ma_m}{2k}=\frac{0.6\times 20}{2\times 200}=0.03\ \text{m}=3\ \text{cm}$$

此时电压表示数为满量程，$U_2=U$

由比例关系 $\frac{E}{l}=\frac{U/2}{l_0}=\frac{U}{l_0+x_2}$，解得 $l_0=3.0\ \text{cm}$，$U=6.0\ \text{V}$

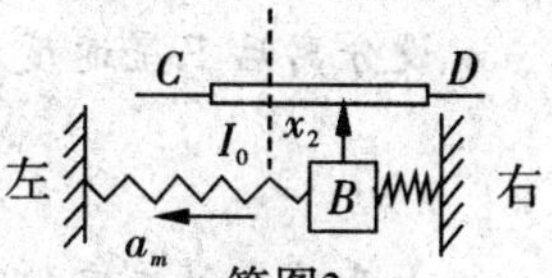

答图3

当物体向左做减速运动，加速度的大小为 $a_3=10\ \text{m/s}^2$ 时，弹簧的形变量为 x_3（答图4）电压表示数为 U_3，

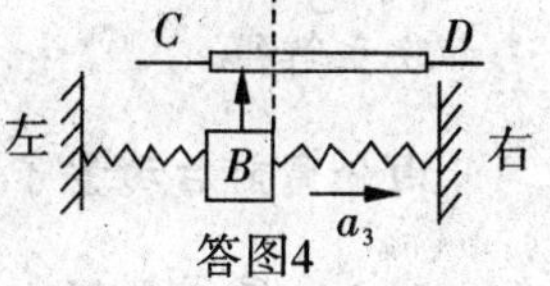

答图4

$$x_3=\frac{ma_3}{2k}=\frac{0.6\times 10}{2\times 200}=0.015\ \text{m}=1.5\ \text{cm}$$

$\frac{E}{l}=\frac{U_3}{l_0-x_3}$，解得 $U_3=1.5\ \text{V}$

9. 提示：在 S 系中，由系统在运动过程中动量守恒可知，

$$F_A+F_B+F_c=0 \quad ①$$

设在很短的时间间隔 Δt 内，A、B、C 三个物体的位移分别为 $\Delta\boldsymbol{S}_A$、$\Delta\boldsymbol{S}_B$ 和 $\Delta\boldsymbol{S}_C$，由机械能守恒有

$$\boldsymbol{F}_A\cdot\Delta\boldsymbol{S}_A+\boldsymbol{F}_B\cdot\Delta\boldsymbol{S}_B+\boldsymbol{F}_C\cdot\Delta\boldsymbol{S}_C=0 \quad ②$$

并且系统没有任何能量损耗，能量只在动能和势能之间转换。

由于受力与惯性参考系无关，故在 S' 系的观察者看来，系统在运动过程中所受外力之和仍为零，即 $F_A+F_B+F_c=0$ ③

所以，在 S' 系的观察者看来动量仍守恒。

设在同一时间间隔 Δt 内，S' 系的位移为 $\Delta S'$，在 S' 系观察 A、B、C 三个物体的位移分别为 $\Delta S'_A$、$\Delta S'_B$ 和 $\Delta S'_C$，且有

$$\begin{cases}\Delta\boldsymbol{S}_A=\Delta\boldsymbol{S}'+\Delta\boldsymbol{S}'_A\\ \Delta\boldsymbol{S}_B=\Delta\boldsymbol{S}'+\Delta\boldsymbol{S}'_B\\ \Delta\boldsymbol{S}_C=\Delta\boldsymbol{S}'+\Delta\boldsymbol{S}'_C\end{cases} \quad ④$$

在 S' 系的观察者看来外力做功之和为 $\boldsymbol{F}_A\cdot\Delta\boldsymbol{S}'_A+\boldsymbol{F}_B\cdot\boldsymbol{S}'_B+\boldsymbol{F}_C\cdot\boldsymbol{S}'_C$ ⑤

联立④⑤式可得 $\boldsymbol{F}_A\cdot(\Delta\boldsymbol{S}_A-\Delta\boldsymbol{S}')+\boldsymbol{F}_B\cdot(\Delta\boldsymbol{S}_B-\Delta\boldsymbol{S}')+\boldsymbol{F}_C\cdot(\Delta\boldsymbol{S}_C-\Delta\boldsymbol{S}')=\boldsymbol{F}_A\cdot\Delta\boldsymbol{S}_A+\boldsymbol{F}_B\cdot\Delta\boldsymbol{S}_B+\boldsymbol{F}_C\cdot\Delta\boldsymbol{S}_C-(\boldsymbol{F}_A+\boldsymbol{F}_B+\boldsymbol{F}_C)\cdot\Delta\boldsymbol{S}'$

由①②式可知 $\boldsymbol{F}_A\cdot\Delta\boldsymbol{S}_A+\boldsymbol{F}_B\cdot\Delta\boldsymbol{S}_B+\boldsymbol{F}_C\cdot\Delta\boldsymbol{S}_C=0$ 即在 S' 系中系统的机械能也守恒。

10. 提示：设地球质量为 M，卫星质量为 m，探测器质量为 m'，当卫星与探测器一起绕地球做圆周运动时，由万有引力定律和牛顿第二定律得

$$\frac{GM(m+m')}{(3R)^2}=(m+m')\frac{v^2}{3R} \quad ①$$

$$v^2=\frac{GM}{3R} \quad ②$$

设分离后探测器速度为 v'，探测器刚好脱离地球引力应满足

$$\frac{1}{2}m'v'^2-\frac{GMm'}{3R}=0 \quad ③$$

$$v'=\sqrt{\frac{2GM}{3R}}=\sqrt{2}v \quad ④$$

设分离后卫星速度为u,由机械能守恒定律可得

$$\frac{1}{2}mv_{近}^2-\frac{GMm}{nR}=\frac{1}{2}mu^2-\frac{GMm}{3R} \quad ⑤$$

由开普勒第二定律有 $nRv_{近}=3Ru$ ⑥

联立解得 $u=\sqrt{\frac{2n}{3+n}}v$ ⑦

由分离前后动量守恒可得 $(m+m')v=mu+m'v'$ ⑧

联立④⑦⑧式得 $\frac{m}{m'}=\frac{\sqrt{2}-1}{1-\sqrt{\frac{2n}{3+n}}}$ ⑨

11.提示:(1)根据题意,A、B板与B、C板构成的两个平行板电容器的电容分别为

$$C_1=\frac{S}{4\pi kd_1} \quad ① \qquad C_2=\frac{S}{4\pi kd_2} \quad ②$$

设第n滴带电液滴可在A、B板之间做匀速直线运动。当第n滴带电液滴处于A、B板之间时,B板所带电荷量为$Q_1+Q_2=(n-1)q$ ③
式中,Q_1和Q_2分别为金属板B上下两个表面上的电荷量。设B板电势为U,则

$$Q_1=C_1U \quad ④$$

$$Q_2=C_2U \quad ⑤$$

A、B板之间的电场强度为 $E_1=U/d_1$ ⑥

由于第n滴带电液滴在A、B板之间做匀速直线运动,有

$$qE_1=mg \quad ⑦$$

联立以上各式得 $n=\frac{mgS}{4\pi kq^2}(1+\frac{d_1}{d_2})+1$ ⑧

(2)当第$N-1$滴带电液滴在B板上时,(1)中①至⑤仍有效,相应的B板电势以及其上下表面所带电荷量分别记为U'、Q_1'和Q_2'。B板所带电荷量为

$$Q_1'+Q_2'=(N-1)q \quad ⑨$$

按题意,第N滴带电液滴会在下落到离A板距离为$H(H<d_1)$时,速度为零,此时液滴所在位置的电势为

$$U_H'=\frac{H}{d_1}U' \quad ⑩$$

由能量守恒得

$$qU_H'=mg(h+H) \quad ⑪$$

由①②④⑤⑨⑩式得

$$H=\frac{mghS(1+d_1/d_2)}{4\pi kq^2(N-1)-mgS(1+d_1/d_2)}$$

第三部分

模拟试卷

模拟试卷一及参考答案

一、选择题(共 10 小题,每小题 3 分,共 30 分)

1. 如图所示,一试管开口朝下插入盛水的广口瓶中,在某一深度处静止时,管内封有一定的空气,若向广口瓶中再缓慢地倒入一些水,试管仍保持竖直,则试管将(　　)。

A. 加速上升

B. 加速下沉

C. 保持静止

D. 相对原静止位置上下振动

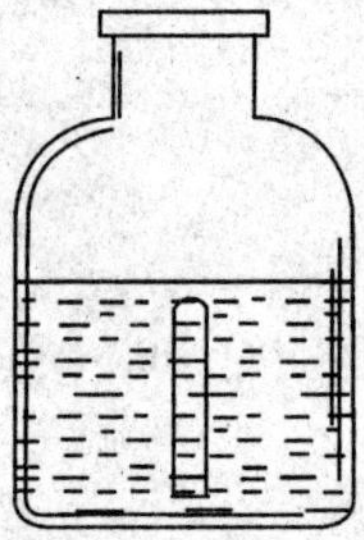

题 1 图

2. 如图所示,刚性细直棒长为 $2l$,质量不计,其一端 O 用光滑铰链与固定转轴连接;在细棒的中点固定一个质量为 $4m$ 的小球 A,在细棒的另一端固定一个质量为 m 的小球 B。将棒置于水平位置由静止开始释放,棒与球组成的系统将在竖直平面内做无摩擦的转动,则该系统在由水平位置转至竖直位置的过程中(　　)。

A. 系统的机械能守恒

B. 棒对 A、B 两球都不做功

C. A 球通过棒对 B 球做正功

D. B 球通过棒对 A 球做正功

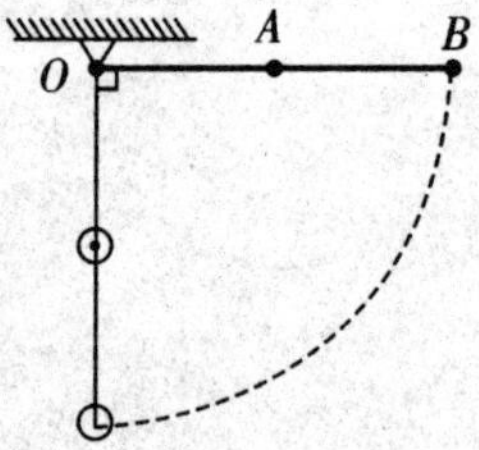

题 2 图

3. 如图所示,一质量为 m 的质点在半径为 R 的半球形容器中,由静止开始自边缘上的 A 点滑下,到达最低点 B 时,它对容器的正压力为 N,则质点自 A 滑到 B 的过程中,摩擦力对其所做的功为(　　)。

A. $\frac{1}{2}R(N-3\,mg)$　　B. $\frac{1}{2}R(3\,mg-N)$

C. $\frac{1}{2}R(N-mg)$　　D. $\frac{1}{2}R(N-2\,mg)$

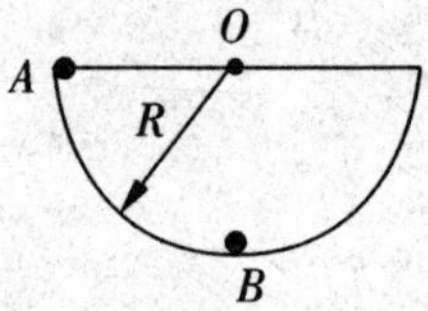

题 3 图

4. 两个完全相同的导体球,皆带等量的正电荷 Q,现使两球互相接近,到一定程度时(　　)

A. 两球表面都将有正、负两种电荷分布

B. 两球中至少有一个表面上有正、负两种电荷分布

C. 无论接近到什么程度两球面都不会有负电荷分布

D. 是否有正、负电荷的分布要视电荷 Q 的大小而定

5. 如图,一根用绝缘材料制成的轻弹簧,一端固定,另一端与一个质量为 m、带电量为 $+q$ 的小球连接。弹簧的劲度系数为 k,小球开始静止于光滑绝缘水平面上。当施加水平向左的匀强电场 E 后,小球开始做简谐运动,当小球经过 O 点时加速度为零。A、B 两点为小

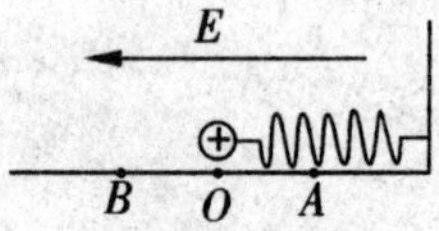

题 5 图

球能够到达的最大位移处,则(　　)。

A. 小球的速度为零时,弹簧伸长 qE/k

B. 小球在做简谐运动的过程中机械能守恒

C. 小球做简谐运动的振幅为 qE/k

D. 小球在由 O 点到 B 点的运动过程中,弹力做功的大小一定大于电场力做功的大小

6. 下列关于光电效应现象的表述中错误的是(　　)。

A. 光电效应是指可见光照射到金属表面时有电子脱离金属的现象

B. 光电效应存在截止频率

C. 照射光光强太弱时不可能发生光电效应

D. 光电效应中,电子脱离金属的现象是在光照射到金属表面时瞬间发生的

7. 理想气体状态方程 $\frac{PV}{T}$ = 恒量,为使式中恒量在任意情况下保持不变,则所研究的对象应是(　　)。

A. 质量相同的任何气体　　B. 质量不同的同一种气体

C. 摩尔数相同的任何气体　　D. 在标准状态下的任何气体

8. 如图,一台理想变压器的原副线圈匝数比为 2∶1,原线圈电路中串联了一只灯泡 A,副线圈电路中并联了三只灯泡 B、C 和 D。这四只灯泡完全相同,且电阻保持恒定,则下面说法正确的是(　　)

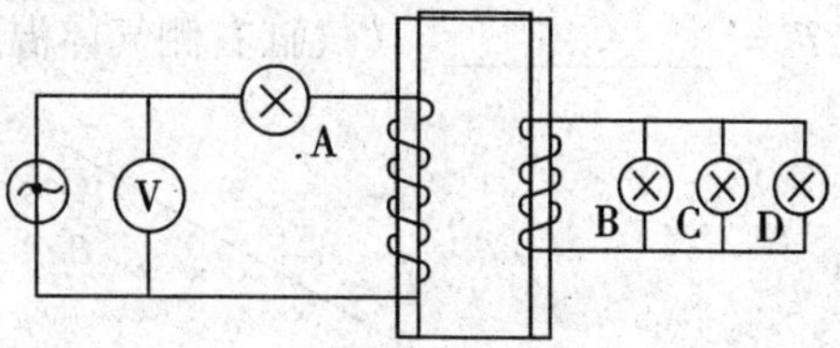

题 8 图

A. 若 A 正常发光,B、C 和 D 也一定正常发光

B. 若 A 正常发光,B、C 和 D 一定比 A 亮

C. 若 A 正常发光,且消耗功率为 P,则 B 消耗的功率一定为 $4P/9$

D. 若 A 正常发光且两端的电压为 U,则交流电表 V 的示数为 $7U/3$

9. 氢原子辐射出一个光子后(　　)

A. 电子绕核旋转半径增大　　B. 电子动能增大

C. 氢原子电势能增大　　D. 原子的能级值增大

10. 一喷雾器装入药液后,液面上方留有体积为 1.5 L、压强为 1 atm 的空气,现用打气筒缓慢地向喷雾器内打气,每次打进压强为 1 atm 的空气 200 cm^3,设打气过程中温度保持不变,现要使喷雾器里的气体压强达到 4 atm,打气筒应打气次数至少为(　　)。

A. 22 次　　B. 23 次

C. 24 次　　D. 25 次

二、填空题(共 4 小题,每小题 4 分,共 16 分)

11. 如图所示,在长为 L 的轻杆的两端分别固定两个线度可忽略的质量为 m 和 $M=3m$的小球,竖直放置于光滑的平面上。如果受到空气扰动的影响,系统将倾倒。在 M 落地的瞬间,M 的速度大小为 v_M =________,该过程中系统的质心相对于小球 m 的位

移大小为____________。

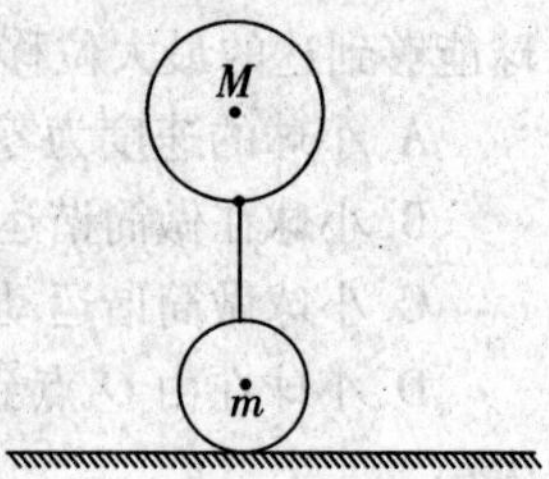

题 11 图

12. 重力势能 $E_p=mgh$ 实际上是万有引力势能在地面附近的近似表达式，其更精确的表达式为 $E_p=-G\frac{Mm}{r}$，式中 G 为万有引力恒量，M 为地球质量，m 为物体质量，r 为物体到地心的距离，并以无穷远处为引力势能零点。现有一质量为 m 的地球卫星，在离地面高度为 H 处绕地球做匀速圆周运动，已知地球半径为 R，地球表面处的重力加速度为 g，地球质量未知，则卫星做匀速圆周运动的线速度为____________，卫星运动的机械能为____________。

13. 一个顶角为 30° 的扇形区域内有垂直纸面向内的均匀磁场 B。有一质量为 m、电量为 $q(q>0)$ 的粒子，从边界上距顶点为 l 的地方以速率 $v=lqB/2m$ 垂直于边界射入磁场，则粒子从另一边界上的出射点与顶点的距离为____________，粒子出射方向与该边界的夹角为____________。

14. 如图所示，气缸左右两侧的气体由绝热活塞隔开，活塞与气缸间为光滑接触。气体的摩尔数之比为 $n_1:n_2=5:4$，平衡时体积之比为 $V_1:V_2=1:2$。左侧气体的温度升高到原来的____________倍时，两侧气体的体积相同，此时，两侧气体的温度比值为 $T_1':T_2'=$____________。（气缸右侧气体温度不变）

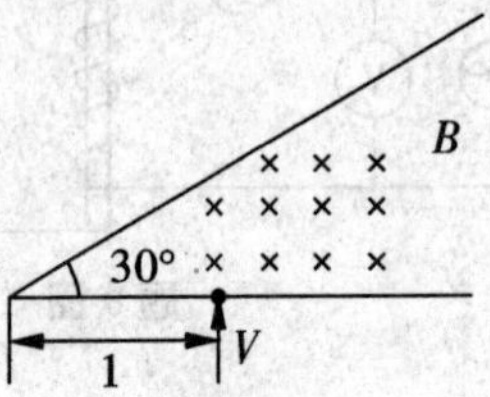

题 13 图

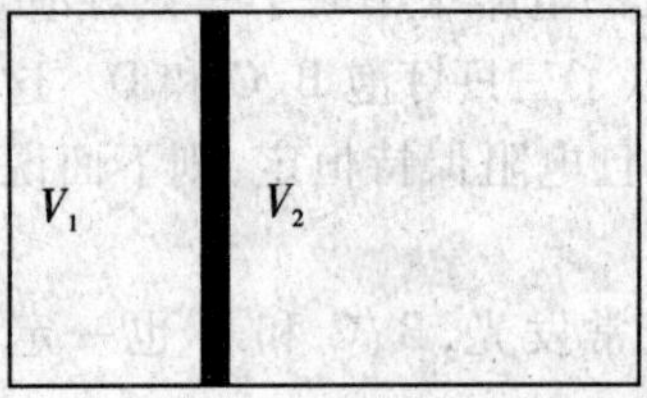

题 14 图

三、计算题（共 5 小题，共 54 分）

15.（10 分）如图所示，在水平地面上有一沿 x 正方向做匀速运动的传送带，运动速度为 v_1，传送带上有一质量为 m 的正方形物体随传送带一起运动。当物体运动到 yOz 平面时遇到一阻挡板 C，阻止其继续向 x 正方向运动。设物体与传送带之间的摩擦系数为 μ_1，与挡板之间的摩擦系数为 μ_2。此时若要使物体沿 y 正方向以匀速 v_2 运动，问：

（1）沿 y 方向所加外力为多少？

（2）若物体沿 y 方向运动了一段时间 t，则在此期间摩擦力所做的功为多少？

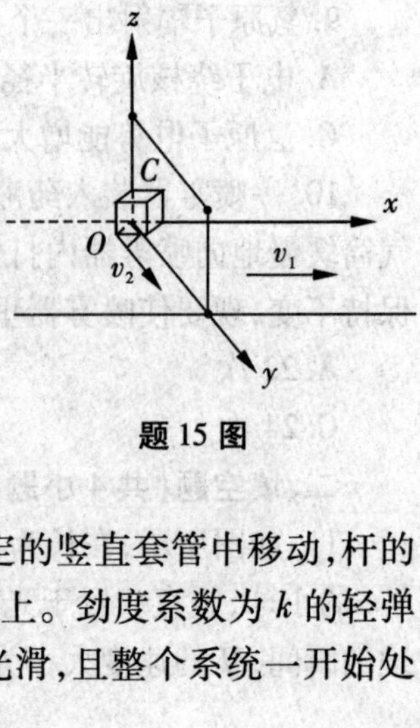

题 15 图

16.（12 分）如图所示，质量为 m_2 的直杆可以自由地在固定的竖直套管中移动，杆的下端搁在质量为 m_1、劈角为 θ 的物块上，而物块放在水平桌面上。劲度系数为 k 的轻弹簧一端连着物块，另一端连在竖直墙面上。设所有接触面都光滑，且整个系统一开始处于平衡状态，直杆下端位于物块斜面的中点。现把物块 m_1 从平衡位置向右移动距离 d 后（直杆的下端未碰到地面），由静止将其释放。

(1)在 d 满足什么条件时，此后的运动过程中直杆与物块 m_1 始终有接触？

(2)在满足(1)的条件下，证明物块 m_1 和直杆的运动为简谐运动，并求运动周期。

17.(12 分)如图所示，两无限长平行光滑导轨间距为 l，导轨与水平面成 θ 角放置，整个装置处在磁感应强度为 B 的磁场之中，B 的方向垂直地面向上，两导轨间串接了电阻 R 及电动势为 ε 的电源。滑竿 ab 质量为 m，滑竿初速为零，求滑竿下滑的极限速度。

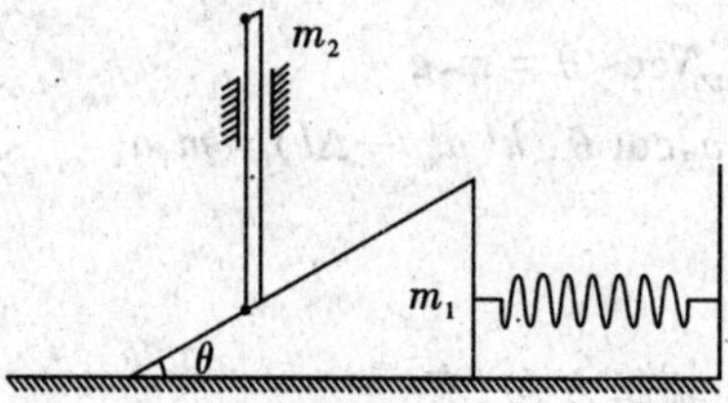

题 16 图

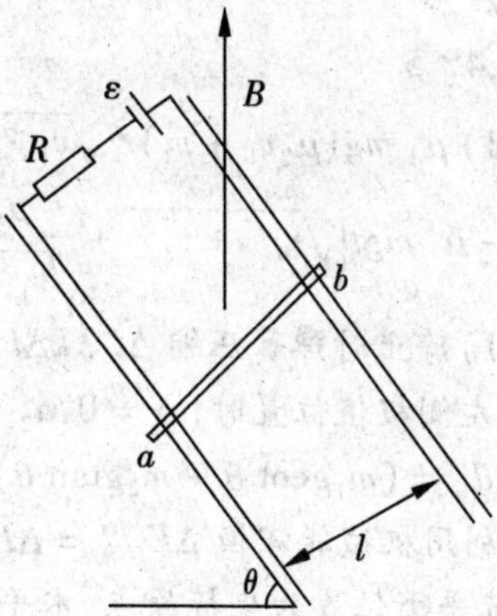

题 17 图

18.(10 分)如图所示为一个长为 l、宽为 a、高为 b 的矩形管，图中画斜线的前后两侧面为金属板，上、下面为绝缘板，用导线将金属板相连，金属板和导线的电阻可忽略不计。今有电阻率为 ρ 的水银流过矩形管，流速为 v_0。设管中水银的流速与管两端压强差成正比，已知流速为 v_0 时的压强差为 p_0。在垂直于矩形管上下平面的方向上加均匀磁场，磁感应强度为 B，求加磁场后水银的流速。

19.(10 分)如图所示，无论电键 K 闭合还是断开，小灯都发出同样亮度的光，$R_1 = R_3 = 90\ \Omega$，$R_2 = 180\ \Omega$，$U = 54\ \text{V}$。试求小灯上电压。

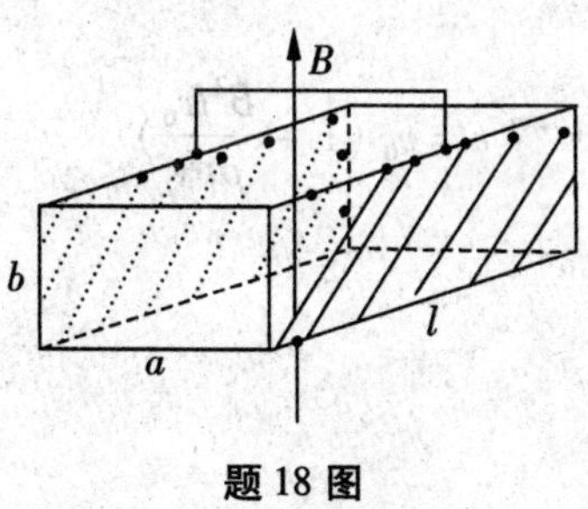

题 18 图

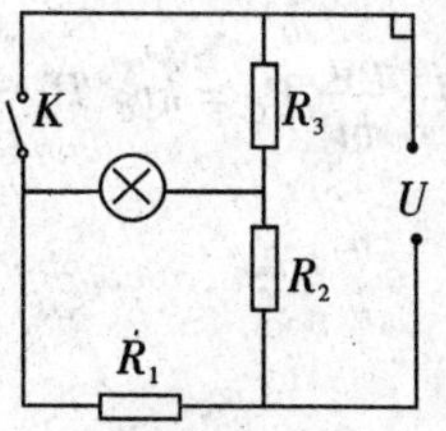

题 19 图

【参考答案】

1. B　　2. AC　　3. A

4. C　提示：假设两球均有负电荷出现，则该球电势低于零；同时两球外侧必须带正电荷,电势又大于零。两者互相矛盾,故不可能有负电荷分布。

5. CD　　6. AC　　7. C　　8. CD　　9. B　　10. B

11. $\sqrt{2gL},\frac{3\sqrt{2}}{4}L$

12. $R\sqrt{\frac{g}{R+H}},-\frac{mgR^2}{2(R+H)}$

13. $\frac{\sqrt{3}}{2}l,60°$

14. 2,4 : 5

15. (1) $\mu_1 mg(\mu_2 v_1+v_2)/\sqrt{v_1^2+v_2^2}$

(2) $-\mu_1 mgt\left(\sqrt{v_1^2+v_2^2}+\frac{\mu_2 v_1 v_2}{\sqrt{v_1^2+v_2^2}}\right)$

16. (1)静止时弹簧压缩 Δl , $k\Delta l=N\sin\theta,N\cos\theta=m_2 g$

m_1在左侧极值位置时, $N=0,a_2=g,a_1=a_2\cot\theta$, $k(d_m-\Delta l)=m_1 a_1$

解得 $d_m=(m_1 g\cot\theta+m_2 g\tan\theta)/k$.

也可利用机械能守恒 $\Delta E_{弹减}=\Delta E_p$ 求解。

(2)选平衡位置为坐标原点,水平向右为 x 轴正方向,有

$N\sin\theta-k(x+\Delta l)=m_1 a_1,m_2 g-N\cos\theta=m_2 a_2$

$a_1=a_2\cot\theta$

解得 $a_1=-\frac{kx}{m_1+m_2\tan^2\theta}$,

故做简谐运动, $\omega^2=\frac{k}{m_1+m_2\tan^2\theta}$, $T=\frac{2\pi}{\omega}=2\pi\sqrt{\frac{m_1+m_2\tan^2\theta}{k}}$

求出 a_1表达式后,也可利用 $T=2\pi\sqrt{\frac{m}{k}}$ 求解。

17. $\frac{mgR\sin\theta}{B^2l^2\cos^2\theta}-\frac{\varepsilon}{Bl\cos\theta}$

18. $Bav=I\cdot\frac{\rho a}{bl},P_0=kv_0,P_0=\frac{BIa}{ab}+kv$ 得 $v=v_0\left(1+\frac{B^2lv_0}{\rho p_0}\right)^{-1}$

19. 6 V

模拟试卷二及参考答案

一、选择题(共10小题,每小题3分,共30分。)

1. 在如图所示电路中,总电压U保持不变,滑线变阻器的总电阻为$2R$,当滑动片P位于变阻器的中点时,四个电流表A_1、A_2、A_3、A_4的示数均为I_0。当滑动片P向左移动时(　　)。

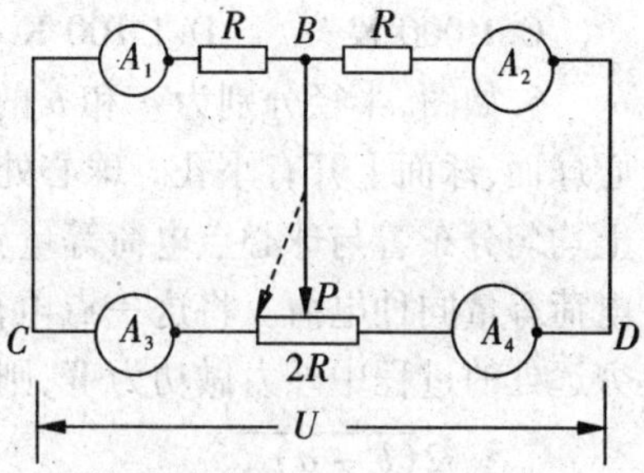

题1图

A. A_1的示数将大于I_0

B. A_2的示数将大于I_0

C. A_3的示数将大于I_0

D. 将有电流从B流向P

2. 当物体在凸透镜主光轴上移动时,下列叙述正确的是(　　)。

A. 当物体从距透镜中心两倍焦距处移向焦点时,像从距透镜中心两倍焦距处移向无穷远

B. 当物体从无穷远处移向距透镜中心两倍焦距处时,像从焦点处移向无穷远

C. 透镜所成像的移动方向总是和物体的移动方向相同

D. 当透镜成实像时,像的移动方向和物的移动方向相同,当透镜成虚像时,像的移动方向和物的移动方向相反

3. 如图所示,$abcd$是由均匀电阻丝制成的长方形线框,导体棒MN电阻不为零并可在ad边与bc边上无摩擦地平行滑动,且接触良好。已知线框处于匀强磁场中,磁场方向与线框平面垂直并指向纸内,则在MN棒由靠近ab边处向cd边匀速移动的过程中,MN两端电压将(　　)。

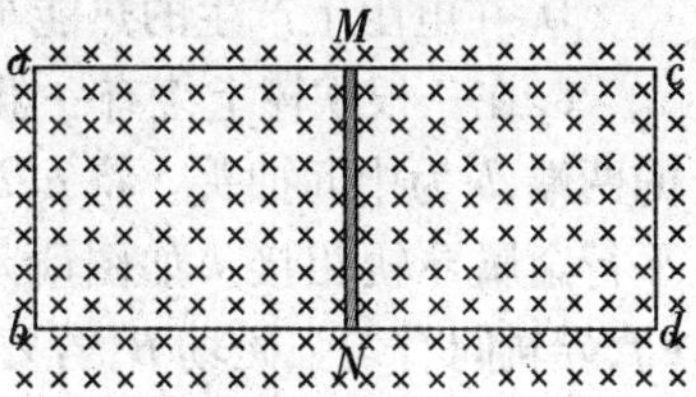

题3图

A. 逐渐增大

B. 逐渐减少

C. 先增大后减小

D. 先减小后增大

4. 一条形磁铁静止在斜面上,有一水平导线固定在磁铁中心的竖直上方,导线中通有垂直纸面向里的恒定电流I,如图所示。若将磁铁的N极与S极对调后,仍放在斜面上原来的位置,则磁铁对斜面的压力F_N和摩擦力F_f的变化情况分别是(　　)。

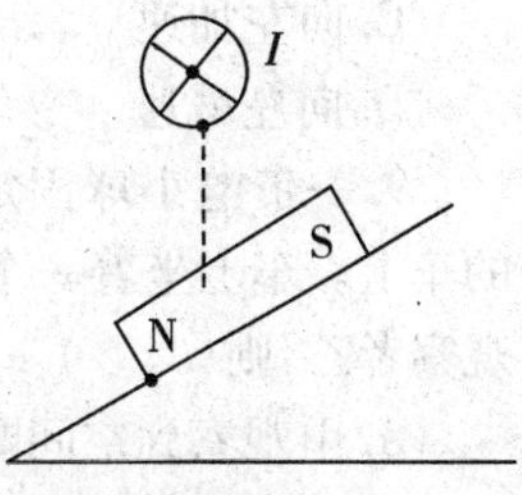

题4图

A. F_N增大,F_f减小　　　B. F_N减小,F_f增大

C. F_N与F_f都增大　　　D. F_N与F_f都减小

5. 一定量的理想气体，历经 $A\rightarrow B\rightarrow C\rightarrow A$ 的循环过程。已知气体在 A 状态时的温度为 250 K，则此循环过程中气体所能达到的最高温度为(　　)。

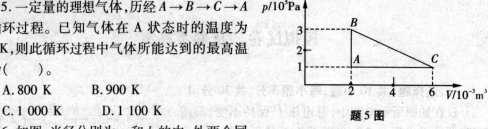

A. 800 K　　B. 900 K

C. 1 000 K　　D. 1 100 K

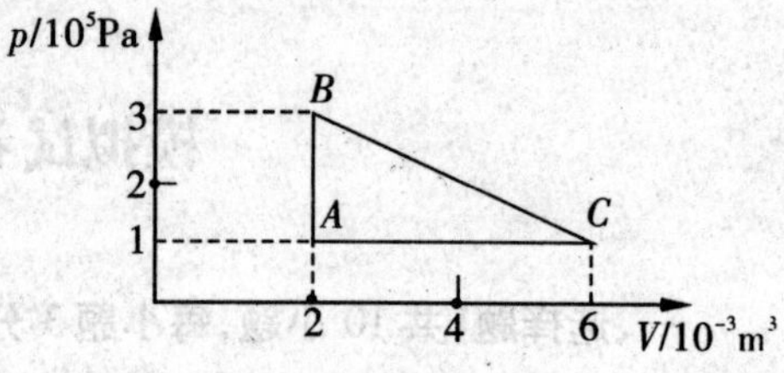

题 5 图

6. 如图，半径分别为 a 和 b 的内、外两个同心球面，球面上开有小孔。球心处有一电荷量为 Q 的点电荷，内球面上均匀分布着与球心点电荷等量异种电荷，外球面上均匀分布着与点电荷等量同种电荷。将这一点电荷从球心通过小孔缓慢地移动到无穷远处的过程中外力做功为 W，则该点电荷的电荷量为(　　)。

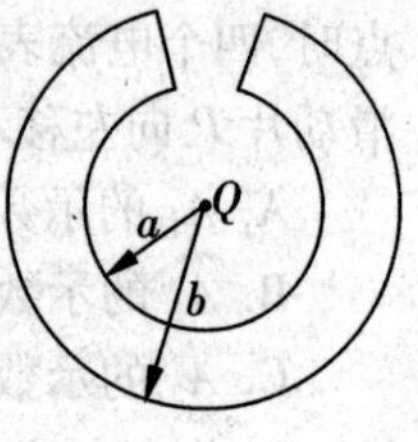

题 6 图

A. $\sqrt{\dfrac{2(b-a)}{k}W}$　　B. $\sqrt{\dfrac{2ab}{k(b-a)}W}$

C. $\sqrt{\dfrac{b-a}{k}W}$　　D. $\sqrt{\dfrac{ab}{k(b-a)}W}$

7. 如图所示，两导体板平行放置可构成一平板电容器 C，将其接到电源上可以充电，直到两导体板的电压与电源的电动势 ε 相等。当电容器被充满电荷时两导体板分别带电 Q、$-Q$，电容器存储的电能为 $\dfrac{1}{2}Q\varepsilon$，同时电路中电流为零，在整个充电过程中(　　)。

A. 在电阻上产生的热能与 R 成正比

B. 在电阻上产生的热能与 R 成反比

C. 在电阻上产生的热能与 R 无关

D. 在电阻上产生的热能与电源电动势 ε 成正比

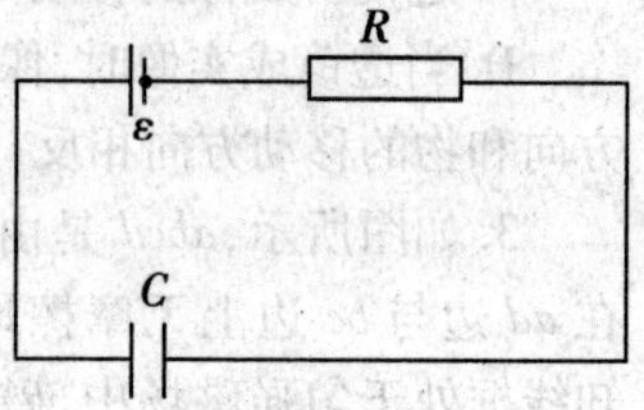

题 7 图

8. 在一根铁棒上绕有一阻值不为零的线圈，a、c 是线圈的两端，b 为中间抽头。将 a、b 两端分别与两根阻值不计的平行金属导轨相接。如图所示，在导轨上跨放一根金属棒 ef，导轨间有匀强磁场 B，若要求 a、c 两点的电势均高于 b 点，则金属棒的运动情况是(　　)。

A. 向右加速

B. 向右减速

C. 向左加速

D. 向左减速

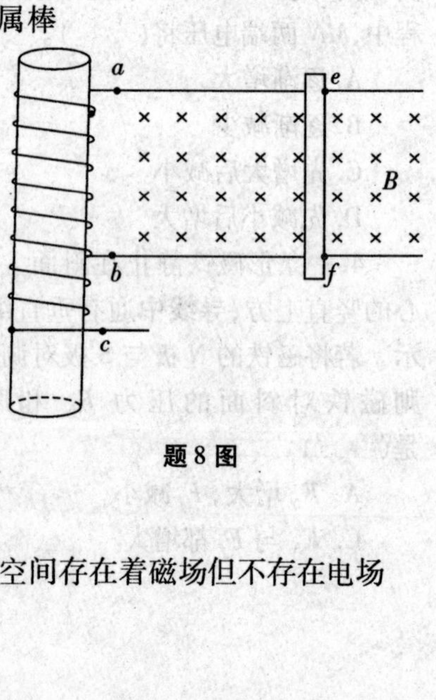

题 8 图

9. 一带电小球固定于相对地面做匀速直线运动的车上。车上坐着一个观察者甲，地面上站着另一个观察者乙，则(　　)。

A. 甲观察到空间既不存在电场也不存在磁场，乙观察到空间存在着磁场但不存在电场

B. 甲观察到空间存在电场但不存在磁场，乙观察到空间存在着磁场但不存在电场

C. 甲观察到空间不存在电场但存在着磁场，乙观察到空间存在着电场但不存在磁场

D. 甲观察到空间存在着电场但不存在磁场，乙观察到空间既存在着电场也存在着磁场

10. 如图所示，先将一装有一定量水银的玻璃杯置于台秤上，再将一装有水银的玻璃管开口端向下插入玻璃杯的水银中，并把玻璃管的封闭端挂在上端固定的弹簧测力计的挂钩上。当在气温不变而气压略微降低时（　　）。

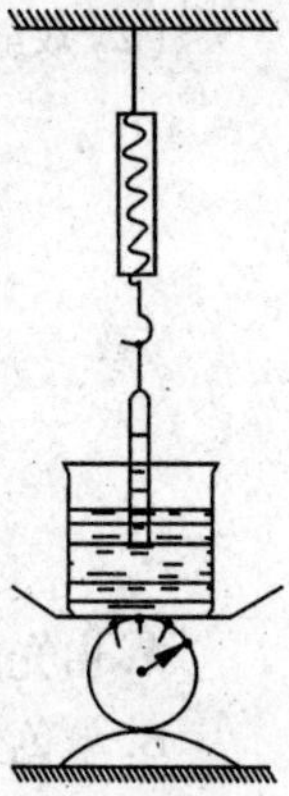
题 10 图

A. 台秤的读数将增大，弹簧测力计的读数将增大

B. 台秤的读数将减小，弹簧测力计的读数将增大

C. 台秤的读数将增大，弹簧测力计的读数将减小

D. 台秤的读数将减小，弹簧测力计的读数将减小

二、填空题（共 3 小题，11、12 每小题 4 分，13 题 6 分，共 14 分）

11. 如图所示，某同学设计了测定平抛运动初速度的实验装置，O 点是小球抛出点，在 O 点有一个频闪的点光源，闪光频率为 30 Hz，在抛出点的正前方，竖直放置一块毛玻璃，在小球抛出后的运动过程中当光源闪光时，在毛玻璃上有一个小球的投影点，在毛玻璃右边用照相机多次曝光的方法，拍摄小球在毛玻璃上的投影照片。已知图中 O 点与毛玻璃水平距离 $L = 1.2$ m，两个相邻的小球投影点之间的距离为 $\Delta h = 5$ cm。则小球在毛玻璃上的投影点做________运动，小球平抛运动的初速度是________m/s。

12. 一定质量的理想气体，从体积为 V_1、压强为 p_1 的状态出发经过如图所示的过程 AB 到达体积为 V_2、压强为 p_2 的末状态。已知 1 mol 理想气体的内能为 $E_0 = C_V T$，其中 T 为气体的温度，C_V 为该理想气体的定容摩尔热容。该理想气体经历如图所示过程 AB 后气体内能的变化为 $\Delta E =$ ________。在 AB 过程中气体从外界吸收的热量 $\Delta Q =$ ________。

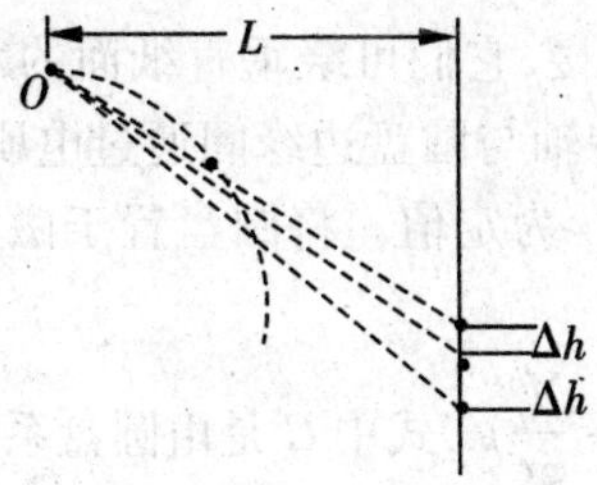

题 11 图

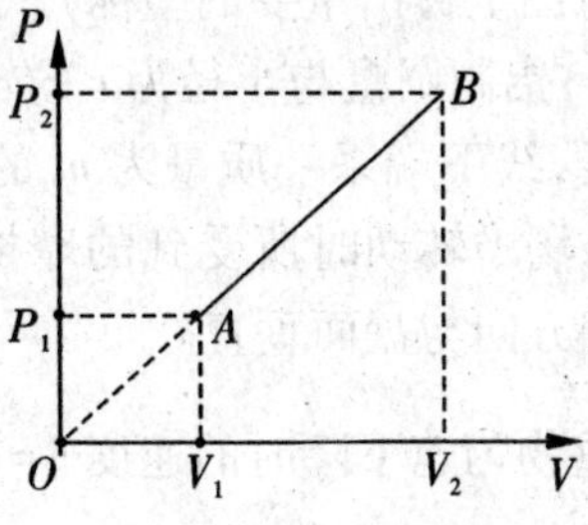

题 12 图

13. (1) 用游标卡尺观察光的衍射现象时，所用的光源是线状白炽灯，调节游标卡尺两脚间的距离测得狭缝的宽度如图所示，则狭缝的宽度为________mm。观察时，应让光源与观察者的距离________（选填“近”或“远”）些，眼睛应________（选填“靠近”或“远离”）狭缝，还应使狭缝与直灯丝________（选填“平行”或“垂直”）。实验中观察到的衍射图样情况是：中央亮条纹是________它的边缘是________色。若将狭缝宽度变为 0.5 mm，则条纹间距变________，条纹亮度变________

____。

(2)双缝干涉条纹与单缝衍射条纹的关系正确的是(　　)。

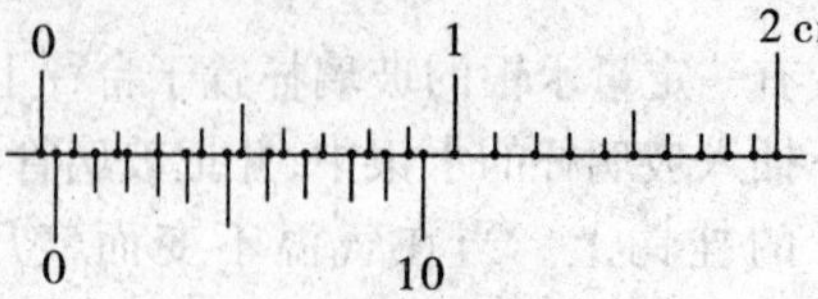

题 13 图

A. 白光的干涉条纹和衍射条纹都是彩色条纹

B. 单色光的干涉条纹和衍射条纹都是明暗相间的条纹

C. 双缝干涉条纹宽度均匀,单缝衍射条纹中间窄两侧宽

D. 双缝干涉条纹两侧的亮度比中心条纹亮度大,单缝衍射条纹的中心条纹比两侧条纹亮度大

三、计算题(共 6 小题,共 56 分)

14. (8 分) 如图所示,光滑绝缘水平面上有一正方形线圈 $abcd$,当线圈进入一个有明显边界的匀强磁场前以 v_0 做匀速运动。当线圈全部进入磁场区域时,其动能恰好等于 ab 边进入磁场前时的一半,问:cd 边离开磁场后,是否仍能继续运动?请说明理由。

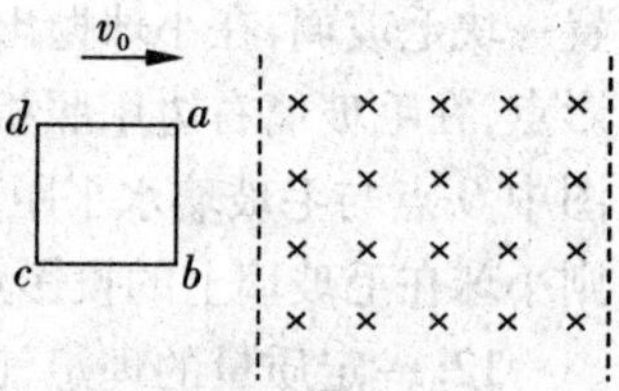

题 14 图

15. (10 分)质量为 M 的足够大平板在光滑水平方向上以速率 v 向右匀速运动,板上方 H 高处有一质量为 m 的小球从静止开始自由下落并与板发生碰撞。小球与平板间的滑动摩擦系数为 μ,小球反弹回的高度为 kH ($0 < k \leqslant 1$)。试求小球从第一次与板碰撞到第二次与板碰撞间运动的水平距离,并作出 $H-s$ 关系的示意图(在示意图上标出重要的坐标)。

16. (10 分)铝制圆盘与半径为 r 的轴固定连接,它们可绕垂直纸面的水平轴线 O 转动,轴上绕细线,线下端系一质量为 m 的重物;转轴与圆盘边缘间通过电刷、导线及电阻相连,圆盘在磁场中转动时所受到的摩擦力矩 M_f 为定值。将圆盘置于磁感应强度为 B 的磁场中,磁场方向与盘面垂直。

(1)证明重物匀速下降时的速度 $v=\frac{gr^2}{CB^2}(m-\frac{M_f}{gr})$,式中 C 是由圆盘系统性质决定的比例常数;

(2)对一定的 B,取不同的 m,测出相应的做匀速运动时的 v 值,得到实验曲线如图,若实验时 $B=0.1$ T,且已知转轴半径 $r=0.02$ m;试由此确定比例常数 C。

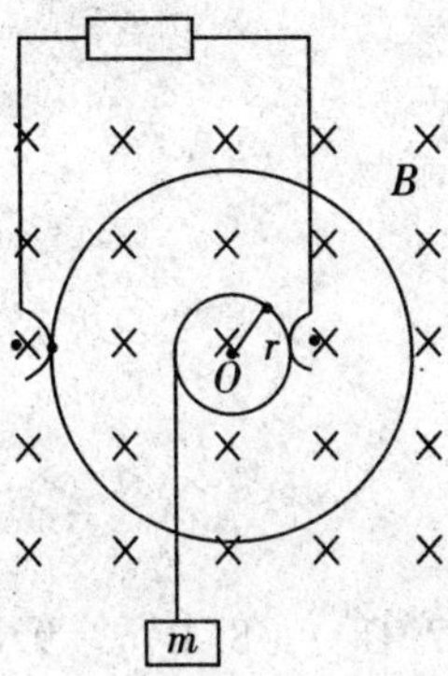

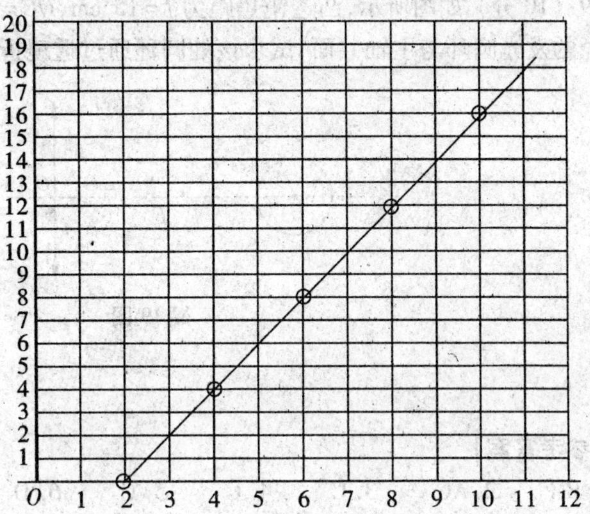

题 16 图

17. (8 分) 直棒 AB 水平放置，在竖直平面内有一半径为 R 的固定的圆，开始时直棒紧贴固定圆自静止开始，在竖直平面内从固定圆的最高点 O' 沿 y 方向自由下落（如图）。求当直棒 AB 下落到离圆心 O 距离为 $R/2$ 时，直棒与此圆的交点 P 的速度与加速度。

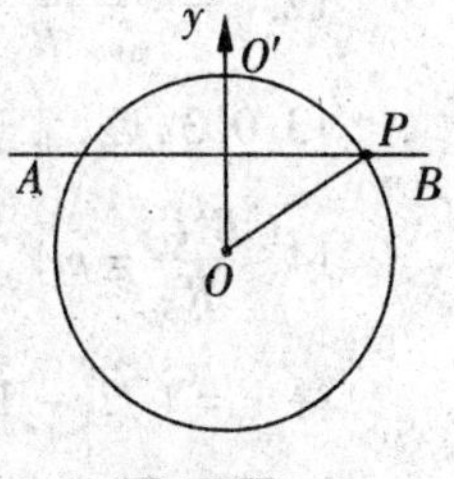

题 17 图

18. (10 分) 如图所示为磁流体发电机的结构示意图。利用燃烧室加热气体使之离解成为由电子和离子组成的等离子体。等离子体以高速注入两侧有磁极的发电通道，通道上下两侧面为电极。等离子体中的正负电荷受磁场的作用，分别向上下两侧偏转，则上下两个电极间就产生电动势。这就是磁流体发电机工作的基本原理。假设等离子体沿通道方向注入时的速率为 v_0；等离子体的电导率为 γ；发电通道中的磁场为均匀磁场，磁感应强度为 B；发电通道上下电极面积均为 A，上下电极的距离为 l。求磁流体发电机的最大输出功率。（已知等离子体中的电流密度 j 与等离子体中电场强度 E 的关系为 $j=\gamma E$，其中 E 包括电动势所对应的非静电场 E_i 和由于上下电极的电荷积累所产生的静电场 E_e，即 $E=E_i+E_e$；上下电极间的电流强度为 $I=jA$。）

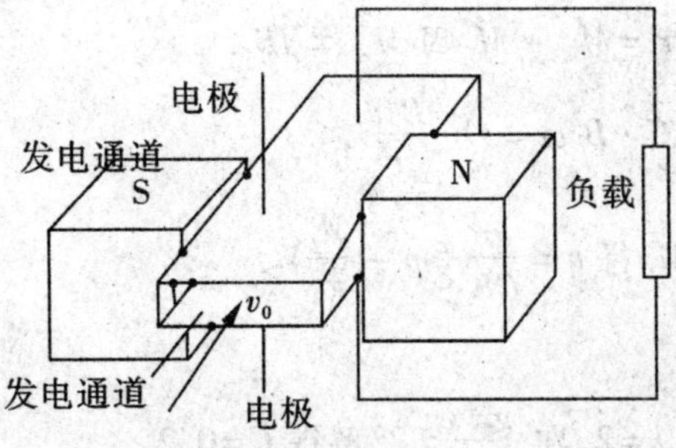

题 18 图

19.(10分) 如图所示,凸透镜焦距为$f=15$ cm,$OC=25$ cm,以C点为圆心,$r=5$ cm为半径的发光圆环与主轴共面,试求该处圆环通过透镜折射后所成的像。

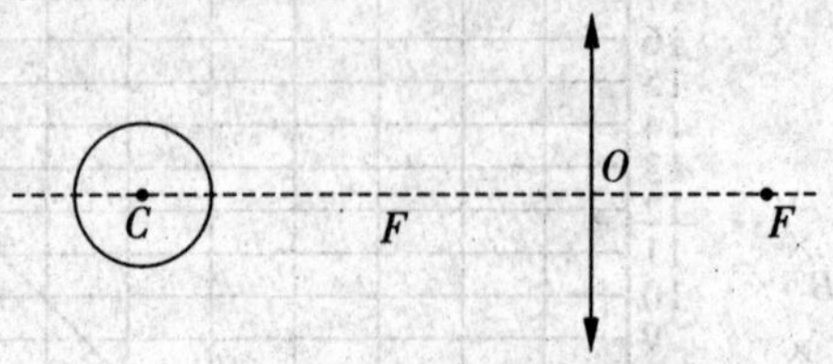

题19图

【参考答案】

1.BC　2.AC　3.C　4.C　5.C　6.D　7.C　8.B　9.D
10.C

11.匀速直线,4

12. $\dfrac{C_V(P_2V_2-P_1V_1)}{R}$, $(P_2V_2-P_1V_1)(\dfrac{1}{2}+\dfrac{C_V}{R})$

13.0.3,远,靠近,平行,白,红,窄,大,AB

14. $\dfrac{B^2l^3}{R}=mV_0(1-\dfrac{\sqrt{2}}{2})$, $\dfrac{B^2l^3}{R}=m(\dfrac{\sqrt{2}}{2}V_0-V)$

得$V=(\sqrt{2}-1)V_0>0$,故仍继续运动。

15. $\overline{F_N}\cdot\Delta t=m\sqrt{2gH}(\sqrt{k}+1)$,若$\mu\overline{F_N}\cdot\Delta t\geqslant mV_x=\dfrac{mMV}{M+m}$,

则$V_x=\dfrac{MV}{M+m}$, $S=\dfrac{2MV}{M+m}\sqrt{\dfrac{2kH}{g}}\propto\sqrt{H}$,

$H>\dfrac{M^2V^2}{2g(M+m)^2\mu^2(1+\sqrt{k})^2}$;若$\mu\overline{F_N}\cdot\Delta t<mV_x=\dfrac{mMV}{M+m}$,

则$v_x=\mu\sqrt{2gH}(\sqrt{k}+1)$, $S=4\mu(k+\sqrt{k})H\propto$H,

$0<H\leqslant\dfrac{M^2v^2}{2g(M+m)^2\mu^2(1+\sqrt{k})^2}$。图略。

16.(1)力矩平衡$mgr=M_m+M_f$因$M_m\propto IB$,

$I\propto B\omega$,故令$M_m=C\cdot B^2\omega=C\cdot\dfrac{B^2v}{r}$,

则$mgr=C\cdot\dfrac{B^2v}{r}+M_f$得$v=\dfrac{gr^2}{CB^2}(m-\dfrac{M_f}{gr})$,

C为比例常量。

(2)由图像可得斜率$k=2$,即$\dfrac{gr^2}{CB^2}=2$,解得$C=0.2$。

17. $v^2=2g(R-\frac{1}{2}R)$，$v_P=\frac{v}{\cos\theta}$，$\sin\theta=\frac{R/2}{R}=\frac{1}{2}$，得 $v_P=2\sqrt{\frac{gR}{3}}$；

$a_n\sin\theta+a_\tau\cos\theta=g$，$a_n=\frac{v_P^2}{R}a_P=\sqrt{a_n^2+a_\tau^2}$。得

$a_P=\frac{2\sqrt{39}}{9}g$。

18. $\varepsilon=Blv_0=E_il$，$I=jA=\gamma(E_i-E_e)A$，$U=Eel$，

$P=IU$。解得 $P=\gamma(v_0B-Ee)EeAl=\gamma Al[-(E_e-\frac{1}{2}v_0B)^2+\frac{B^2v^2}{4}]$

当 $E_e=\frac{1}{2}v_0B$ 时，功率最大，故 $P_m=\frac{1}{4}\gamma AB^2v_0^2l$

19. 以光心 O 为坐标原点，以沿主轴向左为 x 轴正方向，向右为 x 轴负方向，竖直向上为 y 轴正方向，竖直向下为 y' 轴负方向建立两坐标系。圆上任一点 $P(x,y)$，满足 $(x-25)^2+y^2=5^2$，像 $P'(x',y')$ 满足 $\frac{1}{x}+\frac{1}{x'}=\frac{1}{f}$，$\frac{y'}{y}=\frac{x'}{x}$

解得 $\frac{(x'-45)^2}{15^2}+\frac{y'^2}{(5\sqrt{3})^2}=1$，

故圆环的像是以(45 cm,0)为中心，长半轴长 15 cm，短半轴长 $5\sqrt{3}$ cm，长轴在 $O'x'$ 轴上的椭圆。

模拟试卷三及参考答案

一、选择题(共 5 小题,每小题 4 分,共 20 分)

1. 磁带轴未绕磁带时的半径为 R_1,设磁带厚度为 d,绕满磁带后的半径为 R_2。若磁带轴以恒定的角速度 ω 绕磁带,则绕满磁带所用的时间为(　　)

A. $(R_1 - R_2)/\omega$　　B. $(R_2 - R_1)/(d\omega)$

C. $2\pi(R_2 - R_1)/(d\omega)$　　D. $\pi(R_2 - R_1)/(d\omega)$

2. 如图所示,在光滑水平面上停放着质量 m 装有光滑弧形槽的小车,一质量也为 m 的小球以 v_0 水平初速沿槽口向小车滑去,到达某一高度后,小球又返回车右端,则(　　)

A. 小球以后将向右做平抛运动

B. 小球将做自由落体运动

C. 此过程小球对小车做的功为 $mv_0^2/2$

D. 小球在弧形槽上升的最大高度为 $v_0^2/2g$

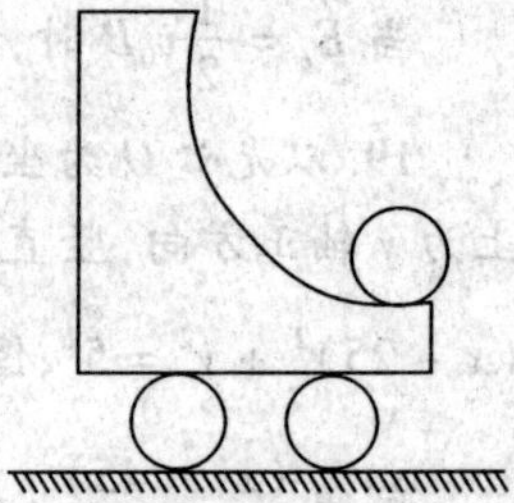

题 2 图

3. 内燃机、通风机等在排放各种高速气流的过程中,都伴随着噪音,消除噪音污染是当前环境保护的一个重要课题。如图所示为干涉型消声器的结构及气流运行图。有一列波长为 λ 的声波,沿水平管道自左向右传播。当入射波到达 a 处时,分成两束相干波,它们分别通过 r_1 和 r_2 的路程,再在 b 处相遇。若 $\Delta r = r_2 - r_1$,则 Δr 应等于(　　)

A. 波长 λ 的整数倍

B. 半波长 $\lambda/2$ 的奇数倍

C. 波长 λ 的奇数倍

D. 半波长 $\lambda/2$ 的偶数倍

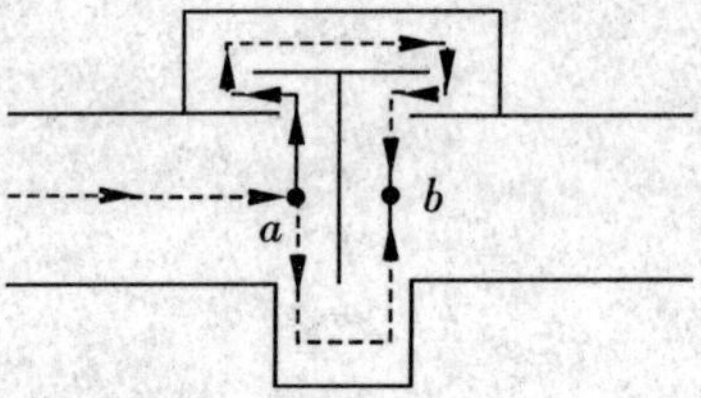

题 3 图

4. 一定质量的理想气体,从某一状态开始经过一系列变化后又回到开始状态,用 W_1 表示外界对气体做的功, W_2 表示气体对外界做的功, Q_1 表示气体吸收的热量, Q_2 表示气体放出的热量,则整个过程中一定有(　　)

A. $Q_1 - Q_2 = W_2 - W_1$　　B. $Q_1 = Q_2$

C. $W_1 = W_2$　　D. $Q_1 > Q_2$

5. 相对某一参考系,发生在同一地点的 AB 两事件的次序是 A 先于 B。问:对所有其他参考系,事件 A 是否总是先于事件 B;两事件是否一定仍发生在同一地点?(　　)

A. 先后可能颠倒,地点一定相同　　B. 先后可能颠倒,地点可能不同

C. 先后一定不变,地点可能相同　　D. 先后一定不变,地点也一定相同

二、填空题(共 3 小题,每小题 5 分,共 15 分)

6. 有一质量为 m 的小球,用长为 $4a$ 的细小轻绳系在边长为 a 的横截面为正方形的柱体的顶角 A 处,柱体水平放置(图中的斜线部分为其横截面)。已知轻绳能承受的最大

拉力为 $T_m = 7\ mg$ 。开始时，将轻绳拉直并处于水平状态，则此时应将小球以__________的初速度向下抛出，使轻绳不断缠绕在柱体上时，小球仍能完成各段圆周运动，而顺利到达最高点。（不计空气阻力）

7. 挖一条过地心的地球直线光滑隧道，从隧道的一个端口处静止释放一质点，经过__________时间，该质点达到另一端口。（地球半径为 R，地球表面重力加速度为 g）

8. 如图所示的无限长电阻网络，其中每个电阻阻值均为 R，则 A、B 两点间的总电阻 R_{AB} = __________

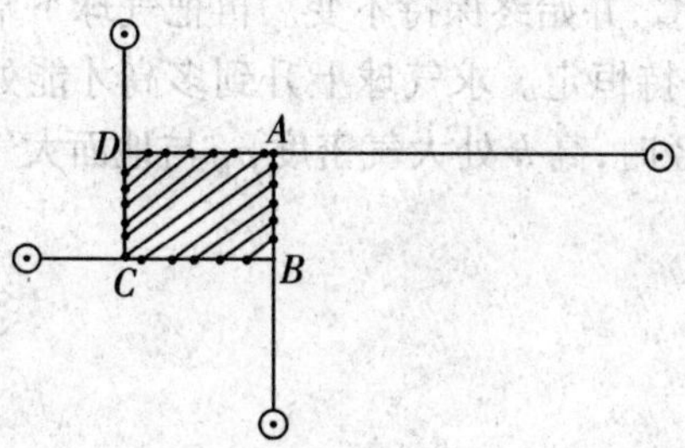

题 6 图

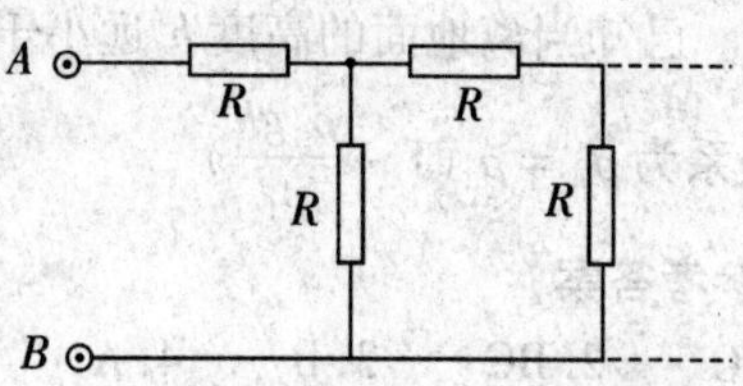

题 8 图

三、计算题(共 5 小题，共 65 分)

9.（12 分）如图所示，课桌面与水平面夹角成 α ，在桌面上放一支正六棱柱形铅笔，欲使铅笔既不向下滚动、又不向下滑动。试求：(1) 在此情况下铅笔与桌面的静摩擦因数 μ 。(2) 铅笔的轴与斜面母线（斜面与水平面的交线）应成多大的角度 φ 放置？

10.（12 分）如图所示，在匀强磁场区域与 B 垂直的平面中有两根足够长的固定金属平行导轨，图示平面为水平面。在它们上面平放着两根平行导体棒 ab 和 cd，构成矩形回路，导轨间距为 l，导体棒质量为 m，电阻各为 R，回路中导轨部分的电阻可忽略，设导体棒可在导轨上无摩擦地滑行，不计重力。开始时，cd 棒具有向右的初速度 v_0，试求两棒之间距离增长量 x 的上限。

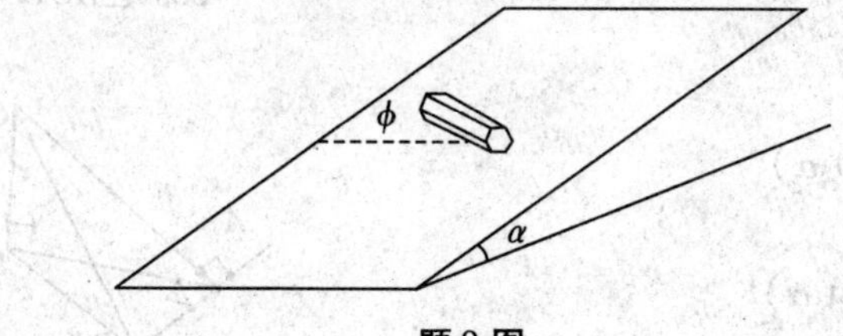

题 9 图

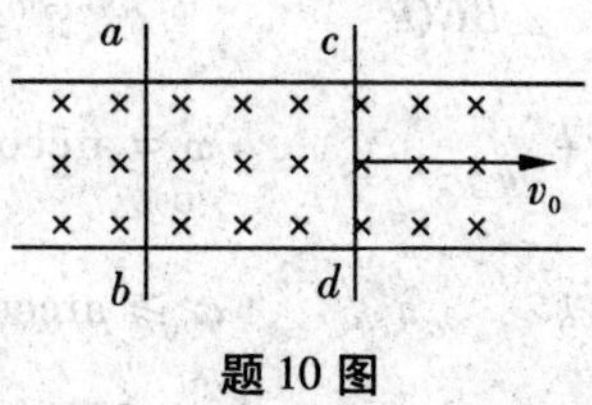

题 10 图

11.（12 分）一理想的凸透镜，它容许入射光完全透过，此透镜直径 D = 10 cm，焦距 f = 15 cm，水平放置，四束激光沿竖直方向对称地入射到透镜靠边缘处。已知四束激光总功率为 P = 1.2W，求激光对透镜的作用力。

12（15 分）如图所示，是三个底面半径为 R 的圆柱体初始堆放状态，圆柱间以及圆柱与桌面间的摩擦都不计，且 m_A =

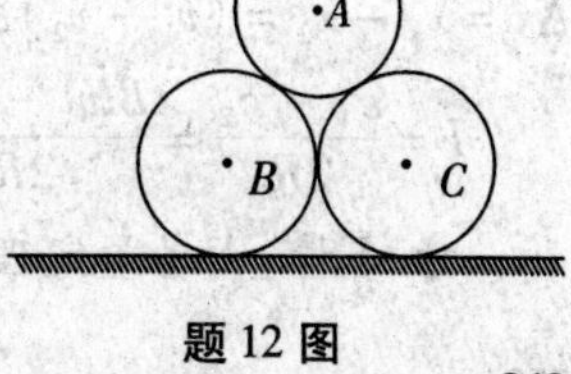

题 12 图

$2m_B$, $m_B = m_C = m$,撤去约束后三者的初始速度均为零,

求:(1)撤去约束后的瞬间,圆柱 A、B、C′的加速度各是多少?

(2)圆柱 A 触及桌面时的速度。

13.(14 分)一热气球具有不变的容积 $V_B = 1.1\ \text{m}^3$,气球外层材料的质量 $m = 0.187\ \text{kg}$,其体积与 V_B 相比可忽略不计。此时外界地面的大气密度 $\rho_1 = 1.2\ \text{kg/m}^3$,大气温度 $t_1 = 20\ ℃$,大气压强 $p_1 = 1.013\times10^5\ \text{Pa}$。求:

(1)气球内部热空气的温度 t_2 为多高时,气球刚好能浮起。

(2)使气球内部空气的温度升高到 $t_3 = 110\ ℃$,并始终保持不变。再把气球下端与大气相通的阀门关闭,使气球内部的空气密度也保持恒定。求气球上升到多高才能处于平衡状态。已知当离地面的高度 h 远小于地球半径时,高 h 处大气密度 ρ_h 与地面大气密度 ρ_1 的关系为 $\rho_h = \rho_1(1 - \dfrac{\rho_1 gh}{p_1})$ 。

【参考答案】

1. C　　2. BC　　3. B　　4. A　　5. C

6. $2\sqrt{ga} \leqslant v_0 \leqslant \sqrt{10ga}$ 提示:以 C 为圆心做圆周运动,能够达到最高点时对应的初速度就是所求的初速度。

7. $n\pi\sqrt{\dfrac{R}{g}}$,$n=1,3,5,\cdots$

8. 无限网络,加减一个网络后不改变网络的性质(本题中不改变网络的电阻),$R_{AB} = R + \dfrac{R_{AB}\cdot R}{R_{AB} + R}$ 得 $R_{AB} = \dfrac{1+\sqrt{5}}{2}R$

9. (1) $\mu mg\cos\alpha > mg\sin\alpha$, $\mu > \tan\alpha$

(2)如图示,C 为正六边形界面的中心,O 为 C 在桌面上的侧面的垂足,A 为正六边形顶点,AB 为楞,BC 为重力方向(竖直方向),不滚动的临界条件是竖直线 CB 落在楞上。由几何关系知 $AC = a$, $AO = \dfrac{a}{2}$, $\angle ACO = 30°$, $\angle BCO = \alpha$, $\angle AOB = \varphi$, $\dfrac{AO}{\cos\angle AOB} = CO\cdot\tan\angle BCO$

解得　　$\varphi = \arccos\left(\dfrac{\sqrt{3}}{3}\cot\alpha\right)$

所以　　$\varphi \geqslant \arccos\left(\dfrac{\sqrt{3}}{3}\cot\alpha\right)$

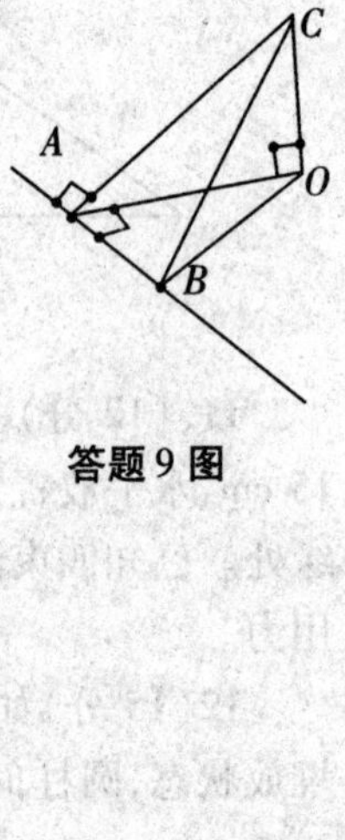

答题 9 图

10. 对 ab 和 cd 组成的系统,动量守恒。设它们的末速度为 v,则在该过程中的某一时刻,设 cd 的速度为 v_1,ab 的速度为 v_2,则在极短时间 Δt 内,cd 的位移 $x_1 = v_1\Delta t$,ab 的位移 $x_2 = v_2\Delta t$,它们之间距离增长量 $\Delta x = x_1 - x_2 = (v_1 - v_2)\Delta t$,这时回路中的电流

$$I = \frac{\varepsilon_1 - \varepsilon_2}{2R} = \frac{Blv_1 - Blv_2}{2R} = \frac{Bl(v_1 - v_2)}{2R}。$$

对 ab 棒:由动量定理有 $Il\Delta t = m\Delta v$,所以

$$\Delta x=(v_1-v_2)\Delta t=(v_1-v_2)\frac{m\Delta v}{IlB}$$

$$=(v_1-v_2)\frac{m\Delta v}{\frac{Bl(v_1-v_2)}{2R}lB}=\frac{2mR\Delta v}{B^2l^2}$$

故 $x=\sum\Delta x=\sum\frac{2mR\Delta v}{B^2l^2}=\frac{2mR}{B^2l^2}\sum\Delta v$。

对 ab 而言，$\sum\Delta v$ 的上限为 $v-0=\frac{v_0}{2}$，所以，两棒之间位移增长量的上限

$$x=\frac{2mR}{B^2l^2}\cdot\frac{v_0}{2}=\frac{mv_0R}{B^2l^2}。$$

11. 光子动量大小不变，方向改变，由对称性可知水平方向动量的改变量相互抵消，激光对透镜作用力的冲量等于激光竖直方向动量的变化量。

即
$$F\Delta t=\frac{E}{C}\left(1-\frac{f}{\sqrt{f^2+\frac{1}{4}D^2}}\right)\cdot N,$$

又
$$NE=W\cdot\Delta t$$

解得 $F=2.1\times10^{-10}$

12. (1) $m_Ag-2N\cos30°=m_Aa_A$，$N\cos60°=m_Ba_B$

$$a_A\cos30°=a_B\cos60°。$$

解得 $a_A=\frac{1}{4}g$，$a_B=a_C=\frac{\sqrt{3}}{4}g$

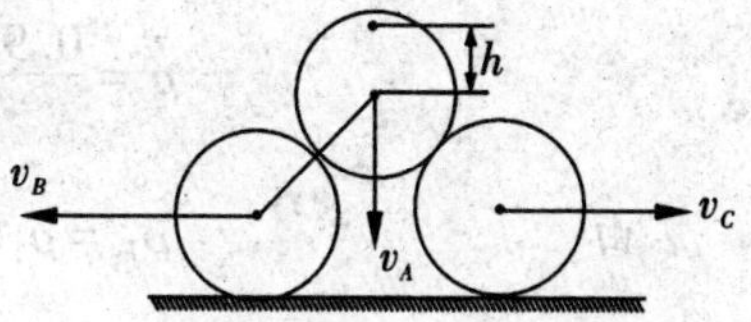

答题 12 图

(2) A 柱下落同时挤开 B、C 柱，设 A 与 B、C 脱离开瞬间时已下落高度 h

$$h=\sqrt{3}R-2R\cos\alpha,\ v_B=v_C$$

由机械能守恒可得

$$m_Ag(\sqrt{3}R-2R\cos\alpha)=\frac{1}{2}m_Av_A^2+\frac{1}{2}m_Bv_B^2\times2$$

$$2Rg(\sqrt{3}-2\cos\alpha)=v_A^2+v_B^2$$

A. B 连心线方向： $v_A\cos\alpha=v_B\sin\alpha$

以 B 为参考物，A 绕 B 圆周运动，脱离瞬间

$$m_Ag\cos\alpha=m_A\cdot\frac{(v_A\sin\alpha+v_B\sin\alpha)^2}{2R}$$

解得

$$\cos\alpha=\frac{\sqrt{3}}{3}\quad v_A=\sqrt{2}v_B\ 则\ v_A^2=\frac{4}{9}\sqrt{3}Rg$$

以后 A 自由下落，触及桌面时速度为

$$v_A'=\sqrt{v_A^2+2g\times2R\cos\alpha}=\frac{4}{3}\sqrt{\sqrt{3}Rg}=1.75\sqrt{Rg}$$

13.(1)当气球内部热空气密度ρ_2小于球外空气密度ρ_1时,产生浮力,刚好浮起的条件是浮力等于所受的重力,即气球中气体的质量(其密度为ρ_2)与气球本身的质量之和等于被气球排开的外界空气的质量(其密度为ρ_1)即$\rho_2 V_B + m = \rho_1 V_B$,

所以 $$\rho_2 = \rho_1 - \frac{m}{V_B} = 1.2 - \frac{0.187}{1.1} = 1.03\ \text{kg/m}^3。$$

由理想气体状态方程:$\rho = \frac{Mp}{RT}$,式中M为气体的摩尔质量。因热气球下端开口,内外压强相同,均为p_1,但内外温度不同,分别为T_1和T_2,故有$\frac{\rho_2}{\rho_1} = \frac{T_1}{T_2}$,

气体内热空气的温度

$$T_2 = \frac{\rho_1}{\rho_2}T_1 = \frac{1.2}{1.03} \times (273 + 20)\ \text{K} = 341.4\ \text{K},\ t_2 = 68.4\ ℃。$$

(2)当热气球内空气温度$t_3 = 110$℃时,气球的平均密度$\bar{\rho} = \frac{\rho_3 V_B + m}{V_B}$,此时气球内外压强相等,由理想气体状态方程$\rho = \frac{Mp}{RT}$,

气体内热空气密度 $$\rho_3 = \frac{T_1}{T_3}\rho_1 = \frac{273 + 20}{273 + 110} \times 1.2 = 0.918\ \text{kg/m}^3$$

$$\bar{\rho} = \frac{0.918 \times 1.1 + 0.187}{1.1}1.088\ \text{kg/m}^3$$

由 $$\rho_h = \rho_1(1 - \frac{\rho_1 gh}{p_1}),\ h = \frac{p_1}{\rho_1 g}(1 - \frac{\rho_h}{\rho_1})$$

当气球在h处达到平衡时

$$h = \frac{p_1}{\rho_1 g}(1 - \frac{\rho_h}{\rho_1}) = \frac{1.013 \times 10^5}{1.2 \times 10}(1 - \frac{1.088}{1.2}) = 788\ \text{m}$$

模拟试卷四及参考答案

一、选择题(共 5 小题,每小题 4 分,共 20 分)

1. 质量为 m 的质点在空间 O 点处静止释放,在运动过程中始终受到 xOy 竖直平面内的另一外力 F 作用,该力的大小为 $F=kv_t$,其中 k 为常系数,v_t 为 t 时刻质点的速率,F 方向始终与质点的速度方向垂直。质点运动轨迹如图所示。若轨迹最低点的曲率半径为该点到 x 轴距离的 3 倍。则质点运动第一次下降的最大距离为(　　)

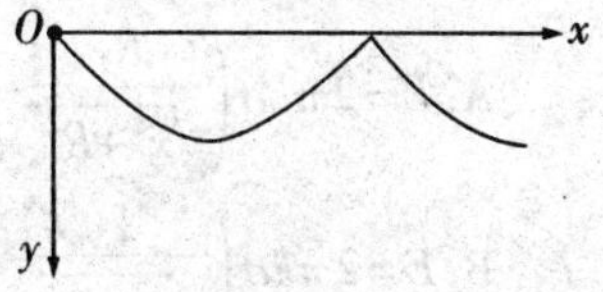

题 1 图

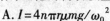

A. $\dfrac{18m^2g}{25k^2}$　　B. $\dfrac{25m^2g}{18k^2}$

C. $\dfrac{5m^2g}{9k^2}$　　D. $\dfrac{9m^2g}{5k^2}$

2. 转动的物体也有动能,物体的转动动能 $E_K=I\omega^2/2$,其中 I 称为转动惯量,ω 为转动的角速度。某人为了测一个飞轮的转动惯量 I,他设计了下列实验:如图所示,开始飞轮(无动力)以 ω_0 匀速转动,飞轮轴的摩擦不计,飞轮半径为 r,现将质量为 m 的物体从限位孔中放到转动的飞轮上,将物体放上后,飞轮恰好转过 n 圈停下,已知物体与飞轮间的动摩擦因数为 μ,则飞轮的转动惯量 I 为(　　)

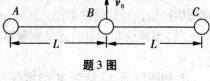

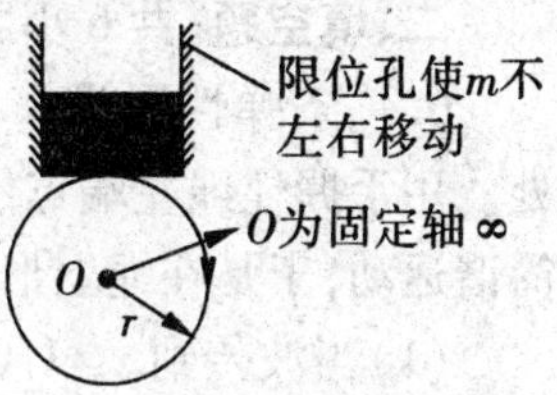

题 2 图

A. $I=4n\pi r\mu mg/\omega_0^{\ 2}$　　B. $I=2n\pi r\mu mg/\omega_0^{\ 2}$

C. $I=n\pi r\mu mg/\omega_0^{\ 2}$　　D. $I=n\pi r\mu mg/2\omega_0^{\ 2}$

3. 如图所示,三个质量均为 m 的弹性小球用两根长均为 L 的不可伸长的轻绳连成一条直线而静止在光滑水平面上。现给中间的小球 B 一个水平初速度 v_0,方向与绳垂直。小球相互碰撞时无机械能损失。则下列说法正确的是(　　)

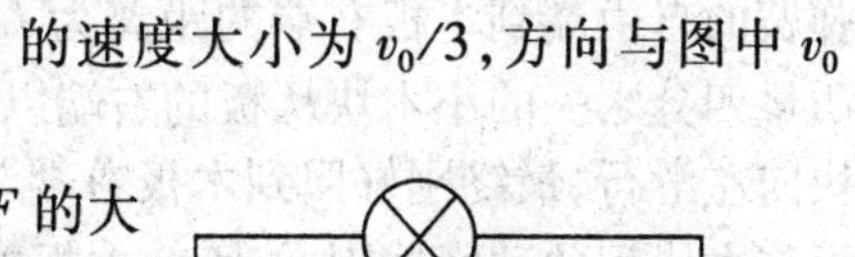

题 3 图

A. 当小球 A、C 第一次相碰时,小球 B 的速度大小为 $v_0/3$,方向与图中 v_0 同向

B. 当三个小球再次处在同一直线上时,小球 B 的速度大小为 $v_0/3$,方向与图中 v_0 反向

C. 当三个小球处在同一直线上时,绳中的拉力 F 的大小为 mv_0^2/L

D. 运动过程中小球 A 有最大动能时两根绳的夹角 θ 为 60°

4. 如图所示,电源电动势 $E=8$ V,内阻 $r=4$ Ω,电灯 A 的电阻为 10 Ω,电灯 B 的电阻为 8 Ω,滑动变阻器的总电阻为 6 Ω。闭合开关 S,当滑动触头 P 由 a 端向 b 端滑动的过程中(不考虑电灯电阻的变化),下列说法正确的是

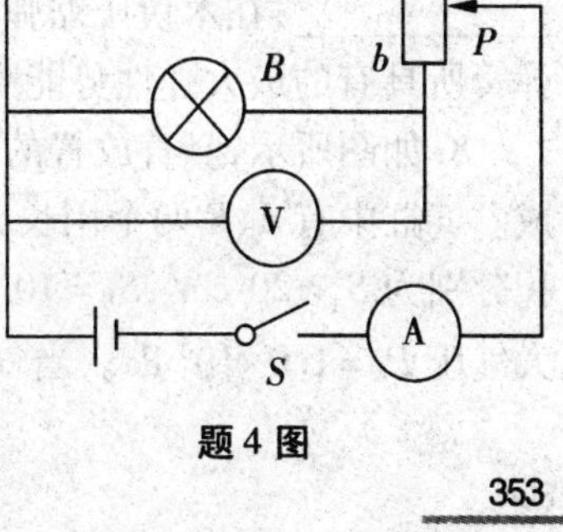

题 4 图

(　　)

A. 电流表示数先减小后增大　　　　B. 电压表的示数先增大后减小

C. 电灯 A 的亮度不断减小　　　　D. 电源的最大输出功率为 4W

5. 图示为一个内、外半径分别为 R_1 和 R_2 的圆环状均匀带电平面，其单位面积带电量为 σ。取环面中心 O 为原点，以垂直于环面的轴线为 x 轴。设轴上任意点 P 到 O 点的距离为 x，P 点电场强度的大小为 E。下面给出 E 的四个表达式(式中 k 为静电力常量)，其中只有一个是合理的。根据你的判断，E 的合理表达式应为 (　　)

A. $E=2\pi k\sigma\left(\frac{R_1}{\sqrt{x^2+R_1^2}}-\frac{R_2}{\sqrt{x^2+R_2^2}}\right)x$

B. $E=2\pi k\sigma\left(\frac{1}{\sqrt{x^2+R_1^2}}-\frac{1}{\sqrt{x^2+R_2^2}}\right)x$

C. $E=2\pi k\sigma\left(\frac{R_1}{\sqrt{x^2+R_1^2}}+\frac{R_2}{\sqrt{x^2+R_2^2}}\right)x$

D. $E=2\pi k\sigma\left(\frac{1}{\sqrt{x^2+R_1^2}}+\frac{1}{\sqrt{x^2+R_2^2}}\right)x$

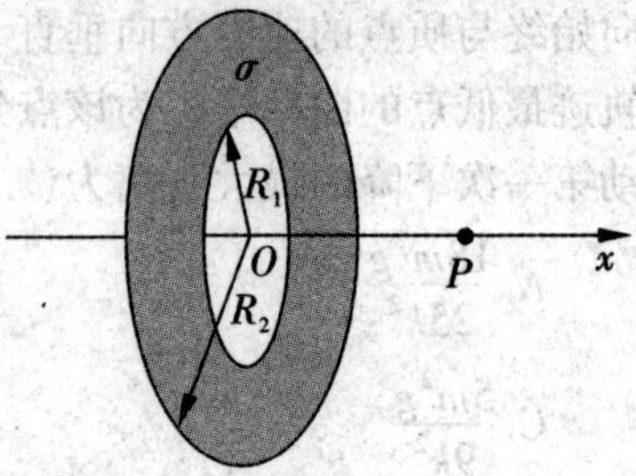

题 5 图

二、填空题(共 6 小题，每小题 4 分，共 24 分)

6. 一条弹性绳沿 x 轴方向放置，绳左端点在原点 O 处。用手握住绳左端点使其沿 y 轴方向做周期为 1.0s 的简谐运动，于是在绳上形成一列简谐波。

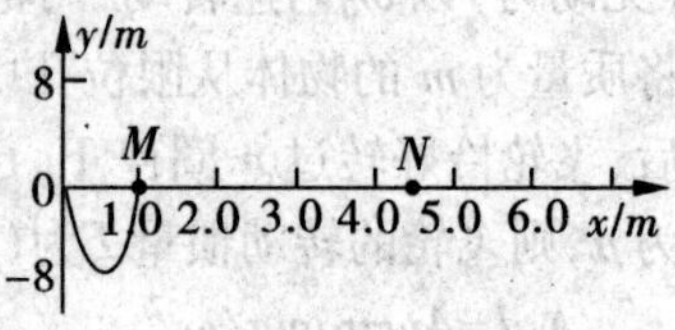

题 6 图

(1) 当波传到 $x=1.0$ m 处的 M 绳点时开始计时。此时波形如图所示。那么再经过__________时间，$x=4.5$ m 处的 N 绳点恰好第一次沿 y 轴正方向通过平衡位置。在图中画出该时刻的波形图。

(2) 当绳的左端点的运动路程第一次达到 0.88 m 时，绳点 N 的运动路程是__________m。

7. 如图所示，质量为 M 的木板，静止放在光滑的水平面上，木板左侧固定着一根劲度系数为 k 的轻质弹簧，弹簧的自由端到木板右端的距离为 L。一个质量为木板质量四分之一的小木块从板的右端以初速度 v_0 开始沿木块向左滑行，最终刚好回到木板右端与木板保持相对静止。设木板与木块间的动摩擦因数为 μ，木板加速度最大时的运动速度为__________；在木块压缩弹簧过程中(弹簧一直在弹性限度内)弹簧所具有的最大弹性势能为__________。

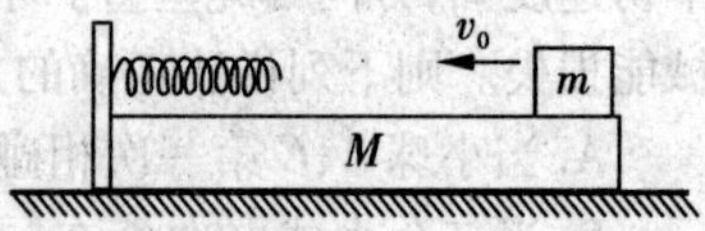

题 7 图

8. 如图所示，竖直放置的气缸由两个粗细不同的圆柱形筒组成。气缸中有 A、B 两个用长为 L 的细绳连接的活塞，它们的截面积分别为 $S_A=20\ \text{cm}^2$，$S_B=10\ \text{cm}^2$，活塞 A 的质量 $M_A=1$ kg，外界大气压 $P_0=1.0\times10^5$ Pa。当气缸内气体的压强 $P=1.2\times10^5$ Pa，温

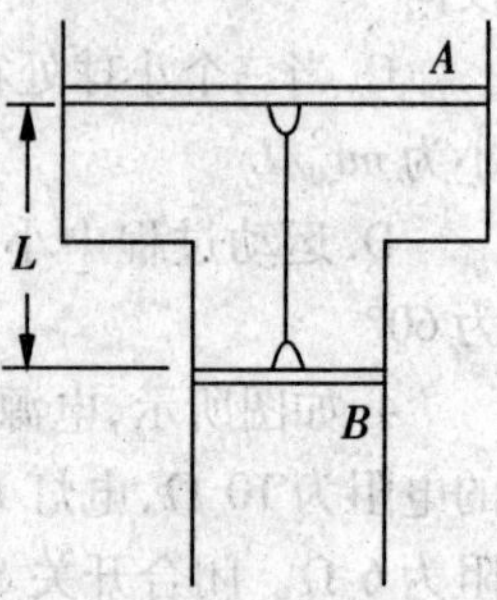

题 8 图

度 $T=600\text{K}$ 时，两活塞处于静止，此时两活塞到气缸连接处的高度都为 $L/2$，则活塞 B 的质量 $M_B=$____________kg。当气缸内气体的温度降到 270 K 时，活塞 B 距离两气缸连接处的高度为____________L（活塞与缸壁间的摩擦不计，气体始终无泄漏）。

9. 两端开口、直径为 D_1 和 D_2（$D_1>D_2$）的两个同轴圆柱筒竖直插入到盛有水的水槽中，由于表面张力的作用，两同轴圆柱筒间有高出水槽中水面高度为 h 的水柱。设水的密度为 ρ，表面张力系数为 σ，则 h 为____________。

10. 实验室现有以下器材：直流电源 E，其电动势约为 6 V，内阻可忽略不计；固定电阻 $R_1=2\ 500\ \Omega$，固定电阻 $R_2=5\ 000\ \Omega$；直流电流表 A_1，量程为 7.5 mA；直流电流表 A_2，量程为 15 mA；直流电流表 A_3，量程为 30 mA，三个电流表的内阻都为十几欧姆左右。直流电压表，量程为 5 V，内阻 $R_V=5\ 000\ \Omega$；单刀开关 S；导线若干。现要在以上器材中选用直流电源、单刀开关、导线、一个固定电阻、一块电流表和一块电压表来测量一个阻值约为 500 Ω 的未知电阻 R_x。为提高测量的准确程度，要求测量时电表读数超过其量程的 2/3。(1)在答题纸上画出实验原理电路图，图中器材均需用题目中给定的符号标出。(2)若连接好电路并将开关闭合以后，电流表与电压表的示数分别为 I 和 U，则可以推导出 $R_x=$____________。(需要修正电表接入引起的误差)

11. 如图所示，横截面为矩形的管道中，充满了水银，管道的上下两壁为绝缘板，左右两壁为导体板（图中斜线部分），两导体板被一无电阻的导线短接。管道的高度为 a，宽度为 b，长度为 c。加在管道两端截面上的压强差恒为 p，水银以速度 v 沿管道方向流动时，水银受到管道的阻力 f 与速度成正比，即 $f=kv$（k 为已知量）。水银的稳定速度 v_1 为____________；如果将管道置于一匀强磁场中，磁场与绝缘壁垂直，磁感应强度的大小为 B，方向向上，此时水银的稳定流速 v_2 为____________（已知水银的电阻率为 ρ，磁场只存在于管道所在的区域，不考虑管道两端之外的水银对电路的影响）。

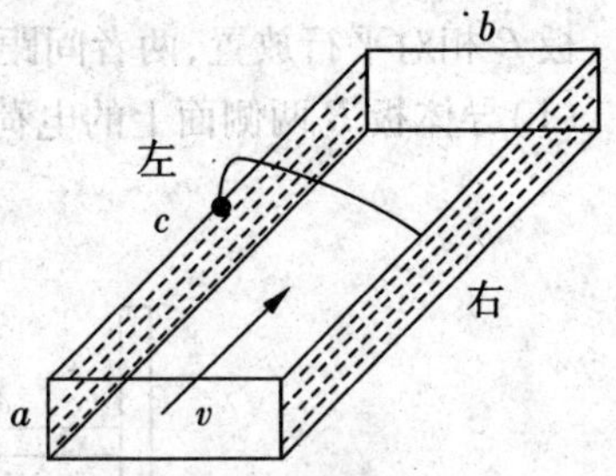

题 11 图

三、计算题（共 5 小题，共 56 分）

12. (10 分)质量为 $m=10^3$ kg 的赛车由静止开始沿倾角 $\theta=37°$ 的专用长斜坡向上运动。赛车运动的 $v-t$ 图像如图所示，其中 0～5 s 的 $v-t$ 图像为直线，5～20 s 的 $v-t$ 图像最后部分为平行于 t 轴的直线。已知赛车运动受到的阻力折合为路面弹力的 0.25 倍，在第 5 s 末赛车的发动机达到额定输出功率，并且以后继续保持额定输出功率工作。求：赛车在 0～20 s 内的位移。

13. (10 分)如图所示，光滑水平面 $AB=x$，其右端 B 处连接一个半径为 R 的竖直光滑半轨道。质量为 m 的质点静止在 A 处。若用水平恒力 F 将质点推到 B 处后撤去，质点将沿半圆轨道运动到 C 处并恰好下落到 A 处。求：

(1)在整个运动过程中水平恒力 F 对质点做的功；

(2)x 取何值时，在整个运动过程中，水平恒力 F 对质点做功最少？最小功为多少？

(3)x 取何值时，在整个运动过程中，水平恒力 F 最小？最小值为多少？

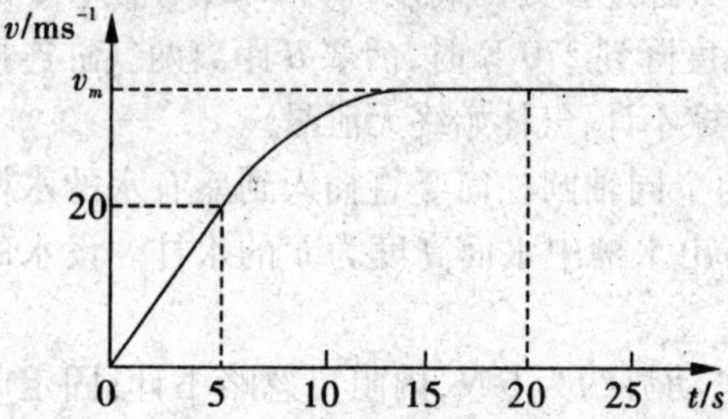

题12图

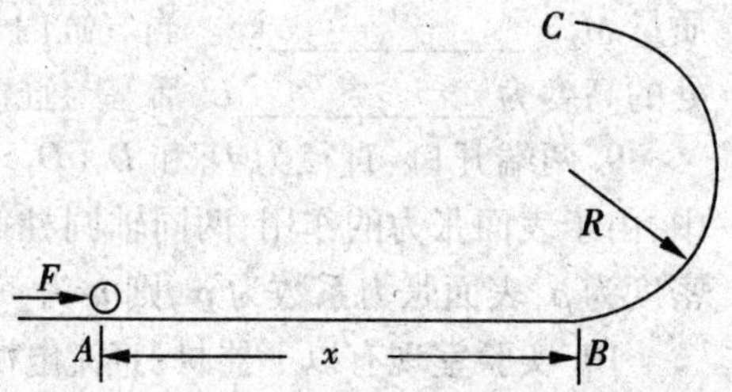

题13图

14.（12分）如图所示，在竖直摆放的气缸内有水和水蒸气，水蒸气上方由质量为 $M=60\ \text{kg}$ 的可以自由上下移动的活塞封闭系统，活塞上方为真空。当水中加热器功率为 $P_1=100\ \text{W}$ 时，活塞以 $v_1=0.01\ \text{m/s}$ 缓慢上升，当加热器功率为 $P_2=200\ \text{W}$ 时，活塞以 $v_2=0.025\ \text{m/s}$ 缓慢上升，若在加热水的过程中容器的温度不变，求系统散热速率（即单位时间内热量散失量）。

15.（12分）如图所示，面积为 S 的正方形均匀带电平面 A 与同样大小和形状的导体板 B 相对平行放置，两者间距为 d（d 很小）。设平面 A 带电量为 q，板 B 带电量为 Q，求：(1) 导体板 B 两侧面上的电荷密度，(2) A、B 间的电势差 U_{AB}。

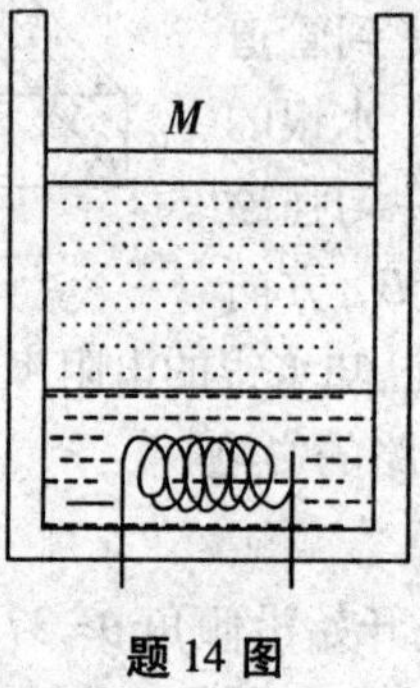

题14图

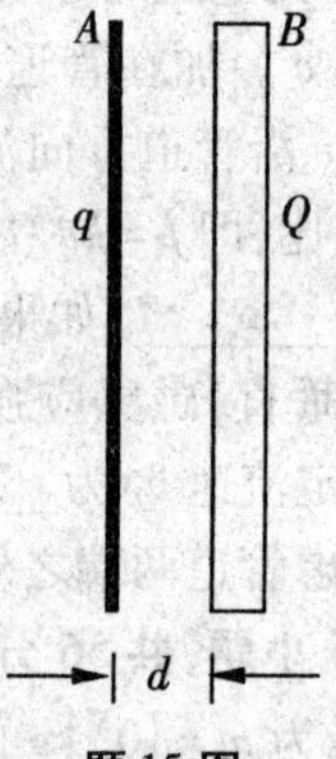

题15图

16.（12分）处在激发态的氢原子向能量较低的状态跃迁时会发出一系列不同频率的光，称为氢光谱。氢光谱线的波长λ可以用下面的巴尔末——里德伯公式来表示

$$\lambda=R\left(\frac{1}{k^2}-\frac{1}{n^2}\right)$$

n，k 分别表示氢原子跃迁前后所处状态的量子数，$k=1,2,3,\cdots$，对于每一个 k，有 $n=k+1,k+2,k+3,\cdots$，R 称为里德伯常量，是一个已知量，对于 $k=1$ 的一系列谱线其波长处在紫外线区，称为赖曼系；$k=2$ 的一系列谱线其波长处在可见光区，称为巴尔末系。

用氢原子发出的光照射某种金属进行光电效应实验，当用赖曼系波长最长的光照射时，遏止电压的大小为 U_1，当用巴尔末系波长最短的光照射时，遏止电压的大小为 U_2，已知电子的电荷量的大小为 e，真空中的光速为 c，试求：普朗克常量和该种金属的逸出功。

【参考答案】

1. B　2. A　3. ABC　4. AC　5. B　6. 2.25 s,图略;0.16。

7. $0.2v_0$;$0.05Mv_0^{\ 2}$。提示:$W_f=-\frac{1}{10}Mv_0^2$,弹性势能最大时有 $W_f{}'=\frac{1}{2}W_f$,由功能原理可求解。

8. 1;0.9。

9. $\frac{4\sigma}{(D_2-D_1)\rho g}$。

10. 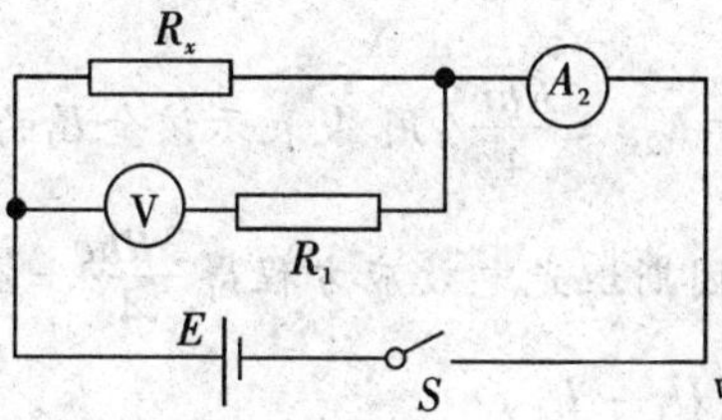

电流表用 A_2, $\frac{(R_V+R_1)U}{IR_V-U}$。

11. $\frac{pab}{k}$;$\frac{p\cdot ab\rho}{k\rho+B^2abc}$。

12. 0~5 s 车做匀加速运动,5 s 末:$a=\Delta v/\Delta t=4\ \mathrm{m/s^2}$,$F-mg\sin\theta-0.25mg\cos\theta=ma$,$F=1.2\times10^4$ N,$P=Fv=2.4\times10^5$ W,车速恒定后,牵引力 F' 等于阻力,且5 s后功率恒定,$F'=mg\sin\theta+0.25mg\cos\theta$,$P=F'v_m$,$v_m=30$ m/s,前5 s,$s_1=at^2=50$ m,5 ~ 20 s由动能定理得:$Pt_2-(mg\sin\theta+0.25mg\cos\theta)s_2=mv_m^{\ 2}+mv_1^{\ 2}$,$s_2=418.75$ m,$s_{总}=468.75$ m

13. (1)质点做平抛运动回到 A 点,设质点经过 C 点时速度为 v_C,$x=v_Ct$,$2R=\frac{1}{2}gt^2$,$v_C=\frac{x}{2}\sqrt{\frac{g}{R}}$,$A$ 到 C 做功为 $W_F=2mgR+mv_C^{\ 2}=\frac{mg(16R^2+x^2)}{8R}$,(2) 由(1) 知做功最小时 v_C 应取最小值,即恰好通过 C 点,$mg=\frac{mv_C^2}{R}$,$v_C=\sqrt{Rg}=\frac{x}{2}\sqrt{\frac{g}{R}}$,$x=2R$,$W_F=\frac{5}{2}mgR$,(3) 由(2) 知 $Fx=W_F$,$F=\frac{mg(16R^2+x^2)}{8xR}$,当 $x=4R$ 时力有极值,最小力为 $F=mg$。

14. 因容器内无空气,系统内水蒸气的饱和气压不变,系统温度 T 肯定不变,则系统可能有散热,又因 T 不变,且环境温度不变,系统和环境的温差不变,则散热速率 q 不变,饱和气压为:$p_0=Mg/S$,由于有热量供给,Δt 时间内水蒸气增高 Δh,质量增加量满足:$p_0S\Delta h=\frac{\Delta m}{\mu}RT$,$\mu$ 为水的摩尔质量。热量关系为 $P\Delta t=L\Delta m+q\Delta t$,则:$P_1=\frac{L\mu Mgv_1}{RT}+q$,$P_2=\frac{L\mu Mgv_2}{RT}+q$,解得:$q=33.3$ W。

15. (1)设 A 面的电荷面密度为 σ_A,B 板相对于 A 面的电荷面密度为 σ_1,与 A 相背面的电荷面密度为 σ_2,得:$\sigma_A=q/S$,$(\sigma_1+\sigma_2)S=Q$。由电场叠加原理和导体板 B 中的电场强度为零,得 $\frac{\sigma_A}{2\varepsilon_0}+\frac{\sigma_1}{2\varepsilon_0}-\frac{\sigma_2}{2\varepsilon_0}=0$,解得:$\sigma_1=\frac{Q-q}{2S}$,$\sigma_2=\frac{Q+q}{2S}$,

(2)A、B 间的电场强度为 $E=\frac{\sigma_A}{2\varepsilon_0}-\frac{\sigma_1}{2\varepsilon_0}-\frac{\sigma_2}{2\varepsilon_0}=\frac{(q-Q)}{2\varepsilon_0 S}$,$A$、$B$ 间的电势差为 $U_{AB}=Ed=\frac{(q-Q)d}{2\varepsilon_0 S}$。

16. 由巴尔末-里德伯公式 $\frac{1}{\lambda}=R\left(\frac{1}{k^2}-\frac{1}{n^2}\right)$,可知赖曼系波长最长的光是氢原子由 $n=2\rightarrow k=1$ 跃迁时发出的,其波长的倒数 $\frac{1}{\lambda_{12}}=\frac{3R}{4}$,对应的光子能量为 $E_{12}=hc\frac{1}{\lambda_{12}}=\frac{3Rhc}{4}$,式中 h 为普朗克常量。巴尔末系波长最短的光是氢原子由 $n=\infty\rightarrow k=2$ 跃迁时发出的,其波长的倒数 $\frac{1}{\lambda_{2\infty}}=\frac{R}{4}$,对应的光子能量 $E_{2\infty}=\frac{Rhc}{4}$,用 A 表示该金属的逸出功,则 eU_1和 eU_2分别为光电子的最大初动能。由爱因斯坦光电效应方程得 $\frac{3Rhc}{4}=eU_1+A$,$\frac{Rhc}{4}=eU_2+A$,解得 $A=\frac{e}{2}(U_1-3U_2)$,$h=\frac{2e(U_1-U_2)}{Rc}$。

模拟试卷五及参考答案

1.(12分)质量分别为m_1和m_2的两个小物块用轻绳连接,绳跨过位于倾角$\alpha=30°$的光滑斜面顶端的轻滑轮,滑轮与转轴之间的摩擦不计,斜面固定在水平桌面上,如图所示。第一次,m_1悬空,m_2放在斜面上,用t表示m_2自斜面底端由静止开始运动至斜面顶端所需的时间;第二次,将m_1和m_2位置互换,使m_2悬空,m_1放在斜面上,发现m_1自斜面底端由静止开始运动至斜面顶端所需的时间为$t/3$。求m_1与m_2之比。

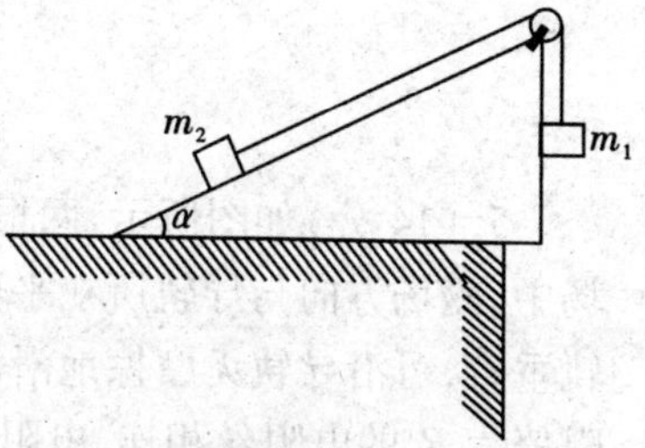

题1图

2.(15分)一个质量为m_1的废弃人造地球卫星在离地面$h=800$ km高空做圆周运动,在某处和一个质量为$m_2=\dfrac{1}{9}m_1$的太空碎片发生迎头正碰,碰撞时间极短,碰后二者结合成一个物体并做椭圆运动。碰撞前太空碎片做椭圆运动,椭圆轨道的半长轴为7 500 km,其轨道和卫星轨道在同一平面内。已知质量为m的物体绕地球做椭圆运动时,其总能量即动能与引力势能之和$E=-G\dfrac{Mm}{2a}$,式中G是引力常量,M是地球的质量,a为椭圆轨道的半长轴。设地球是半径$R=6\ 371$ km的质量均匀分布的球体,不计空气阻力。试定量论证碰后二者结合成的物体会不会落在地球上。

3.(15分)一电流表,其内阻$R_g=10.0\ \Omega$,如果将它与一阻值$R_0=49\ 990\ \Omega$的定值电阻串联,便可成为一量程$U_0=50$ V的电压表。现把此电流表改装成一块双量程的电压表,两个量程分别为$U_{01}=5$ V和$U_{02}=10$ V。当用此电压表的5 V挡去测一直流电源两端的电压时,电压表的示数为4.50 V;当用此电压表的10 V挡去测量该电源两端的电压时,电压表的示数为4.80 V。问此电源的电动势为多少?

4.(15分)测定电子荷质比(电荷q与质量m之比q/m)的实验装置如图所示。真空玻璃管内,阴极K发出的电子,经阳极A与阴极K之间的高电压加速后,形成一束很细的电子流,电子流以平行于平板电容器极板的速度进入两极板C、D间的区域。若两极板C、D间无电压,则离开极板区域的电子将打在荧光屏上的O点;若在两极板间加上电压U,则离开极板区域的电子将打在荧光屏上的P点;若再在极板间加一方向垂直于纸面向外、磁感应强度为B的匀强磁场,则打到荧光屏上的电子产生的光点又回到O点。现已知极板的长度$l=5.00$ cm,C、D间的距离$d=1.50$ cm,极板区的中点M到荧光屏中点O的距离为$L=12.50$ cm,$U=200$ V,P点到O点的距离$y=\overline{OP}=3.0$ cm,$B=6.3\times10^{-4}$ T。试求电子的荷质比(不计重力影响)。

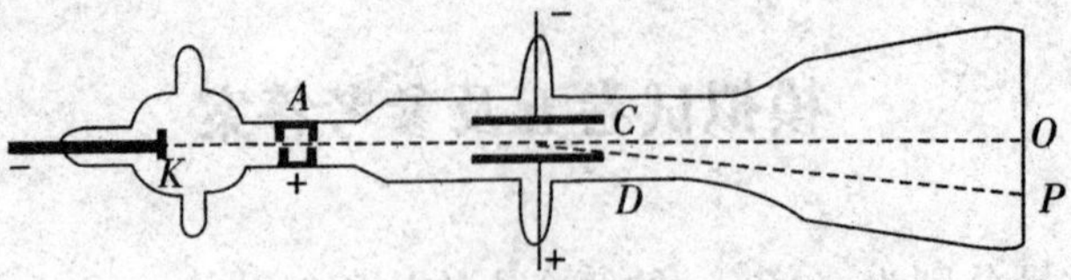

题4图

5.（14分）如图所示，两根位于同一水平面内的平行的直长金属导轨，处于恒定的磁场中，磁场方向与导轨所在平面垂直。一质量为 m 的均匀导体细杆，放在导轨上，并与导轨垂直，可沿导轨无摩擦地滑动，细杆与导轨的电阻均可忽略不计。导轨的左端与一根阻值为 R_0 的电阻丝相连，电阻丝置于一绝热容器中，电阻丝的热容量不计。容器与一水平放置的开口细管相通，细管内有一截面为 S 的小液柱（质量不计），液柱将1 mol气体（可视为理想气体）封闭在容器中，已知温度升高1 K时，该气体的内能的增加量为 $5R/2$（R 为普适气体常量），大气压强为 p_0，现令细杆沿导轨方向以初速 v_0 向右运动，试求达到平衡时细管中液柱的位移。

6.（14分）如图所示，一细长的圆柱形均匀玻璃棒，其一个端面是平面（垂直于轴线），另一个端面是球面，球心位于轴线上。现有一根很细的光束沿平行于轴线方向且很靠近轴线入射。当光从平端面射入棒内时，光线从另一端面射出后与轴线的交点到球面的距离为 a；当光线从球形端面射入棒内时，光线在棒内与轴线的交点到球面的距离为 b。试近似地求出玻璃的折射率 n。

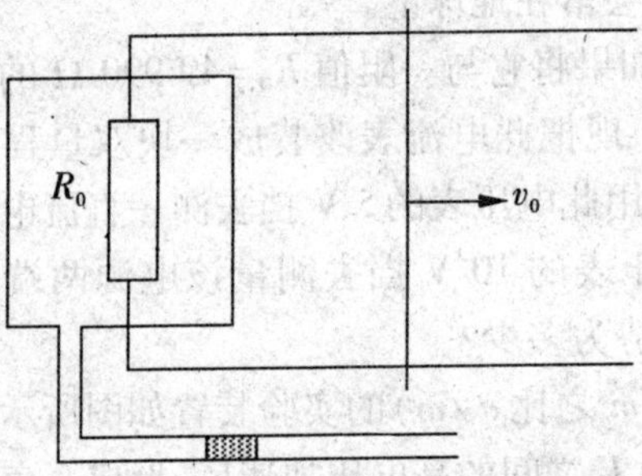

题5图

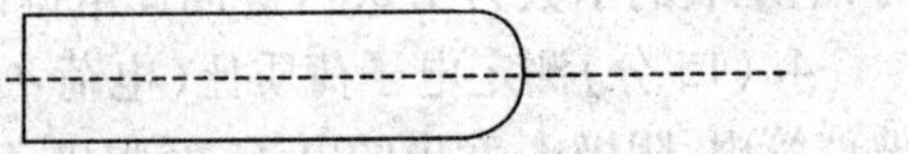

题6图

7.（15分）一对正、负电子可形成一种寿命比较短的称为电子偶素的新粒子。电子偶素中的正电子与负电子都以速率 v 绕它们连线的中点做圆周运动，假定玻尔关于氢原子的理论可用于电子偶素，电子的质量 m、速率 v 和正、负电子间的距离 r 的乘积也满足量子化条件，即 $mrv = n\dfrac{h}{2\pi}$，式中 n 称为量子数，可取整数值1，2，3，…；h 为普朗克常量，试求电子偶素处在各定态时的 r 和能量以及第一激发态与基态能量之差。

【参考答案】

1. $\frac{m_1}{m_2}=\frac{11}{19}$

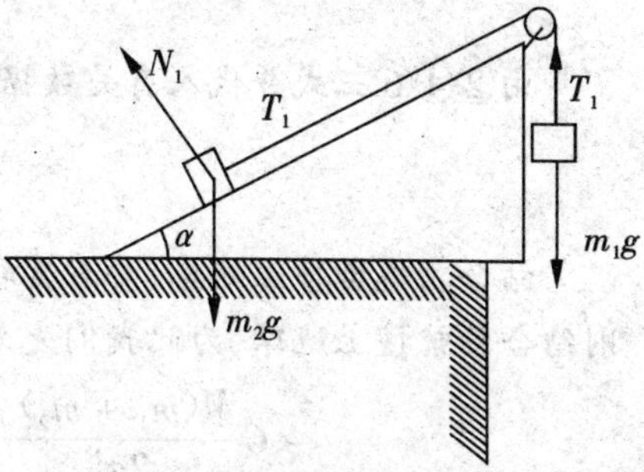

答题1图

提示：第一次，小物块受力情况如图所示，设T_1为绳中张力，a_1为两物块加速度的大小，l为斜面长，则有$m_1g-T_1=m_1a_1$①，$T_1-m_2g\sin\alpha=m_2a_1$②，$l=\frac{1}{2}a_1t^2$③，

第二次，m_1与m_2交换位置。设绳中张力为T_2，两物块加速度的大小为a_2，则有$m_2g-T_2=m_2a_2$④，$T_2-m_1g\sin\alpha=m_1a_2$⑤，$l=\frac{1}{2}a_2\left(\frac{t}{3}\right)^2$⑥，

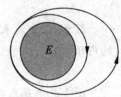

由①② 式注意到$\alpha=30°$得$a_1=\frac{2m_1-m_2}{2(m_1+m_2)}g$⑦，

由④⑤式注意到$\alpha=30°$得$a_2=\frac{2m_2-m_1}{2(m_1+m_2)}g$⑧，

由③⑥式得$a_1=\frac{a_2}{9}$⑨，

由⑦⑧⑨式可解得$\frac{m_1}{m_2}=\frac{11}{19}$⑩。

2. 结合物最后要撞上地球。

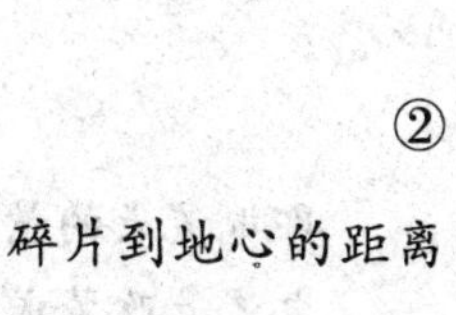

答题2图

提示：图为卫星和碎片运行轨道的示意图。以v_1表示碰撞前卫星做圆周运动的速度，以M表示地球E的质量，根据万有引力定律和牛顿定律有

$$G\frac{Mm_1}{(R+h)^2}=m_1\frac{v_1^2}{R+h} \quad ①$$

式中，G是引力常量，由①式得

$$v_1=\sqrt{\frac{GM}{R+h}}=\sqrt{\frac{R}{R+h}}\sqrt{\frac{GM}{R}} \quad ②$$

以v_2表示刚要碰撞时太空碎片的速度，因为与卫星发生碰撞时，碎片到地心的距离等于卫星到地心的距离，根据题意，太空碎片做椭圆运动的总能量

$$\frac{1}{2}m_2v_2^2-G\frac{Mm_2}{R+h}=-G\frac{Mm_2}{2a} \quad ③$$

式中，a为椭圆轨道的半长轴，由③式得

$$v_2=\sqrt{\frac{2GM}{R+h}-\frac{GM}{a}}=\sqrt{\frac{2R}{R+h}-\frac{R}{a}}\sqrt{\frac{GM}{R}} \quad ④$$

卫星和碎片碰撞过程中动量守恒，有

$$m_1v_1-m_2v_2=(m_1+m_2)v \quad ⑤$$

这里v是碰后二者结合成的物体(简称结合物)的速度,由⑤式得

$$v=\frac{m_1v_1-m_2v_2}{m_1+m_2} \qquad ⑥$$

由②④⑥三式并代入有关数据得

$$v=0.7520\sqrt{\frac{GM}{R}} \qquad ⑦$$

结合物能否撞上地球,要看其轨道(椭圆)的近地点到地心的距离$r_{\min}$,如果$r_{\min}<R$,则结合物就撞上地球,为此我们先来求结合物轨道的半长轴a'。结合物的总能量

$$-G\frac{M(m_1+m_2)}{2a'}=\frac{1}{2}(m_1+m_2)v^2-G\frac{M(m_1+m_2)}{R+h} \qquad ⑧$$

代入有关数据得 $a'=5259\ \text{km}$ ⑨

结合物轨道的近地点到地心的距离

$$r_{\min}=2a'-(R+h)=3\ 347\text{km}<R \qquad ⑩$$

据此可以判断,结合物最后要撞上地球。

3. $E=5.14$ V

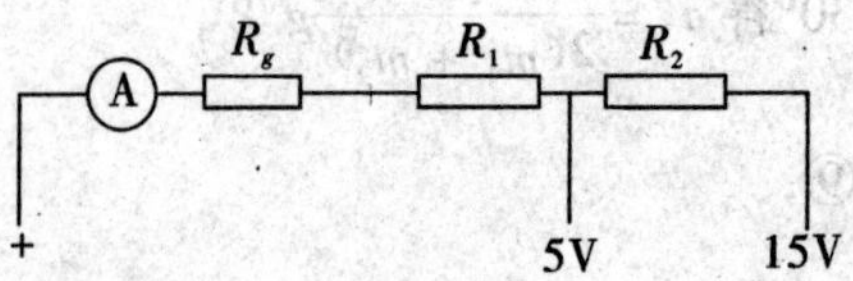

答题3图

提示:设电流表的量程为I_g,当电流表与定值电阻R_0串联改装成电压表时,此电压表的内阻

$$R_0'=R_g+R_0 \qquad ①$$

由于此电压表的量程$U_0=50$ V,故有

$$I_gR_0'=U_0 \qquad ②$$

由①②两式得

$$I_g=\frac{U_0}{R_g+R_0}=\frac{50}{10+49990}\text{A}=1.0\times10^{-3}\ \text{A} \qquad ③$$

即电流表的量程为1 mA。

电流表改装成双量程电压表的电路如图所示,图中R_1和R_2是为把电流表改装成双量程电压表必须串联的电阻,其值待求. 用R_1'表示电压表量程$U_{01}=5$ V挡的内阻,则有

$$R_1'=R_g+R_1 \qquad ④$$

而

$$I_gR_1'=U_{01} \qquad ⑤$$

由③⑤式得

$$R_1'=\frac{U_{01}}{I_g}=\frac{5}{10^{-3}}\Omega=5\times10^3\ \Omega \qquad ⑥$$

同理得电压表量程 $U_{02}=10\text{V}$ 挡的内阻

$$R_2' = R_g + R_1 + R_2 = \frac{U_{02}}{I_g} = \frac{10}{10^{-3}}\ \Omega = 1.0 \times 10^4\ \Omega \quad ⑦$$

设电源电动势为 E，内阻为 r，当用电压表量程为 5 V 挡测电源两端的电压时，电压表的示数为 U_1，已知 $U_1=4.50$ V，设此时通过电流表的电流为 I_1，有

$$U_1 + I_1 r = E \quad ⑧$$

$$U_1 = I_1 R_1' \quad ⑨$$

当用电压表的 10 V 挡测量该电源两端的电压时，电压表的示数为 U_2，已知 $U_2=4.80$ V，设此时通过电流表的电流为 I_2，有

$$U_2 + I_2 r = E \quad ⑩$$

$$U_2 = I_2 R_2' \quad ⑪$$

解⑧⑨⑩⑪式，并注意到⑥、⑦式得

$$E=5.14\ \text{V}$$

4. 设电子刚进入平行板电容器极板间区域时的速度为 v_0，因为速度方向平行于电容器的极板，通过长度为 l 的极板区域所需的时间

$$t_1 = l/v_0 \quad ①$$

当两极板之间加上电压时，设两极板间的场强为 E，作用于电子的静电力的大小为 qE 方向垂直于极板由 C 指向 D，电子的加速度

$$a = \frac{qE}{m} \quad ②$$

而

$$E = \frac{U}{d} \quad ③$$

因电子在垂直于极板方向的初速度为 0，因而在时间 t_1 内垂直于极板方向的位移

$$y_1 = \frac{1}{2}at_1^2 \quad ④$$

电子离开极板区域时，沿垂直于极板方向的末速度

$$v_y = at_1 \quad ⑤$$

设电子离开极板区域后，电子到达荧光屏上 P 点所需时间为 t_2

$$t_2 = (L - l/2)/v_0 \quad ⑥$$

在 t_2 时间内，电子做匀速直线运动，在垂直于极板方向的位移

$$y_2 = v_y t_2 \quad ⑦$$

P 点离开 O 点的距离等于电子在垂直于极板方向的总位移

$$y = y_1 + y_2 \quad ⑧$$

由以上各式得电子的荷质比为

$$\frac{q}{m} = \frac{v_0^2 d}{UlL}y \quad ⑨$$

加上磁场 B 后，荧光屏上的光点重新回到 O 点，表示在电子通过平行板电容器的过程中电子所受电场力与磁场力相等，即

$$qE = qv_0B \quad ⑩$$

注意到③式，可得电子射入平行板电容器的速度

$$v_0 = \frac{U}{Bd} \quad ⑪$$

代入⑨式得

$$\frac{q}{m} = \frac{U}{B^2lLd}y \quad ⑫$$

代入有关数据求得

$$\frac{q}{m} = 1.6 \times 10^{11}\ \text{C/kg}$$

5. $\Delta l = \dfrac{mv_0^2}{7p_0S}$ 提示：导体细杆运动时，切割磁感应线，在回路中产生感应电动势与感应电流，细杆将受到安培力的作用，安培力的方向与细杆的运动方向相反，使细杆减速，随着速度的减小，感应电流和安培力也减小，最后杆将停止运动，感应电流消失。在运动过程中，电阻丝上产生的焦耳热，全部被容器中的气体吸收。

根据能量守恒定律可知，杆从 v_0 减速至停止运动的过程中，电阻丝上的焦耳热 Q 应等于杆的初动能，即

$$Q = \frac{1}{2}mv_0^2 \quad ①$$

容器中的气体吸收热量后，设其温度升高 ΔT，则内能的增加量为

$$\Delta U = \frac{5}{2}R\Delta T \quad ②$$

在温度升高 ΔT 的同时，气体体积膨胀，推动液柱克服大气压力做功。设液柱的位移为 Δl，则气体对外做功

$$A = p_0S\Delta l \quad ③$$

式中 $S\Delta l$ 就是气体体积的膨胀量

$$\Delta V = S\Delta l \quad ④$$

由理想气体状态方程 $pV=RT$，注意到气体的压强始终等于大气压 p_0，故有

$$p_0\Delta V = R\Delta T \quad ⑤$$

由热力学第一定律，有

$$Q = A + \Delta U \quad ⑥$$

由以上各式可解得

$$\Delta l = \frac{mv_0^2}{7p_0S} \quad ⑦$$

6. $n = \dfrac{b}{a}$。提示：入射的两条光线如图所示．α_1、β_1 是从平端面入射的光线通过球形端面时的入射角和折射角；α_2、β_2 是从球形端面入射的光线通过球面时的入射角和折射角，根据折射定律有

$$n\sin\alpha_1 = \sin\beta_1 \quad ①$$

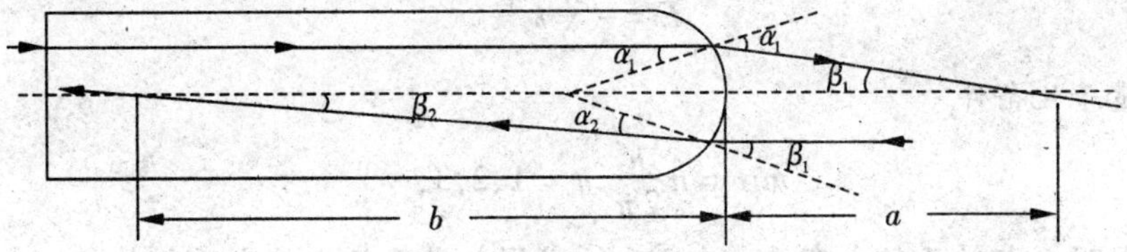

答题6图

$$\sin\alpha_2 = n\sin\beta_2 \quad ②$$

由几何关系有

$$\beta_1 = \alpha_1 + \delta_1 \quad ③$$

$$\beta_2 = \alpha_2 + \delta_2 \quad ④$$

设球面的半径为R,注意到α_1、α_2、δ_1、δ_2都是小角度,故有

$$R\alpha_1 = a\delta_1 \quad ⑤$$

$$R\alpha_2 = a\delta_2 \quad ⑥$$

根据题给的条件,①②式可近似表示成

$$n\alpha_1 = \beta_1 \quad ⑦$$

$$\alpha_2 = n\beta_2 \quad ⑧$$

由③式~⑧式得

$$n = \frac{b}{a} \quad ⑨$$

解法二:利用球面折射成像公式$\frac{n'}{s'} - \frac{n}{s} = \frac{n'-n}{r}$得$\frac{1}{a} = \frac{1-n}{-r}$,$\frac{n}{b} = \frac{n-1}{r}$,解得$n = \frac{b}{a}$。

7. $r_n = \frac{n^2h^2}{2\pi^2 ke^2 m}$,$n = 1,2,3,\cdots$。$E_n = -\frac{\pi^2 k^2e^4 m}{n^2h^2}$,$\Delta E = \frac{3}{4}\frac{\pi^2 k^2e^4 m}{h^2}$。提示:正、负电子绕它们连线的中点作半径为$\frac{r}{2}$的圆周运动,电子的电荷量为$e$,正、负电子间的库仑力是电子做圆周运动所需的向心力,即

$$k\frac{e^2}{r^2} = m\frac{v^2}{\frac{r}{2}} \quad ①$$

正电子、负电子的动能分别为

$$E_{k+}\text{和}E_{k-},\text{有}E_{k+} + E_{k-} = mv^2 \quad ②$$

正、负电子间相互作用的势能

$$E_p = -k\frac{e^2}{r} \quad ③$$

电子偶素的总能量

$$E = E_{k+} + E_{k-} + E_p \quad ④$$

由①②③④各式得

$$E=-\frac{1}{2}k\frac{e^2}{r} \quad ⑤$$

根据量子化条件

$$mrv=n\frac{h}{2\pi},n=1,2,3,\cdots \quad ⑥$$

⑥式表明,r与量子数n有关。由①和⑥式得与量子数n对应的定态r为

$$r_n=\frac{n^2h^2}{2\pi^2ke^2m},n=1,2,3,\cdots \quad ⑦$$

代入⑤式得与量子数n对应的定态的E值为

$$E_n=-\frac{\pi^2k^2e^4m}{n^2h^2},n=1,2,3,\cdots \quad ⑧$$

$n=1$时,电子偶素的能量最小,对应于基态。基态的能量为$E_1=-\dfrac{\pi^2k^2e^4m}{h^2}$,

$n=2$是第一激发态,与基态的能量差$\Delta E=\dfrac{3}{4}\dfrac{\pi^2k^2e^4m}{h^2}$。